G

1455.

RELATIONS
DE DIVERS
VOYAGES
CVRIEVX,

QVI N'ONT POINT ESTE' PVBLIEES;

OV

QVI ONT ESTE' TRADVITES D'HACLVYT,
de Purchas, & d'autres Voyageurs Anglois, Hollandois, Portugais,
Allemands, Espagnols;

ET

DE QVELQVES PERSANS, ARABES, ET AVTRES
Auteurs Orientaux.

Enrichies de Figures de Plantes non décrites, d'Animaux inconnus à l'Europe,
& de Cartes Geographiques de Pays dont on n'a point encore donné
de Cartes.

PREMIERE PARTIE.

A PARIS,

De l'Imprimerie de IACQVES LANGLOIS, Imprimeur ordinaire du Roy, au Mont Sainte
Geneuiesue; Et en sa Boutique à l'entrée de la grande Sale du Palais, à la Reyne de Paix.

Chez
GASPARD METVRAS Pere & Fils, à la Trinité,
SIMON PIGET, à la Prudence,
EMANVEL LANGLOIS, à la Reyne du Clergé, } ruë Saint Iacques.
ET
THOMAS IOLLY, dans la Gallerie des Merciers, à la Palme, & aux Armes
de Hollande,
& LOVYS BILLAINE, au second Pilier de la grand' Salle, à la Palme & au
grand Cesar. } au Palais.

M. DC. LXIII.

AVEC PRIVILEGE DV ROY.

A V I S,

Sur le deſſein, & ſur l'ordre de ce Recueil.

'ENTREPRENS de donner à la France les Voyages Anglois d'Hackluyt & de Purchas, qu'il y a ſi long-temps qu'elle ſouhaite d'auoir en ſa Langue. I'en adjouſteray à ceux-là pluſieurs autres non moins curieux, qui n'ont iamais veu le iour, & beaucoup qui ayant eſté publiez en d'autres Langues, viennét d'eſtre traduits en la noſtre pour en enrichir ce Recueil. I'ay encore eu, en le faiſant, la veuë de rectifier & d'accroiſtre le peu de connoiſſance que l'Europe a euë juſqu'icy de l'Aſie ; & pour cela, ie me ſuis reſolu d'y joindre les Traductions de quelques Auteurs Orientaux, qui en ont fait ou l'Hiſtoire ou la Deſcription. Sans me renfermer toutefois dans cette ſeule Partie du Monde, mon intention eſt d'en faire autant pour les autres Parties, & de donner vne Relatiõ de tous les Eſtats & Empires, & d'autant-plus fidele & plus exacte, que ie la feray ſur de meilleurs Originaux, & ſur la foy de Perſonnes choiſies entre ceux qui les ont couruës & obſeruées auec plus de ſoin. I'ay voulu auſſi ſauuer de l'oubly quantité de Voyages & de memorables actions de nos François, qui ſemblent auoir eu plus de cœur pour les faire, que de ſoin pour les écrire. Ce n'eſt point, au reſte, afin d'eſtablir le merite de cét Ouurage, que j'arreſte icy le Lecteur, pour luy faire connoiſtre la difficulté qu'on a euë à ramaſſer toutes ces Pieces, & à les traduire d'onze ou douze Langues differentes. Mais ie ne puis m'empeſcher de dire quelque choſe de la fin que ie m'y ſuis propoſée, parce que ie ſuis perſuadé qu'il n'y aura point d'homme raiſonnable qui ne l'approuue.

Il a eſté remarqué dans les éuénemens de ces deux derniers Siecles, que la Nauigation & le Trafic ont eu leur part dans toutes les grandes reuolutions qui y ſont arriuées. Car ſans parler du bouleuerſement de l'Empire des Yncas & du Mexique, auſſi-bien que de celuy de tous les Eſtats des Indes Orientales, il eſt certain que les Peuples qui ſont nos plus proches voiſins ſe ſont enrichis, par le moyen de ces Arts, & infiniment éleuez au deſſus de leurs propres forces.

Par là l'Eſpagne ſ'eſt trouuée en eſtat de diſputer de grandeur auec la France. Par là les Portugais, qui eſtoient reſſerrez dans l'vn des plus petits & plus ſteriles cantons de l'Europe, ſe ſont eſtendus par toute la Terre ; & les Prouinces Vnies, qui juſqu'à la fin du Siecle precedent, ſ'eſtoient contentées de la Peſche, & d'vn Commerce de Port en Port, ſe ſont miſes en poſſeſſion des Indes d'Orient, ont entre les mains le plus riche Commerce de la Mer, tiennent plus de lieuës de pays dans ces contrées ſi reculées, qu'elles n'ont d'arpens de terre dans la baſſe Allemagne, & par là ſont arriuées à traiter d'égal auec des Princes qu'elles reconnoiſſoient auparauant pour leurs Souuerains. Mais les Eſpagnols ſe ſont épuiſez de ſoldats pour armer ces riches Flottes, & pour garnir les Places de leurs nouueaux Eſtabliſſemens ; & peut-eſtre que l'or & l'argent du Perou & du Mexique ne les ont pas enrichis à proportion de ce que cét épuiſement d'hommes les a affoiblis.

Les Portugais n'ont pû fournir à ces Armemens, & il ne leur reſte preſque plus rien de leurs Conqueſtes des Indes Orientales, que la gloire des belles actions que leurs Conquerans y ont faites.

Les Hollandois ſont tous les iours obligez de ſe ſeruir d'Eſtrangers pour ces Nauigations, & principalement de nos François, qui vont chercher chez eux vn employ auquel ils ſont ſi propres, & qu'ils ne trouuent point chez nous ; & ils ont peu

de Places en ce pays-là, où il n'y ait plus d'Eſtrangers que de gens de leur Pays, &
plus de François que de pas vne autre Nation.

le me ſuis imaginé que les exemples de ces Conqueſtes, & des richeſſes que nos
Voiſins en tirent, pourroient exciter vn iour ceux de noſtre Nation à entreprendre
la meſme choſe, & à nauiger dans ces Mers éloignées, ſous le Pauillon de France,
& que la lecture des Voyages qui les exciteroit à en faire de pareils, leur ſeruiroit
encore pour les inſtruire de la conduite qu'il y faut tenir.

On a écrit que la connoiſſance de la Nauigation d'vn Baſque, qui auoit eſté jetté
par la tempeſte ſur les Iſles de l'Amerique, fut cauſe que Colomb en entreprit la
découuerte, & que dix-ſept mille écus que couſta ſon Armement, & qui fuuent
auancez par vn particulier (car le Roy Ferdinand ne voulut pas hazarder cette
ſomme) auoient vallu aux cinq derniers Roys d'Eſpagne dés l'année 1645. plus de
quarante-cinq mille millions d'or, en barres d'argent, & en lingots d'or, comme
il ſe void dans les Regiſtres de la Caſa de Contratacion de Seuille ; & bien dauantage en Droits & en Marchandiſes.

Iean I I. Roy de Portugal, quelques années auparauant, entreprit la découuerte des Indes Orientales, ſur la lecture du Voyage de Marco-Polo, & ſur la Relation de deux hommes qu'il auoit enuoyez par terre pour les reconnoiſtre ; & ſes
Sujets qui auparauant n'oſoient paſſer vn Cap éloigné de deux cens lieuës de
Liſbonne, qu'ils appelloient, par cette raiſon, *Cap de Non*, ont rangé depuis, toutes
les Coſtes du Monde, & en ont fait le tour.

La Relation de Houtman, qui ſ'eſtoit informé en Portugal de l'eſtat des Indes
Orientales, & la propoſition qu'il fit de cette Nauigation aux Marchands d'Amſterdam, fut cauſe de l'Eſtabliſſement de la Compagnie Hollandoiſe, qui les poſ-
ſede maintenant auec tant de reputation & d'auantage.

Le recit mal-aſſeuré des richeſſes du Perou, engagea Pizarre, Almagre, & le Mae-
ſtre Eſcuela de Panema, à faire vne Cōpagnie pour y aller, auec ſi peu d'apparence
de ſuccés, qu'elle fut d'abord appellée *la Compañia de los tres locos*; & cependant c'eſt
àces trois Fous que l'Eſpagne doit les richeſſes du Perou, & la dépoüille des Yncas.

Ie voy tous les iours citer Linſchot par les Pilotes dans leurs Nauigations ; &
j'ay remarqué dans beaucoup de voyages Anglois, que la lecture d'Hackluyt a ſouuent tiré leurs Nauigateurs, & des Flottes entieres, de fort mauuais pas.

Les raiſons & les exemples precedens m'ont fait croire que mon Trauail pourroit eſtre vn iour vtile à ceux de mon Pays, quand l'amour de la Gloire ou celuy
de l'intereſt, leur feroit tourner les yeux de ce coſté-là. C'eſt en leur faueur que
j'eſſayeray de mettre en ce Recueil tout ce que les autres Peuples ont de meilleur
en ce genre, & tout ce qui pourra ſeruir d'inſtruction pour la Nauigation, pour
le Commerce, ou pour l'Eſtabliſſement des Colonies, d'où l'vn & l'autre dépédent.

Et à cauſe qu'vne des choſes qui ſemblent refroidir le plus nos François de faire de ſemblables Entrepriſes, eſt le peu de ſuccés qu'ont eu toutes celles de cette
nature, qu'ils ont faites iuſqu'à cette heure, & qu'à cauſe, par exemple, que Ville-
gagnon, Monluc, Ribaut & Rauardiere n'ont pas long-temps conſerué dans l'A-
merique les Poſtes qu'ils y auoient occupés, & que ceux du Cap de Nord dans ces
derniers temps n'y ont pas eſté plus heureux : ils tirent de là vne conſequence que
la Nation n'y eſt pas propre ; le taſcheray de les deſabuſer de cette opinion : car
ils pourront voir dans les Relations de l'Eſtabliſſement de toutes les Colonies
des autres, & principalement des Anglois, des Hollandois, des Eſpagnols & des
Portugais, qui feront vn Volume à part, d'vne iuſte groſſeur, que ce qui eſt auenu à nos François, leur eſt auſſi auenu au commencement de leurs entrepriſes, témoin les reuoltes & les diuiſiens des Pizarres & des Almagres au Perou, & des Cor-
tés & des Naruaes au Mexique.

La difference qu'on trouuera entre-eux & nous, & ce qui a fait reüſſir nos Voiſins, eſt que nous nous ſommes rebutez dés la premiere diſgrace qui eſt arriuée à

nos Colonies, au lieu que les autres, principalement les Anglois, ont eu la conſ-
ſtance de voir ruïner dans la Virginie, les cinq ou ſix premieres des leurs, ſans
deſeſperer comme nous de s'y eſtablir.

Mais la Nauigation, le Commerce, & les Colonies, ne ſont pas les ſeuls auantages que j'eſtime qu'on peut tirer de ces Voyages. Car ſans mettre en conſideration
que l'eſprit & le jugement ſe perfectionnent dans cette ſorte de lecture, & qu'ils y
acquierent vne certaine eſtenduë qui les empeſche de condamner legerement tout
ce qui n'eſt pas ſelon la maniere de leur Pays, ou ſelon la leur particuliere; Il eſt
encore vray que la perfection des Arts peut eſtre fort auancée par ce moyen, & par
la communication que les hommes ont les vns auec les autres, de ce qui ſe pratique
chez eux. On n'a peut-eſtre point encore fait aſſez de reflexion ſur le profit qui
peut produire cette communication des pratiques dans les Arts, ny penſé combien elle peut apporter de commodité à la vie humaine:

Entre ces Arts, j'ay crû que le principal ſoin deuoit eſtre pour ceux qui ſont les
plus vtiles au bien de la Societé. Par cette raiſon, ie me ſuis efforcé autant qu'il m'a
eſté poſſible, de perfectionner la connoiſſance que nous auons de la Geographie,
de la Nauigation, du Commerce, de l'Hiſtoire naturelle, & de tous les autres Arts
qui contribuënt à cette fin. J'ay recherché curieuſement tout ce qui pouuoit donner lumiere des Pays inconnus juſqu'à cette heure : & pour l'Hiſtoire naturelle,
j'ay ramaſſé auec le meſme ſoin, les nouuelles découuertes de Plantes, d'Animaux,
de Mineraux, & de leurs proprietez, qui nous peuuent eſtre de quelque vſage. Ie
continuëray à recueillir tout ce que j'en trouueray chez les Eſtrangers; & comme
Hackluyt & Purchas ont inſeré dans leurs Liures les Inſtructions que l'on donnoit
de leur temps à ceux qui faiſoient de longs voyages, ie les imiteray dans ce Recueil. Ie mettray tantoſt les inſtructions du General d'vne Armée Naualle; tantoſt celle d'vn Nauigateur que l'on enuoye pour faire vne découuerte; quelquefois des Memoires de Marchands pour vn Facteur, & pour eſtablir vn Commerce en Moſcouie, ou aux Indes; d'vn Teinturier qui fera le voyage de Leuant pour
apprendre les ſecrets de ſon Art; ou d'vn Medecin pour en rapporter ce que ces
Peuples éloignez ont de meilleurs remedes ou de plus ſeures experiences contre les maladies.

L'on trouuera, en premier lieu, dans ce Recueil, les Relations des Pays qui ſé-
tendent depuis les bords du Pont-Euxin juſques à la Chine, & en ſuite les Pieces
qui regardent la Perſe, les Eſtats du Mogol, & les Indes.

La Relation des Coſacques ſera donc la premiere; ie n'en ſçay point l'Autheur,
mais il ne faut pas que le Public ignore qu'il en a l'obligation à Monſieur Iuſtel,
puiſque le Manuſcrit en a eſté tiré de ſon Cabinet.

Celles des Tartares, des Circaſſes, & des Abcaſſes, &c. eſt d'vn Miſſionaire.
Olearius, qui le rencontra dans ſon voyage, luy donne la qualité d'Ambaſſadeur
du Roy de Pologne.

L'on n'a point encore vû, en noſtre Langue, de Relation de la Colchide ou Mengrelie, ny de Carte de ce Pays-là. Ie pourrois dire la meſme choſe de la Relation
de la Georgie de Pietro della Valle, que l'on n'a point voulu traduire, de peur de
faire tort à ſon ſtile, ſi propre pour ce genre d'écrire.

La Nauigation de Ienkinſon, & ſon voyage dans le Turkeſtan & le Maural-
nahar, nous donne auſſi connoiſſance d'vn Pays dont nous en auons eu fort peu
juſques à cette heure, & confirme le diſcours que l'Ambaſſadeur de Moſcouie fit
aux Hollandois, que la diſtance entre la Mer Caſpienne & la Chine n'eſt pas ſi
grande qu'on la ſuppoſe.

L'Extraict du Voyage des Hollandois à la Chine en 1656. & 1657. a eſté inſeré
icy, en attendant que l'on en donne la Relation toute entiere auec les Figures.

A la Priſe de l'Iſle Formoſa par les Chinois, l'on a joint vne Deſcription de l'Iſle,
faite par Monſieur de la Moriniere, qui a porté les armes quatre ou cinq ans en

ces Pays-là , & que l'on mettra plus eſtenduë, auec ſon voyage , dans le Volume de la Chine.

Hawkins , Rhoë , Terry, Methold, ont demeuré long-temps,auec autorité , dans les Pays qu'ils décriuent, & par cette raiſon, leurs Relations en ſont plus exactes & plus croyables.

Le Fragment Grec du Coſmas vient de Monſieur Bigot, qui l'a copié dans la Bibliotheque de Florence , il eſt fort court ; mais cependant , il nous donne la veritable cauſe de l'inondation du Nil, la deſcription de l'Animal d'où vient le Muſc, & d'vn autre qui auroit paſsé pour vn monſtre ou pour vne chimere, ſi l'on n'en auoit trouué vne teſte dans le Cabinet de feu Monſeigneur le Duc d'Orleans, qui eſt maintenant au Louure, dont on a fait grauer la figure auſſi grande que le naturel , pour la mettre dans vn autre Volume où l'on aura ſujet de le décrire. Les Chreſtiens de Ceilan, dont les Preſtres receuoient en ce temps-*là les Ordres ſacrez en Perſe : les Nations de l'Inſcription de Ptolomée Euergetas, la date de la 27. année de ſon Regne , contraire à la ſuppoſition d'Euſebe & des autres Chronologies que nous auons des Roys d'Egypte ; L'autorité qu'elle donne à Marco-Polo, qui dit que Cublaican enuoya des Ambaſſadeurs au Roy de Ceilan pour auoir cette Eſcarboucle qui y eſt décrite ; & l'eſtime de la longueur & de la largeur de la terre , ſelon les Brachmanes, rendent cette piece tres-conſiderable ; & tres-grande l'obligation que le Public en a à celuy qui l'a copiée.

C'eſtoit icy le rang d'vne Relation des Chreſtiens de Baſſora ; apres les Tables d'Abulfeda & les Antiquitez de Perſepolis : mais comme il me manque quelques Pieces que j'ay deſſein d'y joindre, ie me ſuis contenté de donner vne Carte particuliere des enuirons de Baſſora, en caractères Arabes , où l'on a marqué dans chaque lieu le nombre de leurs Familles , & le commencement d'vn Liure qui eſt dans la meſme veneration parmy ces Peuples, que la Bible entre les autres Chrétiens ; mais qui a cela de fort curieux , qu'il eſt écrit en caractères tres-anciens, que l'on n'a point encore veus en Europe. Pour la traduction, on ne l'a point voulu mettre icy , à cauſe que la perſonne qui y a trauaillé n'a encore pû ſ'éclaircir de quelques doutes qui l'auroient renduë imparfaite.

On doutera d'abord de la verité du voyage de Bontekoë ; mais en Hollande, où l'on a examiné beaucoup de gens de ſon Equipage, qui ſ'eſtoient nourris de ces poiſſons qu'ils prenoient en volant par deſſus leur Batteau, elle paſſe pour tres-auérée ; & enfin, le ſaut de Bontekoë n'eſt pas plus difficile à croire que celuy du Capitaine d'vn Vaiſſeau Hollandois , qui ayant eſté attaqué par les Turcs vers le Détroit , & reduit à la neceſſité de ſe rendre, ſatisfit à ſon ſerment,& mit le feu aux poudres ; il en fut enleué en l'air auec tout ſon Equipage, & retomba ſur le Tillac d'vn des Vaiſſeaux qui l'attaquoient, où ſon Ennemy luy fit mille careſſes,le fit traiter, & luy donna la vie auec la liberté. Cependant, la verité de cette auenture eſt conſtante, & il n'y a pas long-temps que la choſe eſt arriuée.

La Terre Auſtrale, qui fait maintenant vne cinquiéme Partie du Monde, a eſté découuerte à pluſieurs fois ; la Partie nommée de Vvitlandt en 1628. la coſte que les Hollandois appellent la Terre de P. Nuyt, le 16. Ianuier 1627. la Terre de Diemen le 24. Nouembre 1642. celle qu'ils ont nommée la nouuelle Hollande en 1644. Les Chinois en ont eu connoiſſance il y a long-temps ; car l'on void que Marco-Polo marque deux grandes Iſles au Sud-Eſt de Iaua, ce qu'il auoit appris apparemment des Chinois , auec ce qu'il dit de l'Iſle de Madagaſcar ; car ces Peuples ont fait autrefois ce que font maintenant les Nations de l'Europe, & ont couru toutes les Mers des Indes juſques au Cap de Bonne-Eſperance, pour le Commerce & pour faire de nouuelles découuertes. Pelſart, dont on a mis icy la Relation de la terre Auſtrale, y fut jetté, pluſtoſt qu'il ne la découurit ; mais l'on donnera en ſuite les Voyages de Charpentier & de Diemen , à qui on doit le principal honneur de cette Découuerte ; Diemen en rapporta de l'Or , de la Porcelaine , &

mille autres richeſſes, qui firent croire d'abord que le Pays produiſoit toutes ces
choſes; L'on a ſçeu depuis, que ce qu'il en rapporta venoit d'vne Carraque qui auoit
échoüé ſur ces coſtes; le myſtere qu'en font les Hollandois, & la difficulté de permettre que l'on ne publie la connoiſſance que l'on en a, fait croire que ce Pays eſt
riche. Comment auroient-ils cette jalouſie pour vn Pays qui ne produiroit rien
de ce qui merite qu'on l'aille chercher ſi loin? L'on ſçait d'ailleurs qu'ils y enuoyerent des trouppes pour ſ'y eſtablir, & qu'ils trouuerent des Peuples fort reſolus qui ſe preſenterent aux Hollandois ſur la gréve où ils deuoient débarquer,
& les vinrent receuoir iuſques dans l'eau, les attaquerent dans leurs chalouppes;
nonobſtant l'inégalité de leurs armes; Les Hollandois diſent qu'ils trouuerent
des hommes qui auoient huict pieds de haut; Pelſart ne marque point cette grandeur extraordinaire; & peut-eſtre que la peur qu'ils firent aux Hollandois, qui les
obligea à ſe retirer, les fit paroiſtre plus grands qu'ils ne ſont en effet. Quoy qu'il
en ſoit, preſque toutes les coſtes de ce Pays-là ont eſté découuertes, & la Carte que
l'on en a miſe icy, tire ſa premiere origine de celle que l'on a fait tailler de pieces
rapportées, ſur le paué de la nouuelle Maiſon-de-Ville d'Amſterdam.

Le Routier eſt la piece la plus exacte qui ait paru en ce genre; mais on ne le
donne pas icy tout-entier, parce qu'il auroit trop retardé la publication de ce Volume; Comme il eſt diuiſé par Voyages, on a crû qu'on le pouuoit ſeparer; & en la
place de ce que l'on en a oſté, l'on a mis la Deſcription des Pyramides d'Egypte.
Il n'y a rien à dire de l'exactitude auec laquelle elles ſont décrites; car le diſcours
le fera mieux connoiſtre que tout ce que l'on en pourroit dire icy.

Au reſte, ceux qui liront ce Recueil, ne ſe doiuent point eſtonner de voir les
noms propres des choſes de l'Orient écrites ſouuent autrement par vn Hollandois que par vn Anglois, & quelquefois miſes diuerſement dans vn meſme Auteur; c'eſt vn changement qui arriue touſiours lors que les mots d'vne Langue
ſont en la bouche, ou ſous la plume d'vne perſonne à qui elle eſt eſtrangere : mais
c'eſt vne neceſſité, que la choſe arriue de la ſorte dans les Langues Orientales, puiſque les Orientaux meſmes, à qui elles ſont naturelles, les prononcent diuerſement
lors qu'ils les liſent. Ces Peuples, pour la pluſpart, ne marquent point les voyelles
des mots qu'ils écriuent; Ainſi, par exemple, en liſant Mogol, les vns diront Ma-
gol, les autres Mogul. Cela eſt ſi vniuerſellement vray, qu'Abulfeda ſe plaint
qu'entre les Geographes qui l'ont précédé, les plus exacts n'auoiet point eu le ſoin
de marquer la veritable prononciation des noms des Pays qu'ils décriuent; & il adjoûte, que c'eſt par cette raiſon qu'il a fait vne Colonne dans ſa Geographie, où il
marque toutes les voyelles de chaque mot. Dans ces Langues, ce défaut a ſon auantage; car il rend leur écriture quaſi vniuerſelle à diuerſes Nations qui la liſent dif-
feremment. Mais c'eſt vne grande difficulté pour nous autres; auec cela, imaginez-
vous quel changement doit faire, dans ces termes écrits auec tant de diuerſité,
le manquement que nous auons de lettres dans noſtre Alphabet, pour exprimer ces meſmes termes, & la difficulté du coſté de la difference des orga-
nes de la voix pour les prononcer. Il eſt vray que ſi les Européans eſtropient
leurs noms, ils nous rendent bien la pareille; & il y en a fort peu, dans leurs Hi-
ſtoires, que nous puiſſions reconnoiſtre. Si de leur Zaraduſt nous auons fait Zo-
roaſtre, ils ont déguiſé auſſi le nom d'Heraclius qu'ils appellent Arcol; celuy d'A-
lexandre qu'ils nomment Aſcandhar, & ainſi du reſte; c'eſt pourquoy on doit excuſer ce changement quand on le rencontrera dans ces Voyages, puiſ-qu'il eſt de
meilleure foy de mettre les noms comme on les trouue, que de les corriger ſans
les voir écrits en la Langue du Pays, qui ſeroit le ſeul moyen de le pouuoir faire
auec quelque fondement.

Les Figures que l'on trouuera dans ce Recueil, ſeront toutes copiées ſur des originaux, & non point tirées du caprice du Graueur & du Peintre; car celles-là donnent pluſtoſt vne fauſſe idée de la choſe, qu'elles n'aidét à en éclaircir la Deſcriptió.

TABLE DES RELATIONS

DE CETTE PREMIERE PARTIE.

RELATION DES COSAQVES.

E nom de Cosaques a esté donné à ces Peuples, à cause de leur agilité & de l'adresse qu'ils ont d'aller en des lieux de difficile accez, tels qu'est l'embouchure du Boristene, pour faire la guerre aux Turcs & aux petits Tartares : car Cosa veut dire en Polonois Chevre.

Autrefois & auant l'institution de leur Milice, qui fut establie par le Roy Estienne Battori, c'estoient des Volontaires des frontieres de Russie, Volinie, Podolie, & autres Prouinces de Pologne qui s'attroupoient, ainsi qu'ils ont continué depuis, pour faire des courses sur la Mer-noire, où ils remportoient souuent des auantages considerables, & faisoient de riches butins, tant de Galeres Turques qu'ils rencontroient sur cette Mer, que dans les descentes qu'ils faisoient dans la Natolie, où ils ont pillé & saccagé souuent des Villes ; comme Trebizonde & Synope, ayans eu mesmes la hardiesse de s'auancer jusques à la veuë de Constantinople, & d'y faire des prisonniers & du butin.

Lors que l'arriere saison venoit, chacun se retiroit chez soy, se donnans rendez-vous pour se rassembler au Prin-temps aux Isles & escueils du Boristene, & de là retourner faire leurs courses. Le Roy Estienne Battori, à qui la Pologne est redeuable de beaucoup de beaux Reglemens, considerant l'vtilité qu'il pourroit tirer de ces coureurs pour la garde des frontieres de Russie, en forma vn corps de Milice, en leur donnant la Ville & territoire de Tetrimirou sur le Boristene, pour leur seruir de Place-d'armes, & leur creant vn General auquel il donna pouuoir de creer les Officiers subalternes, necessaires pour les commander sous son authorité ; leur accordant de plus outre leur paye, des priuileges & exemptions d'imposts & de corvées, à peu prés en la maniere que Charles VII. Roy de France institua en 1449. les francs Archers par toutes les Parroisses de son Royaume. Le Roy Estienne joignit à cette nouuelle Milice deux mil Cheuaux, pour l'entretien desquels il destina la quatriéme partie de tous les reuenus de son Domaine, d'où vient qu'on les appelloit Quartani, & par corruption Quartiani. Ces forces ainsi establies pour la garde de la Frontiere, l'asseurerent tellement contre les irruptions des Tartares, que tout le pays desert, au delà des villes de Braslaw, Kiouie & Bar, se peupla en peu de temps, chacun y menant des Colonies de toutes les Prouinces du Royaume, & y bâtissant des Villes & Chasteaux. Cette Milice reglée de la sorte, s'est tousiours maintenuë, & a rendu de bons seruices à la Pologne, & beaucoup plus qu'auparauant qu'elle estoit dispersée, & n'agissoit point de concert, & sous le commandement d'vn Chef dont l'authorité fut établie : mais comme son vnion d'vn costé fit vn tres-grand effet contre les Tartares, en mettant la frontiere à couuert de leurs incursions, elle se trouua d'ailleurs tres-dommageable à la Pologne, contre laquelle elle s'est soûleuée fort souuent. En effet, les Cosaques se voyans si necessaires à cét Estat-là, en deuinrent insolens à tel point, qu'ils n'en voulurent presque plus receuoir les ordres, ny reconnoistre les Seigneurs particuliers dont chacun d'eux pouuoit releuer.

Leur premiere rebellion fut sous Iean Podokoua leur General en 1587. qui y succomba, & eut enfin la teste trenchée. En 1596. le Roy Sigismond successeur d'Estienne, ayant deffendu aux Cosaques de continuer leurs courses sur la Mer-

noire, en suitte des plaintes qu'il en auoit receuës du grand Seigneur, ils s'en ab-
stinrent à la verité : mais ce fut pour se ruer sur la Russie & sur vne partie de la Lithuanie, où ils firent des rauages inouys sous la conduite de Naleuaiko leur
General. En vain leur enuoya-t-on des ordres pour desarmer & retourner chacun
en leurs maisons ; ils les mépriserent, & s'vnirent plus étroitement sous leur Chef
pour resister à l'Armée Polonoise, que le General Tolkicuski fut obligé de mener contre-eux. Ils l'attendirent de pied ferme prés de la ville de Bialacerkiew,
& l'y combattirent auec auantage. Enfin, apres diuerses rencontres, Tolkicuski,
qui estoit vn grand homme de guerre, les ayant serré de prés & poulsé dans des
lieux desauantageux, ils furent forcez de luy liurer Naleuaiko, qui fit vne fin
semblable à celle de son predecesseur.

En 1637. les Cosaques se reuolterent pareillement : mais auec vn aussi mauuais
succez qu'autrefois. La cause de ce souleuement vint de ce que plusieurs Seigneurs Polonois ayans acquis ou obtenu par don, des terres sur cette frontiere,
dans les lieux destinez pour les quartiers des Cosaques ; & voulans pour augmenter leurs reuenus, assujettir leurs nouueaux Sujets aux mesmes charges & corvées
que ceux des autres Prouinces de la Pologne, ils persuaderent au Roy & à la Republique, qu'il estoit important au repos & au bien de l'Estat, de châtier l'inso-
lence des Cosaques qu'ils auoient sujet d'apprehender, comme gens capables de
trauerser leurs desseins, estans libertins, & dont l'exemple faisoit porter plus im-
patiemment le joug aux autres paysans ; de sorte qu'il fut resolu de bastir vn Fort
en vn lieu appellé Kuclak sur le Borestene, dans vne situation fort propre pour
contenir les Cosaques en leur deuoir, comme estant plus proche des * Poroüi ou
roches de ce fleuue, qui sont leurs retraites ordinaires ; & parce qu'ils défirent d'a-
bord le Colonel Marion François, que le General Konielpolski y auoit laissé auec
deux cens hommes, pour faire bastir cette forteresse ; il y fit hyuerner vne bonne
partie de ses troupes, jusques à ce qu'elle fut en deffense. Les Cosaques jugeans
bien à quel dessein l'on construisoit ce Fort auec tant de diligence, en prirent l'a-
larme, & s'assemblerent en plus grand nombre qu'ils pûrent ; mais estant entrez,
dans le moment qu'ils auoient le plus de besoin d'estre vnis, en deffiance de leur
General Sawaltonowick, ils le massacrerent, & éleurent tumultuairement en sa
place, vn certain Paulurus homme de peu de consideration & sans experience ; aussi
payerent-ils bien-tost apres la folle enchere de ce choix ; car ayant esté rencontrés
par le Mareschal de Camp Potoski prés de la ville de Corsun, à l'improuiste &
auant qu'ils eussent eu le loisir de faire leur Tabor ou retranchement de Chariots,
comme ils auoient peu de Caualerie ; ils furent assez aisément défaits, les fuyards
se jetterent dans Borowitza : mais Potoski les y alla aussi-tost assieger ; & dautant
que la place estoit dégarnie de toutes sortes de munitions, ils furent obligez de
mettre entre les mains des Polonois leur General Paulurus, auec quatre autres
de leurs principaux Officiers, ausquels l'on fit couper la teste à Vvarsowie, l'année suiuante durant la Diéte, au prejudice de la parole qui leur auoit esté donnée
d'auoir la vie sauue, laquelle la Republique ne voulut point tenir. La perte de
leurs Generaux fut suiuie de celle de leurs priuileges & de la place de Tertimirou,
que le Roy Estienne leur auoit autrefois accordée, & enfin de la suppression de
l'ordre ancien de leur Milice, à laquelle le Roy de Pologne donna charge à ses
Gouuerneurs de donner vne nouuelle forme pour la rendre plus obeyssante. Ils
ne perdirent pas pourtant courage apres ces disgraces ; & voulans faire des derniers efforts pour la conseruation de leur liberté, apres encore auoir éprouué le
sort des armes contre le General Potoski : enfin, affoiblis de tant de diuers combats, ils se retrancherent au delà du Borestene sur le fleuue Stareza, où ils soustin-
rent plus de deux mois plusieurs assauts des Polonois, lesquels y ayant perdu aussi
beaucoup de monde, furent contraincts de capituler auec ces desesperez, & de leur
promettre qu'ils seroient restablis dans leurs priuileges, & leur Milice remise sur

*Poroüi sont
des roches ou
chaisnes de
roches esten-
duës au tra-
uers de la ri-
uiere : il y en
a quelques-
vnes sous
l'eau, d'au-
tres à fleur
d'eau, d'au-
tres hors de
l'eau de plus
de 8. à 10.
pieds; elles ar-
restët le cours
de la riuiere,
laquelle apres
fait vn saut
quelquefois
de 7. à 8 pieds,
& cela selon
que le Bore-
stene est enflé:
car au Prin-
temps, lers
que les neiges
fondent, tous
les Poroüies sõt
couuerts
d'eau, excepté
le septiéme
qui s'appelle
Nienastites,
& de ces sauts
il n'y a qu'é-
tre Budilon,
qui est le di-
xiéme &
Tauuolzones
le onziéme,
où les Tarta-
res puissent
passer à nâge,
à cause des
riues qui sont
d'vn tres fa-
cil accez.

le pied qu'elle eſtoit auparauant de ſix mil hommes ſous le commandemẽt d'vn General qui leur ſeroit donné par le Roy : mais la foy ne leur fut pas mieux gardée qu'auparauant, & la pluſpart en ſe ſeparant furent deualiſez ou tuez par les ſoldats Polonois ; leur Milice ne fut pas non plus remiſe : mais on en compoſa vne preſque nouuelle, en y changeant ſouuent le General, & en banniſſant les veritables & anciens Coſaques, l'on ſentit bien-toſt apres le tort que fit ce changement. Les Tartares qui firent vne courſe deux ans apres, eſtant entrez fort auant, & ayans rauagé les territoires de Periſlaw, Corſun, & Viſnowieck, d'où ils n'auoient pas accouſtumé d'approcher auant cette reforme.

Ils ſe remirent neantmoins quelque-temps apres ; & le feu Roy Vladiſlas qui auoit dans l'eſprit le deſſein de la guerre contre les Tartares, qu'il pretendoit aller chercher juſques dans le Percop & les en chaſſer, ne contribua pas peu à leur entier eſtabliſſement : car outre les autres forces qu'il faiſoit eſtat d'employer pour l'execution de cette entrepriſe, il auoit reſolu de ſe ſeruir des Coſaques, d'en accroiſtre le nombre ordinaire ſous la conduite de Bogdan Kimielniski vieil Officier parmy eux, de la valeur & ſuffiſance duquel il témoignoit faire aſſez d'eſtime. Cette entrepriſe que le Roy de Pologne meditoit contre les Tartares, ayant eſté empeſchée par la Republique, ſans le conſentement de laquelle ce Prince auoit leué des troupes conſiderables, dont elle entra auſſi-toſt en jalouſie, apprehendant que ſa Majeſté Polonoiſe ne couurit de ce pretexte quelque autre deſſein prejudiciable à ſa liberté. Kimielniski demeura par conſequent ſans employ apres le licentiement de l'armée que le Roy auoit leuée ; mais ſon eſprit ambitieux & inquiet luy fit bien-toſt naiſtre de l'occupation : car ayant eu vn demêlé auec le Lieutenant de Koniſpolski, fils du grand General du meſme nom, pour les bornes de quelques heritages ; & ſon fils meſme ayant eſté mal-traité par ledit Koniſpolski, il penſa auſſi-toſt aux moyens d'en tirer raiſon. Il ſe rendit pour cét effet aux Porouis ou Iſles du Boriſtene, retraite ordinaire des Coſaques, où il en amaſſa le plûs qu'il pût pour ſe fortifier contre ſes ennemis ; & comme il eut receu aduis que le General Potoski ſe preparoit à le venir pouſſer juſques dans ces lieux éloignez, ne ſe fiant pas entierement à ſes forces, il ſ'addreſſa à Thamby General des Tartares, homme à peu prés de ſon humeur & de pareille condition, ſ'eſtant ſouuent ſoûleué contre le Cam ſon Maiſtre. Kimielniski ſçeut ſi bien le gagner par ſon addreſſe, en luy faiſant eſperer vn grand butin en Pologne, que nonobſtant cette haine & antipathie naturelle d'entre les Coſaques & les Tartares, & les guerres cruelles que ces deux peuples ſ'eſtoient touſiours faites, il fit amitié, & entra en ligue auec luy. Le General Polonois voulant preuenir l'execution de ce traité, & la jonction de leurs forces, détacha quatre mil Coſaques entretenus, qui eſtoient demeurez au ſeruice de la Republique, auec quinze cens ſoldats Polonois, pour aller chercher Kimielniski juſques dans ſon repaire du Poroui : mais apres qu'ils y furent arriuez, les Coſaques ayans tué leurs Officiers, ſe rangerent du coſté des rebelles ; ſi bien qu'il ne fut pas mal-aiſé à Kimielniski de deffaire les quinze cens ſoldats Polonois reſtans, qui pourtant firent toute la reſiſtance poſſible pendant quelques iours ; de là il ſ'aduança auec ſept mil hommes, & quarente mil Tartares, vers le gros de l'Armée Polonoiſe ; laquelle ayant appris la nouuelle du mauuais ſuccez de l'expedition du Potoski, & de la defection des quatre mil Coſaques qu'elle y auoit enuoyée, ne penſoit plus qu'à ſe retirer auec ce qui reſtoit, qui pouuoit faire enuiron cinq mil hommes, marchant au milieu de ſes Chariots : mais eſtans arriuez dans vn bois mareſcageux, la file des Chariots y fut aiſément rompuë, l'armée fut enuironnée de toutes parts, & accablée par cette multitude d'ennemis, deſquels elle eut pû encore échaper ſans le grand defilé & la perfidie de dix-huit cens Coſaques qui luy reſtoient, qui au commencement du combat l'abandonnerent, & ſe jetterent du coſté dés leurs. Cette deffaite ſuruenuë dans le temps de la mort du Roy, cauſa vne extréme conſternation dans l'Eſtat, & facilita à Kimielniſki l'execution de ſes pernicieux deſſeins. En effet, preſque tout le plat-pays de la Ruſſie ſuiuit ſa rebellion, à laquelle les peuples n'eſtoient que trop diſpoſez il y auoit long-temps, par l'aduerſion naturelle qu'ils ont de la domination Polonoiſe, à cauſe de la difference de Religion, la Ruſſie eſtant quaſi toute Grecque Schiſmatique, & du pouuoir tirannique & inhumain que les Gentils-hommes ont touſiours exercé ſur leurs Sujets, d'autant plus difficile à ſupporter que les priuileges & la liberté des Coſaques leur donnoit d'enuie. Dans cette conjonɛ̃ure ſi fauorable, Kimielniſki fit ce qu'il voulut, & ſ'empara auec aſ-ſez de facilité de toutes les places de la frontiere, que la défaite de l'Armée Polonoi-ſe auoit remplie d'épouuante, & d'ailleurs d'épourueuës d'hommes & des choſes ne-ceſſaires pour leur deffenſe. Le Senat aſſembla le plus de troupes qu'il pût dans la confuſion qui eſt ordinaire dans vn interregne, pour arreſter les progrez des ſoûle-uez : l'on forma en peu de ſemaines vn corps conſiderable, & qui pouuoit agir vtile-ment ſ'il y eut eu vn General pour le commander : car Potoſki qui eſtoit pourueu de cette charge, ayant eſté fait priſonnier dans la derniere deffaite, & le Roy eſtant mort en ſuite, le Senat ne pouuoit pas en donner la commiſſion à vn autre, ſans que les autres Chefs y trouuaſſent à redire, & fiſſent difficulté de le reconnoiſtre, perſonne ne pouuant conferer les charges en Pologne que le Roy. C'eſt ce qui arriua auſſi, & d'où ſ'enſuiuit la déroute & la diſſipation de cette Armée, que l'on auoit eu tant de peine à aſſembler pour parer la perte de l'autre : car ayant eſté reſolu dans le Conſeil, que l'on éuiteroit de ſ'engager dans vn combat auec les rebelles, pour ne point hazarder les forces de la Republique dans le rencontre de l'interre-gne ; & les ordres ayans eſté donnez pour la retraite juſques à la ville de Conſtanti-now, vne terreur panique ſaiſit auſſi-toſt la pluſpart de l'Armée, qui ſans eſtre preſsée des ennemis qui eſtoient à vne jourrée de là, & au lieu d'attendre le lendemain ma-tin que l'on deuoit marcher en ordre pour ſe retirer, ainſi qu'il auoit eſté concerté, pluſieurs dés la nuiɛ̃ plierent bagage, & gagnerent le deuant auec tant d'épouuante & de deſordre, que les plus aſſeurez furent contraints d'en faire de meſme. Kimiel-niſki ne ſçeut rien de cette déroute, & la croyoit ſi peu poſſible, qu'il ne pût adjouſter foy aux premiers aduis qu'on luy en apporta, & ſe fut en quoy ſa bonne fortune l'a-bandonna ; car ſ'il eût eſté aduerty à temps, preſque perſonne de cette Armée, dans laquelle eſtoit la fleur de l'Arriereban, ne luy eut échapé. Il ne laiſſa pas d'en profiter beaucoup, & ayant eu tout le bagage & tout le canon, dont il ſ'eſt depuis ſeruy fort vtilement.

L'électìon du Prince Caſimir, qui fut proclamé Roy ſur ces entrefaites, arreſta le cours de ſa viɛ̃oire, & le fit condeſcendre à vne ſuſpenſion d'armes pour quelques mois ; laquelle ne fut pas pluſtoſt expiré, que la guerre recommença auec autant de chaleur qu'auparauant.

Le nouueau Roy, en attendant que le gros fut en eſtat de marcher, ennoya vne Armée de neuf mil hommes ſous le commandement du General Firley, & Staniſlas Landſkron, pour obſeruer la contenance & les aɛ̃ions des Coſaques. Ils vinrent pour cét effet ſe poſter à Zbarras lieu jugé le plus propre pour ce deſſein : ils n'y furent pas pluſtoſt retranchez, que Kimielniſki parut auec les Tartares. Iamais il ne ſ'eſt veu d'armées ſi nombreuſes, depuis celles des Huns & de Tamerlan ; car on y comptoit cent mil Cheuaux Tartares, commandez par leur Cam en perſonne, & deux cens quatre-vingt mil Coſaques & payſans ſoûleuez. Les troupes Polonoiſes furent ainſi aſſiegées dans Sbarras, où elles reſiſterent pendant ſix ſemaines à tous les aſſauts des Tartares & des Coſaques, & aux incommoditez que ne peut éuiter vne Armée re-ſerrée dans vne place.

Au bout de ce temps, & comme ils eſtoient dans les termes de perir ou de ſe ren-dre à l'ennemy, le Roy ſe mit en campagne, quoy qu'auec des forces tout à fait iné-gales & diſproportionnées au grand nombre des ennemis qu'il auoit à combattre ; car il n'auoit que quinze mil hommes de ſolde, & enuiron cinq mil autres amenez par les Seigneurs. Le Roy ne fut pas pluftoft arriué à Zborrow, petite ville dé Ruffie, que Kimielniski & le Cam, defia aduertis de fa marche, ayans laifsé au blocus de Zbarra quarante mil Tartares, & prés de deux cens mil Cofaques ou payfans foûleuez, vinrent fondre fur les troupes du Roy, qui n'eftoient pas entore entierement retranchez. Les Tartares attaquerent par vn cofté, & Kimielniski par l'autre : mais tous leurs efforts furent rendus inutiles, par la braue refiftance des Polonois, qui animez par la prefence du Roy, firent par tout tefte a de fi puiffans ennemis. La nuiét qui fuiuit ce choc, il penfa arriuer vn pareil defordre à celuy de l'Armée precedente, lors que l'Armée faifie d'vne terreur panique, fe retira en confufion de Pilaueze; fi bien que le Roy fut obligé de fe monftrer par tout le Camp, pour détromper vn chacun du bruit qui auoit couru de fa fuïte. Cependant, dans le Confeil qui fut tenu, le grand Chancelier Ozolinski fut d'auis que l'on fift vne tentatiue pour defvnir les Tartares d'auec les Cofaques, en leur propofans des conditions auantageufes, lefquelles fembloient eftre d'autant mieux receuës, qu'ils n'auoient en leur particulier aucun fujet de fe plaindre. Le Roy ayant donc enuoyé faire vn compliment au Cam, & luy ayant remis en memoire les faueurs qu'il auoit receuës du Roy Vladiflas pendant fa prifon en Pologne, & de la liberté qui luy auoit donnée en fuite, luy fift entendre qu'il feftonnoit qu'oubliant tant de bienfaits, il eut voulu fe joindre à des rebelles, & appuyer leur crime ; qu'il ne deuoit point attendre du Ciel aucun bon fuccez, tant qu'il foûtiendroit vne caufe fi injufte: qu'au refte, f'il eftimoit de voir preferer fô alliance à vne autre fi honteufe & fi infame, il luy offroit fon amitié. Le Cam fit vne réponfe fort ciuile à ce compliment, apres lequel vne conference du Chancelier auec fon Vifir ayant efté refoluë, ces deux Miniftres conclurent la Paix, dans laquelle l'on promit au Cam le fubfide ou tribut ordinaire de trente mil rôles de peaux de Mouton, qui n'auoient point efté fournis depuis quelques années, auec quelque argent comptant, moyennant quoy il f'obligea de rappeller fes troupes de deuant Zbarras, & de fe retirer inceffamment des terres de la Republique. Il ftipula auffi par cét accord, l'accommodement de Kimielniski, auquel fon Generalat fut confirmé auec plus de prerogatiues & d'authorité qu'aucun de fes predeceffeurs n'auoit eu en la Milice des Cofaques, il n'auoit iamais efté que de fix mil hommes, & fut accreu jufques au nombre de quarante mil, pour l'enrôlement defquels l'on deputeroit au premier iour des Commiffaires. C'eftoit proprement le moyen d'entretenir le feu au lieu de l'efteindre, & raffermir la rebellion au lieu de l'abatre : mais il falloit ceder au temps, & fauuer la perfonne du Roy & les deux Armées affiegées en mefme temps, qui ne pouuoient pas échaper de la main de cette multitude effroyable d'ennemis, fans la legereté des Tartares gens inconftans, qui aymerent mieux vn peu d'argent comptant, que de trauailler à l'eftabliffement de Kimielniski, n'eftans pas accouftumez d'ailleurs à vne guerre de longue haleine, telle qu'eft celle des fieges, pour lefquels ils font auffi fort peu propres, n'ayant que de la Caualerie.

Kimielniski doutant que les Polonois vouluffent garder vne paix fi defauantageufe pour eux, & à laquelle ils auoient efté obligez de confentir, par l'extréme neceffité de leurs affaires, f'appliqua à rechercher les moyens de fe maintenir par des alliances auec les puiffances voifines, ne jugeant pas que celle des Tartares luy fut affez affeurée. Il enuoya donc à la Porte, & au grand Duc de Mofcouie, dont il eftimoit l'amitié beaucoup plus que celle des autres Princes, à caufe de la conformité de la Religion : mais ces Enuoyez n'en rapporterent que de belles paroles, qui n'eurent point de fuite. Le grand Seigneur luy promit l'inueftiture du Duché de Ruffie, pourueu qu'il fe rendit fon Vaffal & tributaire; mais foit qu'on apprehendât à la porte d'irriter le Roy de Pologne dans la conjonéture de la guerre auec la Republique de Venize, ou foit que l'on y fut dans l'impuiffance de fecourir Kimielniski, ou que l'obftacle y fut apporté par quelque Miniftre de la

Porte, pour des interefts particuliers. Toutes ces promeffes n'eurent point d'effet, non plus que celles du grand Duc de Mofcouie : car quoy qu'il fut bien-aife de la propagation de la Religion Grecque, qui feroit auancée par les progrez des Cofaques, il voyoit d'ailleurs que leur foûleuement & des payfans de Ruffie feruoit d'vn fort mauuais exemple, & jettoit des femences de diuifion dans l'efprit de fes Sujets. Kimielniski rechercha auffi l'alliance du Prince de Valachie ; mais ce fut par la furprife & par la force, voyant bien qu'eftant confideré de la Pologne, à laquelle il donnoit aduis de tout ce qu'il negocioit auec les Tartares, il ne luy feroit pas facile de l'engager autrement à fon party. Il fufcita donc les Tartares, aufquels il joignit quatre mil Cofaques d'élite, qui vfant à leur ordinaire d'vne extréme diligence, furprirent fi brufquement ce Prince, qu'il n'eût que le temps de fe fauuer de Sotzuna fa Ville capitale, auec fa famille & fes meubles les plus precieux, dans le plus épais de la foreft voifine, où pour preuenir fa ruïne entiere, il fut obligé de donner vne fomme d'argent aux Tartares, & fa fille vnique à Timothée fils de Kimielniski. Cette violence exercée à l'endroit d'vn allié de la Republique de Pologne, eftoit vne contrauention manifefte à la paix, qui d'ailleurs n'eftoit pas mieux executée dans le reftabliffement de la Nobleffe dans fes terres, où leurs payfans ne voulurent point les receuoir ; & Kimielniski auquel on en faifoit tous les iours des plaintes, ne les y contraignoit pas autrement, afin de s'acquerir dauantage l'affection de fes peuples, qui auoient peine de renoncer à la liberté qu'ils commençoient de goûter pendant la derniere rebellion. Ainfi, il fut refolu d'enuoyer le General Potoski, reuenu peu auparauant de fa prifon de Tartarie vers le Nieftre ; afin qu'eftant plus proche de la Valachie, il eut mieux l'œil fur les déportemens de Kimielniski.

Kimielniski, à qui la valeur de ce General eftoit affez connuë, conçeut auffitoft de l'ombrage de l'approche de fes troupes ; & comme il en eut enuoyé faire des plaintes, on luy repartit qu'il ne deuoit point s'eftonner que l'Armée fut fur la frontiere, puis que s'eftoit pour fa garde ordinaire, & on luy reprocha en mefme temps la guerre qu'il auoit fait mal-à-propos à fes voifins, les infultes & les violences qui auoient efté faite à la Nobleffe qui penfoit retourner dans fes maifons; les alliances fufpectes qu'il recherchoit de toutes parts. Ces reproches & menaces des vns & des autres, eftoient les auant-coureurs d'vne nouuelle guerre à laquelle chacun fe difpofoit auec beaucoup d'application. Le Roy de Pologne, dans la Diéte tenuë pour ce fujet à Varfowie fur la fin de 1650. propofa de faire vne leuée de cinquante mil Eftrangers ; & quoy que quelques Seigneurs las de la guerre precedente, & apprehédans les éuenemens incertains d'vne feconde, preferaffent la paix auec les conditions les plus dures, à vne guerre heureufe : toutefois, la pluralité des voix l'emporta pour recommencer la guerre, & pour faire les derniers efforts pour exterminer vne puiffance, qui fe fortifiant dans le fein de l'Eftat, n'en reconnoiftroit plus d'autre à la fin, & ne tiendroit iamais de paix que lors qu'elle luy paroiftroit vtile pour l'auancement de fes deffeins. Il fe fit en fuite de puiffans preparatifs par toute la Pologne, pour executer la refolution de la Diéte ; & au mois de Iuin, le Roy fe vint camper à Sokal fur le Bog, auec plus de cent mil hommes, tant des troupes entretenuës que volontaires, & de l'arriereban, le Pofte de Sokal n'ayant pas efté jugé propre, ny pour y ranger toute l'Armée en bataille en cas de befoin; ny mefme affez abondant en fourage pour l'y faire fubfifter lon-gtemps: l'on en décampa fur la fin de Iuin, & l'on fe vint poftér à Beresko Ville fur la riuiere du Seer, où l'Armée auoit vn terrain fuffifant pour vn champ de bataille, & où ils auoient plus de fourage. Là, on eut aduis par les partis que le Roy auoit enuoyé pour prendre langue des ennemis, que les Tartares auoient joints les Cofaques, & qu'ils s'approchoiét enfemble à grandes journées, qu'ils faifoient trois cens cinquante mil hommes. Sur cét aduis, l'on refolut au Confeil de guerre de décamper, & d'aller gagner Dubro, ville du Prince Dominique Duc de Taflaw ; & les baga-

ges commençoient defia à filer, lors que des coureurs rapporterent que l'ennemy
n'eftoit pas à demye lieuë de là ; de forte que ceux qui eftoient partis furent auffi-
toft contre-mandez , & l'on rangea l'Armée Polonoife en bataille hors du Camp
qu'elle auoit defia retranché , ayant la riuiere de Ster à dos : la premiere journée
fe paffa en quelques efcarmouches auec les Tartares ; & dans le Confeil qui fut tenu la nuict fuiuante , où quelques-vns eftoient d'aduis de ne point hazarder la bataille , le Roy la fit refoudre , reprefentant que fi l'on differoit dauantage , l'ennemy marchant auec fon Tabor , qui eft , comme j'ay dit , vn retranchement de Chariots , occuperoit tout le terrain que les Polonois auoient pour fe mettre en bataille , & les acculeroit dans Beresko , où ils combattroient auec defauantage.
Ainfi , le vingt-neufiéme Iuin fur les deux heures apres midy , le combat commença auec les Tartares , qui f'eftoient rangez en forme de croiffant fur les hauteurs voifines , ayant les Cofaques à leur gauche , oppofez à la droite de l'Armée
Polonoife. Iamais il ne f'eft veu de plus grandes forces enfemble : car il y auoit
dans les deux Armées quatre cens cinquante mil hommes , qui occupoient quatre
lieuës Françoifes de plaine : les Tartares foûtinrent affez bien le choc de l'aifle
droite de l'Armée Polonoife ; mais le refte de la premiere ligne où eftoit toute l'Infanterie auec le Canon à la tefte ; ayans marché contre-eux , ils ne firent pas grande refiftance , & lâcherent bien-toft le pied , quelques remonftrances & quelques
prieres que pût faire Kimielniski , pour les faire retourner à la charge ; au contraire , le Cam f'aigrit fi fort contre luy , de ce qu'il luy auoit fait entendre que l'Armée Polonoife n'eftoit que de vingt mil hommes , qu'il courut danger de fa perfonne , & fut obligé pour appaifer le Prince des Tartares, de l'accompagner en fa
retraite , laiffant fon Armée, qui eftoit encore de deux cens mil Cofaques & payfans expofez à l'infulte du vangeur. Ces rebelles ne perdirent pas pourtant courage dans cette conjoncture de la fuite des Tartares & de l'abfence de leur General,
ils éleurent vn de leurs Colonels pour commander en fa place , nommé Bohun ,
& fe retrancherent auec tant de diligence , ayans autour d'eux des marefts & vne
riuiere à leur front , qu'ils fe maintinrent en cét eftat prés de quinze iours , quelques efforts que les Polonois fiffent pour les forcer , jufques à ce que leur nouueau
General eftant allé auec des gens choifis , pour faire fortifier quelques endroits
du Camp les plus proches de l'Armée Polonoife, qui luy paroiffoient trop foibles.
Ils prirent cette fortie qui fe fit la nuict pour vne fuite , & auffi-toft vne confternation generale f'eftant mife parmy eux , chacun ne penfa plus qu'à fe fauuer, laif-
fans dix-huict pieces de canon auec tout leur bagage ; les Polonois en tuerent
trente mil dans la pourfuite , & euffent dés-lors terminé cette guerre , f'ils euffent
fçeu fuiure leur pointe dans ce defordre general des rebelles : mais la Nobleffe de
l'arriereban qui faifoit vne bonne partie de l'Armée, reprefentant qu'elle ne pouuoit pas eftre plus long-temps hors de chez elle , & que cette guerre fe pourroit
aifément acheuer auec les troupes de folde ; auffi bien que fi ce grand nombre
de gens demeuroit plus long-temps enfemble , & fçauançoit dans ces pays deferts, ou tout y periroit bien-toft , quoy que les autres qui eftoient d'aduis auec le
Roy de demeurer pour recueillir le fruit entier de la victoire , peuffent dire au
contraire ; il fallut ceder au plus grand nombre , & le Roy mefme f'eftant contenté de f'auancer deux ou trois journées dans le pays , pour diffiper les reftes de l'Armée rebelle,& empefcher le ralliemét des fuyards,retourna peu apres à Varfowie,
apres auoir laiffé le commandement de l'Armée au General Potoski , lequel f'a-
uançant dans l'Vkranie , y prit & rauageât quelques places ; & f'eftant joint au
Prince de Ratziuil , General de Lithuanie , qui auoit auffi de fon cofté remporté
de grands auantages fur les Cofaques. Les Generaux pousserent Kimielniski jufques à Bealacierkew, l'vne de leurs principales fortereffes , où il auoit affemblé
fon Armée, à laquelle quelques Tartares f'eftoient venus rejoindre , à quoy il
n'auoit pas eu peu de peine , les efprits de ces peuples eftans merueilleufement

troublez de la derniere défaite. Il sembloit que les Polonois deussent acheuer la guerre des Cosaques cette année-là : mais les maladies contagieuses s'estans mises dans leur Armée, ils prestoient l'oreille à la paix que Kimielniski leur proposa. Les Seigneurs qui auoient leur bien sur cette frontiere, & qui pourtant ne demandoient pas la continuation de la guerre, ne contribuerent pas peu à y faire donner les mains; elle ne fut pas si auantageuse que la precedente, puis qu'au lieu des quarante mil Cosaques qui deuoient estre entretenus, on n'en laissoit plus que vingt mil au General Kimielnisky, d'où leur registrement se deuoit faire quinze iours apres; qu'ils n'auroient leurs quartiers que dans le Palatinat de Kiouie; que dans les lieux où lesdits quartiers seroient establis, les soldats Polonois n'y pourroient auoir les leurs; que Kimielniski retiendroit Lzerin pour place de seureté; que luy & ceux qui luy succederoient dans le Generalat des Cosaques, presteroient serment de fidelité au Roy & à la Republique; qu'il auroit la disposition de toutes les autres charges de cette Milice; qu'on ne pourroit rechercher ny inquieter aucun Gentil-homme Catholique Romain ou Grec, pour auoir suiuy le party des Cosaques; qu'ils seroient maintenus dans l'exercice de la Religion Grecque, & dans la possession de leurs Eglises, Monasteres & Colleges; que les Tartares qui estoient encore auec eux, vuideroient incessamment du Royaume; que Kimielniski essayeroit de lier les Tartares au seruice de la Republique : mais que n'en pouuant venir à bout auant la Diéte prochaine, il renonceroit à leur alliance; que la Noblesse des Palatinats, de Kiouie, Braclauie, & Cremichouie, rentreroit dans ses biens : mais qu'elle ne pourroit pourtant exiger aucunes coruées ou autres redeuances de ses Sujets, auant la confection de la matricule des Cosaques & auparauant qu'ils fussent enrôlez.

Cette seconde paix a esté depuis rompuë par l'vsurpation qu'a faite le nouuel Hospodar de Valachie sur le Hospodar Basile, beau-pere du fils de Kimielniski, le premier estant porté par le Roy de Pologne & par les Princes de Moldauie & de Transsiluanie; ainsi leurs Armées s'estans rencontrez, celle du vieil Hospodar qui estoit composée en partie de Cosaques auxiliaires, fut défaite, & sa ville de Soczana, où le débris de ses troupes se retira; aussi-tost assiegée, Timothée Kimielniski s'y renferma pour la deffendre; mais il y fut tué en vn assaut, les Cosaques y tinrent iusques à l'extremité; & quoy qu'ils fussent reduits à y viure de la peau des cheuaux, & autres animaux qu'ils auoient mangez, ils ne laisserent pas d'obtenir vne composition fort honnorable. Le Roy de Pologne vint sur la fin de l'Esté de 1653. se camper vis-à-vis de la forteresse de Cochin sur le Nieper, pour fauoriser ce siege, & Kimielniski de son costé employa tous ses soins pour secourir la place, ayant appellé derechef les Tartares pour ce sujet; mais ils y vinrent vn peu tard, & se contenterent de camper à trois ou quatre lieuës de l'Armée Polonoise, sans qu'il se passa que des escarmouches entre les deux partis. Sur la fin de l'Automne, le Cam ne trouuant plus à subsister, fit des propositions de paix aux Polonois, qui les receurent assez volontiers, leur Armée souffrant aussi beaucoup. Les conditions de ce traité furent, que le traité fait en 1649. à Zborow, seroit entretenu; que l'on compteroit quarante mil liures aux Tartares, pour les obliger à se retirer sans piller; & pour les Cosaques qui ne furent point compris dans ce dernier traité, les Tartares intercederent en leur faueur, à ce que le passé leur fut remis, à condition qu'ils seroient les premiers à les exterminer auec sa Majesté Polonoise, s'ils entreprenoient rien contre-elle & la Republique, & s'ils empeschoient mesme les Gentils-hommes de r'entrer en leurs biens. Et parce que cette paix ne fut point signée; mais seulement verbale, on ne la prit que pour vne surseance d'armes, dont les deux partis estoient conuenus, ne pouuant plus ny les vns ny les autres tenir la campagne; de sorte que les troupes Polonoises, pour contenir les Cosaques & les obseruer de prés, prirent en suite leurs quartiers dans l'Vkranie.

Cette

Cette année derniere, la guerre s'est renouuellée auec plus de chaleur que ia- 1654.
mais, les intelligences que Kimielniski auoit entretenuës de longue main auec les
Moscouites ayant enfin éclaté & s'estant mis sous leur protection, apres auoir
reconnu que l'amitié & l'assistance des Tartares, qui se separoient tousiours de luy,
pour le premier auantage dont on les leuroit, luy estoit peu vtile & fort incer-
taine. Il a mis entre les mains du grand Duc de Moscouie, Kiouie, & Bialacierkew,
deux de ses meilleures places pour gages de la fidelité qu'il luy a jurée; apres quoy
le grand Duc ayant pris pour pretexte, que quelques Seigneurs Polonois
ne luy auoient point donné les titres qui luy estoient deûs, & que l'on auoit imprimé en Pologne quelques libelles contre luy, il a declaré la guerre aux Polonois à laquelle il se preparoit il y auoit deux ans; & estant entré auec trois cens mil
hommes dans les Duchez de Seuerré & de Smolensko, il s'est emparé de cette place,
de Sklow. Dombrouna, Polesko, Vvitpesiko, & autres sur le Boristene & le Tanais Les Russes nommeut le TanaisDon, les Tartares Ten.
qui luy donnent entrée dans vne bonne partie de la Lithuanie, & commence à
mettre les Suedois en vne si forte jalousie contre luy, qu'ils sont en termes d'entrer en ligue auec la Pologne, pour se garentir de l'orage dont leurs Estats sont
menacez.

Kimielniski s'est tenu pendant l'Esté dernier dans la Russie, pour empescher la
jonction des Tartares auec les Polonois, en suite du traité qu'ils ont fait ensemble, dont l'execution a esté retardée par le credit que le grand Duc a eu à la Porte; c'est ce qui a obligé les Armées Polonoises de se tenir sur la deffensiue, n'ayant
pas eu, principalement depuis l'eschet qu'elles ont receu en Lithuanie, assez de
forces pour tenir la campagne deuant les Moscouites.

Il paroist par ce recit de la guerre des Cosaques, que ce n'est qu'vne Milice, & non
pas vne Nation, comme plusieurs l'ont crû; on ne les peut mieux comparer qu'aux
francs-Archers establis autrefois en France par Charles VII. lesquels estoient des
hommes choisis dans toutes les Paroisses du Royaume habiles à porter les armes:
qui, au premier mandement du Roy, deuoient se trouuer en équipage au
rendez-vous: aussi estoient-ils exempts de toutes charges & imposts. Les Cosaques sont de mesme, choisis & enrollez dans la Russie-Noire, frontiere des Tartares, & qui ayans les mesmes franchises, sont pareillement obligez, de marcher où on les commande, comme il a esté dit cy-dessus. Ils n'auoient autrefois qu'vne Ville pour place d'armes, & pour Azile les Porouis du Boristene,
d'où ils ont esté appellez Cosaques Zaporouski. Poroui, est vn terme Russien,
qui signifie pierre de Roche; ce Fleuue, à cinq lieuës de son embouchure, est trauersé de Roches, qui s'entretenant, forment comme vne espece de digue au milieu de l'eau, c'est ce qui en rend la nauigation impossible, & oste le moyen à la
Russie de s'enrichir, par le commerce qu'elle pourroit faire à Constantinople de
ses bleds & de toutes les autres denrées, dont elle abonde autant que pays du monde. Il y a de ces roches qui sont à fleur d'eau, d'autres qui en sortent de la hauteur
de six, huit, & dix pieds; de sorte que cette inégalité fait diuerses cascades, que
les Cosaques ne peuuent passer dans leurs batteaux qu'auec peine & beaucoup de
danger; il a treize de ces cascades, quelques vnes desquelles sont de douze &
quinze pieds quand les eauës sont fort basses: & pour estre reconnu pour vray Co-
saque Zaparouski, il faut les auoir passé, & auoir par consequen. fait vn
voyage sur la mer Noire; de mesme que pour estre receu à Malthe aux digni-
tez de l'Ordre, il faut auoir fait sa carauane contre les Turcs. Par de là les
Porouis du Boristene il y a diuerses Isles, desquelles il y en a vne entr'autre,
au dessous de la riuiere de Chertomelick, enuironnée de plus de deux mil autres petites isles, dont les vnes sont seches & les autres marescageuses &
toutes couuertes de roseaux, ce qui fait qu'on ne peut pas discerner les canaux
qui les separent; c'est en cét endroit & dans tous ces détours que les Cosaques
font leur retraitte, qu'ils appellent Skarbucca Vvoyscowa, c'est à dire tresor de

†

l'Armée, y ferrant leur butin qu'ils font dans leurs courfes de la mer noire, & l'accez en eft fi difficile & fi dangereux, que plufieurs Galeres Turcques, les pourfuiuant, s'y font perduës.

C'eft auffi leur place d'affemblée quand ils vôt en courfe, car apres auoir efleu entr'euxvnGeneral pour les côduire & cômander en cette expedition, ils trauaillent à faire leurs Batteaux, qui font de foixante pieds de long & de dix ou douze de large; ils font fans quille & baftis feulement fur vn canot de bois de faulx ou de tillet, bordé & rehauffé de planches qu'ils cheuillent les vnes fur les autres. Ils y mettent deux Auirons pour les mieux virer lorfqu'ils font obligez de fuïr : & garniffent le cofté de cordons ou gerbes de rofeaux, gros comme vn Baril, pour fouftenir leur Bateau fur la vague. Ils ont ordinairement douze ou quinze rames à chaque bord, & vont plus vifte que les Galeres des Turcs. Ils ont vne mefchantevoile, & ils ne s'en feruentencoresque de beau têps, aymant mieux ramer, quand il fait grand vent. Pour ce qui eft des prouifions qu'ils portent auec eux, ils prennent du bifcuit dans vne tonne, & l'en tirent par le bondon à mefure qu'ils en ont befoing ; auec cela ils ont vn baril de milet boüilly & vn autre de pafte leuée & détrempée auec de l'eau, qu'ils mangent meflées auec le milet, cela leur fert de manger & de boire tout enfemble, & d'vn gouft fort delicieux. Ils ne portent ny eau de vie, ny aucune autre liqueur forte, car quoy que cette Nation foit auffi fujette à l'yurognerie que les autres du Septentrion, elle ne laiffe pas de garder vne extrême fobrieté dans fes entreprifes. Ils f'affemblent ordinairement cinq ou fix mil hommes, & apres f'eftre mis vne foixantaine à faire vn Bateau, ils en mettent quatre-vingts ou cent en état en trois femaines ; Ils fe mettent cinquante ou foixante dans chaque Bateau, chaque Soldat à deux Fuzils & vn Sabre, & cinq ou fix Fouconneaux pour leur Artillerie, & la munition neceffaire. L'Amiral a vne banderolle à fon maft pour le diftinguer : ils marchent enfemble, & fi fort ferrez, que leurs auirons f'entretouchent. Ils attendent, pour fortir du Boriftene, la fin de la Lune, pour n'eftre point, pendant vne nuit fombre, apperceus des Galeres Turquefques qui fe tiennent à Oczakow ville du Turc fur l'embouchure de ce fleuue où elles fe tiennent ordinairement pour les obferuer. Si toft qu'on les a defcouuerts l'alarme court en mefme temps par tout le pays, & va iufques à Conftantinople, d'où l'on depefche des Couriers fur toutes les Coftes de la Natolie, Romanie & Bulgarie, afin que chacun fe tienne fur fes gardes : mais la diligence des Cofaques eft telle, qu'ils preuiennent fouuent tous les Couriers qui portent la nouuelle de leur venuë, prenans fi bien leur temps, & la faifon fi à propos, qu'ils fe rendent en 40. heures en Natolie. Quand ils rencontrent quelques Galeres ou Vaiffeaux, qu'ils peuuent defcouurir bien mieux de loing qu'ils ne font defcouuerts, leurs batteaux n'ayans que deux pieds & demy fur l'eau ; ils en approchent iufques au foir, à la diftance d'vne lieuë ou enuiron ; puis, apres auoir bien remarqué l'endroit ou ils ont veu le Vaiffeau, ils recommancent à ramer fur la minuiét à toutes rames, & en vn moment fe trouuent deffous & le prennent d'emblée, n'eftant pas poffible qu'vn Nauire fe deffende contre cette multitude de batteaux qui l'attaquent en mefme temps ; ils en enleuent l'argent, le Canon & toutes les marchandifes qui fe peuuent aifément tranfporter, puis coulent le Vaiffeau & les hommes à fonds, n'eftans pas affez habiles Mariniers pour l'emmener : mais fi ils ont cét auantage fur les Galeres & fur les Vaiffeaux de nuiét, auffi ceux-cy leur rendent bien le change de iour, car les rencontrant ils les efcartent à grands coups de Canon & leur tuent beaucoup de monde, lorfqu'ils fe veulent acharner au combat, d'où ils ne ramenent fouuent que la moitié de leur équipage : il eft vray qu'ils ne peuuent iamais eftre attrapez, fe retirans, quand ils font pourfuiuis, vers les bords de cette mer pleine de rofeaux, où les Galeres ne peuuent aller. Le grand Seigneur s'eft fouuent

plaint de leurs pirateries, au Roy de Pologne, qui ne luy en a iamais fait plus
de raiſon qu'il en a eu du Turc ſur les incurſions des Tartares; auſquels Dieu
ne pouuoit pas ſuſciter d'ennemis plus ſortables que les Coſaques.

Apres auoir parlé de leur maniere de faire la guerre ſur mer; ſuit de toucher quelque choſe de celle de terre, de leurs mœurs & Religion. Les Coſaques
ſont meilleurs hommes de pied que de Cheual; ils ſont fort patients & de grande fatigue, obeiſſans à leur Chef, & extremement adroits à remuer la terre
& à ſe retrancher, non ſeulement de cette façon, mais auec leurs Chariots,
lorſqu'ils marchent: & ils ſont ſi forts derriere ce retranchement ambulatoire,
dont l'vſage eſt abſolument neceſſaire dans ces grandes Plaines deſertes, où
les Tartares rodent touſiours, que mil Coſaques, ainſi couuerts de leurs Chariots, feront teſte à ſix mil Tartares, leſquels ne deſcendans guere de Cheual, ſont arreſtez par la moindre barricade ou foſſé; Il eſt mal-aiſé de faire,
en d'autre pays qu'en Pologne, ainſi marcher vne Armée au milieu de ces
Chariots, n'y ayant point de pays plus plat & auec moins de foſſez, que celuy-là.

Le pays habité par les Coſaques s'appelle Vkraine, qui veut dire * Frontiere, c'eſt tout ce qui ſ'eſtend au de-là de la Volhinie, Ruſſie & Podolie, & qui
a eſté peuplée depuis ſoixante ans. Dans cette derniere guerre ils ſe ſont
rendus Maiſtres de la Ruſſie-noire; Tout ce pays commence depuis le cin-
quante-vn degré de latitude, & deſcend iuſques au quarante huit, où il ne ſe trouue plus que des Plaines deſertes, iuſques à la mer Noire, qui ſont toutes couuertes
d'herbages, ſi hautes, que on n'y peut pas à peine eſtre veu à Cheual.

L'Vkraine eſt vn pays tres-fertil, ainſi que la Ruſſie & la Podolie; & la terre
auec vn peu de labour produit tant de grains de toutes ſortes, qu'ils ne ſçauent
qu'en faire la plus part du temps, leurs Riuieres n'eſtant point nauigeables; Ils
ont auſſi de toutes ſortes de betail, de gibier & de poiſſon en abondance, il ne leur
manque que du vin, & du ſel: Le premier leur vient de Hongrie, Tranſiluanie;
Valachie, & Moldauie, & puis leur biere, & l'eau de vie qu'ils font de grain, y
ſupplée; pour le ſel ils le tirent des mines d'aupres Crakouie, où du Poccoſiche, qui
eſt vne contrée des appartenances de Pologne; tenant à la Tranſiluanie où l'eau
de la pluſpart des puits eſt ſalée; ils la font boüillir comme l'on fait en France
le ſel blanc, & en font de petits pains deux fois gros comme le poulce; ce ſel eſt
agreable à manger, mais il ne ſale pas tant que le ſel de Broüage; Toutes les maiſons de ce pays-là ſont de bois, de meſme qu'en Pologne & Moſcouie; les murailles de leur ville ne ſont que de terre, qu'ils ſouſtiennent de pieux auec des planches
à coſté, comme nous faiſons les Baſtardeaux; cela eſt vn peu ſujet au feu, mais elles reſiſtent mieux aux coups de canon, que les murs maçonnez. Les principales riuieres de ce pays ſont le Nieper ou Boriſtene, le Boy, le Nieſter autrefois appellé Tiras, qui borne la Valachie, la Deſna, le Rec, le Ster, & autres petites riuieres dont la quantité fait aſſez iüger de la bonté de ces pays. Les villes les
plus conſiderables, que les Coſaques occupent à preſent, ſont Kiouie ville ancienne de Ruſſie; où il y a vn Palatin, vne Egliſe Metropolitaine Grecque, &
vne Vniuerſité, Blala cerkicew, Corſun, Conſtinowa, Bar, Civkaſſi, Cziviń
qui eſt la derniere place du coſté de la petite Tartarie, Sampol paſſage ſur le
Nieſter, Braclaw ſur le bas Palatinat, Czernichow, autre Palatinat ſur la frontiere de Moſcouie, & il n'y a point de bourgade qui ne ſoit fortifiée, & qui du
moins n'ait vn foſſé pour reſiſter aux Tartares, qui les viennent viſiter ſouuent.
Ils ſont fort incommodez en ce pays-là des mouches, qui picquent tellement
que l'on en a le viſage tout enfleué, ſi l'on ne ſ'accouſtume à coucher ſous vn Pol-
lené, qui eſt vne eſpece de hute que l'on fait exprés, à peu pres comme celle
de nos Soldats, & que l'on couure d'vn drap de toille de cotton, dont on
ſ'enueloppe, & qu'on fait reborder ſous le matelas, afin qu'il n'y reſte au-

† ij

* En langue
Ruſſe.

cune ouuerture , mais ils sont bien plus incommodez des sautere lles; qui leur viennent en quelques années ; mais principalement quand le temps est fort sec ;
elles sont poussées par vn vent d'Est ou Sudest de la Tartarie , Circassie & Mingre-
lie, qui n'en sont point presque iamais exemptes ; elles vont par nuées qui ont cinq
ou six lieux de long, & trois ou quatre de large , & qui obscurcissent tellement
l'air, que le plus beau temps en deuient sombre aux endroits ou elles s'arrestent :
elles moissonnent les bleds en moins de deux heures, ce qui cause la cherté, &
quelquefois la famine dans le pays ; ces animaux-là ne viuent que six mois aux
lieux où ils demeurent ; en Automne ils pondent leurs œufs, dont chacun en
fait bien trois cens, qui esclosent au Printemps ensuiuant, lequel estant sec, ils
font par cette multiplication, encore plus de rauage que l'année d'auparauant; les
grandes pluyes les font mourir & empeschent les œufs de s'esclore ; les cochons
ayment fort ces œufs, & seruent à en purger les champs ; ces œufs se tiennent par
toufes, comme l'espy du bled de Turquie, dont ils portent la couleur & figure, & il
n'y a que ce moyen-là pour en déliurer les contrées, ou bien le vent lors qu'il vient
du Nordouest ou Nort , & qu'il les chasse dans la mer Noire ; quand ces sauterelles ne font que naistre & qu'elles n'ont point encore les aisles assez fortes
pour voler , elles entrent dans les maisons , se mettent dans les lits , sur les
tables & dans les viandes, de sorte que l'on ne peut manger sans en aualer ; la
nuit lors qu'elles se reposent tous les chemins en sont couuerts de plus de quatre
pouces, & quand la roue d'vn chariot vient à passer dessus, il en sort vne odeur
si puante, qu'à peine la peut-on souffrir, principalement quelque temps apres lors
qu'elles se font corrompuës.

La Langue des Russes & Cosaques est vn dialecte de la Polonoise, elle est
pleine de diminutifs, & passe en Pologne pour fort delicate & mignarde. Les
Russes sont affligez d'vne maladie qui leur est particuliere, appellée par les Medecins Plica, & en langue du pays Goschest, ceux qui en sont attaquez demeurent vn an perclus de tous leurs membres, comme paralitiques , sentant de
grandes douleurs dans les nerfs ; apres ce temps-là il leur vient en vne nuit vne
grande sueur de teste, de sorte que le matin en se leuant ils trouuent tous
leurs cheueux collez ensemble, alors ils se sentent fort soulagez, & quelques
iours aprés sont entierement gueris de cette paralisie; mais leurs cheueux demeurent entortillez, & si dans ce moment ils se les faisoient couper, l'humeur qui
se purge par les pores de la teste, & ces cheueux leur tomberoient sur la veuë, & les
rendroit aueugles : cette maladie est estimée dans le pays incurable, mais des François qui y ont esté en ont guery, en les traittant comme de la verole, quelques vns
s'en guerissent aussi imperceptiblement, & par le changement d'air en passant en
vn autre pays.

Leur Religion est la Grecque Schismatique, receuë en ce pays-là, en l'an 942.
du regne de Volodomir Prince de Russie. Les deux Russies obeyssoient pour lors
au mesme Seigneur : la plus part de la Noblesse fait profession de la Religion Catholique Romaine, il y a aussi beaucoup de Caluinistes, & quelques Lutheriens.

Les principales erreurs de la Religion Grecque sont qu'ils n'admettent point
la procession du S. Esprit, du Pere & du Fils, mais du Pere seulement, parce
qu'ils croyent que le faisant proceder du Pere & du Fils tout ensemble, cela
supposeroit en luy vne double volonté & vn double intellect.

Ils nient le Purgatoire, disant qu'aprés cette vie chacun selon ses actions va
attendre le iour du Iugement, les bons dans les lieux agreables & delicieux
auec les bons esprits, & les meschans dans les demeures affreuses & terribles auec
les Demons, se fondant sur ce passage, *Venite benedicti Patris mei possidete regnum
cœlorum, &c. & ; ite maledicti in ignem æternum* , qui marque qu'il n'y a point vn,
& n'y aura point d'autre iugement que celuy-là, puisque l'on ne prononce pas
deux Sentences aux mesmes criminels.

Ils reiettent le celibat des Prestres, & n'en reçoiuent point qu'ils ne soient mariez, croyant que les Prestres Catholiques Romains soient Anathémes, par le Concile tenu à Gangre où il est dit au 4. Canon, *Qui spernit sacerdotem secundum legem vxorem habentem, dicens quod non liceat de manibus eius sacramentum sumere, anathema sit*; & en vn autre endroit, *Omnis sacerdos aut Diaconus propriam vxorem dimittens sacerdotio priuetur*, & ils tiennent le mariage si essentiel à la Prestrise ; qu'vn Prestre deuenant veuf ne peut faire aucune fonction Sacerdotale ; les Prestres sont tirez ordinairement des Cloistres, où l'on prend les plus capables, & ceux qui ont le plus de temps seruy à l'Eglise.

Ils ne veulent point receuoir les Conciles d'autres que ceux qui se sont tenus depuis le 7. œcumenique, qui fut assemblé sous le Pape Adrian, dans lequel ils disent qu'il fust arresté, que les choses decidées & resoluës dans les precedens Conciles iusques à celuy-là demeureroient fermes & stables à perpetuité, & qu'à l'aduenir quiconque tiendroit d'autre Concile, ou s'y trouueroit, seroit Anathéme, de sorte qu'ils trouuent tout ce qui s'est fait dans l'Eglise depuis ce temps-là pour heretique & cotrompu ; les Docteurs, dont ils suiuent la doctrine, sont S. Basile le Grand, S. Gregoire de Nazianzene, & S. Iean Chrysostome : ils lisent aussi les Morales de S. Gregoire le Grand, & ont en veneration & opinion de sainteté tous les Papes qui ont precedé le 7. Concile.

Ils celebrent leur Messe en langue Esclauonne, y entremeslans quelques Hymnes Grecques : ils consacrent du pain auec le leuain, & trouuent estrange que les Prestres Romains vsent de pain sans leuain, & suiuent en cela les Iuifs, desquels n'ayant retenu ny le Sabat, ny la Circoncision, il semble, disent-ils, que nous ne deuons pas les imiter en ce point, outre qu'il est dit formellemēt, que quand I. C. fit la Cene, *accepit panem*, & que cela ne se doit entendre que du pain ordinaire, & non du pain sans leuain, puisque les Iuifs ne le mangeoient qu'estant debout, lors qu'ils faisoient leurs Pasques, dont, adjoustent-ils, nostre Seigneur qui estoit couché, *Recumbentibus duodecim*, &c. ne mangeoit point de pain sans leuain, ny ne faisoit point la Pasque, mais vn autre repas.

Ils inuoquent les Saints comme les Catholiques, la Vierge & les Apostres, dont ils solemnisent les Festes, mais sur tout S. Nicolas qu'ils honorent auec vn culte tout diuin, & qui va iusques à l'Idolatrie.

Leurs autres Sacremens different peu des nostres, la difference qu'il y a dans l'Eucharistie, c'est qu'ils communient le peuple sous les deux especes, & donnent ce Sacrement aux enfans dés l'aage de trois ans : ils ont des Hosties à part pour les malades, qu'ils consacrent la Semaine Sainte : leurs ieusnes sont plus frequens & plus austeres que les nostres, s'abstenant non seulement de chair, mais de beurre, laict, fromage, œufs, & mesme de poisson ; & ne viuant que de choux, raues, champignons, & autres legumes ; il y en a de si deuots, qu'ils ieunent au pain & à l'eau ; ils ont quatre sortes de jeûnes durant l'année ; le premier qui respond à nostre Caresme, dure sept semaines, le second commance depuis l'Octaue de la Pentecoste, & finit à la Vigile de S. Pierre & S. Paul, le troisiéme dure depuis le premier Aoust iusques à l'Assomption de la Vierge, & le dernier est pendant l'Aduent, qu'ils commencent quinze iours plustost que le nostre : ils obseruent aussi vne pareille abstinence tous les Mercredys & Vendredys de l'année, car ils ne ieusnent point le Samedy comme nous ; mais le Mercredy ils s'abstiennent de viande.

RELATION

DES TARTARES,

PERCOPITES ET NOGAIES,

DES CIRCASSIENS, MANGRELIENS,

ET GEORGRIENS.

PAR IEAN DE LVCA RELIGIEVX DE L'ORDRE
de Saint Dominique.

Les postilles & ce qui est comme en caractere italique, sõt des remarques d'vn Polonois qui a esté long-temps dans le pays.

IE fais icy vne Relation succinte des pays que i'ay parcouru à l'occasion d'vne Mission en Tartarie, & aux Circassiens, où i'ay esté employé. Le peu de temps qui me reste de mes occupations ne me permet pas de faire cette Relation aussi estenduë & particuliere que ie l'aurois souhaitté : mais on se peut asseurer que la verité, qui est la partie la plus importante, se trouuera dans celle-cy ; car ie n'y mettray que les choses dont ie seray asseuré par le témoignage de mes yeux.

On appelle Tartares Percopites ceux qui habitent cette presqu'Isle, que la mer Majeure ou la mer Noire fait d'vn costé, & le Limen ou marest Meotide de l'autre ; Ils la nomment Crim, elle tient à la terre ferme par vn Isthne ou gorge de demie lieuë de largeur, a 700. milles de circuit, & contient 80. mil-

Perekop en langage des Russes signifie vne Ville : Or en lãgage Tartare signifie la mesme chose, c'est aussi de là que l'õ tire l'étimologie de leurs hordes

les Coï : Coï signifie vn Village, ou plustost vn Puits, car chaque Village a le sien. Il y a sept Villes dont la principale est Caffa, les autres sont Criminda, Carasu, Bachasarai, Giusleue, Baluchelaua, Chierche, * *Maucop*, qui obeissent toutes au grand Can des Tartares ; on appelle son Fils Deule-cehere Sultan ; *Deule est son nom propre, Zirei celuy de la famille tres-ancienne, & qui regne depuis long-temps dans ce pays* ; Sa mere s'appelle Anna Bei, sa femme Banibichise. Le grand Turc met vn Bacha dans la Ville de Caffa, mais il n'a que voir hors des murailles ; le Can de Tartarie estant reconnu dans toute la Campagne. Ce Prince prend entre ses titres celuy de Roy des Tartares, des Nogayes, de la Circassie, de Malibase, & de la grande Tartarie. Les bornes de la Tartarie *-mi-

* Les Geographes appellent cette partie de la Tartarie, *Tartaria Precopensis.*

neure sont d'vn costé partie de la Russie, où le Danube entre dans la Mer : de l'autre la mer Noire, & du costé du Leuant, le Limen ou marest-Meotide & la Moscouie vers le Nort.

C'est vn pays de Plaines fort froides, à cause des vents ausquels elles sont exposées, n'y ayant rien qui les couure ; Il y a quatre riuieres, mais elles ne sont pas fort considerables, l'on ne conte au nombre de ces riuieres l'Exi*, qui est hors de la presqu'Isle, & passe au de-là de Percope ou de

* Les Tartares le nõment Osu ; les Russes Nieper ; les

la Ville par laquelle on entre de la Terre ferme dans la presqu'Isle. L'Exij n'a point de Ponts ; pour les autres Riuieres on les peut passer à gué fort aisément, mais non pas au temps des grandes eauës. L'vne de ces petites riuieres se nomme Alma, l'autre Cabarta, la troisiefme Beiefula, ou *Kacia* : la quatriefme *Carafu*, qui a vn Pont de bois, & paffe dans la Ville de Carafu, laquelle, depuis peu d'années, a efté endommagée du defbordement de cette Riuiere. Les Tartares font labourer les champs par leurs Efclaues, receüillent du froment & du millet en grande quantité ; la charretée de bled, autant qu'en peuuent tirer deux Bœufs, n'y vaut que deux Efcus. Il y a de fort beaux pafturages, force beftail, Vaches, Brebis, Cheuaux, grands Chameaux à deux boffes, & quantité de Volailles ; les viures y font à fi grand marché, qu'on donne quinze œufs pour vn afpre ou deux liards, & vne Poule pour deux fols. Les eauës y font bonnes, mais encore meilleurs prés de la Mer que dans la Plaine. Il fe pefche vne merueilleufe quantité de poiffon le long de la cofte de la Mer, & dans le Marefts : fi bien qu'il eft encore à meilleur marché que la viande. Le Cauial ne vaut que deux fols la liure ; & l'on a l'Efturgeon, qu'ils nomment Morona, & qui pefera quelquefois plus de 80. liures, pour vn Sequin.

Ils ont auffi des fruits, comme des Poires, des Pommes, des Prunes, des Cerifes, & des Noix ; mais c'eft prés de la Mer, car il ne croift point d'arbres dans la Plaine, fi ce n'eft le long des Riuieres.

Le Sel dont ils fe feruent fe congele dans les Marefts, & on l'amaffe fans aucun trauail, chacun ayant la liberté d'en prendre ce qui luy en faut. On y fait grande quantité d'Huile de terre, que nous appellons Huile de Caillou. Les Tulippes, qu'ils nomment Lale, font les fleurs les plus communes de leurs prés Il n'y a point de beftes feroces, mais bien, grande quantité de Liéures, qu'ils prennent auec de fort bons Leuriers, qu'ils efleuent dans le pays ; Ils les prennent auffi auec des Dogans ou Faucons, ment *Dogan*, qui leur viennent du pays des Abaffa. Le vin à la verité y eft fort cher, auffi-bien que l'Huile d'Oliue.

Les Tartares Percopites mangent peu de pain, mais beaucoup de chair, principalement de celle de Cheual ; fi vn Murfe ou Seigneur du pays fait vn feftin, la chere ne feroit pas entiere, fi l'on n'y feruoit vn jeune Poulain ; cette chair eftant auffi ordinaire parmy eux, que le Bœuf & le Mouton le font ailleurs. Leur breuuage eft fait du laict de Caualle, qu'ils nomment Chimus ou Boza, qui eft vn breuuage fait auec farine de Millet ; l'vn & l'autre enyure comme noftre vin : le Chimus, ou Boza, fe prepare de la maniere fuiuante.

* Apres que la Caualle a mis bas, ils laiffent tetter fon Poulain vn mois durant, & apres ce temps ils attachent fur le nez du Poulain des pointes de bois, afin que lorfqu'il veut tetter, la Caualle en foit piquée, & ne le puiffe fouffrir : cependant ils tirent le laict, & le mettent dans vn vaiffeau où il y a eu du vin (lorfqu'ils en peuuent auoir) on paffe le laict en le mettant dans ce Vaiffeau, & on le bouche foigneufement ; on y met apres 20. ou 30. grains d'Orge auec vne ceüillerée de laict aigre de Vache, ou bien vn peu de leuain. Il faut mettre le Vaiffeau, durant ce temps, proche du feu, ou au Soleil, afin que le laict boüille & qu'il s'efclairciffe : ce qui arriue dans l'efpace de deux ou trois femaines ; & fi vous y adjouftez vn peu de vin, la boiffon en fera plus agreable. Le laict eftant épuré de la forte, vous le ferez paffer par vne toille fine auparauant que d'en boire ; Celuy que l'on fait au printemps, eft meilleur qu'en quelqu'autre temps de l'année. Cette boiffon vous durera long-temps, car à mefure que vous en tirez, vous pouuez toûjours adjoufter du laict nouueau. Remarquez auffi, que fi le laict, de luy-mefme, vous femble affez aigre, il ne fera pas neceffaire d'y adjoufter du laict aigre de Vache, ou du leuain, mais feulement des grains d'Orge ; pour le plus feur il en faut faire en differens Vaiffeaux. Vous pourrez mefme, dans quelques-vns mettre vn noüet de racines de violette, ou de feüilles de coriande. L'on peut traire la Caualle dix fois par iour, mais il la faut nourrir cependant de bonnes herbes.

Dans leurs feftins, ils choififfent vne perfonne de la trouppe pour donner à boire ; ils nomment celuy qui a ce foin Cadak ; il commence par le principal de la compa-

Latins Bori-
ftenes.

Il y a enco-
re des Pef-
ches & d'au-
tres fortes
de fruits à
Bachafarai.

Ils eftiment
principale-
ment, dans
leurs feftins
les Cheuaux
fauuages
dont il y
a beaucoup
dãs le pays.

Komiis
Boza en lã-
gue Tartare,
Braha en
Ruffiene.

*La maniere
de preparer
le Chomus
eft vne des
additions du
Gétil-hom-
me Polonois
qui a efté
long-temps
Efclaue en
Tartarie : il
tenoit cette
boiffon fort
faine & d'vn
grãd fecours
pour les per-
fonnes im-
puiffantes.

La graine
de Coriande
a meilleur
gouft que la
feüille.

gnie , faifant apres la ronde , auec la taffe efgalement plaine , afin que tous f'en-yurent efgalement.　Ils mangent à terre arrangez en rond fur des Tapits , ou Nattes : leurs Tables font rondes , couuertes de cuir.　Entr'autres plats , on leur fert des Potages faits de farine de Millet & de laict aigre , qu'ils nomment Cha-chiche ou Katuk , fans herbes , car l'herbe , difent-ils , eft pour les Cheuaux ; quoy qu'ils ayent beaucoup de laict ils font mal leurs fromages:* & les gardent dans des Outres.　Ils reçoiuent bien les Eftrangers ; quand quelqu'vn arriue dans vn Villa-ge , il va droit à la Mofquée , où on luy porte des viures : & fi c'eft vne perfonne de leur connoiffance , ils le logent chez eux , y ayant en toutes leurs maifons , quelque lieu deftiné pour receuoir les Eftrangers.

*Les Nogais font des fromages de laict de lument , mais fort peu.

Quand ils prennent vne fille en chapin , ou mariage , le Coggia y affifte auec trois tefmoins : la fille choifit & demande ce qu'elle veut pour fon doüaire , le mary & fes parens tafchent de luy donner le moins qu'ils peuuent : le Coggia ef-crit les chofes qu'ils ont promis de donner , & prend le nom des tefmoins ; les réjoüiffances de ces mariages durent trois iours : ils les accompagnent d'inftruments de Mufique , qu'ils nomment Ciongur , & qui reffemblent affez à nos Guitaires. Ils prennent autant de femmes qu'ils en peuuent nourrir , & auec ce-la leurs Efclaues , qu'ils appellent *Cuma* , c'eft à dire , Concubines ; les perfonnes de baffe condition traffiquent mefmes fouuent des enfans qu'ils ont de ces fecondes femmes ou Concubines.

Leurs ma-riages.

Coggia Docteur ou Preftre de leur Loy.

Ils font ordinairement en guerre auec les Polonois , les Ruffes , les Mofcouites , les Circaffias , les Moldaues & les Hongrois , & font beaucoup d'Efclaues fur ces Nations : ils ne connoiffent point d'autre meftier que celuy de la guerre , la longue experience qu'ils en ont leur a appris tous les fecrets de cét art.

Ils font quelquesfois plus de cent mil Cheuaux & font des marches de 4. mois fans bagage , toufiours dans les deferts , car ils trouuent tout le pays abandonné , tout le monde s'enfuit deuant eux ; auec cela , ils font ces marches , ou courfes , auec grande facilité , chacun portant fur fon Cheual de la farine d'Orge , ou de millet , qu'ils nomment *Tolcan* ; ils le mettent premierement au four , & puis en font de la farine qu'ils gardent dans vn fac de cuir : ils f'en feruent pour faire leur breuuage , y meflant vn peu de fel auec de l'eau : ce breuuage reffemble à vne pan-nade , & dans la neceffité , il leur fert auffi de nourriture ; ils portent encore leur prouifion de bifcuit auec du Cufcum , qui eft vne pafte en forme de petit bifcuit , fritte dans du beurre ; ils prennent garde , fur tout , à ne point trop charger leurs Cheuaux , dont ils ont plus de foin que de leur propre perfonne ; c'eft vn prouer-be entr'eux , que perdre fon Cheual c'eft perdre fa tefte.　Leurs Cheuaux font fort accouftumez à la fatigue , petits & maigres , pour la plufpart , fi ce n'eft ceux des Murfa ou Seigneurs du pays , qui en ont de tres-beaux & de grande vigueur ; ils ne les tiennent iamais dans les Efcuries , mais les laiffent toufiours à la Campagne , mefme l'Hyuer , quand tout eft couuert de Neige & de Glace , car les Cheuaux la détournent auec leurs pieds , & paiffent l'herbe , ou les racines qu'ils trouuent def-fous.　Leurs felles font fort legeres & leurs feruent à diuers vfages ; le deffous qu'ils nomment *Turghicio* , eft d'vne etoffe de laine preffée ou feutre qui leur fert de Mattelas , ou lict ; le fond de la felle leur fert d'oreiller , & leur Manteau , qu'ils nomment *Capugi* ou *Tapunci* , de pauillon ou tente ; car chaque Caualier por-te des piquets , qui eftant dreffez , & le Manteau eftendu deffus , leur fert de cou-uert & de maifon.

Ils la nom-ment Pekü-net.

Ils font diuifez par dixaines , chaque dixaine a vn chaudron pour faire boüillir fa viande , vn petit Tambour , qu'ils portent à l'arçon de la felle chacun vn fiflet pour fe raffembler dans les occafions , & vne jatte ou efcüelle de bois ou de cuiure , pour boire , & qui eft affez grande pour faire boire auffi fon Cheual , dans la neceffité ; vn foüet , vn coufteau , vne alaine , auec de la fiffelle , du fil , des eguillettes de cuir pour f'en feruir au befoin ,

Ils l'appel-lent Tolum-bas.

fil fe

s'il se rompoit quelque chose à leur selle ou à leurs estriers, & des cordelettes de cuir preparé en sorte qu'elles ne rompent que tres-difficilement, pour lier les Esclaues qu'ils font ; ils font fort bien à Cheual, cheuauchent court, afin, disent-ils, qu'en appuyant mieux dessus les estriers, ils soient plus fermes à Cheual. Leurs armes font l'Arc & le Cimeterre ; ils se seruent de Casques faits de mailles, qui font fort estimez en Tartarie ; tiennent la bride de leur Cheual auec vn doigt de la main gauche, leur Arc de la mesme main, & de la droite ils tirent les Fleches : ce qu'ils font deuant & derriere fort promptement. Leurs courses se font en Hyuer, parce que dans ce temps, les riuieres estant glacées, elles ne leur empeschent point de s'estendre ; ils ne laissent pas de les passer en Esté, car ne pouuant trouuer de Batteaux, ils lient des faisseaux de paille, se mettent dessus auec leur selle & leurs hardes, & se font tirer à nage de l'autre costé de la riuiere par leurs Cheuaux, ausquels ils les attachent : la veille du iour qu'ils commencent leurs courses ; ils ne donnent point à manger à leurs Cheuaux, estant persuadez qu'ils en supporteront mieux la fatigue. Ne vont pas tous en mesme temps à la petite guerre ; mais de dix, par exemple, il n'y en va que cinq, les autres demeurent à la garde ou du Chan, ou du General. Ils partagent également le butin au retour, & en donnent la dixiesme partie au Chan, le Cham n'a point de trouppes entretenuës, si ce n'est 500. *Semeni* ou Arquebusiers, qui luy seruent de Gardes ; les personnes de condition portent vne tente : ils font vestus comme les Polonois, & portent des bonnets d'Escarlatte doublez de quelque fourure, qu'ils nomment *Barchi* ou *Burk.* Les riches en ont de Renard noir, & de Marte, les Princes en ont de Martes Zebelines, chacun selon ses facultez. Leur plus grand trafic est d'Esclaues des Nations auec qui ils ont la guerre, grande quantité de vin, de beurre, & de suif, & prés de la mer, beaucoup de poisson & de Cauiale.

Les Villes des Percopites les plus marchandes, & de plus grand abord, font Caffa, Corasu, Turlerie, *Kozlou* & *Bachaserai* : il y a tousiours en ces lieux des Esclaues à vendre ; les Turcs, les Arabes, les Iuifs, les Armeniens & les Grecs les achetent ; car il y a de toutes ces Nations en ce pays, qui payent tribut au Roy Tartare, & au Bacha. Ils empâlent les Assassins, l'on pend les Larrons. Leurs procez, en matieres ciuiles, se decident par tesmoins, & par les Sentences de leurs *Cadisters*, c'est à dire, Iuges generaux ; ces Sentences s'executent sur le champ sans appel ; il y a cela de bon dans cette Iustice militaire, que l'on empâle sans remission les faux-resmoins. Les Percopites font fort grands Obseruateurs de leur Religion, & vont à leur *Namas* ou *Mosquées* cinq fois le iour : taschent d'obliger leurs Esclaues à se faire Mahometans, leurs promettant la liberté à cette condition, & par ce moyen ils en attirent plusieurs. Font beaucoup de charitez aux Voyageurs. Ils enseuelissent leurs morts dans les *Tabus* ou *Bieres* de bois, leur couurant le visage d'vne sorte de toille, qu'ils nomment *Chesi* : & quand ils les portent en terre, le Coggia les accompagne auec les parents, & les mettent dans vne fosse profonde ; les assistans jettent dessus vn peu de terre, disant *Alla rahamet hila*, c'est à dire, que Dieu luy pardonne : & puis ils mettent vne grande pierre sur la teste du mort, & vne autre à ses pieds, & par dessus des Espines & des pierres, de peur que les bestes ne le deterrent. Aux filles, ils mettent aux pieds & à la teste des branches d'arbres auec des rubans de diuerses couleurs, ou des bouquets de fleurs. Pour monnoye ils ont des Aspres, qui font moitié d'argent, & moitié de cuiure, des Reales d'Espagne, & des Thalers de l'Empire ; ils se seruent aussi de monnoye de Pologne & de Moscouie, des Hongres, des Sequins de Venise, & des monnoies d'Or qui ont cours en Turquie.

Leurs Bastiments ne valent pas grand chose, les meilleurs font faits ordinairement de pierres & de mortier : il y en a beaucoup de bois & couuerts de planches, d'autres de pieux fichez en terre, ausquels on entrelasse des branches d'arbres, & qu'on couure de paille ; mais ils ont de plus vne espece de maisons pour l'Esté, qui se vendent au marché; ce sont des Cabanes d'Osier rondes, qui se mettent sur des rouës, car l'Esté ils n'ont point de demeure fixe, & charient ces maisons où ils trouuent de l'herbe. Ils parlent Turc, il est vray qu'ils ont quelques mots particuliers, & qu'ils parlent plus viste que les Turcs. Le Roy a cinq Serails, & le Sultan deux; l'vn en la Ville où il fait sa residence, qui est *Bacciasarai*, l'autre à *Tulluda*, vn autre à *Siuirenda*, vn dans *Alma*, & vn autre à *Beieplada*. Chacun de ces Serails a enuiron vn mille de circuit, & est entouré d'vne haute muraille, mais peu forte ; les portes en sont de fer, les appartemens qu'elles ferment sont dorez & peints au dedans de belles couleurs. Les Serails du Sultan sont à Achemaciate.

Les plus beaux Villages sont prés de la mer; les Canculi, qui sont les domestiques du Roy, demeurent dans les creux ou cauernes des montagnes ; là est vne Ville imprenable, nommée *Mancup* bastie sur vne montagne, qui est habitée de Iuifs, le Gouuerneur est Tartare; c'est là où sont toutes les richesses des Chams, & où ils se retirent, quand il se fait quelque reuolution dans le pays ; ce qui arriue assez souuent, car le grand Turc, par les intelligences qu'il a dans le pays, leur a souuent enuahy par là vne grande partie de ce pays, & les tient à sa disposition.

Lorsque quelque Prince du sang royal, qui est la famille de Zierci, vient à mourir, il fait venir tous ses enfans, & les tient comme prisonniers à Rhode, leur donnant vne certaine pension par mois, pour leur entretien : & quand le Roy Tartare ne veut pas obeïr à ses commandemens, il enuoye vn de ces Princes auec des trouppes par mer & par terre, & le despouille de son Royaume : & encore qu'il se puisse deffendre quelque temps, neantmoins à la fin le grand Turc demeure tousiours le Maistre ; il tient ainsi ces Roys en subjection, leur faisant faire ce qu'il veut ; auec tout cela ils ne luy payent point de tribut, au contraire le grand Seigneur leur enuoye tous les ans le chilcice & caffeta, pour les obliger, par cét interest, à demeurer à son seruice, & ne laisse pas de leur demander des Esclaues en recompense. Si le Turc ne possedoit point la principale Ville de cét Estat, qui est Caffa, le Tartare ne le craindroit guere, se deliureroit aisément de cette subjection, & ne se soûmettroit pas à de si dures loix. Caffa est plus grande que Messine, & a esté bastie par la Seigneurie de Gennes, lorsqu'elle possedoit la mer-Noire, comme aussi *Baleuchelaua* & *Chiree* ; il y a 150. ans qu'ils en sont sortis, suiuant l'inscription qu'on voit sur sa porte ; elle est forte, enceinte de bonnes murailles, & bien garnie d'artillerie, auec vne bonne garnison de Turcs, sçauoir de Spais, Iannissaires, & deux autre sorte de milice que le grand Turc tient en garnison dans ses Forteresses ; les habitans Grecs, Armeniens, & Iuifs payent tribut.

Les Tartares Nogayes habitent hors de cette presqu'Isle, & confinent auec la Russie, la Moscouie, & la Circassie. Leur pays est grand, dont vne partie est en l'Europe, & l'autre dans l'Asie ; car les vns sont en deçà du marest-Meotide, & ceux d'Asie sont au de-là des mesmes marests-Meotides.

Les Tartares n'ont point de Villes, mais grand nombre de maisons, ou cabannes qu'ils mettent sur des Chariots ; ils obeïssent à des Princes particuliers qu'ils nomment *Cantenier*, *Columbei*, *Chanache-mursa*. Les Nogayes peuuent faire en tout cinquante mil hommes de Cheual, sont Mahometans, mais ils n'obseruent pas religieusement les Loix de cette secte ; ils ne font ny jeusnes ny oraisons ; les Coggia & les Treuiggi, qui sont les Docteurs de cette Loy, ne vont point parmy eux, parce qu'ils ne se peuuent accoustumer à leurs façons de viure ; ils se nourrissent de chair & de laict, qu'ils ont en grande abondance, mais ils ne se seruent point de pain, non plus que de millet cuit, comme font les Circassiens; ils ne gardent aucune politesse dans leur manger, y employent leurs cinq doigs, leuent la teste en haut, & jettent dans leur bouche dedans leur viande comme des beftes; ils boiuent de l'Iran, qui eft du laict aigre de Vache, qu'ils meflent auec de l'eau, il defaltere & nourrit. Aux iours de fe-ftes ils boiuent du laict de Cauale, qu'ils nomment (*Komiisz*) ils le laiffent bien bouché pendant dix iours, & enyure côme le vin; auec cela ils font auffi fecher du laict caillé au Soleil, le mangent auec la viande au lieu de pain, & s'en feruent principalement dans leurs débauches; ils ont auffi quelque peu de millet, qu'ils prennent des Circaffes, à qui ils donnent du beftail en efchange. Ils font de ce mil-let vne forte de potage qu'ils nomment Scorba, auec du beurre & du laict aigre; ils mangent de la chair de Cheual demie cuire; & ont fort grande quantité de beftail. Lorfque i'eftois à Balutte-Coij en Circaffie, ie fus appellé par Demir-Murfa, & comme ie demandois combien il pouuoit y auoir de teftes de be-ftail en vne harde que ie voyois paiftre au tour de fa Cabane, on me dit, qu'il y auoit plus de quatre cens mille beftes, & de-là vient qu'ils ne font ia-mais arreftez en vn lieu, & qu'ils vont continuellement cherchant de nouueaux pafturages. Ils campent ordinairement entre le Tanais & le Nieper, campant fur les riues de l'vn ou de l'autre de ces fleuues : ils fe fortifient fur leurs bords; quand ils font prés de quelque foreft, ils retranchent leur camp de Palliffa-des, depeur que leurs troupeaux ne fouffrent quelque dommage, & ne foient enleuez par les beftes Sauuages ou par les Circaffes : ils font bonne garde depeur d'eftre furpris par ces ennemis, ou par les Tartares, Percopites, & Maliba-fes, qui font peuples de la grande Tartarie auec lefquels ils confinent : ils combat-tent vaillamment, ne laiffent point approcher l'ennemy de leurs maifons, mais vont loing au deuant de luy; ils fe font Efclaues les vns les autres, & fe rachetent apres pour vn certain nombre d'Efclaues ou de beftail. On ne punit point de mort le larcin, mais on met à la chaifne celuy qui y eft furpris, iufques à ce qu'il fe ra-chepte, & s'il ne le peut faire il demeure Efclaue, & on le vend.

Il n'y a point de pauures parmy eux; fi quelqu'vn n'a rien à manger, il va où l'on mange, & s'affied librement fans rien dire, puis fe leue, & fe retire fans autre ceremonie : ils n'ont aucune ciuilité, font gens tout à fait champe-ftres & fauuages.

Ils ont quantité de bons pafturages dans leurs Plaines & grande abondance de beftail, Cheuaux fauuages, Loups, Ours, Renards, Cerfs, Loups-ceruiers & Elans. Les Nogays en tuent quantité & vendent leurs peaux, qui font leur plus ordinaire marchandife, comme auffi les Efclaues, du beurre en tres-grande quantité; les Marchands Turcs & Armeniens y en viennent faire prouifion, & en fourniffent Conftantinople, leur donnant en troc : Pour le prix de leurs marchan-difes ils ne veulét point d'argent, mais de la toille de coton, des draps, des peaux de Maroquin, des couteaux, & autres merceries : mais la pratique de ce pays n'eft pas aifée aux Marchands qui ont beaucoup de peine à paffer les Riuieres, parce qu'il n'y a point de Ponts; ils s'habillent de peaux de beftes, & ne portent point de che-mifes. Et c'eft beaucoup pour eux, s'ils peuuent auoir des hault-dechauffes de toille de Cotton, & pour les plus riches des hault-dechauffes de drap. Ils fe feruent de Bonnets faits de peaux : les vns en ont de peaux de Brebis, d'autres de Renard, & les Murfes de martes zibellines, qu'on leur apporte de Circaffie. Ils font difformes à voir, ils ont la face large & pleine, la tefte groffe, les yeux petits & le nez enfoncé; leurs enfans font long-temps fans voir clair en naiffant, à caufe qu'ils ont les yeux petits, enfoncez, & les ioués fort groffes : ils n'obferuent autre ceremonie en leur mariage, que de prendre des tefmoins; ils fe marient auec leurs parents, ils n'en exceptent que la Sœur & la Tante : ne donnent point de doüaire à leurs femmes, mais les maris font des prefents à leur pere & à leur frere, fans lefquels ils ne trouueroient point de femmes; ils obferuent les mefmes cere-monies pour enfeuelir leurs morts, que les Tartares-Percopites, auec cette diffe-rence feulement, qu'ils amaffent beaucoup de terre par deffus pour empefcher que

---

Marginal notes:

qu'elle a efté faccagé par le Cham du Crim; fes peuples fu-rét côtrainı de fe rendre dans la pref-qu'ifle : la petite No-gaye fubfi-fte encore & recônoift le Cham; ces Peuples font vagabôs fäs tetraitte af-feurée entre le Percop, & l'Ocrakou, & au tour du marefts-Meotide; autrement Doncink, c'eft à dire, petit Tanais. Ils ne font gueres plus de 12. mille, mais ce font les meilleurs foldats d'en-tre les Tar-tares : leur chef eft Or bei, c'eft à dire le Gou-uerneur de Percop, qui iuge de leurs differends, & les meine à la guerre.

Le Gentil-homme Po-lonois dit, q; lurfqu'ils dorment en campagne, ils fichent en terre vn pi-quet auquel ils attachent la bride de leur Cheual, & qu'ils dor-ment s'ap-puyant la te-fte fur leurs mains & fur le mefme pi-quet pour e-ftre plus prompts à fauter en fel-le en cas de furprife.

les beftes ne les déterrent. Ils n'ont point d'efcriture, ny aucune forte de caraéteres ; la juftice eft adminiftrée par leur Chef, ils ne font mourir perfonne, fi ce
n'eft pour auoir tué de fang froid, ce qui n'arriue que fort rarement.

Leurs femmes font paffablement belles, quand elles font jeunes, mais les vieilles font fort laides : ils ont ordinairement deux petites huttes ; la plus petite eft
pour le mary & la femme ; leurs enfans occupent la plus grande : & pour ce qui
eft de leurs Valets, ils dorment toufiours à l'air, quelque froid qu'il faffe, lors
mefme que la terre eft couuerte de neige.

„ Nota. Dans la diuifion que ce Religieux fait des Tartares, il ne parle que des
„ Tartares du Crim & des Nogais. Le Gentil-homme Polonois la donne plus
„ exaétement dans ces termes. Les peuples de la Tartarie mineure fe diuifent en
„ Tartares du Crim - Nogais que l'on appelle auffi Percopites, Tartares d'Ocfa-
„ hou, autrement Dziankirmen, & ceux qui habitent le pays de Akkirmen, autre-
„ ment appellez les Tartares de Bilogrod, Budziais ou Dobrus.

„ Les Tartares du Crim occupent toute la Penjufule Taurique dont la Vil-
„ le principale eft Bachafarai, refidence ordinaire de leur Cham : ils font bien foi-
„ xante mille hommes.

„ Les Nogais tiennent le pays qui eft entre leur principale Ville nommée
„ Perecop, & la Ville d'Oczakou : ce pays eft fermé d'vn cofté par le Pont Euxin,
„ & des autres par le fleuue Nieper ou Borifthene, & par le Limen ou Palus
„ Meotide. Ceux-cy n'ont point de demeure arreftée & font toufiours errants
„ & vagabons, s'arreftant où ils trouuent la commodité de l'eau & des herbes pour
„ leur beftail ; l'on fait eftat qu'ils font bien 12000.

„ Ceux d'Oczakou habitent la Ville qui porte ce nom, font à la folde de
„ l'Empereur des Turcs : ils appellent la folde qu'ils tirent de luy Vlafé, &
„ on les appelle Befleï, comme qui diroit gens payez, ils font enuiron 2000.

„ On appelle Tartares de Budziais ceux qui demeurent aux enuirons de la Ville
„ de Bifarabiam ou Bilogrod fcituée fur les Frótieres de la Valachie entre les riuie-
„ res du Tir & du Danube, & les coftes du Pont Euxin leur principale Ville eft cel-
„ le de Bilogrod, autrement Akkiermen : ces derniers-là peuuent faire enuiron
„ quinze mille hommes.

Ils ont du cofté du Le-
uant pour bornes la
mer Cafpié-
ne, au cou-
chant le Mót
Camafe, au
midy le Fleu-
ue Buftro
qui les fepa-
re des Tar-
tares du Da-
geftau, & au
Nord les
Lanles &
Bryeres de
Aftracan.

Capi figni-
fie en Turc
vne porte,
Temir du
Fer. Derbent
eft vne pa-
role Perfane
qui fignifie
la mefme
chofe.

Il y a vn
Preftre Grec
à Terki, qui
eft mainte-
nāt au Tzaar
ou grand
Duc de Mof-
couie.

RELATION DES CIRCASSES.

LEs Circaffes reffemblent fort aux Tartares Nogais que ie viens de defcrire,
auec cette difference neantmoins, que les Circaffes n'habitent que dans les endroits les plus forts des bois, où ils fe retranchent ; ils confinent auec les Tartares
Nogais du cofté du Nort : vers le leuant ils ont les Cornuchi, auffi Tartares, quoique d'vne autre Religion & d'autres façons de viure ; vers le midy les Abbaffa, &
du cofté du couchant, des Montagnes fort hautes, qui les feparét de la Mengrellie :
ainfi la plus grande eftendüe de leur pays eft depuis Taman iufqu'à Demir-capi,
autrement Derbent Ville fcituée fur le bord de la mer Cafpienne ; ce pays a bien
26. iournées de chemin. Entre Taman & Tomeruchi, il y a vne langue de terre,
fur les bords de laquelle il y a plufieurs Villages. Ils parlent la langue Circaffien-
ne & la Turque, ils font meflez, les vns font Mahometans, les autres du Rit Grec,
mais il y a plus grand nombre de Mahometans ; car encore que le Preftre, qui eft
à Terki leur aille quelquefois adminiftrer le Sacrement du Baptefme, il les inftruit peu dans les chofes de la Religion, fi bien qu'ils fe font Turcs tous les
iours, & il ne leur refte plus rien de la Religion Grecque que la couftume de porter des viures fur les foffes de leurs morts, & l'obferuation de quelques ieûnes.
Ces Villages obeïffent au Tzaar des Mofcouites, & à quelque Murfas ou Seigneurs
particuliers de fa Cour, aufquels il les a donnés pour recompenfe de leurs feruices.
Depuis les Montagnes, qu'ils nomment Varrada, iufqu'à Cudefcio le pre-

mier des Villages que les Circaffiens ont le long de la marine, il y a 300. mille, mais toute cette eftenduë de pays, quoy que tres-fertile, eft inhabitée, l'on conte cent quarante mille depuis Cudofcio iufqu'aux Abbaffa. Les Peuples qui font dans ces Montagnes fe difent Chreftiens, comme auffi ceux qui habitent les Forêts qui font dans la Plaine ; ils obeiffent à des Princes particuliers. Ie feray mention des principaux & de la diftance des lieux qui font fous leur obeiffance. De Tomaruchi iufques à Carbatei ; il y a dix-huit iournées ; le pays eft fort peuplé, & eft fous la domination de Schaban Ogoli ; il y a deux autres iournées de Tomaruchi à Giana, & autant de Giana à Codicoï, de Giana à Bolettecoï quatre autres, Giancofobey eft Seigneur de ce pays, de-là à Befinada huit iournées, de Befinada à Carbataï huit autres, & de-là à Derbent dix iournées. Les Princes Scaence Temircas, Parens du Can des Tartares, font Maiftres de ce pays. Les Princes Cafibei & Sancafcobei freres, & commandent à tous les Villages qui font le long de la mer ; ces pays font fort agreables, quoy qu'ils foient peu habitez, car il n'y a point d'habitation aux lieux où les Forêts ne font pas efpaiffes.

Ils n'ont point de Loix écrites ny d'exercice de Religion, ils fe contentent de la profeffion qu'ils font d'eftre Chreftiens ; font traffic d'Efclaues, de peaux de Cerfs, de Bœufs, de Tigres, & de cire qu'ils trouuent en abondance dans les Forefts ; labourent à la Houë leurs terres labourables ; n'ont point de monnoye, les marchandifes fe vendent par efchange, leur habit n'eft pas fort different des noftres ; ils portent des chemifes de toille de Coton teinte en rouge, & vn Manteau de Laine preffée, ou de feutre, qu'ils tournent du cofté d'où vient le vent, car il ne leur couure que la moitié du corps.

Il n'y a point au monde de plus beau peuple que celuy-là, ny qui reçoiue mieux les Eftrangers ; ils feruent eux-mefmes ceux qu'ils ont logez chez eux pendant trois iours ; les garçons & les filles les feruent tefte nuë, & leur lauent les pieds, cependant que les femmes prennent le foin de leur faire blanchir leur linge. Pour leurs Maifons, elles font faites de deux rangs de pieux fichez en terre, entre lefquels on entrelaffe des branches d'arbres ; ils rempliffent l'entre-deux de mortier, & les couurent de paille ; celles du Prince font bafties de mefme matiere mais plus grandes & plus hautes, leurs Villages font dans les Forêts les plus épaiffes ; ils les entourent d'Arbres entrelaffés les vns auec les autres, afin d'en rendre l'entrée plus difficile à la Caualerie Tartare. Ils font fouuent aux mains auec eux, car il ne fe paffe guere d'année que les Tartares ne faffent quelque courfe en leur pays pour y faire des Efclaues, attirés principalement par la beauté de ceux de cette Nation. Les Nogais y font auffi fouuent des courfes par cette mefme raifon, & l'exercice continuel dans lequel ces ennemis les tiennent, les a fort aguerris & rendu les meilleurs hommes de Cheual de tous ces quartiers : ils fe feruent de leurs fléches deuant & derriere, & font braues le cimeterre à la main ; ils f'arment la tefte d'vne jaque de maille, qui leur couure le vifage, & pour armes offenfiues, outre l'arc, ils ont des Lances & des Iauelots. Dans les bois vn Circaffien fera tefte à vingt Tartares ; ils ne font point de confcience de fe dérober les vns & les autres, & le vol y eft fi ordinaire, qu'on ne chaftie point ceux qui y font furpris, ayans mefme quelque forte d'eftime pour ceux qui le fçauent faire auec addreffe. Les vieillards & les plus confiderables du pays ne prefentent point à boire aux jeunes gens dans leurs feftins f'ils n'ont fait quelque larcin auec addreffe ou quelque meurtre de confideration. Le breuuage le plus ordinaire de cette Nation eft de l'eau qu'on fait boüillir auec du miel & vn peu de millet ; ils laiffent cette matiere enfemble l'efpace de dix iours, & les font boüillir apres. Cette boiffon a la mefme force d'enyurer que le vin, mais ces Peuples ne font pas fort fujets à l'yurognerie. Au lieu de verre, ils fe feruent de cornes de bufles fauuages ou d'autres animaux : ils boiuent ordinairement tout de bout. Il y a dans

† iij

Lintenasi adjoufte, Lafcianomaueggiare le foro faciulle vergini dal capo a i piedi faluo latro venereo maffime in prefentia de parenti.

Depuis qu'ils font fous la donation des Mofcouites ils font plus praticables.

le pays des *Cudosci*, c'est à dire, lieux sacrez, où l'on voit quantité de testes de Belier restées des Curbans ouSacrifices qui y ont esté faits.On voit pendu aux Arbres qui sont dans ces lieux, des Arcs, des Fleches, des Cimeterres, qui marquent les vœux dont ils se sont acquittez, & la veneration du lieu est si grande, que les plus grands Voleurs n'y touchent point. La parole que se donne le mary & la femme & l'affirmation de quelque tesmoin font toute la forme de leurs mariages; ils ne prennent iamais d'autre femme si la premiere ne meure, ou qu'ils y soient obligez par quelque raison puissante.Le pere qui donne sa fille en mariage,en reçoit en reconnoissance quelque present, & les hommes ne trouuent point de femmes s'ils n'ont dequoy faire ces presens.

Ceux qui doiuent accompaguer les morts à la sepulture commencent leurs cris & leurs gemissemens auparauant que d'arriuer en la maison du deffunt : les Parens se foüettent, les femmes se déchirent le visage, cependant que le Prestre chante certaines paroles qu'il sçait par cœur sur le corps, l'encense, & met sur la sepulture *du pasta & du bozxa*, c'est à dire, à manger & à boire. Ils amassent apres de la terre sur la fosse, & l'éminence qui reste, marque le lieu de leur sepulture. Ces Peuples ne connoissent point d'autre art que celuy de la guerre, qui les occupe tous. Les Esclaues de cette Nation se vendent bien plus cherement que les autres, à cause de leur beauté, & de la reussité qu'ils font ordinairement dans les choses ou on les employe, car naturellement ils sont fort spirituels. Les Cheuaux de Circassie sont plus estimez que les Cheuaux Tartares, à cause qu'ils sont plus vifs. Ils ont deux fleuues considerables, l'vn desquels se nomme Psi, qui se rend dans la mer Calcane, & l'autre nommé Sil, qui passe proche de Cabarta ; il y a encores beaucoup de petits ruisseaux peu renommez, à cause qu'on les passe facilement à gué.

RELATION DES ABBASSA.

LEs Abbassa habitent les Montagnes qui tiennent à la Circassie. Ils ont à main droite le riuage de la mer-Noire, & au leuant la Mengrellie. Ce pays est sous l'obeïssance de deux Princes, l'vn se nomme Puso & l'autre Carabei;ce pays a 150. milles d'estenduë : il n'y a point de Villes,mais beaucoup d'habitations sur ces Montagnes qui sont les plus hautes que i'aye iamais veu, elles s'estendent iusques sur le bord de la mer; ils ont les mesmes façons de faire que les Circassiens, auec cette difference seulement qu'ils mangent la chair presque toute cruë. On fait beaucoup de vin en ce pays; leur langue est fort differente de celle de leurs voisins; ils n'ont point de Loix escrites & ne connoissent pas mesme l'vsage de l'Escriture; sont Chrestiens de profession sans faire aucun exercice du Christianisme. I'ay veu beaucoup de Croix dans ce pays, sont grands larrons & sujets à mentir. Ils ont deux riuieres, Southesu & Subasu ; Ce pays est tres-agreable & l'air y est fort sain ; leurs bois leur seruent de retraitte & de Villes, mais quand ils ont choisi leur demeure en vn lieu, ils ne le quittent point. Ils ont pour richesses ou marchandises, toute sorte de Peaux, de la Cire, du Miel, & des Esclaues, & il leur est ordinaire de vendre leurs sujets aux Turcs en eschange d'autres marchandises, car la monnoye n'a point de cours parmy eux : ils ont vn fort beau port : il y vient tous les ans des Vaisseaux de Lazi, de Trebisonde, de Constantinople, & de Caffa, qui quelquesfois y passent l'Hyuer. Ce Port se nomme Eschisumuni, les Marchands qui y viennent ne passent point à leurs habitations ; tout le traffic se fait au Port où dans le Vaisseau : ils prennent mesme serment l'vn de l'autre qu'ils ne se feront aucun mal, où se donnent des ostages. Ils ont guerre auec les Circasses & les Mingrelliens, sont bons hommes de pied & de Cheual, sçauent bien manier les armes à feu; portent le Cimeterre, l'Arc & les Fleches; s'habillent de mefme façon que les Circaffes, mais ils portent les cheueux autrement qu'eux. Ces Nations fe laiffent croiftre les mouftaches & fe rafent le menton : leurs Papari au contraire fe laiffent croiftre toute la barbe ; on appelle ainfi ceux qui ont le foin d'enfeuelir les morts & qui prient Dieu pour leurs Ames ; ils les mettent dans des troncs d'Arbres creufés qui leur feruent de Bierre, & les tiennent apres attachés en l'air à quatre pieux : comme ils n'ont point d'autre habitation que les bois ; ils ont peu de troupeaux & peu d'eftoffes pour fe faire des habits : ils fe contentent de leur vin de miel, de la venaifon & des fruits fauuages de leurs bois : ils n'ont point de froment, ne fe feruent point de fel, ne prennent point la peine de pefcher du poiffon, quoyque leurs Coftes foient fort poiffonneufes tant ils font pareffeux : la chaffe & la vollerie font toute leur application ; ils ont vne infinité d'Efpreuiers & de Faucons qu'ils dreffent en huit iours ; Conftantinople, la Perfe & la Georgie f'en fourniffent en ce pays-là, & font fi bien dreffez, qu'ils reuiennent auec leur proye, au bruit qu'on leur fait auec vne fonnete.

Ie ne m'eftendray point icy à defcrire la Mengrellie, car ie fçay qu'on en a fait vne defcription fort exacte ; i'adjoufteray feulement, à ce que i'en ay veu, que le Sené, la Scamonée, & l'Hellebore-noire croiffent en ces quartiers, auec beaucoup d'autres fimples de grand vfage, & que les Euefques & autres Ecclefiaftiques du pays fuiuent le Prince à la guerre le Cafque en tefte, & le Cimeterre au cofté.

LES LAZI OV CVRTI.

Les Lazi, autrement Curti, font Mahometans, confinent auec la Georgie, & le pays de Trebifonde : ils habitent des Montagnes fort hautes fur les Coftes de la mer-Noire ; ce font gens nourris dans les bois, de grande fatigue, & qui paffent leur vie à conduire des troupeaux ; & quand ils peuuent dérober ils ne f'y efpargnent pas. Il y a dans le pays quantité de Loups, de Iacals, Animal qui tient de la nature du Chien & du Loup, l'abondance de ces animaux eft caufe que les Turcs les appellent Curti, qui veut dire Loup. Tout ce pays eft Montueux, mais fort agreable, couuert d'Arbres fur lefquels ils font monter leur vigne. Ie n'en diray pas dauantage, à caufe qu'il eft affez connu d'ailleurs.

ADDITIONS A LA
RELATION PRECEDENTE DE LA TARTARIE,
ET PRINCIPALEMENT
DES TARTARES DV CRIM.

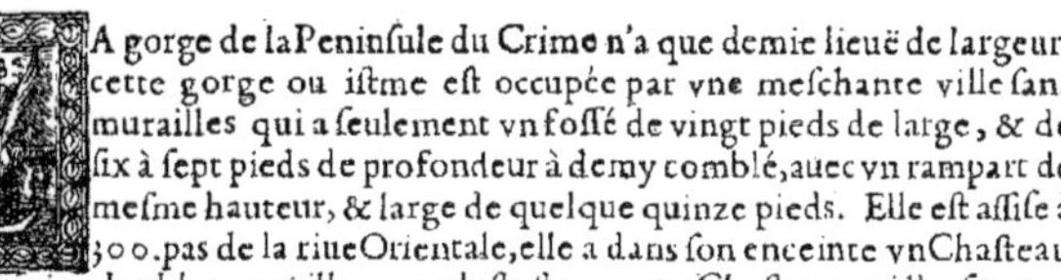

Ces additions font tirées des memoires du Sr. de Beauplet.

A gorge de la Peninſule du Crime n'a que demie lieuë de largeur, cette gorge ou iſthme eſt occupée par vne meſchante ville ſans murailles qui a ſeulement vn foſſé de vingt pieds de large, & de ſix à ſept pieds de profondeur à demy comblé, auec vn rampart de meſme hauteur, & large de quelque quinze pieds. Elle eſt aſſiſe à ;oo. pas de la riue Orientale, elle a dans ſon enceinte vn Chaſteau de pierre, qui a doubles murailles, ou pluſtoſt vn autre Chaſteau qui l'enferme : de-là iuſques à la riue Occidentale, on a tiré vn foſſé qui va iuſques en la mer ; il ne peut auoir dans cette Ville plus de quatre cens feux : les Tartares la nomment Or, & le Polonois Perecop, c'eſt à dire, en noſtre langue, terre foſſoyée : c'eſt pourquoy les Geographes appellent cette partie de la Tartarie, Tartaria Percopenſis. Les lieux les plus remarquables du Crim ſont, du coſté de l'Orient, Koſeſow Ville fort ancienne, qui appartient au Cham, qui peut auoir deux mille feux, & a vn Port.

Topetorkan ou Cherſonne eſt vne ruine antique, Bacieſeray eſt la reſidence du Cham des Tartares, il y peut auoir deux mille feux.

Alma ou Eoczola eſt vn Village d'enuiron cinquante feux, auec vne Egliſe Catholique dediée à Saint Iean.

Baluclawa Port & Bourg où l'on fait les Nauires, Galeres & Gallions du grand Seigneur, l'emboucheure du Port a jenuiron quarante pas : & a enuiron huit cens pas de circuit, & eſt large de quatre cens cinquante ; ie n'ay ſçeu apprendre de quelle profondeur, ny quel eſt le fond, ſi c'eſt ſable, vaſe ou roche ; mais il y a apparence qu'il y a plus de quinze pieds de fond, puiſqu'il y entre des Vaiſſeaux chargez de plus de cinq cens tonneaux ; il n'y a pas dans ce Bourg plus de douze cens feux : ce lieu eſt vn des plus beaux & meilleurs Ports qui ſoient au monde : car vn Vaiſſeau y eſt toûjours à flot, à quelque tempeſte qu'il faſſe, il ne branle point, les hautes Montagnes qui enferment ce Havre, le mettant à l'abry de tous vents.

Mancup eſt vn meſchant Chaſteau ſur vne Montagne appellée Baba, les habitans ſont tous Iuifs, & font enuiron 60. feux.

Caffa eſt la capitalle Ville du Crim, il y a vn Turc gouuerneur pour le grand Seigneur. Les Tartares habitent peu dans cette Ville, les habitans ſont pour la pluſpart Chreſtiens, ils ſe ſeruent d'Eſclaues qu'ils acheptent des Tartares, qui les ont enleuez de la Pologne & Moſcouie. Il y a douze Egliſes Grecques, trente-deux d'Armeniens & vne Catholique de S. Pierre ; il y peut auoir cinq à ſix mil feux, mais il y a bien trente mil Eſclaues : car ils ne ſe ſeruent en ce pays que de ces ſortes de ſeruiteurs ; cette Ville eſt grandement marchande, & trafique de tout à Conſtantinople, Trebiſonde, Sinope, dans toute la mer-Noire & Archipel.

Crimenda eſt fort ancienne, appartient au Cham, eſt enuiron de cent feux.

Karaſu appartient auſſi au Cham, & a enuiron deux mil feux.

Tuſla

Tufia, en ce lieu font les falines, il y peut auoir 80. feux.

Corubas peut auoir 2000. feux.

Kercy enuiron 100. feux.

Ackmacety enuiron 150. feux.

Arabat ou Orbotec eft vn chafteau de pierre, auec vne tour fcituée fur le col d'vne Peninfule, qui eft enfermé entre la mer de Limen * & Tineka Vvoda. Cette gorge n'a pas plus d'vn quart de lieuë, elle eft trauerfée d'vne palliffade qui ftend d'vne mer à l'autre; la Peninfule eft appellée par nos Cofaques Cofa, à cauſe qu'elle a la forme d'vne faulx; c'eft en ce lieu où le Cham tient fon haras qui eft bien de foixante & dix mille cheuaux.

Tinkawoda eft vn deftroit entre la terre ferme & Cofa, il n'a que 200. pas de large, eft gayable quand il eft calme; les Cofaques le paffent en tabort quand ils vont defrober des cheuaux du haras du Cham, comme nous dirons cy-apres.

Depuis Baleclawa iufques à Caffa, la cofte de la Mer eft fort haute & efcarpée, tout le refte de la Peninfule eft bas pays; dans la plaine du cofté du Midy vers Or, il y a force villages de Tartares, ou pour mieux dire force hutes, qu'ils mettent fur deux roües comme celles des Tartares du Budziak.

Les montagnes de Balaclawa & Carofu s'appellent montagnes de Bada, il en fort 7. riuieres qui arroufent toute la Peninfule, elles font bordées de bois.

Sur les riues de la riuiere de Kabats il y a des vignes.

La riuiere de Sagre a quantité de iardins & de fruits.

Le deftroit de Kercy à Taman, n'eft large que de trois à quatre lieuës Françoifes.

Taman eft vne ville appartenant au Turc dans le pays des Circaffes; cette villa-ce a vn mefchant chafteau où il y peut auoir quelques 30. Ianniffaires qui y font garde comme auffi à Temeruk, qui garde le paffage de Oczakou au Zouf qui eft vne ville d'importance, fur l'emboucheure de la riuiere du Tanais. A l'Orient de Taman eft le pays des Circaffes qui font Tattares Chreftiens.

Les Tartares reftent plufieurs iours apres eftre nez fans pouuoir ouurir les yeux comme les chiens & la plufpart des autres animaux; ils font d'vne taille pluftoft petite que grande, mais trapus & fort gros de membres, l'eftomach haut & large, les efpaules releuées, le col court, la tefte groffe, la face prefque ronde, le front large, les yeux peu ouuerts, mais fort noirs & beaucoup fendus, le nez court, la bouche affez petite, les dents blanches comme yuoire, le teint bafané, les cheueux fort noirs & rudes comme crin de cheual; enfin ils ont vne autre phyfionomie que les Chreftiens: ils font tous foldats braues & robuftes, durs à la fatigue, & fouffrent aifément les iniures de l'air: car depuis l'aage de 7. ans qu'ils fortent de leurs Cantares, c'eft à dire, maifons que l'on peut mettre fur deux roües, ils dorment toufiours à l'air, & depuis cet aage on ne leur donne iamais à manger qu'ils ne l'abbattent auec la flefche, & apres qu'ils ont atteint 12. ans, ils les enuoyent à la guerre; leurs meres ont le foin quand leurs enfans font ieunes de les baigner chaque iour vne fois dans de l'eau où l'on a diffout du fel, afin de leur durcir le cuir & de les rendre moins fenfibles au froid, lors qu'ils font obligez de le fouffrir & de paffer à nage les riuieres en Hyuer.

Nous confiderons de deux fortes de Tartares, les vns nommez Nahaysky, & les autres Crimsky, ceux-cy font comme nous auons dit de cette grande Peninfule, qui eft dans la mer-Noire, vulgairement appellée Scythie Taurique: mais les Nahaisky font diuifez en grand Nahaisky & petit Nahaisky, tous deux habitent entre la riuiere du Don & la riuiere de Kuban, mais errans & comme fauuages; les vns font fuiets du Cham ou Roy du Crim, & les autres des Mofcouites: il y en a mefmes qui ne reconnoiffent ny l'vn ny l'autre. Ces Tartares ne font pas fi braues que ceux du Crim, mais les Crimski cedent encores en vaillance à ceux du Budzaik.

* La Palus Meotides.

Ce qu'il dit icy du pays des Circaffes s'accorde auec la relation precedente, & changer les bornes que l'on a donné iufques à cette heure à leurs pays.

Ces Tartares que le Sieur de Beauplan appelle Nahaisky font nômez Nogais dans la relation precedente.

Ces Peuples ont pour habit vne chemise courte de toille de cotton , qui ne leur descend que demi pied au dessous de la ceinture , vn caneçon & des hauts de chausses de draps en estrié : le menu Peuple porte des chausses de toille de cotton picquée par dessus, & les plus riches ont vn iuste-au-corps de toille de cotton picquée,& sur tout vne robbe de drap fourrée de Renard, ou de Martre zubline, le bonnet de mesme auec des bottines de Marroquin rouge sans esperons : au lieu de cette robbe fourée le peuple se couure les espaules d'vn hoqueton de peau de Mouton , ils mettent la laine dehors en temps de chaleur ou de pluye, mais au temps de froid & d'Hyuer ils retournent leur hoqueton, remettent la laine dedans, & en font de mesme du bonnet, qui est fait de mesme estoffe : ils sont armez d'vn Sabre, d'vn Arc, auec son Carquois garny de dix-huit ou vingt Fleches , vn couteau à leur ceinture, vn fuzil pour allumer du feu, vne alesne auec cinq ou six brasses de cordelettes de cuir, pour lier les prisonniers qu'ils peuuent attrapper en campagne : ils ont aussi chacun vn quadran au Soleil, il n'y a que les plus aisez qui portent des chemises de mailles, les autres sont sans armes deffensiues, sont fort adroits & vaillans à Cheual ; ils cheuauchent court, les jambes courbées ; & cependant ne laissent pas d'y estre fort adroits , & ont vne telle addresse , qu'en cheminant au grand trot, ils sautent de dessus leur Cheual , lorsqu'il est hors d'aleine, sur vn autre qu'ils meinent à la main, afin de mieux fuir lorsqu'ils sont poursuiuis; & le Cheual qui ne sent plus son Caualier,vient aussi tost prendre la main droite de son Maistre, & le suit tousiours en rang pour estre mieux disposé lorsqu'il voudra monter : au reste c'est vne certaine sorte de Cheuaux mal-faits & laids , mais bons au possible pour la fatigue : car pour faire des courses de vingt à trente lieuës d'vne traite,il n'appartient qu'à ces Baquemares (ainsi appellent-ils ces sortes de Cheuaux) qui ont le crin du col fort touffu & pendant iusqu'en terre ; & la queuë de mesme.

Leur nourriture ordinaire n'est pas du pain s'ils ne sont parmy nous , la chair de Cheual leur est plus appetissante que celle de Bœuf, de Brebis ou de Bouc ; car pour des Moutons ils ne sçauent ce que c'est : & encore lorsqu'ils esgorgent vn Cheual , il faut qu'il soit fort malade , & tout à fait hors d'esperance d'en pouuoir plus tirer de seruice , auparauant qu'ils se resoudent à le tuer ; & mesme quand le Cheual seroit mort de quelque maladie que ce fust , ils ne laisseroient pour cela de le manger : ils sont diuisés par dixaines lorsqu'ils vont à la guerre, & quand il se trouue dans la trouppe vn Cheual qui ne peut plus cheminer, ils l'esgorgent, & s'ils trouuent de la farine, ils y meslent le sang auec la main , comme l'on feroit celuy de Pourceau pour faire des boudins ; puis le font boüillir & cuire dans vn pot, & en mangent par grande delicatesse: pour la chair ils l'apprestent ainsi : Ils la coupent en quatre quartiers, ils prestent trois de ces quartiers à leurs camarades qui n'en ont point, & ne retiennent pour eux qu'vn quartier de derriere , lequel ils coupent par roüelles les plus grandes qu'ils peuuent à l'endroit le plus charnu , & espaisses seulement d'vn à deux poulces, le mettent sur le dos de leur Cheual qu'ils sellent dessus, le sanglant le plus fort qu'ils peuuent, puis montent à Cheual, courent deux ou trois heures en chemin faisant, car toute l'armée va de mesme train , aprés ils redescendent, le desellent, retournent leur roüelle de chair, & auec le doigt recueillent l'escume du Cheual, & en arrousent ce mets de peur qu'il ne se desseiche trop ; cela fait ils le ressellent & ressanglent bien fort comme deuant, recourant de nouueau deux ou trois heures, & alors la chair est cuite à leur gré, comme si c'estoit vne estuuée; voila leurs delices & leurs ragousts. Pour les autres endroits du quartier qui ne se peuuent couper par grandes roüelles , ils les font boüillir auec vn peu de sel sans l'escumer : car ils estiment qu'escumer le pot, c'est jetter hors toute le meilleur suc & saueur de la viande. L'eau est toute leur boisson, s'ils en rencontrent ; car l'eau mesme leur est fort rare, & tout le long de l'hyuer ils ne boiuët que de la neige fonduë ; ceux d'entr'eux qui sôt les

plus accommodez, comme les Morzas, c'eſt à dire, Gentil-hommes, & autres qui
ont des Iumens, en boiuent le laict, qui leur tient lieu de vin & d'eau de vie; pour la
graiſſe de leurs Cheuaux ils en aſſaiſonnent du millet & du gru d'orge & de ſara-
zain, car ils ne perdent rien, & de la peau des Cheuaux ils ſçauent tous la maniere d'en faire des brides, des cordelettes, d'en couurir des Selles & d'en faire des
foüets, dont ils chaſſent leurs Cheuaux, car ils ne portent point d'eſperons; pour
le Pourceau ils n'en mangent non plus que les Iuifs. S'ils peuuent rencontrer de
la farine ils font des galettes ſous les cendres, & leur plus ordinaire manger eſt le
millet, le grain d'orge & de ſarrazain; ces ſortes de grains ſe cultiuent chez eux; ils
ſe nourriſſent auſſi de Rys qu'on leur apporte de dehors; pour des fruicts ils en ont,
le miel y eſt fort commun; ils l'aiment fort, & en font auſſi vn breuuage, mais ſans
boüillir: de façon qu'il cauſe de furieuſes tranchées. Ceux qui habitent les
Villes ſont plus ciuils, ils font du pain approchant du noſtre; ils ont auſſi du Breha, qui eſt compoſé de millet boüilly; ce breuuage eſt eſpais comme laict, &
ne laiſſe pourtant d'enyurer: ils boiuent auſſi de l'eau de vie qu'on leur apporte
de Conſtantinople; il y a vn breuuage que les pauures font, qui n'ont pas moien
d'achepter du Breha; voicy comme ils font. Ils mettent dans vne barrette du laict
de Vache, de Brebis, de Cheure, le battent & en tirent vn peu de beurre; ils
gardent le reſte dans des cruches, ce breuuage s'aigrit, c'eſt pourquoy ils en font
preſque tous les iours. La Nation eſt aſſez ſobre, elle vſe peu de ſel; mais beaucoup des eſpices, entr'autres du Piment. Ils font encore vne autre ſorte de breuuage,
comme font ceux de Madagaſcar; lors qu'ils ont fait boüillir leur viande
auec vn peu de ſel ſans eſcumer, comme nous auons dit, la chair eſtant cuite
ils en gardent le boüillon; ils appellent cette boiſſon ou boüillon ſchourba, & le
font chauffer, quand ils en veulent boire.

Le Cham, qui eſt leur Roy, ayant commandement du grand Seigneur d'entrer dans la Pologne, mettra quelquefois ſur pied vne Armée de quatre-vingts
mil hommes, lors qu'il y eſt en perſonne: car autrement leurs Armées
ne ſont d'ordinaire que de quarante à cinquante mil, lors que ce n'eſt qu'vn
Morſa qui les commande. Leur entrée dans le pays ennemy n'eſt d'ordinaire qu'au
commancement de Ianuier & touſiours en Hyuer, afin que les Mareſts & les riuieres ne les puiſſent empeſcher de s'eſtendre. La montre eſtant faite ils font aduancer l'armée: mais il faut remarquer qu'encore que le Crim ſoit compris entre les paralelles de quarante-ſix & quarante-ſept degrez de hauteur, neantmoins les campagnes deſertes qui ſont au Nord de leurs pays, ſont l'Hyuer toutes couuertes de Neiges, iuſques en Mars: c'eſt ce qui leur donne hardieſſe d'entreprendre vne ſi longue courſe, car leurs Cheuaux ne ſont point ferrez, & la
Neige leur conſerue le pied: autrement la dureté de la terre, en temps de ge-
lée leur gaſteroit la corne. Les plus riches ferrent leurs Cheuaux auec de la
corne de Bœuf, & la couſent aux pieds de leurs Cheuaux auec du cuir, ou clou,
mais cela dure bien peu & ſe perd facilement: c'eſt pourquoy ils apprehendent fort
vn Hyuer qui n'eſt point neigeux, comme auſſi les verglas. Pour leurs marches ils ne
font que petites iournées, d'ordinaire de ſix lieuës de France, & reglent ſi bien leur
temps & leurs meſures qu'ils puiſſent eſtre de retour auant que les glaces ſoient
fonduës, prenant leurs routes par des Valons qui ſemblent ſe bailler la main
l'vn à l'autre, & cela pour ſe couurir & n'eſtre eſuentez des Coſaques qui ſont
aux eſcoutes en diuers lieux, pour apprendre leur route, & en donner l'alarme
au pays. Le ſoir quand ils campent, ils ne font point de feux pour la meſme raiſon, & enuoyent deuant battre l'eſtrade & taſchent d'attraper quelque Coſa-
que, afin d'auoir langue de leurs ennemis. Ils cheminent cent Maiſtres de front,
c'eſt à dire trois cens Cheuaux, car chaque Tartare en meine deux en main qui
luy ſeruent de relais; leur front peut bien auoir huit cens à mille pas, & de hauteur ils ſont bien de huit cens à mil Cheuaux, qui tiendront plus de trois grandes

lieuës, voire quatre de file quand ils font ainfi preffez, car autrement ils filent vne
queuë de plus de dix lieuës; quatre-vingt mil Tartares font plus de deux cens mil
Cheuaux : les arbres ne font pas plus efpais dans les bois, que les Cheuaux font pour
lors dans la campagne, femblables, quand on les voit de loin, à quelque nuage
qui s'efleue fur l'horifon, & qui va croiffant à mefure qu'il s'efleue ; ce qui donne de la terreur aux plus hardis, qui n'ont pas accouftumé de voir de telles legions
enfemble ; ainfi cheminent ces grandes Armées, qui font des pofées d'heure en
heure, enuiron d'vn quart d'heure de temps pour donner loifir à leurs Cheuaux d'v-
riner, lefquels font fi bien dreffez, qu'ils n'y manquent fi toft qu'ils font arreftez, &
lors les Tartares defcendent de deffus, & fe mettent auffi à faire de l'eau : puis ils re-
montent incontinent & pourfuiuent leur chemin ; tout cela fe fait au feul coup d'vn
fifflet, & fi toft qu'ils approchent de la frontiere, enuiron de trois ou quatre lieuës, ils font vn alte de deux ou trois iours, toufiours en vn lieu choifi, où ils
penfent eftre à couuert: alors ils font prendre haleine à leur armée, qu'ils difpofent
de cette forte. Ils la diuifent en trois, les deux tiers font deftinez pour faire vn
corps, & l'autre tiers ils le diuifent encore en deux ; vn de ces corps s'auance fur
la droite & l'autre fur la gauche ; ainfi difpofez, ils entrent dans le païs : le
corps d'armée va lentement auec les aifles, mais continuellement ; iour &
nuiét, fans donner plus d'vne heure à repaiftre à leurs Cheuaux fans faire aucun dommage iufques à ce qu'ils foient bien entrez 60. ou 80. lieuës dans le pays.
Lors qu'ils font fur la retraitte, le Corps de l'armée va toufiours le mefme train
que le refte, & alors le General detache les aifles: elles courét chacune de leur cofté
iufques à cinq ou fix lieuës loin de leurs Corps. I'oubliois à dire, que chaque aifle
qui peut eftre de huiét à dix mil fe diuife derechef en dix ou douze troupes, qui
peuuent eftre chacun de 5. à 600. Tartares, qui vont par cy par là dans les villages,
les affiegent en faifans quatre corps de garde autour du village, auec de grands
feux toute la nuiét, de peur qu'aucun payfant ne leur efchappe; puis pillent & brûlent, & tuent tous ceux qui leur font refiftance, & prennent ceux qui fe rendent,
hommes, femmes, enfans à la mammelle, beftiaux, cheuaux, bœufs, vaches, moutons, chevres, &c. Pour les cochons ils les affemblent le foir, les enferment dans
vne grange ou autre lieu, puis mettent le feu aux quatre coins, pour l'horreur
qu'ils ont de fes animaux. Ces aifles, comme nous auons dit, n'ayant pas ordre
d'aller plus loin que cinq ou fix lieuës s'en retournent auec leur butin trouuer leur
Corps qui eft facile à trouuer ; car ils laiffent vn grand Eftrac, d'autant qu'ils cheminent plus de cinq cens cheuaux de front ; de façon qu'ils n'ont qu'à fuiure la
trace, & en quatre ou cinq heures ils rejoignent leur Corps d'armée; où eftant arriuez, il fort en mefme temps deux autres aifles de pareil nombre que les premiers;
l'vn à la droite, l'autre à la gauche, & vont faire le mefme rauage que les premiers, puis retournent, & laiffent la place à d'autres troupes fraifches, fans que iamais leur Corps foit diminué, faifant toufiours les deux tiers de leur armée, qui ne
va, comme nous auons dit, qu'au pas, afin d'eftre toufiours en haleine, & preft à
combattre l'armée Polonoife. Ils ne retournent iamais par où ils font entrés, ils s'en
écartent au contraire, & font vne efpece de ronde, afin de pouuoir mieux éuiter
la rencontre de leurs ennemis : mais quand ils font rencontrez des Polonois, ils
leur iouënt beau jeu, & les font retourner plus vifte que le pas; au refte apres auoir
bien couru & rodé & fait les courfes, ils rentrent dans les campagnes defertes de
la frontiere, qui ont trente à quarante lieuës d'eftenduë, & fe voyant en lieu de
feureté font vne grande alte, reprenent leurs efprits, & fe remettent en ordre,
principalement lorfqu'ils ont efté pourfuiuis par les Polonois.
Dans le temps de cette alte, qui eft d'vne femaine, ils mettent enfemble tout le
butin, qui confifte en beftiaux & en efclaues, & partagent le tout entr'eux : les
plus durs feroient touchez de voir en ce temps-là la feparation d'vn mary d'auec
fa femme, d'vne mere d'auec fa fille, fans efperance de fe pouuoir iamais re-

uoir : car les vns font deftinez pour Conftantinople , les autres pour le Crim ,
& les autres pour la Natolie : ils violent les filles , forcent les femmes prefence de leurs peres & de leurs maris , circoncifent leurs enfans deuant eux : Enfin
le cœur des plus infenfibles fremiroit d'entendre les chants , les pleurs & gemiffe-
mens de ces mal-heureux Rus. Car cette Nation chante & hurle en pleurant,
voila en peu de mots comme les Tartares font des leuées & des rafles de peuples, quelquefois de plus de cinquante mil ames, en moins de deux femaines.

Difons maintenant comme les Tartares entrent l'Efté dans la Pologne , ils ne
font d'ordinaire que dix à vingt mil hommes , d'autant que s'ils eftoient plus
grand nombre ils feroient trop toft defcouuerts.

Quand ils fe voient à vingt ou trente lieuës de la frontiere , ils diuifent leur
Armée en dix ou douze trouppes , chaque trouppe peut eftre de mil Cheuaux ,
ils enuoient la moitié de leurs trouppes , qui font cinq ou fix bandes , à la droite ,
efloignées les vnes des autres d'vne lieuë & demie , & de mefme en font-ils de
l'autre moitié de trouppes qui tiennent la gauche à pareille diftance , faifant
ainfi vn front de dix à douze lieuës , & auec des coureurs qui vont deuant de
plus d'vne lieuë pour prendre langue & mieux dreffer leur route. Ces Tartares entrant auec cét ordre dans la frontiere , courent entre deux fleuues , & vont
toufiours par le plus haut pays & au deffus des fources des riuieres , &
par ce moyen ne trouuent point d'obftacles dans leurs courfes , pillent & raua-
gent comme les premiers , mais ils n'entrent point dans le pays plus de fix à
dix lieuës , n'y demeurent que deux iours , & s'en retournent chacun en fon
quartier , ces Tartares là font libres , & ne reconnoiffent ny le Cham ny
le Turc , font leurs demeures dans Budais , qui eft vne plaine entre la bouche du Nieper & celle du Danube, où ils eftoient de mon temps bien vingt
mil refugiez, ou banis : ces Peuples font plus vaillans que ceux du Crime , plus
aguerris , eftans tous les iours dans les occafions. Ils font auffi mieux montez
que les autres , dans ces plaines qui font comprifes entre le Budziak & l'Vcranie ,
Il y a ordinairement huit à dix mil Tartares , feparez en trouppes de mil
chacune , efloignées les vnes des autres de dix à douze lieuës pour chercher leur
fortune , & ne fe point nuire les vnes aux autres. Il eft difficile de les éuiter
pour le peril qu'il y a à trauerfer ces campagnes : Les Cofaques les voulant paffer,
vont en Tabor , c'eft à dire, qu'ils cheminent au milieu de leurs Chariots, mettant
huit ou dix Chariots de front , & autant fur le derriere & eux au milieu , auec des
fuzils & demi-picques, & des faulx enmanchées de long , & les mieux montez autour de leurs taborts , auec fentinelles auancées d'vn quart de lieuë , à la tefte , à la queuë , & auffi fur chacune aifle pour defcouurir de plus loin , & s'ils
voient les Tartares ils donnent fignal, lors le Tabor s'arrefte : Si les Tartares font
defcouuerts , les Cofaques les battent : mais auffi fi les Cofaques font defcouuerts
les premiers, les Tartares les furprenant, les attaquent dans leurs taborts : Enfin celuy qui defcouure le premier a toufiours l'aduantage. Ie les ay rencontrez plufieurs fois , cinq cens Tartares nous vindrent charger en queuë dans noftre Tabort , & bien que ie ne fuffe accompagné que de cinquante à foixante Cofaques ,
ils ne nous peurent rien faire , & auffi nous ne peûmes rien gagner fur eux , car ils
n'approchoient pas de nous à la portée de nos armes : mais apres auoir fait plufieurs feintes de nous attaquer , & de nous enuoyer des nuës de fleches fur
la tefte , car ils tirent par arcade, bien le double de la portée de nos armes,
ils fe retirent , fe cachent , afin de furprendre quelqu'autre trouppe.

Ces campagnes font couuertes d'herbes efpaiffes de deux pieds de hauteur,
pour empefcher que l'on ne les puiffe reconnoiftre à l'eftrac ou pifte , qu'ils
laifferoient s'ils cheminoient en corps : ils fe diuifent en petites trouppes , de
dix Cheuaux , & marchent au grand trot , tellement que l'herbe qu'ils ont
foüllée fe releue du iour à l'autre , fe rendent ainfi au rendez-vous. Si les

Polonois ou Cofaques les defeouurent ils montent à Cheual, les Tartares ne les
attendent gueres s'ils ne font de beaucoup plus forts, lors mefme qu'ils le font, ils
ne les attendent point de pied ferme ; ils s'efparpilleront comme Mouches,
c'eſt à qui fuïra de fon coſté, & tirent en retraitte auec l'arc, à bride abbatuë,
ſi dextrement qu'ils ne manquent point de ſoixante à cent pas d'attrapper
leur homme : les Polonois ne les peuuent pourſuiure, car leurs Cheuaux ne
ſont pas de ſi longue haleine que les leur : Les Tartares ſe raſſemblent de nouueau à vn quart de lieuë de là, & recommencent à faire leur décharge de front
ſur les Polonois ; & puis quand on les enfonce ils s'efparpillent de nouueau
& tirent touſiours en retraitte ſur la gauche, car ſur la droite ils ne peuuent,
& ainſi fatiguent tant les Polonois qu'ils les contraignent de ſe retirer.
Lors que l'Armée veut paſſer le Boriſtene, qui eſt la plus grande riuiere de
ce pays ; ils cherchent des lieux où les riues ſoient acceſſibles de part & d'autre, cependant chacun d'eux fait prouiſion de jong ou roſeaux, & en fait des
petits fagots longs chacuns de trois pieds, & gros de dix à douze poulces, eſ-
loignez l'vn de l'autre d'vn pied auec trois baſtons mis de trauers au deſſus
bien liez, & au deſſous vn de coin en coin auſſi bien lié, qu'ils attachent à
la queuë de leurs Cheuaux, puis le Tartare met la ſelle de ſon Cheual
Le Gentil-
homme Po-
lonois dit,
qu'il leur a
veu conduire
leurs Che-
uaux dans
ces ren-
contres jet-
tent de la
main de
l'eau aux
yeux, les
faiſans ainſi
tourner du
coſté oppo-
ſé.
ſur ſon flottant, ſe defpoüille, met ſes hardes ſur ſa ſelle, ſon Arc,
flefches & ſabre, le tout bien lié & attaché enſemble, puis tout nud, vn foüet
en ſa main entre en la riuiere, chaſſe ſon Cheual la bride ſur le col, laquelle
il tient toutesfois d'vne main, & tantoſt de l'autre auec le crin du col, &
ainſi faiſant aduancer ſon Cheual le fait nager, & nage auſſi touſiours
d'vne main, & de l'autre tient le crin & la bride qu'il ne lafche iamais, &
conduit ainſi ſon Cheual, le fait aduancer auec ſon foüet, tant qu'il ait paſſé
& trauerſé la riuiere : quand ſon Cheual prend pied à l'autre riuage, & qu'il
n'a plus d'eau que iuſques au ventre, il l'arreſte & deſtache ſon flottant de la queuë
de ſon Cheual qu'il porte à terre, & à meſme temps qu'vn paſſe, tous les autres
paſſent auſſi : car ils font bien vn front de demie lieuë le long de la riuiere, tout
le beſtail paſſe de meſme.

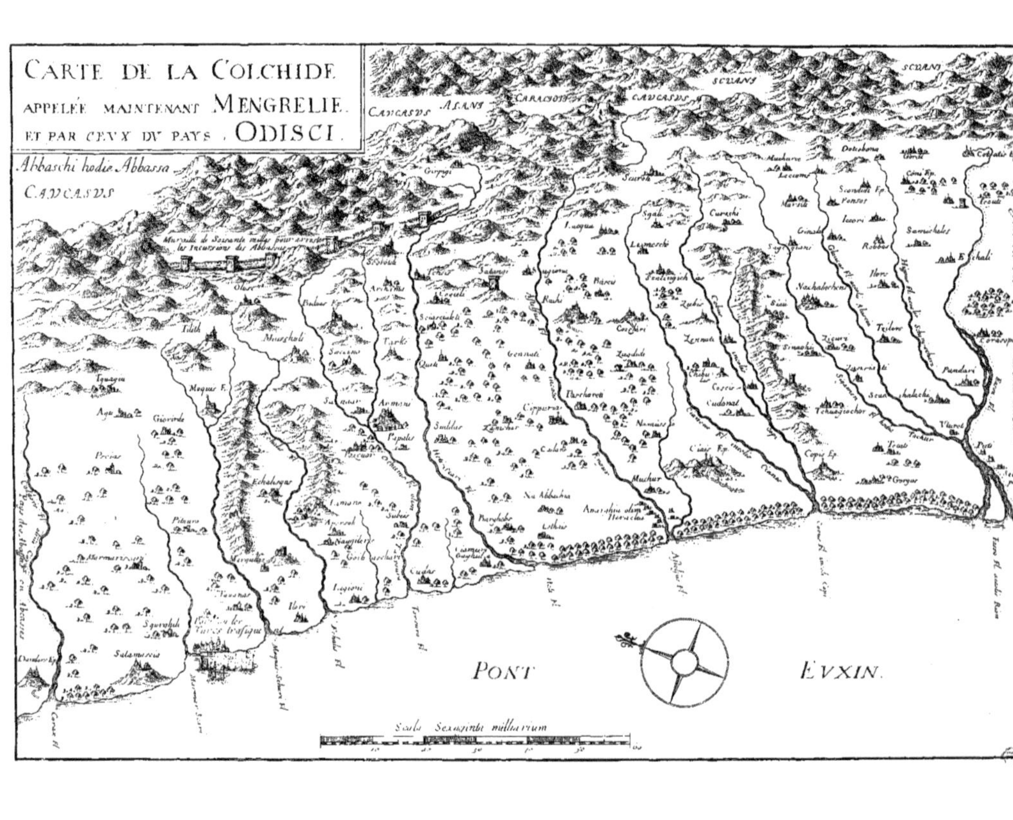

CARTE DE LA COLCHIDE.
APPELÉE MAINTENANT MENGRELIE.
ET PAR CEUX DU PAYS. ODISCI.
Abbaschi hodie Abbassa
CAVCASVS
CAVCASVS ALANI
CARACIOLI
CAVCASVS
SCIANI
SCIANI
PONT
EVXIN.
Scala Sexaginta milliarium

RELATION
DE LA COLCHIDE,
OV
MENGRELLIE.

PAR LE P. ARCHANGE LAMBERTI,
Miſſionnaire de la Congregation de la Propagation de la Foy.

E pays que les anciens ont appellé Colchide eſt nommé Odiſci par ceux qui l'habitent maintenant, & Mengrellie par les autres ; La Mengrellie au Leuant eſt bornée par le Royaume d'Imereti, autrement Baſaciaciuch, & au Nort par les Abcaſſes. La riuiere du Faſe que ceux du pays appellent Rione, les ſepare du pays d'Imereti, & de Guriel, & le fleuue Coddors, qui ie croy eſtre le Corax des anciens, les ſepare des Abcaſſes ; Au Ponant elle a pour bornes le Pont Euxin, & le Mont Caucaſe entre le Leuant & le Septentrion.

Ammiam Marcellin croit que ces Peuples tirent leur origine des Ægiptiens, fondé peut eſtre ſur le rapport de Diodore Sicilien, qui dit, que le Roy Seſoſtris ayant ſubjugué la Schytie, laiſſa ſur les bords de la Palus Mœotide vne Colonie d'Ægiptiens, qui obſeruoient encore de ſon temps la Circonciſion, & ſemoient beaucoup de Lin comme les Ægiptiens. Pour moy i'y adjouſteray cette conuenance, qn'ils ſont comme eux attachez à l'interpretation des ſonges, tout leur entretien du matin eſtant des ſonges qu'ils ont eu en la nuiĉt.

Le Cheſilpes ou Roy Dadian eſt le plus puiſſant des Princes de ces quartiers. Cheſilpes ſignifie Roy, Dadian eſt le nom de ſa race, elle ne vient point des Rois de Georgie, mais d'vn de leurs Miniſtres, qui vſurpa la partie de cét Eſtat dont il eſtoit Eriſtaue ou Gouuerneur ; les anciens Roys de Georgie faiſoient reſidence dans la Ville de Cottatis, & gouuernoient leurs autres Eſtats par ces Eriſtaues. Le plus conſideré de tous eſtoit l'Eriſtaue d'Odiſci ou Colchide, nommé Dadian. Vn de ces Roys de Georgie, qui tenoient alors tout le pays qui eſt entre la mer Caſpiene, & le Pont Euxin iuſques à Tauris & Arzeram, & du coſté du Nort iuſques à Caffa, diuiſa ſes Eſtats entre pluſieurs Enfans qu'il auoit, ne retenant pour luy que les Prouinces de Baſciaciüch, d'Odiſci, de Samſche & de Guriel : leſquelles il laiſſa meſme gouuerner à ſes Eriſtaues.

Des Princes qui regnent maintenant dans la Colchide.

Le Turc d'vn coſté profitant de ſa foibleſſe, luy prit la Ville de Teflis à huit iournées de Arzerun, le Perſan luy enuahit Tauris & toute cette partie de ſon Royaume, qui eſt entre Tauris & Gagueti ; cét Eſtat eſtant écorné de la ſorte, les Eriſtaues, ou Gouuerneurs des autres Prouinces, ſe trouuerent quaſi auſſi puiſſans que luy, & ne ſongerent plus qu'aux occaſions de ſe rendre Maiſtres abſous de la partie de l'Eſtat, dont ils eſtoient les Gouuerneurs. Vn iour que tous ſes Gouuerneurs eſtoient à ſa table, l'Eſchanſon preſenta à boire au Roy ſur la fin du diſné, & aux autres grands du pays enſuite, ſelon la couſtume, qui veut auſſi que tous

ceux aufquels le Coupier en prefente, luy faffent apres quelque regale felon leur condition; apres le Roy, on prefenta le verre à Dadian, lequel auparauant que de faire fon prefent, demanda à Artabeg, vn de ceux qui eftoient aupres luy & qui paffoit pour le plus magnifique & le plus liberal de cette Cour, quel prefent il auoit refolu de faire au Coupier : Artabeg luy dit qu'il luy donneroit cent efcus d'Or, & Dadian regla fon prefent là-deffus. On prefente enfuitte le verre à Artabeg, qui promit à cét Officier, non pas cent efcus, mais mille; Dadian s'en offence & fans auoir efgard au refpect qu'il deuoit à fon Prince, fe jette fur Artabeg & luy couppe la barbe auec fon Poignard : Artabeg ne pût pas s'en reffentir par refpect qu'il portoit au Roy, & le Roy mefme n'ofa pas entreprendre de punir l'infolence de Dadian, qui eftoit prefque auffi puiffant que luy dans fes Eftats. Mais quelque temps apres Dadian ayant fuiuy vn Cerf iufques fur les terres du Gouuernement d'Artabeg, les gens d'Artabeg, qui le trouuerent feparé de la trouppe, le prirent & le menerent à leur Maiftre, qui le fit mettre dans vn Cachot; on crut que Dadian eftoit tombé dans quelque precipice, & on le pleura comme mort. Apres auoir efté quelque temps dans cette prifon, Artabeg le vint trouuer, & dans les autres conuerfations qu'ils eurent enfemble, Dadian luy fait confidence de la penfée qu'il auoit euë de fe rendre Maiftre de fon Gouuernement, & luy reprefenta la facilité qu'il auroit à faire la mefme chofe. Artabeg luy fait la mefme confidence, luy dit qu'il auoit eu le mefme deffein : ils concertent enfemble les moyens d'y reüffir, & les Peuples de leurs Gouuernemens, qui eftoient accouftumez à leur obeïr, n'eurent point de peine à reconnoiftre pour Roys, ceux qui en auoient def-ja la puiffance, fous le tiltre d'Eriftaues. Le Roy mefme fut obligé, pour n'hazarder pas le refte de fon Eftat, de receuoir fes Miniftres pour fes Compagnons, iufques-là que fes fucceffeurs ont fait des alliances auec eux, mais ces alliances n'ont pas empefché depuis, qu'ils n'ayent fait fouuent la guerre au Roy d'Imereti.

Le Prince qui regne aujourd'huy dans la Mingrellie, fe nomme Leuan Dadian & eft le cinquiefme Roy de farace & Fils de ce Prince Munacchiar, qui eftant vn iour à la Chaffe heurta fi rudement contre vn Caualier, que fon Cheual s'eftant renuerfé, il y perdit la vie. Le Prince d'aujourd'huy eftoit alors fort jeune, & vn de fes Oncles du cofté de fon pere, nommé George Lipardian, gouuerna durant fon bas aage. Il efpoufa depuis la fille d'vn Prince des Abcaffes de la famille de Sciarapfia, fort aimée de ces Peuples. Lipardian, quoyque fort aagé, fe maria auffi & prit vne jeune Dame nommée Dareggian de la Maifon de Ciladze: Cette Princeffe prenoit plus de plaifir à la conuerfation de Dadian qui eftoit de fon aage, qu'en celle de Lipardian fon mary, & cependant que Dadian ne fongeoit qu'à fe fatisfaire dans la paffion qu'il auoit pour elle ; fon premier Miniftre ou Vuifir nommé Paponia s'infinua dans l'efprit de la Reine auec vn fi grand éclat dans tout le pays, que Dadian la repudia; conformément aux loix de l'Eglife Grecque, & luy ayant fait couper le nez, la remena à la tefte d'vne Armée iufques fur les terres de fon Pere. Pour fon Miniftre il fe contenta de le tenir en prifon & de le mettre entre les mains du Prince de Guriel fon Coufin. Dadian plus amoureux que iamais de la femme de fon Oncle, l'enleua de fa Maifon, & la fait reconnoiftre de tous fes fujets pour Dalboda ou Reine. Cependant que dans le Palais de Dadian on celebroit, auec toutes fortes de réjoüiffances, ces nopces inceftueufes, Lipardian fit faire chez luy les funerailles de fa femme, comme fi elle fut morte: il s'habilla de deüil auec toute fa Cour, & la pleura quarante iours, felon la couftume du pays. Chacun prend party dans cette querelle, & Lipardian fe trouua fuiuy de forces tres-confiderables: mais ayant efté empoifonné dans ces preparatifs, fa femme demeura Reine, & le pays auroit efté en repos, fi ce Vuifir que ie viens de dire, pour fe mettre à couuert de la vengeance de Dadian, n'eut porté le Prince de Guriel à luy faire la guerre, & n'euft traitté vne ligue entre luy, les Abcaf-

fes & le

& le Prince de Bafciaciuck ; le deffein des ligues eftoit de faire mourir Dadian &
mettre en fa place vn de fes Freres nommé Iofeph. On pratiqua, pour executer la
conjuration, vn de ces Abcas, qui donna vn iour vn coup de Lance par derriere à
Dadian lorfqu'il eftoit appuyé contre vne Baluftrade. L'affaffin f'enfuit, & l'on n'en
a iamais entendu parler depuis. On arrefta vn des Officiers qui eftoit derriere le
Prince dans le temps que le coup luy fut donné, il confeffe la conjuration. Le Vifir fut eftranglé & fon corps diuifé en plufieurs pieces, fut mis dans vn Canon
chargé, & le feu y ayant efté mis, fut ainfi brifé en mille pieces. Il fit creuer les
yeux à fon Frere, que les Conjurés vouloient mettre en fa place, & ne luy laiffa
qu'autant de reuenu qu'il en falloit pour furuiure à fon mal-heur & à fon crime.
Il prit prifonnier le Prince de Guriel, luy fit creuer les yeux, luy ofta fa femme,
fon fils, & donna fes Eftats au Patriarche fon Oncle, nommé Malachia : Guriel fut
ainfi puny non feulement de ce crime, mais auffi de la Scelerateffe auec laquelle il
auoit fait mourir fon propre pere. La tradition du pays veut que Dadian ait fait
auffi mourir en ce temps-là les enfans qu'il auoit eu de fa premiere femme, porté à cela par le confeil de la nouuelle Reine, qui vouloit mettre les fiens en leur
place. Dadian fait apres la guerre aux Abcaffes, qui durant le temps de
ces troubles auoient fait des courfes dans fon pays pour vanger l'affront fait à
fa premiere femme fille de leur Prince. Il fubjuga ces Peuples, & comme il
ne pouuoit tirer d'eux aucun tribut d'or ny d'argent, il fe contenta d'vne certaine quantité de Chiens de Chaffe & de Faucons, qui eft ce qu'il y a de plus
rare dans leur pays. Dadian eftant venu ainfi about de la guerre ciuille, tourna toutes fes penfées à fe rendre Maiftre d'Imereti, dont le Prince a efté autrefois
fon Souuerain : il luy fait la guerre, & quoiqu'il n'ait pas encore pû f'en rendre
entierement Maiftre, à caufe que ce Prince a vne retraitte affeurée dans le Chafteau de Cottatis, qu'il n'a pas pû forcer iufques à cette heure, il a neantmoins tellement ruiné fes Eftats qu'il fera toûjours plus puiffant que luy.

Le Prince qui regne maintenant a de grandes qualitez, & f'il auoit efté nourry
dans vn pays plus ciuil auroit efté vn des plus grands Princes de fon fiecle ; il eft fort
efloigné de toutes les debauches de bouche aufquelles ceux de fon pays font fort
fujets, quitte même fouuent le manger pour fes affaires & pour la chaffe, infatiga-
ble au refte dans les occafions de la guerre, prompt, fecret, braue, aimant fes fujets,
les fecourât en toutes leurs neceffitez ; l'on ne parle plus dans fes Eftats des violences
qu'on y faifoit autrefois, & tout le monde y vit dans vne grande quietude ; il fe
gouuerne fort fagement auec les Turcs, & Sultan Murat, au temps de la guerre qu'il faifoit au Perfan luy ayant enuoyé dire qu'il le vint trouuer au Siege de
Kerauan, il refpondit que luy ny fes Anceftres ne f'eftoient jamais engagez à le
fuiure, & que le tribut qu'il luy payoit eftoit volontaire : l'autre addreffe dont il fe
fert aupres d'eux eft de leur faire croire que la Mengrellie eft le plus mauuais pays
du monde. Quand il reçoit des Ambaffadeurs de Conftantinople, il enuoye des
gens fur la frontiere de fes Eftats qui fe chargent de leur conduite, & les font paffer par des rochers, de grands bois, de mauuais chemins, & aux paffages des riuieres choififfent toufiours les Gués les plus mauuais ; la nuit on les fait loger dans
de pauures Cabanes, où pour tout regale ils n'ont qu'vn peu de paille & de fromage. Quand ces Ambaffadeurs font conduits à fon Audiance, il les reçoit au
pied de quelque Arbre, affis fur vn vieux tapis ; mal habillé, accompagné d'vn
grand Cortége, mais de gens tout mal veftus. Au fortir de l'audiance on loge
l'Ambaffadeur dans vne mauuaife maifon, où à peine il peut eftre à couuert, & on
le traitte fi mal que lorfqu'il eft à Conftantinople, il parle de ce pays comme
du plus disfgracié pays du monde. Il fit creuer les yeux, il n'y a pas long-temps, à
vn de fes Miniftres, qui machinoit de faire foufleuer fes fujets ; il a attiré dans fes
Eftats des Iuifs & Armeniens, & par leur voye le commerce. La monnoye y a maintenant cours ; il tire beaucoup de profit de celle qu'il y fait battre : fait venir des Ar-

Qualitez
du Prince
qui y regne
maintenant.

t

tifans de tous coftez , & pour les y arrefter il les marie & leur donne quelque eftabliffement. Il fait auffi tous les iours de grands dons aux Eglifes & aux Ecclefiaftiques , & il n'y manque que de bons Architeêtes pour baftir de grandes Eglifes,
car de luy mefme il y feroit fort porté.

Diuerfeftats
de ceux du
pays.

Les Mengrelliens font diuifez en Seigneurs Gentil-hommes, Saccurs ou riches
perfonnes, & gens du peuple , qu'ils nomment Moinali. Les gentil-hommes qui
ont quelque titre f'appellent Ginafca , les autres Ginandi. Il n'y a que les Ginafca qui puiffent auoir des Gentil-hommes à leur feruice. Les Gentils-hommes
ordinaires ou Ginâdi fe feruët des Saccurs & des Moinalli; il n'y a point de Nobleffe
confiderée que celle-là : le Prince mefme prend fouuent alliance dans leur Maifon : perfonne ne peut f'auancer au de-là du rang dans lequel la fortune l'a
fait naiftre : celuy qui eft né dans la derniere claffe du peuple, n'en fçauroit fortir quand il feroit le plus riche homme de tout le pays. Les Ginafca ou Seigneurs ont les mefmes Officiers que le Prince , mais non pas en pareil nombre. Les Saccurs feruent les Gentil-hommes, leur font la Cour, les fuiuent
à cheual dans leurs voyages & à la guerre , & dans leurs autres befoins. Enfin
les derniers du peuple leur portent du bois, les fuiuent à pied & portent leurs
hardes fur leurs efpaules lorfqu'ils voyagent. Outre ces couruées ils les doiuent encore traitter, qui deux, qui trois fois l'année felon la quantité des
terres qu'ils tiennent de luy : les plus riches doiuent vne Vache de reconnoiffance auec vne Charette chargée de Millet, de pain, de vin , & de vol-
laille. Outre cela ils doiuent loger tous les Eftrangers que les Gentils-hommes
leur enuoient, & les receuoir eux-mefmes chez eux toutes les fois que l'enuie les prend d'y aller. Ils font Iuges fouuerains de la vie & de la mort de leurs
fujets. Quand vne famille eft efteinte , ils heritent de fes biens , & fouuent
quand elle eft reduitte à vne feule perfonne, ils la vendent au Turc pour en
profiter ; ainfi leurs plus grandes richeffes confiftent à auoir beaucoup de Vaffaux, c'eft fur ce pied-là qu'on iuge de leurs puiffances, & ceux-là font eftimez
les plus riches de tous, qui ont tant de vaffaux qu'ils leur fourniffent tous les
iours tout ce qui eft neceffaire pour l'entretien de leur maifon.

Maifons ,
Baftimens.

Leurs maifons ordinaires ne font point diuifées par appartemens; elles côfiftent
en vne grande Salle, dans laquelle maiftres, valets, hommes & femmes viuent
enfemble fans eftre feparez l'vn de l'autre. Il y a toufiours du feu l'hyuer au milieu de la Sale , & la muraille eftant de bois & le toiêt de paille, il n'y a perfonne
qui fe puiffe affeurer que fa maifon doiue durer tout vn iour; le feu les reduit
quelquefois en cendre en vn moment, ou le vent les découure. Ces Sales font
enfumées & obfcures , car elles n'ont point d'autre iour que celuy qu'elles tirent
de la porte. Ils ont les plus beaux payfages du monde , & quittent fans regret ces
Maifons, d'vne architeêture fi facile, toutes les fois qu'ils veulent changer de Pofte.
L'Hyuer ils fe mettent dans les bois, qui les couurent du vent, & où ils ont le plaifir
de la chaffe. L'Efté ils cherchent leurs demeures fur les collines: & dans les moyen-
nes faifons ils choififfent des lieux où ils puifsêt ioüir des plaifirs de l'vne & de l'autre des deux faifons ; mais ils f'efloignent toufiours des bords de la mer à caufe du
mauuais air de ces lieux, & de la crainte des Pirates. Le Prince a plus de cinquante Palais, entre lefquels celuy de Zugdidi eft le plus beau : il eft bafty d'vne fort
belle pierre, les dedans en font ornez à la Perfanne; ils ont tous ordinairement
deuant leurs maifons vn pré fermé d'vn foffé & d'vne haye; ils y plantent pour a-
uoir de l'ombre des arbres, dont les branches font la figure d'vne pomme de pin.
A l'entour de ce pré , ils dreffent des chaumieres auec quelque diftance l'vne de
l'autre, de peur que le feu ne les brûle toutes en mefme temps. Celle qui eft la
plus proche de l'entrée du pré, fe nomme Ochos, où ils reçoiuent les Eftrangers.
Apres fuiuent les autres , qui font deftinez ou pour celliers , ou pour garderobbe,
& celles-là font plus fortes que les autres , & faites en forme de tour. Le premier

planché en eft enlcué de terre,car autrement on y pourroit entrer creufant au deffous des murailles , outre que l'humidité gafteroit les meubles : Toutes ces chaumieres font difposées de la forte à l'étour de la haye qui ferme le pré,dans les maifons des Gentils-hommes, l'on baftit vne Chapelle au milieu du pré , pour n'eftre
point obligez d'aller chercher la Meffe plus loin. On ne fçauroit croire combien
d'auantages ils tirent de cette maniere d'habitations ainfi éloignées les vnes des
autres, y trouuant en mefme temps la liberté de la vie de la campagne, & les commoditez du fejour de la Ville.

Ce Peuple cy eft fi pauure qu'il eft reduit à vn lambeau de drap de laine , qui Habits.
leur defcend depuis la ceinture iufques fur le genoüil ; les perfonnes de condition f'habillent d'eftoffes eftrangeres , mais à leur ceinture de cuir qu'ils portent
couuerte de plaques d'argent, ils attachent , outre l'efpée , toutes les chofes qui
peuuent eftre neceffaires dans vn voyage , vn Couteau, la pierre pour l'efguifer ,
vne efguillette de cuir large de trois doigs & longue de demie aulne , vn fufil
pour allumer du feu , vne petite bourfe pleine de fel , vne autre pleine de poivre
& d'autres efpices , vne alaifne , du fil , vne aiguille , & iufques à vne petite bou-
gie de cire. Leurs chemifes font trauaillées auec de l'or à l'endroit du col , & par
en bas : & afin que l'on voye cette brauerie,ils la tirent hors de leurs chauffes,& la
vefte qu'ils portent deffus eft plus courte que la chemife. Pendant les grands
froids ils mettent vne efpece de iuft'au-corps doublé de fourrures , leurs bonnets
font en pointe, ils trouuoient l'vfage de nos chappeaux fort commode,mais comme il n'y auoit perfonne dans le pays qui les pût imiter, ils en firent auec de l'ofier,
couuert de toile cirée ; d'autres les faifoient de drap auec vn carton dedans, il y en
euft mefme qui en firent de menufetie , mais tous mettoient ces chappeaux fur
leurs bonnets , & ne f'en feruoient qu'en temps de pluye , ou contre l'ardeur du
Soleil.

La pauureté du pays pluftoft que leur vertu & leur abftinence , a banny toutes Leur nour-
riture.
fortes de luxes de leurs feftins, cela n'empefche pas qu'ils ne faffent excez du peu
qu'ils ont : pour regale les iours de Feftes,ils pillent du Millet dans vn Mortier, en
oftent l'efcorce , le lauent , le cuifent , & l'ayant reduit en confiftance de pafte
molle , le feruent fur vne pelle à leur conuiez ; cette pafte leur tient lieu de pain,
dont l'vfage eft rare parmy eux : ils ne fe feruent point de fieges , & fi l'on fert vne
planche de bois ou table deuant eux , elle fait auffi le feruice de plat , car on jette
deffus la viande , & quand ils ont à feruir quelque chofe de liquide , ils font vn
trou dans la pafte du Millet , & la mettent dans cette cauité ; au lieu de table on
eftend deuant le Prince vn cuir qui a trente ou quarante palmes de long , fi graif-
feux & fi fale qu'il degoufte ceux qui le voyent. Dans les grands repas l'on fait
roftir des Bœufs, des Porcs & des Moutons entiers, ils les feruent fur des Ciuieres :
pour la volaille , apres qu'elle eft cuitte , ils la portent toute embrochée à l'entrée Leurs dé-
bauches.
du lieu où on la doit manger , & arrangent ces broches comme le feroient les ar-
mes d'vn corps de garde ; on fert premierement le gomo ou millet ; celuy qui en a
le foin court d'vn bout de la table à l'autre auec vne pelle , & en fert à chacun : ils
donnent apres aux plus honneftes gens,de la pafte de gomo ou millet plus fine,auec
vne petite pallette , cependant que le Cuifinier met le rofty en pieces. On fert
toufiours à la perfonne la plus confiderable l'efpaule. Pour faire leur brindis lorfque le Coupier leur prefente la taffe, ils le prient de la prefenter à celuy auquel ils
le font , qui l'approche de fes levres , en goufte vn peu , & apres auoir nettoyé
l'endroit où il a porté la levre , la renuoye à celuy qui luy a fait le brindis , qui la
boit tout entiere. Ils ont en grande eftime ceux qui boiuent beaucoup fans f'enyurer. Ils auoient vn homme dans le pays , fi renommé par cette vertu , que Se-
phy Roy de Perfe le demanda au Prince Dadian : il fut en Perfe , & f'eftant efprouué plufieurs fois auec les plus braues du pays, il en remporta toufiours la victoire & le prix de ces combats. Le Roy mefme voulut vn iour mefurer

ƒ ij

ſes forces auec luy, & beut, ce diſent-ils, auec tel excez qu'il en mourut, & Scedan Cilazé ce fameux beuueur retourna en grand triomphe & fort riche en ſon pays.

Agricultu-
re.

Tous les Mengrelliens ſ'appliquent à l'agriculture, auec d'autant plus de raiſon qu'on ne leur apporte point de grain d'ailleurs : la plus grande fatigue apres que le grain eſt ſemé, eſt de le ſerfoüer, pour empeſcher que l'herbe ne l'eſtouffe; elle y croît en grande abõdance à cauſe de l'humidité du pays. Toute la cãpagne eſt plaine dans ce temps-là de gens qui trauaillent, la fatigue en eſt grande à cauſe de la chaleur, mais ils la rendent moins faſcheuſe par la bonne chere qu'ils font à ces gens de trauail & par de certaines chanſons qu'ils chantent & qu'ils les tiennent de belle humeur; outre que l'air en eſt accommodé au trauail & comme dans la danſe les pas ſ'accordent à la cadance, auſſi dans ces chanſons leurs airs ſ'accommodent aux coups qu'ils donnent; dans vne trouppe de quarante hommes l'on en choiſit deux qui battent cette Muſique ruſtique, & afin que les battuës ſoient plus courtes, & qu'ainſi le trauail ſ'auance d'auantage; ces Maiſtres de Muſique ont double pitance le trauail de la iournée eſtant finy, ils marchent en files touſiours chantant vers la maiſon de celuy qui les employe, où on leur fait vn grand repas, on leur donne du vin, & afin de n'en pas manquer en ce temps-là, ils conſacrent au temps de la vendange quelque tonneau de leur meilleur vin à S. George, luy promettant de n'y point toucher qu'au temps de la Feſte de Saint Pierre & de Saint Paul, qui eſt le temps de ce trauail; perſonne n'oſeroit y toucher, leurs Preſtres leurs ayans fait croire qu'il y va de la vie à rompre ce ſerment, & ce iour eſtant venu, ils menent vn de leur Preſtre dans leur cellier, lequel eſtant veſtu de ſes habits Sacerdotaux, recite quelques Oraiſons ſur ce vin, perce le tonneau & en enuoye vne bouteille à l'Egliſe de Saint George. La terre, comme i'ay dit, eſt fort humide, les pluyes feroient ſouuent verſer le bled, ſi elle eſtoit en labour, ainſi ils ſement quelquesfois ſur la terre ainſi trempée ſans la labourer, ce qui leur reüſſit : Entr'autres herbages ils ont beaucoup de Choux, i'en ay veu dont le tronc peſoit bien dix liures, ils les gardent ainſi pour le Careſme, ils leur font boüillir vn boüillon, puis ils les mettent auec du Sel dans vn Muid où il y a eu du vin, ils y adiouſtent des herbes de bonne odeur, iettent de l'eau deſſus, qui en moins d'vn mois deuient auſſi forte que du vinaigre; les pauures gens n'ont point de nourriture plus ordinaire que celle-là.

Chaſſe.

Comme ces Peuples paſſent toute leur vie à la campagne, auſſi n'ont-ils point d'exercice plus ordinaire que la chaſſe, tout le monde en prend le plaiſir : & c'eſt vn prouerbe dans le pays, que la felicité des hommes conſiſte à auoir vn Cheual, vn bon Chien & vn excellent Faucon. Au lieu de tournois le Prince fait des Chaſſes ſolemnelles, où tous les Grands du pays ſont inuitez, mais celle que Dadian aime le plus, ſe fait au temps du rut des Cerfs, ils entrent dans le plus fort des bois au lieu où ils les entendent & les tirent à coups de Fleches : dans le temps qu'il portoit le deüil de ſa femme, & que la bien-ſeance l'empeſchoit de prendre ce plaiſir; il alloit aux lieux où il pouuoit entendre le bruit que font les Cerfs, dans ce temps-là ſe conſoler par cette muſique, de la contrainte qu'il ſouffroit.

Leur ma-
niere d'en-
terrer les
morts.

Quand vn de leurs parents ou amis eſt à l'agonie, par vne charité barbare, ils luy oſtent le cheuet de deſſous la teſte, & tout ce qui la peut ſouſtenir, & la laiſſant pendre de la ſorte, le malade eſt promptement eſtouffé : alors tout le monde de la maiſon ſe deſchire le viſage, ſ'arrache les cheueux, & cette crierie ſans ordre eſtant finie, ils ſe preparent en cette ſorte à le pleurer plus regulierement; les parens, ceux meſmes de la premiere condition, oſtent leurs habits, paroiſſent nuds iuſquà la ceinture. La trouppe ſe diuiſe en deux chœurs, qui ſe repondent l'vn à l'autre repetant pluſieurs fois Ohi Ohi; durant le temps du deüil, qui dure quelquefois iuſqu'à trois ans, leurs perſonnes & toute leur maiſon portent les marques de leur triſteſſe : l'Eueſque dit vne Meſſe ſolemnelle pour le deffunt, & tire grand profit de ces Meffes; elles luy valent ordinairement plus de cinq cens efcus: & comme le Roy profite de la dépoüille des Euefques quand ils meurent, fon intereft fait qu'il tient la main à entretenir cette couftume. Apres la Meffe on fait vn feftin à l'Euefque, & on donne de belles veftes à tous les Ecclefiaftiques qui y ont affifté. La plus grande defpenfe que font ces Peuples, fe fait dans ces occafions, car elle paffe plus loin, l'on inuite le Prince à venir pleurer le deffunt: l'on met fous vn Pauillon fes Chiens, fous vn autre fon Cheual, pour fon efpée on en dreffe vn troifiefme, & ainfi des autres chofes dont il s'eft feruy. Le Prince ayant le corps nud iufqu'à la ceinture, & les pieds nuds, fe met à genoux fous chacun de ces Pauillons, fe donne quelques coups par le vifage, pleure, fait fes oraifons, & à la fin trouue vn grand feftin à la maifon de celuy qui l'a inuité, & vn prefent pour finir cette fefte. Le lendemain de Pafques, eft leur iour des Trefpaffez, ils portent à manger fur la tombe des morts, ils y mettent vne cage couuerte de fleurs auec des cierges allumez; le Preftre benit les viandes, qu'ils portent en fuite à l'ombre de grands Arbres qui font deuant l'Eglife, chaque famille ayant le fien, ils paffent le refte de la iournée à fe prefenter les vns aux autres ce qu'ils ont de meilleur, croyant que la chere, auec laquelle ils fe regalent de la forte, eft fort meritoire, & tient lieu de fuffrages pour les ames de leurs parens morts.

Ces Peuples font fort cruels, & ceux du pays qui ont de l'authorité, s'en feruent fans aucune humanité contre leurs fujets. Ie me fouuiens qu'vn de ces Seigneurs, qui auoit vn prifonnier qui luy feruoit de Tailleur, luy fit couper vn des pieds, de peur, difoit-il, qu'il ne s'enfuit. Entre tous les chaftimens dont ils puniffent les Criminels, ils tiennent que d'ofter la veuë à vn homme, eft vn des plus grands: ils le font de cette forte. On plante quatre pieux en terre, l'on y attache le Criminel par les pieds & par les mains, en forte qu'il ne puiffe faire aucun mouuement: ils ont deux petits laftres ou plaques de fer de la grandeur d'vn fol, attachées au bout de deux ferremens qui s'vniffent en vn manche de bois: ils les font rougir au feu, & les appuyans fur les yeux du Criminel, ils luy oftent ainfi la veuë auec vne douleur extrême, qui paroift affez dans fes effets, car tout le vifage & la poitrine leur enfle, ils font trois ou quatre iours fans pouuoir manger; quand ils coupent le poing aux Criminels, ils le font auec vn fer rougy, difant que cela empefche le fang de fortir des veines, & oftent auec vn bafton la moüelle des os, depeur, adjouftent-ils, qu'elle ne pourriffe. Lorfque le crime eft leger, que le Volleur a efté furpris, par exemple, en prenant quelque Vache, il en eft quitte pour payer quinze fois la valleur de la chofe vollée, dont le Roy a vn tiers, l'autre la Iuftice, & le refte celuy qui a efté volé. Si le crime n'eft pas aueré, on met vne Croix au fonds d'vne chaudiere pleine d'eau, on la fait boüillir en faifant vn grand feu deffous, y employant du bois de ferment: l'accufé eft obligé de mettre le bras dedans & d'en retirer la Croix, au fortir on luy met le bras dans vn fac, on le lie, on le cachete, & trois iours apres on le defcouure; s'il n'y paroift point de marque de bruflure, il eft declaré innocent. Quand les preuues font moins fortes & les crimes de moindre confequence, on les fait iurer fur les images de leurs Saints, mais il eft ordinaire de manquer à ces fermens: & quand ils fçauent fur quel Saint on les doit faire iurer, ils vont auparauant deuant cette Image, luy confeffent leur crime, & l'aduertiffent que le lendemain ils diront tout le contraire de ce qu'ils ont confeffé; qu'ils ne s'en fafchent point, qu'ils leur facrifieront vn Mouton par exemple. C'eft pourquoy ceux qui font reduits à s'en rapporter à leur ferment, fe gardent bien de leur dire fur quelle Image ils ont deffein de les faire iurer.

On fait quelquefois combattre enfemble ceux fur lefquels tôbe le foupçon d'vn crime, ils courent la lance en arreft l'vn contre l'autre, & celuy qui eft bleffé le premier eft puny comme coupable. Les veufues qui fe remarient, fi elles font

grofles de leur premier mary, ne font point de fcrupule d'enfeuelir tous vifs les enfans qui en viennent : ce qui eft encore ordinaire aux pauures gens, lorfqu'ils ne fe
croient pas affez riches pour les nourrir. Ie reprefentay au Prince l'horreur de cette action, fa refponfe fut qu'il n'y fçauoit point de remede, & qu'il ne pouuoit pas
tenir regiftre des femmes qui accouchoient dans fes Eftats.

Du cofté de la terre, la Mengrellie eft fermée du Mont Caucafe, & la ferocité des
peuples qui l'habitent empefche que les prifonniers ne puiffent fortir de ce cofté-là.
Le Pont Euxin le ferme d'vn autre, & les riuieres du Phafe & du Corax, qui ne
font pas guayables, rendent des autres coftez la fortie du pays fort difficile : ainfi les
Efclaues ou Prifonniers n'en peuuent quafi fortir, & ils fe contentent, mefme d'o-
bliger les Perfonnes d'Eftat de porter vne groffe chaifne.

Les Mengrelliens n'ont point de loix efcrites, & la Iuftice ne laiffe pas d'y eftre
Leur Iufti-
ce en caufes
ciuiles. mieux adminiftrée, car par tout où il y a des loix, chacun tafche de les expliquer à
fon aduantage : le fens commun eft la loy de ces Peuples ; dans les affaires qui ne
font pas de grande difcuffion c'eft le Prince qui en eft le Iuge, qui les decide à table,
à la chaffe, & par tout où il fe trouue ; les plus difficiles fe terminent de la maniere
fuiuante. Les parties choififfent chacune vn Iuge, entre les mains de qui ils com-
promettent de leurs interefts, & les Iuges prennent vn Rapporteur : on s'affemble
à la campagne, le plus fouuent à l'ombre d'vn grand Arbre ; le demandeur paroift le
premier, expofe fa demande & fes moyens, apres auoir acheué il fe retire & laiffe
la place à fa partie, à laquelle le Rapporteur expofe fes pretentions ; le deffendeur fait
fa refponfe auec la mefme liberté : l'on fait reuenir le demandeur, qui s'eftoit efloigné, & le Rapporteur luy communique la refponfe & la deffenfe qu'on a fait à fes
demandes, & n'ayant plus rien à dire ny l'vn ny l'autre, les Iuges prononcent. Cette maniere de iuger meriteroit d'eftre pratiquée par des Nations plus ciuiles, auffi-
bien qu'vne autre couftume qu'ils ont dans leurs affaires, de ne s'addreffer iamais
directement à la perfonne à qui ils ont quelque chofe à demander, mais fe feruir
toufiours de l'entremife d'vn de leurs amis communs : car il s'en termine toufiours
de la forte, là où l'aigreur auec laquelle l'on fait ailleurs fes demandes en fait naiftre de nouuelles.

Mariages. Toute la difficulté du traitté de leurs mariages, fe reduit aux prefens qu'on eft o-
bligé de faire aux parens de la femme. De mon temps on traitta le mariage du Prince d'Odifci auec vne Fille du Prince de Circaffes nommé Cafciach Mepe : le Prince
demandoit pour fa Fille cent Efclaues chargez de toutes fortes de draps & de tapis,
cent Vaches, cent Bœufs & cent Cheuaux. Quand le futur efpoux va voir fa Maiftreffe il eft obligé d'y faire porter du vin & quelque bœuf, les Parens en font bonne
chere ; le iour des nopces, fi l'Euefque ou le Curé ne fe trouue point pour les celebrer,
ils vont dans leurs Caues, lieu qui n'eft pas moins reueré chez ces barbares que les
Eglifes. Le Preftre tient deux couronnes, & en mettant vne fur la tefte du mary, il
dit, foit couronné N. feruiteur de Dieu, pour la feruante de Dieu N. il met l'autre fur
la tefte de l'efpoufe, & dit foit couronnée la feruante de Dieu N. pour le feruiteur de
Dieu N. Il coud les habits du mary auec ceux de la femme : Il prend enfuite vn verre plein de vin, le prefente aux efpoux, leur Parain tenant cependât leurs courônes, &
apres qu'ils ont beu le Parain leur coupe le fil qui tenoit leurs habits attachés ; & c'eft-
là toute la forme de leurs mariages fans qu'il fe parle du confentement des mariez.

Leurs guer-
res. Tous les Mengrelliens vont à la guerre, & quoyque le pays foit petit, le Prince met
aifément trente mil hommes fur pied. Ordinairement chaque trente Maifons fourniffent vn hôme, mais toute la Nobleffe fe croit obligée de fuiure fon Prince ; & comme ces Peuples aiment fort la guerre, ils y portent auec ce qu'ils ont de meilleur, la
nuict, pendant lequel temps il n'eft pas ordinaire à ces Peuples de faire des entreprifes, ce ne font que réjoüiffances & que feftins, c'eft dans leur Carap à qui fera plus
grande dépenfe, & c'eft pour cette occafion auffi qu'ils gardent leurs plus beaux habits & leurs plus fuperbes meubles. A la Diane & au foir ils battent leurs tambours

faits à la Perſanne : ils ſont de cuiure, ſemblables à des Tymbales : ils ont auſſi des Trompettes droites, longues de cinq pieds ; ils en mettent touſiours deux enſemble qui ſe reſpondent l'vn à l'autre auec vn ſon plus terrible qu'agreable. Celles du Prince Dadian ſonnent les premieres, apres celles du Prince Guriel, puis celles de Lipardian le plus puiſſant d'Odiſci, & ainſi les autres ſelon le rang de leurs Maiſtres : mais quand ces trouppes ſe ſont rencontrées auec celles du Prince d'Imereti, à cauſe que ſes anceſtres ont eſté les Maiſtres de ceux de Dadian, il luy rend ce reſpect de ne faire ſonner les ſiennes qu'en ſecond lieu.

Les Mengrelliens ne gardent aucun ordre ny diſciple dans leurs combats, chacun choiſit ſon ennemy, & la bataille eſt terminée en vn quart d'heure ; auec tout cela ils ne laiſſent pas de remporter tous les iours de ſignalées victoires ſur les ſujets du Prince d'Imereti ou Bachaciuck, quoique la nature, en les faiſant les plus forts, & les mieux proportionnez Peuples du monde, ſemble les auoir formez auec intention de les en rendre Maiſtres : le Prince d'Imerety eſt touſiours ſur la deffenſiue, & lorſque Dadian entre dans ſes Eſtats il ſe retire dans la Ville de Cottatis, & aduertit ſes ſujets de ſe retirer dans les Montagnes. Dadian entreprit dans ces derniers temps de s'en rendre le Maiſtre ; il y fit rouler de l'Artillerie ; mais comme il n'auoit pas de gens qui la ſçeuſſent ſeruir, il fut contraint de leuer le ſiege.

Entr'autres jeux & exercices ils ont le jeu du Ballon à Cheual, les Ioueurs ſont rangez en files ; celuy qui eſt à la teſte jette en l'air le Ballon, & ceux qui le ſuiuent taſchent de luy donner vn coup d'arriere-main auec leur Raquette, de quatre ou cinq palmes de long ; le dernier qui le prend ſe met à la teſte de ſa file & recommance cet exercice. ^{Leurs jeux & exercices.}

Il n'y a pas de pays au monde où les Medecins ſoient mieux receus : ils eſtiment principalement les Medecins Italiens & François, & quand ils en rencontrent quelqu'vn, ils font ce qu'ils peuuent pour le marier & l'arreſter dans le pays ; pour eux ils n'ont point d'autres Medecins que certaines femmes, à qui l'experience a enſeigné ce qu'elles ſçauent de remedes : elles ne donnent point d'autre nourriture à leurs malades que du Millet, d'où ils ont oſté l'eſcorce en le pilant dans vn Mortier, y adjouſtant quelque feüille de Coriande, & quelque goutte de vin. Dans les plus grandes fievres ils couurent leurs malades de feüilles de Saulx ; ils ne purgent jamais leurs malades, mais à ceux qui ſe veulent purger par precaution ils donnét du ſuc de titimale, qui eſt vn purgatif fort violent. Ils ſe ſeruent de l'infuſion de rubarbe pour guerir la fiéure ; & ie me ſouuiens que comme on eut ordonné à la Princeſſe de prendre de la confection de Iacinthe, l'ignorance du Medecin fut ſi grande, qu'il prit vne pierre de ce nom & ſe mit à la frotter contre vne pierre ordinaire, ſi-bien que la Princeſſe prit pluſtoſt de la raclure de pierre que de la confection de Iacinthe. C'eſt aſſez pour paſſer pour grand Medecin en ce pays-là, d'auoir des purgatifs qui purgent beaucoup. Plus grande eſt l'euacuation qu'ils font, & plus on eſtime ceux qui l'ont ordonnée ; ie ne ſçay ſi l'air du pays y fait quelque choſe, mais ie voiois ſouuent que les remedes de nos Italiens, dans la doſe ordinaire, n'auoient pas aſſez de force pour nous purger en ce pays-là. Pour la fiéure, ils ont appris des Abcaſſes ce remede : ils mettent le febricitant tout nud dans l'eau la plus froide du pays, & le font tenir-là par deux hommes, fort long-temps, diſant que c'eſt vn remede ſpecifique pour ce mal. ^{Comment la Medecine ſe pratiqu chez eux.} ^{Leur maniere de guerir la fiéure.}

Les Dames auſſi-bien que les hommes vont à cheual dans leurs voyages, les Dames ont vn Chappeau de drap qui a la forme pointuë, eſt fourré de Zibellines auec des Brodequins fort propres & brodez. Elles ſe font ſuiute de toutes leurs Damoiſelles fort leſtes : vn Valet porte vn marche-pied couuert de velours & garny d'argent, pour leur ſeruir à monter & deſcendre ; & quand la Cour fait voyage, il ne ſe peut rien voir de plus galand, que ces diuerſes trouppes de Dames qui ſuiuent la Princeſſe, & ſont ſi bien à cheual, qu'on les prendroit pour des Amazones.

Ils ſont fort charitables enuers les voyageurs, les plus grands Seigneurs ſe croient

obligez de fernir ceux qui ont befoin de leurs aydes dans ce rencontre ; & la Princeffe vn iour ayant trouué vn pauure qui fe mourroit de froid, fes Courtifans faifans
difficulté d'obeir à l'ordre qu'elle auoit donné, de le prendre en croupe, elle le fit
mettre derriere vne Fille naturelle du Prince.

Façons de faire.   Lorfqu'ils fe faluent, ils mettent vn genoüil en terre les vns deuant les autres, &
i'ay remarqué encore cette particularité, qu'ils donnent vne ceüillere plei-
ne de fucre à ceux qui leur apportent quelque bonne nouuelle : le Prince mefme
la met de fa main dans la bouche de fes Couriers ; mais auec cela de plus, que le
Courier en f'auançant vers luy marche fur vn tapis de velours que l'on eftend ex-
prez pour le receuoir.

Eftat Ec-clefiaftique du pays.   Ces Peuples reconnoiffoient autrefois le Patriarche d'Antioche, ils reconnoiffent prefentement celuy de Conftantinople, mais cette reconnoiffance ne confifte
qu'à donner quelques aumofnes au Preftre qu'il enuoye pour les ramaffer. Ils ont
du refte deux Patriarches de leur Nation, qu'ils appellent Catholiques. Celuy
de la Georgie a fous luy les Prouinces Cartuli ou Cardueli, Gaghetti, Baratra-
lu, & Samfché : celuy d'Odifci les Prouinces d'Odifci, d'Imereti, de Guriel,
des Abcaffes & des Suani. Dadian f'eft vfurpé auec l'Eftat d'Odifci, l'authorité d'efli-
re des Patriarches de cét Eftat ; ce Patriarche a prefqu'autant de reuenu que le
Prince mefme : il eft continuellement en vifite des lieux de fa dependance, &
au lieu d'auoir foin de fon troupeau, il le ruine par ces vifites fi frequentes : il ne
fait point d'Euefque qu'il n'en tire cinq ou fix cens Efcus. Le grand Vuifir luy
donna vn iour quatre-vingts Efcus pour vne confeffion, il ne f'en contenta pas,
& comme le mefme Vifir eftant malade au lit de la mort l'enuoya querir pour
fe confeffer vne autre fois, il fit refponfe qu'il ne meritoit pas qu'il prit cette
peine, l'ayant auffi mal reconnu qu'il auoit fait la premiere : il l'obligea par-là
luy promettre vne plus grande fomme : & ce qui eft de plus eftrange, c'eft que tous les
trois ou quatre ans il porte au S. Sepulchre de Ierufalem tout l'argent qu'il a
amaffé, par des voies fi honteufes : croyant que ces prefents & ces offrandes l'affeurent du Paradis. Il y auoit autrefois douze Euefques dans le pays, il n'en refte
plus maintenant que fix, car fix de ces douze Euefchez ont efté conuertis en Abbayes.
D'Andra eft le premier de tous les Euefchez, il eft fcitué fur la riuiere du Corax ;
Moquis eft le fecond, Bedias le troifiefme, Ciaïs le quatriefme, qui tire fon nom
de la Montagne où il eft fcitué, Scalingicas eft le cinquiefme, l'Eglife principale eft dediée à la Transfiguration de noftre Seigneur, & c'eft-là que font les fepultures des Princes du pays. Scondidi eft le fixiefme, l'Eglife eft dediée aux Martyrs.
Les Abbayes font Chiaggi, Gippurias, Copis, ou Obbugi où eftoient autresfois les
fepultures des Princes qui ont efté transferez depuis Scalingicas. Sebaftopoli eft
la cinquiefme, mais les eauës l'ont ruïnée ; la fixiefme eftoit Anarghia, autrefois
appellée Heraclea. Ces Euefques font plus riches que pas vn Seigneur du Pays,
ils viuent dans vne diffolution fort grande, il y en a qui tiennent trois & quatre femmes chez eux, & de mon temps vn d'eux vendit Efclaue au Turc le mary d'vne femme qu'il aimoit, pour en ioüir auec plus de liberté. Ils font tous
les iours le mefme pour fe rendre Maiftres des richeffes de leurs Diocefains, &
cependant à caufe qu'ils ieufnent fort exactement le Carefme, ils croient eftre
infiniment plus reguliers que les Prelats de l'Eglife Romaine.

Ils croient qu'il n'y a point de fi grand peché que l'on ne puiffe effacer en faifant vne
bonne œuure, ainfi ils ne fe confeffent que rarement : mais quand ils fe trouuent chargez de quelque crime, ils font vn prefent à l'Eglife, & f'en croient
par-là abfous : ce qui leur eft bien plus facile que de fatisfaire à la rigueur des
Canons de l'Eglife Grecque où à l'auarice de leurs Confeffeurs, qui exigent de
grandes fommes pour l'abfolution qu'ils demandent. Ils ont vne autre maniere
encore plus aifée de purger leur confcience, c'eft jetter vn grain d'encens dans
le feu apres l'auoir porté trois ou quatre fois à l'entour de leur tefte. Leurs Ab-
bez &

bez & leurs Preftres imitent les Euefques dans leurs debauches & dans leur ignorance. I'ay montré plufieurs fois à leurs Preftres vn Alphabet de la langue Georgienne, dans lequel ils difent la Meffe, & i'ay trouué que la plufpart n'en connoiffoient pas vne feule lettre.

Cette ignorance, commune à tous leurs Ecclefiaftiques, leur a fait perdre la forme des Sacremens, ils ne baptifent les enfans qu'à l'âge de 3. ou 4. ans, ils les
conduifent dans le Cellier, qui eft le lieu où fe doit faire la ceremonie ; le Preftre
veftu de fes parements, benit vn grand vaiffeau plein d'eau felon le Rituel
des Grecs, & fe contente de lire ce qui eft efcrit dans ce Rituel, fans faire rien
de ce qu'il prefcrit, & laiffe à faire le refte au Parain, lequel prend vn peu de leur
Miron ou Huille facrée au bout d'vn bafton, en marque l'enfant, les affiftans le la-   Meffes.
uent apres dans l'eau benifte par le Preftre. Quand l'Eglife eft fermée, ils ne font
point de difficulté de dire la Meffe fur le feüil de la Porte de l'Eglife, leurs Calices
font de bois, vne courge leur fert de burettes & il n'y a perfonne qui ne fut fcan-
dalifé de l'irreuerence auec laquelle ils la celebrent. Cependant on leur paye largement ces Meffes on les regale d'vn repas, & de quelque baril de vin, mais leur
plus grand reuenu leur vient des Sacrifices. Ces Peuples croient que c'eft le
feul moyen d'obtenir de Dieu tout ce qu'il luy demandent, on conduit de bon   Sacrifices.
matin vne victime deuât le Preftre, qui recite fur elle quelques oraifons, en faifant
mention des Sacrifices de l'ancienne Loy, de ceux d'Abel, d'Abraham, de Salomon, & d'autres. Il brufle auec vne Chandelle en cinq endroits le poil de la befte,
en forme de Croix, on fait tourner trois fois la victime à l'entour de celuy qui la
prefente, tous les affiftans luy fouhaittant durant ce temps-là vne longue & heureufe vie. Cette ceremonie faite, on porte la victime à la Cuifine, cependant le
Preftre dit la Meffe, apres laquelle il fe rend à la maifon de celuy qui la prefentée,
on donne à chacun des affiftans vn petit Cierge auec vn grain d'Encens, tout le
monde eft debout, le Maiftre du logis eftant feul à genoux, deuant la victime, les
affiftans portent à l'entour de luy le petit Cierge & le grain d'Encens allumé,
luy fouhaittent encores vne heureufe vie, & le jettent apres dans vn brafier, on fe
met enfuite à table, y en ayant vne particuliere pour le Preftre, fur laquelle on
fert certaines parties de la victime qui luy font deftinées, comme la poitrine, le
dos, le foye & la ratte, & à caufe que c'eft chair de facrifice, il n'y a que le Preftre
qui en puiffe faire porter le refte en fa maifon auec la tefte & la peau de la befte.

Ils tirent encore de grands profits des predictions qu'ils font par le moyen de
leurs liures, ou de petites boulles d'argét fur lefqnelles il y a vne croix marquée : ils
font paffer plufieurs fois le liure à l'entour de la tefte de celuy qui les confulte, &
l'ouurant apres au hazard, & mettant de mefme le doigt fur quelque endroit, ils difent qu'ils ont trouué la refponfe à l'interrogation qu'on leur a faite, que S. George par exemple a enuoyé la fievre au malade qui les confulte, qu'il eft refolu de le
faire mourir, mais qu'il pourra appaifer fa cholere, en luy facrifiant vn bœuf. Ils
font le mefme auec les petites boulles, iugeant, ce difent-ils, felon l'endroit ou fe
rencontre la Croix qui y eft marquée.

Ils croient auoir fatisfait à tous les preceptes du Chriftianifmfe en obferuant
exactement les jeufnes qu'il prefcrit. Le iour de Pafques on ne parle point de Confeffion ny de Communion. Ils vont ce iour-là 2. heures deuant le iour à l'Eglife,
mais c'eft pour en fortir de meilleure heure, & commencer plûtoft la débauche par
laquelle ils le folemnifét, & les autres feftes pour lefquelles ils ont plus de deuotiõ.

Leur plus grande Fefte eft celle de Saint George le 20. Octobre, le Prince
fe rend à Ilori pour y affifter ; il y vient toutes fortes de Peuples, iufques aux Aba-   La Fefte du
caffes & aux Soüans. L'Eglife de S. George eft fermée d'vne enceinte de murail-   Bœuf.
les qui ont bien quinze palmes de hauteur. La veille de la Fefte, le Prince y va
fur le foir accompagné d'vn grand Cortége, appofe fon fcellé fur la Porte de l'E-
glife, le lendemain, apres auoir reconnu fi on n'y a point touché, il leue le fcellé,

& l'on ne manque point de trouuer vn Bœuf dans cette enceinte , le Peuple
croyant fermement que Saint George l'y a fait entrer par vn miracle , & baſtit
ſur cette ſuppoſition mille preiugez de l'aduenir , ſi le Bœuf ſe deffend de ceux qui
le veulent prendre , il y aura guerre cette année-là ; s'il eſt fort crotté , c'eſt
vne marque que l'année ſera fertille , s'il eſt plain de roſée , la vendange ſera
bonne ; s'il a le poil roux , il s'enſuiura vne grande mortalité d'hommes &
d'animaux , & auſſi-toſt toutes ces particularitez s'eſcriuent de tous coſtez comme vne choſe de la derniere importance. Il y a vne famille qui a le priuilege de
tuer ce Bœuf, ceux-là gardent dans leur maiſon , comme vne relique, la Hache
auec laquelle ils les tuent ordinairement : le meſme a le priuilege de le couper en
pluſieurs morceaux , la teſte auec les cornes ſe portent au Prince; il les enrichit d'or
& de pierreries , & aux plus grandes Feſtes de l'année il boit dedans , il en enuoye
vn autre morceau au Prince d'Imereti , lors meſme qu'il eſt en guerre auec luy. Le
Prince d'Imereti regale liberalement le porteur d'vn ſi beau preſent , chaque famille du pays en a de meſme ſa part , & tout le reſte eſt diuiſé par pluſieurs petits
morceaux au Peuple, qui les ſeche & les garde pour vn ſouuerain remede dans ſes
infirmités. Sur cette opinion que le Sᵗ dérobe vn Bœuf cette nuit-là, ils croient qu'il
leur eſt permis de faire le meſme, & il m'en couſta 2. Cheuaux qu'ils m'enleuerent :
la verité eſt, côme ie l'ay appris de quelques Grecs qui ſe voulurent éclaircir du fait,
& veillerent toute cette nuit , que les Preſtres tirent le Bœuf auec des cordes dans
l'Egliſe, ce qu'ils font d'autant plus facilement, qu'ils ont fait accroire à ce Peuple
trop credule qu'il y va de la vie à tourner les yeux dans ce temps-là vers ces murailles , & que l'on ſeroit percé de certaines pointes ou Fleches que l'on voit dans
l'Egliſe de ce Saint. Ils obſeruent fort exactement le Careſme, & à l'auſterité du jeûne des Grecs, ils y adjouſtent la penitéce d'aller à pied pour ceux qui vont ordinairement à Cheual; les femmes vont nuds pieds , les trois derniers iours de Careſme
ils ne prennent aucune nourriture , leur Careſme dure ſept ſemaines entieres : ils
le commencent le Lundy de la Quinquageſime , les Samedys & les Dimanches ils
mangent deux fois le iour , obſeruant les autres iours du Careſme en la maniere
des Grecs , & ne mangeant que lorſque les eſtoilles paroiſſent.

Superſtitiôs
des Mengrel-
liens. Il n'y a point de Peuple plus ſuperſtitieux que les Mengrelliens, cela ſe voit aſſez dans l'apprehenſion qu'ils ont de la Lune , qu'ils croient eſtre la cauſe de tous
leurs mal-heurs, ils s'abſtiennent en ſon honneur, de manger le Lundy de la viande ; s'ils ſont en voyage ils ſe gardent ſoigneuſement de puiſer de l'eau ,
diſant que ce iour-là elle eſt infectée. Le premier qui découure la Lune nouuelle
en aduertit les autres, ceux qui ont l'Eſpée au coſté la tirent toute nuë, ou leur couſteau , les autres la ſaluënt en mettant vn genoüil en terre , auec mille autres ſu-
perſtitions, gardant par cette raiſon le Lundy comme les Iuifs le iour du Sabbat :
ils chomment auſſi le Vendredy, & il y a apparence qu'ayans receu le Chriſtia-
niſme au temps de Conſtantin, c'eſt de luy auſſi qu'ils tiennent cette deuotion, car
Conſtantin le faiſoit chommer à l'honneur du iour de la Paſſion de noſtre Seigneur. A la naiſſance de leurs enfans ils conſultent le Curé & luy demandent ce
qu'il deura faire pour eſtre heureux; le Curé, pour les entretenir dans cette
creance, fait ſemblant de conſulter ſes liures , & leur donne pour conſeil de
s'abſtenir , par exemple , de manger des animaux qu'on mange auec la peau, &
autres auſſi de cette nature. Ils ne portent point les corps de leurs morts à l'Egliſe,
mais tout droit au Cimetiere; on fait enſuite le Seruice dans l'Egliſe, mettant en
place du Corps , au lieu du mortuaire , la Pelle qui a ſeruy à faire la Foſſe.

  Ils parent les Façades de leurs Egliſes des teſtes des Cerfs & des hures de Sangliers qu'ils ont tuez : ils croient que cét ornement eſt fort agreable à Dieu , que
le bon-heur de leur chaſſe en dépend, & qu'il importe fort pour faire vne bonne
peſche, que la barque du Peſcheur ait eſté faite en temps heureux, & que tous ceux
qui y ont trauaillé ayent eſté payez largement de leur ſalaire. Ils nous obligerét vn

iour de jetter de l'Eau beniſte ſur vne de leur Barque ſur le point d'aller à la Peſche ; & comme il s'y prît beaucoup de poiſſon , ils ont touſiours voulu depuis que
nous fiſſions la meſme choſe.

Quand ils ſont en mer , & que le vent leur manque, ils chiflent tous pour le faire
reuenir ; & quand il eſt fauorable , ils ne ſouffrent point que l'on couſe rien dans
le vaiſſeau, ny que l'on ſe ſerue de fil ny d'aiguille, diſant que le vent demeure pris
dans les tours & retours que fait le fil. Ils attribuent ſouuent les diſgraces qui leur
arriuent, aux imprecations & aux enchantemensde leurs ennemis, iuſques-là, que
j'ay veu vn des principaux du pays , faire porter deuant luy quantité de petites
Images & de Reliques au bout d'vn baſton , pour purger l'air , ce diſoit-il , de toutes ces malignitez , quand ils font quelque marché , outre le prix de la choſe , ils
donnent encore quelque regale au Marchand, afin qu'il la beniſſe. Ils ne mettent
iamais entre les mains de l'acheteur ce qu'ils vendent : ils le jettent deuant luy ;
car ſ'ils faiſoient autrement, ce diſent-ils , tout ce qu'ils ont dans leurs maiſons en
ſortiroit , & ſeroit perdu, ſans qu'ils y puſſent apporter de remede. Quand les
hommes font amitié enſemble , ils ſe touchent l'vn à l'autre le front auec vn peu
de Miron ou huyle ſainte ; & quand l'amitié ſe fait entre perſonnes de different
ſexe , l'homme preſſe auec les dents le bout du tetton de la femme ; & ſont perſuadez qu'vne amitié faite auec cette ceremonie doit eſtre eternelle.

Nous conſeillâmes vn iour vn des Principaux du pays de manger de la viande ,
quoy que ce fut en Careſme , pour r'auoir ſes forces abbatuës par vne longue maladie , dans le temps que l'on luy ſeruoit vn Faiſan, on luy vint dire que le Patriarche luy enuoyoit vne Image miraculeuſe ; il creût que ſi elle voyoit le Faiſan ,
elle acheueroit de le tuer , au lieu de le guerir ; il fit reporter bien finement
dans vne autre partie de ſa maiſon fort éloignée , le plat qu'on luy auoit ſeruy, re-
ceuſt auec veneration l'Image , luy fit ſon oraiſon ; & quand elle fut ſortie , il ſe
ſeruit du conſeil que nous luy auions donné. Mais ie craindrois d'ennuyer le Lecteur d'vn plus long recit de ces foibleſſes qui ſont infinies parmy eux. Ie rap-
porteray ſeulement vne maniere particuliere qu'ils ont à deuiner l'aduenir.
Celuy des conuiez , à qui l'on a ſeruy l'os d'vne eſpaule de Mouton , par
exemple , apres en auoir bien oſté la chair , conſidere diligemment cét os :
& ſur les remarques qu'il y fait à ſa mode , il dit ce qu'il ſçait de l'aduenir ; ſon
iugement ainſi fait, il le redonne à celuy d'aupres de luy , & cét os fait ainſi
tout le tour de la table. Vn iour que ie me rencontray à table auec eux , ſur la fin
on examina à l'ordinaire l'os d'vne eſpaule de Veau qu'on auoit ſeruy , cét os tomba enfin entre les mains d'vn jeune Eſclaue Abaſſa de Nation, lequel, l'examinant
comme les autres , dit qu'il falloit que l'on eut bruſlé la maiſon de celuy de qui venoit ce Veau , & en effet la choſe fut trouuée veritable , ſans qu'il y eut aucun lieu
de ſoupçonner qu'il eut pû auoir appris la choſe d'ailleurs.

Quand ils ont à ſouhaitter de la pluye pour leurs grains , ils prennent quelque Image de grande deuotion, & la mettent tous les iours dans l'eau iuſques à ce
qu'il pleuue , & croient qu'ils luy ont l'obligation de la premiere pluïe qui vient
en ſuitte.

Ils n'auoient aucune monnoye auparauāt que le Prince Dadian eut attiré le com-
merce des Armeniens dans le pays,elle ne ſert même preſentement que pour eſga-
ler les eſchanges qu'ils font de leurs marchandiſes; ce Prince en a fait battre dans
ſes Eſtats auec des Caracteres Arabes, ſemblable à celle qui a cours dans la Perſe,
nommée Abaſſi ; mais ceux du pays eſtiment d'auantage les reaux d'Eſpagne & les
monnoyes eſtranges ; elle leur eſt d'autant moins neceſſaire, qu'il n'y a point de pauure homme qui ne tire de ſon Iardin ou de ſon beſtail ce qui eſt neceſſaire pour ſa
nourriture, & pour leurs autres neceſſitez, ils les ont par troc des Turcs, ou aux Foi-
res du pays, dont la plus grande eſt celle du mois de Septembre, qui ſe tient deuant
noſtre Egliſe de Cipourias : l'autre, que ie ne dois pas oublier, ſe fait dans l'Egliſe de

Saint George le iour de la ceremonie du Bœuf. Les Turcs portent de Constantinople des tapis, des couuertures de lit, des felles, des harnois de Cheuaux, des arcs, des fleches, des draps, du fer, du cuiure, de la laine, des toiles de coton, & en rapportent du miel, de la cire, du fil, des peaux de Bœuf, des Martres, des peaux de Castor, des Esclaues, & du bois de buys: Ils gagnent beaucoup fur ce bois, & pour la valeur de quatre cens escus de sel qu'ils apportent dans le pays, ils en tirent pour plus de cinquante mil escus de buys: les Seigneurs vendent souuent leurs subjets pour Esclaues, & de mon temps, vn de ces Seigneurs, qui vouloit auoir quelque chose des Marchands Turcs, qui luy demandoient dix Esclaues, pour les auoir plus aisément, car la chose s'estoit respanduë dans son pays, & personne durant ce téps-là ne paroissoit deuant luy: il fit entendre aux Ecclesiastiques qu'il vouloit faire celebrer vne Messe solemnelle, apres laquelle il les regaleroit fort bien: il y vint 12. Prestres, il fit fermer l'Eglise apres qu'ils eurent dit la Messe, leur fit razer les cheueux & leur grande barbe, & les liura aux Turcs. I'ay veu les maris vendre leurs femmes aux Turcs fur vn simple soupçon, en ce rencontre le Seigneur du lieu a le tiers du prix de la vente, les parents de la femme en ont vn autre, & le mary le reste. On m'a dit mesme qu'vn Gentil-homme, pour auoir vn Cheual Turc qui luy plût, donna en eschange sa propre mere.

Temperature du pays. L'air de ce pays est fort humide, & cette humidité vient de sa situation : car d'vn costé il a le Mont Caucase, d'où il sort quantité de riuieres, les bois dont il est couuert empeschent que l'air ne soit agité, & le voisinage de la mer & les vents qui en viennent y apportent continuellement du broüillard & de la pluye. Les rosées y font aussi fort grandes, & cét air humide & renfermé venát à se corrompre durant la chaleur de l'Esté, engendre beaucoup de maladies, principalement à craindre aux Estrangers, qui deuroient pendant l'Esté quitter les Vallons, demeurer fur les hauts & ne manger point de fruits, quoy qu'il s'y en trouue en grande abondance. Ceux du pays font ordinairement tourmentez du mal de ratte, qui se conuertit en hydropisie si l'on n'y remedie de bonne heure. Les fiéures tierces & la quarte y sont fort ordinaires, & durant l'Automne il y a force fiéures continuës. Les Gens aagées y meurent ordinairement de catarres & de difficulté de respirer ; la jaunisse & la letargie fait mourir les plus ieunes. Les froids y font aussi fort grands, & quoy qu'ils ne se fassent sentir que fur la fin de Decembre, il ne laisse pas d'y tomber beaucoup de Neiges quelquesfois mesmes iusqu'au mois d'Avril.

Le pays est vast & marescageux du costé de la mer, mais plus auant vers les Terres il est fort bossu, le Mont Caucase l'asseure de ce costé-là des courses des Barbares qui l'habitent, & aux endroits où la Montagne sembloit auoir laissé quelque passage, ils y ont tiré vne muraille qui a plus de soixante mille pas de longueur, laquelle est flanquée de ses Tours, gardée par des Mousquetaires, qui se releuent tous les mois, & que les principaux Seigneurs de la Ville d'Odisci ont accoustumé d'enuoyer tour à tour. Les endroits du pays du costé de la mer, où il n'y a point de Marais pour en deffendre l'entrée, font aussi fortifiez de Chasteaux de bois: le pays va s'esleuant auec vne pente douce depuis la marine iusques aux plus hautes Montagnes du Caucase. Ie sçay bien que Quintecurce & Pline mettent le Caucase dans les Indes, mais Ptolomée & Pline le mettent entre la mer Caspiene & le Pont Euxin, & Strabon remarque que Quintecurce en a parlé de la sorte pour flatter Alexandre.

Mont Caucase est les Peuples qui l'habitent. Le Caucase est habité par des Peuples fort sauuages de differentes langues, qui ne s'entendent point; les plus proches de la Mengrelie font les Suanes, Abcasses, les Alans, Circasses, les Ziques, & les Caracholi. Ils se vantent d'estre Chrestiens, quoy qu'il n'y ait ny foy ny pieté parmy eux, les plus ciuilisez font les Suani, qui ayment à se faire instruire ; ils occupent vne grande partie des montagnes qui font vers Odisci & celles d'Imereti ; ceux-cy seruent le Prince d'Imereti, & ceux-là le Prince Dadian. Ils font d'vne taille extraordinaire, bien proportionnez, mais affreux de

vifage, braues Soldats, bons Arquebufiers, ils ont même l'art de faire des Arquebufes
& de la poudre: au refte fi fales qu'ils font peine à ceux qui les regardent. Ils ne manquent point des chofes neceffaires à leur nourriture, mais la neceffité d'auoir des habits & toute forte de mercerie, les oblige à venir par troupes en Georgie au commencement de l'Efté, loüent leur trauail & leur induftrie, trauaillent à la campagne,
& s'en retournent apres la recolte, remportant pour leur falaire, non pas de l'argent,
qui leur feroit inutile, mais des plaques de Cuiure, des Chaudrons, du fer, des toiles, des draps, des tapis, & du fel. Ils reuiennent au commencement de l'Hyuer à
Odifci, où ils fourniffent les habitans de bois, dont ils ont grand befoin à caufe du
grãd froid & de la qualité de leurs Maifons mal fermées; & quand ie les interrogeois
pourquoy ils ne vouloient point d'argent pour leur falaire, ils me refpondoient
qu'en prenant en payement les chofes qui leur eftoient neceffaires, ils s'efpar-
gnoient la peine de receuoir de l'argent puifqu'il le falloit remployer apres en ces
mefmes marchandifes. Ces habitans du Mont Caucafe ny les autres Peuples qui font
entre la mer Cafpienne & le Pont Euxin, ne fe feruent point de monnoye, & quoy
que Strabon ait dit qu'ils ont beaucoup d'or & qu'ils le ramaffent dans des peaux de
Mouton, ie puis neantmoints affeurer qu'il ne leur refte rien de ces richeffes fuppo-
fées, ny mefme aucune memoire dans le pays qu'il y en ait eu autrefois.

Les Peuples du Caucafe les plus auancez vers le Nord que les Turcs nomment
Abaffas ou Abcaffes, font bien faits, bien proportionnez, ont le teint beau, adroits Abcaffes.
de leurs perfonnes, forts & propres à toutes fortes de fatigues. Leur pays eft fain,
agreable, entrecouppé par des collines fort fertilles & fort riches. Ils ont de grands
trouppeaux, & viuent de la Chaffe, & de laiterie ; ne mangent point de poiffon
quoy qu'ils en ayent en grande abondance, & fur tout ont en horreur les Efcreuif-
fes, fe raillant fouuent de leurs voifins de Mengrellie, qui en font vn de leur meilleurs morceaux. Ils n'habitent point dans des Villes ny dans des Chafteaux, mais
15. ou 20. familles s'attroupent enfemble, & ayant choifi le fommet de quelque
Colline y dreffent des Chaumieres & les fortifient de Hayes & de bons foffez ;
ce qu'ils font pour n'eftre point furpris de ceux mêmes de leur pays ; ils tafchent de
s'enleuer les vns les autres, & de faire des Efclaues pour les vendre aux Turcs, qui
eftiment beaucoup ceux de cette Nation à caufe de leur beauté. Entr'autres façons
de faire qui font particulieres à ces Peuples, ils n'enterrent ny ne bruflent le corps
de leurs morts, ils mettent le corps dans vn tronc d'Arbre qu'ils ont creufé &
qui fert de bierre, & l'attachent auec du ferment de vigne aux plus hautes branches
de quelque grand Arbre, ils fufpendent de mefme les Armes & les habits du deffunct, & pour luy enuoyer fon Cheual en l'autre monde, ils le font courir à toute bride proche de cét Arbre iufques à ce qu'il créue. S'il meure bien-toft, ils difent
que fon Maiftre l'aimoit fort, & fi au contraire il refifte long-temps, ils difent qu'il
a tefmoigné par là qu'il ne s'en foucioit pas beaucoup. Ie ne diray rien des Alains
& des Zichi, à caufe que dans leurs façons de faire ils tiennent partie celles des
Soüani & des Abcaffes.

Les Cofmographes mettent les Amazones en ces quartiers & dãs cette eftenduë de Amazones.
pays qui eft entre le Pont Euxin & la mer Cafpiene, vn peu plus vers la mer Cafpiene.
Ie ne m'eftendray point fur ce que dit Plutarque qu'elles tinrent tefte à Pompée lors
qu'il pourfuiuoit Methridate. Ie diray feulement que du temps que i'y eftois on
efcriuit au Prince de la Mengrellie, qu'il eftoit forty des Peuples de ces Montagnes
qui s'eftoient diuifez en 3. troupes, que la plus forte auoit attaqué la Mofcouie, &
que les deux autres s'eftoient jettées dans le pays des Suaues & des Caracholi, autres
Peuples du Caucafe, qu'ils auoient efté repouffez, & qu'entre leurs morts on auoit
trouué quantité de femmes, ils apporterẽt même à Dadian les Armes de ces Amazones, belles à voir & ornées auec vne curiofité de fémes; c'eftoit des Cafques, des Cui-
raffes, & des Braffars faits de plufieurs petites laftres de fer, couchées les vnes fur les
autres; celles de la Cuiraffe & des Braffars r'entroient les vnes fur les autres & obeïf-

† iij

foient ainfi aifément aux mouuemens du corps ; à la Cuiraffe eftoit attachée vne efpece de cotte qui leur arriuoit iufqu'à my-jambe, d'vne eftoffe de laine femblable à
noftre ferge, mais d'vn rouge fi vif qu'on l'eut prife pour de tres-belle efcarlatte :
leurs brodequins ou bottines eftoient couuertes de petites papillottes non pas d'or
mais de leton, percées par dedans & enfilées enfemble auec de petites cordes de poil
de Cheure, fortes, deliées, & tiffuës auec vn artifice admirable. Leurs Fleches de 4.
palmes de longueur toutes dorées & armées d'vn fer d'acier tres-fin, qui ne finif-
foient pas en pointe, mais larges par le bout de trois ou quatre lignes comme le tail-
lant d'vn cifeau. Voila ce que i'ay appris de ces Amazones, lefquelles, felon ce que
m'en ont dit ceux du pays, font fouuent en guerre auec les Tartares appellez Cala-
mouchques. Le Prince Dadian promit de grandes recompenfes aux Suanes & aux Caratcholi pour auoir vne de ces femmes viue, fi iamais en vne pareille rencontre il
leur en tomboit quelqu'vne entre leurs mains.

Ces Caratcholi habitent auffi vers le Nord du Caucafe, il y en a qui les appellent Caraquirquez, c'eft à dire Circaffiens-noirs ; ils font fort blancs de vifage, & ce nom leur a peut-eftre efté donné à caufe que l'air de leur pays eft toufiours fombre & couuert de nuages : ils parlent Turc, mais fi vifte qu'on a de la peine à les entendre. I'ay fait quelquefois reflexion fur ce qu'ils ont conferué au milieu de tant de Nations differentes, la pureté de la langue Turque ; & ayant trouué depuis dans Cedrenus, que les Huns, d'où viennent les Turcs, eftoient fortis de la partie du Caucafe la plus Septentrionale ; i'en ay tiré cette induction que ces Peuples tirent leur origine des Huns.

Caratcholi
ou Karaki-
nes.

Tous les plus grands Fleuues de l'Afie tirent leur origine du Mont Caucafe & du Taurus ; nous ne parlerons icy que de ceux qui ayant leurs fources dans le Caucafe, trauerfent la Mengrellie pour fe rendre dans la mer-Noire. Ces Fleuues font le Phafe, le Phafe eft le premier de tous, Procope a crû qu'il entroit dans la mer auec vne fi grande impetuofité, que vis-à-vis de fon emboucheure, l'eau n'eftoit point falée, & qu'ainfi on y pouuoit faire prouifion d'eau douce fans entrer dans l'emboucheure de cette riuiere. Agricola affeure au contraire que fon cours n'a aucune impetuofité, pour moy ie puis dire, apres l'auoir veu plufieurs fois, qu'au commencement de fa courfe il eft fort impetueux, & qu'apres eftre arriué à la Plaine, fon cours eft fi imperceptible qu'on a de la peine à remarquer de quel cofté il court. Il eft vray auffi que ces eauës ne fe meflent point auec celles de la mer, ce qui leur arriue à caufe qu'eftant beaucoup plus legeres elles nagent au deffus : ces eauës font comme plombées à caufe, comme dit Arian, de la terre qui y eft meflée. Mais quand on les a laiffé repofer quelque temps, elles ne cedét point en bonté aux meilleures eauës du monde. Les Anciens, par cette raifon, vuidoient leurs vaiffeaux & les rempliffoient de cette eau, qu'ils croyoient fort importante aux bons fuccez de leur nauigation. La riuiere de Phafe fe defcharge dans la mer par deux bouches, entre lefquelles elle forme vne Ifle où les Turcs baftirent l'année 1578. vne Forte-reffe. Amurat auoit en ce temps-là pris au Perfan la Ville de Teflis, & creut que ce Port feroit fort propre pour faire paffer plus aifément fes Trouppes à la conquefte de la Perfe qu'il auoit dans l'efprit, & à fe rendre Maiftre de la Ville de Colatis l'entrée & la Clef du pays, de ce cofté-là. Ses Galeres remonterent bien auant dans la riuiere, mais ces Georgiens qui les attendoient à l'endroit du fleuue le plus eftroit, les traitterent fi rudement qu'ils les firent retourner à l'endroit du fleuue où ils baftirent cette Fotereffe ; le Prince d'aujourd'huy la demolie, & en a enleué vingt-cinq pieces de Canon. Les Officiers qui la tenoient pour le Turc n'ont point efcrit à la Porte la prife de cette Place, & en tirent encore aujourd'huy les mefmes émolumens, qu'ils tiroient lorfque leur garnifon eftoit fur pied. Au deffus de l'Ifle le Phafe a bien vn demy mille de largeur. Ses riues font bordées de beaux Arbres, & frequentées de pefcheurs qui y font heureufement la pefche de l'Efturgeon. Plus haut dans cette riuiere on trouue plufieurs petites Ifles, l'vn à l'autre de ces Ifles ha-

Riuieres du
pays.

bitez. Toutes ces maisons ont vne petite Barque faite d'vn tronc d'Arbre creusé
que les femmes peuuent conduire : la riuiere estant fort aisée à trauerser en cét endroit ; Arrian, qui la fut reconnoistre par ordre de l'Empereur Adrien, dit dans vne
de ses lettres, qu'il auoit veu au costé gauche de son emboucheure vne statuë de la
Deesse Rhea. Ce Temple fut consacré à l'honneur de la Vierge du temps de l'Empereur Zenon, & c'est peut-estre l'étimologie du nom Recas, que les Mengrelliens
donnent aux riues des riuieres ; i'en tire encore cette conjecture, que les Eglises qui
se trouuent maintenant dediées à la Vierge, & se voyent sur les Montagnes, peuuent auoir esté autresfois des Temples dediez à Rhea, car on bastissoit sur les Montagnes les Temples de cette mere des Dieux, à l'imitation du changement que ie
viens de dire de ce principal Temple dedié à la Deesse Rhea, ils ont esté depuis con-
à la Vierge Marie.

Apres le Phase vient le Skeni-Skari, c'est à dire, le fleuue Cheual, à qui les Grecs
auoient donné le mesme nom à cause de sa vitesse. Arrian, & tous les Geographes
qui l'ont suiuy, mettent d'autres fleuues entre le Phase & le Skeni, en cela ils se sont
trompez, & ie puis asseurer que le Skeni est le premier des fleuues qui se rendent
dans le Phase. Ie corrigeray icy beaucoup d'autres fautes que ces Autheurs ont faites dans la description des fleuues de ce pays ; la riuiere Abbascia & le Tachur entre encores dans le Phase, l'Abbascia est le Glaucus de Strabon, & le Tachur ne peut
estre autre que le Sigamé d'Arrian, quoy qu'il le mette apres le Copo. Il y a encore aujourd'huy vn lieu nommé Sinagi par où cette riuiere passe duquel elle auoit
pris son nom ancien. Skeni en lãgue Georgienne signifie vne riuiere. Voyez la Carte Geographique qui est lapremiere carte de ce pays, qui ait paru au public.

Pour la riuiere Cobo, ceux du pays l'appellent aujourd'huy Ciani Skari, elle est appellée dans les Cartes Ciancus, nommé ainsi d'vne Nation qui en habite les riues, &
qui vient souuent traffiquer en Mengrellie.

L'Enguria sera l'ancien Astelphe, car Arrian le met proche du Cianeus, il descend auec rapidité des Montagnes qui sont habitez par les Souani, & la chaleur
faisant fondre les neiges dans ces Montagnes, il croist en sorte qu'on n'y sçauroit
passer sans Barque, plus il fait chaud plus ses eauës sont fraisches, & courant entre
des Caillous elles se purifient, & sont excellentes. Il s'y pesche grand nombre de
Truites que ceux du pays prennent auec des Hameçons faits de bois , quand ses
eauës sont fort cruës on y prend aussi beaucoup d'Esturgeon.

L'Heti, que l'on rencontre apres l'Enguria, n'est point marqué dans les Cartes,
peut-estre à cause de sa petitesse, mais il est fort connu par la pesche qui s'y fait d'vn
poisson qui luy est particulier, il entre dans la mer en vn lieu nommé Gaghidas.

L'Ochums passe par vn lieu nommé Tarscen, & c'est peut-estre de là que vient le
nom de Tarsura sous lequel il est marqué dans les Cartes. Apres l'Ochums l'on
trouue le Moquis, qui prend son nom de la Ville, & l'Euesché de Moquis qu'il trauerse. Le dernier est le Coddors ou Corax, il separe la Mengrellie des Abcasses,
comme le Phase la separe de Guriel, où l'on parle la langue Georgienne : aussi
quand on a passé le Coddors ou Corax l'on parle la langue des Abcasses, ce qui fait
assez voir que le Coddors est l'ancien Corax, puisque selon les Anciens il seruoit
de bornes à la Colchide de ce costé-là.

Il me reste à dire sur le sujet de ces mers, qu'en beaucoup d'endroits de la Mengrellie , & principalement dans les Plaines, la terre resonne quand on les passe à
Cheual, comme si elles estoient creuses par dessous : ce qui rend plus probable l'opinion que l'on a cuë de la communication de la mer Caspiene auec l'autre. Adjou-
stez que l'on trouue dans ces deux mers les mesmes especes de poissons , l'on pesche beaucoup d'Esturgeons dans la mer-Noire, & dans la mer Caspiene, il y en a
vne si grande quantité, que le Roy de Perse tire plus de cinquante mil escus tous
les ans de la pesche qui s'en fait à l'emboucheure de la riuiere Cirus. Sentimens de l'Autheur sur la communication de la mer Caspiene auec le Pont Euxin. Pol. liu. 4.

Polibe croit que les riuieres qui entrent dans le Pont Euxin y apportans tous
les iours de nouuelles matieres, il se doit remplir enfin & estre changé en lac quand

elles auront bouché le Bofphore de Trace, mais la rapidité auec laquelle courent fes eauës nettoye fon lit plus haut que celuy de l'Archipel, cependant l'on voit par les Coquilles qui fe trouuent aux murailles d'vne petite Chappelle antique proche de Caffa, nommée le Cherci, que la mer s'eft autrefois eftenduë iufques-là dans le temps peut-eftre que le deftroit du Bofphore f'eft trouué bouché, dont les Turcs difent auoir quelque tradition entr'eux.

    Le Pont Euxin eft fort fujet aux tempeftes, principalement l'Hyuer; la Tramontane, ou vent du Nort eft fa trauerfie, & dans cette mer elle couure l'air de nuages & d'obfcurité, au lieu que dans les autres pays elle le purge & le rend plus ferain; & c'eft auec beaucoup de raifon qu'Horace a dit, des nuages obfcures courent toufiours ces mers, de-là vient le nom qu'on luy donne de mer-noire pluftoft que de fon fable, ou fonds : Il n'y a point d'Ifles dans cette mer, fi l'on ne conte pour Ifles quelques petits rochers qui fe trouuent proches de fes Coftes, mais il n'y a que les glaces qu'il charie quelquesfois, qui ayent pû donner lieu à ce que dit Amniam Marcellin des Ifles flottantes, en effet il s'y voit quelquesfois de fort grandes glaces, & du temps de l'Empereur Conftantin Copronime ces glaces abbatirent vn grand pan des murailles de Conftantinople, car l'Hyuer de l'année 766. ayant efté fort rude toute la mer-Noire fe glaça, & les Neiges qui vinrent apres f'eftant endurcies par le froid, on y vit des glaces de cinquante coudées d'époiffeur qui fe feparerent au prin-temps, en autant de maffes de glaces flottantes affez femblables à des Ifles, pour auoir donné fujet à ce qu'en dit Ammian Marcellin.

    Elian dit que l'on y prend beaucoup de Thons, pour moy dans tout le temps que i'ay demeuré dans le pays, ie n'en ay veu qu'vn feul qui fut feruy comme vn poiffon fort rare fur la table du Patriarche, & les Pefcheurs du pays ne le reconneurent point, mais peut-eftre qu'il a pris l'Efturgeon pour le Thon, qui y eft fort commun, on le pefche à l'embouchcure du Phafe & du fleuue Enguria depuis le mois d'Auril iufques à la my-Aouft, ils en connoiffent de 3. fortes, le Zutki, qui eft le noftre & qui ne pefe iamais plus de cinquante liures, il eft de meilleur gouft que les autres, on porte au Prince ceux de cette efpece, & on les met dans des Referuoirs, où i'ay obferué qu'il eft vray, comme le dit Aldrouandus, que ce poiffon ne mange point des chofes que l'on jette aux autres poiffons, & qu'il vit du limon qu'il léche & qu'il ramaffe le long des bords du lieu où il fe treuue, ainfi il ne mord point à l'hameçon, & on ne le fçauroit prendre qu'auec des filets.

    Ils nomment la feconde efpece d'Efturgeons Angiakia, elle n'eft guere differente de la premiere fi ce n'eft en ce qu'elle a la tefte differente, la chair moins bonne, & qu'il eft beaucoup plus grand, mais les Efturgeons nommez Poronci qui font vne troifiefme efpece, font encore plus grands, & de mon temps ils en prirent vn qui eftoit vne fois plus gros qu'vn Bufle, leur chair n'eft pas fi delicatte que celle des autres ; ils les taillent par tranches, grandes de deux palmes, qu'ils falent & font fecher au Soleil ; ils appellent ces tranches Moroni, des œufs de

ces trois efpeces d'Efturgeon l'on fait le cauial, ils les faupoudrent de fel apres les auoir mis dans quelque vaiffeau de bois, les expofent au Soleil, & les remuent plufieurs fois le iour, & quand ils ont pris vn peu de corps, ils les mettent dans d'autres vaiffeaux. L'efpece la plus petite, nommée Zutchi, rend plus d'œufs que les autres, on ne jette rien de ce poiffon fi ce n'eft certains petits os plats qui font attachez fur fa peau : il n'a point d'arreftes, mais en fa place vne cartilage tendre & groffe d'vn doigt, qui s'eftend depuis la tefte iufqu'au bout de la queuë, & fouftient tout fon corps. Quand on a mis en pieces l'Efturgeon & qu'on luy ofte cette cartilage, elle s'eftend comme vn boyau : on la feche apres au Soleil, & on la garde comme la meilleure chofe que l'on puiffe manger en Carefme. On fait du ventre de l'Efturgeon cette colle qu'on appelle colle de poiffon ; les Pefcheurs ont des marques certaines pour connoiftre le temps de cette pefche, ils en iugent fur la cruë des eauës

de ce

de ce fleuue. Les eauës de ces riuieres viennent de neiges fonduës, les Efturgeons
en aiment la fraifcheur, & quittent les autres endroits de la mer pour la venir chercher, on les voit quelquesfois fauter la hauteur de cinq ou fix pieds hors de l'eau, fi
bien qu'il eft aifé aux Pefcheurs de iuger, par le nombre de ceux qu'ils voient fauter
hors de l'eau, fi la pefche fera bonne.

Ils les pefchent de cette maniere. Chaque Pefcheur a fa Barque & fon filet : ils
fortent à l'emboucheure de la riuiere auec leur filet qui a toute la longueur de leur
Barque, c'eft à dire, enuiron quarante palmes, ils le laiffent pendre au fonds de
l'eau, les pierres qui y font attachées au lieu de plomb, le tenant en cét eftat. Les
deux bouts du filet font attachez à deux cordes que deux hommes tiennent l'vn fur
le deuant, l'autre fur le derriere du batteau, & quand ils fentent que l'Efturgeon a
donné dans le filet, ils en releuent promptement la partie inferieure par le moyen
de ces deux cordes, & ayant tiré le poiffon dans leur Barque ils luy paffent vn cordeau à la gueule, le rejettent en mer, & le tiennent long-temps en vie attaché
de la forte.

Ils ont la pefche d'vn autre poiffon appellé Suia, les Turcs le nomment
Calcan Baluch, c'eft à dire poiffon Bouclier, car il en a la figure, eft plat, rond,
couuert de petits os applatis, a les deux yeux d'vn mefme cofté, qui eft d'vne couleur qui tire fur le gris, de l'autre cofté il eft prefque tout blanc.

L'on prend cette forte de poiffon en pleine mer auec des rets qui n'ont que la
hauteur d'vn homme, mais qui font fort longs, on les fait defcendre iufqu'au
fonds de la mer où ce poiffon fe plaift, fa pefche dure depuis le mois de Decembre
iufqu'au mois de May.

Ils ont vn autre poiffon appellé Cephalo, l'Hyuer eft le temps de fa pefche, il y en a de deux efpeces, le Cephalos, & le Cocoba, n'y ayant point
d'autre difference finon que le Cocoba eft beaucoup plus petit. Il y a encore
d'autres petits poiffons, mais trop communs pour qu'on fe donne là peine de
les pefcher.

Cephalo eft le même que celuy qui eft connu en I-talie fous ce nom-là.

L'on voit quelquesfois dans cette mer beaucoup d'harans, & ces années-là ils
en tirent vn prefage que la pefche de l'Efturgeon doit eftre fort abondante, & en
font vn iugement contraire lorfqu'il n'en paroift point; l'on en vit vne fi grande
quantité l'année 1642. que la mer les ayant jettez fur la Spiage, qui eft entre Trebifonde & le pays d'Abcaffes, elle s'en trouua toute couuerte, & bordée d'vne
digue de harans qui auoit bien trois palmes de haut. Ceux du pays apprehendoient
que l'air ne s'empefta de la corruption de ces poiffons, mais l'on vit en mefme
temps la cófte pleine de Corbeaux & de Corneilles, qui les deliurerent de cette crainte, & mangerent ces poiffons. Ceux du pays difent que la mefme chofe eft
arriuée d'autrefois, mais non pas en fi grande quantité.

Pour ce qui eft des Huîtres, quand ils les trouuent dans leurs filets ils les rejettent
en mer, i'en ay ouuert de noires, & i'y ay trouué quelquesfois des Perles rouffes,
femblables à celles que Pline dit auoir veuë dans le Bofphore de Thrace.

Les riuieres abondent en Truites, & ils ont vn prouerbe parmy eux, que dans
les riuieres, fur les riues defquelles fe trouue vn certain Arbre qui porte des Efpi-
nes, on y trouue auffi des Truites. Ils connoiffent deux fortes de Truites, l'vne
qu'ils appellent Calmacca fort petite, & l'autre plus grande qu'ils nomment Ara-
gûli, ces plus petites fe pefchent auffi dans la mer, mais la plus grande efpece ne fe
trouue que dans les riuieres.

Il y a toute forte de Gibier dans la Colchide, mais c'eft principalement le pays des
Phaifans. Cét Oyfeau tire fon nom de la riuiere du Phafe fur les bords de laquelle
Des Oy-feaux.
on le trouue, comme auffi dans tout le refte du pays, c'eft de-là, fi nous en voulons
croire Martial, que les Argonantes le tranfporterent dans la Grece, comme il le
dit dans ces deux vers,

Argiua primum sunt transportata carina,
ante mihi notum nil nisi phasis erat.

ils le prennent auec l'Autour. Quoyqu'il y ait grande quantité de Perdrix dans la Georgie, il ne s'en voit point dans la Colchide, car elles ne s'y pourroient pas conseruer à cause que la Colchide est pleine d'Oyseaux de rapine, le voisinage du Caucase où ils font leurs nids en produisent de toutes les especes ; peut-estre aussi que le mesme Ciel qui porte les hommes de ce pays au Brigandage, influë les mesmes impressions sur les Oyseaux. Il y en a de toutes sortes, mais principalement des Epreuiers qu'ils dressent ordinairement en 8. iours, apres lesquels ils leur font voller la Caille, & les laissent aller sur leur foy : ils ont tous des Epreuiers au temps des Cailles, & au commencement de l'Hyuer, pour ne point faire la despense de les nourrir, ils leurs donnent la liberté. Entre diuerses sortes de Faucons qu'ils ont, il y en a de blancs plus estimés que les autres, mais le Prince seul en peut auoir, les autres sont permis à tout le monde, ainsi ils ne manquent point de Faisans ny de Canards. Les Aigles y sont fort communs, ils les prennent seulement pour auoir de leurs aisles, car ce sont les seules qui puissent seruir pour mettre au bout de leurs fleches fort longues. Comme ce pays est sur le bord de la mer, & plein de riuieres, il y paroist souuent de nouuelles especes d'Oyseaux. Le Prince en est fort curieux, il a des Oyseleurs en diuers lieux pour les prendre, & a fait dresser vne volliere auec de l'eau au milieu, où l'on met les plus rares : dans le temps que i'estois à sa Cour, il arriua que tenant conseil auec les principales personnes de son Estat, où estoit le Patriarche auec plusieurs Euesques, on luy vint dire qu'il auoit paru vn Oyseau fort extraordinaire, ie luy vis quitter le conseil & monter à cheual pour l'aller prendre, comme il fit, & apres l'auoir fait voir à toute l'Assemblée, le fit mettre dans sa volliere qui est tres-belle à voir à cause de la grande diuersité d'Oyseaux qui y sont.

Des animaux à quatre pieds. Il n'y a point d'homme si pauure dans la Colchide qui n'ait vn Cheual, car il ne couste rien a entretenir; entre les Gentils-hommes il y en a qui en nourrissent deux cens, & le Prince en a cinq mil, on les laisse toute l'année à la campagne. Ils ne s'esloignent point des lieux où ils ont accoustumé de paistre, & ils y retournent quand ils peuuent eschapper des mains de ceux qui les ont pris, on ne les ferre point qu'en temps de guerre, autrement dans ce pays plat & où il n'y a point de pierres cette diligence seroit inutile. Les Moutons n'y multiplient pas beaucoup, peut-estre à cause de l'humidité du pays, ils ont la laine fort fine; on trouue vers les Montagnes des Leopards, dont ils estiment beaucoup la peau pour parer les Harnois de leurs Cheuaux. Il se trouue aussi dans les Montagnes vn animal qui tient de la Chéure & du Cerf, il a le poil plus brun que celuy du Cerf, auquel il ne cede point en grandeur de corps, mais il a les cornes approchantes de celles de la Chéure & retortes en arriere, d'vne couleur entre le noir & le cendré, elles ont bien trois palmes de longueur. La chair de cét animal est fort delicate & est beaucoup plus estimée que celle du Cerf, i'en ay veu de cette mesme espece en la Circassie. Ils ont encores de toutes les sortes de bestes sauuages que nous auons en Europe & beaucoup d'Ours, il y en a mesme de blancs, & principalement sur le Mont Cyaïs, quoy qu'il soit separé des autres & qu'il n'y tombe point de neige, ce qui me fait croire que les Ours blancs sont vne espece d'Ours particuliere, & que la blancheur ne leur vient point des neiges, puisque dans le Mont Caucase qui en est tousiours couuert, il ne s'en trouue point de cette sorte.

Ils disent qu'il y a des Bufles sauuages sur la frontiere des Abcasses ; auec cela beaucoup de Loups, & les Harats des Cheuaux en seroient tous les iours ruinez s'ils n'auoient l'industrie de se serrer les vns contre les autres pour s'en defendre, de mettre leurs Poulains au milieu, & de leur tourner la crouppe, les Loups n'en pouuant pas venir about à force ouuerte, se cachent dans les herbes pour les surprendre, & fe iettent fur ceux qui font efcartez de la troupe , les eftranglent & les viennent manger la nuit.

Le Renard eft trop fin pour fe coufler auec tant de beftes fauuages , auffi il n'y en a point, mais bien vn animal qui luy reffemble, fi ce n'eft qu'il eft vn peu plus grand , ils l'appellent Tourra , a le poil rude , ils vont par trouppe , & fur le foir ils commencent à faire des cris , qu'ils continuent toute la nuiɛ̈t, affez femblables à la voix d'vn homme , ils font encore plus de mal que les Renards , & emportent mefme, à ceux qui dorment à la campagne , leurs Souliers & leurs Bottines. On trouue auffi des Caftors dans les riuieres & fur la cofte de la mer, ce qui eft con- traire à l'opinion d'Ariftote , qui dit qu'il n'y a point d'animal à quatre pieds qui viue dans la mer.

Arift. liu. 8. Hift. des animaux cap. 5.

Les Mengrelliens qui croient que c'eft vne felicité de changer quand ils veulent d'habitation , ne fçauroient fe refoudre à faire de la defpenfe en leurs baftimens , quoy qu'ils ayent tous les materiaux propres à en faire de tres magnifiques, prin- cipalement vne pierre blanche femblable à celle de Malthe , & qui peut rece- uoir toutes fortes d'ornemens. Ils ont auffi vne autre pierre grife que le torrent, qui defcend de la Montagne qui eft au deffous d'Arama , roule en bas. Ils f'en feruent pour faire des meules de Moulin , des Mortiers , & des fours pour cuire le pain, car on la peut efchauffer beaucoup fans qu'elle fe caffe. On croit auec beau- coup d'apparence qu'il y ait de l'or & de l'argent fur le Caucafe, mais ceux du pays tiennent la chofe cachée pour ne pas s'attirer l'enuie & les deffeins des Turcs. Ie n'allegueray point la fable de la Toifon d'or, ny l'authorité de Pline, qui dit qu'il y en a eu autrefois beaucoup. L'on tire de l'or encore aujourd'huy proche de la Vil- le d'Aradan dans la Prouince qui a appartenu autrefois au Prince Artabegi. Il y a auffi de l'Antimoine , l'on m'a dit que le Prince d'Imereti fait trauailler des Mines dans fes Eftats , mais il tient la chofe la plus fecrette qu'il peut , & vn des fubjets de Dadian ayant porté à Conftantinople vne Monftre d'or & d'argent des Mines d'Odifci , le Prince à fon retour luy fit couper vn pied & vne main pour le chaftier de cette intelligence auec les Turcs.

Des Pier- res , Mines & mineraux.

Il y a des Mines de fer fous la Montagne d'Imerety , & des peuples entiers qui ne font autre chofe que la trauailler , il y en a auffi à Odifci , mais ils ne veulent pas mefme que leurs voifins fçachent que le pays ait cette richeffe. On a auffi def- couuert dans les Montagnes de l'Euefché de Cauis vne Mine d'Ocre.

I'y ay veu le Plane , mais il y eft rare ; il fe trouue de la Regaliffe fur les riues du Phafe , les Racines n'en font pas groffes , il y en a beaucoup d'auantage en Georgie ; ie n'y ay iamais veu de la grande Centaurée, mais beaucoup de la peti- te , auffi-bien de celle qui a les fleurs rouges que de celle qui les a blanches. Les herbes qui ont beaucoup d'odeur en nos quartiers n'en ont point en ce pays-là à caufe de fa grande humidité.

Des Arbres & des Plan- tes.

Quoy que Strabon & quelques Autheurs anciens, ayent dit que le Miel de Colchide eft fort mal fain & fait tourner la ceruelle à ceux qui s'en foruent, ie ne lairray pas d'affeurer que c'eft le meilleur miel du monde , & qu'il a toutes les marques que Matthiole donne au bon miel , ce qui vient de la grande quan- tité de Meliffe qui croift dans le pays. Ils ont encore vn autre Miel fort blanc & dur comme du Sucre , il ne f'attache point aux mains lorfqu'on le manie, & ie croy que fa couleur a donné fujet à l'erreur de Pline , qui dit que vers le Pont Euxin on trouue des Abeilles blanches. Ceux du pays au contrai- re affirment que les Abeilles qui le font font jaunes comme les autres , mais que cette couleur luy vient de ce qu'il y a beaucoup de Rofeaux dans le pays d'où elles le tirent. Pour celuy-là il eft fort eftimé dans le pays, mais il ne va pas iufqu'à Conftantinople comme le commun , car le Miel blanc fe receüille dans le temps de l'Hyuer , pendant lequel ils n'ont point de commerce auec Con- ftantinople, la mer eftant fermée dans ce temps-là.

Du Miel de la Colchi- de.

Ils mettent quelquesfois leur Miel dans des Escorſes de Citroüilles ameres,
ce qui a peut-eſtre donné ſujet à Strabon d'en parler comme il a fait, & il eſt vray
auſſi que celuy qu'on ramaſſe dans les Montagnes, dans le temps que le Laurier-
roſe eſt en fleur, fait vomir ceux qui en prennent, ſi bien que les Païſans, faute
d'autre remede, ſ'en ſeruent pour ſe purger.

INFORMATIONE DELLA GIORGIA
DATA ALLA SANTITA DI NOSTRO SIGNORE
PAPA VRBANO VIII.
DA PIETRO DELLA VALLE IL PELLEGRINO
l'anno 1627.

BEATISSIMO PADRE.

A terra che hoggi si chiama Georgia comprende tutto quello, che gli antichi chiamarono Colcho, & Iberia, con parte anco dell'Armenia, e forse dell'Albania; fra quai termini secondo Strabone si rinchiude la regione de popoli Moschi; perche stendendosi per lunghezza dalle riue più Orientali del mare Eussino, doue comincia, infin quasi al mar Caspio, hà dall'Oriente solamente certe poche terre maritime dell'Albania, soggette hora al Persiano, doue sono le città di Bako, è di Derbend, ò come dicono i Turchi, Demicarpi, cioè Porta ferrea; è per ventura declinando alquanto al mezzo giorno, qualche cosa anco della terra di Sceruan, la cui metropoli è Sciumachi, che à mio parere è parte della Media Atropetana. Dall'Occidente poi hà il mare Eussino. Dà Settentrione i monti Caspij rami del Caucaso, che corrono da vn mare all'altro, è sono al presente habitati da certi popoli Barbari, è ladroni, chiamati Lezghi, ò Legzi, dè quali la maggior parte son Maomettani; & alcuni forse anco Idolatri, ò Atheisti; è saranno facilmente i Saoni ò i Phthirophagi di Strabone. All'Austro finalmente hà parte dell'Armenia, doue con la Media confina: E più à basso nelle parti più Occidentali verso Trabisonda, se non m'inganno, qualche parte anco della Cappadocia. Tutta questa terra, che hoggi parla vna sola lingua, à quei popoli propria, è commune, detta da noi Georgiana, mà da loro Cardueli, fu gia dominata come essi riferiscono da vn solo Rè, finche vno di questi diuise poi lo stato in quattro figli, che haueua, è gli fece tutti equalmente Principi assoluti, lasciando però al primogenito, à chi diede il centro, è la maggior parte della Terra, vn non sò che di preminenza sopra gli altri: onde infin hoggi è quel Principe da tutti gli altri riuerito, è come maggiore honorato con titolo di Mepet-mepè, che in lingua loro quasi Rè de Rè significa, contentandosi gli altri d'esser semplicemente i Principi della Georgia: sono hora sei, perche oltra dè quattro già detti del sangue reale, due altri che erano prima Ministri del Mepet-mepè, è Gouernatori di due gran parti del suo stato sopra il mare Eussino, occupando ciascun di loro le Terre che haueuan in Gouerno, è ribellatisi si fecero essi ancora Principi assoluti, è cresciuti col tempo in autorità, è reputatione vennero non solo ad agguagliarsi, mà anco ad apparentarsi con tutti gli altri: onde hoggidi si trattano tutti equalmente come pari, è ben spesso apparentano insieme, conseruandosi però sin hora memoria che al Mepet-mepè, quando saliua à cauallo, quei due Principi, che erano gia suoi vassalli, è Ministri, qual hora si trouauano alla corte, come à lor signore gli teneuano vno il cauallo, è l'altro la staffa.

Quanto alla diuifion della Terra dopò che i Principi furon fei, è tutti parimente affoluti il Mepet-mepè hà dominato, è domina infin hoggi vna regione che chiamano in lor lingua Imereti ch'è il centro, come diffi, è la parte più interiore, è più forte di tutta la Terra; ed è fenza dubbio Iberia. Il Principè che iui regna al prefente fi chiama Ghiorghi cioè Giorgio; è con titolo più breue del Mepet-mepè che f'ufa folo nelle fcritture, lo chiamano communemente parlando Ghiorghi Mepè, cioè il Rè Giorgio, mà i Turchi cofi il Principe, come la Terra, è la gente di quella terra, non sò perche, lo chiamano Bafciaciuè, che in lingua Turchefca fignifica Capo aperto, ò Capo fcoperto.

All'Oriente di quefti giace vn'altra Prouincia detta Kacheti, che, fe non fallo, è pur parte dell'Iberia, è forfe anco dell'Albania, & era quefta lo ftato del defcendente del minor fratello de'i quattro del fangue reale; & haueua la fua fede in vna città chiamata Zagain, benche quefti Principi, come anco i Nobili del paefe (che fuor del coftume d'altri barbari Orientali, hanno i Giorgiani nobiltà certa, è la riconofcono, è differentiano dalla plebe, come apunto facemo noi altri Europei, per difcendenfa di fangue, è per vfo continuato d'apparentar con equali) fi compiacciano più i Rè, dico, & anco i Nobili, che chiamano Afnauri, d'habitar più tofto in campagna, & in cafe campeftri, come i Nobili di Francia, che nelle città, quali tengono per habitationi conuenienti à plebei, & à mechanici, per ridurfi iui à i mercati, & al contratto de negotij: è fon tanto tutti i Giorgiani di quefta opinione, che infin quelli, che non fono Arnauri, ne Nobili, purche poffano farne di meno, fi fdegnano d'habitar nelle città, è d'effercitare arti mechaniche, ò mercantie; mà lafciando far quefti effercitij à ftranieri, come ad Armeni, a Giudei, de quali hanno molti nelle lor Terre, & ad altri fimili, effi f'occupano folo ò alla guerra, quando bifogna, ò allo ftato Ecclefiaftico, quei pochi che à ciò fi danno, ò per lo più alla cultura de lor proprij campi fertiliffimi cofi d'ogni forte di frutti, come per la molta feta che iui fi raccoglie, de quali quafi tutti ò poco ò molto, alcuna parte poffedono; onde con ragione dagli antichi Greci furon Georgi, cioè cultori della terra, chiamati; quindi è che le città in quel Paefe fon poche, è di poca confideratione, ma le campagne per tutto fono habitate frequentiffimamente, è popolate non men di buone cafe, fatte però la maggior parte di legno al lor modo: non mancano di varie, è ben fabricate Chiefe mà mal tenute fecondo il lor coftume. Il Principe che à di noftri ha regnato nella Prouincia di Kacheti, di chi parlauo, è che viue ancora, mà priuo del ftato, come poi dirò, fi chiama Teimuras, alquale quando era amico del Perfiano Abbas Rè di Perfia, che hoggi regna, con occafione d'effergli morta la fua prima moglie, mandò, perche fe ne condoleffe in fuo nome, il Padre fra Giouan Thadeo di fant'Elifeo Carmelitano fcalzo, che hora ftà in Perfia, & all'hora era fuperiore di quella miffione, al qual Padre il Prencipe Teimuras, non folo per effer mandato dal Rè di Perfia, mà per effer chi era, è Religiofo Chriftiano de noftri, moftrò amoreuolezza, è cortefia incomparabile, gli fece celebrar meffa publicamente nella fua Chiefa principale, affiftendoui il Metropolita della Terra, è voleua anch'effo Prencipe affifterui, mà non sò da che fu impedito; gli offeri loco, è terra per farfi della fua Religione in quel Paefe Conuento, è Chiefa fe voleuano, anfi gliene fece pigliare il poffeffo, & in fomma cofi il Prencipe, come il Metropolita Allahuerdi, che all'hora viueua huomo molto prudente, & affettionatiffimo alle cofe di Roma, per quanto il medefimo Padre riferifce, fi moftrarono verfo la Chiefa Romana tanto deuoti, che più non può dirfi.

De gli altri due Principi defcendenti da gli altri due fratelli del fangue reale, vno al mezzo giorno di Kacheti, è d'Imereti; domina la terra che chiamano Cardelò Carduel, parte d'Armenia maggiore, la cui fede principale è Tef-

lis; quiui dominò già nell'eta de noftri Padri il Prencipe Simone, che morì poi
prigione in Coftantinopoli, tanto famofo per le guerre, che fece à Turchi
nelle noftre hiftorie, è tanto deuoto di quefta fanta fede Romana, quanto ben
moftrano le fue lettere (fe pur eran, come io credo, del medefimo Simone)
fcritte à Papa Paolo terzo di Fel. Mem. Vna delle quali, con la nota anco di
quella, che il detto Pontefice haueua prima fcritta à lui, và impreffa nel libro
del Padre Frà Tomaffo di Giesù Carmelitano fcalfo *de procuranda falute omnium
gentium.*

A tempi noftri fignoreggiaua in quella Terra Luarfab Prencipe giouane, è
di grand'efpettatione nipote, cioè figlio del fopradetto Simone; mà pochi anni fà trouandomi io in Perfia, finì colà miferamente i fuoi giorni; vccifo in
vna prigione, oue più anni era ftato ritenuto, fenza lafciare alcuna prole; perche non haueua ancor condotta la moglie, che folo di parola haueua fpofata,
è la fua Terra fu poi dominata da vn'altro Prencipe della fua cafa nipote, ò cugino di lui; però Mahometano, è non più affoluto, mà quafi Vaffallo fottopo-
fto al Rè di Perfia, come appreffo fon per dire.

L'altro Prencipe pur difcendente del fangue reale, haueua il fuo ftato all'Occidente, come parte del Carduel, participante, come io penfo, è dell'Armenia,
è della Cappadocia, ne confini della Media. Mà quefto hora non è in piedi,
come appreffo f'intenderà.

Degli vltimi due Principi defcendenti da'i Miniftri, è non dal fangue Reale
antico, i cui ftati cadono ambidui fopra'l mar Negro ò Euffino, vno più al Settentrione domina la prouincia congiunta co i monti Cafpij; & anco co i Dadian,
cioè caminatori ò erranti; perche anticamente andauano errando come Ara-
bi in tende fenza cafe; mà mutato poi ftile, è hoggidi quella prouincia vna
delle migliori, è piu ben popolate di tutta la Georgia. Quefta è il Colcho degli antichi, & da i Turchi è detta Mengrelia. Vi domina hoggi vn Prencipe
giouane chiamato, fe ben mi ricordo, Leuan. L'anno 1615. vn Padre Giefuita,
di quei di Coftantinopoli, che era andato nella Mengrelia à riconofcer quella Chriftianità, tornato di là, mentre anch'io in Coftantinopoli mi trouauo,
in tre ò quattro giorni, che foli viffe, è quelli ammalato dopò il fuo ritorno,
(perche à pena arriuato, fu fubito affalito da vna gran pefte, che iui all'hora
regnaua) contò à bocca fuccintamente d'hauer veduto quel Prencipe, d'età
in quel tempo, di circa dodici anni; onde perciò lo ftato era gouernato dalla
Madre, che viueuano femplice anfi rozzamente alquanto, come genti di
campagna, è che lo vide vn giorno venire ad offerire in vna Chiefa la tefta
d'vn gran Cinghiale, che haueua ammazzato nella caccia; che fecero al Padre
molte careffe, è dimoftrationi d'amore; mà che non fapendo egli la loro lingua, non fi poterono intendere, ne trattare infieme. Più di quefto della pere-
grination del Padre in quelle parti, non potè all'hora faperfi; fi perche egli
morì, come hò detto, fi anco perche le fue fcritture in vna tempefta di mare
f'eran perdute: mà voglio fperare che i Padri Giefuiti di Coftantinopoli, come fon tanto vicini à quella terra, che di la in otto giorni, è manco, con buon
tempo, vi fi può commodamente nauigare, non habbiano abbandonato quella
miffione; mà v'habbiano forfe gia mandato altri, ò fiano per mandarui per
l'auuenire.

Al mezzo giorno di quefta prouincia, è pur fopra il mar Negro ne i confini
della Cappadocia, è di Trabifonda, domina l'altro Prencipe non defcendente
dà i Rè antichi vna regione, che chiamano Guriel; parte al mio parere ò della fteffa Cappadocia, ò del Colcho. Il Prencipe d'hoggi, fe non fallo, fi chiama Iefe, è credo che della fua Cafa fia il Metropolita, che al prefente gouerna tutta la Chiefa de Giorgiani ne paefi, che non fon fottopofti al Perfiano;
perche nelle parti piu Orientali, & doue il Perfiano comanda, v'è vn altro Me-

tropolita fatto à fuo beneplacito, che dopò la morte di quell'Allahuerdi, che io di fopra nominai, gli era fuccesso, è viueua al mio tempo. Vn altro pur Allahuerdi chiamato (fe pure tal nome non è di quella Cathedrale, chiunque vi feda) vna forella del quale, che hoggi viue in Perfia, condotta iui con gli altri in quella notabil trafmigratione de Georgiani, di che pur toccarò qualche cofa, fu gia moglie d'vn figlio d'vna forella del vecchio, è morto Allahuerdi, di cui pur quella forella, è due altre, ad vna dellequali io hò tenuto tre figli à batte fimo, condotte fimilmente in Perfia nella trafmigration che diffi, viuono hoggi in Spahan, & han viuuto molti anni, come io fteffo hò veduto, per non perder la fede, molto miferamente in grandiffima neceffità ; perche come à Chriftiane il Rè non daua loro mai niente, nè ne faceua conto, come ne haurebbe fatto fe l'haueffero rinegato ; ma e'lleno con tutto ciò patientiffime, benche educate nella Georgia in abbondanza di ricchezze, è grandezze, non effendo lor permeffo di ritornare al lor paefe, foffriuano di viuere in Perfia poueriffimamente, è dopò hauer confumato, è venduto quanto dal lor paefe haueuano potuto portare, fi foftentauano humilmente de lor lauori, è ben fpeffo delle limofine de noftri Religiofi, che ftanno in Spahan, che ne teneuano di continuo protezione, è d'altri Europei ancora, che quanti de noftri iui erano, non mancauano fecondo'l loro potere di foccorrerle.

 Nello ftato che di fopra ho detto è ftata la Georgia fin quafi à di noftri, quanto al temporale, è l'e mantenuta fempre, che certo è marauiglia, è non è ftato poco il loro valore, effendo effi fi pochi, è Signori di cofi poca terra, per refiftere à tanta potenza ; maffimamente effendo diuifi in più capi ben fpeffo, come il più fuole auuenire, frà di loro difcordi ; in oltre fenfa vfo quafi d'artegliaria, con poco, ò quafi neffuno vfo d'archibugeuà : con tanto difauuantaggio, dico, fi fon mantenuti intatti, & illefi, & han mantenuto infin hora, la Fede con effer circondati da ogni parte da Infideli, è da nemici, è fopra tutto foli fenfa aiuto alcuno, che poffa loro altronde venire, in mezzo de due potentiffimi Imperij de Perfiani, è de Turchi, che fempre hanno hauuto intentione gli vni, è gli altri d'eftinguergli, è diftruggergli, più per odiò della Religione, che per altro : onde mi par che non folo fian degni di lode, ma che in vn certo modo la Chiefa tutta fia loro obligata di tanta virtu, & di tanto valor moftrato nelle guerre, che più volte gli effetciti integri, hor di Perfiani, hor di Turchi han diftrutto, ò han fatto lor voltar le fpalle, è finalmente di tanta coftanza, che più importa, con che fempre hanno difefa, & conferuata, quanto hanno potuto, la Fede di Chrifto ; di che per non effer lungo non adduco effempi. In quefto noftro fecolo ò fia ftato per qualche loro peccato, ò per altra giufta permiffion di Dio fono ftati i Georgiani molto oppreffi, è più per cagion delle lor proprie difcordie, che han dato a ciò occafione, che non per altra caufa, hanno perduto molto del lor potere, benche non poco ancora gliene refti. Perche de fei Principi ch'io diffi, cherano, vno del fangue antico Reale, cioè quello che haueua lo ftato fra l'Armenia, è la Cappadocia non lunge da Tabril, è da confini della Media nelle continue guerre che più anni fono fi fecero tra Perfiani, è Turchi, feguendo à forfa le armi ò degli vni, ò degli altri, come quello il cui ftato era più aperto, è quafi fra le terre del Turco, & incorporato poco à poco, fu confumato affatto, è gli fu occupata da i Turchi la terra fotto pretefto, come io penfo, che foffe la occafione di quelle turbolenze. Mi dicono che della fua cafa viue hoggi appreffo i medefimi Turchi ramingo vn giouane, tentando, mà in vano, come pare infin hora, d'ottener da loro in cambio del perduto ftato, alcun'altra terra da comandare. Quefti anni à dietro poi, è pur con occafione d'vn altra guerra che tra Perfiani, è Turchi fi fufcitò, poco prima ch'io andaffi in Perfia, caddero due altri Principi Georgiani pur dell'antico fangue reale ; è benche non eftinti affatto, ftan

però ridotti molto a mal termine; almen fin tanto che con nuoua fortuna poſſano vn dì riſorgere, di che non diſpero. Queſti furono il Prencipe Teimuras,
el Prencipe Luarſab, quali, come haueuano i ſtati loro ne confini delle terre di
Perſia, furono quaſi ſempre dependenti de Perſiani, anzi la maggior parte di
quei Principi ſoleuano nella Corte di Perſia educarſi, come in effetto gli vltimi Luarſab, è Teimuras ambidue da fanciulli vi ſerano molti anni educati.
Hor nella Guerra, che dico, trattandoſi fra Turchi, è Perſiani di pace, mentre à punto gli eſſerciti degli vni, è degli altri molto vicino alle terre loro ſtauano quaſi à fronte, è ventilandoſi tra le altre coſe di queſti due Principi Georgiani da chi doueuano dependere, perche i Turchi pretendeuano che doueſſero eſſer della lor fattione, il Rè di Perſia diſſe all'Ambaſciador Turco che
trattaua la pace, che Teimuras, è Luarſab erano, & erano ſtati ſempre ſuoi,
è che in ſegno di ciò, gli hauerebbe fatti venir nel ſuo Campo ogni volta che
haueſſe voluto. L'Ambaſciadore, che queſto non voleua concedere, riſpoſe che
ſerano ſuoi, prouaſſe à fargli venire.

Il Rè dunque gli chiamo, mà eſſi vedendo l'eſſercito Turco tanto vicino,
non ardirono dichiararſi, è tergiuerſando con gli vni, è con gli altri, è ſcuſan-
doſi colPerſiano in bel modo, inſomma non andarono al ſuo Campo; di che
egli reſtò ſopra modo ſentito, è co'i Turchi con vn poco di vergogna: diſſi-
mulò con tutto ciò il Rè di Perſia, è per all'hora non fece altro, perche non
poteua, mà fatta poi la pace, è ritirato, è diſarmato l'eſſercito Turco, cominciò prima con ſtrane inuentioni, à metter Luarſab, è Teimuras in diſcordia fra
di loro. E tanto ſ'adoprò con le ſue ſolite aſtutiè, che quaſi gli fece venire inſieme alle mani, con tutto che foſſero cugnati, hauendo già Teimuras preſo per
ſeconda moglie vna ſorella di Luarſab, è ſenza dubbio haurian combattuto inſieme, che già ſi trouauano con gli eſſerciti in campagna vn contra l'altro, ſe
finalmente col mezzo d'alcuni Nobili fedeli, è lor Vaſſalli, che ſ'interpoſero à
pacificargli, non haueſſero ſcoperto, che le loro inimicitie erano tutte trame
delRè diPerſia, per rouinargli ambidui, eſſendoſi trouato che à ciaſcun di loro à parte haueua ilRè mandato in ſecreto vna lettera ò comandamento, come coſtuma, mà d'vn medeſimo tenore, cioè che procuraſſe d'vccider l'altro,
è di torgli lo ſtato, che egli l'hauerebbe aiutato, è l'haueria mantenuto in poſ-
ſeſſo di quella Terra, moſtrandoſi à chi ſcriueua molto amico, & all'altro per
diuerſe cauſe, che allegaua, molto inimico: mà con tutto ciò non baſtò queſto
à fargli bene accorti, tanta è la ſemplicità, è facilita à creder de Giorgiani.

Oltra di queſto meſſe anco il Rè di Perſia in diſcordia, ò almeno in diffidenza Teimuras con la ſua Madre chiamata Keteuan Dedupali, cioè laRegina
Keteuan, Principeſſa di molto gouerno, parente, è della caſa di Luarſab, che
più anni, eſſendo Teimuras fanciullo, & ella vedoua, haueua amminiſtrato lo
ſtato, è l'haueua anco difeſo valoroſamente da Coſtantin Menſa ſuo cugnato
Mahometano, che dopò la morte di Daud marito di lei, è fratello di lui am-
mazzando empiamente il vecchio ſuo Padre Aleſſandro, & vn'altro fratello ten-
tò d'occuparlo, è l'hauria occupato ſenſa dubbio, ſ'ella non ſe gli foſſe oppoſta
virilmente, è non l'haueſſe vcciſo in battaglia, è vinto inſieme con molti Perſiani, che lo fauoriuano; ond'ella da ſuoi popoli fu ſempre ſopra modo amata,
è ſtimata: la meſſe dico il Rè di Perſia in diffidenza col figlio, perche ſogge-
ti à Teimuras ch'ella haueua intento di rimaritarſi con un gran Capitano, di
chi per lo ſuo valore, è prudenſa nelle coſe del gouerno molto ſi ſeruiua, è
che in tal caſo hauerebbe procurato di leuarſi lui dinanzi, per ſerbar lo ſtato à
gli altri figlioli, che hauria fatto col ſecondo marito. Da che indotto Teimuras fece ammaſſar quel Capitano che era la meglior teſta del paeſe: leuò il
gouerno di mano à ſua Madre, & egli poi molto giouanetto ancora poco eſ-
perto, è manco ſtimato da ſuoi Nobili, ſi trouò inuolto in gran confuſione:

perche il Perſiano lo metteua anco in diſcordia di continuo, è quaſi come fanciullo lo rendeua diſprezzabile à i ſuoi nobili, quali qual'hora andauano in Perſia, il Rè gli honoraua, gli accareſſaua con molta domeſticezza, daua loro preſenti di valore, in materia della fede ſaccommodaua con tutti, in modo che ne haueuano guſto: onde eſſi per queſto modo di procedere alienati dall'amor del lor Prencipe naturale, & affezionati alPerſiano, lo deſiderauano per lor ſignore, ſtimando che ciò doueſſe eſſer lor ſomma felicità.

Dopò hauer qualche tempo il Rè di Perſia eſſercitato le arti ſopradette andò finalmente l'anno 1613. ſe non fallo, all'improuiſo con eſſercito potentiſſimo ſopra la Georgia, è pigliò per preteſto, che Teimuras haueua preſa per moglie, ſenſa ſua licenza, la Principeſſa di Chauraſcian ſorella di Luarſab ch'era ſtata prima à lui promeſſa: però giunto à i confini delle lor Terre chiamò ambidui Teimuras, è Luarſab, che veniſſero nel ſuo Campo à dargli conto di queſto fatto, è che gli conduceſſero la ſpoſa, che in ogni modo la voleua per ſe, è che ſi disfaceſſe il matrimonió con Teimuras, ben che già molto tempo prima foſſe conſumato, quaſi che tra Chriſtiani ancora foſſe lecito quel che tra loro Mahometani facilmente ſi coſtuma. I Principi Georgiani furon colti ſprouiſti, è quando ogn'altra coſa penſauano, è quel che è peggio eran traditi da molti de lór nobili, che ſpontaneamente dauano ſtrada al Rè, è l'andauano introducendo dentro alla Terra, ſenza il che forſe per la fortezza del ſito, è de paſſi non hauerebbe mai potuto entrarui. Onde confuſi, è non ſapendo eſſi che farſi Luarſab più ſemplice ſi riſoluè d'ubbidire, & andò alla chiamata del Rè, è ſi meſſe in ſua mano. Il Rè lo mandò nella Prouincia d'Eſterabud ſopra'l mar Caſpio, dalla Georgia aſſai lontana, doue il Chan, che colà gouernaua, lo tenne qualchè tempo guardato ſi mà honoreuolmente, è con libertà di poter caminare doue voleua, più toſto ritenuto, che prigione; & al gouerno della ſua terra, ſenſa entrarui, ne danneggiarla punto, meſſe il Rè vn certo Rairei ò Bagred Mirſa, che era pur di quella caſa, Zio, ò cugino di Luarſab, ma rinegato in Perſia, è dà più anni fatto Moro, di cui gouernaua al mio tempo vn figlió pur Moro, è nato in quella ſetta, non come Prencipe aſſoluto, mà come vno de gli altri Chani Vaſſalli, è ſottopoſti, anſi ſerui del Rè di Perſia. E ben vero, che la ſua militia la maggior parte era comandata da Capitani Chriſtiani, de quali alcuni io conoſco, come anco Chriſtiano è la maggior parte del ſuo popolo. Però il Prencipe Luarſab dopò eſſer ſtato alcuni anni, nel modo ch'io diſſi in Eſterabad, il Rè per aſſicurarſi meglio della ſua perſona, lo fece traſportar nella prouincia di Fars, ò Farſiſtan, che è la Perſia propriamente detta, pur lontaniſſima dalla Georgia, è quiui in vna forteſſa poco lungi dalla Città Metropoli chiamata Sciras lo tenne qualche tempo rinchiuſo in più ſtretta prigione. Finalmente l'anno 1621. in circa quando i ſuoi haueuano più ſperanza della ſua libertà, è che vn giorno il Rè haueſſe da vederlo, è fauorirlo, ſucceſſe tutto il contrario, perche eſſendo al Rè ſoggerito da vn certo Moura Giorgiano principale, è potente diſguſtato di Luarſab, perche nè tempi à dietro haueua promeſſo di pigliar per moglie, è forſe anco ſpoſata vna ſua ſorella: mà dopò quaſi ripudiandola non l'haueua più voluta, onde in vendetta di ciò era poi ſtato à Luarſab & à tutta la Georgia il detto Moura occaſione col Rè di Perſia delle ruine che racconto, & per la ſteſſa cauſa appreſſo del Rè ſempre di molta autorità. Eſſendogli, dico, dà coſtui ſoggerito, che non hauerebbe poſſeduto mai in pace, ne ſicura la terra del detto Luarſab, finche eſto viueua, perche quei popoli amauano il lor ſignore, & ſtando, mentre era in vita, in continua ſperanza di rihauerlo vn giorno, haueuano ſempre il core, è l'intento in lui; ò foſſe per queſto, ò perche temeſſe di certe congiure, che quaſi nel medeſimo tempo ſcoperſe d'alcuni Georgiani, che voleuano ammazzarlo, ſi riſoluè di tor loro queſto ſtimulo, che à nouita hauerebbe potuto incitargli, è fece ſtrangolar con vna corda d'arco il mifero Luarfab dentro la medefima fortezza, doue ftaua prigione.

Teimuras fu più accorto, è non volfe in modo alcuno fidarfi di venire, quando fu chiamato, mà fi fcusò col Rè con dir, che non veniua perche temeua l'ira fua, già che fi teneua offefo da lui; è che la moglie ne anco era poffibil che mandaffe, non potendofi fra Chriftiani disfare vn matrimonio già fatto, ne potendo con fuo honore dare altrui la propria moglie; mà perche vedeffe quanto gli era offequente, che gli mandaua, come in effetto gli mandò, la propria Madre, infieme con le fue forelle ancor donzelle, è due piccioli figliolini che haueua della propria Moglie. E fece quefto Teimuras fperando che la Principeffa Keteuan fua madre come perfona prudentiffima ch'era, è chè più volte ftando anch'ella in Perfia, haueua trattato col Rè, è fapeua i fuoi modi, poteffe in qualche maniera placarlo, & impetrargli pace; mà tutto fù in vano, perche moftrandofi il Rè ineflorabile, è quafi che foffe innamorato oftinato in voler la Principeffa Chuarafcian, fapendo ben ch'era domanda impertinente, in che Teimuras non haurebbe mai potuto, ne voluto condefcendere, diceua pur tuttauia che veniffe Teimuras à darfi in poter fuo, è perche non obbediua, ritenne la Principeffa Keteuan, fenza lafciarla più tornare in dietro, anfi la mandò poi co' i nepoti in Sciras nella qual Citta ftaua al mio tempo honoreuolmente ritenuta. Egli col campo feguitò ad entrar nella Georgia, cioè nella prouincia de Kacheti, à Teimuras foggetta, introdotto da molti nobili infedeli, che fperando dal Rè gran cofe, è fatti della fua fattione, l'andauano mettendo dentro la Terra facilitandogli i paffi, è le ftrade pericolofe.

Teimuras vedutafi d'improuifo la piena fopra, non hauendo effercito pronto ad opporfegli, ne tempo da metterlo infieme, ne fi fidando de fuoi, de quali con ragione haueua la fede fofpetta, poiche non u'era altro rimedio, prouidde à cafi fuoi con la fuga, & infieme con la moglie, è con molti fedeli che lo feguitarono, pafsò nelle terre più interiori, è più forti d'Imereti, doue appreffo à quel Prencipe prima, è poi anco più oltre appreffo quel d'Odifci, ò di Dadian fi ricouerò. De nobili molti tratti da vane fperanze fpontaneamente fi diedero al Rè, è quel che è peggio, rinegata la fede s'annouerarono nel fuo effercito: Alcuni altri che di fare il fimile non haueuano voglia, non hauendo tempo di fuggire, furon per forfa forprefi; e'l popolo tutto d'innumerabil quantita reftò in preda al Vincitore. Il Perfiano entrato nel paefe, è confiderato la forteffa de luoghi, è quel che haurian potuto i Georgiani, fe foffero ftati vniti, è fi foffero nelle lor Cafe con ordine gouernati, non folo non fi curò di tenere quella terra, ben conofcendo, che non poteua in modo alcuno tenerla: mà anzi gli parue mill'anni d'vfcirne fuori col fuo effercito, è ridurfi quanto prima in ficuro; però gia che la terra non poteua tenere, non volfe perdere cofi bella preda, che haueua fatta di tanta gente, che forfe più che la fteffa terra valeua. Onde fattigli fubito trar tutti à forza fuori delle proprie habitationi (che fpopolandofi vna prouincia intiera, ben fi può confiderare, che confufione fuffe) & huomini, è donne, è nobili, è plebei, grandi, è piccioli, d'ogni eta, d'ogni ftato, è conditione con le lor robbe, quantò poterono portare, li meffe innanzi all'effercito, è marciando in fretta verfo le fue terre, col Campo dietro à loro, gli conduffe tutti in faluo ne fuoi paefi; doue poi gli diftribui per quelle prouincie, che eran della Georgia più lontane, è che d'effer popolate haueuan più di bifogno: ond'è che hoggidi la Perfia propriamente detta, il Kirman ò Carmania, il Mafandran fopra il mar Cafpio, è molt'altre terre di quell'Imperio, fon tutte piene d'habitatori Georgiani, è Circaffi, che molti Circaffi ancora paffati già tempo fà da Circaffia à viuer nella Terra di Teimuras, da loro non lontana, è fatti già fuoi vaffalli infieme co'i Georgiani, con chi viueuano apparentati, & inuolti, furon anch'effi in quella riuolutione in Perfia condotti, è come dico, diftribuiti in diuerfe parti, viuendo hoggi liberi nè paefi del Perfiano, come

gli altri fuoi Vaſſalli , & habitano in più luoghi maſſime del Farſiſtan,è del Maſan-
dran , non ſolo le Ville , è le Terre , ma le prouincie integre , doue non ſi troua
quaſi altri che loro , foſtendandoſi delle medeſime Terre , che coltiuano , che il
Rè hà loro aſſegnate , delle quali pagano al Rè , come gli altri Mahomettani ,
qualche Tributo , mà non graue. Di queſti i popolari , che ſono i più , ſi conſeruano infin hoggi quaſi tutti Chriſtiani , mà molto roſſamente , perche ò non hanno
ſacerdoti , è Miniſtri , che gl'inſtruiſcano , non baſtando quegli che hanno,à tanta
multitudine,in tãti, è ſi diuerſi luoghi diſperſa,ò ſe pur gli hanno ſono tãto inetti,
che non ſeruono quaſi à nulla. Mà de nobili ch'eran poco auuezzi à patire,è de ſoldati la maggior parte , con molti anco del popolo , parte tirati da ambitione , parte da auaritia , per hauer , cambiando fede , qualche coſa dal Rè , che in queſto è
liberaliſſimo , è per tirar genti alla ſua ſetta , ſpende di continuo largamente ; parte anco coſtretti da neceſſità per non morir di fame ſi ſon fatti Mahomettani ; è
ſe ne fanno ogni giorno , è di queſti l'eſſercito Reale l'è tanto empito , è per indu-
ſtria del Rè Abbas , che hà hauuto ſempre mira d'humiliare , è tenere à freno i
ſuoi Quiſilbaſci alquanto ſuperbi , con queſt'altra fattion contraria di ſtranieri ,
che chiama ſerui , ſi va ogni di più tanto empiendo , che hoggidi ſi contano nell'-
Eſſercito del Rè più di trenta mila Georgiani , con qualche numero di Circaſſi , &
alcuni pochi Armeni pur rinegati , che van come ſtranieri , è ſerui , meſcolati frà
di loro , alcuni de quali hanno commando principale tanto nell'Eſſercito,quanto
nel gouerno politico del paeſe , è ſon già arriuati ad eſſer Sultani , Chani , & ad
ogn'altra ſuprema dignità. Mà oltra de ſopradetti Georgiani , che ſon quelli che
in Perſia viuono liberi , vn'altra quantità infinita di loro , è non ſolo è plebei , mà
anco alcuni de nobili , in quella confuſione dell'entrata del Perſiano nel lor Paeſe,
è nella forza che fece l'Eſſercito per cauargli fuor delle lor terre,caddè miſeramẽte
in ſeruitu de Perſiani. E di queſti fu tanto il numero che hoggi non v'è caſa in Perſia , cioè in tutto l'Imperio , che non ne ſia piena , è d'huomini , è di donne. Non
v'è grande che non voglia hauer le ſue Donne tutte Georgiane , perche ſon belliſ-
ſima gente , el Rè ſteſſo ne hà pien il ſuo palazzo , che d'huomini , è di Donne ,
quaſi non ſi ſerue d'altri. Mà queſti infelici , che capitarono in ſeruitù quaſi tutti ò
per amore, ò per forza han rinegato la fede , ò almeno nell'eſteriore moſtran d'ha-
uerla rinegata : che in ſecreto molti ne ho io conoſciuti che ancor la teneuano , ingannati dà vna falſa opinione certamente molto familiare , che con Dio ciò baſti.
  Quai caſi poi ſuccedeſſero in quella miſerabil traſmigratione, che vcciſioni , che
morti di pura neceſſità , che rapine , che ſtupri , che violenze, che bambini da pro-
pri Padri affogati , ò buttati ne ſiumi per diſperatione, altri da ſoldati Perſiani
perche non erano atti à viuere , ſuelti à forſa dal petto delle Madri , è gettati per
le ſtrade , laſciati iui alla ventura ad eſſer paſto di fere , ò calpeſtati da'i Caualli ,
è Cameli dell'Eſſercito , che più d'vn giorno caminò ſempre per ſopra a'i Cada-
ueri ; che ſeparationi di Padri da figli , di Mariti dalle Mogli , di fratelli da ſorel-
le condotti in diuerſi Paeſi lontani ſenza ſperanza di ritrouarſi mai più inſieme ,
vendendoſi in quell'occaſione per tutto il Campo huomini , è Donne per la gran
quantità , che ve n'era , aſſai più à buon mercato , che le beſtie. E che altri ſimili
ſucceſſi accadeſſero degni di molta compaſſione ſarei lungo à raccontare. Dirò ſolo che Teimuras dopò eſſer andato più giorni ramingo per le terre de gli altri
Principi Georgiani ſi riduſſe al fine nel Paeſe de Turchi , doue queſti vltimi anni
viueua , & eſſi gli diedero, ſe'l vero mi fu detto , la Città di Cogni con alcune altre Terre della Cappadocia , che ſon tutte habitate in gran parte da Chriſtiani
Greci , doue ſi tratteneſſe , è ſoſtentaſſe. Hà procurato vendicarſi , è lo procura
di continuo , & egli fù quello che con la ſua molta iſtanza l'anno 1618. fece venir
contra Perſia quel grand'eſſercito di Turchi , è di Tartari che venne , quale egli
ancora accompagnò & entro dentro alle terre di Perſia più di quant'altri eſſerciti
di Turchi vi ſiano mai venuti , che arriuo fin quaſi ad Ardebil, qual Città perche

è

è fantuario de Perfiani, doue ftanno anco le fepolture della cafa Reale che hòggi
regna., Teimuras defideraua fopra modo abbruggiarla in vendetta delle fue
Chiefe diftrutte nella Georgia. In quefta guerra che fu la più pericolofa in, che
mai il Rè Abbas infin hora fi fia vifto, io mi trouai con lui, è viddi il tutto, mà in
fomma.i Turchi, non sò per qual loro melenfagine, & in effetto per vna gran
perdita del valore, è del buon gouerno antico, che à noftri tempi in loro fi fcor-
ge, benche poteffero far molto, al fin, fecondo il folito da molti anni in quà,
non fecero nulla, anzi fe ne andarono quafi fuggendo, ributtati con morte di
molti di loro. Onde il Perfiano fe ne torno nella Corte triomfante, è Teimuras
ritirato nelle terre che haueua in gouerno, non fece più alcun motiuo, afpettan-
do, com io credo, miglior tempo, è miglior occafione, che al più lungo alla morte d'Abbas, ch'è affai più vecchio di lui, non potrà mancargli: perche i Georgiani
che ftanno in Perfia rinegati, è fin quei fteffi Nobili che già ingannati volfero il
Rè, & à Teimuras furono infedeli, non hauendo trouato quel che imaginauano,
perche ne hà dato il Rè loro quel che penfauano, nè in Perfia ne ha fatto, ne fà
quel conto, che prima, quando non eran fuoi vaffalli, ne faceua;è nella Religione,
contra quel che credeuano, gli hà, fi può dir, violentati, perche non ha riceuuto
alcuno al fuo feruitio, ne hà dato mai dà viuere ad alcun nobile, ò foldato, fenza
farfi Moro, ftan però quafi tutti difguftati, è pentiti del fatto, in modo che à bocca piena confeffano d'effer ftati ingannati, & che fe haueffero à rifarlo di nuouo,
farebbero altrimenti. Di modo che non dubito punto che morendo Abbas, il qual,
come prudente, è tanto temuto, che in vita fua facilmente manterrà le cofe quiete conforme all'ordinario, (che come hò fcritto altroue, l'effequei de i Rè di Perfia non fogliono mai celebrarfi fenza fpada, è fenza grandiffimi tumulti) maffimamente fe morirà in tempo, che fiano ancor viui, come facilmente faranno quei
Georgiani che fi ricordano il lor Paefe, è che hanno veduto la rouina di quello,
non fia Teimuras per poter far nella Perfia gran motiui, è non fiano i Georgiani
per correre vna gran lancia all'acquifto di quell'Imperio, purche fiano vniti fra di
loro, & habbiano Capo, di che, per vna certa natural loro leggierezza, dubito alquanto. Ne faria gran cofa in tale occafione, che anco lo ftato di Luarfab tornaffe
di nuouo in mano d'alcun Prencipe Chriftiano, ò abiurando la legge di Mahometo quel medeffimo che gouerna, ò introducendofi alcun altro Prencipe Chriftiano in quella terra, è cacciandone il Mahometano con l'aiuto de Chriftiani vaffalli, cofe che nella Georgia più volte in fomiglianti reuolutioni fono accadute.

La Principeffa Keteuan Madre di Teimuras fù come hò detto condotta in Sciras, infieme co i piccioli nepotini, è quiui al mio tempo viueua ben trattata: coftantiffima ella con tutta la fua cafa (che haueua molti huomini, è donne al fuo
feruitio) nella fede di Chrifto, quale offeruaua per quanto fapeua, è poteua con,
molto zelo, tenendo di continuo vna cappella piena d'imagini, è di pretiofi vafi,
libri, è vefti facre, che conferuaua con molta riuerenza; mà non haueua all'hora
appreffo Sacerdote, ò Religiofo alcuno de fuoi atto à quefto: perche vno, che già
ne haueua, & era, credo, di qualche Ecclefiaftica dignità, per effer molto buon
Chriftiano, è parere à Mori ch'egli foffe quello, che manteneua la Principeffa nella
fede, volendo leuarglielo da canto, oppoftogli non sò che delitto graue, con falfi
teftimonij, glielo fecero morire; è mori brugiato in Sciras con gran coftanza nella fede, è con gran patienza. Vn altro Sacerdote che haueua appreffo quan-
dò io di la paffai, & era come fuo maggiordomo, che gli gouernaua tutta la
cafa, era più tofto cortegiano, che altro; è non sò fe per faper poco, ò perche,
non diceua mai Meffa. Haueua anco vn Monaco, mà femplice Idiota, è vn
Laico, che in ciò non poteua feruire. Credo ben che dopò che i noftri Padri
Carmelitani fcalzi, & anco gli Agoftiniani hanno hauuto cafa, è Chiefa in Sciras non mancaffero di confolarla in quefto, è di fomentarla con ogni forte
d'aiuti fpirituali;come anco hò intefo che ella non mancò mai, mentre viffe,

di ſouuenir ben loro ſpeſſo con larghe limoſine, è temporali ſuſſidij. Dico mentre viſſe, per che paſſando io li meſi à dietro per Baſora di ritorno dall'India, hebbi colà nuoua, come la detta Principeſſa Keteuan l'anno 1624. alli 22. di Settembre nella medeſima Città di Sciras, doue tanti anni era ſtata ritenuta, per non rinegar la fede di Chriſto, à che vltimamente per ordini del Rè di Perſia, non ſò à che effetto voleuano sforzarla, fin, coraggioſamente la vita con vn penoſiſſimo, è glorioſiſſimo Martirio; de cui particolari mi rimetto alle relationi del R. Padre Frà Gregorio Orſino Domenicano Vicario General d'Armenia, che eſſendo ne ſuoi viaggi paſſato poco prima per la Perſia, doue di freſco il caſo era ſucceduto, fù quello che in Baſora, doue io l'incontrai, ne diede à me la prima nuoua, è ne porta anco à Roma copioſa relatione. I Nepotini della Principeſſa ſopradetta chiamati, ſe ben mi ricordo, vno Leuan, è l'altro Aleſſandro, perche il Rè ha hauuto ſempre intentione d'educargli, i Mori non gli li laſciauano mai vedere, benche ſteſſero nella medeſima Città, accio che ella dall'amor di quell'empia ſetta non gli diſtraeſſe: è l'anno medeſimo che fù vcciſo in prigione Luarſab, il Rè con ſtrana crudeltà gli fece fare Eunuchi ambidui, volendo in queſto modo aſſicurarſi delle lor perſone, è tor loro affatto con la ſperanza della prole, ogni ſpirito, & ogni deſiderio, che col tempo haueſſero potuto concepire, di ritornare nello ſtato paterno.

L'Aua non ſapeua queſto almio tempo, che per non affligerla ſouerchio, non gli è l'haueuano detto; è quando io fui in Sciras, & hebbi occaſione d'hauer con lei ſeruitù, la prima coſa che i ſuoi m'auuertirono, fù che non le faceſſi ſaper ſi mala nuoua. Però Teimuras della ſeconda moglie hà già altri figli maſchi, è femine, non volendo forſe Dio, che la caſa ſua del tutto rouini, è ſe ſon vere le nuoue che la fama ſpargeua in Aleppo, mentre io li meſi à dietro di la paſſauo, partitoſi vltimamente dal paeſe de Turchi; perche eſſi ancora ad eſſer Mahometano voleuano alla fine indurlo, è ricouratoſi in Moſcouia appreſſo quel Prencipe, che è pur Chriſtiano, è come lui di rito Greco, dopò hauer tentato, mà in vano, per mezzo di quello, che era amico del Perſiano, è gli mandaua ſpeſſo Ambaſciadori, la liberation di ſua Madre (il che vogliono alcuni, è forſe non male, che deſſe occaſione al Rè di Perſia, che non voleua renderla, di volerla ò fare à forza Mora, con che dal renderla ſi ſarebbe ſcuſato, ò di farla, come fece, morire) riuolto in vendetta di tal morte à gli antichi penſieri d'inimicitia, è di guerra, con aiuto de Moſcouiti, che in caſo d'vn ſi giuſto ſdegno ſara lor parſo conuenienza; è pietà l'aiutarlo, per la via de Circaſſi, è de monti Caſpij, che frà le terre de Moſcouiti, è de Georgiani ſ'interpongono, è tornato di nuouo nella Georgia, è non ſolo il ſuo paeſe, mà anco quello del già defonto Luarſab, hà felice mente aſſalito, con ſperanza di gran progreſſi, hauendogli à ciò aperto la ſtrada, con ſtrage di molti Mahometani, il medeſimo Moura Georgiano principale, è rinegato, di chi di ſopra raccontai eſſere ſtato cagione di tanti danni, che per lo Giouanetto Prencipe ſoggetto al Perſiano lo gouernaua. Qual Moura venuto al fine in difidenza del Rè di Perſia, forſe per la ſouerchia autorità ch'eſſeruitaua, hauendo ſcoperto, che quegli perciò gli tramaua la morte, pentito del già commeſſo errore, è de torti riceuuti da Luarſab vendicato più che à baſtanza, dicono, che hora habbia abiurato la mal preſa ſetta, profeſſando di nuouo la fede di Chriſto, è che vcciſe con ſtratagemma alcuni Capitani principali del Perſiano mandati vltimamente in quella Terra, è ſcacciato anco il giouanetto Mahometano di fede, ſe non eſtinto, procuri di far di tutti quei paeſi Teimuras padrone, è dalla tirannide del Perſiano, è dalla empia ſetta di Mahometo la ſua gente totalmente liberare. Però queſte nuoue non per certe, è ſicure le affermo, mà come le ho inteſe incerte ancora, è confuſe, coſi le riferiſco.

Nella quiſa adunque che diſſi caderono già i due Principi Teimuras, è Luarſab morto, reſtando però il ſuo ſtato in piedi come prima, e'l gouerno anco
di quello nella ſua Caſa, mà in man di Prencipe infedele, & al Perſiano ſoggetto, ſe pur adeſſo, conforme alle ſopradette nuoue, non ſe n'è ſottratto.
Teimuras viuo, mà priuo dello ſtato paterno, la ſua gente, è ſuoi figli in Perſia cattiui, la Madre vcciſa, è la ſua Terra ſpopolata, è diſtrutta, che ne egli,
ne il Perſiano l'ha poſſeduta infin adeſſo, aſpettando quel che farà per l'auuenire la fortuna, ò per dir meglio la prouidenza Diuina.

· Reſtano gli altri tre Principi Georgiani, cioè d'Imereti, d'Odiſci, è di Guriel, quali han ſempre fiorito, è fioriſcono più che mai, conſeruando i lor paeſi infin hoggi in buoniſſimo ſtato, è nella fede di Chriſto, ſenza diſturbo alcuno de Mahometani nella loro terra. Quei due d'Odiſci, è di Guriel, come
hanno i ſtati loro ſopra l'mar Negro, & eſpoſti per ciò alquanto all'armate de
Turchi, oltre all'utile d'vn groſſo traffico di ſeta, è d'altre coſe, che hanno
con la vicina Corte di Coſtantinopoli, è con tutta la Grecia, profeſſano però
per non hauer danno, d'eſſer amici, è dependenti del Turco, è con preſenti,
è con continuo oſſequio s'impetrano pace, è quieto viuere, non permettendo
però, ch'entrino mai Turchi ne loro paeſi, ne à comandare, ne pur à paſſar
con eſſerciti per andar altroue; anzi ſi conſeruano in tanta liberta, che non
oſtante che i Coſacchi di Polonia, che hanno la lor ſede alle bocche del Fiume Nyeper ſopra'l mar Negro, ſiano tanto nemici de Turchi, quanto ſono, è
facciano loro, come fanno ogni giorno, tanto danno, eſſi con tutto ciò, ſenza
riſpetto de Turchi, gli riccuono come Chriſtiani nè lor paeſi amoreuolmente,
anzi, per quanto hò inteſo, apparentono inſieme, è l'iſteſſo Rè di Polonia, ſi
dice, che tiene con quei Principi amicitia, è corriſpondenza, è che ſpeſſo vanno vaſcelli con traffico da vn paeſe all'altro, il che può eſſere à Georgiani di
gran conſequenza; perche i Coſacchi hoggidi ſono Signori del Mar Negro,
è molto potenti, & il Rè di Polonia ancora per quella via, che è tanto breue, in ogni trauaglio, che eſſi haueſſero ò col Perſiano, ò col Turco, potrebbe molto aiutargli; come anch'eſſi, co' i lor porti, è ſicuri ricetti in quella oppoſta riua, poſſono fomentar molto le Impreſe de Coſacchi, è coſi anco ſolle-
uandoſi ogn'altra grande impreſa, che i noſtri contro il Turco, è maſſime contra Coſtantinopoli per terra, ò per mare in alcun tempo tentaſſero.

Il Prencipe d'Imereti, perche hà il ſuo ſtato, come diſſi, nel più interior della
terra, lontano è da Turchi, è da Perſiani, è ben fortificato d'ogni intorno da
montagne, da fiumi, è da paſſi difficili, non depende però più che tanto ne
da Perſiani, ne da Turchi, mà moſtrandoſi nell'eſteriore à gli vni, & à gli
altri amico, in ſecreto non ſi fida di neſſuno, ne ammette eſſercito d'alcun di
loro nella ſua terra; è molto bene, perche gli vni, è gli altri, ſolo per la con-
trarieta della fede, lo deſtruggeriano ſe poteſſero; che i Mahometani benche
ſi moſtrino altrui, è paiano tal volta molto amici, non conſeruano però mai
Chriſtiani in piedi, quando poſſono, ſe non è per qualche gran loro intereſſe,
ò neceſſita, che non poſſano farne di manco, è di ciò ſi ſon ben viſti in ogni
tempo infiniti eſſempi ne ſucceſſi d'alcuni Principi Chriſtiani, che ſi ſon fidati
di loro, è della loro protettione, che tutti gli hanno al fine eſtirpati, come
fecero de Greci di Coſtantinopoli, degli vltimi Rè d'Vngheria, più moderna-
mente, è d'altri molti che ſon noti al Mondo.

Hora dato conto à pieno dello ſtato temporale della Georgia in che ſi truo-
ua, al preſente dirò alcuna coſa ancora dello ſpirituale. Riceuerono i Georgiani fin da tempi antichi la fede di Chriſto, è furono à quella conuertiti da
vna ſchiaua ſtraniera in quella Terra, di chi eſſi raccontano molti, è gran mi-
racoli: mà fin adeſſo non hò potuto ſaper come ſi chiamaſſe, eſſi ne anche eſſi
ne ſanno, benche ſappiano l'hiſtoria, è ſolo ne noſtri Martirologij la tenemo

nominata per la Santa Ancella Chriſtiana , è come credo , che riceueſſero la
fede da i Greci , è nel tempo degl'Imperadori di Coſtantinopoli, coſi anco
preſero da principio il rito Greco, che infin hoggi oſſeruano, officiando però
nella lor propria lingua, quale ſcriuono con due ſorti di caratteri diuerſi, vno
detto Cudſuri , che l'vſano ſolo nella Chieſa , è ne i libri ſacri , l'altro detto
Chedroli , che è commune per tutti gli altri negotij ; è benche nella Chieſa
non ſ'vſi ; tuttauia i libri ſacri in quello ancora, per i ſecolari, ſi ſcriuono. Hauendo i Georgiani ſeguitato ſempre il rito , è la Chieſa Greca è forza anco
che ſiano incorſi co'i Greci negli errori, che quelli hanno nella fede, de quali in vero la natione Greca ne hà forſe manco di tutte le altre nationi Orientali. Et ardirei dire che forſe i Georgiani ne habbiano anco aſſai meno de
Greci , ſi perche ſon huomini poco dati à lettere , il più del tempo occupati in
guerra , è però per lo più idioti , che poco ſanno , è poſſono ſaper di queſte coſe , è viuono come Chriſtiani in buona fede : onde fra loro aſſai più che
frà Greci molto inclinati à riuolgere i lor libri, ſara facile à trouare vna ſemplice ignoranza inuincibile , che in queſte coſe molto ſcuſa , ſi anco perche in
certi vltimi Concilij , in che i Greci reſtarono pur oſtinati in non sò che errori, i Georgiani non vi ſi trouarono , ne di quegli errori hebbero parte , come
ben appunto Baronio nel ſuo Martirologio, & anco Gabriel Prateolo, nel ſuo
Elencho Alphabetico degli Heretici, aſſai più che i Greci da gli errori gli diſ-
colpa. Di più non hanno la preſuntione che hanno gli Greci del primato della
Chieſa , è benche riconoſcano in non sò che il Patriarca di Coſtantinopoli,
non gli ſon però immediatamente ſoggetti , perche i loro Metropoliti gli crea-
no eſſi ſteſſi , ne sò che il Patriarca Coſtantinopolitano eſſerciti nella Chieſa
della Georgia alcuna ſorte di Giurisdittione. Hanno in oltre gran deuotione à
Roma, & à San-Pietro, è San-Paolo, riueriſcono molto il Pontefice Romano,
ne hanno da quello, come hanno i Greci per la contention del primato , vn
non sò che d'auerſione. Non ſon ſuperbi, come i Greci, non oſtinati, ne falſi,
ò doppi nel trattare , anzi ſon piani, docili, di buon cuore, ſemplici, è tanto fa-
cili ad eſſer perſuaſi , che , come hò raccontato , ſolo per queſto hanno patito
da Mahometani molti danni. Oltra di queſto, hanno, come hò detto , Principi
Chriſtiani , hanno Republica, è Gouerno tanto nel temporale , quanto nello
ſpirituale, coſa che importa molto, perche da vn popolo ſenza capo, è ſenza
Republica , ſenz' alcuna forma di gouerno, è ſoggetto, come ſon quaſi tutti
gli altri Chriſtiani Orientali, à Principi infideli, che in intrinſeco ſon tutti nemici noſtri , che reduttioni vniuerſali ſi poſſino ſperare? che Concilij? che buone riſolutioni in quelli? è quando pur le facciano, chi le oſſeruerà ? è chi potrà farle oſſeruare ? Anzi più toſto in vn caſo ſimile il minimo di loro è'lpiù
cattiuo, che da gli altri diſſenta, con vna auania, come dicono, ò calunnia à i
Mori baſtarà à diſtruggere il tutto, & à fare à tutti gli altri molto danno. Fra
i Georgiani ſi che ſi può fare ogni coſa, perche hanno gouerno, hanno Rè della lor natione, è Religione, è Rè che gouernano con comando, al modo d'O-
riente, aſſai più deſpotico, ò aſſoluto , che i noſtri Rè d'Europa , onde gua-
dagnandogli ſe ne poſſono ſperar ne lor paeſi maggiori effetti. Coſe tutte in
vero che promettono non poca facilità alla lor riduttione, quando ciò con ar-
dore ſi procuraſſe, è foſſero eſſi inſtrutti dà perſone idonee delle noſtre , che
andaſſero, è viueſſero nè loro paeſi, ſapendo ben la loro lingua. Mà con tutto ciò , non sò per qual particolar loro diſgratia (forſe per lo poco tratto,
che hanno in Europa, è per là loro lingua à noi altri poco nota) infin à queſti tempi , con hauer la fede Apoſtolica vſato ſempre tante diligenze , per la
riduttione di tutti gli altri Orientali, è ſpeſo, per queſto, tanto con Greci, è
con altri, non vi ſia però ſtato infin hora, chi ſi ſia ricordato più che tanto de
Georgiani, quali però non ſon più lontani, ne più inacceſſibili degli altri, ne

à Dio men cari, ne appreſſo la Chieſa Romana di manco merito. Da queſta freddezza dè noſtri, che, à dire il vero, ſ'è vſata co' i Georgiani infin qui, ſtimolato io, che ero delle coſe loro informato alquanto, & à loro obligato, è per parentela ſpirituale, è per amicitia, che hò con molti di quella natione, m'è parſo eſſer debito mio di rappreſentare à voſtra Santita lo ſtato, è'l biſoɡno di quelle genti, come hò fatto; è di più ſupplicarla, come fò con ogni iſtanza, che intenda alquanto l'animo al lor aiuto: che quanto men tentata da altri errori hora, tanto più ſara à voſtra Santita di merito appreſſo Dio, è di gloria appreſſo'l mondo.

Mà perche ſia anco informata de mezzi di poterſi in ciò vſare, è delle vie perlequali poſſa loro ſoccorrere, le dirò, che per tre camini poſſono andar genti noſtre nella Georgia. Il primo, è'l più breue, è per Coſtantinopoli, d'onde ſi può andar colà per terra paſſando à Scutari in Aſia con Carauane ſicure, ò compagnie di mercanti, che vanno ogni giorno per la via di Trabiſonda in vn meſe in circa: mà aſſai più facilmente, è con più breuità per mare in otto, & anco in cinque giorni più, ò manco, ſecondo 'l tempo; è di la ſaranno attiſſimi à far queſto i Padri Gieſuiti, & anco i Frati Domenicani, è Franceſcani, che hanno pur iui Chieſe, è conuenti; mà à dire il vero i Gieſuiti più di tutti, per quel loro particolare inſtituto d'attendere al proſſimo, d'inſegnare, è di tenere ſchuole, è Collegij, che come l'eſperienza moſtra, è mezzo ſopra tutti gli altri eccellentiſſimo. Però l'andar di Coſtantinopoli nella Georgia, credo che habbia ſolo in queſto vn poco di difficoltà, che i Turchi non vi laſciaranno andar facilmente genti delle noſtre; è maſſimamente ſe ſapeſſero eſſer Religioſi, è Sacerdoti al fine che pretendemo. Tutta via huomini prudenti, prattichi alquanto della Turchia, è che ſapeſſero alcuna coſà delle lingue, con habito mutato, fingendoſi mercanti, ò coſa ſimile, non credo che haurian gran difficoltà à poter paſſare naſcoſti, di quando in quando in poco numero.

Il ſecondo camino è per la Perſia, d'onde più facilmente con Cafile, ò Carauane di mercanti nè paeſi di Luarſab prima, che ſono ſoggetti hora al Perſiano, vi ſarà più libero traffico, è di la poi ne gli altri, è per tutta la Georgia potriano andare i noſtri Religioſi Carmelitani ſcalzi, & anco gli Agoſtiniani Portogheſi, che hanno parimente in Perſia Chieſe; mà i ſcalzi per ventura ſarian migliori, perche con la loro aſtinenza dal mangiar carne, imitando molto i Monachi Orientali, è con l'aſprezza maggiore della vita, ſariano à i Georgiani, & à loro Religioſi, è Prelati molto accetti, è di grand eſſempio. Potriano anco in Perſia hauer per queſta impreſa molto fauore dalle genti della Martire Principeſſa Keteuan, che reſtano ancora in Sciras, è che ſanno, il corpo della Principeſſa appreſſo de noſtri Padri Agoſtiniani, come dicono, trouarſi; dalli parenti del Metropolita Allahuerdi, è da molti altri Georgiani principali con chi hanno amicitia: mà però coſì l'andar loro colà, come il trattar queſte coſe, haurebbe da eſſer ſecretamente con prudenza, è con molta cautela, per non dare al Rè di Perſia qualche ſoſpetto d'altri machinamenti, che non doueſſero piacergli; onde à loro ſteſſi, & à gli amici Georgiani ne poteſſe naſcer danno.

Il terzo, & vltimo camino, è per Polonia; dalle cui terre che arriuano ſopra il mar Negro, ſi può pur facilmente, & in pochiſſimi giorni paſſar nella Georgia, come anco facilmente venir dall'interior della Polonia al detto mare per lo fiume Nijeper, paſſando per Kiouia, che vogliono eſſer Tomi di Ponto, doue Ouidio ſtette rilegato. Dalla Polonia poi non mancariano Religioſi à queſto effetto, & in particolare i Gieſuiti, ò i Domenicani, & i Carmelitani Scalzi, che pur iui hanno luoghi. Non mancaria il fauor di quel Rè tanto Cattolico, è tanto Pio, che aiutarebbe à promouere il negotio con ogni caldeſſa. Non mancariano i vaſcelli de Coſacchi, co' i quali i noſtri potriano paſſar nella Georgia ſicuriſſimamente, è non ſolo ſemplici Religioſi, mà quando anco biſognaſſe, vn Veſcouo, vn Nuntio, vn Ambaſciator, con apparato, per quella via, potrebbe paſſar molto commodamente. Finalmente i Rutheni Cattolici di Polonia ſariano forſe in queſto negotio di non poca importanza, perche eſſendo eſſi ancora del rito Greco, è tuttauia alcuni Cattolici, ſe pur quei che ſi fecero tali, hanno in ciò perſeuerato, co i Georgiani, che il medeſimo rito oſſeruano d'eſſer ſimilmente Cattolici, ſariano per ventura è d'eſſempio è di molta autorità. A voſtra Santità, che oltre d'eſſer prudentiſſima è anco inſpirata dallo Spirito Santo, non mancheranno di ſouuenire altri infiniti modi, è vie migliori. Da me la prego che riceua ſolo queſto poco, che ha potuto dare il mio poco conoſcimento, in ſegno della mià deuotione verſo queſta ſanta ſede, è del deſiderio che hò della propagation della fede, è del ſeruitio di Diò. Con che finiſco baciando à voſtra Santità humilmente i ſanſti piedi.

Sitti Maäni Gioerida della Vallé prit naiſſance dans Mardin Ville capitale de la Meſopotá- Son mary
mie, dans la maiſon Gioerida, ſort connuë en ces quartiers par la gloire de ſes Anceſtres : elle fut dans l'Orai-
nommée Maäni, c'eſt à dire en la langue du Païs, Penſée Spirituelle, comme ſi dés le temps de ſon funebre
ſa naiſſance ſes parens euſſent eu quelque préiugé de l'excellence de ſon eſprit. Sitti eſt vn titre dit, qu'il a-
d'honneur que l'on donne en ces païs-là aux Dames de qualité. Dés l'âge de quatre ans elle fut uoit fait vu
tranſportée auec toute ſa famille dans la ville de Bagdet ſur le fleuue du Tigre éloigné de douze Recueil des
lieuës de l'anciëne Babylone qui eſt ſur l'Euphrate; La reuolte des Curdes contre le grãd Turc, obligea belles penſées qu'il
lui auoit en-
tendu dire.

ses parens à cette transmigration : * Maany s'appliqua à apprendre toutes les connoissances qui pouuoient seruir d'ornement à vne personne de sa condition ; ce qui luy reüssit si heureusement, & sa beauté d'ailleurs fit tant de bruit dans le païs, qu'elle y attira Pietro della Valle Gentilhomme d'vne des meilleures Maisons de Rome : la correspondance qui se trouua dans leurs esprits les engagea à viure tousiours ensemble ; il la prit à la verité sans autre forme de mariage, se reseruant à en faire comme il dit, la ceremonie in tempo più oportuno, ce qu'il feit ; cependant elle quitta son païs & ses parens pour le suiure en Perse, & dans tous ses autres voyages, mesmes dans les armées, & en deux ou trois rencontres se serait pour la defense de son mary, des armes auec lesquelles elle est representée dans son pourtrait.

Cette vie errante & tumultueuse ne l'empescha pas d'attirer auprés d'elle en Perse ceux de sa Maison, croyant qu'ils y pourroient exercer plus librement la Religion Catholique dans les Estats d'vn Prince dont son mary auoit déia merité la faueur. Les Chrestiens d'Ispahan ressentirent aussi les effets de sa pieté ; elle les secouroit dans leurs necessitez temporelle, les edifioit par son exemple, instruisoit ceux à qui l'ignorance auoit fait perdre la pureté du Christianisme ; & quoy que les ceremonies des Chrestiens Chaldéens ne soient pas condamnées par l'Eglise, neát-mois aussi-tost qu'elle eut veu celles de l'Eglise Romaine, elle les embrassa de tout son cœur, & fut vn puissant moyë pour obliger les autres de sa Religiõ à faire le mesme. Enfin son mary fut touché du desir de reuoir Rome. Et cõme ils estoient à Mina, forteresse principale de la Prouince de Mogostan proche d'Ormus, & qu'ils y attendoient l'arriuée des vaisseaux pour passer aux Indes, & de là par mer en Europe, la fiévre la prit, & la tristesse d'vne fausse couche acheua de luy oster la vie en la 23. année de son âge : Elle fut fort regrettée de tout le monde, mais son mary en fut inconsolable : il fit accommoder dás vne quaisse le corps de sa femme & le porta par toutes les Indes, & en tous ses voyages l'espace de quatre ans iusqu'à Rome, où il le mit dans la sepulture de ses Ancestres, & quelque temps apres pour dernier denoir, luy fit des funerailles fort magnifiques. Car le 23. de Mars de l'année 1627. dans l'Eglise de Sainte Marie d'Araceli denant la Chapelle de Saint Paul, qui est celle de la famille della Valle, où l'on auoit porté quelques iours auparauant le corps de cette Dame, on dressa vn theatre couuert de deüil, les principales Dames de la Ville estoiët d'vn costé, les premiers de Rome de l'autre, au milieu on auoit éleué vn Catafalque, douze pieds d'estaux soustenoient autant de figures qui portoient vne couronne : Ces douze figures representoient la Foy, la Pieté, l'Esperance, la Religion, la Charité, l'Humilité, la Force, la Iustice, la Prudence, la Liberalité, la Chasteté, & la Temperance. Sur chacun de ces pieds-d'estaux, on auoit mis des Epitaphes en diuerses Langues, qui auoient esté connuës à cette Dame, en Chaldéen, François, Arabe, Portugais, Latin, Persan, Turc, Grec, Espagnol, Armenien, Grec vulgaire, & en Italien.

Cette Couronne seruoit de Corniche & de Couppole à tout le Catafalque, & estoit couuerte d'vn nombre infini de lumieres : Elle estoit representée d'or massif, ornée de pierreries de differentes couleurs, mises en œuure à iour, & qui estans esclairées par dehors faisoient vn fort bel effet ; l'ornement de la Couronne finissoit non pas en vne boule à l'ordinaire; mais il y auoit au haut vn Cygne les aisles estenduës comme sur le poinct de s'enuoler, & vn enfant dessus qui tenoit vne Croix, pour representer l'ame de Maani ; à l'vn des costez des pieds-d'estaux estoient les armes della Vallé, escartelées auec celles de Maani Gioerida : les Orientaux n'ont rien dans leurs armes de ce que fait celles des Maisons de l'Europe, elles sont seulement cõposées des lettres de leur nom, ou tout seul, ou auec le nom de leurs predecesseurs, ou auec quelque deuise. Le cachet de Maani estoit composé de lettres, qui signifioient en langue Chaldéenne, Maani seruante de Dieu.

Au milieu du Catafalque estoit vne Vrne soustenuë par quatre autres figures, qui de l'autre main tenoient vn Cyprés auquel estoient attachées les vers que tous les Academiciens de Rome auoient fait sur la mort de cette Dame, & dont on a fait vn volume de iuste grosseur : Ces figures representoient l'Amour coniugal, la Concorde, la Magnanimité, & la Patience. La Messe fut chantée auec vne Musique des meilleures voix de Rome; il s'y fit vn concours de monde incroyable, & il n'y manqua rien de ce qui pouuoit rendre cette ceremonie plus remarquable, mais rien ne le fit mieux que Pietro della Valle, car pour faire paroistre dauantage son amour, il fit luy-mesme l'Oraison funebre de sa femme ; il seroit difficile de la traduire en nostre Langue sans luy faire tort, & luy oster vn certain caractere de douleur & de tendresse qui se voit mieux dans l'original Italien.

NEL

NEL FVNERALE
DI
SITTI MAANI GIOERIDA
fua conforte.

Pietro della Valle il Peregrino.

Anima, che dal ciel forfe m'afcolti, con quai concetti, con quai parole, farò mai baftante a fpiegar le tue lodi? con quali dimoftrationi
d'amore, e di pietofo affetto, potrò, non dico pagare vna minima
parte del molto che i' ti deuo, che quefto è impoffibile: ma monftrarti
almeno vn picciolo fegno di gratitudine, a tuoi gran meriti douuta,
& a gli oblighi infiniti, che ti tengo? Donde comincerò gli Encomij,
che per eccelfi che fieno, faran nondimeno auanzati fempre di gran
lunga dalle immenfe tue doti? Dirò per auuentura della tua nobiltà?
che nafcefti nell'Affiria, doue fu il primo Imperio del mondo: nella
regione di Mefopotamia, celebre infin da primi fecoli per tante perfone, famofe, che ha prodotte:
nella Città di mardin, antichiffima, e principale in quella regione, doue la tua cafa Gioerida, per
confenfo commune, da tempo immemorabile, è la prima fra i Chriftiani della natione Sira: è
la cui antica nobiltà, quando poco, non può effer di men tempo, che di più di mille anni, cioè
prima della venuta del feduttor Mahometto, e de' Saraceni fuoi feguaci in quelle parti; perchè dopo che forfe quella empia fetta, e che fin dal fuo principio di quei paefi s'appoderò, chiara cofa è, che mai più famiglia alcuna di Chriftiani non potè inalzarfi, nè s'inalsò di nuouo:
anzi le antiche tutte, ò s'eftinfero, ò s'abbaffaron molto: ond'è, gran merauiglia, come in
tanta riuolution di cofe, e fotto sì dura tirannide, la cafa Gioerida in quella terra ancor duri, e
ritenga infin' hoggi quel che ritiene dell'antico fplendore. Però quefto nobil pregio della
chiarezza, & antichità del fangue, benchè dono eccellentiffimo di Natura, ò per dir meglio,
di Fortuna, & infeparabile per fempre da chi dal cielo l'hebbe in forte: tuttauia, in quanto
dalla virtù altrui, cioè de' maggiori, procede, e più ne gli altrui meriti, che ne' proprij di chi
l'ha, confifte, può numerarfi al mio parere fra quei beni efterni, che fi confideran di fuori dal-
l'huomo; & anco è comune a chi lo poffiede con altri, come comune è a te MAANI, la tua nobiltà con tutti i tuoi, Sichè, venendo a cofe più intrinfeche, & a quei particolari, che la tua
propria perfona, fola per fe fteffa, rendon chiara come Sole, e non come Stella, che dall'altrui lume riceua fplendore, potrei lodarti di bertà rara: di gratia fingolare, nel parlare, nel ridere, nel
conuerfare, nel caminare, ne' moti, ne' gefti in tutte le tue attioni: potrei lodare il portamen-
to altero, che i Poeti foglion tanto celebrare: la grauità, e difpoftezza infieme della tua perfona, non men maeftofa, che fnella, non men robufta per ottima compleffione, e fanità, che gen-
tile, e delicata per natura, e perfettiffima in fomma in tutte le fue parti, tanto per rata compó-
fition di colori, quanto per mirabil proportione di tutte le membra, e per leggiadria di moui-
menti: delle quali cofe poffo giurare (e lo giuro, hor che non viui più in terra, e che m'è lecito
dirlo) che in tante parti del Mondo, che hò caminate, in tutto'l tempo della mia vita; non hò
veduto mai donna più bella di te: nè più leggiadra, ò di più maeftà, nè più gratiofa in tutte le
cofe, almeno a gli occhi miei, che fe pur occhi d'Aquila non hò nel corpo, non gli hò ne ancò
di Talpa nell'intelletto. Della bellezza potrei aggiungere, che in te non era artificio fa ò ap-

c

patente, non finta, ò fucata; ma solida, e vera; che in tutto'l breue corso di tua vita, che nella
più fresca etade, pur troppo per tempo ahimè finì, benchè in anni così fioriti, quando ilpiacere
altrui vien che alle donne sia più caro, non sapesti però giamai, che cosa fusse imbellettarti, nè
trasfigurarti il viso, come fan quasi tutte le altre donne; con artificiosi ornamenti, che a guisa d'incanti le altrui viste ingannano: non sapesti mai, dico, che cosa ciò fusse, fuor che
quei primi tre, o quartro giorni, che sposa ti condussero alla mia casa; che all'hora, come
delle spose è costume, le tue parenti, ma contra tua voglia, e ricusandolo tu fin con sde-
gno e con lagrime, a forza t'imbellettarono alquanto. Ma dopo che meco nella mia casa
a tua voglia viuesti, i tuoi lisci, i tuoi belletti non furono altro giamai, che acqua chiara,
e pura, del fonte, ò riuo più vicino alla nostra tenda, s'eramo in campagna per camino, o la prima, che dalle tue donne t'era ministrata, s'erauamo in casa; non mirando
punto, o fusse di state, o di verno, s'era calda, o fredda, &, o fusse per i capelli, o per
le mani, e'l viso, s'era acqua di pozzo, di fontana, o di fiume, in che le altre donne
soglion porre tanta cura; ma qualsiuoglia t'era messa innanzi, con quella ti lauaui, non
ritirata in secreti camerini, ma a vista di chiunque era in casa, e di chi anco di fuori in
casa veniua, e ben spesso dopo hauer fatto mille altre facende, che t'erano più a cuore,
poco curandoti di lasciarti vedere, come a punto sorgeui dal letto, incolta, & inornata
sì, ma tale, che ben si conosceua, che la tua bellezza non haueua bisogno d'aiuti. Non
men della bellezza, e della gratia potrei lodare in te la politezza esquisita: che non solo non eri contenta, che nella tua persona, ne gli habiti, nelle camere, e luoghi, doue
dimoraui, non si vedesse mai pur vna minima immonditia, occupando in cio più hore del
giorno molte persone della tua famiglia, ma voleui, che tutte le cose rilucessero, per così
dir, d'vna mondezza straordinaria, ben conforme a quella dell'animo tuo: che tutte spi-
rassero odori, i panni tutti profumi, tutti acque nanfe, le mense, i letti, sempre pieni
di fiori: infin i pauimenti, infin le mura, nel tempo della primauera, empieui tutte, e
ricamaui di rose; onde a ragione soleuan dire in Sphahan, che quando tu con le tue donne entraui nella Chiesa, pareua ch'entrasse vna maestà, vna fragranza celeste. Ma, inua-
no, e troppo a lungo mi tratterei sopra queste, e mille altre doti del tuo nobil corpo, che,
come della parte inferiore, son tutta via però di manco stima.   Che potrei dir del
tuo ingegno peregrino, congiunto con chiaro, e sottilissimo giuditio? con che non era
cosa, per alta, e per difficil che fusse, che con molta facilità non comprendeti: non arte,
non disciplina, non costume, non scienza (quanto può farsi naturalmente, senza aiuto di
schuole) di che non intendeti, e discorreti a merauiglia, giudicandone perfettamente: non
lingua, per straniera che fusse, che non apprendeti in breuissimo tempo: onde, non solo la
materna, e natiua, ch'era l'Arabica, fatta hoggidì volgare a tutta la Siria, & à molti
altri paesi, ma e la Turca, e la Persiana parlaui molto bene: della Caldea, ch'è l'antica, e letterale della tua natione: della Curda, dell'Armena, e della Giorgiana, dopo che
meco in Persia venisti, haueui non poca cognitione: l'Italiana, l'Indiana, la Portoghese
vsata pur in India, per doue pensauamo far viaggio, già cominciaui ad apprendere: e
perche haueui inteso che la Latina era fra noi la letterale, in che si scriueuano i
libri, e s'insegnauano le scienze, vsata anco dalla Chiesa nel culto diuino, tu, sde-
gnando quasi ciò, ch'era volgare, e commune, voleui in ogni modo la Latina, come più profiteuole, molto bene, e prima dell'Italiana, imparare; e già in latino mi
salutaui, in latino respondeui a' miei saluti, quando tal hora (ma rare volte per mia
negligenza, e per la commodità, che haueuamo d'intenderci in altre lingue) in quelle
de' nostri paesi cominciauo ad esercitarti. Pari all'ingegno, & al giuditio era in te am-
mirabile la memoria, che di quanto mai haueui veduto, ò letto, così felicemente ti
ricordaui, che solo di setenze d'autori di prouerbij, e di versi di Poeti famosi in diuerse
lingue a te' note, che in proposito di varij raggionamenti, ben spesso, e molto a proposito m'haueui addotti e recitati, voldendone io tener memoria, come di cose degne, ne haueuo già empito più fogli, che poi per mia suentura, partendo da Persia
verso India, nello imbarcare infretta vna notte perdei insieme con altre robbe, e con
molte altre scritture à me carissime. Non poco ornamento accreceua allegià dette doti
l'eloquenza naturale, senza aiuto d'artificiosa rhetorica, che era in te, che nella tua
lingua materna auanzaui i Ciceroni, i Demosteni: e nelle altre, che aueui appreso,
eri in guisa pronta, e faconda, che le genti di quei paesi, ò non ti riconosceuano per
straniera, ò se pur ti reconosceuano, ti ascoltauano con meragliuia, e diletto, vedendo quanto ben parlaui i loro, à te peregrini, idiomi. Più dirò, ma vero; che in più lingue,
e lingue à te non naturali, ma acquistate, t'hò veduto fin compor versi; cosa, a che

difficilmente fogliono attiuar gl'ingegni più fublimi , e quei che ne' ftudij delle Mufe han confumato più tempo. Taccio la dolcezza del canto , la foauità della voce , la leggiadria ne' balli vfati in Oriente ; la maeftria , con che toccaui diuerfi barbari ftrumenti , che in quelle terre fi coftumano : che quefti efercitij , come in quelle parti non fon tenuti per nobili , rariffime volte ti lafciaui veder fare e folo in fecrete conuerfationi di noi altri parenti , che per noftro diporto di quando in quando t'importunauamo a fargli. Quindi era , cioè dal concorfo in te di tante parti amabili , che di rado in molti , non che in vn folo foggetto fi trouano ; che la tua conuerfatione fu fempre a tutti fopramodo gioconda, da tutti foptamodo defiderata; nè perfona fu mai , di qualunque ftato , ò conditione fi fuffe , che vna fola volta ti parlaffe , che non ti reftaffe oltra modo affettionata. Le matrone nobili ti cercauano a gara : Le Principeffe t'honorauano : le perfone humili ricorreuano a te, come a lor proprio rifugio: di chi ti feruiua , eri l'idolo : de' pouerila madre : de' parenti , le delitie. Co i maggiori , fapeui effer graue , e rifpettabile i co i pari , cortefiffima : con gl' inferiori , in eftremo affabile , manfueta , & amoreuole. La tua cafa fempre era piena , & honoreuolmente a tutti aperta : la menfa a tutti commune : la faccia à tutti allegra , e ferena : a tutti eri hofpitale , con tutti officiofa, a tutti larghiffima benefattrice ; e però con ragione tutti t'amauano , tutti ti benediceuano , tutti predicauan le tue lodi, tutti ti pregauan dal cielo vita lunga , e felice ; e non sò per qual mio peccato le orationi di tanti , e con tanto tuo merito , fuffero così poco efaudite : fe pur non fù , com'era in effetto , per farti Dio , conforme eri ben degna , più prefto poffeditrice di maggior felicità, di gloria perfetta , di vita eterna , e beata in Paradifo, che in quefto Mondo goder non poteui. Gran cofe hò dette : ma poco, a quel che hò da foggiungere : nulla affato , a quel che trapaffo per breuità , & a quel che haurei da dire , fe voleffi , ò poteffi a pieno le tue perfettioni defcriuere. Quefte, che hò raccontate fin quì , benche fian Gratie , che a pochi il ciel largo deftina , pur tuttauia fon dal cielo , e per gratia altrui conceffe , ben fpeffo anco fenza adopraruifi punto , nè metterui cofa alcuna del fuo chi le poffiede : onde a ragione più d'effere inuidiate , & ammirate paion degne , che d'effer celebrate con vere lodi , che folo a quei beni deuon darfi , che gli huomini s'acquiftan da fe fteffi , & a quegli atti virtuofi , in che per elettione di libera volontà , più che per naturale inftinto , e per facile inclinatione , anzi con difficoltà il più delle volte , e contra quel che più piace , gloriofamente s'efercitano. Solleuando adunque il mio parlare a quelle altere , e fourahumane doti , che ornarono già in terra , & hor vie più che mai ornano in cielo ; & orneranno in eterno la bell' anima tua ; che ammirerò in te M A A N I ? la Prudenza forfe, ch'è madre, e regina di tutte le altre virtudi ? della quale fofti in tal guifa dotata , che giouanetta ancora , a diciotto anni a pena giunta ; quando di neffuna cofa haueui pur anco efperienza, e fuor delle paterne mura quafi altra cofa non haueui mai veduto , venuta nella mia cafa , e prefo fubito di quella il gouerno , non folo mi fgrauafti di tutte le cure , adempiendo con rotal mia fodisfattione , e de gli altri , ogni parte di perfetta madre di famiglia mentre dimorammo in Baghdad, ch'era terra a te nota , e doue pur da bambina eri ftata nudrita : ma facefti anco il medefino , quando , dopo non più che due mefi , di là partimmo , & andammo in Perfia ; doue in terre così ftrane , e da te non mai vedute : fra genti , di cui ne pur la lingua all'hora intendeui : ò che fteffimo in Città fermi , ò che andaffimo per viaggio : in tempo e di pace , e di guerra ; fin nel campo fra le turbulenze delle armi , e de gli efferciti : fra le battaglie , e le ruine de' popoli , quando vn' anno integro feguitai contra Turchi le infegne del Rè Abbàs vittoriofe , e te conduceuo meco , come in Perfia è de nobili antico coftume , che nè anco alla guerra vanno mai fenza le donne loro ; in sì duri frangenti , in quei dubbiofi accidenti di fortuna , mentre ogni cofa andaua foffopra , mentre le Città , & i paefi integri fi fpopolauano, in difficoltà così grande di tutte le cofe , tù pur nondimeno , e fempre me feguifti ; e di quanti mi feguiuano , e di tutta la famiglia, che pur numerofa haueuamo appreffo, volefti hauer di continuo la cura , moftrando ogn'hora in gouernarla fomma prouidenza , fomma notiria di tutte le cofe : informandoti ouunque andauamo , e pigliando in vn tratto perfetta cognitione de' coftumi delle terre : di ciò , che in effe abbondaua , ò mancaua , de'luoghi, e tempi a propofito , da fare ogni forte di prouifione : delle monete , de' prezzi , delle mifure , de' pefi , e di quanto altro bifognaua , che nè anco i paefani più di te ne intendeuano ; con ritenet in te fteffa così efatta notitia di tutte le cofe in diuerfi luoghi pratticate , & offeruate , che fe Roma haueffe hauuto forte di vederti viua, non dubito punto, che non haueffi arricchito il Latio della cognitione di mille Semplici peregrini, del

e ij

l'vſo di mille droghe ſtraniere , & in medicamento , & in cibo : dell'eſercitio di mille arti, a noi incognite, e di mille altre curioſità , non men d'vtile al publico, che d'orna-mento , & a' curioſi di guſto. Nel marciar poi, nell'accamparci , nel diſtribuir le hore del giorno, e'l peſo alle perſone de'ſeruitij neceſſarij , che ordine? che vigilanza? che auedimento in aſſegnare il tempo da muouerci , ò poſarci? che accortezza in eleggere i ſiti da piantar le noſtre tende? Delle coſe publiche , che giudirij , che diſcorſi faceui? in tutti miei negotij , de'quali ſempre gran parte mi togliefti : in affari aſſai graui, e publici, e priuati , in che più volte m'occorſe hauer le mani, che conſigli, che auuiſi, che aiuti con parole, e con opere mi daui? che poſſo dire in fine? ſe non che in sì tenera età ti moſtraui ben degna di comandare, ben'atta a gouernare, non che vna priuata fameglia , ma gli eſerciti numeroſi , i popoli integri , le Corti, le Prouincie , i Regni. Ma, che non dico più toſto , per proua del tuo maturo ſenno in così acerba etade, di quando, contratto a pena fra di noi il matrimonio , in quel modo, che colà ciuilmente ſi poteua, ricuſando io di riceuer le benedittioni della Chieſa da i Sacerdoti di quella terra, sì perche m'eran ſoſpetti di ſciſma (il che però , per non offender loro, & i tuoi parenti a loro additti non voleuo dire) sì anco per vn'altra graue, & importante cagione , che all'hora pur taceuo : & adducendo friuole ſcuſe di voler riſerbarmi a far le ſacre cerimonie co i noſtri religioſi Latini in Sphahan, doupreſto ero per andare ; nati perciò, e con ragione, a' tuoi parenti non leggieri ſoſpetti della mia fede, che ancho a te ſteſſa poteua eſſer dubbioſa , ſe più alle opere apparenti, che alle parole mie bene intentionate ; ſe più a quel ch'io moſtraua di fare, che a quel che ti pareua ch'io poteſſi, e doueſſi voler fare, haueſci hauuto riguardo : dopo che riuſcì vana, per disfare il noſtro matrimonio , ogni diligenza , che alcuni de' tuoi fecer co i miniſtri Turchi, per altretante , e maggiori , ch'io ne feci in contrario, perſuadendoti tutti, che almeno non veniſci con me in Perſia, a fin che partendo da Bagdad lontano da loro, la vita, & la riputation tua, e di tutti i tuoi, per qualche mia impietà, di che pareua poterſi ſoſpettare , non veniſſe a pericolo; non ſolo ricuſaſti di ciò fare , con dir che , poichè per moglie mi t'haueuano già data, e non haueuano a queſto penſato prima, non conueniua a te diſobedire a tuo marito , nè negar di ſeguirlo, ouunque condurti haueſſe voluto : ma quando vedeſti perciò ſoſſopra tutto'l parentado , e che fin la mia vita, ſenza io ſaperlo , correua non poco pericolo , non mancando perſona infedele, che per tor gli altri d'impaccio , s'offeriua a tor facilmente me dal Mondo : riſoluta di patire ogni male, più toſto che per tua cagione alcun mal ſi commetteſſe : non ſolo ouuiaſti ad ogni ſiniſtro intento, che in tal caſo ne' tuoi , con ombra di ragione, a' miei danni hauria potuto naſcere: ma anſi pietoſa della mia innocenza (che conforme alla ſchiettezza dell'animo tuo, nè anco in altri poteui creder maluagità prima di vederne gli effetti) e ſopra tutto geloſiſſima della mia vita, come quella, che già , quanto era tuo debito , ſinceramente l'amaui, mi guardaſti con ſomma vigilanza, non fidandoti in ciò nè anco delle perſone a te più care, e più congiunte, nè anco della ſteſſa tua madre, per tema, che vn rigoroſo zelo d'honore, con le altrui male, & efficaci perſuaſioni, non poteſſe a caſo indurla a far contra di me; qualche opra ſtrana; oſſeruando con gran diligenza chiunque in caſa veniua, che faceua, doue andaua , ſenza fare altri di ciò accorto : oſſeruando i cibi, le viuande; chi le condiua, infin l'acqua, infin i vaſi doue io haueua da bere, non laſciaui che alcuno, ſenza tu vederlo , poneſſe in quelli le mani; e finalmente, tacendo a me; & a gli altri quel che conueniua : riferendo ſolo a tutti quel che poteua giouare; aſſicurando i tuoi da vna parte, cattiuando me dall'altra con maniere eſquiſite: e per l'altrui ſalute, e per la riputation di tutti, te ſteſſa ſola , e la tua vita eſponendo a pericolo ; partiſti meco da Baghdad con buon animo, prouiſto alla tua ſicurezza al meglio che poteui, con condur teco il tuo maggior fratello : ch'a me però, non per diffidenza, ma per altro honeſto , & a me grato fine, moſtraui di farlo. E quando poi per viaggio più chiara t'aperſi la mia mente , e t'eſpoſi a pieno di quegl'indugi l'altra graue cagione; perchè volli più toſto parerti infedele con quel che ti diſſi, ch'eſſerti veramente infedele con tenerlo celato : tu hondimeno, all'hor che con più ragione poteui di me diffidare ; all'hor che più poteui penſare d'eſſer tradita: con animo, non meno inuitto, che pio , premendo nel tuo cor la doglia, che ſolo vna notte in Ghiulpaigan con abbondanti, e ſecrete lagrime ſfogaſti : e di canto affare a te ſola riſerbando la cura, a te ſola di tanto trauaglio facendo parte (che per non turbar la pace, nè anco al tuo proprio fratello conferir voleſti quel ch'io haueua a te conferito) ſenſa moſtrarti, a me giamai turbata , ne moſtrarmi pur mai men che amoreuole il viſo con rammentarmi ſolo il mio debito , & attribuire il tutto alla fortuna, ò al diuino vo-

lere, e non mai ad alcuna mia colpa , fcufaui il fatto , e compatiui le mie giufte pre-
tenfioni, che vn'altra più appaffionata ben ingiufte hauria potuto chimare ; e confidata
in Dio prima , e nella tua ragione : poi anco nel mio amore (di che tanto ti deuo)
nella mia fede, benche poco ancora fperimentata : e quel che più ammiro ; nella qualità
della mia perfona, per la quale fola non ti poteui indurre a credere , ch'io fuffi mai per
fare atto villano , lafciandoti a me tutta in abbandono : alle promeffe, alle parole mie ;
a miei giufti defiderij commettendo te fteffa , la vita, la falute , e riputation tua , e
di tutti i tuoi , onde maggiormente m'obligafti : giunta al fine in Sphahan , con la tua
fola prudenza , con la tua fola diligenza , fuperato ogni intoppo , fpianate tutte le difficoltà, riducefti il negotio ad ottimo , e feliciffimo fine , confermandofi in faccia della Chiefa il noftro matrimonio, in quel modo a punto , e con tutte quelle giuftificatio-
ni , ch'io tanto bramaua , e con fodisfattione vniuerfale , e gufto di tutti i tuoi parenti, che, ceffati i vani sì , ma giufti fofpetti, fcoperti i miei modi e nobili , e leali , e
chiarita in fine la mia buona intentione , che giamai non mi mancò , non folo ne furono a pieno contenti , ma reftarono poi come ftegati per fempre con nodo ftrettiffimo ,
non men d'amore , che della contratta parentela. Nella quale attione non faprei dir
che cofa fuffe in te maggiore , ò la prudenza in faper così ben guidare , e difpor tutte
le cofe : ò la grandezza dell'animo , che in turbolenze sì grauigiamai non fi perde , nè venne meno : ò la conftanza , e la patienza , in foffrir quanto foffrifti , preparata ancora
à foffrir cofe molte maggiori , che la fortuna parcua minacciarti : ò l'amor grande , che
all'hora ancora , come fempre , mi moftrafti : ò la confidenza , che hauefti nella mia fede a te douuta , a difpetto di tanti inditij , che infedele mi ti faceuano parere : ò la fin-
cerità , con che fempre mi credefti , e con che interpretaui , e giudicaui tutte le mie attioni ; ò infinite altre virtudi , che tutte in grado altiffimo moftrafti in quella sì graue
occorrenza. Ma non poffo in poche parole comprender tanto ; nella tua Vita , che ,
piacendo a Dio, fcriuerò vn giorno , le merauiglie di quefte , e di mille altre heroiche
tue virtudi , più diftintamente farò palefi al Mondo ? Qui , che ferue altro ? Non
baftano a fare affai chiaro teftimonio della tua prudenza i detti fagaci , le rifpofte auui-
fate , che sì fpeffo in diuerfi propofiti dalla tua bocca all'improuifo vfciuano ? de' quali
pur , volendone io tener memoria , perchè degni me ne parcuano : notando , quando po-
teuo fenza farne te confapeuole , alcuni di più auuifo , che ti fentiuo dire , in men di
due anni ne haueuo raccolto in vn libro vn gran numero , the pur con le altre fcritture ,
che già diffi , in quel porto di Perfia la mia fuentura mi fece perdere ; ma turtauia di
quei tuoi Detti fagaci (che tali gli chiamauo , con animo di lafciargli alla pofterità in
perpetua memoria) alcuni pochi , che più de gli altri reftarono a mente , e che dopo la
perdita del libro pottei pur mettere infieme , a fenfo almeno , fe non con quelle precife ,
& efpreffiue parole, con che vie più leggiadra , e più elegantemente da te fentiti dire , haueuo già nell'hora propria fcritti : e che hor , benchè laceri , e fcemi in gran parte della
lor natiua viuezza, come pretiofe reliquie , appreffo di me conferuo , baftano a far indu-
bitata fede a chiunque gli leggerà , del tuo molto fapere , e dell'alta prudenza , con che ,
e nelle humane , e nelle diuine cofe , fofti fempre a merauiglia fingolare ; E tanto più
fingolare , quanto manco era il concetto , che di te fteffa faceui : che dotata , a pari delle
altre virtù , d'vna profondiffima humiltà , che di tutte le altre fenza dubbio è il fonda-
mento , e di prudenza , e d'ogni altra cofa ti ftimaui fempre minima fra tutti ; e facendo affai più cafo dell'altrui , che del proprio parere (benchè il tuo , fra i buoni , io
lo trouaffi quafi fempre il migliore) non folo prendeui da altri configlio con molto gufto , ma, quafi che fenza l'altrui guida ti pareffe d'errare ; ne' cafi dubbi, e difficili , & in
ogni altra occorrenza , pregaui con molto iftanza dalle perfone , che più ftimaui , e da
me in particolare , d'effer di continuo ammonita ; & infegnata. Rara docilità , mera-
uigliofo difprezzo delle proprie doti , che in quelli , che tante ne hanno quante tu
ne haueui , poche volte fi troua. La giuftitia poca occafione hauefti d'efercitarla , e folo
nell'angufto campo delle proprie habitationi , fra le poche genti , che iui eran fottopofte
al tuo gouerno : pur tuttauia ben chiara in te riluceua , e non era poco in vna famiglia
compofta di gente di varie nationi , varie infin di riti , e di religione , non che d'humori ,
e di coftumi (che vna volta offeruai , che dieci lingue diuerfe fi parlauano d'ordinario nella noftra cafa) mantener con tutto ciò fra tutti pace : tenergli tutti fodisfatti , e contenti ; e
diftribuendo con retta vgualità gli vfficij le fatiche , i premij e le correttioni anco a fuo
tempo , far sì , che non folo di te giamai neffuno fi dolfe , ma tutti , come lor Nume , ti
riueriuano , e non come a Signora , ma come a lor propria madre ; vbbidienti , e ama-

uano. Nè folo dentro alle domeftiche mura la tua giuftitia fi faceua conofcere, mi
fuori ancora : tanto commutatiua in trattar con altri con fomma rettitudine ; che quant-
mai con la noftra cafa hebbero negotio, contentiffimi di te fempre, a loro prò la tua
integrità a tutte le hore' efperimentauano : quanto diftributiua, ò legale fra vn buon numero di Chriftiani di diuerfe nationi, e riti, che habitano in Sphaban, de' quali tutti la
noftra cafa era l'afilo, tu, l'otacolo. Quante differenze componefti, fatta arbitra di quelle genti ? quante mogli, e mariti difcordi riconciliafti infieme ? a quanti difordini defti
rimedio ? di quante buone opere fofti cagione ? dicanlo quelle genti fteffe, che non fenza caufa pianfero il tuo pattir di là con tante lagrime. Di fortezza, e di magnanimi-
tà innumerabili efempi defti fempre in tutte le tue attioni : già hò detto quanta ne moftrafti ne' fucceffi del noftro matrimonio ; ma, oltre di quello, hauere animo d'intrapren-
der con me tanti, e sì lunghi viaggi, come facefti, e tanti altri, e maggiori, che fe più
viueui ti reftauano a fare ; non folo non ftimandogli graui, ma facendogli parere a me
foaui, & efortandomiui, acciochè più prefto arriuaffimo al defiderato ripofo della patria :
foffrir con tanta patienza il fepararti da' tuoi, e non vna volta fola, ma due ; cioè in
Baghdad prima, quando di là partimmo, e poi anco in Perfia, doue tutti eran venuti, quantò pur iui o gli lafciafti, o contra tua voglia ti lafciarono : ftaccarti per fempre da fra-
edli, da forelle, da padre, da madre, e per andare in paefi tanto lontani : feguirmi,
come già diffi, fin nelle guerre tra'l fangue, e le morti : vedermi più volte, ma con
core intrepido, e con faccia non turbata, fra nemici a pericolo con l'armi in mano, e
non folo non temere, ma più tofto inanimarmi, e dare a me in vn certo modo aiuto :
nelle funtioni militari, non folo feguitarmi, ma precorrermi, come altroue hò fcritto ; e
con ragione ; poichè, marciando vn giorno, in quella confufion dell'efercito, diuifi : tu
con tuo fratello, & i cariaggi da vna banda, io con altri de' miei a cauallo da vn'altra :
quando poi nell'accamparci, occupando l'efercito grandiffimo tratto di paefe, penfauo d'ha-
uerti molto adietro, trouai, che diligentiffima al folito, e più fcarfa di me al ripofo, benchè
più graue per gl'impedimenti, che teco conduceui, m'eri con tutto ciò paffata buona pezza innanzi. E nella guerra d'Ardebil, all'hora, che defperando il Rè di Perfia di poter difender le fepolture de' fuoi maggiori, che iui ftanno, per effer quella città aperta fenza mura, ne mandò fuori
tutta la robba, e tutti gli habitanti : e fatto anco ritirar quafi tutto'l fuo campo con le tende, e
le bagaglie in vn'altro luogo più ficuro fra monti, doue penfaua far tefta a' nimici :
egli folo con poca gente alla leggiera reftò nella città, per non abbandonarla fe non co-
ftretto da eftrema neceffità, e per arderla in tal cafo, acciochè gl'inimici d'arderla effi non
haueffero gufto : ma di donne neffuna altra vi reftò, fuor che quelle della mia cafa per particolar priuilegio, e quelle della cafa reale, quali pero, perchè il Rè non molto le ftima,
in cafo d'vn difaftro hanno ordine gli Eunuchi di tagliarle tutte a pezzi, a fin che non
vengano viue in man de gl'inimici ; io, che te non voleuo vedere à tal pericolo, ti pre-
gauo con grand'inftanza, che n compagnia del tuo fratello, co i cariaggi e con tutte
le genti di feruitio ti ritiraffi in ficuro, ò almeno nel campo fra monti, doue ftauano
pur le altre donne di tutti i grandi, mentre io, com'era douete, con trè, o quattro foli
de' miei huomini a cauallo haurei feguitato il Rè in ogni cafo, che in due, ò tre
giorni fi faria veduto di quei grandi atti il fine. E benchè non io folo, ma vn buon vecchio tua fida compagnia, e tutti gli altri ancora con molte raggioni ti perfuadeffero a
farlo, non volefti però mai compiacermene (fola cofa al Mondo, che in tutto'l tempo
della tua vita mi negafti) e lo negaui dicendo, che doue ftaua la mia tefta, poteua ben
ftare ancor la tua : che andaffero pur le fome, e la famiglia, s'io così voleuo, ma
che tu a me voleui ftare appreffo : e che tu ancora a cauallo, alla leggiera, e come
fuffe bifognato, con vefte anco mutata, e con le armi in mano, fe'l tempo così ricer-
caua, haurefti faputo in ogni cafo feguirmi, come ben conofceui effer mio debito, che
anch'io il Rè feguiffi. O virtù incomparabile, e come potrò io chiamarti ? fortezza ma-
gnanimità ? valore ? ardir generofo ? temerità virtuofa ? o pur con tutte quefte infieme, ecceffo di vero, è legitimo amor coniugale, com'era in effetto ? Ma, che va-
do riferendo i particolari ? tutta la tua vita, maffimamente quegli anni, che viuefti meco in tante peregrinationi, in tanti difagi, che'l peregrinar fempre apporta per commodamente, che fi faccia : in terre di barbari, lunge più volte da i tuoi, lunge da i
miei : in luoghi ben fpeffo, in doue fin le nuoue, fin fin le lettere de' noftri ne mancauano (che vna volta da Roma, donde il noftro viuer dependeua, in più di due anni nè pur vna lettera potè arriuarne) tutto quel tempo dico tutti i tuoi giorni non furono altro giamai, che vn'atto perpetuo di continuata fortezza, di coftantiffima patienza ; E tra'a

giorni eſtremi, fin all' vltimo ſpirito, nella mortale infermità, onde al fine, gettato
prima l'immaturo parto, concedeſti poi al fato, grauida, inferma, in luogo sì miſe
rabile, nel paeſe di Moghoſtàn a pena al Mondo noto : ſotto la fortezza di Minà,
humile, & incognita prima, ma hora per la tua morte fin nel Latio conoſciuta, è fa
moſa : inferma dico, ſenza aiuto di medici, ò di medicine : ſenza conſolatione alcu
na, nè corporale, per la miſera condition del paeſe, nè ſpirituale per eſſer terra d'infide
li : in così gran male con tutto ciò, che patienza? che riſegnatione nel diuino volere? che
animo tranquillo? che perſeueranza, che coſtanza inuincible? Io ſteſſo, atterrito dal tuo
male, perchè temeuo, che quando ben te ne fuſſi liberata, in viaggio così lungo
altri ſimili te ne poteſſero auuenire, ti diſſi vna volta poco inanzi al tuo morire,
che ſe Dio ti daua ſalute, tornaſſimo a viuere in Sphahan co i tuoi parenti, onde
non eramo molto lontani, ch'io mi contentaua di priuarmi per ſempre d'Italia, e del
la patria, purchè non t'eſponeſſi in viaggi così lunghi a pericolo. A che, con voce
languida, come poteui, ma con animo più vigoroſo che mai, mi reſpondeſti, rim
prouerandomi quaſi puſillanimità : E che diran le genti, ſe non andamo alla noſtra ca
ſa per paura di fare vn viaggio? la caſa della donna non è quella del padre, ma quella
del marito; da i miei già mi ſeparai, non biſogna tornar più a rinouar quei dolori;
quando vengono le naui, che aſpettiamo, imbarcatemi pur, ò ſana, ò inferma ch'io
ſia : chè ſe Dio vorrà, in Roma, e là ſolo voglio andare à ripoſare : ò almeno arri
uerò à morire in qualche terra di Chriſtiani, e tanto mi baſta; e ſe nè anco queſto
Dio mi concede, ſia fatto il ſuo volere. Così fu a punto; che chiamandoti là proprio Dio,
per liberati forſe da mille altri affanni del Mondo ſenza pena, ſenza dolore, ſenz'alcuna tur
batione, ò paura, con ſomma pace, con quiete d'animo, e di corpo, dopo d'eſſeti molto a
Dio raccomandata, e dopo d'hauer auiſato me, che perdeui la parola, il tuo ſpirar non fù
altro, che vn faciliſſimo ſoſpiro, con gli occhi a me riuolti, e con la bocca a riſo : quaſi
che allegra mi diceſſi, Amico, rimanti in pace; io vò contenta. O felice, che foſti ſem
pre di tua ſorte contenta; tanto contenta in vita, e di tanta temperanza, che poſſo affermar
con verità, di non hauer mai veduto in queſto Mondo perſona contentarſi di manco in tut
te le coſe, che te. Moderatiſſima ne'deſiderij : diſprezzatrice d'ogni caduco bene, e d'ogni,
benche lecito, diletto : parciſſima nell'vſo di quelli, quantunque neceſſario. Di quanto Dio
ne haueua dato, che tutto era in tua mano, ſempre la minor parte per te pigliaui, e riſer
baui. Di ciò che v'era nella noſtra caſa di commodità, e di ſeruitio, il meglio prima, e il più
ſempre per me voleui : ſollecitiſſima nella cura della mia perſona (per la quale voleui, che
nulla mai mancaſſe, tutto ſempre auanzaſſe) e difficiliſſima in ciò a contentarti, non paren
doti mai di far tanto, che baſtaſſe, nè che gli altri faceſſero quanto conueniua. Dopo me,
per fare altrui bene, e maſſimamente a'poueri, amaui d'hauer de'beni del Mondo : e per
fartene honore co i parenti, e con le altre perſone amiche, & amoreuoli, che la noſtra caſa
frequentauano; co i quali tutti, ò che' haueſſi aſſai, ò che poco, haueui gran guſto d'vſar
di continuo non ſolo quei termini di liberalità, che ſon proprij de'nobili : ma quelli, che ſon
d'animo regio, e della maggior munificenza, che poteui, mancando, oue biſognaua, più
toſto à te ſteſſa, che a gli altri, & impiegando ben ſpeſſo in queſto tutto quello, che le al
tre donne tue pari ſogliono impiegar più volontieri ne'lor vani, e ſuperflui ornamenti; de'
quali tù sì poco ti rammentaui, che più volte, per quello che conueniua al decoro del tuo
ſtato, ero io coſtretto a ricordartegli, & ad importunarti, per che ti faceſſi ſeruir meglio,
e con più, non dico ſplendore, ma commodità, che non faceui. E tempo quì di parlare
della tua eſemplare honeſtà, della immaculata pudicitia, accompagnata mai ſempre da
opere caſtiſſime, e caſtiſſimi penſieri. Virtudi, che pur della Temperanza ſon figlie, e per
le quali hai meritato quà in terra quella, che già godeſti in vita, e che hora godi dopo
morte, candidiſſima fama. Glorioſa fama, in che nè la Inuidia, che a i più virtuoſi mai
non perdonò, nè la Maledicenza di perſone, che per loro misfatti da qualche tuo giuſto ri
gore ſi teneuano offeſe, ſeppe, ò potè mai trouar pur vn minimo neo da appuntare. Dono,
douuto per certo al tuo ſourano valore, ma pur con tutto ciò ſingolare del cielo; poiche
vedemo, e ne gli antichi tempi, e ne' moderni, che a molte donne d'alto ſtato non han
baſtato le opere buone, perche di loro alcun mal non ſi ſia detto. Sian di ciò teſtimonio
la pudiciſſima Didone, e nelle ſacre hiſtorie la innocente Suſanna, tanto à torto infama
te, quella dal Poeta, e queſta da gli empi vecchi, e molte altre, che potrei numerar di
queſta guiſa. Ma à te queſto ancora il ſommo Dio volſe concedere, che con publico ap
plauſo ouunque eri conoſciuta, la tua buona fama ſi celebraſſe; e fin quelle perſone, che,
come hò detto, da qualche loro ingiuſta paſſione acciecate, t'odiauano, e per odio ti male-

diceuano , chiamandoti fouente rigorofa , dura , crudel co i vitiofi , troppo zelante del-
l'altrui ben fare (ah notate per Dio, che male taccie) in quefta parte però donde l'honor
donefco tutto depende anche , mal lòr grado eran coftrette a predicarti pur fempre per
vn'altra Syra Zenobia ; per vna moderna Romana Lucretia , per l'ifteffa Pudicitia , che'
con tanta beltà congiunta , è cofa rara al Mondo. Pudicitia non affettata còn rigida ru-
ftichezza , non con inciuil difcortefia , ò col nafconderfi , e fuggir dall'altrui prefenza ,
modi plebei : ma che , fenza celarti a gli occhi de mortali , con fembiante alle genti
giocondo infieme è modefto , con parlar non men foaue , che graue a chiunque bifognaua , con moftrarti a tutti honeftamente cortefe , e nobilmente affabile , imprimeua tuttauia di te , nell'animo di chiunque ti miraua , tal riuerenza , che n'era a vn tempo amata
la tua pianezza , lodato il nobil tratto , temuta la feuerità folo dou'era bifogno di maniere
fchiue , e la honeftà , per vltimo , venerata come facra ; La quale in te procedeua , non
da vil timore di pena , ò d'infamia , ma da vna intentione rettiffima , che hauefti fempre
in tutte le cofe , e da vn defiderio tanto eccefliuo di fomma perfettione in quefta , & in
tutte le altre virtù , che foleui dir fpeffo , che douendo tù andare à viuere in vna Roma , non ti baftauano parti , e virtù ordinarie ; perchè fe non fuffi ftata fe non come vna
delle altre , hauriau potuto quì dir di me , e con ragione , che di tali ve n'erano molte
nella mia patria : a che effetto dunque hauer prefo te per moglie in paefe così lontano ?
che bifognaua a te però effer tale , che in vn teatro così fiorito , com'è quefto , del
Mondo , m'aueffero tuti à lodar l'elettione , a inuidiar la ventura. Generofo intento , altiffimo penfiero , che haurebbe bén hauuto feliciffimo effetto , fe la morte non l'haueffe
inuidiato. E che merauiglia adunque , fe confcia a te fteffa di tanta bontà , m'era però
il tuo cor fincero , come fù fempre , tanto aperto , e con fchietiffima femplicità , fenz'alcuna diffimulatione , fenza alcun riguardo , ò cuoprimento di fecreti , in tutte le cofe
manifefto ? che merauiglia fe fra tante virtudi , e fra quefte in particolare , fioriua anco
per te nel noftro matrimonio la Concordia , & vna ftrettiffima vnion d'animi , in ogni
tempo , in ogni accidente infeparabili , onde non fapemmo mai fra di noi che cofa
foffe hauer l'vn dell'altro difgufto , ne pur differenza alcuna di parole , fe non foffe ftato ò da fcherzo , ò di qualche nonnulla : ma , contentiffimi vn dell'altro , e fempre con-
formi in vn volere , non penfauamo , ne ftudiauamo in altro , che in far ciafcunoa
gara quel che conofceua , ò poteua imaginarfi , che più all'altro piaceffe ; onde poi ne
nacque , econ raggione , quello intenfo , vero , e reciproco amore , che in noi , infieme
con le anime noftre , viuerà in eterno , e che quei foli cinque anni che tu in terra
con me viuefti (ah non più me ne conceffero i cieli) ne fecero viuer fopra tutti gli altri
altri huomini felici. Beata vita , dolciffima vita , che pochi nel matrimonio hanno in
forte , la cui perdita da chi l'ha prouata tanto fi fente ; e perchè mi fuggì sì tofto dalle
mani ? Mi fugge anco il tempo , per dir di tante cofe. Hor alzifi horamai , alzifi più
fublime il mio raggionamento , e voli dalle virtù morali alle Diuine , che folo il fommo
bene han bene per oggetto. Qual fuffe in te , ò mia M A A N I , la fede : quale la deuo-
tiane verfo la facrofanta Chiefa Cattolica Romana , domandifi a a tutta la tua cafa Gioerida , & a tante altre perfone , e del parentado , e conofciute , e ferue , co'l tuo folo
mezzo ritolte alle oftinate fcifme , alle empie herefie di Neftorio , di Iacopo , di Diofco-
ro , e de gli altri , che hanno infettato tutto l'Oriente. Qual fuffe l'affetto alla Religione , e'l zelo di propagarla con tutte le tue forze , dicalo il Collegio delle lingue di
Sphahan , da i Religiofi Carmelitani Scalzi in Perfia eretto , & a i Santi Apoftoli Pietro,
e Paolo dedicato , folo a fine di coltiuare in quello tenere , e vigorofe piante , che habbiano poi da dare alla Perfia , & à tutta l'Afia abondanti , e foauiffimi frutti di cattolica
religione , e di virtù. Al qual Collegio , de i fei primi alunni , con cui al noftro tempo ,
enon fenza noftra inftanza , fi cominciò , trè tù ne defti , e tutti trè del tuo fangue ,
vno fratello , e due nipoti , facendogli quiui folo à quefto effetto infieme co i loro geni-
tori , e con tutta la lor cafa , d'affai lunge venire : vno de' quali già , di quella facrata
Religione prefo l'habito , commincia a produr fiori di foaue odore , e dara fpero , col tempo di quei frutti , che tu tanto in vita bramafti , e che hora con più efficaci preghiere ,
gli deui per certo procurare , & impetrar dal cielo. Quanto fuffi affidua , e diligente nella offeruanza del culto diuino : quanto deuota alla beatiffima Vergine , a tutti i Santi , &
Angioli del Cielo , e particolarmente a quelli , che per tuoi più fpeciali auuocati haueui eletti : quanto finalmente vbbidiente a tutto ciò , che la noftra facra legge infegna ,
fede ne faccian la Perfia , l'Arabia , e la Turchia , che fra tanta infedeltà ti veddero fempre ,
non folo adempir quanto deue vn buon Chriftiano , ma dare a' migliori Chriftiani efempio

di

di ſtraordinaria pietà ; di pietà non fondata in vana apparente hippocriſia , ma in ſo-
lida , e vera virtù inttinſeca : non eſercitata con inquietare a tutte le hore i Religioſi in ſentire importune e lunghe confeſſioni , non sò s'i dica di ſcrupoli impertinenti,
ò di friuoli ragionamenti , come il più delle donne hoggidì fanno ; ma con oſſeruan-
za inuiolabile della Diuina legge , con abhorrire in eſtremo ogni ſorte di vitio , e
con preſeruarti con ſomma cura intatta da ogni contagio di colpa , e di peccato , di
che poi doueſſi pentirti , & accuſarti. Pietà , non moſtrata nell'eſteriore , con oſtenta-
tion di ſuperba humiltà in habiti abietti , e ſordidi , facendo poi vita , con che quelli
mal s'accordano : ma riſplendente d'entro nella humiltà dello ſpirito , nell'animo ſince-
ro , e puro : e fuori nello eſercitio indefeſſo delle virtù , e delle opere buone , e particolarmente di quelle della Miſericordia , che'l figliuol di Dio tanto ne raccomandò , & è
per domandarcene conto il giorno del Giuditio. La Perſia dico , l'Arabia , e la Turchia
della tua Fede faccian fede , che ti viderò tanti anni , non ſolo profeſſar publicamente la
noſtra Fede là , doue infiniti altri la rinegano ogni giorno : ma inſegnarla anco a gli
ignoranti , e predicar la bene ſpeſſo a gl'infideli ; che non contenta d'eſſerne , conforme al detto di Chriſto nel Vangelo , in quelle infelici Samarie teſtimonio , voleui
anco eſſerne (ne in quei paeſi era abſurdo) infin propagatrice , infin maeſtra. Della
fida , e firmiſſima ſperanza , che haueſti ſempre in Dio , non ſuperba , nè vanamente
appoggiata in proprij meriti , ma humile , e pia , fondata ſu'l forte ſaſſo angolare del
tuo Redentore , e ſoura la ſalda pietra della pura fede di Pietro , e della Chieſa ſua,
mi baſtano per teſtimonio quelle parole , che vna notte inanzi al tuo feliciſſimo tranſi-
to mi diceſti ; quando in vn grauiſſimo accidente , che ti fece ſuenire , dopo eſſer tor-
nata in te , dicendoti io , che ti raccommandaſſi a Dio , e che non temeſſi , mi riſpon-
deſti con molta ſicurezza : E di che hò io da temere ? Non hò San Pietro , e la Chieſa
del Papa per me ? quaſi che voleſſi inferire , come inferiui nel tuo modo di parlare , Di
che ha da temere ? ò che non può ſperare chi e del gregge eletto di Chriſto , e tanto a
quello deuota , come io ſono ? Speraui , e con ragione , che vna tal chriſtiana confidenza giuſtamente douea ſeguire a tanta fede , & a tante tue buone opere paſſate ; delle quali , come fra le virtù è la prima , coſì anco fu ſempre in te ſuprema , & emi-
nentiſſima fra le altre , l'ardente Charità , in che di continuo t'eſercitaui , e co i proſſimi , e quello , che importa più , con Dio. Co i proſſimi , per chè , come già diſſi ,quel
ch'era tuo , non era tuo , ma quanto haueui , era a tutti i biſognoſi comune ; e non ſolo non negaſti giamai coſa che ti fuſſe domandata ; mentre'l darla fuſſe ſtato in tuo potere , ma preuenendo le altrui domande , daui ogni giorno ſpontanea , e liberamente : e
diligente in inueſtigar le neceſſità di chi tal volta , ò per vergogna , è per altro era
negligente in ſcuoprirtele , a molte perſone conoſciute , e che te ne parenano degne , ſenz'hauerne pur vn minimo cenno (onde più le obligaui) ſecretamente ſocco-
reui. Quanti poueri abbandonati , e pellegrini raccoglieſti in caſa ? quanti infermi , e
maſſimamente s'eran della tua famiglia , voleui ſeruir da tua mano ? quanti morti altroue in neceſſità faceſti ſepellire ? quanti prigioni , e cattiui aiutaſti a liberarſi ? compran-
do talhora ſchiaue Chriſtiane da infedeli , in man di cui ſtauano a riſchio di rine-
gare , ſolo perchè appreſſo di te viueſſero coſtanti nella fede , e in libertà. E tanto
in ſomma le altrui miſerie d'ogni ſorte compatiui , che fin con queſte tali , e con altre
fanciulle , e donzelle , che ti ſeruiuano , quando per qualche errore occorreua dar loro alcun materno , e leggietiſſimo gaſtigo , mi ricordo più volte d'auerti veduta in quell'-
atto piangere per dolor di loro ; compatendo la miſera condition ſeruile , e ſen-
tendo in te ſteſſa quel che vna di loro , ò per ſe ſteſſa , ò per vna ſua cara figliuola
hauria potuto ſentire di vederla in tale ſtato in forza altrui ; e ſoleui dirmi con gran
pietà , che molto contra tua voglia t'induceui a correggerle , che ſe ben in minima
coſa , era pur nondimeno accreſcere afflittione a perſone , che Dio cotato haueua af-
flitte : ma che forzata da i loro mancamenti , e dall' obligo , che haueui d'educarle
bene , di che doueui a Dio dar conto , lo faceui tal volta , per non far loro , con eſſer medica troppo pia , danno maggiore. Tal'era l'amore , che a'tuoi proſſimi portaui :
E di quell'altro più eccelſo , e Diuino , che verſo il tuo creatore in viue fiamme di
vera charità continuo t'accendeua , che più euidenti dimonſtrationi poſſo addurre , che
le continue , lunghe , e non mai tralaſciate orationi , che con tanta cura faceui à tutte le hore ? in che non men per altri viui , e morta , che per te ſteſſa pregando , e
del giorno , & della notte , conſumaui gran parte : e con tanto feruor di ſpirito , con
tanta efficacia di parole , e tal ſolleuamento di mente , ſenz'hauer letto alcuna ſcuola

d

d'oratione: che i più riformati, e più iftrutti religiofi te ne poteuano hauere inuidia. Io'l sò, che più volte deftato innanzi giorno, fentiuo, che già forta oraui dentro alla propria camera a porte chiufe, e tal volta anco, s'era di verno, mezzo veftita su'l proprio letto; e fentiuo, che con tal'affetto parlaui con Dio, e con tal efficacia, come fe vifibilmente, e molto familiare l'hauefli hauuto prefente, gli efponeui con humiltà, e deuotione i tuoi bifogni, e giufti defiderij, che ne prendeuo infieme diletto, e marauiglia: e quante volte per non turbati, e non darti faftidio, fingendo di dormire, moftrauo di non me ne accorgere. Potrei dire ancor più delle fpirituali gratie à te concefle, e de'gran fauori, che'l buon Signor fempre ti fece. È lafciata la protettione tanto particolare, e ftraordinaria, che in tutto'l tempo della tua vita, infin da' primi anni moftrò chiaramente di tener di te conto come di cofa fua eletta, e cara per le vie sì difufate, e rare, per lequali tanto ftranamente ti chiamò, e trattate dalle tenebre gli errori, & ignoranze de' tuo maggiori; nella rozezza della Oriental Chriftianità confufamente inuolti, ti raccolfe illuminata con infolita luce di pura verità al più intimo grembo della Chiefa Cattolica Romana: in che manifefto fegno apparue dell'effer tu con alta prouidenzza ab eterno predeftinata. Potrei dire anco, e con verità, di trè vifioni, che in diuerfi tempi, facendone tu pochiffimo cafo, mi racontafti hauer vedute; le quali, che foffero; non vane fantafme, non illufioni del padre Dinganni & di Bugia, auuifi certi, e veraci del cielo, la verità, & importanza delle cofe e gli effetti fucceduti ben me l'hanno confermato. Potrei dir di molte cofe da te predettemi, e non sò, s'iò mi dica con più che humana prudenza preuedute, ò pur conofciute per qualche fecreta, e fopranaturale illumination del tuo intelletto, nell' oratione forfe, che per ventura tu per tua modeftia mi taceui. Ma, a che più m'affatico? non può raccorfi in vna picciola conca il grande Oceano: quanto mai potrei dir' io di te in tutto'l tempo della vita mio, farebbe dell' immenfo pelago de' tuoi meriti vna minutiffima ftilla. Dirò dunque folo, ch'effendo ftata tu tale, a gran ragione a pena nota, con tanta fmania ti bramai: a gran ragione poffeduta, t'amai con tanto affetto: a gran ragione lontana, amaramente ti fofpiro, e perduta, abimè, ti piango a tutte l'hore. E tanto più che ti perdei nel fior di gli anni tuoi: nel bel principio de' miei contenti, a pena, poffo dir, cominciati a guftare: in tempo, in luogo, in modo tanto difgratiato, per te tanto miferable, per me di tanta afflittione, che fola tù, che m'ami quanto io t'amo, e che ogni giorno pregaui Dio, che non ti faceffe veder la mia morte, per non fentire in quella quei tormenti, ch'io nella tua hò fentito, puoi credere, & intender bene quanta foffe: e quel ch'è peggio, fenza hauer'io in quell'amaro cafo, nè per gran tempo dopo, pur vna perfona appreffo, che con parole almeno poteffe aiutarmi, e inanimarmi a foffrir con patienza vn sì gran male. Ti perdei, quando a punto di te più confolatione fperauo: quando ne afpettauo in breue vn già concetto figliuolo, che la ftirpe noftra hauria tenuta in piedi: quando penfauo trà pochi di vederti contenta, come tu tanto defideraui, e in terra de' Chriftiani, & in Roma, e come io pur molto bramauo, nell'alma mia patria, dentro alle dolci mie paterne mura. Ti perdei sfortunato, e te perdendo a vn tempo, e l'afpettata infieme, e tanto in vano defiderata prole; che fe pur alcuna di te me ne fuffe reftata: fe pur mi vedeffi fcherzar nella fala alcun picciolo fanciullino, che te folamente nella faccia mi rapprefentaffe, non mi parebbe d'effere affatto, come fono, folo, e abandonnato: non vedrei hora, come vedo, l'antica mia Cafa già cadente, hormai diftrutta rouinate: nè vederebbe quefto Campidoglio, come forfe a dì noftri vedrà, de' fuoi amati Patritij, la gente così fiorità vn tempo, e così numerofa della VALLE, fenza fucceffione hormai eftinta. Corrano pur dunque in abbondanza, corrano, che ne hanno ben ragione, le mie lagrime: e poich'io folo non bafto a piangere vna tanta fuentura, aiutimi, prego, a farlo tutto quefto nobiliffimo auditorio; E fe pur pretiofi del mio male, per non farlo maggiore, a piangerlo non vogliono aiutarmi, e mi daran per ragione, che pianger non fi dè per chi viue beata in paradifo: fia com'effi vogliono; ma almeno per confolarmi, poiché altra confolatione in quefto Mondo riceuer non poffo, m'aiutino con le preghiere loro, che fenza dubbio faran delle mie più efaudite, e più degne, ad impetrar da Dio, a te anima benedetta eterna pace: & a me, che fciolto quanto prima da quefto carcere terreno, libero (ch'è pur tempo horamai) da i trauagli di quefta penofa mortal vita, de' quali, a dire il vero, fon già ftanco, e fatio, me ne venga, come tanto bramo, a te a canto: & a godere immortale infieme con te quella eterna beatitudine; alla quale, come ben fai, ò mia deletta, ch'io di continuo afpiro, così, fe m'ami, come ben sò che m'ami, tu ancora da Dio m'intercedi, che fenza più indugiare mi conduca. Hò detto.

AVIS,

Sur la Nauigation d'Anthoine Ienkinſon en la Mer Caſpienne.

A Mer Caſpienne eſt vn de ces endroits du monde qui ont eſté iuſqu'à céte heure mal connus, & qui merite par céte raiſon qu'on en recherche de nouuelles deſcriptions, & principalement de ſa coſte Septentrionale, qui n'a point eſté connuë des Autheurs modernes ny des anciens, ce qui eſt cauſe de la diuerſité qu'on void dans les meſures qu'ils donnent de l'eſtenduë de céte Mer. Herodote & Ariſtote ſçauoient de leur temps qu'elle n'auoit point de communication apparente auec les autres Mers; & cependant du temps de Pline, comme on le void dans ſes Eſcrits; meſme au temps de l'Empereur Iuſtin, & bien long-temps apres, on croyoit encore que ce fuſt vn Golphe & vne partie de la mer Septentrionale : la raiſon de céte erreur eſtoit qu'elle eſt ſalée, d'où ils tiroient vne fauſſe conſequence qu'il falloit qu'elle euſt communication auec les autres Mers qui ont céte qualité, ſans conſiderer que céte qualité pouuoit venir d'vne autre cauſe; & qu'il y a de grands lacs dont les eaux ſont ſalées : Pour ce qui eſt de ces coſtes, on connoiſt aſſez celle qui s'étend depuis l'embouchure du Volga iuſques à Ferabat; tous ceux qui paſſent de Moſcouie en Perſe font céte Nauigation, & le paſſage en eſt fort ordinaire. Olearius dans ſon voyage de Perſe, nous donne exactement céte coſte; & l'eſtenduë qu'il luy donne de ſix-vingts lieuës d'Allemagne, reuient aſſez à l'eſtime qu'en fait Herodote; mais il veut en ſuite corriger tous les anciens & toutes les Cartes modernes, ſuppoſant que la plus grande eſtenduë de cette mer ſoit du Nordoüeſt au Sud-Oüeſt, & non pas de l'Occident à l'Orient, comme la mct Herodote auec tous les anciens & auec les Geographes Orientaux, j'entends le Prince Abul-feda & le Geographe de Nubie-Alderiſi; & cependant Olearius ne fonde vn changement de céte importance, que ſur ce que depuis la Prouice de Choraſſen qui eſt le long de la coſte Orientale de céte Mer, iuſqu'en Circaſie, il n'y a que ſix degrez de longitude, c'eſt à dire quatre-vingt dix lieuës d'Allemagne : Or il eſt conſtant entre ceux qui entendent la matiere des longitudes, que nous n'auons point encore de pratique exacte, pour connoiſtre combien il y a de degrez de longitude entre deux lieux qui ſont Eſt & Oüeſt l'vn de l'autre; & il y a peu d'apparence que dans des pays auſſi peu polis que ceux-là, il y ait meſme des gens qui puiſſent faire céte obſeruation auec les circonſtances neceſſaires : Il s'en faut donc ſelon mon ſens, tenir ſeulement à ce qu'il dit de la coſte qu'il a couru depuis le Volga iuſqu'à Ferabat; & pour le reſte des coſtes de cette mer, en croire les anciens, ceux du pays, & Ienkinſon principalement vn des plus grands Nauigateurs de ſon ſiecle, & qui a couru céte mer depuis l'embouchure du Volga iuſqu'à Mingiſlauue, & qui nous a laiſſé la ſeule deſcription que nous en ayons; car Eraſtoſtenes, dont nous auons les meſures des coſtes de céte mer, n'auoit point connu la coſte Septentrionale : Selon Ienkinſon, comme on le verra dans ſon voyage, la plus grande eſtenduë de cette Mer eſt à peu prés de l'Eſt à l'Oüeſt, comme les anciens l'ont miſe. Ienkinſon l'a fait de deux cens lieuës d'Allemagne; car il compte ſoixante & quatorze lieuës depuis la *bouche du Volga jufqu'au Cap de Boghelatan : Olearius au contraire, dans fa Carte de l'édition Allemande, ne met que la moitié de cette diftance; & ainfi, comme l'a fort bien remarqué le fçauant M. Voffius, il coupe la moitié de cette mer; ce que Scaliger auoit fait auffi deuant luy.*

Outre cette raifon qu'on a euë d'inferer cette Relation dans ce Recueil, on l'a encore fait à caufe qu'elle nous donne connoiffance des pays qui font fur la cofte Occidentale de cette mer, qui iufqu'à prefent nous font fort inconnus, & qui dans la pluffart des Cartes font remplis de Figures de Monftres, dont les Geographes ont tâché iufques à cette heure de couurir leur ignorance. Pour la mer Caffienne proche de la Chine, on verra dans la fuite de ce Recueil que cette mer eft bien plus proche de la Chine qu'on ne l'a crû par le paffé. Au refte, la Relation de Ienkinfon s'accorde fort bien auec celle d'Abulfeda, le plus exact de tous les Geographes, & le feul de qui nous deuös efperer la pofitiõ des Villes d'Orient, il l'a décrit de la forte.

Cette Mer eft fallée, quoy qu'elle n'ait point de communication apparente auec l'Ocean; elle a huit cens milles de longueur, & fix cens de largeur, a la figure d'vn ouale : Ce n'eft pas qu'il n'y ait eu des Autheurs qui luy donnent celle d'vn triangle; elle a trois noms differens, la mer de Cozar, de Georgian, & de Taberftan; la partie de cette Mer la plus auancée vers le Couchant, eft fous le foixante-fixié-me degré de longitude, & fous le quarante-vniéme degré de latitude; le fleuue Elcur, que Ptolomée appelle Cyrus, entre dans cette mer, a cent cinquante-trois milles au Midy de Derbent; de là en tirant vers le Sud-Oüeft, on trouue la ville d'Arduyl dans la Prouince de Mogan plus auancée vers le Midy : fi de ce point l'on marche deux cens trente-vn milles le long de la cofte Meridionale, on rencontre les pays de Taberftan, & les Prouinces d'Elgel & de Deilun; la cofte court apres vers l'Orient & vers la ville d'Abferon fous le foixante & dix-neufié-me degré quarante-cinq minutes de longitude, & fous le trente-feptiéme degré vingt minutes de latitude; elle continuë de f'eftendre vers l'Orient iufques fous le quatre-vingtiéme degré de longitude, & quarante de latitude; elle monte apres vers le Nord iufques à 50. degrez de latitude, & au mefme endroit elle en a foi-xante & dix-neuf de longitude : c'eft dans ce retour qu'elle fait vers le Nord, que font les Prouinces de Turkeftan & la montagne de Seachuat; on trouue plus auant la riuiere Elatach, la plus grande de toutes les riuieres de ces quartiers; elle se rend par plufieurs emboucheures dans la mer, inonde & fait des marefts des terres qui en font proche : Ceux qui habitent ces quartiers, & qui y nauigent, di-fent que les eaux de cette riuiere fe meflant auec l'eau de la mer, celles de la mer deuiennent de differentes couleurs, & qu'on y peut nauiger quelques iours à l'endroit de l'emboucheure, fans que ces eaux fe trouuent fallées.

In septima parte climatis quarti. Itaque dicimus mare Tabareftan effe mare feparatum, nulli cæterorum marium connexum, & eius longitudinem porrigi ab Occidente inOrientem aliquanto cum flexu ad Septentrionem, fpatio octingentorum milliarium, latitudinem verò fexcentorum milliarium.

Le Sherif Alderifi, Cité iufques à cette heure fous le nom de Geographe de Nubie, luy donne auffi fa plus grande eftenduë du Couchant à l'Orient, fait fa longueur de huit cens milles, & la largeur de fix cens.

Outre la connoiffance que Ienkinfon nous donne de la mer Caffienne, il décrit auffi fon voyage dans les Prouinces qui font le long du Iaxartes & de l'Oxus, & le peu qu'il en dit donne de grandes lumieres pour l'Hiftoire & pour la pofition de ces Pays; ce n'eft pas qu'il éclairciffe tous les doutes que l'on a iufques à cette heure fur le fujet du cours de l'Oxus, fur celuy de la riuiere qu'il appelle Ardock, qui eft apparamment le Iaxartes; car c'eft des Geographes Orientaux qu'il faut atten-dre cét entier éclairciffement, que l'Autheur de ce Recueil ne defefpere pas de pou-uoir mettre vn iour dans la fuite de ce Recueil : on y auroit defia pû mettre la Pro-uince de Mauralnahr, & le Chorrafen, que Grauius a traduit de Abulfeda; mais on ne l'a point fait à caufe que cette traduction a defia efté imprimée en Latin.

VOYAGE D'ANTHOINE IENKINSON,

Pour découurir le chemin du Cattay par la Tartarie, écrit par luy-mesme aux Marchands Anglois de la Compagnie de Moscovu, qui l'auoient obligé de faire ce voyage.

E m'embarquay à Aftracan le fixiéme iour du mois d'Aouft de l'année mil cinq cent cinquante-huit, auec les deux Iohnfons Anglois, & quelques Tartares & Perfans : I'eftois chargé auec ces deux Anglois, de la conduite de cette Nauigation : Nous courûmes le long de la riue Orientale du Volga, & nous en débouquâmes à vingt lieuës d'Aftracan fous la hauteur de quarante-fix degrez vingt-fept minutes. Le Volga entre dans cette mer par dix-fept emboucheures ; au fortir, nous tangeâmes la cofte qui court Nord-Eft, auec vn vent fauorable. Le onziéme nous fifmes fept lieuës, la courfe eft Nordeft, & nous arriuâmes en vne Ifle où l'on void vne haute montagne appellée Accurgar, qui la fait connoiftre de loin : de là, nous courûmes dix lieuës vers l'Eft jufques à Bawhiata, autre Ifle plus haute que la premiere : Entre ces deux Ifles du cofté du Nord, il y a vn Golphe qu'ils appellent la Mer-bleuë : de là, noftre route fut Eft-quart au Nord dix lieuës ; & le vent f'eftant tourné contraire, nous moüillâmes à vne braffe d'eau, & demeurâmes à l'Ancre jufqu'au quinziéme, qu'vne tempefte qui venoit du Sud-Eft nous obligea de nous mettre à la mer : le vent fe tourna au Nord, & nous prîmes noftre courfe vers le Sud-Eft, & fifmes ce jour-là huit lieuës. Le dix-feptiéme, nous perdîmes la terre de veuë, & fifmes trente lieuës. Le dix-huitiéme nous fifmes vingt lieuës, noftre courfe eftoit vers l'Eft ; & nous nous trouuâmes par le trauers du païs de Baughicata qui eft à foixante & quatorze lieuës de l'emboucheure du Volga fous la hauteur de quarante-fix degrez cinquante-quatre minutes, la cofte court Eft-au-Sud : Sur vne pointe de cette cofte, eft le Sepulchre d'vn Prophete Tartare, que tous ceux de ce pays vifitent auec grande deuotion.

Le dix-neufiéme, le vent Oüeft, noftre route Eft-Sud-Eft, nous auançâmes dix lieuës, & pafsâmes deuant l'embouchcure d'vne grande riuiere appellée Iaïc, dont la fource eft dans la Prouince de Siberia ; cette riuiere trauerfe le pays des Tartares Nogaïs : On me dit qu'à vne journée de chemin en remontant cette riuiere, il y auoit vne ville nommée Serachick fujette à Murfa-Smille Prince des Tartares, qui eft maintenant en paix auec les Mofcouites, que la monnoye n'a point de cours dans ce pays ; & comme ces peuples font continuellement en guerre, ou occupez à la conduite de leurs beftiaux, il ne f'y fait point de commerce.

Nôtre Vaiffeau eftoit à l'Ancre, à l'emboucheure de la riuiere du Iaïc, tous nos gens à terre. Pour moy ie me trouuois mal, & eftois demeuré par cette raifon dans la barque auec cinq Tartares, l'vn defquels nômé Azi paffoit auprés d'eux pour vn Saint, à caufe qu'il reuenoit du voyage de la Méque : Dans ce têps, vn Batteau armé de 30. hommes nous aborda, noftre Pelerin de la Méque leur demanda ce qu'ils vouloient, & fe mit à faire des prieres à fa mode : Sa prefence arrefta ces voleurs ; ils dirent qu'ils eftoient Gentils-hommes, bannis de leur pays, & qu'ils venoient voir f'il n'y auoit point de Mofcouites ou autres Infideles dans ce Batteau ; il leur répondit auec vne contenance fort affeurée, qu'il n'y en auoit point, & leur en fit de grands fermens : ils f'en allerent là deffus, & la fidelité de ce Tartare nous fauua, & toutes nos Marchandifes. Nos gens reuinrent au bord ; & le vent eftant bon, nous partîmes le vingtiéme Aouft, fifmes feize lieuës, noftre courfe Eft-Sud-Eft. Le vingt-vniéme nous pafsâmes vne Baye de fix lieuës de large, fermée par vn Cap fort aisé à reconnoiftre, à caufe de deux Ifles qu'il a au Sud-Eft. Nous le doublâmes, la cofte retourne apres au Nord-Eft, & fait vne autre Baye ou Golphe dans lequel tombe la grande riuiere de Iem, dont la fource eft dans le pays de Colmack. Le vingt-deux, vingt-trois, & vingt-quatriéme, nous demeurâmes à l'Ancre. Le vingt-cin-

quiéme, le vent fut fauorable, & nous fifmes vingt lieuës ce jour-là, & vîmes en
paſſant vne Iſle dont la terre eſt baſſe, & qui a à l'entour d'elle quantité de battures
& de bancs de ſable. Au Nord de cette Iſle, il y a vn Golphe ; mais nous nous en éloignâmes pour faire la route du Sud, & fiſmes dix lieuës, aſſez empeſchez à nous dé-
méler de ſes bancs & de ſes battures : Nous fiſmes apres vingt lieuës, courant Eſt-
Sud-Eſt, & découurîmes la terre-ferme, dont la coſte nous parut coupée de montagnes : Nous courûmes vingt lieuës le long de cette coſte ; & plus nous auancions,
plus la terre nous paroiſſoit haute. Le vingt-ſeptiéme nous trauerſâmes vn Golphe, la coſte de ce Golphe qui eſt au Sud eſtoit plus haute que l'autre : nous trouuâmes apres vn Cap, dont les terres eſtoient fort hautes ; & l'ayant doublé, il ſuruint
vne ſi furieuſe tempeſte du coſté de l'Eſt, que nous crûmes y deuoir perir, elle dura
trois iours : de ce Cap, nous allâmes chercher vn Port nommé Manguſlaue, place
où nous deuions aborder, elle eſt à douze lieuës de l'embouchcure du Golphe, & du
coſté du Sud ; mais la tempeſte nous jetta ſur la coſte qui eſt au Nord, au de là de
Manguſlaue ; & à ſon oppoſite, la terre eſt baſſe, le lieu peu ſeur pour les Vaiſſeaux,
& il n'y eſtoit peut-eſtre iamais arriué de Barque deuant la noſtre.

　　Nous enuoyâmes nos gens à terre pour traitter auec le Gouuerneur, auoir des
viures & des voiétures pour charrier nos marchandiſes à Sellizure à vingt-cinq
iournées de nôtre terriſſement : nos Enuoyez retournerent auec beaucoup de belles promeſſes ; & le troiſiéme de Septembre ſur leurs aſſeurances nous déchargeâmes nôtre barque : Le Prince me reçeut bien ; mais eſtant venu à traiter pour des
voiétures & pour des viures, ils nous rançonnerent, nous firent achepter iuſqu'à
l'eau, & en payer deux fois plus qu'il ne falloit ; il nous fut force de donner ce qu'ils
demandoient, & pour chaque Chameau qui ne porte que quatre cens peſant, nous
leur donnâmes trois peaux de Ruſſie, quatre plats de bois, & au Prince ou Gouuerneur du païs vne neufaine & vne ſeptaine ; c'eſt à dire vn preſent de neuf choſes
particulieres, & vne autre de ſept, car ils ne ſe feruent point de monnoye.

　　Le quatorziéme de Septembre nous partîmes auec vne Carauanne de mille Chameaux ; & ayant fait cinq journées de chemin, nous nous trouuâmes ſur les Eſtats
d'vn autre Prince Tartare ; nous trouuâmes ſur le chemin quelques Caualiers de la
maiſon de Sultan Timer Prince de Manguſlaue, ils nous firent commandement de la part de leur Prince de demeurer là, firent ouurir nos caiſſes, & prirent
ſans nous payer, ce qu'ils creurent pouuoir eſtre plus à ſon gré. Ie pris la reſolution de l'aller trouuer ; & luy ayant demandé ſa proteétion, & vn paſſe-port pour
eſtre en ſeureté dans ſes Eſtats, il me l'accorda, me reçeut bien : on me regala par
ſon ordre de viandes & de laiét de Caualle ; car pour du pain, ils n'en ont point :
& en payement des Marchandiſes que ſes gens m'auoient enleuées, qui pouuoient

Chaque Ru-
ble peut va-
loir cent
huit ſols de
noſtre mon-
noye.

bien valoir quinze rubles de Moſcouie, il me donna vn paſſe-port, & vn Cheual qui
valoit bien ſept rubles ; car l'argent n'a point de cours parmy eux. Bien m'en prit de
luy auoir rendu cette ciuilité ; car on m'aſſeura que l'ordre eſtoit deſia donné de me
faire détrouſſer, ſi j'y euſſe manqué.

　　Ce Prince eſt touſiours en campagne, n'a ny Chaſteaux ny Villes ; Ie le trouuay
ſous vne petite loge ronde faite de rozeaux, couuerte de feutre par dehors, & de
tapis au dedans : Ie vis auec luy l'Eueſque de ce pays ſauuage, reueré entre-eux
côme le Pape l'eſt à Rome ; l'vn & l'autre me fit diuerſes queſtiõs de nos Pays, de nos
Loix, & de noſtre Religion, & du deſſein de mon voyage ; il me parut aſſez ſatisfait des réponſes que ie luy en fis. I'allay retrouuer les gens de la Carauanne, auec
laquelle ie voyageay vingt iours dans le deſert ſans voir aucune ville ny habitation : Nous auions fait prouiſion de viures ; mais comme ils nous manquerent,
nous mangeâmes vn de mes Cheuaux, le reſte de là Carauanne ayant payé les iours
ſuiuans ſon écot de meſme maniere : Nous fuſmes trois iours ſans trouuer d'eau ;
& celles que nous trouuâmes les iours ſuiuans, il la falloit tirer de certains puits
fort creux, encore eſtoit-ce de l'eau ſallée.

Le cinquiéme iour du mois d'Octobre, nous nous trouuâmes sur les bords d'vn Golphe de la mer Caspiene, où les eaux sont fort bonnes : ceux qui y tenoient la Doüane pour le Roy des Turquemens, prirent quatre pour cent de nos Marchandises, & vn present de sept choses differentes pour le Roy ; nous n'y demeurâmes qu'vn iour, & partîmes apres nous y estre vn peu rafraîchis : vous remarquerez que la riuiere d'Oxus se rendoit autrefois dans ce Golphe, mais que maintenant elle ne vient pas iusques-là ; qu'elle tombe dans vne autre riuiere nommée Ardock, qui a son cours vers le Nord ; qu'elle passe sous-terre l'espace de plus de cinq cens milles, qu'elle en ressort apres, & qu'elle se rend dans le lac de Kitay. Nous partîmes de ce Golphe le quatriéme d'Octobre, & arriuâmes à vn chasteau nommé Sellizure le septiéme du mesme mois. Vn Prince nommé Azimcan y reside, auec trois de ses freres ; j'eus ordre de l'aller voir, & ie luy presentay les Lettres de l'Empereur de Moscouie, auec vn present de neuf choses : il me reçut bien, & me fit manger en sa presence : on me regala d'vn Cheual sauuage & de laict de Caualle : il me renuoya querir vne autre fois, & me fit diuerses questions sur les Estats des Moscouites, & me donna apres vn passe-port.

Le Chasteau de Sellisure residence du Can, est situé sur vne haute montagne. La maison du Prince est bastie de terre, le peuple est pauure, & n'a point de Marchandise. Au Sud de ce Chasteau c'est vn bas pays, mais fort fertil, où il croist beaucoup de bons fruits, & entre-autres vn qu'ils nomment Dynié, fort gros & plein de suc ; les peuples le mangent à la fin du repas, & leur tient lieu de boisson ; ils en ont vn autre nommé Carbuse, de la grosseur d'vn gros concombre ; il est iaune & sucré, & outre cela vne espece de grain qu'ils appellent Iegur, dont la tige ressemble à la cane de sucre ; car elle est aussi haute, & le grain est semblable au Rys, & vient par grappe. Toute l'eau dont ils se seruent dans le pays est tirée par canaux de la riuiere d'Oxus, & c'est aussi par cette raison qu'elle ne se décharge plus dans la mer Caspienne ; & ce pays court risque d'estre vn iour desert, quand ces peuples auront acheué de ruïner par leurs canaux le cours de cette riuiere.

Le 14. du mois, nous partîmes de Sellisure, & nous arriuâmes le seiziéme à vne ville appellée Vrgence, où nous payâmes vn impost par teste,& autant pour celles de nos cheuaux, que pour les nostres : nous y demeurâmes vn mois, le Prince du pays se nomme Aly-Sultan frere d'Azimcan dont ie viens de parler : il reuenoit de la ville de Corasan qu'il auoit depuis peu conquise sur le Persan ; car ils ont continuellement la guerre auec le Roy de Perse : l'eus ordre de l'aller trouuer, ie luy presentay vne lettre de l'Empereur de Moscouie, & il me donna vn passe-port.

Vrgence est dans vne plaine, elle a plus de quatre milles de circuit ; les murailles sont de terre, ses maisons aussi de terre & mal basties. l'y remarquay vne grande ruë couuerte par en haut qui sert de marché, elle a esté prise quatre fois en 7. ans qu'ont duré leurs guerres ciuile. Les Marchands y sont fort pauures par cette raison, & ie ne trouuay à y vendre que quatre pieces de serge. Il y a fort peu de trafic à faire, l'on n'y trouue point d'autres Marchandises que celles qui viennent de Boghar & de la Perse. Le pays qui est entre les bords de la mer Caspienne & cette Ville, est appellé le pays des Turkemans. Azimcan y commande auec cinq de ses freres ; le plus puissant porte le nom de Can ; mais cette superiorité n'est reconnuë qu'au lieu où il fait sa residence ; car chacun des autres veut estre Souuerain dans ses Estats, & ne songe qu'à détruire son voisin : ils viennent de differentes femmes, & ainsi ils n'ont point les sentimens que les autres ont pour leurs freres. Chacun de ses Sultans à quatre ou cinq femmes, auec plusieurs concubines & de ieunes garçons, & menent vne vie fort déreglée. Ces freres sont presque tousiours en guerre, les vaincus se retirent à la campagne auec leur bestail, & viuent des pilleries qu'ils font sur les Carauannes & sur les Marchands qu'ils attaquent au lieu où ils sçauent qu'ils doiuent se fournir d'eau, continuant cette vie vagabonde iusqu'à ce qu'ils ayent trouué quelque occasion de rentrer dans leurs Estats. Le peuple n'a point de demeure arrestée, & passe d'vn lieu à vn autre auec les troupeaux de Moutons, de Chameaux, & de Cheuaux. Leurs Moutons font fort gros, auec des queuës qui peferont quelquefois quatre-vingt liures. Ils ont grand nombre de Cheuaux fauuages, que les Tartares prennent fouuent auec leurs Faucons de la maniere fuiuante. Ces Faucons font dreffez à f'abbatre fur les teftes de ces beftes ; ils les battent de leurs aifles, & les embaraffent en forte que le Chaffeur a le temps de les joindre, & les tuë à coups de fléches ou d'épée. Il n'y a point d'herbe dans tout le pays ; mais de certains arbriffeaux dont le beftail fe nourrit & deuient fort gras. Ces Tartares n'ont ny or ny argent ; ils troquent de leur beftail contre les chofes qui leur font neceffaires ; ils ne connoiffent point l'vfage du pain, mais font grands carnaciers, & ayment principalement la chair de Cheual ; leur boiffon eft de laiét aigre de Caualle, dont ils f'enyurent fouuent auffi bien que les Tartares Nogaïs. Depuis le lieu où nous débarquâmes jufqu'à ce fecond Golphe, nous ne trouuâmes point d'autre eau que de l'eau de puits. Le vingt-fixiéme de Nouembre nous partîmes d'Vrgence ; & apres auoir fait cent mil le long de la riuiere d'Oxus, nous trauersâmes vne autre riuiere nommée Ardock, où nous payâmes quelques petits droits. Ardock eft vne grande riuiere fort rapide qui vient de l'Oxus ; & apres auoir couru mille milles vers le Nord, fe cache fous terre, & cinq cens mil apres elle reparoift & tombe dans le lac de Citay. Le feptiéme de Decembre nous arriuâmes à vn Chafteau nommé Kaït, qui appartient à Sultan Saramet ; il n'y euft que la crainte du Prince d'Vrgence qui l'empefcha de voler noftre Carauanne, il fe contenta de nous obliger à luy faire vn prefent, nous luy donnâmes vne peau de vache de rouffy pour chaque Chameau, & d'autres petits prefens à fes Officiers.

La nuiét du dixiéme du mefme mois, comme nous eûmes pofé nos gardes, nous prîmes quatre Caualiers qui nous auoüerent qu'il y auoit quantité de voleurs dans ce pays. Nous les liâmes, & les enuoyâmes au Sultan de Kayté qui vint auffi-toft auec trois cens hommes, auquel ils confefferent qu'ils eftoient de la troupe d'vn Prince banny, qui nous attendoit à trois iournées de là auec quarante hommes pour nous voler. Le Sultan nous donna quatre-vingt hommes auec vn Capitaine pour nous efcorter, & mena auec luy nos quatre prifonniers. Cette efcorte confuma vne grande partie de nos viures ; & le troifiéme iour au matin ils fe détacherent de la Carauanne, pour aller, ce difoient-ils, reconnoiftre le defert ; nous les vîmes reuenir quatre heures apres à toute bride, & nous dirent qu'ils auoient veu l'eftrac de quantité de Cheuaux, nous demandans ce que nous leur voulions donner pour nous tirer du danger où nous eftions. Nous n'en pûmes pas conuenir, & ils f'en retournerent vers le Prince, qui affeurément eftoit d'intelligence auec les voleurs que nous deuions trouuer. Cependant, quelques Tartares de noftre troupe qui paffoient pour Saints à caufe qu'ils auoient efté à la Méque, firent arrefter la Carauanne, fe mirent en priere ; & en fuite à deuiner fi nous ferions vne mauuaife rencontre ; la deuination fe fit de la forte, ils tuerent vn Mouton, en ofterent les os, les firent boüillir, puis brûler ; ils mélerent de la cendre de ces os auec du fang du Mouton, & en écriuirent quelques caraéteres auec ceremonies, & plufieurs paroles : le iugement fut, que nous ferions attaquez, mais que nous viendrions à bout de nos ennemis ; pour moy, ie n'auois aucune creance à cette forte de deuination ; mais le matin quinziéme Decembre nous découurîmes de loin quantité de gens de Cheual ; nous eftions bien quarante en eftat de combattre : nous fîmes nos prieres, Tartares, Perfans, Chreftiens, chacun à noftre mode, & nous iurâmes de ne nous point abandonner. Ils eftoient trente-fept Caualiers, & à leur tefte ce Prince banny ; ils nous crierent que nous nous rendiffions, & nous commençâmes à tirer, l'efcarmouche dura depuis le matin iufqu'à deux heures de nuiét. Ils eftoient mieux armez que nous, & fe feruoient plus adroitement de leurs fléches ; mais i'auois fur eux l'auantage de quatre harquebufes, auec lefquelles ie leur tuay du monde. Nous traitâmes enfin vne

tréue, & nous nous campâmes fur vne éminence, faifant vn retranchement de nos
Chameaux & de nos Marchandifes. Ils firent la mefme chofe, fe retranchans aufli à
la portée d'vn arc; mais auec cét aduantage, qu'ils nous auoient couppé le chemin
de l'eau dont nous auions grand befoin. Sur la minuit, vn de fes gens s'auança, demanda à parler au Boma ou Capitaine de la Carauanne; il répondit que fi le Prince
luy promettoit fur fa Loy de ne luy point faire de tort, il enuoyeroit deux des fiens
pour traiter auec luy : Le Prince fit ferment auec tous ceux de fa troupe à haute
voix, en forte que nous les pûmes entendre. Nous enuoyâmes vn de la Carauanne
qui paffoit pour vn Saint; le Prince, dit fon Enuoyé, veut que vous autres qui eftes
la plufpart Buffarmans, c'eft à dire circoncis, luy remettiez entre les mains les Caphres ou Infideles qui font dans voftre troupe auec leurs Marchandifes; ce faifant,
il vous laiffera aller en liberté, autrement il vous traitera comme ces Infideles.

Le Capitaine de la Carauanne répondit, qu'il n'auoit point de ces Caphres ou
Infideles dans la troupe; & que quand il en auroit, il periroit pluftoft que de les
remettre entre fes mains : qu'au refte, il verroit bien quand il feroit iour, qu'il
n'apprehendoit pas; & cependant, fans auoir égard à leur iurement, ils enleuerent
noftre Enuoyé, crians *Ollo*, *Ollo*, qui eft parmy eux vn cry de victoire. Nous apprehendions fort que cét Enuoyé ne nous découurit; mais il ne le fit pas, & garda
la mefme fidelité pour toute la troupe, n'ayant point dit combien nous auions perdu d'hommes dans cette efcarmouche. Le matin, on efcarmoucha de nouueau; on
traita vne feconde fois, les gens de noftre Carauanne, eftans las d'expofer fi fouuent leur vie; nous demeurâmes d'accord de donner à ces voleurs 10. prefens de 9.
chofes chacun, & vn Chameau pour le porter, & ils fe retirerent de noftre cofte.

Nous continuâmes noftre chemin, & arriuâmes fur la nuict au bord de la
riuiere Oxus; ce nous fut vn grand rafraîchiffement, car il y auoit trois
iours que nous n'auions trouué d'eau; nous y demeurâmes vn iour entier, &
y fifmes bonne chere des Chameaux & Cheuaux qui auoient efté tuez: nous quittâmes apres le grand chemin qui alloit le long de la riuiere, pour éuiter la rencontre des voleurs, & trauersâmes le defert, où en trois iours de temps nous ne trouuâmes qu'vn puits, dont l'eau eftoit fort fallée, & fûmes obligez de tuer de nos
Cheuaux & de nos Chameaux pour viure vne nuit que nous eftions dans ce defert.
Des voleurs enleuerent vn de nos gens qui s'eftoit écarté de la Carauanne, on en
prit aufli-toft l'allarme; & quoy que la nuict fut fort obfcure, on chargea, & partit à minuit, & marchâmes iufqu'à ce que l'on euft gagné l'Oxus, où nous prîmes
quelque repos apres nous eftre fortifiez le long de fes riues.

Le vingt-troifiéme Decembre, nous arriuâmes à la ville de Boghar, fituée dans
la Bachtriane pays le plus bas de tous ces quartiers; elle eft fermée d'vne
haute muraille de terre, & diuisée en trois quartiers : le Roy auec fa Cour en occupe deux; le troifiéme eft pour les Marchands & eftrangers; & dans ce troifiéme
chaque art ou marchandife a fon département particulier : la ville eft fort grande,
leurs maifons font bafties pour la plufpart de terre; mais les baftimens publics : les
Temples, par exemple, & leurs monumens font fort fuperbes, fort dorez par dedans; mais fur tout, les bains qui font les plus beaux du monde; la defcription en
feroit trop longue pour l'inferer icy. Il y a vne petite riuiere qui court au milieu de
cette Ville, mais l'eau en eft fort mal-faine; car il vient ordinairement des vers
d'vne aulne de long aux iambes de ceux qui en vfent; ce qui arriue principalement aux eftrangers. Ce vers fe forme entre la chair & la peau, eft roullé en plufieurs cercles. Les Chirurgiens du pays ont vne grande addreffe à le tirer; car s'il
rompoit en le tirant, la partie où fe trouue le refte du vers deuient morte ou
gangrainée; c'eft pourquoy on le tire petit à petit chaque iour la
longueur d'vn poulce; cependant, il ne leur eft point permis de boire
du vin ny d'autre boiffon forte; on punit feuerement ceux dans la maifon defquels il s'en trouue; cette feuerité vient de celuy qui eft chef de la Reli-

gion, dont l'authorité eft fi grande, qu'il depofe quelquefois le Prince, comme il depofa celuy qui regnoit de noftre temps : Il auoit fait le mefme à fon predeceffeur qu'il auoit affaffiné de nuiét dans fa chambre ; ce Prince aymoit fort les Chreftiens.

Boghar a efté fujette autrefois au Perfan, & fait maintenant vne Prouince ou Royaume feparé ; ces peuples font continuellement en guerre auec les Perfans ; & vne des raifons de cette guerre, eft que les Perfans ne veulent pas coupper les mouftaches de leurs barbes, comme font les Tartares, qui croyent que c'eft vn grand crime d'en vfer autrement, & appellent par cette raifon les Perfans infideles, quoy qu'ils f'accordent auec eux dans tous les autres points de la Religion Mahometane. Le Roy de Boghar n'a point de plus grand reuenu que celuy qu'il tire de cette Ville, où toutes les Marchandifes qui fe vendent luy payent le dixiéme ; outre que quand il a affaire d'argent, il prend par force des Marchandifes dans les boutiques, comme il fit pour me payer dix-neuf pieces d'étoffe d'Angleterre qu'il me deuoit. Ils ont de la monnoye d'argent & de cuiure ; leur monnoye d'argent vaut enuiron douze fols ; celle de cuiure eft appellée pole, & il en faut fix-vingt pour faire douze fols ; cette monnoye de cuiure y eft plus ordinaire que celle d'argent, elle change de prix felon le caprice du Prince : de mon temps, elle hauffa & baiffa deux fois en vn mefme mois : ce defordre, le droit du dixiéme que tire le Prince, & les frequens changemens qui arriuent dans le pays, où vn mefme Prince ne regne gueres plus de deux ans, eft caufe de fa pauureté & de fa ruïne.

Le vingt-fixiéme, j'eus ordre de me prefenter deuant luy auec mes lettres de l'Empereur de Mofcouie ; il me receut bien, me fit manger en fa prefence, & me fit diuerfes queftions fur les Eftats de l'Europe, & principalement fur les Mofcouites, & voulut que ie tiraffe au blanc de l'harquebuze deuât luy ; il tira luy-mefme quelques coups : il partit enfin fans me payer ce qu'il me deuoit, fe contentant d'en laiffer l'ordre, qui fut fort mal executé : Ie fus obligé de prendre des nippes & des marchandifes en payement. Ce n'eft pas que ie ne luy doiue cette loüange, d'auoir enuoyé cent hommes dans le defert pour prendre les voleurs dont j'ay parlé : ce qui fut executé, & on luy en amena quatre en vie ; il me les fit voir, & les fit pendre aux portes de fon Palais pour vn plus grand exemple. Il vient à Boghar beaucoup de Marchands tous les ans, des Indes, de Mofcouie, de Perfe, & de Balgh ; mais ils y apportent fort peu de Marchandifes, & y demeurent quelquefois deux ans pour les vendre ; fi bien qu'il n'y a pas grand fondement à faire fur ce commerce. Les Indiens y apportent des toiles de cotton blanches, dont les Tartares font des turbans ; leurs habits font auffi faits de cette eftoffe & de crasko. Ils n'y apportent ny or, ny argent, ny pierres precieufes, ny épiceries ; leur retour eft de foye trauaillée, de peaux de vache de ruffie, d'efclaues & de cheuaux : j'offris à ces Indiens, entre lefquels il y en auoit des riues du Gâge & du Golphe de Bégale, des Kreffez & des draps, mais ils n'en firent aucun cas. Les Perfans y apportent du craska, des draps de laine, des toiles, des eftoffes de foye, & de l'argomack : ie connus qu'ils fe fourniffoient de drap par la voye d'Alep ; les Mofcouites y portent des peaux de Ruffie, des peaux de Mouton, des brides, des felles, des plats de bois, & en rapportent des eftoffes de laine, du crasko, mais en petite quantité. En temps de paix, que le commerce auec le Catay eft ouuert, on leur apporte du mufc, de la rhubarbe, du fatin, du damas. Il y auoit trois ans, me difoient-ils, que deux Princes Tartares qui font fur le chemin du Catay eftoient en guerre ; les pays de ces Princes fe nomment Tafkent & Cafcar, ceux de Tafkent auoient auffi guerre auec les Caffaks qui font Mahometans, & ils appellent les Roys ces peuples qui ont guerre auec le Prince de Cafcar ; les Roys font Payens & Idolâtres. Ces deux Nations barbares font fort nôbreufes, n'ont point de Villes & auoient tellemêt barré les chemins des villes de Tafkent & de Cafcar, que les Carauannes ne pouuoient aller au Catay : quand le chemin eft libre, c'eft vn voyage de neuf mois. J'ay crû qu'il eftoit plus à propos de vous informer de bouche de ce que j'ay appris du Catay, que de le mettre icy, en

ayant

ayant eu vne information fort ample dans le temps de tout vn hyuer, que ie demeuray à Boghar. L'aduis que i'eus que le Roy auoit esté deffait, & que la ville
estoit sur le point d'estre assiegée, m'obligea à en partir. La Perse estant lors en
guerre, ie fus obligé à m'en retourner par la mer Caspienne. Ie partis de Boghar
le 8. Mars 1659. auec vne Carauanne de 60. Chameaux, & bien nous en prist : car
dix iours apres le Roy de Samarcand assiegea Boghar auec vne puissante armée,
cependãtque sonPrince estoit allé faire la guerre à vn autre de ses parens. Il est extraordinaire qu'vnPrince dure trois ans entier tãt les reuolutiõs y sont frequétes.

Le 29. de Mars nous arriuâmes à Vrgense, apres auoir éuité vne troupe de 400.
voleurs qui nous attendoiẽt, & qui estoient de mesme pays que ceux que nous a-
uiõs rencõtré la premiere fois, cõme nous l'aprîmes de quatre espiõs qu'ils auoiẽt
enuoyez : I'estois chargé de la conduite de deux Ambassadeurs que le Prince de
Boghar & celuy de Balk enuoyoient à l'Empereur de Moscouie. Le Roy d'Vrgence y en enuoya aussi deux autres, auec la réponse aux lettres que ie luy auois
apporté de la part du Moscouite. Ie leur promis qu'ils seroient bien receus, auec
tout cela ils ne venoient qu'auec crainte, à cause qu'il y auoit long-temps que les
Tartares n'auoient point enuoyé d'Ambassadeurs en ce pays-là. Nous partîmes le
4. d'Auril d'Vrgence, & arriuâmes le 1. sur les bords de la Mer Caspienne, ou nous
trouuasmes nôtre barque sans ancre, sans funin, & sans voiles. Nous auiõs porté du
chanvre, nous en fismes vn cable; nôtre toille de coton nous seruit à faire des voiles. Cõme nous songions à faire vn ancre d'vne roüe de chariot, il arriua vne barque de Moscouites d'Astracan, nous leur en achetasmes vne. On se mit à la voile,
les deux Iohusons & moy faisions toute l'equipage du vaisseau, ayant auec nous
ces six Ambassadeurs & 25. Moscouites qui auoient esté long-temps esclaues en
Tartarie. Le 13. May nous eûmes le vent contraire, nous moüillasmes à 3. lieuës de
la coste; il se leua vne tempeste qui dura 44. heures. Le cable que nous auions mal
filé rompit : Nous mîmes nostre voile pour tascher d'éuiter la coste sur laquelle la
tempeste nous jettoit; nous eschoüâmes enfin dans vne anse de fonds vaseux, ce
qui nous sauua la vie. La tempeste passée, nous remîmes nostre barque en mer; &
cõme par le moyen de la boussole nous auions marqué precisément le lieu ou nous
auions moüillé, Nous retirasmes nostre ancre, ce qui estonnoit fort les Moscouites, qui ne pouuoient s'imaginer comment nous l'auions pû trouuer : c'estoit fait
de nous si le vaisseau se fût perdu à la coste, car les peuples qui l'habitent viuent
comme des bestes. Deux iours apres nous eûmes vne autre grande tempeste
du costé du Nordest; nous courusmes grand danger de perir tant les vagues e-
stoient hautes: nos Tartares apprehẽdoient fort d'estre jettez sur la coste de Perse,
& de tomber entre les mains de leurs ennemis. Nous gaignasmes à la fin la riuiere
du Yaïk, durant nostre nauigation nous arborasmes le Pauillon d'Angleterre & la
Croix rouge de S. George qui n'auoit point encore esté veu dans la Mer Caspienne; & apres auoir couru plusieurs fortunes, nous arriuasmes enfin le 28. May à A-
stracan, ou ie demeuray insqu'au 10. du mois suiuant, cependant que l'on preparoit des barques pour les Ambassadeurs qui deuoient aller à Moscou.

La mer Caspienne a enuiron 200. lieuës de longueur, & 150. de largeur. La coste Orientale de cette mer est habitée par des Tartares nommez Turkëmen : à Description
l'Oüest elle a les Circasses & le mont Caucase, & le Pont Euxin qui en est éloigné de la mer
de quelques cent lieuës. Au Sud elle a la Medie & la Perse, & au Nord le Volga & Caspienne.
les Nogays. Les eaux de la Mer Caspienne sont douces en quelques endroits, &
salées aux autres comme celles de l'Occean : Elle reçoit plusieurs riuieres qui s'y Les Rabis
déchargent, la plus grande est celle du Volga, les Tartares l'appellent Edel, sa l'appellent
source est esloignée de quelques deux cens lieuës de son emboucheure : La riuie- Athel.
re du Yaï & du Yem viennẽt de la Syberie, pour le Cyrus & l'Arax, ils descen-
dẽt du Mont-caucase. Le 8. de Iuin nous partîmes d'Astracan pour aller à Moscou,
auec vne escorte de cent mousquetaires. Nous y arriuasmes le 2. de Septembre: on

me prefenta à l'Audiance de l'Empereur, ie luy baifay la main, & luy fis prefent
d'vne queuë de vache de Tartarie, & d'vne tymbale du mefme pays, qu'il receut
comme vne chofe fort curieufe. Ie luy prefentay les Ambaffadeurs qu'on auoit
mis fous ma conduite, & ce iour-là le Prince voulut que l'on me feruit à difner en
fa prefence, & me fit diuerfes queftions fur les pays où i'auois efté. Ie demeuray
à Mofcou pour les affaires de la Compagnie iufqu'au 17. de Feurier, elle m'excu-
fera fi ie l'ay ennuyée par cette relation que ie n'ay pas pû faire plus courte.

Les latitudes ou hauteurs de certaines places principales de Mofcouie, & autres pays.

	degrez.	minutes.
Mofco	55	10
Nouogrod le grand	58	26
Nouogrod le petit	56	33
Colmogro	64	10
Vologhda	59	11
Cazan	55	33
Oweke	51	40
Aftracan	47	9
Noftre entrée dans la mer Cafpienne fous la hauteur de	46	72
Manguflaue dans la mer Cafpienne	45	00
Vrgence en Tartarie, à vingt journées de la mer Cafpienne	42	18
Boghar ville de Tartarie à vingt journées d'Vrgence	39	10

*Remarques faites par Richard Iohnfon (qui eftoit à Boghar auec M. Anthoi-
ne Ienkinfon) fur le rapport des Mofcouites & autres eftrangers, des chemins de Mofcouie au Catay, où il eft fait mention de diuers peuples qui
n'ont point efté encore connus.*

Route donnée par vn Tartare nommé Sarnichoke Suiet du Prince de Boghar.

D'Aftracan à Serachick par terre, en faifant petites journées comme font cel-
les des Carauannes, 10. de ces journées.
De Serachik à vne ville nommée Vrgence, 15. journées.
D'Vrgence à Boghar, 15. journées.
De Boghar à Cafcar, 30. journées.
De Cafcar au Cathaya, 30. journées.

Autre Route donnée par la mefme perfonne, qu'elle difoit eftre la plus feure.

D'Aftracan au pays des Turkemens par la mer Cafpienne, 10. journées.
Des Turkemens auec des Chameaux qui portent cinq cens de charge, 10. jour-
nées iufques à Vrgence.
D'Vrgence à Boghar, 15. journées.
Nota. La ville de Boghar eft le lieu où les Tartares traitent auec les Cathayens
& autres Nations de ces quartiers-là. L'on y paye deux & demy pour cent des
Marchandifes.

De là à Cafcar, ville de la frontiere du Grand Can vn mois de chemin ; il difoit qu'il y auoit plufieurs places entre deux.

De Cafcar au Catay vn autre mois de chemin. Adjouftoit auoir entendu dire (car il n'y auoit point efté) que l'on pouuoit paffer de là par mer aux Indes, mais il ne fçauoit pas comment gifoit la cofte.

Relation d'vn autre Tartare, Marchand de la ville de Boghar, felon qu'il auoit efté informé par vn homme de fon pays qui auoit efté au Catay.

D'Aftracan par mer à Serachick, 15. journées ; il confirme que l'on pouuoit faire le chemin par terre, marqué cy-deffus.

De Serachick à Vrgence, 15. journées.

D'Vrgence à Boghar, 15. autres iournées.

Nota. Il nous faifoit remarquer que dans ces 15. journées de chemin on ne trouuoit point d'habitation ; mais feulement des puits de iournée en iournée.

De Boghar à Taskent beau chemin, 14. journées.

De Taskent à Occient, 7. journées.

D'Occient à Cafcar, 20. journées. Cafcar eft la ville principale d'vn Royaume qui eft entre Boghar & le Catay, dont le Prince fe nomme Reshit-can.

De Cafcar à Sowchick, 30. journées de chemin. Sowchick eft la premiere place de la frontiere du Catay.

De Sowchick à Camchick 5. iournées de chemin, & de Camchick au Catay deux mois de chemin au trauers d'vn pays fort peuplé, fort temperé, abondant en toutes fortes de fruits, dont la Ville principale fe nomme Cambalu, & eft à dix iournées du Catay.

Ces gens nous affeurent qu'au dela du Catay qu'ils difent eftre en vn Pays fort polys & plus riche qu'on ne le fçauroit croire il y a vn autre Pays nommé en langue Tartare, Cara-calmack, habitée par des Négres ; car pour le Catay, comme il tire vers l'Orient les peuples font blancs, & bien-faits de leurs perfonnes : leur Religion, felon le rapport de ce Tartare, eft celle des Chreftiens, ou en approche beaucoup, & leur langue fort differente de la langue Tartare.

On ne trouue point d'Ours dans cette route, mais des loups blancs & des noirs, ce qui vient peut eftre de ce que les bois du pays ne font point fi forts que ceux de Mofcouie qui en nourriffent beaucoup. L'on y trouue, felon leur rapport, vn animal que les Mofcouites nomment Barfe, autant que i'en puis iuger par la peau qu'ils me monftrerent, il eft auffi grand qu'vn lyon, la peau tachetée, & ie croy que c'eft vn Tigre ou vn Leopard.

Vous remarquerez encor' qu'à 20. iournées du Catay eft vn pays nommé Angrim, où fe treuue l'animal qui porte le meilleur mufc ; la plus grande partie fe tire des genoux du mafle, le peuple eft Oliuaftre, & à caufe que les hommes ne portent point de barbe, & font du refte fort femblables aux femmes ; pour les diftinguer, les hommes portent fur leurs efpaules vn rond de fer, & les femmes le portent au deffous de leur ceinture : Ils fe nourriffent de chair cruë auffi bien que dans vn autre pays nommé Titay, dont le Prince fe nomme Can ; ces derniers adorent le feu, & font à 34. iournées du grand Catay. Entre le Titay & le Catay, on trouue des peuples de bonne mine qui fe feruent de coufteaux d'or ; on appelle ces peuples Comorom font, felon leur rapport, plus prés de Mofcouie que du Catay.

EXTRAICT DE DEVX LETTRES ESCRITES DE Petfchora à Monfieur Hacluit par Ionas Logan du 24. Feurier 1611.

IL vient icy ordinairemét dans la faifon de l'Hyuer deux milles Samoydes entre lefquels il en vint vn qui nous apportaft vn morceau de dent d'Elephant qu'il dit auoir acheptée d'vn homme de fon Pays : Il nous parla de certains peuples appellés Tinguffi, qui habitent vn Pays qui eft au dela de la riuiere d'Oby & celle du Tas; leur pays s'estend le long de la riuiere Ieniffe, riuiere fort grande & qui tombe dans la Mer Naronzie: Il semble que ce Pays ne doit pas estre fort esloigné de la Chine; & que l'on pourra par là en découurir le chemin si on s'y prend de bonne maniere.

Autre Lettre de Petschora du 16. Aoust 16......

IL vient icy deux ou trois milles Samoydes qui y apportent diuerses fourrures, des Sables, des peaux de Castors, des Renards noirs, des Escureuils, des Loups, des Rosomacs & des Hermines; on y trouue au mois de Septembre beaucoup de Saumons, d'huyle d'vn grand poisson nommé Bealouga, d'huyle de Morses, & en esté de l'huyle de Balleine auec des peaux de Renard blanc & des plumes: i'ay eu quelque conference auec vn Moscouite, qui m'a dit qu'il auoit appris des Samoydes qu'ils auoient trouué sur leurs frontieres des tombeaux de Minchins, c'est à dire d'estrangers qui auoient esté enterrés dans des bieres les bras croisés sur leur poictrine: ils adioustoient qu'il pouuoit bien y auoir soixante ans qu'ils auoient esté enterrés, qu'ils auoient trouué dans ces bieres des tablettes écrites & d'autres bagatelles, que le passage du Vveygas est quelquesfois fermé par les glaces & quelquesfois ouuert: que là proche il y a du christal de montagnes, que les Moscouites & les Permaques trafiquét tous les ans sur la riuiere d'Oby & en deçà; qu'ils vont quelquesfois par Mer dans vn grād Golphe qui est en deçà de Petschora, ils l'appellent en leur langue yovvgorsky shar: qu'il y a quatre riuieres qui s'y rendent, que celle qui est plus vers l'Orient s'appelle Cara reca, ou la riuiere noire, qu'il y en a vne autre nommée Moetnaia Reca, que de là ils trouuent vn Volock ou nez de terre, ils entendent vn promontoire qui s'estend en Mer l'espace de trois Verst; qu'il le trauersent & transportent par terre leurs marchandises & batteaux, & qu'ils trouuent apres vne autre riuiere nommée Zelana reca, c'est à dire, la riuierre Verte; qu'en suiuant cette riuiere ils descendent dans l'Oby; que la riuiere du Tas y entre du costé de l'Est & se rend auec l'Oby dans la Mer. Ces deux riuieres n'ayant qu'vne mesme embouchure, qu'il y a beaucoup d'Isles à l'embouchure & que d'vn bord on peut voir l'autre.

Il nous parla d'vne autre riuiere nomée Yenissy au deçà du Tas, plus grande & plus profonde que l'Oby, qu'elle entre bien auant dās les terres, que personne d'entr'eux ne connoist sa source, qu'ils l'auoient remontée à la rame l'espace de quatorze iournées. Les Tinguisly qui demeurēt le long de ses bords, ne leur peurent dire iusqu'où elle s'estendoit; ils la remonterent iusqu'à vne ville dont la muraille & les maisons leur parurent blāches, ce qui leur fit croire qu'elle estoit bastie de pierre de taille; car ils n'oserent pas s'en approcher de plus prés; qu'ils y entendirent vn grand bruit de cloches, & virent des bestes qui n'auoient point de ressemblance à leurs Elans; car elles ont, ce disent-ils, vne logue queuë, n'ont point de cornes, la piste de leurs pieds est ronde, & n'est point fenduë comme celle des Elans. Ces peuples, adioûtoient-ils, montent sur le dos de ces bestes, & ne s'en seruent point à faire tirer des traîneaux comme nous, ie m'imagine que ces bestes estoient des cheuaux; ces mesmes Samoydes dirent encore qu'ils virent des hommes tout vestus de fer; leurs testes, leurs bras, en sorte que ny les espées, ny les fléches ne leur peuuent faire mal, & que deux cents de ces hommes pourroient conquerir tout leur pays; vous voyez par là qu'ils ne sont pas fort esloignés de la Chine & du Cathay; ie croy vous auoir reuelé vn grand secret que ie vous prie de communiquer au Comte de Salisbuny, & vous souhaittant toute sorte de prosperités, ie demeure

EXTRAIT DV VOYAGE DES HOLLANDOIS,

enuoyez és années 1656. & 1657. en qualité d'Ambassadeurs vers l'Empereur des Tartares , maintenant Maistre de la Chine, traduit du Manuscrit Hollandois.

LEs Hollandois enuoyerent vne Armée nauale dés l'année 1618. sur les Costes de la Chine pour obliger les Chinois à traitter auec eux ; il n'y a moyen qu'ils n'ayent tenté depuis pour les faire venir à ce poinct, mais quoy qu'ils soient Maistres maintenant de tout le commerce des Indes, ils n'ont encore pû mettre le pied dans la Chine.

Lors que Bontkoë les vid, se traisnant à genoux sur le tillac de son vaisseau, & le regardant auec admiration, on luy dit qu'il couroit parmy eux vne Prophetie, que des hommes qui auoient les cheueux tirant sur le roux & les yeux bleus, se deuoient vn iour rendre Maistre de leur Païs ; Martinius en parle autrement, & dit qu'ils ont en horreur ceux qui sont de ce poil : Enfin, soit qu'ils ayent cette prophetie ou cette auersion, il est certain que l'interest que les Portugais ont eû iusqu'à cette heure de leur empescher ce commerce & celuy des Marchands Chinois de la riuiere de Chincheo, ont esté les plus grands empeschemens qu'ils ont trouué dans ce dessein.

Les Tartares du Kin, qui sont à l'Orient de la Chine, s'en estans rendus les Maistres dans ces derniers temps, les Hollandois creurent qu'il leur seroit plus facile d'y entrer ; ils enuoyerent vne solemnelle Ambassade de Battauia auec beaucoup de presens, pour obtenir de ce Prince la liberté du commerce. On les conduisit tousiours par eau iusqu'à Peking, qui est maintenant la residence de l'Empereur ; il les receut dans vne place semblable à la Place Royale, pour sa grandeur & pour la simetrie de ses bastimens : les costez de cette Place estoient bordez de ses Gardes tous habillez de rouge ; ils estoient à pied, & leurs cheuaux rangez sous les Portiques de la Place. On fit venir les presens que les Hollandois n'auoient pas encore tirez des quaisses ; l'impatience de les voir fut si grande, que les Principaux de sa Cour se ietterent dessus pour les déballer & les ouurir ; ce qui ne se fit qu'auec beaucoup de peine ; & s'estant fait apporter à manger apres cette fatigue, on leur seruit du lard qu'ils mâgerēt tout crud & degouttāt de ság.

Ils eurent facilité de se faire entendre, car outre qu'ils auoient auec eux des Interpretes, ils trouuerent aux costez de ce Prince vn vieillard couuert d'vne robbe de brocard d'or, & razé à la Tartare, qui à la fin de l'audience les vint trouuer, & leur dit en bas Allemand qu'il estoit Iesuite.

L'endroit de cette Relation qui parle des Iesuites est remarquable, puis que ceux qui l'ont faite ne peuuent pas estre soupçonnez d'intelligence ny de partialité.

Les Iesuites disent que l'Empereur est entré vne fois dans l'Eglise qu'ils ont à Peking. Il est vray qu'ils sont fort bien venus & fort considerez par toute la Chine, que le Pere Adam Schaall est en si grande faueur auprés de ce Prince, qu'il a les entrées libres à toute heure ; il y a 46. ans qu'il est à la Chine, il est de Cologne, & la principale cause de la consideration en laquelle sont les Iesuites en ce Païs, vient de la connoissance qu'ils ont de l'Astronomie à laquelle ce Prince & les Principaux de sa Cour sont fort adonnez, & s'y exercent mesmes quelques fois.

Nota. Martinius dit qu'ayant esté arresté que l'on corrigeroit le Calendrier Chinois, la premiere année du regne de   il commanda aux Iesuites de trauailler à cette correction, & qu'elle fut acheuée de son regne. Vn autre Iesuite rapporte que ce P. Adam Schaall en eut le soin.

La Relation des Philipines qu'on donnera dās le Volume suiuant, asseure aussi que les Chinois ont cette Prophetie.

La Tartarie Oriētale est appellée Kin par les Chinois, c'est à dire de l'or, on appelle cōmunemēt ces Tartares les seigneurs des montagnes d'or, parce que leurs pais en sont fort riches. Cette Tartarie est bornée au Nord & au Nord'Est par vn autre Royaume de Tartarie nómé Niulhan, au Leuant de celuy d'Yesso auMidy ; elle touche à la Peninsule Chorea : le grand fleuue Linohang la borne du costé de l'Oüest, Ces Tartares sont ceux qui sont maintenant Maistres de la Chine.

*Les Chinois font diuifez en 3. Sectes, la plus ancienne est celle des Philosophes, la seconde celle des Idolâtres, la 3. est celle des Epicuriens; la premiere est la plus considerable, à cause que les Philosophes ont entre leurs mains le Gouuernement de l'Estat: Ces Philosophes reconnoissent vn premier Principe, vn premier & Souuerain Empereur qui gouuerne tout le monde ; ils auoüetqu'ils ne sçauent pas quelle est sa Nature & son Essence , ny qu'ils ne sçauêt point de culte qui luy puisse estre agreable ; c'est pourquoy ils ayment mieux ne luy rendre point de culte que de luy en rêdre qui soit indigne de luy : ainsi ils se côtentent de rapporter toute leur estude à ce que le gouuernement de la Republique soit juste & parfait, & à pratiquer chacun en son particulier les vertus morales, & à regler les deuoirs respectifs de la vie humaine, du

Peking est la principale Ville de cét Estat , l'Empereur y tient sa residence, & c'est le veritable Cambalu, & la partie de la Chine où elle est scituée, est ce Cathay qu'on cherche il y a si long-temps : car les Mahometans appellent ainsi les six Prouinces de la Chine qui sont vers le Nord. Peking signifie la Cour du Nord; elle est vn peu auancée dans les terres , sa latitude est de 40. degrez; au sortir de la ville sur la main gauche , il y a des collines , du haut desquelles on peut voir la grande muraille & remarquer comment elle est tirée entre les montagnes.

Les murailles qui ferment le circuit de la ville interieure ont des boulleuarts fort prés les vns des autres , & des courtines entre-deux fort courtes , auec vn fossé tout au tour , dans lequel passe vne eau courante ; les ruës ne sont point pauées, tellement que l'Esté la poussiere y est insupportable ; les personnes de condition pour éuiter cette incommodité , se couurent souuent le visage d'vn voile fort delié, qui leur tombe du haut de la teste iusques sur la poitrine, au trauers duquel ils voyent sans estre veus, & en ont encore cét auantage de pouuoir aller par tout sans estre obligez à aucunes de ces bien-seances ausquelles doiuent auoir égard les personnes de condition aux lieux où elles sont connuës.

Le Palais du Prince est iustement au milieu de la ville , sa figure est quarrée , il est fermé d'vne double enceinte de murailles ; l'interieure a 12. ly de circuit, c'est à dire trois quarts d'heure de chemin. Les Tartares ont tenu cette ville l'espace de 80. ans; mais en ces derniers temps vn volleur nommé Ly s'en rendit le Maistre , & les Chinois pour s'en deliurer se soûmirent au Tartare du Kin, qui est maintenant Maistre de toute la Chine. Ce Tartare n'est point le grand Cham , mais l'vn dés moindres Princes de la Tartarie : Elle est diuisée sous la domination de huit Princes differens , chacun desquels est Souuerain en son Canton : ils sont tous fort pauures, & viennent souuent rendre visite à celuy qui est Maistre de la Chine pour en receuoir des presens.* Le Conseil d'Estat de cét Empire estoit auparauant composé de six personnes , chacune desquelles outre cét employ auoit encor son departement particulier, & vn Conseil où il presidoit. Le premier de ces Conseils auoit la direction des affaires d'Estat, le 2. celle des affaires de la Guerre; le 3. la Sur-intendance des Bastimens ; le 4. celle des Imposts & des tresors du Roy; le 5. la punition des crimes; le 6. la Surintendance des Offices qui regardent la police du Royaume, dont ce Conseil disposoit. Le Tartare n'a rien changé dans cét ordre, & s'est contenté de donner à chacun de ces Officiers vn de ses Tartares pour Collegue : chacun desquels a aussi sous luy vn Conseil de sa nation. Nos propositions & nos demandes furent examinées dans le premier de ces Conseils ; il est composé de Tartares Orientaux, d'Occidentaux, & de Chinois; les resolutions s'y prennent du consentement de tous ceux qui composent ce Conseil , vne seule voix pouuant arrester vne deliberation dont tous les autres seroient demeurez d'accord , comme il se pratique aussi dans les autres Colleges.

Quand l'Empereur sort, le bruit des tymbales, des trompettes, des fanfares, & la foule qui l'accômpagne, fait qu'on ne peut rien voir ny entendre, il est toûjours suiuy de 2000. cheuaux Tartares, & marche au milieu de quatre des principaux Seigneurs de sa Cour : il a dans ses ports plus de mille vaisseaux au dessus du port de cent tonneaux: il a le quint de toute la porcelaine, & l'impost de tous les vaisseaux qui entrent dans la Prouince de Canton ; n'a point maintenant d'autres ennemis que le Pyrate Coxinga qui fait quelquefois des descentes dans la Prouince de Chincheu. Le pere de ce Pyrate, nômé Itquam, a esté arresté à Peking, on a muré les portes de sa maison, on l'y tient chargé de chaisnes au col & aux pieds ; on les luy augmenta dans le temps de nostre sejour iusqu'au nombre de 15. à l'occasion de quelques mauuaises nouuelles qui vintent de son fils. Nous trouuasmes en cette Cour vn Ambassadeur de Moscouie qui y estoit venu par terre

en fix mois;il nous dit qu'en Efté il auroit pû faire ce chemin en 4. mois:* il voulut faire plus de bruit qu'il n'eftoit à propos dans cette Cour, le 14. Septembre
1656. ils le renuoyerent fans luy auoir donné audience, & fans luy faire aucun
prefent : Il prit congé de nos Ambaffadeurs, & les Tartares s'adrefferent à nous
pour eftre informez de l'eftat de la Mofcouie : Le plus puiffant des Princes Tartares qui tient fa refidence dans la ville de Samarkand, auoit donné à cét Ambaffadeur de Mofcouie trente perfonnes pour luy feruir d'efcorte, qu'on renuoya
auec prefens.

Les Mahometans ont tafché il y a long-temps d'introduire leur religion dans
la Chine, ils y eftoient entrez du cofté des Eftats du Mogol ; l'Empereur des
Tartares ayant efté auerty qu'ils eftoient deuenus fort puiffans dans vne ville
de la Prouince de Kenfi, leur commanda d'en fortir, fans leur permettre d'en
emmener leurs femmes ; les Mores fe mirent en eftat de fe defendre, & furent
tous tuez. Il arriua auffi à Peking le 3. Aouft de l'année 1656. vn Ambaffadeur
qui fe difoit enuoyé du Grand Mogol, & qui auoit amené pour prefent 3000.
cheuaux communs, 2. cheuaux Perfans, 10. picols de pierres de Coldrin, 2. Au-
ftruches, 20. coufteaux Morefques, 4. Dromadaires, 2. tapits, 4 arcs, vne fel-
le auec fon harnois, 8. cornes de Rhynoceros : il vient tous les ans des Ambaffadeurs de cette partie de Tartarie Septentrionale, qui eft vers le païs d'Efo,
ils apportent toutes fortes de pelletries, & dans le temps de noftre fejour, nous
vifmes arriuer 3000. pauures familles de ces quartiers, tous habillez de peaux
de poiffon marin, on les diftribua à Canton & ailleurs. Ceux de l'Ifle Coréa luy
enuoyent auffi faire compliment tous les ans.

On enterre les morts en la Chine auec des ceremonies prefque femblables à
celles de l'Europe ; le corps eft fuiuy d'vn grand nombre de gens, tous habillez
de noir; mais leur maniere de fe marier eft bien differente. Les Chinois fe marient fans connoiftre en façon du monde leurs maiftreffes, les parens du garçon
& de la fille traittent le mariage ; & quand ils font demeurez d'accord des conditions, on enuoye la mariée dans vne chaife fermée à clef, à fon futur Efpoux
qui ne l'a iamais veuë ; on l'accompagne auec quantité de flambeaux, quand
mefme ce feroit en plein iour : on luy prefente la clef lors que la chaife eft arriuée chez luy, & il tire au hazard fa maiftreffe de la chaife, void fi elle eft grande ou petite, brune ou blonde, & iuge en l'examinant plus particulierement de
fa bonne ou mauuaife fortune.

L'Empereur n'a eu iufqu'à cette heure que 21. femmes, mais il a efté refolu
dans fon Confeil d'augmenter ce nombre iufqu'à cent fept ; car les Empereurs
de la Chine en ont toufiours eu autant. Le Pere qui a donné fa fille à l'Empereur, peut faire fon compte qu'il ne la reuerra iamais, tant elles font gardées
eftroitement, & celles qu'il ne trouue pas à fon gré, font mifes à mort dés la premiere nuit.

Nanking eft la feconde place de cét Empire, fous la hauteur de 32. degrez à
15. milles de la Mer ; le tour de l'enceinte interieure de la ville eft de 5. heures de
chemin ; mais la feconde enceinte eft de fix de nos milles, fans y comprendre
fes fauxbourgs, dont nous n'auons pas veu le bout ; fes ruës font tirées en droite
ligne, larges de 28. pas, pauées de pierre ; les maifons font mal bafties, peu efle-
uées, mais les boutiques fort propres & bien fournies de toutes fortes de marchandifes : Ils difent qu'il y a dix millions d'hommes dans cette ville.

Nota. Il faudroit que fes fauxbourgs fuffent infiniment plus grãds que la ville, puis que les maifons n'ont qu'vn
eftage : & cependant il eft conftant que les Chinois fçauent exactement ce qu'il y a de peuple dans leurs villes,
le maiftre de chaque maifon eftant obligé de mettre fur fa porte vn efcriteau qui contienne le nõbre des hõmes
qui y font logez, outre que toutes les maifons font diuifées par dix, auec vn Dixenier qui a le foin de leur
faire executer cét ordre & tous les autres ordres qui regardent la police de la ville. Le Païs parut fort peuplé
aux Hollandois, & les riuieres autant habitées que la terre, car il y a des familles entieres qui viuent
deffus dans des batteaux, y ont leur mefnage, y font toutes fortes de nourritures, qu'ils mettent à terre du cofté qu'ils veulent, comme fi ne pouuant point trouuer de place à terre pour s'eftablir, ils auoient efté

Margin notes (right column):

mary enuers fa femme, du pere enuers fes enfans, du Roy à l'égard de fes Sujets; & en quatriéme lieu, ils ont 3000. petites ceremonies ou prece- ptes qui regardent les deuoirs & offices que les hommes fe doiuent les vns aux autres *Marti.*

* Cette Relation doit apporter vn grand chan- gement dãs les Cartes de l'Afie.

Coldrin, pierre non encores dé- crite fous ce nom.

Picol eft vne mefure qui répond à cét de nos li- ures enuirõ.

reduits à se retirer sur cét Element. Le grand nombre de peuple a fait dire à Martinius, que toute la Chine estoit comme vne grande ville, & que la grande muraille & la montagne qui la separe du reste du Monde, estoient des murailles proportionnées à la grandeur de cette ville.

La Campagne où Nanking est scituée, est fort abondante, Nanking signifie la Cour du Midy; les Empereurs de la Chine y ont autrefois fait leur residence, vn des costez du Palais qu'ils y ont, a 2000. pas de longueur; sur l'vne des portes de ce Palais est vne cloche qui a deux fois la hauteur d'vn homme, elle a 32. brasses de circonference & vn quart d'aune d'épaisseur, le son n'en est pas bon : au costé du Sud de la ville est le grand Temple, ou Pagod Paolinxi; il est seruy par 1000. Prestres, & on y void plus de 1000. Idoles : au milieu de la place de la Ville est vne *Tour de Porcelaine.* tour de porcelaine qui y a esté bastie il y a plus de 700. ans par les Tartares, elle a neuf estages ou voutes l'vne sur l'autre, 184. degrez portent iusques au haut de la tour ; à tous les coins de laquelle sont de petites cloches de cuivre de diuerses grandeurs, qui font vne sonnerie fort agreable quand il fait du vent.

Vn autre Relation dit, que les Hollandois ont dépensé plus d'vn million en presens & autres frais de cette Ambassade. Les Portugais de Macao & les principaux Marchands de la Chine trauersèrent en sorte la negotiation des Hollandois, qu'ils ne peurent obtenir la liberté du commerce qu'ils demandoient : ils firent entendre aux Tartares que les Hollandois estoient vn peuple qui n'auoit point trouué de Place dans l'Europe où on les voulust receuoir, que pour cette raison ils estoiét tousiours sur leurs vaisseaux, & qu'ils demandoient la liberté du cõmerce dans le Pays, pour s'y establir sous ce pretexte.

Le Tartare leur demanda combien ils auoient fait de lieuës de chemin depuis la Hollande iusques à la Chine ; ils dirent qu'ils en auoient fait plus de cinq mille, car par mer il y en a bien autant ; mais ils se trouuerent fort embarassez lors qu'on les obligea de tracer vne carte du Monde, & d'y mettre leur Païs, auec ceux qui sont entre la Hollande & la Chine ; car apprehendant de ne pouuoir pas faire comprendre à ces Peuples qu'ils eussent pris le plus long, il fallut dans leur Carte representer la Chine éloignée de six mille lieuës de la Hollande.

RELATION DE LA PRISE DE L'ISLE FORMOSA
par les Chinois, le cinquiesme Iuillet 1661. traduite de l'Hollandois.

** Tous les Chinois les plus puissãs apprennent quelque métier, peut-estre que celuy de Tailleur auroit esté choisi par Equam, dont parle l'Extraict de la Relation Hollandoise, où il est nommé Itquam.*

La Relation de l'Isle est tirée du Manuscrit de M. de la Mauriniere, qui y a demeuré 5. ans. TOute la Chine est maintenant soûmise aux Tartares, à l'exception de quelques Chinois, qui n'ayant point voulu couper leurs cheueux, ny passer sous leur joug, se sont retirez dans les Isles qui en sont proches, & s'y sont maintenus par les courses qu'ils ont faites dans ces mers, vn * Tailleur de l'Isle de Taywan nommé Equam, auoit acquis authorité parmy eux, les auoit alliez, & s'estoit rendu Maistre de ces mers, pillant sans distinction tous les vaisseaux qu'il rencontroit. Equam estant mort, Cocxinia son fils succeda à ce commandement, il se vid en ces derniers temps suiuy d'vn grand nombre de Chinois, que l'esperance du butin, ou l'auersion du gouuernement faisoit passer tous les iours de son costé, & son armée nauale augmétée iusques au nõbre de six cens vaisseaux; auec cela sa fortune luy paroissoit mal asseurée, tant qu'il n'auroit point d'autre retraite que les Isles, ou la mer & ses vaisseaux : il apprit par le moyen des intelligences qu'il auoit dans l'Isle de Formosa, que la forteresse nommée Zelande que les Hollandois y ont bastie, & les autres Forts estoient en assez mauuais estat : & apres auoir mesuré ses forces, il creut qu'il deuoit tenter cette entreprise qui luy promettoit vn poste le plus auãtageux qu'il pût choisir pour son dessein.

L'Isle Formosa est scituée à 22. deg. & ½ de latitude, sous le tropique de Cancer, à l'Orient de la Chine, & en est éloignée de 24. lieuës & de cét cinquãte du Iapon. Le Fort Zelandia & la ville de Theouan, sont bastis sur vn petit banc de sable enuiron de deux lieuës de long, & esloigné de l'Isle de Formose, d'vn bon quart de lieuë ; le fort est vn peu plus esleué que la ville a quatre bastions, & au dessous vers la mer sont encore deux autres bastions auec le logis du Gouuerneur, les magasins & quelques autres logemens tout entouré de bonnes murailles, qui s'attachẽt & tiennent à celles du fort. Il y a aussi autour du Fort vne fausse-braye auec quatre demy-lunes : la ville est à vne portée de mousquet de la forteresse ; elle n'a pas plus d'vne demy heure de tour, mais fort bien bastie, peuplée de quantité de riches marchands Chinois & de quelques Hollandois ; les vaisseaux peuuent entrer dans le havre qui est tousiours plein de vaisseaux Chinois, qu'ils appellent Yoncs, les plus grands qui y viennent sont du port de quatre cens tonneaux, ce n'est pas qu'il n'y en ait à present de bien plus grands ; ils apportent là leurs marchandises & y en viennent querir ; car les Chinois ne permettent pas aux Hollandois d'aller trafiquer chez eux ; les marchãdises des Chinois sõt toutes sortes d'ouurages de soye fort biẽ trauaillez, de l'or en lingots & quelques porcelaines, ils en rẽportent de toutes sortes d'épiceries, de toiles de cotton, des draps d'écarlatte & de l'argent ; il y a ordinairement vingt-cinq ou trente mille Chinois qui demeurent partie dans vn quartier de la ville, & le reste dans l'Isle, où ils trauaillent tous à cultiuer la terre, & principalement le sucre, y estans fort experts.

Tayvvan en langue Chinoise, signifie vn banc de sable.

Sõt tributaires de la Cõpagnie, & sont obligez de payer tous les mois 13. sols par teste, taxe qu'elle fait mesme payer aux enfans dés l'âge de sept ans ; ce qui leur rapporte prés de deux cens mil liures par an. Les Chinois sont fort adonnez au trafic & à l'étude de leurs lettres, ils ont prés de 60000. caracteres, qui signifient autant de mots ; ils escriuent de haut en bas & de droit à gauche ; sont fort subtils & trompeurs ; portent pour habit tant hommes que femmes, de longues robes, les manches fort longues & larges ; laissent croistre leurs cheueux, & l'en trouue quantité entr'eux à qui les cheueux descendent plus bas que le genoüil ; ils les noüent derriere la teste, & passent vne aiguille d'or ou d'argent au trauers auec vn peignẽ pour les tenir ; ont diuerses sortes de coëffures, selon la differente qualité des personnes ; ont le visage plat & bazané, la barbe fort longue & claire ; il s'en trouue aussi entr'eux de fort blancs, & principalement parmy les femmes, lesquelles sont ordinairemẽt fort belles, les maris en sont aussi fort jaloux, quoy qu'ils en ayent autant qu'ils en peuuent nourrir, & s'en défont quand ils veulent, car souuent ils les changent ou vendent, mais s'en reseruent tousiours vne entre les autres qu'ils épousent & de qui les enfans heritent ; les tiennent tousiours enfermées, elles ne sortent point que voilées, & sont menées par de petits garçons, ont toutes le pied extrémement petit, elles se le bandent si fort dés leur ieunesse, que cela leur apporte vne grande incommodité à marcher.

Les robes des femmes sont fort lõgues, & leur couurent les pieds, & prẽnent depuis le col iusqu'aux talõs, de façon qu'elles n'õt rien de découuert que la face.

Elles cachẽt leurs mains dans leurs manches : ce n'est pas leur coustume de rien prendre de la main des hõmes ; mais on le met premierement sur vn escabeau ou sur vne table, puis sa couurent la main, & prennent ce qu'on leur presente.

Pour ce qui est de leur religion, ils y sõt fort opiniastres, & de tous les Chinois qui sõt dans l'Isle Formosa, il n'y en a aucun qui soit Chrestien ; ils croyent qu'il y a vn Dieu qui est tout-puissant, ils l'appellent en leur langue Ishy ; ils croyent aussi qu'il y a des Diables qu'ils appellent Kouy, ils luy sacrifient, disant que le Diable est meschant, qu'il leur fait du mal, & qu'ils l'appaisent par leurs sacrifices ; que Dieu ne leur fait point de mal, aussi ils ne luy sacrifient que rarement ; ils ont sur leurs Autels l'image d'vn Chinois, qui disent auoir esté vn grand personnage, que par cette raison ils appellent Yosse, à qui ils sacrifient, & luy adressent leurs oraisons. Ils en ont vn autre qu'ils appellent Chekoua, qu'ils reclament tousiours quand ils se voyent en danger. Ils n'ont aucun lieu à Theouan où ils se puissent assembler pour y faire leurs deuotions & leurs sacrifices, chacun les fait en son particulier dans son logis : car les Hollandois ne leur permettẽt pas d'auoir de lieu destiné pour cela : quand ils font leurs sacrifices à Yosse, ils preparent l'Autel sur lequel il est, & mettent aux deux bouts deux vases d'airain dans lesquels ils bruslent leurs bois de senteur qui fume continuellement, & vn autre vase qu'ils mettent iustement deuant leur Idole, dans lequel sont quantité de petits bastons, gros comme vn fer d'éguillette, faits d'vne certaine paste composée de toutes sortes de parfums, ces bastons quand ils sont allumez, bruslent comme de la mesche, ne font qu'vn charbon, & rendent vn parfum fort agreable ; pour l'Autel, ils le couurent de viandes cuittes, comme de cheureau, de cerf, de porc, & de volailles, seruies dans de beaux plats de porcelaine, puis se mettent tous à l'entour de l'Autel, & vn d'eux fait l'oraison, qu'il ne prononce pas tout haut, mais en recite la moitié entre ses dents, & de fois à autre il s'encline la face iusques à terre, & tous les autres en font autant ; ils ont aussi du papier qu'ils preparent exprés, le couurant de feüilles d'or, & le decoupant en ondes le bruslent & le iettent en l'air, disant, Camchia Yosse, qui signifie, c'est vn present ou offrande que nous te faisons Yosse ? puis quand toutes leurs ceremonies sont faites, ils ostent toutes les viandes & les seruent sur vne autre table, à l'entour de laquelle ils se rangēt & en font bône chere ; les femmes ne viennent iamais à leurs sacrifices ; ils ont vne place où ils enterrent leurs morts, les mettans dans vne fosse qu'ils massonnent par dessus en forme de voûte, & y font vne petite porte enuiron d'vn pied de haut, & apportent auec le corps mort des viandes cuittes & de leur boisson auec du ris qu'ils mettent deuant la fosse, & le laissent là, disant que c'est vne offrande qu'ils font au Diable; ils loüent des femmes exprés pour pleurer quand on porte le corps en terre, & luy vont criant, Pourquoy es-tu mort ? as-tu eu faute de viande, de ris, &c. luy nommant tout ce qui est necessaire à la vie, & puis crient & hurlent, pourquoy es-tu donc mort. Les femmes dans leurs repas ordinaires ne mangent pas auec eux : quand ils ne trouuent pas de femmes dans l'Isle à leur fantaisie, ils en font venir de la Chine, en escriuant à leurs amis qui leurs en enuoyent, & en font negoce comme d'vne marchandise ordinaire : dans l'Isle Formosa il y a quantité de Chinois qui y demeurent tousiours, & font cultiuer la terre qu'ils prennent à ferme de la Compagnie : les Sauuages de l'Isle ne les aiment gueres, mais neantmoins ils sont contraints de les souffrir. Il y en a dans chaque village qui y demeurent, que nous appellons Packers, ils y sont pour acheter les Cerfs que les Sauuages prennent, & pour en faire seicher les viandes qu'ils enuoyent puis apres en la Chine; pour les peaux, ils les reuendent à la Compagnie pour enuoyer au Iappon, tous les villages sont affermez ; ie nommeray icy les principaux, du costé du Nord est Sinkam, Baklouam, Soulan, Mattaw, Toulissant, Takays, &c. & plus loin vers le Nord sont encor deux petites forteresses éloignées de douze lieuës l'vne de l'autre, à sçauoir Quilam & Tamsuy, qui ont esté autrefois basties par les Portugais, & prises par les Hollandois enuiron l'an 34. ou 35. Il y a ordinairement dans chacun quarante soldats de garnison : ces deux Forts sont à 60. lieuës de Theouan, du costé de Sud-Est; Farbrou est éloigné de 25. lieuës de Theouan, il y a ordinairemēt 30. soldats & vn Lieutenant. Plus loin est Pansoy, Akaw, Etné, Soutenaw, & Tictayan, qui est le plus éloigné & le dernier des villages qui reconnoissent les Hollandois ; dans chacun de ces villages, & principalement dans ceux qui sont vers le Nord, la Compagnie y entretient tousiours sept ou huit Maistres d'Escolle qui instruisent la ieunesse en leur propre langue, leur apprenant à lire & à escrire nos caracteres, & ont aussi translaté vne partie de la Bible qu'ils ont fait imprimer en Hollande, & quantité d'autres petits liures pour apprendre à lire.

Tous ces villages sont fort peuplez, & dans chacun la Compagnie y establit vn ou deux Capitaines choisis entre ceux du Païs qui ont le commandement absolu sur tous ceux du village ; on leur donne pour marque de leur commandement vne canne ferrée d'argent auec les armes de la Cōpagnie grauées dessus. Tous les Sauuages de Formosa s'exercent à bien tirer de l'arc, à lancer le iauelot, & à nager ; ils s'exercent aussi sur tout à la course, & ie croy qu'il n'y a nation au monde qui les surpasse, il n'y a point de cheuaux qui puissent courir si long-temps qu'eux : quand ils courent ils portent à leurs deux bras vn morceau de fer fort luisant & qui rend vn son comme vne grosse sonnette, auec lequel ils s'animent à courir.

Le Gouuerneur fait tenir tous les ans vne Aſſemblée qu'on appelle Lantdag, ou grands Iours, tous les Capitaines & Principaux de chaque Village ſont obligez de s'y trouuer & de rendre compte de leur conduite : on interroge le peuple s'il n'a point de plainte à faire contre ſes Gouuerneurs, & s'ils ont entr'eux quelques differens, on les met d'accord ; apres qu'on les a tous ouys on les exhorte derechef à ſe bien comporter, ſe maintenir dans leur deuoir, & à ne rien entreprendre contre la Compagnie, qui les aſſeure de les maintenir touſiours en bonne paix, & de les defendre contre leurs ennemis, puis on leur fait de petits preſens & principalement aux Capitaines, à qui on donne de belles robbes du Iapon & des chapeaux ; ce qui les rend les plus contans du monde : on leur fait apres vn feſtin de toutes ſortes de viandes en abondance dans vn lieu preparé pour cela, où il ſe trouue quelquefois ſept ou huiƈt cens Sauuages à table ; ainſi faiſant, la Compagnie s'entretient touſiours en bonne intelligence auec eux ; & quand on en a eu affaire ils ont touſiours eſté preſts, & ne manquent point de venir aux premiers commandemens, & meſme on les fait ſouuent aller à la guerre contre ceux de leur propre nation, lors qu'il s'en rencontre qui ne veulent pas obeïr. C'eſt pourquoy les Chinois n'oſeroient rien entreprendre en ayans eſté deſia bien chaſtiez l'année que i'y arriuay, qui eſtoit en 53.

Ils firent vne conſpiration d'exterminer tous les Hollandois qui eſtoient dans l'Iſle, & de ſe rendre Maiſtres du Fort, par vne trahiſon aſſez bien cōcertée ; outre que la garniſon eſtoit alors vn peu foible ; pour cét effet ils s'aſſemblerent dans l'Iſle iuſques au nombre de huiƈt mille hommes, vn nommé Fayet en deuoit eſtre le Chef, & tous ceux qui eſtoient dans la ville de Theouan deuoient auſſi eſtre de la partie, & auoient ordre de commencer les premiers : le complot eſtoit de prier le Gouuerneur à ſouper, auec la pluſpar des Officiers ; ce qu'ils faiſoient lors aſſez ſouuent, & durant le feſtin ils deuoient tout tuer, chacun d'eux deuant cacher ſous ſa robbe vn poignard pour cét effet ; & pour les douze ſoldats qui ſuiuent ordinairement le Gouuerneur, ils les deuoient enyvrer, & apres s'en eſtre défaits, prendre leurs habits & leurs armes, ſe preſenter à la porte de la fortereſſe en meſme ordre que le Gouuerneneur y vient ; s'en rendre les maiſtres, & aſſeurer entrée au reſte de leurs gens qui auroient eſté preſts pour donner en meſme temps : deux iours deuant que l'entrepriſe ſe deuſt executer, ils prirent trois ou quatre des noſtres dans l'Iſle qu'ils firent mourir cruellement : nous en trouuaſmes vn qui auoit la teſte coupée, & les parties honteuſes dans la bouche ; nous trouuaſmes auſſi vne Hollandoiſe à qui ils auoient fendu le ventre, & luy en auoient arraché vn petit enfant qu'on trouua coupé par morceaux auprés d'elle. L'entrepriſe ayant eſté découuerte par le frere meſme de celuy qui en eſtoit l'autheur, ſe doutant bien que ſi elle ne reüſſiſſoit pas, on n'auroit donné quartier à pas vn, il aima mieux s'en tirer de bonne heure, eſperant auſſi vne bonne recompenſe, qui luy fut en effet donnée : On enuoya auſſi toſt à tous les villages d'alentour faire commandement à tous les Sauuages de ſe trouuer auec leurs armes dans vn lieu aſſigné pour le lendemain ; & on nous commanda enuiron deux cens pour aller au deuant ; nous paſſaſmes dans l'Iſle dans des chalouppes ; ils eſtoient ſur le bord de la mer prés de huiƈt mille qui nous attendoient de pied-ferme ; ils auoient pour armes des picques, des ſabres, des jauelots & peu de leurs mouſquets bien plus petits que les noſtres : ils parurent au commencement aſſez aſſeurez ; mais quand nous fuſmes plus prés, & que nous commençaſmes à les eſcarmoucher en bon ordre, ils ſe retirerent dans le village qui eſt à deux portées de mouſquet du bord de la mer, il y en auoit quantité des leurs qui prenoient des couuertures picquées auec du cotton par dedans, qu'ils mettoient en trois ou quatre doubles deuant eux pour s'exempter des coups de mouſquet ; mais cette defenſe leur fut inutile, nous miſmes le feu dans le village, d'où ils ſe retirerent ; le lendemain nous euſmes prés de trois mille Sauuages auec nous

qui ne nous feruirent pas beaucoup que quand nous eufmes mis les ennemis en
déroute; car alors ils donnerent deſſus, & en firent l'eſpace de trois iours vne cruelle boucherie, on leur auoit promis de chaque teſte vne braſſe de toile ; ils apportoient tant de teſtes, que pour les ſoulager on leur fit ſeulement apporter les
oreilles : il y en eut en 3. iours plus de 6000. tuez par les Sauuages ; & ſi on les euſt
laiſſé faire ils en euſſent en peu de temps dépeuplé l'Iſle. Tous ceux qui demeurerẽt
ſans ſe ſoûleuer dans la ville de Theouan furent exempts de ce maſſacre, mais il
leur en couſta quantité d'argent ; la teſte de leur General fut miſe ſur le gibet ; on
prit auſſi trois de ceux qui auoient maſſacré quelques-vns des noſtres, qu'on fit
mourir dans la place publique à la veuë de tous les Chinois qui eſtoient demeurez
dans la ville : on fit premierement entourer la Place de ſoldats en armes, puis on
fit faire vn grand feu, auprés duquel on dreſſa vn pilier & vn banc ; on en
prit vn des trois qu'on deſpoüilla tout nud, & on l'attacha tout vif au pilier, puis
on luy coupa les parties honteuſes, deſquelles le bourreau luy en ayant donné par
le nez les ietta dans le feu, apres il luy fendit le ventre & luy aracha le cœur qu'il
mit encore tout groüillant ſur la pointe de ſon couſteau, & le monſtra ainſi à
tout le monde, & apres le ietta auſſi dans le feu : il luy aracha en ſuite les entrailles qui furent pareillement miſes au feu, puis le deſlia du pilier & le mit ſur le banc,
& auec vne hache luy coupa premierement la teſte, puis les quatre quartiers, &
ainſi aux deux autres à qui on fit vn pareil traitement : ils endurerent la
mort tous conſtamment ſans dire mot ; le premier s'écria ſeulement vne fois ou
deux Ah Chekoua, tous leurs quartiers & leurs teſtes furent miſes ſur des roües
par les chemins : ceux qui reſterent enuoyerent des Deputez au Gouuerneur qui
eſtoit pour lors vn nommé Nicolas Verbeug d'Amſterdam, à qui ils firent de
grands preſens & demanderent pardon, s'excuſans le mieux qu'ils pûrent, & promettant de ne rien entreprendre d'oreſnauant contre la Compagnie : le Gouuerneur euſt pû faire tout tuer, mais cela euſt cauſé grand preiudice pour le commerce, & la Compagnie euſt perdu vn grand reuenu que les Chinois leur apportent
tous les ans.

L'annee d'apres on commanda encor deux Compagnies de fuziliers de ſoixante
hommes chacune, où ie fus auſſi commandé, pour aller dans le Païs faire reueuë
de tous les villages, & pour en ranger quelques-vns qui s'eſtoient reuoltez ; ce
qu'on pratique ordinairement tous les trois ou quatre ans, afin de tenir touſiours
les Sauuages en crainte : nous fuſmes par mer iuſques à Panſoy, qui eſt à vingt-
cinq lieuës de Theouan, où nous priſmes deux cens Sauuages pour porter nos viures, & fuſmes viſiter tous les villages d'alentour, qui nous receurent fort bien
nous traittans par tout où nous venions, de viande, de cerf, de porc ſauuage, & d'v-
ne certaine boiſſon qu'ils appellent Machiko, laquelle eſt faite auec du ris ; c'eſt
vn breuuage fort comme du vin, dont le gouſt eſt agreable, principalement lors
qu'il y a 18. ou 20. ans qu'il eſt fait : Ils le conſeruent dans de grands pots couuerts
de terre, & ſe trouue des logis où il y en a iuſques à trois cens ; ils le gardent quelquefois trente ans, eſtant meilleur tant plus il eſt vieil : ils en font deux ou
trois pots lors qu'il leur naiſt vn enfant,* & ne les boiuent que quand ils le mariẽt ;
ils ſont tous fort adonnez à cette boiſſon, & c'eſt auſſi le plus grand regale qu'ils
faſſent lors qu'on les va voir : nous fuſmes iuſques dans les montagnes où
les Sauuages nous eſtoient ennemis, ils nous dreſſerent beaucoup d'embuſ-
cades ; & dans les chemins qui ſõt là fort eſtroits, ils plantoient dans terre de petits piquets d'vn certain bois fort dur & pointu comme vne aleſne, ce qui bleſſa
quantité de nos gens, & les bleſſures en eſtoient dangereuſes ; nous miſmes le
feu dans leurs villages & bruſlaſmes toutes leurs campagnes de ris, qui eſtoit le
plus grand mal que nous leur pûſſions faire ; nous fûmes 5. ou 6. ſemaines à courir ainſi le Païs, mais ſur la fin nous fûmes contraints de nous retirer, parce que la
pluſpart de nos gens tomboient malades ; on trouuoit par tout ſi grande abondance

dance de fruicts les meilleurs du monde , & principalement d'Ananas , le
Cocos , & la plufpart en mangerent tant que cela leur caufa prefque à tous la
dyllenterie : ie remarquay que parmy ces Sauuages ils ont de diuerfes fortes de
langues, & quelquefois nous trouuions que 2. villages éloignez de 3. ou 4. lieuës
l'vn de l'autre ne s'entendoiët plus, & deuant que les Hollandois s'en fuffent rendus maiftres, ils eftoient continuellement en guerre , village contre village , &
principalement ceux des montagnes auec ceux qui habitent le plat païs ; Nous
trouuions encor dans leurs logis des teftes & offemens de leurs ennemis qu'ils
gardent comme des trophées à la pofterité ; & quand ils fortoient les vns contre
les autres , ils ne fe battoient pas tous , mais ils fe faifoient des défis les vns aux
autres ; il s'en prefentoit vn d'vne troupe qui demandoit le combat , armé
d'vne rondache & de deux petits coutelats d'enuiron vn pied & demy de
long , d'vn dard lequel eft fait en forte qu'eftant bandé il leur fert auffi d'arc &
de cinq ou fix fléches ; vn autre fe prefentoit auffi-toft du party contraire auec
les mefmes armes , & fe battoient ainfi tant qu'vn d'eux fuft vaincu , & le victorieux luy coupoit la tefte qu'il apportoit à fes gens , qui s'en retournoient
comme en triomphe , & mettoient cette tefte roftir fur les charbons, puis en
mangeoient la ceruelle en grande ceremonie en beuuant de leur machiko ; mais
à prefent ils viuent tous en paix; & quand ils ont quelque different on les accorde auffi-toft.

La Compagnie ne peut enuoyer de foldats dans l'Ifle que dans vn certain
temps de l'année, comme au mois de Nouembre, Decembre , Ianuier & Feurier,
qui eft lors que les riuieres font baffes , & que l'on les peut paffer à guay , parce
que dans les autres faifons elles font fi larges & fi rudes qu'il nous feroit impoffible de les paffer : nous en paffafmes vne auprés de Soutenau, qui n'auoit pas pour
lors vne portée de piftolet de large, & qui a en Efté vne grande lieuë & demie
de large en beaucoup d'endroits , & fi profonde que les plus grands vaiffeaux y
pourroient nauiger. Le courant de l'eau en eft extrémement rapide ; ce font des
eaux qui defcendent des montagnes, où il pleut quelquefois trois mois durant;
cela n'empefche pas que les Sauuages ne la paffent à nage , auffi bien les femmes
que les hommes ; car ils font tous fort bons nageurs, & lors que quelqu'vn des
noftres eft obligé de paffer ces riuieres , nous prenons quatre de ces Sauuages
qui nous paffent fur de petites chaifes qu'ils font, & peuuent ainfi paffer de l'autre cofté des plus grandes riuieres vn foldat auec fes armes fans qu'il foit moüillé : le Païs eft tout plein de ces riuieres, mais non pas toutes fi grandes.

L'Ifle Formofa eft fujette à de grands tremblemens de terre, qui fe font ordinairement fur la fin de l'année : en l'an 55. nous en eufmes vn fort grand & qui
dura plus de trois femaines : ce qu'on pouuoit voir aifément en mettant de l'eau
dans vn baffin qu'on voyoit continuellement mouuoir : la premiere fecouffe fit
vn grand degaft dans la ville , & mefme aux murailles du Fort, on n'entroit dans
les maifons qu'en crainte, craignant toufiours qu'elles deuffent tomber : les pieces de canon qui eftoient en batterie fur les baftions rouloient auec leurs affufts
hors de leurs places. Il y eut vne fort belle tour auec vne platte-forme en haut ,
qui fut toute creuée, & dans le Païs il y eut des montagnes qui furent fenduës depuis le haut iufques en bas. Les Chinois difent de cela que c'eft le Diable qui eft
en colere & qui remuë la terre , & le croyent appaifer par leurs facrifices qu'ils
font lors en grande deuotion , & toutes les raifons naturelles qu'on leur en peut
dire ne leur fçauroient perfuader le contraire.

Il s'y fait auffi fouuent des vents & des orages horribles : il s'en fit vn en l'an
56. le 7. d'Octobre fi furieux que les plus vieils habitans de l'Ifle n'en auoient iamais veu vn pareil: i'eftois pour lors moy quinziéme à vne garde auancée fur vne
petite Ifle proche de la cofte , efloignée de cinq lieuës de noftre Fort, où nous
nous trouuafmes tous en grand peril, quoy que nous fuffions fur vne petite émi-

f

nence , où la mer en ses plus hautes marées, n'approchoit iamais ; sur les quatre ou cinq heures du soir la mer commença à monter, & vn grand vent de Nord s'éleua en mesme temps, & le Ciel tout obscurcy de nuages entrecoupez d'esclairs, nous presageoit vne furieuse tempeste ; le vent se tournant à l'Est amena vne orage de pluye , & augmentoit tousiours de plus en plus, & la mer montoit de mesme ; sur les 9. à 10. heures le vent nous emporta la maison où nous faisions nostre corps de garde, nous fusmes contraints de descendre vn peu plus bas dans vne petite cuisine où nous nous mismes à l'abry ; nous auions aussi vne chaloupe qu'il nous fut impossible de sauuer, la mer continuoit à monter extraordinairement, & vint iusques où nous estions, ce qui nous estonna fort ; nous regagnasmes aussi-tost nostre petite butte, craignans que l'eau ne nous coupa chemin ; nous nous vismes bien-tost apres tout entourez d'eau, & dans l'obscurité de la nuit, sans voir aucun moyen de nous pouuoir sauuer : le vent & l'orage estoit si forte que nous estions contraints de nous tenir tous les vns les autres craignans que le vent ne nous emportast : nous demeurasmes ainsi toute la nuict sur cette petite butte, & la mer tout autour de nous, & voyons le terrain où nous estions, diminuer à veuë d'œil, tombant de gros morceaux de terre, à mesure que les vagues donnoient contre; de sorte que nous fusmes reduits à vne petite espace qui estoit tout ce que nous pouuions faire de nous y tenir, en attendant tousiours que tout vint à creuer sous nous ; le vent fit tout le tour de la Boussole cette nuit-là , & la mer monta depuis les cinq heures du soir iusques à cinq heures du matin qu'elle commença à baisser, & le vent à cesser en mesme temps. Nous sceûmes depuis à Theouä que cette nuit là il estoit peri plus de deux mille personnes qui auoient esté submergées, que toutes les petites barques des Chinois estoient toutes peries & brisées; il y auoit deux nauires dás le havre, l'vn fut renuersé & perdu, & l'autre fut obligé de couper tous les masts , qui estoit vne chose qui ne s'estoit iamais veuë dans vn havre. Le Fort fut aussi en grand danger, n'estant basty que sur le sable : on fut le lendemain assez occupé à enterrer les corps morts qui estoient iettez sur le bord de la mer; cent cinquáte des nostres y perirent & beaucoup de Chinois. Il y eut vne redoute qui estoit bastie sur le bord de la mer de l'autre costé du havre à vne portée de canon de Theouan, qui abysma auec tous ceux qui estoient dedans, quoy que les murailles eussent plus de vingt pieds d'épais, il y auoit trente ans qu'elle estoit bastie ; iamais les habitans de l'Isle n'auoient veu la mer monter si haut qu'elle fit cette nuit-là ; la ville en fut fort endommagée , & il y eut quantité de maisons qui tomberent..

Ie diray icy deux mots de ce que i'ay pû apprendre à Theouan des affaires de la Chine auec les Tartares, lesquels entrerent dans le Païs enuiron l'an 1650. ou 51. auec vne puissante armée , & se rendirent maistres en peu de temps de beaucoup de Païs ; ils auoient auec eux quantité de Chrestiens, comme ie l'ay sceu des Chinois. Quand ils eurét gagné quelques Prouinces, les Tartares firent prendre les armes aux Chinois, & ils les forçoient d'aller à la guerre contre leur propre nation, & ainsi ils conseruoient tousiours leur armée. Dans ce temps-là le Roy de la Chine mourut; quelques-vns croyent qu'il s'empoisonna, il auoit aussi vne puissante armée sur pied, commandée par vn nommé Teko, lequel apres plusieurs batailles où il auoit tousiours du pire, fut enfin tué & toute son armée défaite. Ce qui augmenta encore les conquestes des Tartares. Il y auoit dans vne des Prouinces maritimes nommée Chinchen vn Gouuerneur nommé Koesinia , lequel voyant toutes les affaires en si mauuais estat, se resolut de conseruer ce qu'il auoit, & pour cét effet leua vne puissante armée dans sa Prouince, & rassembla tout ce qu'il pût des restes de l'armée, & marcha ainsi au deuant du Tartare qu'il arresta ; ils se donnerent diuerses batailles, où il auoit neantmoins le plus souuent du pire. Sur ces entrefaites Coxcinia enuoya vn

Ambassadeur à nostre Gouuerneur, sçauoir de luy s'il luy vouloit permettre qu'en cas qu'il fust battu du Tartare, qu'il se pust retirer auec le reste de son monde dans l'Isle Formosa, quoy qu'il se sentit encore assez fort pour luy resister long-temps ; ce qu'on ne luy voulut accorder pour ses gens, mais pour luy on répôdit qu'il y pouuoit venir en seureté. Il renuoya derechef son Ambassadeur, & fit commãdement à tous les Chinois qui estoiẽt dans l'Isle, que dans vn mois ils eussent tous à se rẽdre auprés de luy, sur peine de confiscation de tous leurs biens qu'ils pouuoient auoir dans la Chine, & quand il les pourroit attraper de leur faire couper la teste. Il y en eut presque la moitié qui obeïrent, & le reste demeura. Il fit aussi defenses que pas vn Ionck n'eust à venir à Theouan, & en mesme temps nous declara la guerre, tellement que nous fusmes vn an & demy sans qu'il nous vint aucun Ionck de la Chine, nous en prenions quelquefois sur leurs costes. Coxcinia fit dans ce temps-là son dernier effort sur les Tartares, où il eut quelque auantage dans vne bataille qu'il donna : enfin il leur demanda la Paix, qu'ils luy accorderent, auec des conditions assez bonnes, se reseruant encore prés de trois Prouinces pour luy, mais au desauantage de toute sa nation ; car par l'accord qui se fit entr'eux, les Chinois estoient obligez de se couper les cheueux, au lieu qu'ils les portoient fort longs, & mesme il s'en trouuoit quantité entr'eux à qui les cheueux descendoient au dessous du genoüil ; ils en faisoient vn tour qui se lioit derriere la teste, à present ceux qui viennent de la Chine ne portent qu'vn petit toupet de cheueux sur le sommet de la teste, & le reste est rasé à la façõ des Tartares, qui est vne marque de sujettion, & la chose qui leur rẽd le ioug des Tartares plus rude, cela a esté cause que tous ceux qui sont demeurez dans l'Isle ne veulent plus retourner en la Chine, afin seulement de conseruer leurs cheueux qu'ils seroient obligez de couper s'ils y retournoient ; ce qui fait croire qu'ils estiment fort leur grande cheuelure, c'est que comme ils sont grands ioüeurs, apres qu'ils ont perdu tout leur bien, ils ioüent leurs femmes & enfans, & apres se ioüẽt eux-mesmes, & leur cheuelure en dernier lieu qu'ils font razer & se rendent ainsi esclaues les vns des autres pour vn certain tẽps. Apres que Coxcinia eut fait sa paix auec le Tartare, les Chinois qui estoient demeurez à Formosa supplierent nostre Gouuerneur de faire paix auec luy, & de luy enuoyer vn Ambassadeur en son nom auec quelques presens qu'ils s'obligeoient de payer & de fournir à tous les frais de l'Ambassade, c'estoient tous riches Marchands qui estoient demeurez, & cherchoient de continuer leur commerce ; le Gouuerneur le souhaittoit autant que les Chinois, mais il vouloit que cela vint d'eux-mesmes : c'est pourquoy il les fit tous assembler, & en deputa vn d'entr'eux des plus apparens, à qui il donna ses lettres escrites en Portugais : il enuoya aussi pour present deux beaux cheuaux auec leurs selles & équipage en broderie, & deux belles paires de pistolets aussi garnis d'argent, dix ou douze pieces de fines écarlattes, quelques dentelles d'argent auec vn grand miroir : d'abord Coxcinia renuoya l'Ambassadeur auec son present, faisant difficulté sur quelques conditions qu'on luy demandoit : on le renuoya vne seconde fois, il fit la Paix comme on le souhaittoit, & permit à tous ses gens de venir librement trafiquer auec nous comme par le passé, & à ceux de Theouan la mesme liberté pour venir en la Chine ; ce qui apporta vn grand contentement à tous les Chinois de Theouan, ayant esté prés de deux ans sans qu'il vint aucun Ionck de la Chine.

L E Chinois qui trouuoit dans cette Isle tout ce qui manquoit à ses autres retraites, tourna toutes ses pensées de ce costé-là, d'autant plus qu'il estoit aduerty, comme nous auons dit, que les Forts estoient en mauuais estat ; le Gouuerneur qui cõmandoit dans l'Isle pour les Hollandois, auoit aduerty de son dessein le Conseil general de cette Compagnie qui se tient à Batauia ; mais cependant qu'on luy prepare le secours qu'il demande, Coxcinia se presente sous la Place au mois de Mars de l'année 1661. auec six cens Ionques ou vaisseaux bien armez, & bien garnis d'artillerie ; prend d'abord le Fort de Stegan, & les autres de l'Isle, se rend maistre de la Ville, &

Suite de la Relation de la Prise de l'Isle Formosa.

de l'habitation des Sauuages ; mais côme il s'attendoit bien qu'il ne trouueroit pas la mesme facilité à prendre la Forteresse principale nommée la Zelande ; il fit venir les Ministres Hollandois , & les Maistres d'Escolle qui estoient tombez entre ses mains ; il s'adressa à vn nommé Hantbrock , & le charge d'aller auec les autres Ministres trouuer de sa part le Gouuerneur de la Place , & de luy porter parole que s'il la rendoit , il ne toucheroit ny aux biens ny aux personnes des Hollandois , & qu'il les laisseroit viure en paix dans l'Isle , qu'autrement il ne pardonneroit à personne , & mettroit tout à feu & à sang ; Coiet respondit qu'il estoit engagé par serment de defendre sa Place : les Ministres luy representent que la vie de tous les Hollandois dépendoit de sa response ; il les renuoye leur disant qu'il estoit fort touché de l'extremité où il les voyoit , mais qu'il n'y auoit point de consideration qni le pust empescher de satisfaire au seruice qu'il deuoit à la Compagnie. Coxinga sur cette response donna ordre de faire main-basse sur tous les Hollandois , & de n'espargner ny les femmes ny les enfans ; ce qui fut executé sur le champ auec mille cruautez. *

Sur ces entrefaites neuf vaisseaux de la Compagnie arriuent pour secourir la Place ; les Trouppes qui estoient dessus se ioignent à celles du Fort , attaquent de concert auec ceux du Fort vne Redoute que les Chinois faisoient éleuer dans vn lieu nommé le Baxenboy pour y loger du Canon , & battre de là la Forteresse ; ils y trouuerent six mille Chinois qui les attendoient en fort bon ordre, tous armez depuis les pieds iusques à la teste, & couuerts d'armes blâches & luisantes, si bien qu'à les voir de loin, cette Trouppe paroissoit côme vne môtagne d'estain. *Les Chinois les receurét auec tant de resolution, qu'ils furent contraints de se retirer, apres auoir laissé 400. de leurs hommes sur la Place. Les vaisseaux voulurent aussi faire vne autre tentatiue ; ils se meslerent entre les Ioncques Chinois, mais ceux qui se meslerent le plus auant , eurent bien de la peine à s'en retirer, car ils se virent inuestis d'vn grand nombre de ces petits vaisseaux d'où il sortoit vne multitude incroyable d'hommes ; & d'ailleurs les Ioncques estant fort legers , & prenant peu d'eau, ils se logeoient iusques sous le Fort & eschoüoient sans danger sur les bancs qui y sont, *où les vaisseaux Hollandois n'osoient pas les suiure ; car l'vn des neuf s'y estant engagé, il échoüa, & l'on y perdit quatre cens hommes, qui tomberent entre les mains des Chinois, nonobstant les efforts que fit le Gouuerneur pour les dégager ; le feu prit aussi au vaisseau nommé Hector, & Iacques Cauwn qui commâdoit le secours voyant que les viures luy manquoient, se resolut de retourner à Batauia auec deux cens femmes & enfans , qui s'estoient sauuez des mains des Chinois ; ils y arriuerent auec beaucoup de bon-heur en quatre sepmaines & six iours , car s'ils eussent tardé plus long-temps ils eussent couru risque de mourir de faim ; sur les nouuelles qu'ils porterent, on prepare vn nouueau secours ; l'on dépesche quatre vaisseaux auec des Ambassadeurs au Cham des Tartares pour luy demander secours contre ces Chinois ses rebelles, mais Coiet qui n'auoit pas crû qu'on le deust presser de si prés , rend cependant sa Place par capitulation, & s'en vient à Batauia, où on l'a retenu prisonnier ; la Compagnie des Indes Orientales ne laisse pas d'auoir tousiours l'esperance de rentrer dans ses Conquestes, & de reprendre cette Isle ; les Tartares d'ailleurs ayant tesmoigné de la disposition à les secourir dans ce rencontre , & à leur accorder le commerce dans la Chine ; cette liberté du commerce qu'ils souhaittent il y a si long-temps, releueroit infiniment plus les affaires de la Compagnie,que la perte de l'Isle ne luy fait de preiudice.

RELATION
DE LA COVR
DV MOGOL,
PAR LE CAPITAINE HAVVKINS.

A dépenfe de la Cour du Mogol fe monte tous les iours à vingt quatre-mil efcus : on en conte feize mil pour la dépenfe de fes femmes ; il a deux trefors l'vn à Agra & l'autre à Lahor , où font ces immenfes ri-cheffes qui luy viennent principalement du bien de fes fujets dont il herite lors qu'ils meurent ; il eut de mon temps la defpoüille d'vn Prince Indien nommé Raya Gaginat, qui auoit en pierreries & autres richeffes la valeur de trois mil fept cent dix marcs d'Or.

On luy fait voir tous les iours quelque partie de fes threfors, tantoft fes Elephãs, fes Lions & fes Dromadaires, tantoft fes pierreries ; il ne voit chaque chofe qu'v-ne fois l'an, car tout le threfor eft diuifé en autant de parties qu'il y a de iours en l'année ; il a trois cens Elephans qui feruent pour fa monture , on les fait paroiftre quelquefois deuant luy en grande pompe , accompagnez chacun de vingt-cinq ou trente hommes qui ioüent des inftrumens ; couuerts de drap d'or, de velous & d'autres eftoffes fort riches : les grands Elephans ont toufiours auec eux leurs fe-melles & font fuiuis de cinq ou fix autres petits Elephans , qui femblent n'eftre là que pour les feruir. Ces Elephans font entretenus dans la maifon des Grands auf–quels le Roy paye leur entretien : & quoy qu'il donne moins qu'ils ne defpenfent, car ils couftent bien dix efcus par iour, en fucre, en beurre , en grains & en cannes de fucre, c'eft à qui fera plus de defpenfe pour les entretenir ; car s'ils eftoient en mauuais eftat, celuy qui les a en garde courreroit rifque de perdre fa fortune, & la faueur du Prince ; il ne fe peut rien voir de plus admirable que ces beftes : le Roy commanda vn iour en ma prefence à vn de fes fils nommé Sultan Sariar, qui n'auoit que fept ans, de s'approcher de fon Elephant, il le prit auec fa trompe, & le mit entre les mains de celuy qui le montoit, il fit le mefme à beaucoup d'autres enfans qui eftoient-là.

Les Tentes du Mogol, lorfqu'il eft en campagne pour quelque expedition de guerre , ou pour quelque partie de Chaffe , ont prefque autant de circuit que la Ville de Londres, on y conte ordinairement deux cens mil hommes, & ce camp eft fourny de toutes les commoditez que l'on peut defirer dans les meilleures Vil-les. Il n'y a point de Prince en Europe fi puiffant en richeffes ny en troupes ; il y a dãs fes Eftats quarante mille Elephans, dont vne partie eft dreffée pour la guerre & pour le cõbat, & les autres pour feruir dãs le bagage. Ie ne fçaurois m'empefcher de rapporter icy ce qu'on m'a dit d'vn de ces Elephans ; il auoit efté mal traitté par celuy qui en auoit la conduite, il l'auoit fait trauailler dans vn voyage plus qu'à l'ordinaire ; vn iour que ce fâcheux maître s'eftoit endormy affez proche de luy, mais toutesfois hors de la portée de fa trompe, l'Elephant prit vne Canne ou

L'Anglois du cinquan-te mille Roupias & felon Mr Tauernier le Roupias ne vaut que vingt-huit de nos fols,
L'Anglois dit 60. moõs & chaque moon pefe 55. liures. felon de Laët.

A 6

Rofeau, car c'eft leur nourriture la plus ordinaire ; il fendit le bout de cette Canne, & adroittement la paffa entre les cheueux de fon gardien endormy, dont le Turban eftoit tombé ; les hommes dans cette partie des Indes portent les cheueux longs comme des femmes, & ainfi il luy fut aifé de les entortiller au bout de fa Canne, & attira vers luy fon ennemy qu'il tua quand il fut à la portée de fa trompe.

Il a auffi grand nombre de Dromadaires, animaux fort viftes & fort propres pour cette raifon, à enleuer vn quartier, à furprendre vne Ville, & aux autres exploits de guerre. Le pere du Roy d'aujourd'huy fe fçeut bien preualoir de cét aduantage ; il vint d'Agra à Amadauas en neuf iournées auec douze mille hommes montez fur ces animaux, Chancanna commandoit alors fon Armée contre les Guzarates : le iour que fe deuoit dõner la bataille, la nouuelle eftant venuë que le Roy eftoit arriué auec ces douze mil Dromadaires, en vn temps que les ennemis le croyoient à Agra. Cette nouuelle porta vne fi grande confternation dans les Troupes des Guzarates, que leur Armée fe diffipa fans donner de combat, & leur pays demeura conq̃uis, & reduit en Prouince.

Le Roy d'aprefent a licencié fes anciens Capitaines Rafbouts de Nation ou Indiens, & a mis en leurs places des Mahometans, fans confiderer la perte qu'il fait dans ce change, car les Mahometans font gens fans cœur & peu propres à la guerre, tellement qu'il a perdu depuis la plufpart des conqueftes que Ecbar fon pere auoit fait dans le Royaume de Decan ; il luy refte à la verité quelques-vns de fes anciens Officiers Indiens qui auoient feruy fon pere, mais ils ne font point confiderez de ce Prince qui n'a iamais oublié que lors qu'il fe reuolta contre luy, ils refuferent tous de prendre fon party, difant qu'il eftoit iniufte & qu'il alloit entreprendre fur fa vie & fur fa couronne ; en effet il auoit mis fur pied huit mil cheuaux à Artabaze lieu de la refidence de l'ancien Porus, auec deffein de furprendre Agra, & de fe rendre Maiftre du threfor du Mogol, qui eftoit alors embaraffé dans les guerres du Decan. Cette nouuelle luy fit quitter fon entreprife & les deffeins de cette conquefte pour venir r'affeurer cette Place & couurir fes Eftats : En effet Ecbar le preuint, & eftant arriué à Agra deuãt luy, il luy enuoya dire qu'il fe preparaft ou à luy douner bataille ou à fe venir jetter à fes pieds ; Selim, qui redoutoit la valeur de fon pere, prit le dernier party, vint à la Cour, fut fait prifonnier, & peu de temps apres remis en liberté, à la priere de fa Mere & de fes Sœurs. Durant la reuolte de Selim, Ecbar auoit declaré pour fon fucceffeur l'aifné des fils de Selim nommé Corferonne, car les autres freres de Selim eftoient morts dans les guerres du Decan & du Guzeratte. Eckbar mourut quelque temps apres, & quoy qu'il pardonna à Selim au lit de la mort, Corferonne ne laiffa pas de trouuer des Partifans & de fe faire proclamer Empereur ; il prefenta la bataille à Selim fon Pere, fut pris, & de mon temps il eftoit encore en prifon ; le bruit commun eft que fon pere luy a fait perdre la veuë : il y a neuf ans qu'il y eft, il a fait mourir Rhoë ne dit point qu'il eut perdu la veuë. tous ceux qui auoient pris le party de ce Prince ; les vns ont efté pendus, & les autres mis en pieces par les Elephans : fon regne a efté depuis fort tranquille, il eft fort hay de fes fujets, mais ils le craignent ; il paffe ordinairement le temps à la chaffe.

Quand il fort de fon Palais à quelque expedition de guerre, il fort à Cheual, & fe fait porter fur vn Elephant ou dans vn Pallanquin, quand c'eft pour quelque partie de chaffe ou de plaifir. Dans le temps que i'eftois de fa Cour, i'ay veu fouuent combatre fes Elephans, & plufieurs de fes fujets perdre la vie dans ces combats : lors qu'il arriuoit que quelqu'vn y eftoit bleffé, il commandoit quo'n le jettaft dans l'eau ; il vaut mieux qu'il meure, difoit-il, car autrement tant qu'il viuroit il feroit tous les iours des imprecations contre ma perfonne. Ie luy ay veu faire beaucoup de femblables cruautez, & prendre fouuent plaifir à voir executer & mettre en piece par fes Elephans les Criminels condamnez à mort : de mon

temps fur vn fimple foupçon il donna vn coup d'épée à fon Secretaire, & le fit acheuer par fes Elephans. Vn de mes amis, qui auoit le foin de fa garde-robbe & de fes
curiofitez, trouua vn iour vn plat de Porcelaine caffé par la cheute d'vn Chameau
fur lequel on l'auoit mis ; l'Officier qui fçauoit combien le Roy eftimoit cette piece, enuoya auffi-toft vn de fes gens à la Chine Machina pour en rapporter vn autre, efperant qu'il feroit reuenu auparauant que le Roy l'euft demandé : deux ans
apres le Roy demanda cette piece de Porcelaine, & cét homme n'eftoit pas encore
de retour, on fut obligé de luy dire qu'elle eftoit rompuë ; il fit battre à coups de
cordes ce Maiftre de fa garde-robbe, & apres qu'il en eut receu fix-vingts coups, il
commanda aux Huiffiers de fon Palais, qui font ordinairement ces executions, de
rompre fur luy leurs baftons, fi bien que dix hommes épuiferent leurs forces à battre ce mal-heureux Officier. Le iour d'apres le Roy leur demanda f'il eftoit encore
en vie, & commanda qu'on le mit en vne prifon perpetuelle. Le fils du Roy obtint
fa liberté, & la permiffion de le faire traitter chez luy : & comme il fut vn peu reuenu de ces coups, & qu'on l'euft prefenté au Roy, il luy deffendit de reuenir en
fa prefence qu'il ne luy euft apporté vn femblable Plat, auec ordre d'aller luy-mefme en querir vn à la Chine : il luy donna prés de quatre mil écus pour la dépenfe
de fon voyage, & luy promit de luy rendre la quatriéme partie des appointemens
qu'il auoit auparauant. Quand ie partis, il y auoit quatorze mois qu'il eftoit en
voyage, & i'appris que le Roy de Perfe, qui auoit vn femblable Plat, luy auoit donné pour d'autres curiofitez, & que mon amy eftoit fur le point de retourner.

Cét endroit
explique le
mot Mangi,
employé fi-
fouuent dãs
le Liure de
Marco Polo.
Chine Ma-
chin fignifie
les Prouin-
ces Meridio-
nales de la
Chine.

L'équiuoqu'a
qui eft dans
la traduction
eft auffi dans
l'Anglois.

Vn Soldat de Patan, homme bien fait, prefenta vne Requefte à vn des fils du
Roy, nommé Sultan Paruis ; ce Prince luy demanda f'il le vouloit feruir, l'autre luy
dit que non, pource qu'il ne croyoit pas qu'il fut d'humeur à luy donner les appointemens qu'il pretendoit ; le Prince prit plaifir à cette liberté, & luy demanda quels
appointemens il vouloit auoir ; l'autre répondit qu'il ne vouloit pas moins de mil
écus par iour : on luy demanda furquoy il fondoit cette pretention ; le Soldat répondit qu'on fit épreuue de fa brauoure, & de la connoiffance qu'il auoit de l'art militaire, & qu'on trouueroit que ce n'eftoit pas fans raifon qu'il croyoit meriter de fi
grãds appointeméns: vn foir que le Roy auoit fait la débauche, le Prince le trouuát de
belle humeur, luy parla de cét homme ; on le fit venir, & en mefme téps vn Lion fort
grand enchaifné & conduit par douze hommes ; le Roy demanda au Soldat de quel
pays il eftoit, de quelle famille, & pourquoy il demandoit de fi grands appointemens ; fa refponfe fut que le Roy ne f'en eftonneroit pas quand il auroit efprouué
fon courage. Le Roy luy dit qu'il l'éprouuât contre ce Lion ; le Soldat fe voulut ex-
cufer, difant que c'eftoit vne befte fauuage, & que de s'expofer à cette befte fans
armes, en l'eftat où il eftoit, ce n'eftoit pas vne occafion où il peût faire connoiftre
ce qu'il valoit : le Roy reïtera le commandement ; le Soldat fe mit en eftat
de l'executer, le Lion ayant efté abandonné par ceux qui le conduifoient, qui ne
luy auoient pas toutefois ofté fes chaifnes, emporta de fes griffes la moitié du vifage de ce braue Soldat & le mit apres en pieces : le Mogol fit venir dix de fes Caualiers, qui eftoient en ce temps-là en garde, car c'eft la couftume du pays, que tous
ceux qui tirent appointement du Roy entrent en garde vne fois la Semaine, & les o-
bligea les vns apres les autres de combatre auec le Lion : trois y perdirent la vie, les
autres en furent fort bleffez ; cette humeur cruelle luy dura trois mois, durant lefquels elle coufta la vie à quátité de gens, & en fit eftropier plufieurs autres. Sur la fin
du fejour que ie fis dans le pays, on auoit appriuoifé dans fon Palais 15. jeunes Lions,
que l'on faifoit paroiftre fouuent à la Cour, & deuant le Roy ; ils eftoient fort priuez, & fe mêloient parmy ceux de fa Cour fans faire mal à perfonne.

Le plus grand des crimes dans cette Cour eft d'auoir quelque pierre precieufe &
de confequence & de ne la pas prefenter au Roy ; fon Ioaillier, qui eftoit vn Banjan,
nommé Herranand, auoit achepté vn Diamant de trois Methegales, & en auoit
dõné cét mille roupias; la chofe vint aux oreilles du Roy, & ce Banjan en fut aduerti;

il se presente au Roy en mesme tēps, le fit souuenir qu'il luy auoit souuent promis de venir se diuertir en sa maison, que c'estoit le temps de luy faire cét hōneur, puis-qu'il auoit vn present à luy faire digne de sa Majesté ; vous auez bien fait de me preuenir, dit le Prince, & fut chez luy : cette crainte fait qu'on luy apporte tous les Diamans au dessus de cinq Carats, & il ne paye pas ordinairement le tiers de ce qu'ils vallent: vn Orphéure de mes amis, en reputatiō de bien tailler les Diamants, fut appellé pour en tailler vn qui pesoit 3. onces ou methegales, il demāda quelque Diamant imparfait pour le mettre en poudre & pour s'en seruir à tailler l'autre : on luy apporta vne caisse de trois palmes de long, large d'vn palme & demy, & haute de mesme, toute pleine de Diamans de toutes sortes & de toutes gran-deurs ; il n'en trouua point qui fut plus propre pour sō dessein qu'vn de cinq rôties, encore estoit-il assez parfait. Il est fort riche en Diamans & en pierreries, il en porte tousiours quelqu'vn, & celuy qu'il a porté vn iour il ne le reporte qu'vn an apres : car comme i'ay dé-ja dit, son thresor & ses pierreries sont diuisées en autant de parties qu'il y a de iours en l'année: il portera vn iōur des chaisnes de fort gros-ses Perles, vn autre des chaisnes d'Emeraudes, puis des Rubis. Il ne faut pas s'eston-ner s'il est si riche en pierreries, en or & en argēt ; car il a ensemble tous les thresors & les pierreries de quantité de petits Princes ses voisins, dont les Ancestres, qui auoient vescu long-tēps dans cette curiosité, auoient fait amas; outre que tout l'ar-gent & toutes les pierreries des grands Seigneurs de sa Cour retournent dans son thresor lorsqu'ils meurent ; il ne donne à leurs heritiers & enfans que ce qu'il luy plaist , car il est heritier vniuersel de tous ceux qui tirent de luy quelque pension.

Son pays est fort riche, il y a quantité d'argent à cause que toutes les Nations y en apportent, & qu'on ne permet point d'en tirer dehors ; toutes les terres du pays sont en sa disposition, il les donne & les oste selon qu'il luy plaist ; & par exemple, si i'auois des terres proche de Lahor & qu'on m'enuoyast pour seruir dās les Armées contre le Decan, on donneroit à vn autre mes terres, & en eschange on m'en donneroit d'autres en ce pays-là. Il faut que ses Courtisans prennent bien garde à leur conduite, car sur la moindre chose on leur oste tout ce qu'ils ont. Il est prin-cipalement fort seuere à punir ceux qui souffrent des Bandits dans leurs Gouuer-nemens ; de mon temps huit Capitaines, dont la pension estoit assignée sur la frontiere de Bengale, & sur vne Ville nommée Patena, la laisserent forcer par des Bandis ou Rebelles & s'enfuirent ; vn de ses principaux Officiers reprit cette pla-ce & enuoya ces Capitaines à la Cour ; ils se presenterent chargez de chaisnes ; le Mogol commanda qu'ils fussent rasez, qu'on les habillast en femmes, & qu'on les promenast en suitte par toute la Ville ; & au retour on les ramena apres deuant le Roy où ils furent foüettez cruellement.

Quand ceux du Peuple ont quelque plainte à faire au Roy contre les Gouuer-neurs, ils viennent à vn lieu du Palais , où il y a vne corde tenduë entre deux Co-lonnes, à laquelle il y a plusieurs clochettes d'or attachées ; elles sonnent lorsqu'on tire vne corde , & le Roy qui en est proche en entend le bruit & enuoye pour en sçauoir la cause ; mais si la plainte est jugée sans fondement, il en couste la vie à celuy qui a sonné mal-à-propos. Au commencement de son regne il estoit encore plus seuere qu'il ne l'est maintenant ; il a remarqué que cette seuerité auoit fait reuolter plusieurs Grands du pays, si bien qu'il en a encores des troupes entieres qui tiennent la campagne & pillent les voyageurs.

Entre Agra & Amadabat est l'Estat d'vn Prince nommé Ranna qu'ils disent estre successeur de ce Porus, qui fut vaincu par Alexandre : il peut mettre 50000. hō-mes sur pied & vingt mil Cheuaux ; ses Estats seruēt de retraitte à tous les Rebel-les ; il y en a aussi beaucoup vers Candahor, Cabul, Mettan, Sinde, & vers le Royau-me de Bolac. Le pays du Decan & de Gusserat en est plein, si bien qu'il y a beau-coup de dāger à voyager dans le païs ; ce desordre viēt principalement de l'auarice des Gouuerneurs, qui ne deuant demeurer qu'vne année dans leur Charge ou Fer-me, rançōnent les peuples, en tirēt le plus qu'ils peuuēt, & les reduisent dās vne extrême misere. Les terres changent tous les iours de Maistre, & ceux qui ont assez de faueur pour y estre conseruez cinq ou six ans, amassent des richesses immenses.

Les pensions que le Roy donne, s'estiment par le nombre de Cheuaux qu'il entretient : l'entretien d'vn Cheual se paye sur le pied d'enuiron vingt-deux roupias par mois, & outre cela deux iôcque par chaque Cheual pour la table du Capitaine ; ainsi celuy dont la pension est de cinq mille Cheuaux, reçoit du Prince, outre l'entretien des cinq mille Cheuaux prés de cinq mille escus par mois pour sa table, & c'est sur le pied que ie viens de dire enuiron dix mille roupias.

Il faut que ie dise icy quelque chose des manieres de ce Prince, de sa Religion & des façons de faire de sa Cour.

Il prie Dieu à la pointe du iour, à genoux, sur vne pierre de Getz, couuerte d'vne peau de Marroquin, la teste tournée vers l'Occident, tenant entre ses mains huit chaînes, les vnes de perles, les autres de Rubis ballays, de Diamans, de bois d'Aloës, d'Heschen & de Corail ; il en faisoit passer les grains entre ses doigts, & disoit vne parole sur chacun, de la mesme maniere que les Catholiques disent leur Chapelet ; & i'obseruay qu'il auoit deuant luy la figure d'vn Christ & d'vne Vierge en relief de pierre.

Sa priere faite, il se montre apres au Peuple qui vient en grande foule pour luy donner le bon-iour, il auoit coustume d'aller dormir apres l'espace de deux heures, on luy seruoit en suite à disner, & passoit de-là chez ces femmes. Sur le midy il se montre vne seconde fois au Peuple, & prend le plaisir de voir combatre ses Elephans, & autres diuertissemens. Sur les trois heures apres midy ce qu'il y a de grands Seigneurs à la Cour se rendent aupres du Roy, qui est assis prés de son Throsne, les Grands du pays sont placez sur vn Eschaffaut esleué de trois degrez plus haut que tout le reste de la Cour : le Lieutenant general de l'Estat place tous les Grands chacun selon son rang ; les premiers sont admis dans vne place qu'ils appellent la Balustrade de Roseaux, c'est vne Estrade esleuée de trois degrez : on leur marque la place qu'ils y doiuent tenir, i'y auois ma place entre les plus grands Seigneurs ; ceux de moindre condition demeurent dans vn autre retranchement fort grand, & qui est aussi enfermé d'vn balustrade, & tout le reste de la Cour est dehors. Ces balustrades ou retranchemés dôt ie viens de parler, ont plusieurs portes, à chacune desquelles il y a des Huissiers auec des Cannes blanches. L'Executeur Major de la haute Iustice a sa place au milieu de la Cour deuant le Roy, il en a 40. autres sous luy tous distinguez par vn habillement particulier, les vns ont des verges, & les autres des haches, tous attentifs à executer les ordres du Roy, qui y rend tous les iours la iustice, & puis va faire ses prieres ; ses prieres acheuées on luy sert cinq ou six plats de boüilly & de rosty, dôt il ne mange ordinairemét qu'vn morceau de chacun & boit vn coup de ces boissôs fortes qui sont en vsage dans le pays ; il passe apres dans vn Appartemét fort retiré, où personne n'entre que ceux qu'il y appelle ; i'y ay esté admis l'espace de deux ans : là il fait vn autre repas, & boit reglement cinq coups par Ordonnance de ses Medecins, il prend apres de l'Opium, & quãd le vin & l'Opium cômencent à faire leur effet, tout le monde le quitte. On l'esueille apres qu'il a dormy deux heures, & on luy porte son souper : pour ce repas il y a des Officiers qui luy portent les morceaux iusqu'à la bouche, il le fait ordinairement à vne heure apres minuit, & dort le reste de la nuit. Lors mesmes qu'il est retiré dans cét Appartement que ie viens de dire, il y a des Escriuains qui écriuét tout ce qu'il fait, iusqu'à marquer cômbien de fois il va à la Garderobbe, auec quelles femmes il se diuertit, afin, ce disent-ils, que l'on puisse mettre dans les Chroniques du pays, l'histoire particuliere de sa vie.

Il fit de mon temps ses Neveux Chrestiens, non pas par aucun zele qu'il eut pour le Christianisme, comme les Peres Iesuites & les autres Chrestiens se l'imaginerent, mais sur la prophetie de certains Gentils qui luy auoient predit que ses Neveux vsurperoient vn iour la Couronne sur ses propres fils ; ils les fit Chreſtiens pour leur attirer la haine des Mahometans, & les exclurre, par-là, de la ſucceſſion à la Couronne. Le Roy entr'autres enfans en a vn de ſept ans appellé Sultan Sariach, ſon pere luy demanda vn iour ſ'il vouloit ſortir auec luy, l'enfant luy reſpondit qu'il feroit ce qu'il luy plairoit ; le Mogol luy donna vn ſoufflet, à cauſe, diſoit-il, qu'il ne luy auoit pas teſmoigné aſſez d'enuie de le ſuiure, il luy demanda enſuite pourquoy il ne crioit point, ſa reſponſe fut que ſa nourrice luy auoit dit que la plus honteuſe choſe que peut faire vn Prince eſtoit de crier ou de ſe plaindre, & quand on me couperoit la gorge, continua-t-il, ie ne crirois point : ſon pere luy donna vn autre coup, & apres luy fit paſſer vne aiguille au trauers de la iouë. Le ſang en ſortit en quantité, mais cela meſme ne le peût obliger de ſe plaindre, l'on a vne grande opinion dans ce pays de la reüſſité de ce ieune Prince.

Nouroux.

Entre les Feſtes qu'ils ſolemniſent dans le païs il y en a vne qu'ils appellét Nouroux, ou premier iour de l'année, elle dure dix-huit iours ; il n'y a rien de plus admirable que la richeſſe qui paroiſt ce iour-là dans la Cour du Mogol. Au milieu d'vne grande place on dreſſe vne Tente ſi magnifique & ſi riche que ie ne crois pas qu'on en pût dreſſer vne ſemblable dans tout le reſte du monde ; de grandes piéces de velours en broderie d'or, ſont tēduës pour faire ombre & empeſcher que le Soleil ne donne ſur la Tente : elle occupe bien deux arpens de terre, le bas eſt couuert de Tapis trauaillez auec de l'or, i'y vis des Tapiſſeries de velours brodées de Perles, & d'autres enrichies de meſmes : il y a cinq Chaiſes ou autant de Throſnes ſous cette Tente pour le Roy, & des retranchemens pour les femmes, d'où elles voyent la Ceremonie ſans pouuoir eſtre veuës ; le reſte de l'enceinte a bien cinq arpens : cette eſpace eſt diuiſée à tous les Seigneurs de la Cour, chacun d'eux dreſſe ſa Tente ſelon ſa condition & ſes richeſſes ; le Roy viſite les Tẽtes de ceux à qui il veut faire faueur, il y eſt receu auec beaucoup de magnificence, & au ſortir la coûtume eſt de luy faire vn preſent ; mais à cauſe qu'il a ſemblé à ces Princes qu'il y auroit quelque honte à receuoir des preſens de leurs ſujets, le Threſorier vient apres qui en eſtime la valeur, mais ordinairement il ne l'eſtime que la moitié de ce qu'il vaut. Les Grands du pays cherchent de tous coſtez des choſes curieuſes pour les preſenter ce iour-là, & on remarque que tous les ans cette feſte va en augmentant de magnificence & de richeſſes ; ils commencent leurs années au premier iour de la Lune de Mars. L'autre feſte ſe fait quatre mois apres, c'eſt celle du iour de la naiſſance du Prince, les Courtiſans paroiſſent alors à l'enuy l'vn de l'autre ; c'eſt à qui aura les plus rares pierreries : apres toutes ſortes de diuertiſſemens qu'on trouue ce iour-là dans le Palais, le Roy paſſe à l'Appartement de ſa Mere, & chacun des Courtiſans luy preſente quelque pierrerie ſelon ſa condition.

Monſieur Tauernier dit que c'eſt ce qui fait ſi biē vendre aux Marchands leurs curioſitez qu'ils portent dans le pays.

Apres ſouper le Roy entre dans vn Appartement où on dreſſe vne Ballance d'or maſſif, vn des plats de la Ballance eſt remply d'or, d'argent, de plomb, de diuerſes ſortes de grains, vn peu de tous les metaux, & de toutes ſortes de pierreries : le Roy ſe met dans l'autre Ballance qui eſt vuide, & on le peſe cõtre ces choſes qu'on dõne le iour ſuiuant aux pauures : ils diſent dans le pays que ces choſes, contre leſquelles on le peſe, vallent bien cent mille francs ; mais ce iour-là lorſqu'il entre dans l'Appartement de ſa Mere, chacun des Grands luy fait vn preſent qui vaut dix fois plus que ces 10000. francs. La couſtume du pays eſt de luy faire touſiours quelque preſent quand on a quelque choſe à luy demander ; car ſoit que la requeſte ſoit eſcrite, ou qu'elle ſe doiue faire de bouche, la ſeule maniere de ſe faire entendre au Prince eſt de luy faire vn preſent, ainſi ceux qui n'en peuuent approcher le mettent ſur leurs teſtes.

Les Indiens bruſlent les corps de leurs morts, les femmes ſe font bruſler ſur le corps de leurs maris pour meriter la gloire dans les regiſtres qu'ils en tiennent d'auoir eſté fort ſages & fort affectionnées à leur mary. I'ay veu ſouuent des Dames fort bien faites ſe preſenter deuant le Roy pour obtenir la permiſſion de ſe bruſler, car elles ne le peuuent faire ſans ſa permiſſion. Le Roy taſchoit toû-

iours de les diuertir de cette resolution par promesses; mais dans tout le temps que
i'y ay esté, ie n'ay pas veu vne de ces femmes qui se soit renduë à ses promesses : le
Roy ne les pouuant persuader, à la fin leur donnoit la permission, & elles s'alloient
brûler sur le corps de leur mary.

Apres auoir escrit iusques icy cette Relation, ie me suis souuenu d'vne autre Feste qui se fait à la memoire de son pere, en vn lieu où est son Tombeau ou Sepulchre.
Ce Sepulchre est vn des plus beaux Monumens du monde, il y a desia quatorze ans
qu'on y trauaille, & il en faut encore plus de sept ou huit pour l'acheuer, quoy qu'il
y ait trois mille hommes qui y trauaillent continuellement, mais ie puis dire qu'vn
de nos Ouuriers fait plus de besongne que trois de ces pay-là; ce Monument ou Sepulchre est carré, il a bien trois ou quatre mille de circuit, il y a sept estages bastis en
retraite, en sorte que le dernier est le plus petit de tous, & dans ce dernier estage est
le corps du Prince. Deuant que d'arriuer à ce Sepulchre on trouue vn grand Palais
qui peut auoir trois milles de circuit, & dont les cours seruent comme d'aduenuë à
l'entrée de ce Monument, il est à quelque quatre lieuës de la Ville d'Agra.

✳✳✳✳✳✳✳✳✳✳✳✳✳✳✳✳✳✳✳✳✳✳✳✳✳

DISCOVRS

Sur les Memoires de Thomas Rhoë.

*Homas Rhoë auoit esté enuoyé au Mogol en qualité d'Ambassadeur du Roy d'An-
gleterre, mais sur la bourse des Marchands Anglois de la Compagnie des Indes Orientales, le negoce de cette compagnie estant d'assez grande consideration pour souffrir
vne semblable dépense.*

*Le trafic estoit le suiet de son voyage, c'estoit aussi des affaires de cette nature que ses memoi-
res estoient pleins; mais la Compagnie Angloise, aussi bien que la Hollandoise les tient encor
auiourd'huy les plus secretes qu'elle peut, & Purchas auouë qu'il a osté de cette piece (pour me
seruir de ses termes,) les mysteres de ce commerce.*

*Cependant ces retranchemens, outre qu'ils interrompent la suite de cette piece, la rendent en-
core obscure en quelques endroits; & ie diray icy, pour seruir d'éclaircissement à ce qu'il rapporte
des manieres de cette Cour & de l'histoire du Pays; Que les Mogols qui sont maintenant Maistres
de la Partie de l'Asie communément appellée Indostan, ne sont point originaires du Pays où ils
commandent, ce sont des Monguls ou Tartares d'origine; & le Sceau du Grand Mogol Selim
(comme on le peut voir dans la Carte Geographique inserée en ce recueil) contient sa Genealogie
depuis Teimurleng.*

*Teimurleng, au reste n'estoit point, comme nous auons long-temps crû dans l'Europe, homme
de basse naissance; car les Historiens du Pays, & leb Tarich dont l'on mettra dans ce recueil la
Traduction le fait descendre de Kinghiskan.*

*Kinghiskan est l'Alexandre des Orientaux, & nous est encore moins connu que Teimurleng, ce-
pendant, c'est peut estre le plus grand Conquerant dont l'histoire nous ait conserué la memoire.
Car il conquist toute l'Asie & plus de Pays que l'Alexandre des Grecs, Prince d'ailleurs
d'vne si grande iustice, que les constitutions qu'ils appellent iasa kingis chan sont encor auiourd'huy dans la mesme veneration aupres de ces peuples, que les loix des douze tables l'estoient
chez les Romains.*

*L'Indostan, lors que les Princes de cette Maison le conquirent (car ie ne sçay point d'Autheur
qui en ayt décrit l'histoire deuant ce temps-là) estoit diuisé sous la domination de plusieurs Princes particuliers, entre lesquels, selon la tradition du pays, il y en auoit de Maisons fort anciennes, & tous fort respectés de leurs suiets. Il en reste mesme encore auiourd'huy quelques vns qui
payent tribut au Mogol, & d'autres dont les Estats sont dans les montagnes, & dans des pays
de si difficiles accés, qu'ils conseruent leur liberté au milieu de cét Empire. & dans les reuolutions
qui y sont fort frequentes sortent de leurs bois, ou de leurs montagnes, & font des courses sur les
Prouinces du Mogol, estans asseurés de la retraitte toutes les fois qu'ils sont poussez par ses armées.*

Eckbar veut dire, grand, sans égal, & chez eux c'est vn des attributs de Dieu : Alla, Kebar Eckbar.

L'exemple du Raya de Bandoa, nommé Radzia-Raziend en attira plusieurs qui rechercherent comme luy l'amitié du Mogol, & pour s'en mieux asseurer enuoyerent leurs filles dans son Serrail, ce qu'ils continuënt encore à cette heure.

Herbert dit qu'il s'estoit desia seruy plusieurs fois de ce poizõ, & qu'il purgeoit ainsi l'ame du corps de ses ennemis; mais ie ne sçay de qui il tient cette tradition.

Homayon signifie l'heureux. Homayon estoit grand Pere de Selim, & sa memoire est en grãde veneratiõ auprés de ces peuples.

Rhoë le nomme Etimõ Doulet.

Lek signifie cent mille, façon de parler semblable à celle des Hollandois, qui pour dire

Gelal-Eddin, le Grand-Pere du Mogol d'apresent qu'ils nomment plus communément Eckbar, s'assuiettit plusieurs de ces Princes, & c'est celuy des Mogols qui a le plus estendu les bornes de cét Empire; car il laissa à ses successeurs les Prouinces ou Royaumes de Kandahar, Kabul, Cassamier, Chassenie, Benazard, Guzgratte, Sinda ou Tatta, Gandhees, Brampor, Barar, Bengala, Orixa, Ode, Malouvu, Agra & Delly, dont il despoüilla autant de Princes: Ceux d'entr'eux qui ont conserué leur liberté, comme ie viens de dire, dans les bois & dans les montagnes, sont ces Radgias, ou Rayas, & ces Rasboutes, dont Rhoë parle dans ses memoires, qui pillent si souuent les Carauannes appellées Cafilas par les Persans.

Eckbar, apres auoir reduit en Prouinces les Estats de ces Princes, entreprist la conqueste du Royaume de Decan; pendant qu'il y estoit occupé, son fils Selim à qui il auoit donné le Commandement d'vne autre Armée, pour subiuguer Radzia Rana Mardout, fit reuolter ses troupes & se declara contre son Pere; mais il fit sa paix peu de temps auparauant sa mort; car Eckbar ayant resolu d'empoisonner vn Mirza-Gazia, & s'estant fait preparer deux pilules, dont l'vne estoit vn purgatif & l'autre vn poison, auec dessein d'en empoisonner ce Mirza ou Prince, il se trompa dans le choix qu'il en fit & s'empoisonna luy-mesme; estant au lict de la mort, il mit son Turban sur la teste de Selim, & luy donna l'épée de Homayon, le declarant par là son successeur; neantmoins, apres sa mort, qui arriua la soixantiesme année de son Reigne & l'an mil quatonze de l'Egire, les Principaux du Pays se partagerent en deux factions, dont l'vne prit le party de Sultan Corsoronne fils aisné de Selim, pretendant, à ce que i'ay veu dans vne autre relation, qu'Eckbar l'auoit declaré son successeur dans le temps de la reuolte de Selim; mais il se soûmit & feit sa paix: la mesme Faction l'obligea quelque temps apres à reprendre vne autre fois les armes, auec aussi peu de succés; car ses troupes furent défaites, il fut pris prisonnier & conduit iusqu'au Chasteau de Lahor sur vn Elephant; on le fit passer le long d'vne route, des deux costez de laquelle on auoit fait abbatre les branches des arbres afin qu'il pût mieux voir les testes de ceux de son party, qu'on y auoit mises pour luy en rendre le spectacle plus affreux & luy faire apprehender dauantage la colere de son Pere: Les Principaux Seigneurs de la Cour entroient tour à tour en Garde auprés de ce Prince, ceux d'vne mesme Faction; y estans rencontrez, Mirza Fetulha, Mirza Charief, fils d'Ethamandaulet, Mirza-Mouradin, Mirza Ziafferbeck & plusieurs autres, conspirerent contre le Roy, firent dessein de l'assasiner dans les montagnes de Cabul par où il deuoit passer, & de mettre Sultan Corsoronne en sa place; mais ils n'en trouuerent pas l'occasion. Quelque temps apres, cette conspiration fut reuelée au Roy; il fit mourir les complices, à l'exception d'Ethamandaulet, qui racheta sa vie de 2000. lek de Rupias qu'il promit de payer.

Le Roy se resolut par le conseil de Mirza Ombrauve de faire perdre la veuë à son fils Sultan Corsoronne auec le suc d'vne herbe appellée Aëck, il n'en perdit qu'vn œil, & il luy resta quelque vsage de l'autre. Ethamandaulet auec sa fille Meer Metzia veufue de Cheer-Affghan fut conduit quelque temps apres à Agra pour trouuer l'argent qu'il auoit promis. Mer-Metzia alloit souuent chez la Sultana Rockia Mere du Mogol, qui ne se pouuoit passer d'elle; le Mogol la rencontra vn iour dans son Serrail où la Sultane l'auoit fait entrer auec sa fille qui n'auoit que cinq ou six ans: le Mogol luy leua son voile & luy dit qu'il vouloit estre le Pere de sa fille, luy declarant ainsi sa passion; peu de temps apres il l'enuoya demander en mariage à Ethamandaulet son Pere, & la prit pour femme auec les solemnitez ordinaires, changeant son nom de Meer-Metzia en celuy de Nourziam-Begem, c'est à dire la lumiere du monde; Ethamadaulet de prisonnier qu'il estoit fut fait premier Ministre en la place de Mirza Ombrauve, qui estoit mort quelque temps auparauant, & fit tomber les premieres charges de la Cour entre les mains de son fils Asaph-Can & de ses autres parens. C'est là l'histoire de cette Princesse Nourziam-Begem que Rhoë appelle Nourmahal; c'est à dire lumiere du Serrail, dont il est si souuent parlé dans ses memoires, ce que i'ay crû deuoir rapporter pour les rendre plus intelligibles.

On verra dans vn fragment de l'histoire de ce Pays, traduit du Persan, & qui peut seruir de continuation à celle de Leb Tarik, que Sultan Coronne le troisiesme des fils du Mogol fit estrangler de nuict Sultan Corsoronne son frere aisné dont on luy auoit confié la garde, & qu'apres s'estre asseuré par ce crime la succession de l'Empire, impatient de l'attendre plus long-temps, il s'vnit plus etroitement auec Asaphcan dont il espousa la fille, tascha d'enleuer les thresors du Mogol, & les ayant manqués, luy déclara la guerre; qu'il continua iusqu'à sa mort; Selim mourut l'an 1627. Normahal

auoit

auoit enuoyé auparauant Sultan Sheriar son fils à Lahor, pour le mettre en possession de l'Empire & tascha d'attirer dans son party les trouppes ; mais Asaph-chan qui auoit dessein de le mettre entre les mains de Coronne, luy donna auis de ce changement, & cependant, pour contenir les trouppes dans sa dépendance, persuada Sultan Bolack fils de Corsoronne, de se faire proclamer Empereur par les principaux Chefs de l'Armée qu'il auoit gaignez, & donna des Gardes à sa sœur. Sheriar fut défait auparauant l'arriuée de Coronne, & on luy fit perdre la veuë & la vie quelque temps apres, auec Sultan Bolack & les autres Princes du Sang Royal. Coronne ou Sha* Bedin-Mahamet, donna sa principale confiance à Asaph-chan, & pardonna en sa consideration à Normahal. Les dernieres nouuelles que nous en auons, sont celles que M. Bernier, maintenant Medecin du Mogol, à écrites à M. de Meruilles son genereux amy.

Vous sçaurez, dit-il, qu'il s'est ioüé icy vne horrible Tragedie, que i'aurois de la peine à croire, si ie n'en voyois encore la suite de mes yeux ; car tout y est encore en feu & en armes. Sultan Corone, autrement le Roy Schagehan, auoit quatre fils, Darachakour, Moradbeg, Oranzebe, Sultan Sugus, il fit Oranzebe Roy, ou plustost Viceroy de Decan ; Sultan Sugus de Bengale ; Moradbek du Guzarat ; & pour Darachakour, qui estoit l'aisné, il le retint auprés de luy pour estre l'heritier de la Couronne. Il y a enuiron deux ans que Shagehan tomba malade au retour d'vn voyage qu'il auoit fait vers Asemeer, en sorte que le bruit courut par tout le Royaume qu'il estoit mort. Ces quatre Princes arment chacun de leur costé ; celuy de Decan & celuy de Guzarat se rencontrent à Brampour, & s'accordent ensemble d'attaquer iusques dans Agra l'aisné, & de s'emparer de l'Empire, Oranzebe promettant à Moradbak de le luy remettre entre les mains ; par cette raison, ce disoit-il, qu'il auoit renoncé au monde, & qu'il vouloit viure dans la retraite & en Deruis ou Religieux : Ils marchent donc auec leurs trouppes, & gagnent la premiere Bataille contre vne Armée que Darchakour auoit enuoyé au deuant d'eux, pour s'opposer au passage d'vne riuiere qui est à trente ou quarante lieuës d'icy, & auancent vers Agra où estoit Darachakour, qui marcha aussi auec vne grande Armée contre-eux, cependant que son fils aisné Solimanchakour donne bataille à Sultan Sugus du costé d'Elabat, le défait, & le pousse iusques dans le fond de son Pays, & se haste de venir trouuer son frere Darachakour pour donner coniointement sur Oranzebe & sur Moradbek : mais il ne pût venir assez tost ; l'impatience de Darachakour qui se voyoit auec de tres-grandes forces contre des gens qui venoient de bien loin, & qui estoient demy-morts de fatigue & de l'excessiue chaleur, fut trop grande. Il donna Bataille, son General d'Armée fut tué, il perdit le combat, & fut contraint de s'enfuir en tres grand desordre dans Agra, où estoit Chagehan qui se portoit bien. Shagehan sans le vouloir voir, pource qu'il auoit combattu contre ses ordres, luy ouurit ses tresors, & luy commanda de s'en aller vers Delly & vers Lahor pour leuer de nouuelles trouppes, ayant dessein d'attrapper adroitement & sous prexte de visite, les deux victorieux : mais quand ils furent à Agra ils differerét de iour à autre à rendre visite à Chagehan qui faisoit encore le malade pour les attirer dedans la Forteresse où il estoit, & cependant y firent adroitement entrer de leurs gens, disant qu'il n'estoit pas raisonnable d'y aller seuls, & firent si bien qu'en quatre ou cinq iours ils s'en rendirent maistres, en chasserent tous les soldats du Roy Shagehan, & s'asseurerent auec vne bonne garde de sa personne ; il y est encore à present, de là ils vinrent vers Delly poursuiuant Darachakour. Dans le chemin d'Agra à Delly, l'vn des deux victorieux qui estoit Oranzebe, & le plus fin, se saisit de Moradbek, & le fit conduire à Goualcor ; & se voyant fortifié de ses trouppes qui prirent party dans les siennes, vint à Delly.

Darachakour fut obligé de se retirer de Lahor dás la Forteresse de Pakar, qui est vne sorte place au milieu de la riuiere de l'Inde ; & de là sans s'arrester beaucoup, passa auec vne partie de ses tresors à Tatta, & de Tatta à Amedabat, dont il se rendit maistre sans resistance, & là commeça à faire des gens ; de sorte qu'en peu de temps auec son argent & la reputation de bien payer ses soldats, il fit vne fort bonne Armée, mais sans Chef capable de la faire agir, & sans autre conseil que celuy de sa teste, Prince d'ailleurs sans experience, & qui auoit affaire d'vn ennemi fort rusé qui auoit quasi toutes les forces de l'Estat en main. Cependát, Solimáchakour auoit esté abandóné de la meilleure partie de son Armée, qui prit le party d'Oranzebe ; il eut bien de la peine luy mesme à se sauuer dans les Montagnes du Ragia de Serenagar, où il est encore à present, Darachakour au lieu de gagner temps, & de fortifier son party dans le Guzarat, s'auança auec ses nouuelles trouppes ; Oranzebe fait la moitié du chemin, la Bataille se donne à Assemere : Darachakour est trahi, &

Notes marginales :

cent milles francs disent vne toune d'argent.

Coronne épousa quelque temps apres la fille d'Asaph-Can.

Nourmahal signifie la lumiere du Serail.

Asaph-Can estoit fils d'Ethimon-Doulet.

*Chagehan signifie le Roy du monde, c'est le titre que prit Sultan Coronne auec celuy de Bedin Mahamet, lorsqu'il fut asseuré de l'Empire.

M. Bernier corrompt asseurement les noms de tes Princes ; mais il n'y aura point de remede à ce defaut iusques à ce que l'on les aye écrits en caracteres de la lague du pais.

contraint de se sauuer vers Amedabat auec quatre ou cinq cens Caualiers seulement, comme i'ay veu moy-mesme m'estant rencontré sur sa route dans cette fuite, c'estoit veritablement vn spectacle digne de compassion. Quand il fut à vne iournée d'Amedabat, il eut nouuelle que les portes en estoient fermées, & que le Gouuerneur de la Ville & de la Citadelle s'estoient declarez pour Oranzebe; de sorte qu'il fut contraint de s'enfuyr à grande haste du costé de Tatta, pour pouuoir gagner Bakar où il auoit laissé de l'argent: mais il n'y fut pas à temps, Bakar estoit desia assiegée par vne Armée d'Oranzebe. Il estoit resolut de passer l'Indus, & d'aller en Perse, lors qu'il se souuint qu'il auoit autrefois fort obligé vn Patan qui est puissant du costé de Bakar, & crût par son moyen, de faire leuer le Siege de Bakar, comme il luy promettoit, & prendre là son argent auparauant que de passer en Perse; mais cét ingrat le mit entre les mains de ses ennemis: on l'amena il y a enuiron six mois icy prisonnier auec son fils; & apres auoir trauersé la ville de Delly sur vn Elephant, on luy couppa la teste à vne lieuë de cette ville. Dans ces entrefaites, Sultan Sugas du costé de Bengale a eu quelque relasche, & à fait vne Armée assez bonne.

Oranzebe est party d'icy il y a 4. mois; & est allé vers les Montagnes de Serenagar auec toute son Armée, pour obliger le Ragia qui y commande à luy remettre entre les mains Solimanchakour; ce qu'il a iusques icy refusé de faire. Aussi Oranzebe n'a-t'il point encore voulu risquer d'entrer dans ces Montagnes, presque inaccessibles, & entendant dire que son Armée qui estoit contre Sugas n'estoit pas assez forte, & que son fils mesme Sultan Mahmone s'estoit tourné du costé de Sugas, de peur qu'il auoit de son pere. Il se resolut de s'en aller à Bengale; quand il fut à moitié chemin, son General luy manda qu'il n'estoit pas necessaire qu'il vint; de sorte que dans la crainte qu'il ne se fist icy quelque partie contre luy pour retirer de prison le Roy Chagehan son pere, ou que Solimanchakour ne descendit de la montagne, il s'en est reuenu icy depuis quinze iours auec toute l'Armée. Depuis huict iours, le bruit court que Sultan Sugas a esté battu, & qu'il s'enfuyt, & nous auons nouuelle que Sultan Mahmone l'a quitté, & qu'il reuient icy vers son pere. Voyez vn peu quelles intrigues; il y en a beaucoup qui disent qu'il n'estoit allez vers Sugas que pour le prendre, tout se découurira. La fortune iusqu'icy semble s'estre declarée pour Oranzebe. Il auoit couru vn grand bruit que le Persan venoit auec vne forte Armée, & que l'Artillerie estoit desia à Kandahar; mais cela ne continuë pas: il est bien vray qu'il y a vn Ambassadeur de Perse qui est arriué à Lahor; mais l'on commence à croire que ce n'est pas pour declarer la guerre: en tout cas, l'on fait icy des preparatifs pour le receuoir: Voilà où nous en sommes. Par ma premiere, ie vous écriuay tout par le menu ce qui arriuera, & ce que c'est que de la force & des épouuentables Armées de ce Grand Mogol: Cependant, ie vous diray qu'il ne faut plus trouuer incroyable ce qu'à fait Alexandre; car ie suis asseuré qu'vne Armée de vingt-cinq mille François bien conduits vont passer sur le ventre à toute l'Inde, sans difficulté. Ce ne sont pas des soldats, mais des vaches; non vne Armée, mais vn chaos & vne confusion plus facile à deffaire que ie ne le vous sçauroi dire.

Dans la seconde lettre du 1. Octobre de la mesme année 1660. qu'il luy a enuoyée par Bassora & par Alep; il luy repete les mesmes choses, à toutes fins, pour suppleer au defaut de la premiere qu'il luy auoit escrite par la voye d'Angleterre, si elle ne luy auoit pas esté renduë, & y adiouste seulement ce qui s'estoit passé depuis. A sçauoir que durant les mal-heurs de *Dara-Chakour*, sa mort & la prison de son Fils dans la Forteresse de *Goualcor*, où *Moradbakche* auoit aussi esté conduit; Sultan *Sugas* s'estoit defendu comme il auoit pû dans le Royaume de Bengale, où il s'estoit donné plusieurs Combats; iusques à ce que *Oranzebe* deffait de ses autres Freres, auoit enuoyé de grands renforts à ses Armées, & auoit entierement deffait celuy-cy. Il continuë ainsi: *Il est maintenant auec trois ou quatre Vaisseaux sur le bord de la mer; l'on ne sçait quel party il prendra, s'il s'enfuyra en Perse, ou s'il ne se iettera point auec le Roy de Golconda, à qui la puissance d'Oranzebe donne de grandes apprehensions. La grande épine qui tient à present Oranzebe, c'est Solimanchakour qui est dans les montagnes inaccessibles de Serenagar. Le Ragia ne l'ayant point voulu liurer iusqu'icy, quelque promesse & menace que luy fasse Oranzebe: On dit qu'il y ira cette année; mais il n'y a gueres d'apparence qu'il reüssisse par la force, à cause de la difficulté des Montagnes, & qu'on a couppé les auenuës de tous costez. Il s'est réueillé vn petit Raya nommé Karne, qui fait grand bruit: ce n'est pas vn Raya fort puis-*

sant ; & cependant on void qu'il a vne fort bonne Armée, cela fait soupçonner qu'il y en quelqu'autre plus puissant, qui sous main l'assiste ; on soupçonne Ranna ou Yasumsingus ; de sorte qu'Oranzebe a esté obligé d'y enuoyer ces iours passez vne Armée. D'autre costé on a nouuelle que le Gouuerneur de Kaboul vers Kandahar ne veut point receuoir les ordres d'Oranzebe, Nous auons encore nouuelles que du costé de Decan, vn tres-puissant Raya nommé Sauuagi, est là auec vne Armée considerable, & qu'il pretend entrer dans le Decan ; de sorte que tout n'est pas encore finy. Cependant, Oranzebe tient en prison son propre fils aisné Sultan Mahmone, dans la crainte qu'il a qu'il ne se reuo'te contre luy, & qu'il ne se iette auec le Roy de Golconda son beau-pere, qui luy a promis le Royaume de Golconda apres sa mort, n'ayant point d'enfans masles. La famine sera grande cette année, à cause qu'il a fait vn terrible Esté, & qu'il n'a pas assez plû. Dieu nous garde de la peste.

Outre ce que ie viens de dire, & qui peut seruir d'éclaircissement à ces Memoires, ie dois encore adiouster ce que i'ay trouué dans les écrits d'vn Anglois domestique de Rhoë, il dit que le Mogol paye vn million de Cheuaux, & qu'il donne par an pour chaque cheual dix-huit Iacobus ; ainsi l'estat des pensions que donne ce Prince seroit de plus de deux cens millions de liures. Qu'il n'y a point de Courtisans qui fassent leur Cour auec plus de sumission ; qu'ils se rasent tous les iours lors qu'ils sont à la Cour ; mais qu'ils laissent croistre leur barbe lors qu'ils sont employez dans les Prouinces, pour tesmoigner par là le desplaisir qu'ils ont d'estre éloignez de leur Prince, & qu'ils ne la coupent point qu'apres leur retour.

Thomas Rhoë se trompe, auec les autres Autheurs qui ont escrit de ce Païs, lors qu'il explique le nom de Nouroux, comme s'il signifioit neuf iours ; la Feste du Nouroux tire son origine du Persan, & merite qu'on l'explique, à cause qu'elle nous donne connoissance d'vne opaque dont pas vn de ces Chronologistes ne sçache, n'a parlé. Les Persans ont long-temps compté leurs années par le temps du regne de leurs Roys ils ont conserué cette coustume iusques au temps d'Isdescherid, il commença à regner en Perse la onziéme année de la fuitte de Mahomet, & les Arabes s'estans rendus maistres de la Perse, ils y introduisirent leur Hegire pour Epoque, on l'a suiuie l'espace de quatre cens soixante-quatre ans iusques au temps de Shelal-Eddin : il commença son regne l'an de l'Egire 475. le 8. iour du mois de Rumankan, auquel iour à l'heure de Midy precisement, le Soleil entra selon la supposition de ce peuple, dans le signe du Belier : Comme il receuoit les complimens des principaux du Païs, & que l'on vint à parler de l'Hegire & des autres Epoques, vn Astronome nommé Omenchiamus, qui estoit de cette conuersation, proposa de faire de ce iour-là leur Hegire & le premier iour de leur année, & de satisfaire en cela à la veneraiton de ces peuples auoient pour le premier iour du regne de leur Prince, & à la Nature mesme, selon laquelle en effet il semble que les années deuroient commencer de ce poinct. Ainsi le mot Nouroux signifie nouueau iour ou nouuelle année. Durant le regne de ce Prince on celebroit tous les ans cette Feste auec de nouuelles solemnitez. Ses successeurs ont continué de mesme, & c'est par cette raison que le Poëte Sady dans son Gulistan, d'où i'ay tiré cette erudition, appelle ces années, les années Sehalienes ; car ce Ferardin se nommoit aussi Sehaal. C'est la veritable origine de la Feste du Nouroux que les Mogols tiennent des Persans.

La racine que Rhoë nomme Ningin est appellée par les Chinois Gifeng, & comme elle n'est point marquée dâs nos Liures des Plantes, ie raporteray icy l'endroit de l'histoire naturelle où elle est décrite. Les Sauuages du Cap l'appellent Canna ; elle ne fait que commencer à pousser sa fueille vers le vingtiéme de May, & le temps le plus propre pour la ramasser est les mois de Decembre, Ianuier & Feurier : ce que i'ay tiré d'autres Relations Angloises, l'on m'a dit qu'elle commençoit à estre connuë en Hollande. Martinius dans son Atlas de la Chine la décrit de cette sorte :

Ceux du Iapon l'appellent Nifi ; les Chinois la nomment Ginfeng, à cause qu'elle a la forme d'vn homme qui ouure les iambes (car ils appellent vn homme Gin) vous croiriez que c'est nostre Mandragore, si ce n'est qu'elle est plus petite, toutefois ie ne doute point que ce n'en soit vne espece, car elle en a la figure & la vertu ; ie n'en ay iusques icy encore pû voir des fueilles, la racine deuient iaune lors qu'elle est seiche ; elle n'a presque point de fibres ny de filamens, par lesquels elle puisse tirer sa nourriture ; elle est toute parsemée de petites veines noirastres, comme si on les y auoit tirées subtilement auec de l'encre ; lors qu'on la masche elle est desagreable, à cause de sa douceur meslée d'vn peu d'amertume ; elle augmente beaucoup les esprits vitaux, combien que sa dose ne soit qu'à peine que de deux scrupules ; si on en prend vn peu dauantage, elle redonne les forces aux debiles, & excite vne chaleur agreable dans le corps ; on s'en sert quand elle est passée par le bain Marie, car elle rend vne odeur suaue comme les senteurs aromatiques ; ceux qui sont d'vne constitution plus robuste & plus chaude, sont en danger de leur vie s'ils en vsent, à cause de la grande efferuence qu'elle excite dans les esprits, mais elle fait miracle pour les debiles & trauaillez, & pour ceux qu'vne longue maladie ou quelqu'autre accident a épuifé de forces ; elle reftituë tellement les efprits vitaux aux moribons, en forte qu'ils ont fouuent affez de temps pour fe feruir d'autres remedes & recouurer leur fanté. Les Chinois eu difent merueille ; pour vne liure de cette racine, on en donne trois d'argent.

La defcription de cette plante eft fi imparfaite dans Martinius, que i'ay creu en deuoir mettre icy la veritable figure, tirée de l'Hiftoire des chofes naturelles non décrites, qu'on mettra dãs la fuite de ce Recueil, ou fi elle a quelque refsẽblance à la Mãdragore par fa racine, fes fueilles font bien voir qu'il la faut mettre fous vn autre genre.

Les terres où eft la Baye de Saldaigne ne font point vne Ifle comme le croid Rhoë, car les Hollandois qui y ont maintenant vne habitation, ont trouué que le Riodolce ne s'auançoit pas fort auant dans les terres.

Il y a peu d'apparence qu'il n'y ait point eu d'interruption dans la Defcendance de ce Prince Ranna, qu'il dit eftre venu en ligne directe de Porus qui fut vaincu par Alexandre.

La charge de Kutuual a plus de rapport à celle du grãd Preuoft qu'à celle du Lieutenant Ciuil, comme l'a expliqué le Traducteur.

Pour ce qui eft de la valeur de la monnoye du Païs, & principalement des Rupias, Monfieur Tauernier dit qu'elles ne vallent que 28. fols de noftre monnoye, & cependant dans quelques endroits de ce Difcours le Traducteur les fait valoir enuiron vn efcu cinq fols.

Les Coffes, Courfes, ou Cos (car ces trois mots fignifient vne mefme chofe) font plus grands en des Prouinces & plus petites en des autres ; les plus grandes font vne de nos lieuës de France, & les moindres vne demie.

Le Liure que le Pere Hieronymo Xauier Iefuite Nauarrois efcriuit de la verité de la Religion Chreftienne, & dont parle Rhoë, auoir pour titre, Le Miroir qui reprefente la verité : Alabedin Perfan y a fait de nos iours vne Refponfe en fa Langue, & a ramaffé tout ce que les Mahometans difent contre noftre Religion : Le Pere Guadagnoli depuis peu a refpondu au Perfan, & fa Refponfe a efté imprimée en Arabe à Rome, par ordre de la Congregation de Propaganda : Son Liure commence par quantité d'imprecations contre Mahomet. Des perfonnes informées des manieres du Leuant, luy dirent que c'eftoit rendre fon liure inutile aux Orientaux que de mettre dés le commencement ces imprecations, qui empefcheroient que ceux pour qui il auoit principalement efté fait ne le leuffent : le Pere en fit vne feconde impreffion pour corriger cette faute que l'on auoit trouuée dans la premiere ; mais cette fois-là il parla fi bien de Mahomet, que fes Superieurs y y trouuerent à redire, & on luy en fit mefmes vne feuere correction, dont il fe plaignoit à fes amis lors qu'ils luy parloient de fon Ouurage.

Les Firmans dont Rhoë parle fi fouuent dans fes Memoires, font lettres Patentes du Prince appellées de la forte, à caufe que leur ftyle ordinaire eft de commencer par la parole de Ferman, & Rhoe a efté le premier qui ait eftabli dans l'Indoftan ces Firmans & les conditions du commerce entre ces peuples, & les Agens & Facteurs de la Compagnie Angloife des Indes Orientales. Au retour de cét employ il fut enuoyé Ambaffadeur à Conftantinople, d'où il a efcrit plufieurs dépefches que i'efpere mettre vn iour dans la fuite de ce Recueil.

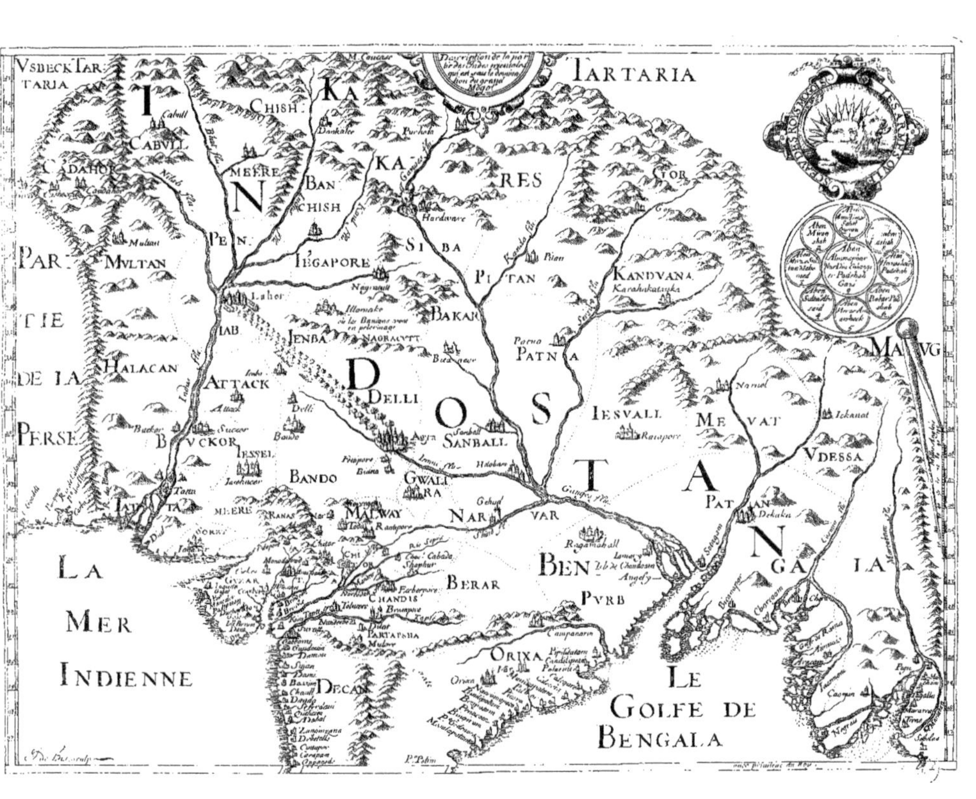
Vsbeck Tartaria
TARTARIA
CHISH.
KA
RES
CABVL
CADAHOR
MEERE
BAN CHISH
KA
SIBA
PE.N.
IEGAPORE
PARTIE DE LA PERSE
MVLTAN
Lahor
PI TAN
KANDVANA
BAKAR
IAB
IENBA
NAORAGVTT
DOSTAN
Parna PATN A
HALACAN
ATTACK
DELLI
SANBALL
IESVALI
ME VAT
MA VG
BVCKOR
IESSEL
Agra
VDESSA
BANDO
GWALI RA
PAT AN
MEERE
MALWAY
NAR
VAR
TA
N
BERAR
BEN
GA
LA
LA MER INDIENNE
CHANDIS
PARTAPHA
DECAN
ORIXA
PVRB
LE GOLFE DE BENGALA

MEMOIRES
DE
THOMAS RHOE,
AMBASSADEVR DV ROY
D'ANGLETERRE AVPRES DV MOGOL,
Pour les affaires de la Compagnie Angloife des Indes Orientales.

§. I.

Sa Nauigation jufques à Surat.

OSTRE embarquement fe fit à Grauefende, & nous arriuâmes le 5. du mois de Iuin a la rade de Saldaigne, où j'éprouuay que la variation de l'Ayman, que l'on tient eftre vne des plus feures methodes pour fçauoir combien on eft proche de terre, n'eft pas fi certaine qu'on l'a croid, & qu'elle ne peut feruir que comme vn auertiffement pour fe tenir fur fes gardes. En effet, la variation de l'Ayman ne diminuë point proche des terres, dans la proportion qu'elle diminuë lors qu'on en eft plus loin. I'en pourrois donner vne raifon bien claire, mais elle eft d'vne trop longue difcution pour la rapporter icy. Enfin, ie ne croy point que par cette methode on puiffe s'affeurer d'vne eftime à 20. lieuës prés, puis que le mouuement du Vaiffeau & celuy de l'aiguille, font que l'on s'y peut aifément tromper d'vn degré.

Saldaigne eft vne Ifle, à ce que ie croy. Sa pointe qui eft vers le Midy, fait le Cap de Bonne-Efperance. Elle eft feparée de la terre ferme de l'Affrique, par vne Baye profonde du cofté du Zudeft ; & de celuy de l'Eft, par vne riuiere que nous auons remarquée de deffus la montagne nómée la Table, à caufe qu'elle eft platte par le haut. La terre y eft fertile, & couuerte d'vne herbe baffe & épaiffe. Le continent eft coupé par des mótagnes fort hautes, pleines de rochers couuerts de neige & impenetrables, fi ce n'eft qu'on y entre en remontant le Rio-dolce. Cette riuiere eft fort grande, & fe rend dans la mer au cofté Oriental de cette Baye. Il y a dans cette Ifle 5. à 600. hommes les plus barbares gens du móde. Ils fe nourriffent de charognes, de beftes mortes, & portent entortillez à l'entour de leur col, les entrailles & les inteftins de ces beftes, qu'ils croyent feruir beaucoup à côferuer leur fanté. Ils ont le poil frisé comme les Negres. Ils fe le frottent de l'ordure de ces beftes, dont la peau leur fert d'habits. Ils en couurent leurs épaules, & mettent

Saldaigne.

Tous les autres voyageurs l'appellent la Baye de Saldaigne.

** A

le poil en dedans ou en dehors, felon qu'il fait chaud ou froid. Leurs maifons font couuertes d'vne efpece de natte, & ont la forme d'vn four. Ils les tournent à mefure que le vent change, car l'endroit par où ils entrent ne fe ferme point. On ne fe plaint plus tant de leurs voleries depuis que nous traitons auec eux. Ils font fans Religion, & n'ont aucune connoiffance de Dieu. L'air de ces quartiers-là eft fort fain & fort fubtil; les eaux font auffi fort bonnes, & paffent aifément. Cette Ifle abonde en Taureaux, en Vaches, en Singes, en Faifans, en Perdrix, en Oyes fauuages, en Canards, & en grand nombre d'autres Oyfeaux. Dans l'Ifle de Pynguin, l'on en void vne forte qu'on y appelle des Pynguins. Ils marchent droits fur leurs pieds, ont des aîlerons fans plumes qui leurs pendent comme des manches, barrées ou rayées de blanc, ne volent point, & fe cantonnent en vn des coins de cette Ifle, fans fe méler auec les autres oyfeaux.

C'eft vn eftrange Oyfeau, ou pour mieux dire vn Monftre, qui tient de l'homme, en ce qu'il eft droit fur fes pieds, de l'oyfeau & du poiffon. Mais il tient plus de l'oyfeau que de tout autre animal, pouuant feruir d'exemple contre la définition de l'homme, que quelques-vns ont definy vn animal à deux pieds, qui n'a point de plumes. On ne fait point de trafic en ce Pays-là, que de bœufs & de moutons, qu'on ne doit prendre que dans la faifon où ils font fort gras, c'eft à dire, au temps que le Soleil f'eft retiré d'eux, pour retourner du cofté du Nord. Il y a de certaines racines qu'ils appellent Maugin, nos Marchands croyent qu'il y a de

Ie croy fermement y auoir découuert vne roche, qui tient du vif argent & du vermillon, parce que les pierres de cette roche font par tout marquetées d'vn rouge fort pur, & auffi vif qu'aucune peinture rouge que nous ayons, mais qui f'efface quand il eft mis fur du papier. Cette matiere eft pareillement fort pefante, & elle brille en quelques endroits comme vne Marcaffite; ce qui fe rapporte fort à la defcription qu'Acofta nous a laiffé de la nature de cette forte de mine.

La table ou la roche ainfi nômée, eft de la hauteur de onze mil huit cens cinquante-trois pieds. Il y a beaucoup de Balleines & de Loups marins dans cette Baye. Les Hollandois y font venus fouuent pour en faire la pefche dans l'Ifle des Pynguins. Elle eft à 33. degrez 45. minutes de hauteur, & a 28. degrez 30. minutes de longitude prife du meridien de Lifart. L'on doute fi l'aiguille y varie vers l'Eft ou vers l'Oüeft: pour moy ie tiens que la variation eft de 30. minutes vers l'Oüeft, & qu'il y a quelque chofe dans les terres qui fait varier l'aiguille, & que c'eft de là que viennent les frequens changemens que l'on obferue dans la variation de l'aiguille, en allant depuis le Cabo-falfo vers l'Oüeft. Si iamais il fe rencontre quelques Vaiffeaux qui ayent affez de loifir pour découuir les terres vne centaine de lieuës plus vers le Nord, ce qui fe peut faire auec facilité, ie fuis certain qu'on y trouuera beaucoup de beftail & d'autres marchandifes. On pourroit auffi laiffer là des gens pour traiter plus auant dans le Pays, & peut-eftre qu'ils découuriroient ces Peuples qui ont de l'or, & qui le portent aux Portugais du cofté de Cuama. L'on pourroit traiter auec eux de la même maniere que l'on traite auec les Mores de Gago en Barbarie. Il ne faut point f'attendre que les Anglois exilez qu'on a laiffez au Cap de Bonne-Efperance, faffent aucune découuerte, ny rien de femblable; mais bien qu'ils fe feruiront de la premiere occafion qui fe prefentera pour retourner en Angleterre. Au refte, ils ne font pas en vn lieu où ils puiffent deuenir meilleurs, & ils ne profiteront pas beaucoup parmy des gens qui font hommes que par ce qu'ils parlent.

Molalia eft l'vne des quatre Ifles de Gomarra Angazefia, Iuanny & Majotta font les trois autres. Ces trois dernieres font fous vne mefme ligne, Angazefia eft vn peu plus auancée vers le Nord. Molalia à douze degrez 20. min. de lat. Auftr, la variation eft de 16. degrez 40. minutes.

Angazefia eft au Nort quart à l'Oüeft de Molalia, & en eft éloignée de fept lieuës. La pointe la plus auancée eft fous le 11. degré 55. minutes, & la plus proche

de la ligne 11. degrés 6. minutes. C'est la terre & la coste la plus éleuée que j'aye
iamais veuë. Elle est habitée par les Mores qui trafiquent de leur bestail & de
leurs fruits en diuers endroits de la terre ferme,& aux Isles qui leur sont à l'Est. Ils
changent leur bestail & leurs fruits contre des Callicoos & autres sortes de toiles
& étoffes de cotton dont ils font leurs habits. Ce Pays est sous la domination de
10. Seigneurs differens. Il est assez abondant en Vaches, Bœufs, Cabrys, en
noix de Cocos, en Oranges, & en Citrons. Ils firent des feux lors que nous passâmes, & nous parurent auoir grande enuie de traiter auec nous de nos marchandises, pour en auoir les premiers, parce qu'ordinairement il faut qu'ils les aillent a-
cheter des Habitans de Molalia, où nos Vaisseaux ont coûtume de s'arrester. Cette Nation est fort décriée du costé de la fidelité & de la bonne foy, il y a mesme
quelque-temps que les gens de l'équipage du Capitaine Lancaestre y furent trahis ; mais peut-estre que la communication qu'ils auront euë depuis auec ceux de
nostre Nation, les aura rendus plus traitables & de meilleure foy. Iuanny est située à l'Est de Molalia & de Majotta. Les costes de ces deux Isles sont fort seures.

Ces trois Isles ne manquent d'aucune chose necessaire à la vie ; mais sur tout,
celle de Majotta, comme ie l'ay appris des Arabes trafiquans à Molalia , & des
Hollandois qui s'y arrestent quelquefois.

L'Isle Iuanny ne cede de gueres aux trois autres, pour la fertilité de son terroir. Ses Habitans sont gouuernez par vne vieille Sultane qu'ils reconnoissent
pour leur Souueraine.

Molalia est maintenant diuisée sous la domination des enfans d'vn Sultan. Ses
trois enfans, deux garçons & vne fille, gouuernent chacun dans vn canton de
cette Isle. Le Sultan de qui dépend le canton où nous estions à l'Anchre, tient
ses Sujets dans vne si grande seruitude, qu'ils n'oserent pas nous rien vendre sans
sa permission. Le Capitaine Keyling enuoya pour cette raison quelques-vns de
nos gens dans la Ville, pour demander qu'il luy fust permis de negocier auec
eux. Le Gouuerneur nous permit de mettre à terre quarante de nos hommes,
auec le Capitaine Nevvport. Ce Gouuerneur nous reçeut, estant assis sur vne
natte de paille, accompagné d'enuiron 50. hommes. Son habit estoit d'vne toile
rouge & bleuë, qui le couuroit jusqu'aux genoux, les jambes & les pieds nuds, la
teste couuerte d'vn turban. Il auoit des truchemés qui parloient Arabe,& vn peu
Portugais. Le Capitaine Nevvport le regala d'vne petite piece d'Artillerie , &
d'vne épée. Le Gouuerneur de son costé luy fit present de quatre Taureaux, & luy
donna la permission d'acheter & de vendre, la faisant publier aux Habitans de
ce lieu. Il promit mesme d'y faire conduire son propre bestail, adjoûtant qu'il ne
vouloit point prescrire aux acheteurs ny aux vendeurs, le prix de leurs marchandises ; mais que c'estoit vne chose qu'il laissoit à la discretion des vns & des autres. Il enuoya querir des noix de Cocos, pour en faire present à la compagnie ,
pendant que de son costé il s'amusoit à mâcher d'vne certaine composition faite d'écailles d'huystres brûlées, & d'vne noix qu'ils appellent Areca, assez semblable à nostre Glan. Cette composition pique sur la langue , elle arreste les de-
fluxions, rafraichit le cerueau, & raffermit les genciues. Elle feroit tourner la teste à ceux qui n'y seroient point accoûtumez ; elle fait cracher, & à la longue
elle teint en rouge les dents de ceux qui en vsent ; ce que les plus propres d'entre-
eux tiennent pour vn grãd ornemêt. Tout le mõde de ce païs se sert de cette dro-
gue à toutes les heures du jour,& ne connoist point d'autre remede que celuy-là.

De chez le Gouuerneur on cõduisit nos gens en la mãisõ d'vn maistre Charpentier. Cette maison estoit bastie de pierre & de mortier. Les murailles estoient
enduites de chaux, le toict fort bas , couuert de bardeau, & pardessus de fueilles. La maison estoit au milieu d'vne autre, enceinte faite de roseaux : Leurs jardins sont fermez de mesme. Ils y ont du Tabac & des Platanes ou figuiers d'A-
dam. Pour nous seruir à disner on mit vne planche sur des Treteaux ; & on la cou-

Majotta.

Iuanny, d'au-
tres l'appel-
lent Iean de
Castro.

Molalia.

Pour habit
il auoir vne
toile rouge
& bleuë.

urit d'vne natte fort propre. Les bancs estoient couuerts de mesme. L'on apporta d'abord de l'eau pour lauer les mains dans vne coquille de Cocos, vn plat de bois seruoit de bassin, & pour s'essuyer on presenta de la pleure ou de l'escorce de ces mesmes arbres de Cocos. On leur seruit apres du Rys boüilly, du fruict de Platane rosti qui fut seruy sur vn plat de rys, des poules & de la chair de Cheureau. Leur pain estoit fait de farine de noix de Cocos cuite au four auec vn peu de miel. Le vin de Palmites & le suc du Cocos est leur boisson. I'enuoyay vn de ceux de ma compagnie, & auec luy mon Chappellain vers le Sultan. Il fait sa residence plus auant dans le païs à trois lieuës de Fambone, où ils le rencontrerent. Il les receut auec grande ciuilité, & les retint à sa table, qui fut seruie presque de la mesme maniere que celle du Charpentier. Ils le nomment Sultan Amar-adel, il se dit parent de Mahomet. Ses habits ne differoient gueres de ceux du Gouuerneur, excepté que l'estoffe en estoit plus fine ; mais sa maniere & ses façons de faire n'estoient pas accompagnées de tant de bien-seance & de grauité. Il nous fut fort facile de l'enyurer de nostre vin. L'autre Sultan son frere vint auec trois esclaues pour traiter au lieu où estoit nostre vaisseau, ie le vis à loisir : Il auoit apporté vn certificat du Capitaine Sayers, comme il auoit bien traitté les Anglois dans l'estenduë de son ressort. Il est Xerif & Sultan tout ensemble. Il vint à nous auec assez de grauité, & s'offrit de traitter pour du vif argent. Nous luy demandâmes la quantité qu'il en auoit. Il fit response qu'il en auoit pour quatre ou cinq pieces de huict ; & en fin ce Sultan & Xerif en vint iusques à nous demander vne paire de souliers.

Ce peuple est Mahumetan, obseruant exactement les anciennes Loix de leur Prophete ; & parce que les iours de leur Randam ou Quaresme approchoit, ils faisoient vn grand crime de boire du vin. Ils ne laissent point voir leurs femmes ny leurs Mosquées : ce qui nous parut assez à l'allarme qu'en prit vn de leurs Prêtres. Comme il eut apperceu vn de nos gens qui s'approchoit d'vn vilage, il fit aussi-tost renfermer toutes les femmes, & cria que si nous approchions de la Mosquée ils feroient tirer sur nous. Le Xerif appaisa l'emportement du Prestre, & nous permit ce que l'autre nous deffendoit auec tant de bruit. Il y en a beaucoup parmy eux qui sçauent parler & escrire l'Arabe, quelques-vns aussi ont appris le Portugais à Mosambique, où ils trafiquent auec leurs Ionckes ou Barques de trente ou quarante tonneaux.

Nostre flotte prit là des rafraichissemens ; & y fit prouision de bestail choisissant les bestes les plus jeunes, dot la chair est excellente. Nos gens y trouuerent aussi des moutons d'Arabie, des poules, des noix de cocos, des oranges & des citrons en grande abondance. Les habitans leur donnoient ces rafraichissemens en eschange de toiles, d'épées, de pieces de huict, & leurs fruicts, pour des coûteaux, pour des grains de verre, & semblables merceries.

Vn Vaisseau Marchand de Madagascar chargé d'Esclaues, se trouua à l'Anchre en ce mesme endroit. Le Pilote parloit Portugais, & me dit que du costé de l'Isle de S. Laurens, il y auoit quantité d'Ambre gris & de noix de Cocos. Il auoit vne connoissance particuliere de ces costes ; il me fit voir vne Carte marine en parchemin fort bien grauée ; quand il eut vû la mienne, il y trouua à redire en plusieurs choses, que ie corrigeay sur son rapport, & particulierement la distance qu'il y a de Soccatora à la coste de la terre ferme, & certaines autres Isles que ma Carte mettoit au Zud de Molalia, m'asseurant qu'elles ne s'y trouuoient point. Il me disoit que son Pays estoit situé depuis le 5. degré 50. minutes, iusqu'au 4. degré : Que le Port du Pays est sous 2. degrez 10. min. de latit. Sept. & est gouuerné par vn Roy. Il m'asseura qu'il y auoit dans ce Port assez d'yuoire, de tinta-roxa, & d'ambre gris, pour la charge d'vn Nauire. Ie ne sçay ce qui l'empescha de me reuenir voir, & de m'apporter, comme il m'auoit promis, vn échantillon de cette tinta-roxa, ou ancre rouge, auec vn dessein de l'entrée de ce Port ; car j'auois tâché à l'obliger de reuenir par de grandes promesses. Que les Ports qui sont le long de cette coste au Zud de Magadoxa jusqu'à Mosam- *Magadoxa.* bique, sont tenus par des Seigneurs particuliers, Mahometans de Religion. Ce Pilote me vouloit faire croire que nous y pourrions trouuer de l'or en sable mélé de terre, & de l'argent, dont les Habitans ne faisoient aucune estime. Que les toiêts des maisons de Magadoxa estoient dorez. Pour ce qui est des Places qui sont plus auant dans le Pays, il me fit bien voir qu'il n'en auoit pas beaucoup de connoissance ; il m'en nomma seulement quelques-vnes qui estoient entre Magadoxa & les terres du Prestre Iean, comme Odela, Mahefa, Rohamy, & Gala ; que Odela & Gala sont habitées par des Caffres ou Infideles. Ie ne sçay s'il entend par là les Payens ou les Chrestiens, puis qu'ils comprennent aussi bien les Payens que les Chrestiens & Abyssins sous ce nom. Au regard du Preste Iean, il ne m'en sçeut dire autre chose, sinon que c'estoit vn grand Prince & vn Caphar. Mais pour ce qui est des contrées de Magadoxa jusqu'à Cambaya, il en estoit fort bien informé. Son frere qui estoit venu en sa compagnie, s'estoit trouué au combat des Portugais contre vn de nos Vaisseaux nommé l'Esperance. Il disoit que les Portugais y auoient esté battus, & que trois de leurs Vaisseaux ayans esté brûlez, les autres auoient pris la fuïte. Il nous asseura que le Roy de Dabul, animé par cét auantage, auoit armé puissamment, & qu'il auoit pris sur les Portugais les Ports de Chaul, de Damon, & autres Places maritimes. Que pour lors il marchoit du costé de Goa, qui manquoit de viures. I'esperois bien en apprendre dauantage de luy, mais on l'empêcha sous main d'auoir auec moi vne plus longue communication. Le temps que l'on mettroit à reconnoistre ce Pays-là, ne seroit peut-estre pas mal employé ; mais ie doute de la disposition des Peuples qui l'habitent, à l'égard de ceux de nostre Nation.

Le 22. d'Aoust, les vents furent si grands sous les costes de Abad-elcora, & le fonds où nous estions estoit si plein de roches, que ie dois auertir ceux de nostre Nation, que lors qu'ils se trouueront sous cette coste, ils se gardent bien de moüiller les Anchres en cét endroit ; car ils les perdroient de nuit, & décendroient si bas qu'ils ne pourroient plus regagner l'Isle : mais si le mauuais temps les obligeoit de jetter l'Anchre, ils doiuent choisir vn lieu qui soit à couuert des vents qui viennent des montagnes. Nous y moüillâmes l'Anchre au second quartier de la Lune ; elle se leuoit alors sur l'horison, à   heures, & se couchoit à minuit. Ces grands vents soufflent aussi long-temps qu'elle est sous l'horison, & cessent aussi-tost qu'elle commence à paroistre dessus ; tellement *Les vents* qu'il faut auoüer que la Lune est la maistresse du temps en ce Pays-là, & qu'il *dépendent* faut obseruer soigneusement son cours & tous ses changemens. *de la Lune.*

Le 23. nous mismes à la voile, & fûmes moüiller l'Anchre à la rade de Tamara, à 10. brasses d'eau, nous estions à vne lieuë de la Ville ; en sorte que la pointe la plus basse, & l'éminence des montagnes qui sont vers l'Est, se trouuoit sur vne mesme ligne auec nostre Vaisseau. Le Sultan qui y fait sa residence, nous fit entendre que les vents qui viennent des montagnes estoient si furieux, que nous aurions de la peine à y demeurer, & que nous ferions mieux d'aller jusqu'à Bayadelicia, deux lieuës plus vers l'Est, où il nous viendroit trouuer. Le Port en est fort commode, & merite le nom d'agreable, à cause des collines dont il est entouré, & qui le mettent à couuert des grands vents : la latitude de ce lieu est de 13. degrez 5. minutes, & la variation 18. degrez 2. minutes. Le fond est de sable blanc, mais plein de roches : c'est pourquoy il faut bien prendre garde aux cables : car si elles les touchent, elles les coupent.

Soccotora est vne autre Isle à l'embouchure de la Mer-rouge ; c'est la Dioscu- *Soccotora.* ria ou Dioscorida des anciens. Elle est sous la hauteur de 12. degrez 55. minutes. Vn Sultan appellé Abar-ben-seid y commande, il est fils de Seid-ben-seid, Roy de Fartaque dans l'Arabie heureuse, & luy doit succeder, Soccotora estant comme l'appanage des aînez de ces Roys. Le Royaume de Fartaque a son estenduë & sa situation, depuis le 15. degré jusqu'au 18. le long de la coste d'Arabie ; & du costé du Nord, il s'estend vers les montagnes. Il est en paix auec le Grand Seigneur, à qui toute l'Arabie paye tribut, excepté ce Pays-cy, qui n'est obligé à autre chose qu'à luy enuoyer cinq mille hommes quand il les demande, à condition toutefois du costé du Grand Seigneur, de les payer & de les entretenir.

Amar-ben-seid nous dit aussi qu'il y auoit vn autre Seigneur particulier proche de Dozar, qui est sous la protection de la Porte. Ce Sultan de Soccotora fit dresser ses tantes à Baia-delicia, & vint trouuer nostre General, auec vne suite de 300. personnes ; il le receut bien, c'est vn Prince fort sage, comme il nous parut au discours qu'il nous fit, & à sa maniere de gouuerner. Il vit & s'habille comme les Arabes, & est Mahometan de Religion.

La ville de Tamara, où ce Sultan fait sa residence, est assez bien bastie. Les maisons sont crépies de chaux ; tellement qu'en les voyant du Port auec les terrasses de leurs toicts, elles font vne perspectiue assez agreable : mais les dedans ne répondent pas à cette apparence exterieure. Le Sieur Boughton emprunta vn cheual de l'Escurie du Roy, & eust permission d'aller faire le tour de son Palais. Le Roy enuoya vn Sheck pour l'accompagner ; mais Boughton fut bien surpris de trouuer ce bastiment si different de ce qu'il auoit crû. Il n'estoit pas neantmoins si mauuais, qu'vn petit Gentil-hôme d'Angleterre ne s'en pût bien passer. Il entra dans la Mosquée, & il y trouua vn Xerif occuppé aux Ceremonies de sa Religion. Côme Boughton eût tiré sa monstre de sa poche pour voir quelle heure il estoit, le Xerif s'en vint promptement à luy ; & considerant cette monstre, il n'en pouuoit assez admirer la beauté. On luy seruit pour son dîner trois Poulets & vn peu de Rys, & pour boisson du Cahüé : le Roy luy fit des excuses sur le traitement qu'on luy auoit fait, & luy dit que cette Place ne meritoit pas la curiosité qu'il auoit euë de la voir. Nous vîmes de loin vn Château basti en quarré sur vne môtagne à vne lieuë de Tamara, où l'on ne voulut point nous permettre d'étrer.

Il y a quatre Nations differentes dans ce Pays. Les Arabes qui n'en sont pas originaires, mais qui y sont passez auec les ancestres du Sultan qui y regne aujourd'huy, lors qu'ils en firent la conqueste : ceux-là luy baisent la main quand ils se presentent deuant luy. La seconde sorte, c'est vn Peuple traité en Esclaue, qui luy baise les pieds, & trauaille continuellement à son seruice & à preparer son Aloë. Les Bedvvyns qui font la troisiéme sorte, sont plus anciens dans le Pays que ceux que nous venons de dire. Le Roy de Soccotoa a eu de longues guerres auec ces Bedvvyns. Ils viuent dans les montagnes où ils sont en grand nombre, & l'on les laisse maintenant en paix, à condition qu'ils ne remuëront plus, & qu'ils éleueront & feront instruire leurs enfans dans la Religion de Mahomet : ce que neantmoins ils ne font point, & n'ont aucun commerce auec les Arabes. Ie tiens que ces gens-cy sont les anciens Chrestiens Iacobites, & ce qui arriua à Boughton me confirme dans cette croyance. Comme il alloit à Tamara, il apperceut vne de leurs anciennes Eglises ; la porte en estoit mal fermée, & Boughton auoit grande curiosité d'y entrer. Ce Sheck qui l'accompagnoit, luy dit qu'il y reuenoit des esprits. Cela augmenta la curiosité qu'il auoit d'y entrer, côme il fit. Il y trouua vn Autel & des Images, & sur l'Autel vne Croix qu'il emporta. Le Sheck luy dit que c'estoit vn Peuple d'vne autre Religion ; & de la maniere qu'il en parloit, il faisoit bien voir qu'il ne prenoit pas plaisir qu'on luy en fit tant de questions. Ie m'imagine que ce Sheck sçauoit bien qu'ils estoient Chrestiens, & qu'il apprehendoit par cette raison que nous ne prissions le soin de les tirer de l'oppression des Arabes.

La quatriéme sorte de ces Insulaires est vn Peuple grossier, miserable, qui n'a point de demeure arrestée, qui couche le plus souuent dans les bois, tout nuds, défigurez, portant de longs cheueux, qui viuent de racines, qui n'ont point de

communication auec les autres à qui la moindre chofe fait peur, & qui meine
vne vie peu differente de celle des beftes brutes. Ie tiens que ces Sauuages font
les Habitans originaires de cette Ifle. La terre en eft fort fterile & pleine de montagnes. On y trouue des Bœufs, des Cabrits, & des Moutons, mais en petit
nombre. Pour fruits, ils ont des Dattes & des Oranges ; il y a auffi vn peu de
Rys & de l'Aloë pour toute marchandife. Le Roy auoit du fang de Dragon, de
l'Indigo de Lahor, & de la Ciuette ; mais il eftimoit ces drogues bien cherement, fe referuant à luy feul ce Commerce, & le deffendant au refte de fes Sujets.
Il a vne petite Galiotte ou Ionck, auec quelques Rameurs de Suratte qui le
feruent à l'année. Ce Prince a connoiffance du Prefte-Ian, il nous dit que c'eft le
plus grand & le plus puiffant Prince du monde, le mettant au deffus du Grand
Seigneur, & du Sophy de Perfe. Ils ont en grande veneration les tombeaux où
leurs morts font enterrez. Il y a beaucoup de ces tombeaux dans le Pays ; mais
leur plus grande deuotion eft pour celuy de Serdy Hachim qui eft enterré à Ta-
les auertit, à ce que difent ceux du Pays, de tous les accidens qui leur arriuent. Ils
attribuënt au mouuement qu'il fait lors qu'il marche, la force des vents, & luy
rendent tout le culte dont ils fe peuuent auifer. Ce que j'en ay mis icy, ie l'ay appris des autres qui mirent pied à terre. Pour moy, ie croy que nos Flottes feront
mieux deformais de paffer de Molalia, droit au Cap de Guarda-fuy, f'y rafraîchir, y attendre le Mouffon, & tirer en fuite vers Suratte, fans f'arrefter à Soccotora. Si quelqu'vn me replique qu'elles manqueroient de rafraîchiffemens, ie
répondray que les viures que l'on prend à Soccotora, font fort mal conditionnez,
& couftent auffi cher, prix pour prix, qu'en Angleterre, outre qu'il faut aller querir l'eau bien loin, & auec beaucoup de danger ; en forte que nos Vaiffeaux y ont
perdu fouuent de leurs gens. Au Cap de Guarda-fuy, au contraire, toutes chofes
f'y trouuent en abondance & à bon marché. La rade y eft fort feure, & quoy que
nous n'ayons pas traité auec ces Peuples, tontesfois il y a toute forte d'apparence qu'il feroit aifé de le faire.

---

§. I I.

Son voïage du Port de Suratte à la Cour du Mogol. Sa reception,
& les manieres de cette Cour.

LE 26. Septembre, ie mis pied à terre auec le General & les principaux Marchands de noftre Flotte. Le Capitaine Harris fut commandé pour me faire
efcorte, auec 100. Moufquetaires. L'équipage des Vaiffeaux parut en bon
ordre quand ie paffay, & ils me faluerent de toute leur Artillerie.

Le 15. Nouembre j'arriuay à Brampour. Cette place, felon ma conjecture, eft
cedé de 16. Drappeaux que l'on portoit à la tefte de fa trouppe. Il me conduifit

I'enuoyay dire à Kutevval que ie voulois partir à l'inftant ; & me plaignis de la maniere dont on me traitoit. Il me pria d'auoir patience jufqu'au lendemain matin. Sultan Peruies, le fecond fils du Roy, refide en cette Place, comme Lieutenant de fon pere, auec Chan-Canna, le plus puiffant des Sujets du Mogol. Il eft General de fes Armées, & a toufiours auprés de luy 4000. Cheuaux. Le Prince à bien le titre & le train d'vn General, mais Chan-Canna en a toute l'authorité.

Sultan Par-
nes.   · Le 18. j'allay voir le Prince, & luy portay vn prefent. Ie le fis pour plufieurs, raifons : car j'eftois bien aife de voir les manieres de cette Cour, & ie croyois qu'il importoit de m'affeurer de fa faueur, pour le deffein que j'auois d'y eftablir vne Factorie. I'auois trouué par experience, que nos lames d'épées fe vendroient fort bien dans fon Armée. Kutevval me mena à l'Audiance, ie trouuay cent Caualiers qui attendoient le Prince pour luy faire la reuerence, & qui faifoient haye des deux coftez de l'entrée de fon Palais. Le Prince eftoit dans la feconde Cour, fous vn Daix, & vn tapis deuant luy, dans vn équipage de grand Seigneur, mais d'vn grand Seigneur Barbare. Comme ie m'auançois vers luy à trauers du peuple qui faifoit haye des deux coftez, l'vn de fes Officiers vint au deuant de moy, & me dit qu'il falloit que ie baiffaffe la tefte jufques à terre. Ie luy répondis que ma condition me difpenfoit de cette maniere feruile, de faluër fon Maiftre. Ainfi ie m'auançay jufques à la balluftrade, & au pied d'vne eftrade de trois degrez. Ie m'arreftay là pour luy faire la reuerêce. Il me fit vne inclination de corps. I'entray en fuite dâs la balluftrade, où ie trouuay tous les principaux Seigneurs de la Ville, dans vne pofture & dans vne foûmiffion d'efclaues. Le Daix qui couuroit cette place eftoit fort riche, & le bas eftoit couuert de beaux tapis. Quand ie fus entré, ie ne fçauois où ie deuois prendre place : mais dans ce doute, ie me prefentay droit deuant luy : Son Secretaire eftoit fur les degrez d'vne feconde eftrade, fur laquelle ce Prince eftoit affis comme vn Roy de theâtre. Ie luy expofay que le Roy d'Angleterre m'ayant enuoyé pour Ambaffadeur auprés du grand Mogol fon pere : & paffant par vn lieu où il eftoit, j'auois crû eftre obligé de luy faire la reuerence. Il me répondit que j'eftois le tres-bien venu, & me fit plufieurs queftions fur le fujet du Roy mon Maiftre ; aufquelles ie répondis felon que ie jugeay à propos. Mais me trouuant de cette maniere placé au bas, ie luy demanday permiffion de monter les degrez, & de le pouuoir entretenir de plus prés. Il me répondit, que fi le Roy de Perfe & le grand Turc eftoient là, ils n'y feroient pas admis. Ie repliquai, que ie meritois en cela quelque excufe, puis que ie ne doutois point qu'en femblables rencontres il n'euft efté au deuant d'eux jufques à la porte, & qu'enfin ie ne pretendois point d'autres traitemens que ceux qu'il fait aux Ambaffadeurs des Princes qu'il m'auoit nommés, puis que ie ne deuois leur ceder en quoy que ce fût. Il m'affeura que j'eftois traité comme eux, & que ie le ferois en toute forte de rencontre. Ie demanday en fuite vne chaife. On me répondit, que iamais perfonne ne s'eftoit affis en ce lieu ; & l'on m'offrit comme par vne grace particuliere, la liberté de m'appuyer contro vne colomne couuerte de placques d'argent, qui foûtenoit fon Daix. Ie luy demanday la permiffion d'établir vn magazin dans fa Ville, & d'y tenir des facteurs. Il me l'accorda, & donna ordre fur le champ au Buxy, de dreffer les Patentes pour faire receuoir mes gens, & pour y pouuoir établir leur refidence. Ie le priay auffi de donner ordre qu'on fift trouuer des voitures pour les prefens que j'allois porter à fon pere. Il en donna la charge à Kutvval, receut de bonne maniere les prefens que ie luy fis ; & apres quelques queftions, me dit que pour me fatisfaire, il me receuroit en vn autre lieu, où ie pourrois eftre plus proche de luy, ce qu'il ne me pouuoit pas accorder alors. Entre mes prefens, il y auoit vne caiffe pleine de bouteilles de vin ; & j'appris apres auoir attendu quelque-temps, qu'il ne me pouuoit tenir fa parole ; parce qu'il s'eftoit enyuré de mon vin. En effet, vn de fes Officiers me vint faire excufe de fa part, & me prier de remettre

rua

ma vifite à vne autre fois. La nuit de ce jour-là, la fiéure me reprit.

Le 6. Decembre, nous pafsâmes la nuit dans vn bois qui n'eftoit pas fort éloi-gné du fameux Chafteau de Mandoa. Il eft fitué fur vne montagne efcarpée, & toute clofe de murailles, qui ont bien fept lieuës de circuit. Ce Chafteau eft beau, & d'vne grandeur eftonnante.

Le 22. Edoüard Terry vint au deuant de moy accompagné de Thomas Co-riat, qui auoit fait le voïage d'Angleterre aux Indes, toûjours à pied. A cinq cof-fes de là, nous trouuâmes fur vne montagne la ville de Chitor, dont la gran-deur paroift encore dans les ruïnes dans lefquelles elle a efté enfeuelie. On y void les reftes de quantité de Temples baftis fuperbement de pierre de taille, plufieurs belles tours, quantité de colomnes, vn grand nombre de maifons, dont il n'y en a pas vne d'habitée. Il n'y a qu'vn endroit par où l'on y puiffe monter, encore eft-ce par vn precipice. On paffe en montant quatre portes, auant qu'on arriue à celle de la Ville, qui eft magnifique. Le fommet de la montagne à huit coffes de circuit; & du cofté du Zudoüeft, il y a vn vieux Chafteau qui eft affez bon; ie logeay dans vn petit Village qui eft au pied de la montagne. Cette Ville eft dans les Eftats du Prince Ranna, qui eft nouuellement foûmis au Mo-gol; ou pluftoft qui a reçeu de l'argent pour fe dire fon tributaire. Eckbarf-ha pere du Mogol d'aujourd'huy, a fait cette conquefte.

Ville de Chitor.

Ranna vient en ligne directe de Porus ce fameux Indien, qui fut vaincu par Alexandre. Pour moy, ie crois que la Ville de Chitor a efté autrefois la refidence de Porus, quoy que Delly, qui eft bien plus auancée vers le Nord, ait efté la Capi-tale de fes Eftats. Delly n'eft maintenant fameufe que par fes ruïnes. Proche de la Ville, il y a vne colône qui fut mife par Alexandre, auec vne longue infcription. Le Mogol d'aujourd'huy & fes anceftres, qui defcendent de Temurlam ont ruïné toutes les Villes anciennes, & ont deffendu de les rebaftir. Ie ne fçay par quelle raifon, fi ce n'eft qu'ils ayent voulu abolir la memoire de tout ce qu'il y a eu de plus grand & de plus ancien que la puiffance de leur Maifon.

Ranna Prin-ce de la ra-ce de Porus.

Le 23. j'arriuay à Afmere, à 209. coffes de Brampour, qui font 418. miles d'Angleterre. Les coffes font plus longues en ces quartiers-là que vers la cofte.

Le 10. Ianuier, j'arriuay à la Cour à 4. heures apres midy. Ie fus au Durbal, qui eft le lieu où le Mogol donne Audience aux Eftrangers & à fes Sujets. Il y donne auffi les ordres pour le gouuernement de fes Eftats. Deuant que de vous décrire ma reception, ie diray quelque chofe des façons de faire de cette Cour. Il n'y a que les Eunuques qui entrent dans les Apartemens du Roy. Ses femmes y font la garde armées de toutes fortes d'armes. Tous les matins le Mogol fe pre-fente à vne feneftre tournée vers l'Orient, appellée le Iarneo. Elle a veuë fur vne grande place qui eft deuant la porte de fon Palais, où tout le peuple fe rend pour le voir. Sur le midy il y retourne, & y demeure quelque-temps pour voir les combats des Elephans & des beftes fauuages. Les perfonnes de condition de fa Cour font au deffous de luy fur vn échaffaut. Au fortir du Iarneo, il fe retire dans les appartemens des femmes. Apres midy il y retourne, & fur les huict heu-res. Apres foupper il defcend au Gouzelean, qui eft vne grande Cour, au milieu de laquelle il y a vn trône éleué de pierre de taille, fur lequel il s'affied, ou bien fur vne chaife qui eft à cofté du throfne. Il n'y a que des perfonnes de grande qualité qui y foient admifes; mêmes entre celles-là il n'y en a pas vne qui y ofe en-trer fans y eftre appellée. On n'y parle point d'affaires d'Eftat, & elles fe traitent toutes au Durbal, ou au Iarneo, comme nous auons dit. Les refolutions les plus importantes, fe prennent en public, & s'enregiftrent de mefme. On peut voir ce Regiftre pour vn tefton, fi on en a la curiofité. Ainfi le menu peuple fçait autant des affaires du Prince que ceux de fon Confeil, & chacun fe dône la liberté de les examiner & cêfurer felon fon fentimêt. Tous les iours fe paffent de la mefme ma-

Cour du Mogol.

** B

niere. Le Prince ne mâque point à se trouuer en ces lieux, s'il n'est yvre ou s'il n'est malade. Encore dans ces rencôtres, faut-il qu'il le fasse sçauoir. Ses Sujets sôt bien ses esclaues ; mais de son costé, il est obligé enuers eux, de s'assujettir à ces heures, & d'obseruer ces coustumes si precisément, que s'il auoit manqué vn iour à se faire voir, sans rendre raison de ce changement, le peuple se soû-leueroit, & il n'y a rien qui le puisse excuser s'il y manque deux fois de suite. Quand la necessité l'y oblige ; il faut qu'il fasse ouurir ses portes, & qu'il se mon-tre à quelques-vns d'entr'eux pour satisfaire les autres. Le Ieudy, il rend ses Iu-

Audiance de Rhoë.gemens au Iatneo. Il entend patiemment les plaintes des moindres de ses Sujets, & prend quelquesfois trop de plaisir à voir les supplices des criminels, qui sont executez par ses Elephans. Mais pour en reuenir à ma premiere audiance, ie fus conduit au Durbal. A l'entrée de la premiere balluftrade, deux de ses principaux esclaues vinrent au deuant de moy pour me conduire à l'audience. I'auois deman-dé la permission de luy rendre mes respects & mes soûmissions, à la maniere de mon Pays. On me l'auoit accordé. En entrant dans la premiere balluftrade, ie fis vne reuerence ; dans la seconde, vne autre ; & vne troisiéme, quand ie me trou-uay au dessous du lieu où estoit le Roy. Ce Durbal est vne grande Cour, où tou-tes sortes de gens se rendêt. Le Roy est assis en vne petite gallerie ou loge, éleuée au dessus du rez de chaufsée de la Cour. Les Ambassadeurs, les premiers de son Estat, & les estrágers de côdition, sont admis dans l'enceinte d'vne balluftrade qui est au dessous du lieu où il est. Le plan de cette balluftrade est éleué vn peu plus haut que le reste de la Cour ; & tout l'espace qu'elle enferme, est couuert par le haut de grandes pieces de velours, & le plancher de beaux tapis. Les personnes de côdition mediocre sont dans la seconde balluftrade. Le peuple n'y entre point, & est dans vne Cour plus basse ; mais disposée en sorte, qu'ils peuuent tous voir le Roy. Cette maniere de seance a beaucoup de ressemblance à vn theâtre. Les principaux de son Estat y sont placez comme les Acteurs d'vne Comedie sur vne Scene, & le peuple plus bas comme dans le parterre. Le Roy preuint mon Inter-prete qui estoit fort grossier, & me dit ; Tu sois le bien-venu, traitant dans la sui-te du discours le Roy d'Angleterre de frere. Ie luy presentay les Lettres du Roy mon Maistre, traduites en la langue que l'on parle dans les Estats du Mogol : ma Commission qu'il examina curieusement, & enfin, les presens qui furent fort bien reçeus. Il me fit quelques questions ; & me témoignant estre en peine de ma santé, il m'offrit son Medecin, & me conseilla de garder la maison jusques à ce que j'eusse repris mes forces. Que si dás ce temps-là j'auois besoin de quelque cho-se, ie pouuois librement le luy faire sçauoir, auec asseurance qu'elle me seroit accordée. Il me licentia auec plus de demonstrations de faueur, qu'il n'en ait iamais fait aux Ambassadeurs du Turc, du Persan, ny de quelqu'autre Prince que ce soit. Au moins, les Chrestiens qui estoient là presens, en faisoient ce juge-ment. Le 14. j'enuoyay vers le Prince Sultan Coronne son troisiéme fils, selon le rang de la naissance, mais le premier dans la faueur du pere. Ie luy fis sçauoir que ie souhaitois de luy rendre visite, ne doutant point qu'il ne me dût receuoit se-lon ma qualité. Ie crûs estre obligé de faire demander l'Audience en ces termes, car j'auois esté aduerty qu'il estoit ennemy de tous les Chrestiens. Il me répondit que ie serois le bien-venu, & que ie receurois de luy les mesmes satisfactions que j'auois reçeuës de son pere. Il est Seigneur de Suratte, nostre principale residence ; & pour cette raison, il importoit beaucoup d'auoir sa bien-veillance & son appuy.

Le 22. ie luy rendis ma visite sur le midy, qui est le temps auquel il donne Au-diance, & se fait voir aux gens de sa Cour. Il est fier de son naturel, & j'apprehen-dois pour le traitement qu'il me deuoit faire. Ie ne sçay quelle rencontre l'empef-cha de venir ce jour-là au Durbal ; mais si-tost qu'il sçeut mon arriuée, il enuoya vn de ses principaux Officiers au deuant de moy. Cét Officier me conduisit dans vn lieu où personne auant moy n'auoit esté admis, & m'entretint sur le sujet de

mes affaires durant vne demie-heure, en attendant que le Prince fuſt viſible. Il
ſuruint comme nous parlions, il me traita encore mieux qu'il ne m'auoit promis. Ie luy fis vn preſent, que j'accompagnay d'excuſes, que le Roy mon Maître ne ſçauoit pas qu'il fuſt Seigneur de Suratte, mais que ie ne doutois point
que ſa Majeſté ne luy en enuoyaſt vn digne de luy : que pour celuy-là, ie le priois
de le receuoir comme vn reſpect que luy rendoient les Marchands, qui ſe recom-
mandoient à ſa faueur & à ſa protection. Il le receut en bonne part ; ie luy fis en
ſuite quelques plaintes du mauuais traitemēt que ſes Officiers nous auoient fait à
Suratte, & luy dis que le reſpect que j'auois pour luy m'auoit empeſché d'en faire
mes plaintes au Roy ſon pere. Il me promit d'en faire vne prōpte juſtice, & d'eſtablir noſtre ſeureté dans cette place, en nous accordant toutes les conditions que
nous pouuions ſouhaiter de luy, m'aſſeurant qu'il ne ſçauoit rien de ce qui ſ'eſtoit
paſſé, que ce qu'il en auoit appris par le moyen d'Aſaphchan qui l'en auoit informé ; ſur tout, qu'il ne ſçauoit rien du commandement qu'on nous auoit fait de
partir de la Ville : qu'il falloit que le Gouuerneur l'euſt fait de ſon chef, &
qu'il luy en répondroit. Sur cela, il me congedia, & me laiſſa tout plein d'eſperance, qu'il r'eſtabliroit la reputation de nos affaires ; que ces mauuais traitemens
nous auoient fait perdre à Suratte ; & cela par le moyen d'vn Firman qu'il me
promettoit.

Le 24. ie fus trouuer le Roy au Durbal ; Comme il me découurit de loin, il
me fit ſigne de la main que ie n'auois que faire de demander audiance, & que ie
pouuois ſans autre façon m'approcher de luy. Il me fit donner place au deſſus de tous ceux qui y eſtoient. I'ay touſiours crû depuis, me deuoir conſeruer la
poſſeſſion de cette place. La couſtume eſt, que tous ceux qui ont affaire à luy,
luy doiuent faire quelque preſent. Ceux qui ne peuuent pas en approcher, luy
enuoyent leurs preſens, & les luy monſtrent, les éleuant au deſſus de leurs teſtes,
quand le preſent ne vaudroit pas plus d'vn écu. Ie luy fis donc vn petit preſent,
qu'il conſidera auec beaucoup de curioſité ; & apres m'auoir fait pluſieurs queſtions ſur le ſujet de ce preſent, il me demanda ; Que voulez-vous de moy ? Iuſtice, luy répondis-je, ſur l'aſſeurance du Firman que voſtre Majeſté a enuoyé en
Angleterre au Roy mon Maiſtre. Il n'a pas ſeulement donné permiſſion à ſes Sujets, de faire vn ſi long & ſi dangereux voïage, & d'apporter leurs biens & leurs
marchandiſes dans vos Eſtats, il m'a encore enuoyé exprés vers voſtre Majeſté,
pour luy témoigner la joye qu'il a de l'amitié qui cōmence à ſ'eſtablir ſi heureuſement entre deux Nations ſi puiſſantes. Cependant ie trouue que les Anglois qui
ſont à Amadabas, reçoiuent tous les iours mille mauuais traitemens en leurs perſonnes & en leurs biens. Le Gouuerneur de ce lieu leur impoſe des charges extraordinaires, leur fait des auanies, les met dans les priſons. En chaque ville de ce
Gouuernement on leur fait payer de nouuelles Doüanes des marchandiſes qu'ils
portent à Suratte, & cela contre toute juſtice & contre les articles du commerce
arreſtez cy-deuant. Il me répondit qu'il en eſtoit faſché, qu'il y apporteroit remede, & donna ordre ſur le champ pour deux firmans fort exprés & dreſſez en la maniere que ie pouuois deſirer : L'vn ſ'adreſſa à Amadabas pour nous faire rendre
l'argent que le Gouuerneur auoit tiré de Mre Kerridge, & pour luy faire ſçauoir
qu'il eut à traiter noſtre Nation auec plus de douceur.

Le ſecond portoit, que l'on ne nous demandaſt d'oreſnauant aucune Ga-
belle ; & que ſi l'on nous en auoit fait payer aucune par le paſſé, on euſt à nous
rendre ce que l'on auroit exigé de nous, & nous ſatisfaire. Il adiouſta que ſi le
Gouuerneur n'y apportoit promptement remede, ie luy en fiſſe de nouueau mes
plaintes, & qu'il enuoyeroit exprés ſur les lieux vers le Gouuerneur pour luy en
faire rendre raiſon. Ie fus congedié là deſſus : Le premier iour de Decembre, ie
fus voir vne maiſon de plaiſance, que Aſaphchan auoit donnée au Roy. Elle eſt Maiſon de
à deux miles d'Aſmere entre deux roches fort hautes, qui la couurent tellement plaiſance.

du Soleil, qu'à peine y trouue-on vn endroit d'où on le puisse voir. La roche taillée en quelques endroits, sert de fondemēt & de muraille ; le reste est de pierre viue auec vn petit jardin qui a cinq fontaines & deux grands estangs, dont l'vn est
de 30. marches plus éleué que l'autre. Le chemin pour aller à cette maison, est fort
estroit, & vne ou deux personnes tout au plus y peuuent passer de front. Ce chemin est fort roide & ferré, c'est vne solitude tres-agreable & tres-seure. On n'y
trouue point d'autre compagnie que celle des Pans sauuages, des Tourterelles,
& autres oyseaux & des Singes, que l'on void de tous costez sur les pointes de ces
rochers.

Feste du
Nou-roux.

Voyez le dis-
cours sur le
voyage par
en haut.

Le 2. de Mars dés le soir, on commença la Feste du Nou-roux. Ils ont coûtume de solemniser par cette Feste, le commencement de leurs années. La ceremonie s'en fait ordinairement à la premiere nouuelle Lune de l'année. Les Persans font le mesme iour vne semblable ceremonie. Nou-roux en leur langue signifie neuf iours, parce qu'anciennement cette Feste ne duroit pas dauantage;
maintenant elle dure dix-huit iours. On auoit éleué vn thrône quatre pieds plus
haut que la Cour du Durbal : l'espace d'entre ce trône & le lieu par lequel le Roy
doit entrer, est vne estrade de 56. pieds de long, & de 43. de large, fermée de
balluftrades des deux costez, & couuertes de draps d'or, de soye, & de velours,
joints ensemble, & qui estoient soustenus par de grosses cannes reuestuës de mesme estoffe. Au bout de cette place, estoient les portraits du Roy d'Angleterre,
de la Reyne, de Madame Elizabeth, des Comtesses de Somerset & de Salisberry,
& celuy de la femme d'vn Bourgeois de Londres. Au dessous de ces portraits,
estoit celuy du sieur Thomas Smith Gouuerneur de la compagnie des Indes
Orientales. On auoit estédu sur cette estrade des tapis de Perse d'vne grande largeur. Dans cette place estoient toutes les personnes de qualité de la Cour, excep-
pté fort peu qui estoient dans vne autre petite espace, enfermé de mesme d'vne
balluftrade, mais tout deuant le trône du Prince pour receuoir de plus prés ses
commandemens. Dans cette petite place, on auoit mis en parade plusieurs curio-
sitez de prix, & entr'autres vne maison d'argent. Du costé gauche, estoit le pauillon du Prince Sultan Cosronroë; les pilliers qui le soustenoiēt estoient couuerts
d'argent, comme aussi ceux qui estoient proche du trône du Roy. La forme de
ce thrône estoit quarrée, les quatre pilliers portoient vn Daix de drap d'or ; la
frange ou crépine de ce Daix, estoit enfilée de perles fines, & d'espace en espace
il y auoit des Grenades, des Poires, des Pommes, & autres fruits d'or massif. Le
Prince estoit assis sur des coussins couuerts de perles & de pierres precieuses. Les
premiers de sa Cour auoient dressé leurs tentes le long de la Cour du Durbal. La
plus grande partie de ces tentes estoient de taffetas, les autres de damas, & quelques-vnes couuertes de drap d'or, mais en petit nombre. Ils étallent toutes leurs
richesses sous ces tentes. Le Roy anciennement auoit accoûtumé d'entrer dans
chaque tente, & d'y prendre ce qu'il luy plaisoit. Maintenant il reçoit en sa place,
les presens & les estreines que chacun des grands luy porte. Il paroist en public,
& vient au Durbal à son heure ordinaire, & s'en retourne de mesme. Ou luy fait
là toutes sortes de presens ; & quoy qu'ils ne soient pas peut-estre si grands qu'on
vous l'a rapporté autrefois, ils ne laissent pas d'estre beaucoup au dessus de tout
ce qui se pratique ailleurs. Le Roy en recompense des presens qu'il a receu, auance ses Courtisans dans les charges qui sont vacantes, & augmente les appointemens qu'il leur donne.

Le 12. j'allay à l'audiance du Roy, où ie luy fis mon present qu'il attendoit, &
qu'il receut auec beaucoup de satisfaction. Il commanda qu'on me fit entrer dans
sa balluftrade, afin que ie peusse estre plus prest de luy. Mais comme on ne me
permit pas de monter sur l'estrade où estoit son trône, ie n'en vóyois qu'vne partie, à cause que la balluftrade qui le fermoit par deuant estoit haute, & couuerte
de tapis. Ie ne laissay pas à la fiŋ d'en voir la partie la plus enfoncée. On ne peut

pas dire que le dedans ne fuft richement paré ; mais il l'eftoit de tant de diuerfes
pieces, & qui auoient fi peu de rapport l'vne à l'autre, que ce mauuais ordre en
diminuoit beaucoup l'éclat. Il fembloit qu'ils euffent pris a tâche de monftrer en
ce lieu tout ce qu'ils auoient de plus riche, fans confiderer fi ces pieces deuoient
eftre mifes en parade en vne femblable Fefte. L'aprefmidy, le fils de Ranna fon
nouueau vaffal, fe prefenta deuant luy auec beaucoup de ceremonie, fe mettant
à genoux trois fois, & frapant la tefte contre terre. Son pere l'auoit enuoyé
auec vn prefent. On le fit entrer dans la petite balluftrade. Le Roy en le remer-
ciant, luy preffa la tefte entre fes bras. Son prefent eftoit vne grande caiffe toute
d'or ; on le mena en fuite vers le Prince. On fit paroiftre ce jour-là quelques Elephans, & quelques courtifannes finirent la réjouyffance de cette Fefte par leurs
fauts & par leurs danfes.

Le 30. fur le foir, ie fus au Guzalcan, qui eft le lieu le plus propre pour parler d'affaire ; ie menay auec moy l'Italien, eftát bien refolu de ne demeurer pas dauátage Audiance
au Guzal-
can.
dans l'incertitude où j'eftois, mais d'apprendre du Roy mefme ce que ie deuois
attendre, ayant efté toufiours jufques alors remis & refufé. On me fit entrer auec
mon vieil Agent ou Facteur : pour mon Interprete, on ne luy permit pas d'entrer,
& cela par l'addreffe d'Afaphchan qui auoit peur que ie ne diffe quelque chofe
qu'il n'auoit pas enuie d'entendre. Quand ie me prefentay deuant le Roy, on me
fit place vis-à-vis de luy. Il m'enuoya demander plufieurs chofes fur le fujet du
Roy d'Angleterre, & du prefent que ie luy auois fait le iour precedent. Ie répondis à quelques-vnes, mais enfin ie leur fis entendre que ie ne fçauois pas affez bien parler Portugais, pour fatisfaire à fa Majefté fur fes demandes, fi l'on ne
faifoit entrer mon Interprete qui eftoit dehors. On le fit entrer mal-gré Afaph-
chan, ie luy commanday de dire au Roy que ie defirois l'entretenir. Il répondit
qu'il m'entendroit volontiers : le fils d'Afaphchan ne luy en laiffa pas dire dauantage, & le tira par force. Cependant que ceux de fa faction f'eftans mis deuant
moy, m'empefchoient de me faire voir du Roy, & mon Interprete d'en approcher. Ie commanday à mon Interprete d'éleuer fa voix, & de dire au Roy, que ie
luy demandois audiance. Il le fit, ie fus appellé, & ils furent obligez de me faire
place. Afaphchan eftoit à vn des coftez de mon interprete, & moy à l'autre. Cependant que ie luy faifois entendre ce qu'il deuoit dire, Afaphchan tafchoit de
l'embarraffer en l'interrompant : ie luy commanday de dire qu'il y auoit deux
mois que i'eftois en cette Cour; que i'auois paffé l'vn de ces mois dans vne maladie fafcheufe ; que l'on m'auoit fait paffer l'autre en ceremonie, & que cependant on n'auoit rien executé des chofes pour lefquelles le Roy mon Maiftre m'a-
uoit enuoyé ; qui eftoit de conclure vne conftante amitié entre les deux Nations,
d'eftablir la feureté du commerce, & de la refidence des marchands Anglois qui
y viendroient trafiquer. Sa refponfe fut que la chofe m'auoit defia efté accordée.
Ie repliquay qu'on me l'auoit accordée en effet, mais auec des conditions, ou
onereufes, ou mal expliquées ; & que la chofe eftant de cette importance, il en
falloit mieux expliquer tous les articles, & les faire executer par quelque autre
voïe que celle des firmans, qui font des ordres qui fe donnent de iour à autre, &
qui auffi font executées felon les temps. Il me demanda quel prefent ie luy appor-
terois, ie luy refpondis que noftre trafic ne faifoit encor' que de commencer ;
qu'il eftoit mal eftabli, mais qu'il y auoit quantité de curiofitez dans nos païs que
le Roy luy enuoyeroit, & que les marchands en feroient chercher de tous coftez,
f'il leur accordoit auec fa protection vn commerce tranquille & affeuré : Que cette protection leur eftoit fort neceffaire, puis qu'ils auoient efté mal traittez en
plufieurs rencontres : Il me demanda de quelles fortes de curiofitez i'entendois
parler, fi c'eftoit de diamans ou de quelques autres pierres precieufes. Ie luy repliquai que ie ne croyois pas que ces fortes de curiofitez qui venoiét d'vn païs dót
il eftoit le maiftre, fuffét propres pour luy faire vn prefent ; que ie tâcherois de trou-

** B iij

uer pour fa Majefté les chofes qui n'auoient point encore efté veuës dans fes E-
ftats ; comme d'excellentes peintures, de belles fculptures, & de belles figures de
fonte ou de pierre ; de belles broderies, de riches eftoffes d'or & d'argent. Il dit
que cela eftoit bien, mais qu'il aimeroit mieux vn cheual Anglois ; Ie luy refpondis qu'il eftoit impoffible de le faire venir par mer, & que par terre le Turc ne
le permettroit pas ; Il me repliqua que la chofe n'eftoit pas impoffible par mer : Ie
luy expofay la difficulté qu'il y auoit à caufe des tempeftes & de la longueur
de la Nauigation ; il me dit que fi l'on en mettroit fix dans vn vaiffeau, il
f'en pourroit fauuer quelqu'vn ; & que quand mefme il feroit fort maigre, on trouueroit bien le moyen de l'engraiffer. Ie continuay de luy dire que ie ne croyois
pas que cela peût reüffir, & que neantmoins pour fatisfaire fa curiofité i'efcrirois
en Angleterre, & que l'on en feroit l'experience. Il me demanda ce que ie voulois de luy ; ie luy dis que ie le voulois prier qu'il luy pleût m'accorder quelques
conditions raifonnables, que ie croyois neceffaires pour mieux eftablir noftre ligue, la feureté de nos perfõnes, & la liberté du cõmerce de ceux de noftre Nation ;
que cela leur eftoit tout à fait neceffaire aprés auoir efté fi fouuent mal traittez ;
que la chofe ne pouuoit pas demeurer en cet eftat ; que ie n'entrerois point dans
le detail de ce qui f'eftoit paffé, efperant que par d'autres moyens on y mettroit
ordre. A ces mots Afaphchan f'auança pour pouffer mon interprete, mais ie le
retins, luy laiffant feulement la liberté de le menacer par fignes. Le Roy fe mit
en colere, dit qu'il vouloit fçauoir qui nous auoit fait tort, & cela auec tant de furie, que ie creus ne deuoir pas l'exciter dauantage. Ie commanday à mon interprete, en mauuais Efpagnol, de dire que ie ne voulois point importuner fa
Majefté pour les chofes qui f'eftoient paffées, mais que ie m'addrefferois au Prince fon fils pour en tirer juftice, ne doutant point qu'il ne fuft fort bien intention-
né enuers nous, & fort difpofé à nous la faire. Le Roy n'attendit pas que mon interprete euft acheué, mais comme il nommoit fon fils, il f'imagina que ie me plaignois de luy, il repeta deux fois *mio filio, mio filio*, & le fit appeller. Il vint en fin, la
peur & la fumiffion eftoient peintes fur fon vifage. Afaphchan trembloit auffi, &
tous ceux qui eftoient prefens eftoient fort eftonnez. Le Roy traita fort mal le
Prince qui f'excufoit du mieux qu'il luy eftoit poffible. Pour moy connoiffant l'e-
quiuoque que le Roy auoit prife, ie luy fis entendre par le moyen d'vn Prince
Perfan qui euft la bonté de fuppléer au defaut de mon interprete, qui ne parloit
pas fort bien la langue Perfane, & de faire connoiftre qu'il f'eftoit mal expliqué,
ie remis l'efprit du Roy & du Prince, en difant que ie n'auois iamais fongé à ac-
cufer le Prince, mais que ie pretendois feulement auoir recours à luy pour me faire juftice dans les chofes qui fe pafferoient dans fon Gouuernement. Le Roy ap-
prouua la chofe, & luy commanda de l'executer. Le Prince dit pour fa fatisfaction, qu'il m'auoit offert vn Firman que i'auois refufé, me preffant de dire quelle
raifon j'auois eu de le refufer. Ie luy refpondis que ie le remerciois de cet offre,
mais qu'il fçauoit bien qu'il contenoit des conditions que ie ne pouuois pas accepter ; que ie prefenterois vn memoire dans lequel ie mettrois toutes les demandes
que i'auois à leur faire de la part de mon Maiftre, afin de n'eftre point obligé tous
les iours à leur venir faire de nouuelles plaintes, & qu'en mefme temps ie m'en-
gagerois de la part de mon Maiftre à correfpondre à ce bon traitement, & ceux
de noftre Nation à les contenter dans les chofes qu'ils pourroient raifonnable-
ment attendre d'eux.

Que pour cet effect ie ferois dreffer trois copies d'vn mefme Firman ; que Sa
Majefté en figneroit vne fi elle l'auoit pour agreable, que le Prince figneroit l'autre, & moy la troifiéme au nom de mon Maiftre. Le Roy me preffa de luy dire
quelles eftoient les conditions du Firman du Prince, aufquelles ie ne voulois point
m'affujettir. Ie les dis, & l'on fe mit à difputer là deffus auec chaleur ; Mocrebchan
prenant la parole, dit qu'il ne pouuoit abandonner l'intereft des Portugais, & fe

mit à parler auec mépris de noftre Nation, & à fouftenir que le Roy ne figneroit
jamais aucun article à leur defauantage. Ie répondis que mes propofitions n'alloient point contre la Nation Portugaife, mais bien à deffendre la juftice de nos interefts, & que ie n'aurois pas crû qu'il euft efté fi fort engagé dans les leurs.
Les Iefuites & ceux qui tenoient le party des Portugais, appuyerent tant fur ce
difcours de Mocrebchan, que ie fus obligé de m'expliquer plus amplement dans
les chofes qui les regardoient. Cét éclairciffement fut en fubftance, de leur offrir
vne paix conditionnelle, & de leur témoigner que leur amitié ou leur haine nous
eftoient prefque indifferents. Le Roy prit la parole, & dit que mes demandes
eftoient juftes, ma réponfe genereufe, & me preffa de faire mes propófitions :
Afaphchan qui auoit efté müet pendant tout ce difcours, & qui auoit de l'impatience d'en voir la fin, prit la parole, & dit que quand mefmes nous difputerions
toute la nuit, il faudroit enfin que la chofe en vint à ce poinct, de mettre mes demandes par écrit, & de les prefenter au Roy. Que fi elles eftoient trouuées raifonnables, le Roy les figneroit. Le Roy prit la parole, & dit que oüy. Ie témoignay
fouhaiter la mefme approbation du Prince. Il me répondit qu'il le feroit. Le Roy
fe leua ; & comme ie continuois à parler, il fe tourna vers moy, & ie luy fis dire par
mon Interprete, que le iour precedent j'eftois venu pour voir Sa Majefté, & les
ceremonies de la Fefte. Que j'auois efté placé affez proche de luy, auec beaucoup
d'honneur à la verité ; mais auec ce regret toutefois, de n'auoir pû bien voir
toute cette magnificence. Que ie priois Sa Majefté pour cette raifon, de me permettre d'eftre vne autre fois auprés d'elle proche de fon trône. Le Roy commanda à Afaphchan, qu'en ce rencontre on me laiffaft choifir la place où ie voudrois
eftre.

Le 14. j'enuoyay au matin chez Afaphchan, pour luy faire comprendre que le
Roy s'eftoit fafché fur vne équiuoque, par la mauuaife expreffion de mon Interprete ; que mon intention n'auoit point efté de me plaindre du Prince ny de luy ;
que ie n'en auois eu aucune pensée. Mais que j'auois efté obligé de luy faire voir
que ie ne voulois point me feruir dauantage de fon entremife, pour parler au Roy
de mes affaires ; & que s'il continuoit fon procedé à ne rien dire au Roy de ce que
ie luy difois, & de ne luy en rapporter que ce qu'il luy plaifoit, ie trouuerois vn
autre entremetteur. Ie faifois cét office pour les éclaircir de ce foupçon s'ils l'euffent eu encore ; & ie m'eftois perfuadé qu'en ayant efté éclaircy, il auroit toûjours feruy a rendre le Prince plus fauorable à nos pretentions pour Suratte. Sa
réponfe fut, que ny luy, ny le Prince, n'auoient aucune raifon de croire que j'euffe eu deffein de me plaindre d'eux ; que l'équiuoque eftoit toute éuidente, que
pour luy il auoit toufiours aymé les Anglois, & qu'il conferueroit toufiours les
mefmes fentimens pour eux.

Le 26. d'Auril, ie fus auerty que le Prince auoit fait demander au Roy au Durbal, par vn de fes Officiers, pourquoy il receuoit fi bien les Anglois ; que ces car-
reffes eftoient caufe que les Portugais ne venoient plus à Suratte ; que leur commerce apportoit au Roy beaucoup plus d'vtilité que celuy des Anglois : que
ceux-cy n'y venoient que pour s'y enrichir, & n'y apportoient que des marchandifes de peu de valeur ? Comme des draps, des épées, & des coufteaux, au lieu
que les autres y apportoient des perles, des rubis, & toutes fortes de pierreries.
Le Roy répondit que cela eftoit vray, mais qu'il n'y auoit point de remede. Ce
difcours me fit connoiftre le peu d'affection que le Prince auoit pour l'Angleterre, & me feruit d'auertiffement d'eftre fur mes gardes, & de fonger aux moyens
de me conferuer la faueur du Roy en quoy confiftoit noftre efperance. Ie refolus
de ne point diffimuler l'auis que j'en auois, & d'éprouuer fi ie ne pourrois point
mettre dans l'efprit du Roy, vne meilleure opinion que celle qu'on luy vouloit
faire prendre de noftre Nation.

Le 22. de May, ie fus au Durbal, & luy fis entendre que j'auois

Intrigues
des Portu-
gais pour
décrier la
Nation An-
gloife.

Il femble
que la fuite

du Iournal
soit icy in-
terrompuë,
& que Pur-
chas ou
l'Autheur
en ait osté
quelque
chose.

Asaphchan.

recours à luy, pour retirer des mains d'vn Italien vn jeune garçon Anglois qui s'estoit enfuy, & auoit quitté mon seruice, les Italiens le prote-
geant, & se seruans de l'authorité de Sa Majesté, au grand dés-honneur de nostre
Nation. Le Roy donna ordre qu'on nous le remît entre les mains. Le Prince d'ailleurs qui n'attendoit que l'occasion de nous faire quelque piece, & cela à cause
que ie m'estois broüillé auec son fauory, sur vn discours, que nous auions eu ensemble, & que ie luy auois fait entendre que ie ne tarderois pas dauâtage d'en faire mes plaintes au Roy, persuada au Roy de faire venir deuant luy ce jeune homme. Il vint en effet au Gouzalcan; & se voyant appuyé du Prince, il eût la hardiesse de passer deuant moy, & de demander au Roy qu'il luy sauuât la vie. Le Roy
touché de compassion, au lieu de me le remettre entre les mains, l'enuoya prisonnier à Suratte. Le Prince pour me brauer, le demanda au Roy pour s'en seruir; ce
qui luy fut accordé, quelques raisons que ie peusse dire au contraire. Le Prince
luy donna aussi-tost 150. Rupias, & la paye de deux cheuaux, me deffendant d'a-
uoir aucun commerce auec luy.

Le 23. ce jeune hôme me vint trouuer de nuit, se jetta à mes pieds, & me demâda
pardon de sa faute & de son extrauagâce, s'offrant à la reparer par toutes sortes de
soûmissions. Ie luy dis que ie ne voulois point le retenir, puis qu'il estoit au seruice du Prince; & qu'auant de luy rendre aucune réponse, ie voulois qu'il me fist
vne satisfaction publique. Le 24. il trouua moyen d'entrer au Gouzalcan, où il
demanda pardon au Roy de sa fourbe, desauoüant tout ce qu'il auoit dit, adjoûtant qu'il l'auoit fait pour se mettre à couuert du chastiment qu'il meritoit, &
suppliant le Roy de m'enuoyer querir, afin qu'en sa presence il me pût demander
pardon. Le Roy l'approuuoit assez, mais le Prince en parut fort picqué.

Le 25. ie fus au Gouzalcan, le Roy me fit plusieurs protestations qu'il n'auoit
iamais eu la pensée de proteger ce ieune homme, que c'estoit vn coquin, mais
qu'il n'auoit pas pû moins faire que de le receuoir lors qu'il s'estoit jetté entre ses
bras. On l'enuoya querir, & il me demanda pardon à genoux, & jura en presence
du Roy qu'il n'auoit pas dit vn mot de verité: qu'au reste il faisoit cette declaration volontairement, & sans qu'il luy restast aucune esperance de retourner en
Angleterre. Le Roy luy fit quelque reprimande, & luy dit que ny luy ny personne de bon sens ne l'auoit creu. Le Prince s'échauffa fort, & luy dit plusieurs choses
pour l'obliger à persister en sa premiere deposition. Mais il y resista toûjours,
& eût ordre de se retirer. Le Prince le rappella publiquement, & luy commanda
auec beaucoup de bassesse, de luy rapporter les 150. Rupias qu'il luy auoit donnés,
disant que cette somme luy auoit esté donnée pour s'en seruir, estant hors de mon
seruice; & que puis qu'il auoit fait sa paix, il vouloit que cét argent luy fust rendu. Le compagnon luy promit qu'il l'auroit sur le champ; & pour le r'auoir, le Prince enuoya vn de ses Officiers à la maison où il estoit logé, car ie n'auois pas voulu
souffrir qu'il mist le pied dans la mienne.

Le 27. ie fus obligé de faire semblant d'estre content, à cause qu'il ne me restoit
point de moyens pour demander satisfaction. Ie n'auois plus de presens, & le Roy
ne reçoit iamais bien aucune requeste, si elle n'est accompagnée de quelque regale, & il les demande souuent sans en faire la petite bouche. Le Prince se seruoit
de cét auantage en faueur des Portugais, les pressant d'apporter des pierreries, des
rubis, & des perles. Le 29. les Portugais se presenterent deuant le Roy, auec vn
present & vn rubis Balay à vendre; il pesoit 13. tolles, deux de ces tolles & demy
font vne once. Ils en demanderent au Roy cinq Leckesde Rupias. Le Roy en offrit vn. Asaphchan estoit aussi leur solliciteur. Ils luy firent vn present de pierreries. Ils auoient des rubis ballais, des emeraudes, & autres pierreries à vendre;
ce qui les rendoit si agreables au Roy & au reste de la Cour, que nous n'osions
quasi paroistre durant ce temps-là.

I'auois jugé jusques alors de ce Pays-là sur le rapport d'autruy; mais ie commençay

çay alors à connoiſtre par experience la difference que l'on y fait entre les Portugais & nous. Tout le monde court apres eux ; au lieu que quand ils acheptent
nos marchandiſes, ils croyent nous donner l'aumône. Outre l'auantage qu'ils
ont d'eſtre voiſins du Mogol, ils peuuent encore empeſcher le trafic de la Mer-
rouge. Noſtre trafic n'eſt de nulle conſideration ; ſi on le compare auec le leur ;
& il n'y a que l'apprehenſion de nos Vaiſſeaux qui oblige le Mogol à nous receuoir.

§. I I I.

Memoires de ce qui ſe paſſa aux mois de Iuin , Iuillet, & Aouſt 1616.

LE 12. iour de Iuin, la reſolution fut priſe que Sultan Coronne iroit commander les Armées qui deuoient faire la guerre dans le Pays de Decan.
Tous les Bramenes furent conſultez pour le choix du iour de ſon départ,
qui fut à l'ordinaire arreſté ſelon leur jugement. Le Prince Paruis eût ordre de
venir en Cour. On dit qu'il écriuit à ſon pere, que s'il enuoyoit ſon frere aiſné pour commander ſes Armées, il luy obeyroit ſans aucune repugnance ; mais
qu'il y iroit trop de ſon honneur ſi on luy preferoit Sultan Coronne, & qu'il ſeroit obligé d'en tirer raiſon en ſ'attaquant à ſa perſonne, pour aller apres mettre
fin à cette guerre. Tous les principaux Officiers ſe declarerent qu'ils demande-
roient leur congé, ſi on les vouloit obliger de ſeruir ſous le General Coronne ; ſi
grande eſt l'auerſion que les gens de guerre ont pour luy. En effet, tout le monde le craint plus que le Roy meſme ; cela n'empeſchera pas qu'il ne commande
l'Armée. Le Roy ne pouuant changer la reſolution qu'il en a priſe ; il doit partir
d'icy dans trois ſemaines, & la precipitation de ce départ m'obligera à mettre fin
à nos affaires, & à taſcher d'en tirer vne reſolution finale : Car lors que le Roy
ſera party auec ſon fauory Sulphekcarcon, il n'y aura point de moyen de tirer vn
ſol de ce qui nous eſt dû.

Le 18. vn des fils du frere du Mogol, qui ſ'eſtoit conuerty à la Foy Chreſtienne,
à quoy le Roy l'auoit porté pour attirer ſur luy la haine de ſes Peuples, eût ordre
du Roy de ſ'aller mettre ſur le col d'vn Lion qu'on auoit amené en ſa preſence. La
peur qu'en eût ce Prince, l'empeſcha d'obeyr. Le Roy commanda la meſme choſe à ſon cadet, qui l'executa, ſans que le Lion luy fiſt aucun mal. Le Roy prit occaſion de là, d'enuoyer l'aiſné dans vn cachot ; d'où apparamment il ne ſortira
iamais. Le 24. la femme du Prince Coronne accoucha d'vn fils. Il faiſoit cependant ſes preparatifs pour la campagne. Tous les Grands le ſuiuoient, & luy faiſoient la Cour, non pas par affection qu'ils euſſent pour luy ; mais partie par flat-
terie, partie auſſi à cauſe de l'vtilité qu'ils en pouuoient eſperer. On luy donna
pour ſes appointemens la valeur de deux cens mille Iacobus ; il commença à en
faire largeſſe. Mais nonobſtant l'affection que ſon pere faiſoit paroiſtre pour luy,
vn des principaux Seigneurs du Pays ne laiſſa pas d'auertir le Roy que le voyage
ſeroit dangereux, qu'il pouuoit auoir de faſcheuſes ſuites. Que le Prince Peruis,
dont l'honneur eſtoit offenſé par ce choix, ne reuiendroit iamais ſans ſ'en reſſentir. Qu'ils ſe battent, dit le Roy, j'en ſuis content ; celuy qui ſe monſtrera le plus
vaillant , continuëra à commander mes Armées.

Abdala-Haſſan eſt comme Lieutenant general ; il tire de grands appointemens
de la Cour, & eſt le Treſorier de l'Armée. Ie le vis auant que de partir. Il me reçeut auec beaucoup d'honneſteté. Il m'entretint, & fit tirer au blanc ſes ſoldats
en ma preſence. La pluſpart auec leurs flèches ou leurs mouſquets chargez d'vne

** D

feule balle, donnerent dans le blanc, qui eftoit de la largeur de la main. Nous nous feparâmes, apres quelques difcours fur l'vfage des armes dont nous nous feruons en Europe.

Le 30. de Iuillet au matin, j'enuoyay à Sultan Coronne trois bouteilles de vin d'Efpagne, & vne Lettre fur le fujet des differens que nous auions auec les Portugais pour noftre trafic, & pour obtenir la ferme des droits que nous deuions payer pour les marchandifes. La coppie de cette Lettre eft enregiftrée. Le Prince la fit lire deux ou trois fois en public par fon Secretaire, felon la couftume du Pays, qui eft tout à fait Barbare. Et apres l'auoir interrompu par des queftions qu'il luy fit fur cette Lettre, il promit que fur le foir il la liroit luy-mefme, qu'il la confidereroit, & que fon Secretaire Merze Sorcolla y feroit réponfe. Ce mefme foir, ie fus au Durbal pour voir le Roy. Auffi-toft que ie fus entré, il me fit dire par Afaph-chan qu'il auoit appris que j'auois chez moy vn excellent Peintre, qu'il auroit fouhaitté de pouuoir voir quelque chofe de fes ouurages. Ie luy répondis que ie n'auois point de Peintre ; mais bien vn jeune homme Marchand de profeffion, qui faifoit pour fon diuertiffement des figures à la plume, mais fort groffierement, & qu'il eftoit fort éloigné de la perfection d'vn bon Peintre. Le Roy adjoufta que ie ne deuois point apprehender, qu'il ne me vouloit point ofter par force aucun de mes domeftiques ; qu'il ne me vouloit point faire de tort, ny fouffrir que l'on m'en fift, & qu'il fouhaitoit de voir cét homme & de fes ouurages, tels qu'ils peuffent eftre. Ie luy dis que iamais ce foubçon ne m'eftoit entré dans la penfée ; & que pour fatisfaire à fon ordre, ie menerois ce jeune homme au Gouzalcan, qu'il y porteroit ce qu'il pouuoit auoir, côme, le deffein d'vn Elephant, d'vn Cerf, ou chofe femblable, fur du papier. A cette réponfe, le Roy fit vne inclination, & me dit que fi j'auois la curiofité d'auoir vn Elephant, ou fa figure, ou quelqu'autre chofe qui fuft dans fes Eftats, ie n'auois que faire de l'achepter, ny chercher d'autres moyens pour l'auoir, que le fien ; qu'il me donneroit tout ce que ie pourrois fouhaiter. Que ie luy pouuois parler librement, & qu'il eftoit mon amy. Ie luy fis vne reuerence, & le remerciay tres-humblement, luy difant que ie ne me feruois point d'Elephant, que ce n'eftoit point la couftume de ceux de mon Pays, encore moins de ceux qui eftoient en ma place de rien demander. Que quand mefme Sa Majefté ne me donneroit que la valeur d'vn tefton ie la receurois, & l'eftimerois infiniment comme vne marque de fa bien-veillance. Il me dit qu'il ne fçauoit pas ce que ie defirois, qu'il fe pouuoit faire qu'il euft dans fon païs des chofes qui eftoient rares en Angleterre ; Que ie ne deuois point faire de difficulté de dire ce que i'aurois aimé dauantage, parce qu'il me l'auroit donné tres-volontiers ; qu'il aimoit ceux de noftre nation, & moy principalement ; qu'il nous vouloit proteger enuers tous & contre tous ; & enfin que ie le vinffe trouuer le foir auec ce ieune homme & fes peintures. Afaph-Chan prit delà occafion de me prier de venir chez luy, & de donner ordre que l'on y fit venir ce peintre ; adiouftant que ie pourrois ainfi attendre plus commodément l'heure à laquelle le Roy deuoit fortir ; ie pris ce party. Ie n'auois point encore receu tant de faueur du Roy qu'il m'en fit ce iour-là. Toute la Cour le fçeut, & changea en vn moment de maniere d'agir enuers moy, & il fe rencontra fort plaifamment que le Roy voulut que le Iefuite noftre ennemy fut l'interprete de toutes fes careffes. Ce iour-là vne damoifelle de la Princeffe Normal fut furprife auec vn Eunuque dans la maifon du Roy,

par vn autre Eunuque qui l'aimoit auffi. Il perça d'vn coup fon riual. Pour la fille elle fut enterrée iufques aux aiffelles, le bras attaché à vn poteau, & condamnée à demeurer là trois iours & deux nuicts fans receuoir aucune nourriture, la tefte & les bras expofez à la chaleur du Soleil ; fi elle ne mourroit point dans ce temps-là on luy pardonnoit fa faute. L'Eunuque fut condamné à eftre mis en pieces par les Elephans. On trouua que cette damoifelle auoit en perles, en pierreries, & en argent, prés de deux millions d'or.

Le 22. ie receus des lettres de Brampour, en refponfe de celles que i'auois écrites

à Mahobet Chan. Il m'auoit d'abord accordé ma priere, & vn Firman bien exprés
pour le Gouuerneur de Baroch, luy commandant de receuoir auec ciuilité
ceux de noftre Nation, & de leur donner vne maifon proche de la fienne,
auec deffenfes que perfonne ne nous fift aucun tort, ny par mer ny par terre;
qu'on n'exigeaft de nous aucune impofition, & que l'on ne nous fift aucune auanie
fous ce pretexte; Qu'enfin on nous laiffaft la liberté d'achepter, vendre & tranfporter toutes fortes de marchandifes, fans aucun empefchement; Qu'il ne luy efcriuit pas dauantage fur ce fujet, mais qu'il eût à executer ponctuellement cét
ordre. Ie receus en mefme temps vne lettre de Mahobet, qui en vfa en cela
plus ciuilement que n'auoient fait les autres Indiens. Cette lettre eftoit pleine de
ciuilitez & de marques du refpect qu'il auoit pour moy, m'affeurant qu'il defiroit
me contenter, & que ie n'auois qu'à luy faire connoître les chofes que ie fouhaitte-
rois de luy; pource qu'il le feroit auec foin & plaifir. Les copies de ces lettres meritent d'eftre veuës, à caufe que la phrafe & les expreffions en font extraordinaires.
Par ce moyen, la ville de Baroch fera noftre azile, & vne bonne retraite pour nous
mettre à couuert de l'oppreffion du Prince, & cette exemption des droits
que payent les marchandifes nous épargnera bien par an la valeur de 1500. Iacobus,
fans compter les extorfions & recherches qui fe font en faifant payer ces droits.
Pour ce qui eft de l'execution de ce qu'il nous promet, perfonne n'en doute icy. Tout
le monde fçait qu'il ne fe foucie point du Prince, qu'il ne l'apprehende point, &
qu'il n'a befoin de l'affiftance de perfonne, eftant vn des plus confiderés du Pays,
& peut-eftre le feul que le Roy aime. Du refte, il a toufiours efté fi liberal & fi religieux à obferuer fa parole, qu'il en eft eftimé de tout le monde. Le Roy ne prend aucun de ces droits. Les Gouuerneurs en font leur profit, & Mahobet difoit hautemét
qu'il y va de la reputation de fon Maiftre, de vendre ainfi la liberté qu'il promet à
ceux qui hantent fes Ports. Le 6. d'Aouft, on m'enuoya querir pour venir au Durbal, fur le fujet d'vne peinture que j'auois depuis peu donnée au Roy, l'affeurant qu'il
n'y auoit perfonne aux Indes qui en pût faire vne femblable. Auffi toft que ie fus
arriué; Que donnerez-vous, dit-il, au Peintre qui en a fait vne coppie fi femblable,
que vous ne la pourrez pas difcerner d'auec voftre Original. Ce Peintre, répondis-ie,
aura 20. piftoles. Le Roy repliqua, il eft Gentil-homme, & ce que vous luy promet-
tez eft trop peu de chofe. Ie donneray ma peinture de bon cœur, dis-ie alors, quoy
que ie l'eftime tres-rare, ne pretendant point au refte faire de gageure. Car fi voftre
Peintre a fi bien reüffi, & qu'il ne foit pas content de la recompenfe que ie luy donneray, Voftre Majefté a dequoy le recompenfer. Ainfi apres plufieurs traits de raillerie, fur le fujet des Arts qui fe pratiquent en ce Pays-là, il fe mit à me faire des queftions, me demandant combien de fois ie beuuois en vn iour, combien à chaque fois,
& quel eftoit mon breuuage; ce que ie beuuois lors que j'eftois en Angleterre; ce
que c'eftoit que de la bierre, comment on la fait, & fi j'en pourrois faire en fon Pays.
Ie répondis du mieux qu'il me fut poffible à toutes ces demandes importantes. Sa
conclufion fut, que ie retournerois au Gouzalcan, & que là il me feroit voir les peintures. Sur le foir il m'enuoya querir, dans l'impatience de triompher de l'excellence
de fon Peintre. Il me monftra fix peintures, entre lefquelles eftoit mon Original.
Elles eftoient toutes fur vne table, & fi femblables, que ie fus affez empefché de le
difcerner à la chandelle d'auec les copies; & il faut que ie confeffe que ie ne croyois
pas qu'elles peuffent en approcher de fi prés. Ie ne laiffay pas de luy monftrer l'Original, & de luy faire remarquer la difference qu'vne perfonne vn peu intelligente dans
les chofes de l'Art, n'auroit pas eu peine à connoiftre. Il ne laiffa pas d'eftre fort ré-
jouy, de ce qu'au premier abord ie n'auois pas connu cette difference, & en fit grand
bruit. Ie luy en donnay tout le plaifir, en loüant l'excellence de fon Peintre. Hé bien!
qu'en dites-vous, me dit-il? Ie dis que V. M. n'a pas befoin qu'on luy enuoye des Peintres d'Angleterre. Que donnerez-vous au Peintre, repris-je? Ie luy répondis, Que
puis qu'il auoit furpaffé de fi loin mon attente, ie luy dónerois le double de ce que j'a-

uois promis ; & que s'il venoit chez moy, ie luy dônerois cent rupias pour achepter
vn bidet. Le Roy receut bien cela, mais il me dit en continuant, qu'il auroit mieux
aymé quelqu'autre chofe que de l'argent ; & il me demanda en fuite quel prefent
luy ferez-vous : Ie luy dis que cela deuoit dépendre de ma difcretion. Le Roy en
demeura d'accord, mais il voulut neantmoins que ie luy diffe le prefent que ie
voulois faire. Ie luy donneray vne bonne épée, vn piftolet, & vn tableau. Enfin,
me dit le Roy, vous demeurez d'accord que c'eft vn bon Peintre, faites-le venir
chez vous, monftrez-luy vos curiofitez, & laiffez-le choifir ce qu'il voudra.
Il vous donnera vne de fes copies pour la faire voir en Angleterre, & faire
connoiftre à ceux de voftre Pays, que nous ne fommes pas ii ignorans dans cét
Art, qu'ils fe l'imaginent. Il me preffa de choifir vne des copies ; ce que ie fis : il
la prit, l'enueloppa luy-mefme dans du papier, & la mit dans la boëte qui auoit
feruy à mon Original, paroiffant fort content de la victoire qu'il fuppofoit que
fon Peintre auoit remportée. Ie luy monftray vn portrait que j'auois de Sa Majefté, mais il eftoit d'vne maniere bien au deffous de celle du Peintre qui auoit fait
les copies. Ie luy dis que ç'auoit efté là la caufe de mon erreur, & que par ce por-
trait-là qu'on m'auoit donné pour eftre de la main d'vn des meilleurs Peintres du
Pays, j'auois jugé de la capacité des autres. Il me demãda où ie l'auois eu ; Ie le luy
dis. Hé, comment, repliqua-il ! vous achetez de femblables chofes ? Ne fçauez-
vous pas bien que j'ay ce qu'il y a de plus parfait en ces gére-là, & ne vous auois-je
pas dit que ie vous donnerois tout ce que vous pourriez fouhaiter de moy ? Ie remerciay Sa Majefté, luy difant que j'auois crû qu'il y auroit eu de l'indifcretion à
luy faire de femblables demandes. Il me dit qu'il n'y auoit point de honte à luy
demander, qu'il vouloit que ie luy parlaffe touiiours librement, & me preffa de
luy demander quelque chofe. Ie luy répondis que ce n'eftoit pas à moy à choifir ;
que tout ce qui viendroit de Sa Majefté, ie le receurois comme vne marque
d'honneur. Si vous voulez mon portrait, répondit-il, ie vous en donneray vn
pour vous, & vn autre pour voftre Roy. Ie luy dis que fi Sa Majefté en vouloit
enuoyer vn au Roy mon Maiftre, ie ferois fort ayfe de le luy porter, & que j'eftois
affeuré qu'il le receuroit auec plaifir, & l'eftimeroit beaucoup ; mais puifque Sa
Majefté me permettoit de prendre quelque hardieffe, ie prendrois celle de luy en
demander vn pour moy-mefme, que ie garderois & que ie laifferois à ceux de ma
maifon, comme vne marque de la faueur que Sa Majefté m'auoit faite. Il repliqua, voftre Roy ne s'en foucie point. Pour vous, ie vois que vous ferez bien-
aife d'en auoir vn, c'eft pourquoy vous l'aurez. Il donna ordre fur le champ qu'on
m'en fit vn, & fe mit à railler. Apres qu'il eut continué quelque-temps dans cette
belle humeur, ie pris congé de luy.

Le 12. d'Aouft, j'allay rendre vifite à Gemaldin Vffain, Vice-Roy de Pantan.
Ce Gemaldin eft vn vieillard de foixante & dix ans. Il eft Seigneur de quatre
Villes qui font dans la Prouince de Bengale ; mais ce qui le rend plus confiderable, c'eft la longue experience qu'il s'eft acquife dans les affaires, ayant efté employé toute fa vie dans les plus grandes Ambaffades & dans les plus importans
emplois de cét Eftat. Il a auec cela plus d'efprit & de politeffe, que ceux de fon
Pays n'en ont d'ordinaire. Il m'auoit prié plufieurs fois de le venir voir. I'y fus enfin, & il me receut auec de grandes demonftrations d'amitié, jufques à m'offrir
trente mille piftoles, me difât que ie pouuois difpofer du credit qu'il auoit auprés
du Roy, me feruir de fon confeil, & de tout ce qui pourroit dépendre de luy. Ces
offres venant d'vne perfonne venerable comme il l'eftoit pour fon âge, me parurent fort finceres. En effet, ie l'ay connu depuis pour vn homme d'honneur,
& qui eftoit fort genereux. Il m'entretint fort particulierement des façons
de faire du Pays, & de leur efclauage ; qu'ils manquoient de Loix. Il me parla de l'accroiffement de cét Empire, & me dit qu'il auoit feruy trois Roys, auprés
defquels il auoit efté en faueur, & me monftra vn Liure de l'hiftoire de fon temps

qu'il auoit côposé, marquant iour par iour toutes les choses qui estoiét venuës à sa connoissance. Il m'offrit de m'en dôner vne copie, si ie la voulois faire traduire. Il me parla des reuenus du Mogol, qui côsistét en côfiscations, en presés, qu'il exige, & en taxes qu'on leue sur les personnes riches. Il me disoit que le Gouuerneur de chaque Prouince payoit tous les ans au Roy vne somme, comme s'il en estoit le Fermier : qu'il donnoit au Roy pour celle de Pantam dont il estoit Gouuerneur, vn Lek de roupias. Auec cela, les Gouuerneurs ont vne authorité absoluë de leuer sur les peuples de leur Gouuernement tout ce qui leur plaist, & qu'il tiroit bien de profit de sa Prouince, l'entretien de 4000. Cheuaux, c'est à dire 100000. roupias. Outre ce reuenu, il tiroit du Roy la paye de 5000. Cheuaux ; qu'il en auoit 1500. sur pied, & profitoit du reste, comme d'autant de morte-payes. Qu'il auoit encore vne pension d'vn millier de roupias par iour, & les profits de quelques autres petits Gouuernemens. Et comme il vid que j'estois estonné de la grandeur de ce reuenu, il me dit qu'il y auoit dans cette Cour plusieurs personnes vne fois aussi riches que luy, & qu'il m'en pouuoit bien nommer vne vingtaine qui auoient pour le moins autant de reuenu. Il parloit auec reuerence de la Religion Chrestienne & de Iesus-Christ, comme d'vn grand Prophete : sa conuersation estoit solide & fort agreable.

Il y auoit desia quelques iours que cette visite s'estoit passée, & ie croyois que sa ciuilité ne deût pas aller plus auant lors qu'il m'inuita d'aller à vne maison de plaisance qu'il auoit empruntée du Roy pour m'y regaler. Cette maison estoit éloignée d'vn mille de la Ville. Il me pressa fort d'y venir ; ce que ie luy promis : & sur la minuit, il y alla luy-mesme, y faisant porter son équipage & ses tentes qu'il fit dresser le long d'vn des costez de l'estang. I'y fus le matin, & il vint au deuant de moy auec vne ciuilité extraordinaire ; il me conduisit dans l'appartement qu'il m'auoit fait preparer. Il auoit à sa suite cent personnes de condition qui luy faisoient cortege, entr'autres deux de ses fils. On me dit qu'il en auoit trente ; il m'entretint en me monstrant les lieux où le Mogol se plaisoit dauantage. Ses cabinets, où ie vis diuerses peintures, & entr'autres les portraits des Roys de France & d'autres Princes Chrestiens, & beaucoup de fort beaux meubles, me disant que pour luy il estoit vn pauure homme esclaue de son Roy, qu'il auoit souhaité de me faire bien passer le temps, & qu'il m'auoit pour cela engagé à vn mauuais repas ; afin, ce disoit-il, que nous peussions manger ensemble du pain & du sel, & sceler ainsi la promesse d'vne amitié reciproque ; que dans cette Cour il y auoit beaucoup de personnes puissantes qui m'auroient pû faire plus de complimens, mais que c'estoient des personnes superbes & grands fourbes, m'aduertissant de ne me fier à pas vn d'eux ; que si j'auois des affaires d'importance à traiter auec le Roy, soit qu'elles regardassent les Portugais ou d'autres, ceux qui me seruiroient d'interpretes n'expliqueroient iamais fidelement mes sentimens ; qu'ils parleroient pluftost selon leur sens que selon le mien, ou qu'ils ne diroient que ce qu'ils croiroient deuoir estre receu plus agreablement du Mogol ; que par cette raison ie ne pourrois iamais parler de mes affaires sans y estre trompé, ny iamais sçauoir au vray en quel estat j'estois en cette Cour, jusqu'à ce que j'eusse vn homme de mon Pays qui sçeust parler Persan, & qui pût expliquer mes paroles sans se seruir d'vn autre. Que le Roy m'accorderoit volontiers la permission de me seruir d'vn Anglois, & qu'il estoit fort bien disposé en ma faueur, adjoustant que la nuit precedente on luy auoit porté au Gouzalcan les pierreries du Gouuerneur de Lahor, qui estoit mort depuis peu. Que le Roy s'estoit ressouuenu de moy, & qu'ayant trouué entr'autres choses vn de ses portraits, qui luy auoit semblé bien fait, il l'auoit remis entre les mains d'Asaph-chan, luy commandant de me le porter, & me dire que ie le gardasse pour l'amour de luy, accompagnant cét ordre de plusieurs paroles obligeantes ; ce qui feroit que les principaux de la Cour me considereroient dauantage à l'auenir. Là dessus on couurit la table ; nous

**D iij

eſtions aſſis ſur des tapis ; on eſtendit deuant nous vne piece de drap, qui fut
auſſi-toſt couuerte de pluſieurs plats ; & au bas, il y auoit vne autre
table qui fut ſeruie en meſme temps, pour des Gentils-hommes de ſa ſuite,
auec leſquels il alla ſ'aſſeoir ; car ils font ſcrupule de manger auec nous. Ie luy dis
à cette occaſion, qu'il m'auoit promis que nous mangerions du pain & du ſel enſemble, que ie n'aurois point d'appetit ſi ce n'eſtoit en ſa compagnie. Il ſe leua,
& ſe vint ſeoir auprés de moy, & nous commençâmes à diſner. On ſeruit
d'abord des raiſins, des amandes, des piſtaches, & autres ſortes de fruits.
Apreſdiné il ſe mit à joüer aux Eſchets. Ie m'allay promener durant ce temps-là ;
& eſtant retourné, ie vins prendre congé de luy ; apres vn peu de conuerſation,
il me dit qu'il m'auoit prié de venir manger chez luy ; que ce qui ſ'eſtoit paſſé
n'eſtoit qu'vne collation, que ie ne m'en retournerois point que ie n'euſſe ſoupé ;
ce que ie luy accorday fort aiſément. Vne heure apres, vn des Ambaſſadeurs du

Gemaldin propoſe à l'Ambaſſa-deur d'en-uoyer vn de ſes Gentils hommes en Angleterre.

Roy de Decan luy vint rendre viſite ; il me le preſenta, & luy fit beaucoup de ciuilité, mais beaucoup moins qu'il ne m'en auoit fait. Il me demanda ſi le Roy
mon Maiſtre ne trouuerroit point mauuais qu'vn auſſi pauure hôme que luy, luy
fiſt offre de ſon ſeruice, & ſ'il pardonneroit à vn eſtranger la liberté qu'il prendroit de luy enuoyer vn preſent ; que ſi ie l'approuuois, il enuoyeroit vn Gentil-
homme auec moy pour faire la reuerence à Sa Majeſté. Ayant enuoyé querir ſur
le champ vn de ſes Gentils-hommes, il luy demanda ſ'il vouloit ſe hazarder à faire ce voyage ; & comme ce Gentil-homme parut reſolu d'encourir le riſque, il me
le preſenta, & me dit qu'il vouloit faire mettre enſemble quelques curioſitez du
Pays pour les enuoyer à Sa Majeſté par ce Gentil-homme, qui feroit le voyage
auec moy. Ce Gentil-homme me parut à ſa mine homme d'eſprit. Cependant
que nous paſſions ainſi le temps, le ſouper vint. On étendit deux pieces de drap,
comme on auoit fait le matin. On ſeruit diuerſes ſalades, diuers plats de viande
roſtie, fricaſſée & boüillie, & du Rys preparé de diuerſes façons. Il me pria de
l'excuſer, de ce que la couſtume du Pays l'obligeoit à manger auec les ſiens, qu'ils
auroient trouué mauuais ſ'il en vſoit autrement : & ainſi nous fiſmes bonne chere,
luy de ſon coſté auec les Indiens, & moy du mien auec mon Chapelain & vn Marchand, qui eſtoient en ma compagnie. Les viandes n'y furent pas épargnées ; mais
l'ordre & la maniere dont elles eſtoient ſeruies, faiſoit encore plus eſtimer ſa
bonne chere. Ses gens faiſant chacun leur charge, auec beaucoup de ſoin
& de reſpect. Il me donna pour preſẽt, côme on fait touſiours en ce Pays-là à ceux
qu'on a inuitez, cinq caiſſes de ſucre candy preparé auec du muſc ; vn pain de ſucre qui peſoit bien 50. liures, fort fin & auſſi blanc que de la neige, me priant
d'en receuoir 50. autres de la meſme façon quand ie m'en irois ; & me dit, Vous
faites peut-eſtre difficulté de le receuoir à cauſe que vous voyez que ie ſuis vn
pauure homme ; mais vous deuez ſçauoir qu'il ne me couſte rien, & qu'il ſe fait
dans mon Gouuernement. Ie luy répondis que ie luy eſtois deſia trop obligé ; que
ie ne refuſerois point cette grace lors que ie ſerois preſt à partir. Il me répondit
qu'il ſe pourroit faire qu'il n'en auroit point en ce temps-là, & que par cette raiſon il me prioit de le receuoir dés cette heure, afin que cette offre ne couruſt point
riſque de demeurer ſans effet. Et enfin, faiſant profeſſion d'eſtre mon pere & moy
ſon fils, & quelques autres complimens, ie pris congé de luy.

Le grand Mogol don-ne à Rhoé ſa medaille.

Le ſeiziéme ie fus voir le Roy ; auſſi-toſt que ſ'entray il appella ſes femmes,
& fit apporter ſon portrait ou medaille d'or : Cette medaille eſtoit attachée à vne chaîne d'or, & auoit au bas vne groſſe perle en forme de pendant : Il
mit le portrait entre les mains d'Aſaph-Chan, l'aduertiſſant de ne m'obliger
point à faire d'autres ſoûmiſſions en le receuant, que celles que ie luy rendrois
de moy-meſme. Quand ils reçoiuent quelque faueur du Prince, la couſtume veut
que celuy qui la reçoit ſe mette à genoux, & baiſſe la teſte juſqu'à terre : On a-
uoit exigé cette ſoûmiſſion des Ambaſſadeurs de Perſe. Lors qu'Aſaph-Chan m'a-

borda, ie me prefantay pour receuoir le Prefent : Il me fit entendre que j'oftaffe
mon chappeau, & mit le portrait à mon col, me conduifant deuant le Roy. Ie ne
fçauois à quel deffein il le faifoit, mais i'eus quelque crainte qu'il ne vouluft
exiger de moy vne foûmiffion qu'ils appellent Sizeda. I'eftois refolu de luy rendre fon Prefent, pluftoft que de me mettre en cette pofture. Il me fit figne de remercier le Roy, ce que ie fis à ma maniere. Quelques Officiers m'aduertirent de
faire le Sizeda, mais le Roy dit en langue Perfane, Non, Non, & me renuoya auec
beaucoup de paroles fort ciuiles, puis ie m'en retournay en ma place. Vous pouuez par là iuger de la liberalité du Prince : Son prefent ne valoit pas en tout trente
Iacobus ; quoy que ce prefent fût de peu de valeur, il eftoit toutesfois plus riche
que ceux de ce genre qu'il fait ordinairement, & que l'on reçoit pour vne faueur
tres-grande. Car tous les grands Seigneurs qui portent la medaille du Roy, ce que
pas vn d'eux n'oferoit faire f'il ne l'a receuë du Roy mefme, n'ont qu'vne medaille de la grandeur d'vn Ecu d'or, auec vne petite chaîne longue de quatre
poulces pour l'attacher fur leur turban. Ils l'enrichiffent apres de pierreries, ou la
garniffent de pendans de perles ; mais tout cela à leurs dépens.

Le 19. Gemaldin Vffin ayant efté fait Gouuerneur de Sinda vint dîner chez
moy auec deux de fes fils, & deux autres perfonnes, fuiuis d'vne centaine de valets. Il mangea de quelques viandes qu'vn cuifinier Mahometan auoit apreftées ;
mais par ie ne fçay quelle fuperftition, il f'abftint de toucher aux autres viandes
qui eftoient accommodées à noftre maniere, quoy qu'il eut grande enuie d'en
manger. Il voulut que ie luy en enuoyaffe chez luy quatre ou cinq plats qu'il a-
uoit choifis ; C'eftoit des pieces de four qu'ils ne fçauent point faire en ce païs-là,
difant qu'il les mangeroit en fô particulier. L'ordre en fut dôné, & à la fin du repas
il nous offrit la ville de Sinda, & toutes les chofes qui pouuoient dépendre de fon
authorité. Ie luy fis vn petit prefent conformément à la couftume du païs. Ce
iour-là monfieur Hal, Chapelain, mourut de mort fubite. C'eftoit vn homme
d'vne humeur fort douce, grand obferuateur des chofes de fa Religion, & d'vne
vie fans reproche.

Le 20. au matin il vint vn deluge de pluïe qu'ils appellent Olifan ; affez ordinaire dans ce païs; mais celuy-cy fut fi grand qu'on le compta pour vne chofe fort
extraordinaire. Il en tomba dâs l'eftang vne fi grande quantité qu'elle en rompit
la chauffée, quoy qu'elle fut de pierre, & d'vne ftructure extrememient forte.
On eut l'alarme bien chaude, & grand fujet de craindre que l'eau n'emportaft
toute la partie de la ville où ie demeurois : Tellement que le Prince auec toutes
fes femmes abandonna fon Palais. Vn voifin que j'auois tira hors de chez luy fes
meubles, les chargea fur vn Elephant & fur vn Chameau, & fe tint preft pour
fe fauuer vers la montagne. Ils auoient tous leurs cheuaux feellez à leurs portes,
pour en faire autant ; de forte que nous fufmes dans vne grande apprehenfion
jufques à minuict, pource que nous nous croyons dans la neceffité de nous enfuïr,
& d'abandonner ainfi tout ce qui eftoit chez nous de meubles & de marchandifes.
Ils difoient que l'eau monteroit plus haut de trois pieds que le toict de ma maifon ; & comme elle n'eftoit faite que de terre & de paille qu'elle l'emporteroit
fans doute. Que 14. ans auparauant ils auoient fait vne trifte experience de ces
torrents, le fond de l'eftang ayant efté niuelé auec noftre maifon, il f'eftoit
trouué plus haut que la couuerture. Elle eftoit fituée dans vn fond, & au milieu
du courant de l'eau. La moindre pluïe faifoit ordinairement vn fi grand torrent
à ma porte, que ie puis dire que l'eau ne court point plus vifte fous les arches du
pont de Londres. Quelquesfois on n'y pouuoit paffer ny à pied ny à cheual l'efpace de quatre heures ; Le Roy pour y remedier, fit ouurir vne éclufe
pour faire paffage à l'eau. Auec tout cela la pluye auoit tellement laué les
murailles de ma maifon, & l'auoit tellement affoiblie par diuerfes bréches qu'elle auoit faites, que j'apprehendois dauantage fa cheute que le danger de l'eau;

elle l'auoit tellement gagnée, qu'il n'y auoit point d'endroit qui peût estre à sec; cela m'obligera à faire de nouuelles reparations. Ainsi nous n'estions iamais sans quelque affliction, c'estoit tantost du feu, tantost la pluye, tantost vn torrent, & toûjours vne chaleur & vne poussiere insupportable, & auec tout cela vn air extrémement mal-sain.

Le dix-neufiéme, le Roy fut à Hauas Gemal, & de là il fut à la chasse. La resolution y fut prise de se retirer à Mandoa, qui est vn Chasteau tout seul, proche duquel il n'y auoit point de Ville. Le Sultan Peruys estoit retourné de l'Armée; & estant auec son train proche d'Asmeere, le Roy luy enuoya vn ordre d'aller à Bengala, & de ne point venir à la Cour, éuitant ainsi les suites qui estoient à craindre, si les deux freres se fussent rencontrez. Il resolut en luy-mesme de donner le commandement de l'Armée de Decan à Sultan Coronne. Tous les principaux Officiers luy estoient si contraires, que la mesme resolution ayant esté prise vn mois auparauant, le Roy n'auoit osé l'enuoyer à l'Armée, & auoit esté obligé de cacher ce dessein iusqu'à ce que l'autre Prince fut éloigné, & qu'il eût trauaillé luy-mesme à luy regagner l'affection des gens de guerre. Ce changement de demeure nous donna bien de l'embarras, & nous obligea à vne nouuelle dépense. Il fallut bastir vne nouuelle maison pour nous y loger, & y faire vn magazin pour nos Marchandises; car Mandoa est vn Chasteau basty sur le haut d'vne Montagne, sans qu'il y eut aucun logement aux enuirons.

Le 30, le Roy vint fort tard de la chasse. Il m'enuoya sur les onze heures du soir vn Sanglier fort gras, & si grand qu'il en voulut garder les deffenses par curiosité. On me l'apporta auec ce message, qu'il l'auoit tué de sa main; & que pour cette raison j'en mangeasse de bon appetit, & que j'en fisse bonne chere. Celuy qui auoit esté enuoyé de la part du Roy pour me l'apporter, se chargea de dire à Asaph-Chan que ie faisois estat de luy rendre visite le lendemain, & que i'esperois de receuoir de sa main les priuileges que Sa Majesté m'auoit accordez. Il répondit qu'il ne les pouuoit pas expedier si-tost; mais qu'ils seroient expediez & scellez dans deux ou trois iours, & qu'il auroit de la confusion de me voir deuant que de m'auoir donné la satisfaction que i'attendois de luy.

§. IV.

La maniere dont on solemnise le iour de la Naissance du Roy.

LE deuxiéme iour de Septembre, estoit celuy de la Naissance du Roy; ils le solemnisent comme leur plus grande Feste. On pese le Roy dans vne balance; on le met d'vn costé, & de l'autre des pierreries, de l'or, de l'argent, des estoffes du Pays, du fruict, & beaucoup d'autres choses, vn peu de chaque sorte. La ceremonie estant acheuée, on distribuë toutes ces choses aux Bramans. Le Roy commanda à Asaph-Chan de m'enuoyer querir pour assister à cette Feste. Il me marqua la place où ie deuois attendre l'heure d'estre introduit; mais celuy qu'il enuoya entendit mal son ordre, & ie ne peus entrer qu'au temps du Durbal: ainsi, ie manquay à voir vne partie de cette ceremonie, estant venu trop tard. Le Roy en sortant m'apperceut, & m'enuoya demander pourquoy ie n'estois point entré, puis qu'il en auoit donné l'ordre. Ma réponse fut sur l'équiuoque qu'on auoit prise. Il en parut fort en colere, & en fit des reprimandes publiquement à Asaph-Chan. Le Roy ce jour-là auoit tant de pierreries sur luy, qu'il faut que j'aduouë que ie n'ay iamais veu ensemble tant de richesses. Le temps se passa à faire passer deuant luy ses grands Elephans; les plus beaux auoient leurs chaînes, leurs sonnettes, & tout le reste de la ferrure de leur harnois, d'or & d'argent. On portoit deuant eux des drapeaux; chacun de ces principaux Elephans en auoit neuf ou dix autres petits, qui ne parroissoient estre auprés d'eux que pour les ser-

uir;

uir : leurs couuertures eſtoient d'étoffes de ſoye en broderie d'or & d'argent ; il y
en auoit douze Compagnies richement harnachées. Le premier qui parut, eſtoit
vne beſte d'vne prodigieuſe grandeur : les placques qui couuroient ſa teſte & ſon
poiĉtrail, eſtoient ſemées de rubis & d'émeraudes. En paſſant deuant le Roy, ils
plioyent tous le genoüil, luy faiſant la reuerence fort ciuilement ; & en matiere
de beſte, il ne ſe peut rien voir de plus curieux. Les gardiens de chacun de ces
Elephans firent vn preſent au Roy ; il ſe leua en ſuite, & r'entra dans ſon Palais
apres m'auoir fait quelque compliment.

Sur les dix heures du ſoir, le Roy enuoya à mon logis, l'on me trouua couché. Le meſſage fut, qu'il auoit appris que j'auois vne peinture que ie ne luy
auois point monſtré ; qu'il ſouhaittoit que ie le fuſſe trouuer, & que ie la luy por-
taſſe ; que ſi ie ne voulois pas luy en faire vn preſent, qu'au moins il la pût voir,
& en faire prendre des copies pour ſes femmes. Ie me leuay, & ie l'allay trouuer Débauche
du grand
Mogol.
auec cette Peinture. Il eſtoit aſſis les jambes croiſées, ſur vn petit Trône tout couuert de diamans, de perles, & de rubis. Il auoit deuant luy vne table d'or maſſif,
& ſur cette table cinquante placques d'or enrichies de pierreries : les vnes fort
grandes & fort riches ; les autres de moindre valeur, mais toutes couuertes de
pierres fines. Les Seigneurs de ſa Cour eſtoient à l'entour de luy, dans leur meilleur équipage. Il commanda que l'on beût gayement ; & pour cela, il y auoit de
diuerſes ſortes de vins dans de grands flacons. Quand ie m'approchay de luy, il
me demanda des nouuelles de la Peinture ; ie luy monſtray deux portraits, l'vn
deſquels il regarda auec eſtonnement, & me demanda de qui il eſtoit. Ie luy dis
que c'eſtoit le portrait d'vne de mes amies qui eſtoit morte. Me le voulez-vous
donner, adjoûta-il ? Ie luy répondis que ie l'eſtimois plus que quoy que ce ſoit
que j'euſſe au monde, à cauſe que c'eſtoit le portrait d'vne perſonne que j'auois
aymée tendrement ; mais que ſi Sa Majeſté vouloit excuſer ma paſſion, & la liberté que ie prenois, ie l'aurois priée d'accepter l'autre qui eſtoit le portrait d'v-
ne Françoiſe, d'vne main tres-excellente. Il m'en remercia, & me dit qu'il n'aymoit que celle qu'il me demandoit, & qu'il l'aymoit autant que ie la pouuois ay-
mer : que ſi ie la luy donnois, il l'eſtimeroit dauantage que la piece la plus rare
qui fuſt dans ſon treſor. Ie dis alors que ie ne pouuois auoir tant d'amitié pour
quoy que ce fuſt au monde, que ie la vouluſſe refuſer à Sa Majeſté ; que j'eſtois
extrémement aiſe de luy rendre quelque ſeruice, & que ſi ie pouuois luy donner
quelque meilleur témoignage de mon reſpeĉt & de la paſſion que j'auois de le ſeruir, j'aurois eſté rauy de le pouuoir faire. A ces paroles, il s'inclina vn peu, & me
dit que le témoignage que ie luy en donnois en eſtoit vne preuue ſuffiſante ; qu'il
auoüoit qu'il n'auoit iamais rien veu de ſi bien peint, ny vne ſi belle perſõne. Il me
conjura en ſuite de luy dire de bonne foy en quel Pays du monde eſtoit cette belle
femme. Ie répondis qu'elle eſtoit morte. Il adjoûta qu'il approuuoit fort ma paſſion pour cette perſonne, & de ce que ie luy auois donné de ſi bonne maniere vne
choſe que j'eſtimois tant qu'il ne vouloit pas me l'oſter, que ſeulement il la feroit voir à ſes femmes, qu'il en feroit faire cinq copies par ſes Peintres ; & que ſi
entre ces copies ie reconnoiſſois mon Original, il me le rendroit. Ie répondis que
ie l'auois donné de bon cœur, & que j'eſtois fort aiſe de l'honneur que Sa Majeſté
m'auoit fait de l'accepter. Il repliqua qu'il ne le vouloit point prendre, qu'il m'en
aymoit dauantage, de ce que j'aymois la memoire de mon amie ; qu'il connoiſſoit toute l'injuſtice qu'il y auroit à m'en priuer ; qu'il ne l'auoit priſe que pour en
faire prendre des copies ; qu'il me l'auroit renduë luy-meſme, & que ſes femmes
auroient porté les copies ſur elles. En effet, pour vne Mignature, il ne ſe pouuoit
rien voir de plus acheué : & pour l'autre peinture qui eſtoit en huyle, il ne la trouuoit pas ſi belle. Il me dit en ſuite que ce jour-là eſtoit celuy de ſa Naiſſance, &
que tout le monde en faiſoit des réjouyſſances. Il me demanda en ſuite ſi ie ne
voulois pas boire auec luy. Ie répondis ; ce qu'il plaira à Voſtre Majeſté, & luy

** E

souhaittay de longues & heureuses années, & que cette mesme ceremonie peust estre renouuellée encore dans cent ans. Il me demanda quel vin ie voulois boire, si i'amois mieux du vin de grappe ou du vin artificiel; si ie l'aimois fort ou autrement : Ie respondis que ie ferois ce qu'il me diroit, esperant qu'il ne me commanderoit point d'en boire trop ny de trop fort. Il se fit apporter vne coupe d'or pleine de vin meslé, moitié de vin en grappe, & moitié de vin artificiel. Il en beut, & l'ayant fait remplir me l'enuoya par vn de ses gentils-hommes auec ce message qu'il me prioit d'en boire 2. 3. 4. ou 5. fois à sa santé, & d'accepter la couppe qui en dependoit comme vn present qu'il me faisoit. Ie beus vn peu de vin, mais iamais ie n'en ay beu de si fort : Il me fit esternüer, dequoy le Roy se prit à rire : Il me fit presenter en suitte des raisins, des amandes, & des citrons coupez par tranches dans vn plat d'or, me priant de manger & de boire à ma liberté sans aucune contrainte. Ie luy fis vne reuerence à ma mode, pour le remercier du present qu'il m'auoit fait: Asaphchan auroit voulu que ie me fusse mis à genoux, & que i'eusse frappé de la teste contre terre ; mais Sa Majesté se contenta de la reuerence que ie luy fis. La Coupe estoit d'or enrichie de petites turquoises & de rubis; le couuercle estoit de mesme; mais les emeraudes, les turquoises & les rubis qui y étoiét mis en œuure, estoient plus beaux, auec vne sous-coupe également riche. Ie ne peux pas dire ce qu'elle vaut, à cause que la pluspart des pierres sont petites, & que les plus grandes ne sont pas parfaites: Il y en a bien deux milles, & elle poise enuiron vn marc & demy d'or. Le Roy deuint de belle humeur, & me dit qu'il m'estimoit dauantage que pas vn Franc qu'il eust connu, & me demanda si i'auois trouué bon le Sanglier qu'il m'auoit enuoyé peu de iours auparauant, à quelle saulce ie l'auois mangé, quelle boisson l'on m'auoit seruie à ce repas, & semblable questions, qu'enfin qu'il ne me manqueroit rien en son païs. Cette demonstration de faueur parut aux yeux de toute la Cour. Il jetta en suitte à ceux qui estoient assis au dessous de luy deux grands bassins pleins de rubis, & à nous autres deux autres gráds bassins d'amandes toutes d'or & d'argent meslées ensemble, mais creuses par dedans: Ie ne creûs pas me deuoir jetter dessus comme faisoient les principaux de sa Cour; car ie remarquay que son fils n'en prit point: il donna apres aux musiciens & autres de ses courtisans, des pieces d'estoffes fort riches pour faire des turbans & des ceintures, continuant tousiours à boire, & commandant que les autres en fissent de mesme; tellement que Sa Majesté & tous les principaux Seigneurs de sa Cour parurent dans vne diuersité d'humeurs admirable, à l'exception de son fils, d'Asaphchan, de deux vieillards, du Roy de Candahar, & de moy, qui ne m'en enyuray point. Quand le Roy ne se peût plus soustenir, il se mit à dormir. Nous nous retirâmes tous. Au sortir ie priay Asaphchan pour l'expedition des priuileges que ie poursuiuois, l'asseurant que Sa Majesté ne me pouuoit pas faire de preset plus agreable que cette expeditió, que ie ne m'en mettrois point en peine si la chose estoit entierement en son pouuoir, mais que ie me doutois bien que quelqu'vn en auoit trauersé l'expedition; que ie lendemain matin i'en parlerois à Sa Majesté. Il me dit qu'il n'estoit pas necessaire que ie le fisse, que le Roy m'aimoit, qu'il en auoit desia donné l'ordre, que les preparatifs de cette feste auoient empesché mon expedition, & que sans cela il me l'auroit enuoyée, & qu'il me feroit toute sorte de seruice.

Le 4. de Septembre ie fis vne nouuelle experience de la peine qu'il y a à negocier auec les gens de ce Païs; ils ne tiennent iamais leur parole : depuis sept mois Asaphchan me promettoit cette expedition de semaine en semaine, & de iour en iour; mais comme il vid que i'auois porté les choses à tel point que ie me pouuois passer du Prince, il desaduoüa sa parole auec vn emportement extréme de colere & de rage : ie n'osois rompre auec luy, ny publier son manquement de Foy : Il s'estoit au commencement engagé auec nous, promettant d'estre nostre solliciteur dans nos affaires; cependant il protegeoit nos ennemis, &

s'estoit rendu leur esclaue pour des bagatelles qu'ils luy donnoient, ie tenois alors
le Loup par les oreilles comme l'on dit, pour me tirer de ce mauuais pas; Ie dissi-
mulay la connoissance que i'auois de sa mauuaise foy; ie fis semblant de croire
que l'ennuy de la lecture de nostre Lettre & de sõ mauuais stile, estoit la seule cause de cét emportement; & sur cette supposition ie luy en enuoyay vne autre pour
mieux expliquer ma pensée, auec vn memoire des choses que nous souhaitions, &
qu'on nous auoit promises, le priant de faire dresser vn Firman sur ce memoire,
dans la forme qu'il luy plairoit, & de le faire seeler; qu'autrement si il en faisoit
difficulté, il ne trouua pas mauuais que i'allasse demander la mesme grace au Roy, ou vn Passe-port, pour sortir du Païs, si il me la refusoit.
Ces deux escrits sont dans mon Registre en ordre, dans lequel ils ont esté
dressez.

Le 8. Asaphchan me fit réponse qu'il ne pouuoit en rien auancer mes affaires auprés du Roy; que si ie desirois quelque chose qui regardast le gouuernement du
Prince, ie là deuois attédre immediatemét de luy; que ses Firmãs suffisoiét, & ainsi il me fit connoistre le dessein qu'il pratiquoit il y auoit si long-temps, de faire en
sorte que ie dépendisse absolument du Prince. I'eus alors vn iuste suiet de prendre
d'autres mesures, personne ne pouuant trouuer mauuais que ie songeasse à faire
de nouueaux amis, apres auoir esté abandonné par les premiers. Ie resolus donc
d'esprouuer ce que ie me pourrois promettre du Prince, & de faire semblant de
dépendre absolument de luy. I'enuoyay à son Secretaire quatre articles, pourquoy ie luy demandois vn Firman, afin qu'il me peust seruir dans ce mesme temps
à Suratte à l'arriuée de la flotte qu'on attendoit de iour en iour, ce que son Al-
tesse m'accorda.

Le 10. ie me presentay deuant le Prince, qui dicta à son Secretaire le Firmant
que ie desirois, & qu'il m'auoit promis; si bien que ie croyois lors estre venu à
bout de mes desseins. Le 11. on me l'enuoya, mais quand ie vins à le lire, ie trouuay qu'on auoit changé deux ou trois articles que i'auois demandez, & qu'on
m'auoit promis, & mesmes qu'on en auoit retranché vn tout entier. Ie retournay disant resolument que ie ne le receurois point en cette forme, que ie ne
souffrirois point qu'on mist à terre pas vne des marchandises de la flotte. Iamais
homme n'a eu à combattre tant de faussetez, d'auarice & d'orgueil. La nuict i'allay trouuer le Secretaire du Prince pour luy faire mes plaintes, & pour luy declarer que i'estois resolu de partir, il me fit voir que le Firmant n'estoit pas tel
qu'on me l'auoit expliqué; qu'il contenoit toutes clauses que i'auois desi-
rées; les termes dans lesquels elles estoient exprimées ne me plaisoient pas;
mais le Secretaire leur donnoit le bon sens, & me declaroit, que l'intention du
Prince estoit que ie fusse plainement satisfait, & que ce Firman me deuoit suffire.
Ie le pressay sur l'obscurité de quelques poincts, & le priay de les éclaircir, & me
donner vne lettre pour le Gouuerneur de Surat; ce qu'il m'accorda, auec ordre
pour celuy qui tenoit la Doüane, de payer à nos Facteurs cinquante pieces de
drap qu'il auoit acheté d'eux depuis plusieurs mois, & qu'il leur vouloit rendre
alors à leur grãd preiudice. Enfin, le Secretaire se découurit à moi du desir que le
Prince auoit depuis long-téps que ie n'eusse point d'autre recours qu'à luy, & que
ie ne le trauersasse point aupres du Roy sõ pere dans les affaires de sõ Gouuernement; que ie l'esprouuerois meilleur amy que ie ne l'auois esperé, & enfin il me
donna satisfaction sur tous les poincts contestez. Ie commençay alors à auoir
meilleure esperance du succés de nos affaires, me fondant principalement sur ce
qu'il n'est pas si aspre aux Presens que l'ordinaire des gens de ce pays, qu'il passe
pour estre honneste homme, & qu'il se faisoit fort d'auoir assez de credit pour empescher qu'on ne nous fist aucune iniure, ny le moindre tort du monde. Ie receus
donc le Firmant que ie trouuay fort exprés & en bonne forme, lors qu'on m'en
eut fait la traduction.

** E ij

Le feiziefme ie rendis vifite au Prince , auec la refolution de continuer
toufiours dans le mefme chemin que j'auois pris , de faire croire que ie ne voulois point auoir dans cette Cour-là d'autre dépendance que de luy , & cela jufques à
ce que j'eufle des nouuelles de nos Vaiffeaux , & que j'eufle fçeu de quelle maniere
ils feroient reçeus cette année-là. Ie luy trouuay l'efprit embarafsé, il apprehendoit
que Sultan Paruis fon frere ne vint à la Cour , car il n'en eftoit éloigné que de huit
coffes , & faifoit inftance d'eftre admis à baifer les mains de fon pere : Ce qui luy
auoit defia efté accordé ; mais Normal eut affez de credit fur l'efprit du Roy pour le
faire changer , & pour luy faire enuoyer vn contre-ordre d'aller droit à Bengale. Le
Roy cõtinuë cependant dãs fa retraite, fans qu'on fçache precisément le lieu où il eft.

§. V.

Arriuée d'Abdalacan à la Cour du Mogol. Reception de l'Ambaffadeur du Roy de Perfe.

L E 10. d'Oĉtobre , Abdalacan Gouuerneur d'Amadauat , qui auoit eu ordre de
fe rendre à la Cour , pour rendre raifon de la negligence qu'il auoit apportée à
l'execution de quelque commandement du Mogol , fe prefenta au Iarneo. Il
eftoit demeuré jufques là fur fes gardes , & auoit refusé de venir à la Cour. Le Prince Sultan Coronne qui tiroit auantage de toutes fortes d'occafions , voulut profiter
de la difgrace d'Abdalacan. Il le cor noiffoit pour vn homme de grand cœur , d'vne
haute eftime , & de la premiere qualité. Il jugea qu'eftant tel , il ne le pouuoit acquerir fans fortifier beaucoup fon party ; c'eft pourquoy il luy auoit fait dire quelque-temps apres , qu'il vint hardiment à la Cour , & qu'il y trouueroit des amis. Abdalacan le crût , & fe refolut d'obeyr aux ordres du Roy. Il partit donc d'Amadauat
en habit de pelerin , accompagné feulement de quarante perfonnes. Il fit vne partie
du chemin qui eftoit de foixante milles à pied , & arriua à la Cour en cét équipage. Il
eft vray qu'il faifoit marcher apres luy , mais à la diftance d'vne journée de chemin ,
deux cens cheuaux pour f'en feruir , fi l'occafion l'y obligeoit. Il fe prefenta deuant le
Roy , entre deux perfonnes de condition qui furent fes Introduĉteurs. Il parut les
pieds nuds & chargez de chaînes , le vifage abbatu , les cheueux negligez , & le turban enfoncé fur les yeux ; ne voulant pas , difoit-il , paroiftre autrement deuant la
face irritée de fon Prince. Apres qu'il luy eut fait fes foûmiffions , & qu'il eut répondu à quelques demandes que le Roy luy fit , il obtint fon pardon. Le Mogol luy fit
ofter fes fers , & luy donna vne vefte de drap d'or , auec vn turban & vne ceinture felon la couftume du Pays. D'ailleurs , le Prince Coronne qui auoit gagné Abdalacan ,
tourna toutes fes pensées à l'eftabliffement de fa Grandeur , & à la ruïne de fon aîné.
Il crût que f'il pouuoit obtenir du Roy fon pere le commandement de fes Armées ,
il fe rendroit le plus puiffant de l'Eftat. La guerre qu'on vouloit continuer contre le
Roy de Decan , luy en fut vn pretexte fort fpecieux. Son frere aîné y auoit mal reüffi , & Cham-canna le plus grand Capitaine de l'Empire n'y auoit pas efté plus heureux.
Il fe promit vn meilleur fuccez , & par là f'acquerir vne gloire qui le mettroit au deffus de l'vn & de l'autre. Dans cette efperance , il preffe le Roy fon pere , & l'oblige à
rappeller Cham-canna ; non feulement pource qu'il auoit efté mal-heureux , mais
parce qu'il eftoit foubçonné auec raifon de fauorifer le Roy de Decan , & d'eftre fon
penfionnaire. Le Mogol confentit à tout ce que le Prince defira de luy. Il enuoye à
Cham-canna vn ordre exprés de venir à la Cour ; mais Cham-canna refufa d'obeyr ,
difãt qu'il ne pouuoit pas quitter l'Armée fans l'expofer au dãger de fe perdre. Il pria
le Roy par Lettres , qu'il ne luy dõnaft point pour Succeffeur dans le Cõmandement
Sultan Coronne ; mais en fa place , que f'il luy plaifoit de luy enuoyer le plus jeune
de fes fils qui n'auoit que quinze ans , il ne manqueroit pas d'obeyr. Coronne offen-

sé de la declaration de Cham-canna, prit la chose à cœur, & crût qu'il ne se pouuoit mieux vanger de luy, que d'emporter sur l'esprit du Roy son pere la resolution de la guerre de Decan. Il promit en mesme temps à Abdalacan le commandement de l'Armée sous luy, & de luy donner le Gouuernement de Cham-canna. Le Roy apprehendant les troubles qui pouuoient naistre dans ses Estats par l'ambition de Sultan Coronne, par le mécontentement de ses deux fils aînez, & le credit de Cham-canna, auoit enuie d'accommoder toutes ces broüilleries, en faisant la paix auec le Roy de Decan. Pour y paruenir, il confirma Cham-canna dans son Gouuernement, & resolut de luy enuoyer vne veste, qui est la marque d'vne veritable reconciliation. Auant que de l'enuoyer, il en donna aduis à vne des parentes de ce grand Capitaine qui estoit dans le Serrail. Cette femme, soit qu'elle fust gagnée par Sultan Coronne, ou qu'elle eust du ressentiment du mauuais traitement qu'on auoit fait au Chef de sa famille, apres les grands seruices qu'il auoit rendus, répondit hardiment qu'elle ne croyoit pas que Cham-canna voulust rien porter de ce qui luy seroit enuoyé de la part du Roy; qu'il connoissoit que Sa Majesté le haïssoit; qu'vne fois ou deux il auoit tasché de l'empoisonner. Que cela estoit si vray, qu'il auoit encore le poison, & qu'il l'auoit adroitement détourné au lieu de le porter à sa bouche. Qu'apres de si justes défiances, elle ne croyoit pas qu'il voulust se hazarder à porter sur luy aucunes des choses que le Roy luy auroit enuoyées. Le Roy répondit à cette femme, que pour oster tout soubçon, il porteroit luy-mesme la veste qu'il luy vouloit enuoyer l'espace d'vne heure, à la charge qu'elle luy écriroit la maniere dont il en auoit vsé, pour luy retrancher tout sujet de craindre. Elle repliqua qu'elle ne croyoit point que ny le Roy, ny Cham-canna en deussent venir à cette épreuue. Neantmoins, que si le Roy luy permettroit de viure en repos dans la charge qu'il luy auoit donnée, il continuëroit de rendre à Sa Majesté tout le fidel seruice qu'il estoit en possession de luy rendre. Le discours insolent de cette femme fit changer de dessein au Mogol, il resolut à l'heure mesme de donner le commandement de l'armée de Decan, à Sultan Coronne; & pour donner plus de reputation à ses premieres entreprises, il publia qu'il vouloit suiure l'Armée de son fils en personne, auec d'autres troupes & vne autre Armée.

Cham-canna ayant découuert de loin cette tempeste qui se formoit contre luy, & qui menaçoit sa fortune aussi bien que celle des Roys de Decan, ne manqua pas de preuenir le mal, & de prendre des liaisons encore plus estroites auec les Roys de Decan, qu'il n'auoit euës par le passé, afin de se guarantir de l'oppression. Ce fut par son conseil que ces Roys resolurent d'enuoyer vne Ambassade au Mogol, & de luy offrir la paix. Ils choisirent deux hommes capables de negocier, & les enuoyerent en mesme temps au Mogol. Ces Ambassadeurs luy presenterent des Cheuaux richement harnachez. D'abord, le Roy ne les voulut point voir; & apres auoir refusé de leur donner Audiance, & mesme de receuoir leurs presens, les renuoya à son fils, & leur fit dire qu'il se remettoit à luy de la resolution de faire la guerre, ou de conclurre la paix.

Le Prince connoissant par là qu'il estoit fort bien dans l'esprit du Roy son pere, leur declare qu'il luy seroit honteux de consentir à la paix, apres les desauantages passez. Il conneust bien neantmoins que les conditions que les Ambassadeurs luy proposerent, estoient fort justes & fort auantageuses, & que le Roy son pere les auroit volontiers acceptées. Pour laisser aussi quelque esperance aux Ambassadeurs, il leur dit que quand il se porteroit à la paix, il n'en vouloit point traiter que son Armée ne fust en campagne, & que Cham-canna ne fust hors d'estat de luy disputer l'honneur d'auoir mis fin à la guerre.

L'ambition de ce jeune Prince est connuë & si publique, que tout le monde en parle. Mais le pere le souffre par ie ne sçay quelle raison d'Estat, quoy que son intention ne soit pas d'en faire son Successeur. Il reserue l'Empire pour Sultan Corsoronne son fils aîné, & qui a l'amitié & la veneration de tout le monde. Il l'ayme

auſſi beaucoup. Il connoiſt ce qu'il vaut. Il en eſtime toutes les qualitez ; mais il
ſ'eſt imaginé que ſ'il le mettoit en liberté, ſa gloire en ſeroit diminuée. Il ne void
pas cependant que les intrigues ambitieuſes de Sultan Coronne, terniſſent bien
plus l'éclat & la reputation dont il eſt ſi jaloux, que ne feroient les actions les plus
vertueuſes de Sultan Corſoronne. Par cette mauuaiſe politique, il nourrit vne
ſecrette & dangereuſe diuiſion entre ces freres, & rend le cadet ſi redoutable,
croyant qu'il pourra bien touſiours luy oſter l'authorité qu'il luy donne pour vn
temps. Les plus ſages apprehendent les ſuites de cette conduite, & le danger
que court le Pays de tomber dans vne guerre Ciuile apres la mort de ce Prince.
La varieté des éuenemens qui ſe rencontrent dans l'Hiſtoire de ce Pays-là, &
principalement ſous le Regne d'Eckbarſa pere du Roy d'apreſent, jointe aux dernieres intrigues dont ie parle, meriteroient bien d'eſtre écrites ; mais les vns n'en
feroient point de cas à cauſe qu'elles ſe ſont paſſées dans vn Pays fort éloigné ; &
les autres auroient de la peine à le croire, dans l'opinion qu'ils ont que ces Peu-
ples-là ſont des Barbares. Ie me contente par cette conſideration, de ne les toucher qu'en paſſant. Ie ne puis toutefois m'empécher de rapporter icy ce qui ſe
paſſa il n'y a pas long-temps au pays du Mogol, faire voir iuſqu'où peut aller la patience & la ſageſſe d'vn pere, la fidelité d'vn Miniſtre, les fourberies d'vn frere,
& l'imprudence d'vne Faction qui oſe tout entreprendre, & qui abuſe in-
ſolemment de l'authorité du Roy, ſans eſtre retenus ny par la crainte des châ-
timens, ny par le bien de l'Eſtat, ny par aucune autre conſideration. Le Prince
Sultan Coronne, Normahal ſa belle-ſœur, Aſaphchan & Etimon Doulet pere de Normahal qui ſont le Parti le plus puiſſant de cette Cour ; apres ſ'eſtre aſ-
ſemblez pour trouuer les moyens pour ſe maintenir dans leur fortune preſente,
demeurerent tous d'accord qu'ils ne ſ'y pouuoient conſeruer ſ'ils ne ſe defai-
ſoient du Prince Corſoronne : ils voyoient qu'il eſtoit aimé des grands, & qu'il
n'y auoit point de ſeüreté pour eux ſ'il eſtoit iamais en liberté. Ils ſe mirent donc
à penſer par quel artifice ils le pourroient faire paſſer entre leurs mains, afin de le
pouuoir empoiſonner ſans qu'il y paruſt. S'eſtant reſolus là deſſus, chacun ſe ſepara pour y trauailler. Normahal fut la premiere. Elle n'oublia rien pour ſ'inſinuer
dans l'eſprit du Roy, & pour le gaigner. D'abord elle ſe jetta à ſes pieds toute en
larmes, & luy repreſenta que Sultan Corſoronne ne changeoit point de ſenti-
ment ; & qu'ayant touſiours la meſme ambition, il eſtoit capable de ſe porter aux
dernieres extremitez. Le Roy la laiſſa dire, & ne fit pas ſemblant d'en entendre
dauantage que ce qu'elle en diſoit. Cette premiere attaque ne luy ayát pas reüſſi,
les conjurez n'en demeurerent pas là. Ils prirent le temps que le Roy auoit beu
par excez, & luy preſenterent par la bouche d'Etimon Doulet, & Aſaphchan,
qu'il ſeroit plus de la dignité, & tout enſemble plus de la ſeureté de Sultan
Corſoronne, que Sa Majeſté le mit en la compagnie & en la garde du Prince ſon
frere, que ſi elle le laiſſoit dauantage entre les mains d'vn Raſboot, qui pouuoit eſtre gaigné par promeſſe ou par menaces ; Ces conſiderations (adiouſterent-
ils) les obligeoient de ſupplier Sa Majeſté de ne laiſſer plus le Prince Corſoronne
en de mauuaiſes mains, mais de le conferer aux ſoins & à l'affection du Prince ſon
frere. Le Roy accorda leur demande, & ſe mit à dormir.

Ces conſpirateurs ayant l'ordre du Mogol, & eſtans appuyez par le Prince Coronne, & d'ailleurs eſtant en grande conſideration en cette Cour, ils crurent qu'ils
ne trouueroient point de difficulté à retirer le Prince Corſoronne des mains de
celuy qui le gardoit. Aſaphchan ſe preſente à la porte de ſon logis auec les Gardes
du Prince, & demande par ordre du Roy ſon pere, qu'on lui mette entre les mains

Sultan Corſoronne. Anna Raſboot luy répód qu'il eſtoit tres-humble ſeruiteur de
Sultan Coronne ; mais que le Roy luy ayant mis entre les mains le Prince ſon fils,
il ne luy pouuoit pas obeïr : Qu'il le prioit d'auoir patience iuſqu'au lendemain,
pource qu'il ſ'en déchargeroit en ce temps-là entre les mains de ſa Majeſté ; qui

en difposeroit felon fon plaifir. Cette réponfe changea l'eftat de leurs efperances ; car Annarah ayant rendu compte au Roy de fa réponfe, & ayant adioufté qu'il peri-roit pluftoft auec les quatre mille Cheuaux que le Roy luy auoit donnez, que de mettre iamais le Prince entre les mains de fes ennemis. Le Roy luy répondit qu'il en auoit vfé en homme d'honneur, que fa réponfe auoit efté prudente, & qu'il con-tinuaft à en vfer de mefme à l'auenir, fans f'arrefter aux ordres qui luy pouuoient ve-nir, mefme de fa part. Ie veux faire femblant d'ignorer la chofe, adioufta-il ; & pour vous, ie vous commande de n'en faire pas dauantage de bruit. Continuez feulement à eftre fidele, & nous verrons iufques où les autres poufferont leurs deffeins.

Les amis du Prince voyant que le Roy ne parloit point de ce qui f'eftoit pafsé la nuiét precedente, creurent qu'il l'auroit oublié, ou qu'il n'auroit pas fçeu leur tenta-tiue, ny le refus qu'on leur auoit fait ; mais ne laifferét pas de demeurer en défiance d'vn cofté & d'autre. Ce que ie rapporte icy, pour vous aduertir qu'il faut bien pren-dre garde de ne fe pas engager trop auant dans le Pays, & ne pas difperfer vos mar-chandifes en de differens lieux : car l'on verra dans peu de temps tous ces Pays en combuftion, & vne partie engagée contre l'autre, dans vne guerre & dans vne que-relle de longue difcution. Si Sultan Corforonne auoit le deffus, le Royaume du Mo-gol feroit vn azile pour les Chreftiens ; car il ayme & fauorife les fciences, la valeur, & la difcipline militaire, & a de l'horreur pour l'auarice & pour les auanies que fes anceftres & les grands du Royaume ont fait de tout temps aux eftrangers. Ce fera tout le contraire, fi la faction de fon frere l'emporte. Ce Prince eft ennemy des Chreftiens, fuperbe, fourbe, de mauuaife foy, & tyran iufqu'à l'excez. L'on attend tous les iours l'Ambaffadeur de Shabas Roy de Perfe.

Le 30. Decembre vers le foir, le Roy retourna, & m'enuoya vn Sanglier. I'eus nou-uelles ce iour-là de l'arriuée de quatre Vaiffeaux au Port de Svvaly, & i'appris par les Lettres des Commandans la rencontre qu'ils auoient faite de la Caraque, Vice-Ad-mirale des Indes ; laquelle apres vn long combat f'eftoit échoüée & brûlée fous la cofte des Ifles de Gazedia.

Voyez le Voyage de Terry.

Le iour fuiuant, j'allay faire vn compliment au Mogol de la part du Roy mon Maiftre. Il le reçeut auec beaucoup de ciuilité, mais il tomba auffi-toft à me deman-der des nouuelles des prefens. Au lieu de répondre à fa demande, ie luy contay le dernier combat des noftres. Il fembloit prendre part à noftre gloire, & donner des applaudiffemens à la valeur de ceux de noftre Nation ; mais il paffa vne feconde fois à me parler des prefens, & à demander ; Qu'eft-ce, me dit-il, que le Roy m'a en-uoyé ? Ie luy répondis qu'il luy enuoyoit plufieurs marques de fon amitié ; qu'il fça-uoit affez qu'il eftoit maiftre de la meilleure partie de l'Afie, & le plus riche Prince de tout l'Orient ; que d'enuoyer des prefens à Sa Majefté, il auroit crû que fçauroit efté porter des perles dans l'Ocean d'où elles viennent. Que le Roy d'Angleterre, par cette raifon, n'auoit pas jugé à propos de le faire ; mais qu'il luy faifoit prefent de fon amitié, auec quelques petites curiofitez que j'efperois luy deuoir eftre agrea-bles. Il me parla de la panne ou velours de France. Ie luy dis que toutes mes Let-tres n'eftoient pas encore arriuées, mais que j'auois defia quelque chofe de ce qu'il fouhaitoit. Il me fit auffi mention des dogues que ie luy auois promis, & ie luy dis que quelques-vns auoient efté tuez dans le combat ; mais que l'on en auoit fauué deux pour Sa Majefté. Il en témoigna de la joye, & me dit que fi ie pouuois luy pou-uoir faire auoir vn grand Cheual de la taille des Cheuaux d'Allemagne, tels que ie les luy auois décrits, il auroit eu ce prefent plus agreable que fi on luy auoit donné vne Couronne. Ie luy répondis que ie ferois mon poffible pour le fatisfaire, mais que j'apprehendois de n'en pouuoir pas venir à bout. Il adjoufta que fi ie luy en fai-fois auoir vn, il m'en donneroit dix mille Iacobus. Ie luy demanday vne Lettre & vn ordre pour faire venir à la Cour les prefens du Roy mon Maiftre, fans qu'ils fuffent ouuerts, & pour le bon traitement de nos gens. Il me repliqua que le Port de Surat-te eftoit à fon fils ; & l'ayant auffi-toft enuoyé querir, il luy commanda expreffément en prefence de tout le monde, de m'accorder ce que j'auois demandé, qui eſtoit, que l'on n'ouuriroit point nos balles ; que celles que j'auois auoüées ne payeroiẽt point d'impofition ; que l'on nous expediroit promptement, & que l'on ne troubleroit point le tranſport qui ſe deuoit faire des prefens, dont ie ferois apres la diſtribution comme ie voudrois ; que ceux de noſtre Nation ſeroient bien receus à Surate, & que j'y receurois vne entiere ſatisfaction. Cette faueur neantmoins ne l'eſtendit pas juſqu'à nous accorder le Fort que nous demandions, car Aſaphchan s'y oppoſoit. Le Prince fit appeller Aſaph-chan, & promit en preſence de ſon pere & de toute la Cour, de me donner ſatisfaction, tant eſt grande la force des nouueaux preſens.

Le 15. l'on me manda de Maſulipatan que le Capitaine Keeling auoit pris en la coſte de Cochin vn vaiſſeau Portugais & deux Barques, dont l'vne eſtoit chargée d'Eſtain, & l'autre auoit eſté chargée à Bengale : Que le ſieur Robert Sherly eſtoit forty mal contant de Goa, & qu'il s'eſtoit mis en chemin pour paſſer à Maſulipatan par terre, ce qui ne me ſembla peu croyable. Le 17. le Prince Coronne qui auoit touſiours en teſte de faire de ſon chef la guerre à Decan, differoit à rendre reſponſe aux Ambaſſadeurs de ce Pays-là : mais croyant auec ceux de ſa Faction, qu'il n'y auoit point de ſeureté pour luy, ſi Sultan Corſoronne demeuroit entre les mains d'Annarab, parce qu'il pourroit faire ſa paix pendant ſon abſence, renuerſer par là tous les deſſeins, & ſe mettre en eſtat de vanger l'iniure qu'on luy faiſoit : il alla faire donner vne nouuelle tentatiue ſur l'eſprit du Roy : il luy fit propoſer ſous main de donner à Aſaphchan la garde du Prince ſon frere, & luy voulut perſuader que s'il luy faiſoit l'honneur de ſe fier à luy de la vie & de la liberté de ce Prince, il eſtoit tout certain que Cham-canna & ceux de Decan n'auroient pas pluſtoſt appris que Sa Majeſté luy auoit fait cette grace extraordinaire, qu'ils le craindroient dauantage, & s'en mettroient pluſtoſt à la raiſon. Ce iour-là il eſt à croire que le Mogol conſentit à cette trahiſon : car les ſoldats d'Aſaphchan entrerent en garde auprés de Corſoronne, auec deux cens cheuaux des troupes du Prince ſon frere. Sa ſœur & la pluſpart des autres femmes du Serrail deteſtant la cruauté du Roy, refuſent de manger, & proteſtent que ſi le Prince Corſoronne meurt, elles luy ſacrifieront tous les enfans qui eſtoient dans le Serrail. Le Roy leur donne de belles paroles, leur proteſte qu'il ne luy arriuera rien de mal, les aſſeure de ſa liberté, & leur enuoye Normal pour les appaiſer. On la menace dans le Serrail. On refuſe de la voir : Le peuple s'émeût, & dit tout haut que le Roy a mis ſõ fils entre les mains d'vn Prince ambitieux, & à la mercy de gens laſches & ſanguinaires. Qu'il ne ſouffrira pas ce parricide. Que Coronne en veut apparament à ſon aîné ; mais que la verité eſt qu'il attente indirectement à la vie du Roy ſon pere, & que par l'aſſaſſinat de l'vn & de l'autre, il vouloit ſe faire des degrez de leurs corps, pour monter ſans peine ſur le Thrône. Cependant le peuple s'atroupe. On ſeme par les places des bruits de reuolte ; on dit qu'il faut penſer à aſſeurer la vie du Prince. Enfin chacun en parle ſelon ſa crainte, ou ſelon ſon defir. Le pauure Prince Corſoronne eſt cependant au pouuoir d'vn Tygre ; il refuſe de manger, & enuoye prier le Roy ſon pere de luy faire oſter la vie, pluſtoſt que de le faire ſeruir au triomphe de ſes ennemis. Toute la Cour en eſt eſmeuë, les Grands en témoignent de la triſteſſe. Le Peuple renouuelle ſes clameurs, mais il n'a ny pied ny teſte. Les ſuites de ces troubles ſont fort à craindre pour nous.

Le 19. l'Ambaſſadeur de Perſe Mahomet Roza Beg fit ſon Entrée dans la ville ſur le midy, accompagné d'vn grand Cortége, dont la plus grande partie auoit eſté enuoyée au deuant de luy pour l'honnorer ; mais ſans autre perſonne de marque que celles qui ont accoûtumé dans ces rencontres d'aller au deuant des eſtrãgers. On luy auoit auſſi enuoyé la Muſique, & vne centaine d'Elephans. Son Train eſtoit compoſé de cinquante cheuaux couuerts de houſſes de brocard d'or.

Les

Les Arcs, les Boucliers & les Carquois.eſtoient richement garnis. Quarante mouſquetaires & quelques deux cens perſonnes conduiſoient ſon bagage. On le mena repoſer dans vn appartement de l'auant-cour du Palais. Il fut au Durbal. I'y enuoyay mon Secretaire, pour obſeruer comme il ſeroit receu. Comme il ſe fut approché du Roy, il fit au premier balluſtre trois Teſſelines & vn Syzeda, en ſe proſternant & ſe coignant la teſte contre terre. Il fit le meſme en entrant, & preſenta la lettre de Shaabas. Le Roy la receut,en ſ'inclinant vn peu,& demanda ſeulement comment ſe porte mon frere ſans le traitter de Roy; & apres luy a- uoir dit peu de paroles, il fut placé au ſeptiéme rang vis à vis de proche la porte, les rangs du deſſus eſtans occupez par les premiers Seigneurs de la Cour. Cette place ſelon mon ſens, eſtoit indigne de luy, mais il meritoit bien ce traittement, puis qu'il ſ'eſtoit ſoubmis à faire ce Syzeda ou reuerence, ce que tous ceux qui l'auoient precedé en cette qualité auoient refuſé de faire. On l'ex- cuſoit en diſant qu'il auoit ordre de ſatisfaire en toute maniere le Mogol; & l'on tiroit de là coniecture qu'il eſtoit venu pour luy demander quelque ſecours d'ar- gent contre le Turc, comme il en auoit tiré ſouuent en de pareils rencontres.

L'Ambaſſadeur diſoit qu'il eſtoit venu ſeulement pour traitter de Paix entre le Mogol & le Roy du Decan. Chabas auſſi en prenoit la protection, & la prenoit par la jalouſie qu'il auoit de l'accroiſſement de l'Empire du Mogol. Le Roy ſelon la couſtume le regala d'vn beau Turban, d'vne veſte & d'vne ceinture. Il le re- mercia en faiſant trois reuerences, & vne Ricedas qui eſt encore vne autre reue- rence iuſqu'à terre. Il luy fit ſes preſens à trois fois differentes, & à chaque fois luy preſenta neuf cheuaux Perſans ou Arabes. Le nombre de neuf eſt myſterieux parmy eux. Il luy donna auec cela neuf mulets fort beaux, ſept chameaux char- gez de velours, deux tentures de tapiſſerie, des pieces de velours trauaillé auec de l'or, deux caiſſes de tapiſſeries de Perſe, vn cabinet fort riche, quatre mouſ- quets, cinq claches, vn chameau chargé de drap d'or fait en Perſe, huit tapis de ſoye, deux rubis ballays, vingt & vn chameaux chargez de vin de grappe, qua- torze chameaux chargez de diuerſes eaux diſtillées, ſept chameaux chargez d'eau-roze, ſept poignards enrichis de pierreries, cinq épées de meſme, ſept mi- roirs de Veniſe, ſi riches, que j'auois de la honte de les comparer auec les noſtres. Ces Preſens ne furent pas faits à la premiere Audiance du Perſan, il ne fit qu'en donner le memoire. Son train eſtoit magnifique; on luy menoit en main huit Cheuaux harnachez d'or & d'argent. Diuers rangs de perles, de rubis & de tur- quoiſes, faiſoient le tour de ſon Turban. Auec tout cela, ayant fait obſeruer dili- gemment le traitement qu'on luy fit, lors que ie le comparois auec celuy qu'on m'auoit fait, ie ne trouuois pas qu'il euſt eſté traité plus fauorablement que moy. Il y auoit meſme cette difference, qu'on luy auoit donné vne place à l'Audiance bien au deſſous de la mienne. Pour ce qui eſt de la ceremonie qu'on luy fit d'aller au deuant de luy, on m'auroit fait le meſme ſi ie ne me fuſſe point trouué mala- de, ou que ie l'euſſe demandé. On remarqua auſſi que le Mogol ne reçeut point la Lettre du Perſan auec tant de reſpect, qu'il auoit reçeu celle du Roy d'Angle- terre que ie luy auois preſentée. En parlant du Roy d'Angleterre, il dit le Roy mon Frere; & parlant du Perſan, il dit ſeulement mon Frere, ſans y adjouſter au- tre choſe; comme obſerua le Ieſuite qui ſe trouua à cette Audiance, & qui en- tend fort bien la langue du Pays.

§. VI.

Entrée & reception de l'Ambaſſadeur de Perſe.

LE 21. d'Octobre, ie fus chez le Prince Coronne pour les affaires de la compa- gnie; il me parla des preſens, & me voulut mener auec luy au lieu où eſtoient

les caiſſes pour les faire ouurir & les voir ; ie luy dis que ie ne le pouuois pas faire
que ie n'euſſe auparauant preſenté au Roy ceux qui luy eſtoient deſtinez , qu'immediatement apres il auroit les ſiens. Il me demanda ſi ie luy voulois donner vne
plume blanche qu'il vit ſur mon chapeau ; ie luy dis que tout ce que j'auois eſtoit
à ſon ſeruice : mais que ie ne pouuois pas ſans quelque confuſion , luy preſenter
vne choſe que j'auois portée. Il la prit, & m'en demanda d'autres, diſant qu'il n'en
auoit pû trouuer , & qu'il en auoit à faire , à cauſe qu'il deuoit paroiſtre deuant le
Roy auec tout ſon équipage dans deux ou trois iours. Abdalacan ſuruint ; il
eſtoit ce iour habillé en homme de guerre , & tous ceux de ſa ſuite fort
leſtes. Il fit preſent au Roy d'vn Cheual blanc, dont la ſelle & le reſte du harnois eſtoient couuerts de mailles d'or. Le Cheual auoit vn fort bel air , & eſtoit
d'vne belle taille , & ce Prince luy donna vne épée & vn baudrier. On portoit deuant luy diuers autres preſens , des gardes d'épées d'argent auec les fourreaux
couuerts de pierreries, des boucliers couuerts de velours ; quelques-vns peints,
les autres releuez en or & en argent. Il en donna à ſes Courtiſans. Il y auoit auſſi
pluſieurs ſelles & harnois d'or enrichis de pierreries, qui deuoient ſeruir à ſes
Cheuaux de main. Des bottes en broderie,& de toutes ſortes d'autres habits magnifiques. Il faut que i'aduoüe que la dépenſe de ces gens-là paſſe tout ce qu'-
on a iamais vû de plus magnifique en tout le reſte du monde.   Toute la nuit ſe-
ſtant paſſée en ces ſortes de ſpectacles, on me dit le matin que ſix des Officiers du
Prince Coronne eſtoient venus pour aſſaſſiner le Prince Corſoronne , mais que le
Portier leur auoit refuſé l'entrée , & que la Reine Mere eſtoit allée trouuer le
Roy,& luy auoit fait entendre toute cette coniuration. On n'en ſçait point la verité, & il y a du danger à s'en enquerir. Sur le ſoir ie fus voir le Roy au Durbal.

Premiere
Audiance de
l'Ambaſſa-
deur de Per-
ſe.

I'y rencontray l'Ambaſſadeur de Perſe , qui deuoit ce iour-là faire la premiere
montre de ſes Preſens. Il auoit plus la mine d'vn Saltin Banque que d'vn Ambaſſadeur. Il couroit haut,bas,& accompagnoit toutes ſes paroles de geſtes & de manieres plus propres à vn Comedien, qu'à vne perſonne graue, & à l'Ambaſſadeur

d'vn grand Roy. Il donna luy-meſme ſes Preſens,& le Roy les receut de ſes mains
auec vn ſouſris & des paroles qui témoignoient qu'il en eſtoit content.   Ce
luy eſtoit vn grand auantage d'eſtre entendu dans ſa langue : Il parla touſiours a-
uec tant de ſubmiſſion & de flatteries,que ſes paroles furent encor' plus agreables
que ſes preſens. Il appelloit à tout propos le grand Mogol le Roy & le Commandeur de tout le Monde , & ne ſe ſouuenoit pas que ſon Maiſtre y auoit quelque
part. Sur la moindre parole que luy diſoit le Roy, il faiſoit des reuerences à la
mode du païs. Quand il eut fait tous les preſens qu'il deuoit donner ce iour-là, il
s'abaiſſa iuſques en terre , & heurta de la teſte fort rudement. Ses Preſens de ce jour-là eſtoient vn Carquois , vn Arc , & des fléches ; toute
ſorte de fruicts de l'Europe faits artificiellement dans des differens plats ;
des bottines brodées & couuertes auec des lames d'or;des grands miroirs auec des
belles bordures;vne piece de velours quarrée auec vne haute broderie,ſur laquelle il y auoit des peintures. L'Ambaſſadeur dit que ces peintures eſtoient les portraits du Roy & de la Reine de Veniſe. Ie croy qu'elles auoient ſeruy de tapiſſerie. Quoy qu'on n'en monſtraſt qu'vne piece il y en auoit ſix aulnes de la meſme
façon, auec cela pluſieurs autres broderies de peu de valeur. On fit paſſer en ſuite
trois petits cheuaux & trois petits mulets. Les mulets eſtoient beaux : Pour les
cheuaux ils deuoient auoir perdu leur embonpoint & leur beauté ; car il n'y en a-
uoit qu'vn qui meritaſt d'eſtre preſenté à vn Prince.Apres auoir preſeté auec cela
pluſieurs autres bagatelles, il retourna à ſa place qui eſtoit bien au deſſous de la
miéne;Car dás ce rág-là j'eſtois au deſſus de tous les Sujets du Prince. Aſaphchan
au cõmencement me voulut mettre aupres du Perſan,mais ie cõſeruay la poſſeſſion de la place que i'auois priſe dés les premiers iours de mon arriuée. Ce ne
fut que le premier Acte des preſens : Cét Ambaſſadeur en fera ſans doute vne

Comedie qui durera plus de dix iours. Sur le soir i'enuoyay vers la sœur du Prince Coronne pour en tirer l'escrit qu'il m'auoit promis , mais le Prince ne se pouuoit resoudre à laisser passer le present sans en prendre sa part ; & comme il auoit
changé de volonté, il refusa de seeller la lettre qu'on luy demandoit pour moy.

Le 22. à mon arriuée , ie luy donnay deux plumes & deux oyseaux de Paradis,
qu'il receut agreablement. Ayant parlé de mon affaire, & ayant fait entendre la
resolution que i'auois prise de ne souffrir point qu'on ouurit mes caisses, ny qu'elles passassent par d'autres mains que par celles de mes gens, il me l'accorda en fin,
& commanda à son Secretaire de m'expedier. La nuit ie vins au Durbal pour obseruer l'Ambassadeur de Perse. Ie trouuay qu'il occupoit le mesme rang où on l'a-
uoit mis la premiere fois; & qu'il estoit souuēt obligé de changer de place, & de la
ceder aux grands de la Cour quand ils entroient. Le Roy luy parla vne fois, dont
il parut fort vain. On ne luy fit point de present , & le Roy commanda seulement
aux principaux de sa Cour de luy faire caresse. Le temps se passa à voir des selles,
des garnitures pour le voyage qui se deuoit faire au premier iour. Le Roy en
dōna à ceux qui le deuoient suiure. Ses Tentes estoient à quatre iournées de chemin de sa Cour. I'enuoyay chez le Secretaire pour auoir mon Firman : il me remit, & m'en fit des excuses. Le 24. le Roy s'alla diuertir à l'Hauar Gemal. Il y appella l'Ambassadeur de Perse. Il mangea en presence du Roy auec les Seigneurs
de sa Cour, comme i'auois fait le iour de sa naissance, auec cette difference seulement, que le Roy luy donna 10. mille Rupias pour sa dépense , dequoy l'Ambassadeur luy fit vn nombre infiny de remerciemens , accompagnez de soubmissions
& de reuerences. Leurs actes d'adoration s'appellent Syzeda , & pour les faire ou
demeure vn assez long-temps la teste contre terre. Cela plût extremement au
Roy. Il est tres-vray que ce fut vne bassesse à cét Ambassadeur, mais cette bassef-
se luy fut profitable. Pour moy ie ne pûs obtenir du Prince Coronne ce que ie luy
demandois.

Le 25. quelques-vns par hazard ou par malice parlerent de la débauche que le
Roy auoit faite la nuict precedente, & dirent que plusieurs Seigneurs de la Cour
auoient beû du vin, ce que personne n'oseroit faire sans la permission du Roy. Le
Roy ne se souuenant pas que ç'auoit esté par son ordre, demanda qui auoit donné
du vin à ses Seigneurs. On dit que c'estoit l'Officier qui l'auoit en garde. Vous remarquerez que personne n'osoit dire que le Roy l'auoit commandé : car il s'estoit
enyuré cette nuict là , & l'on apprehendoit qu'il eût oublié cét ordre. Quand le
Roy fait la débauche, il la commence ordinairement tout seul; & sur la fin il commande à ceux de sa Cour de prendre les verres. L'officier qui a le vin en sa garde,
écrit le nom de tous ceux qui en boiuent, ils sont obligez de faire vn Tesselim ou
remerciment au Roy pour la permission qu'il leur en a donnée. Il arriue souuent
que dans le temps qu'ils font le Tesselim le Roy a tant beu qu'il ne les void pas.
Or dans la débauche dont ie parle, il fit appeller le Sommelier, & luy demanda s'il
luy auoit donné l'ordre de bailler du vin à ceux qui en auoient beu; il dit que non;
quoy que dans la verité, il l'eût receu, & que le Roy eust nommé ceux qui deuoiét
boire auec l'Ambassadeur. Le Roy en demanda la liste , & les taxa , les vns
à mille , les autres à deux mille , & quelques autres à trois mille Rupias ; & pour
ceux qui estoient les plus proches de sa Personne, il leur fit donner cent trente
coups d'vne espece de foüet composé de quatre cordes, au bout desquelles il y a
de petits fers comme des molettes d'esperon ; tellement que chacun de ces coups
de foüet fait quatre playes. Apres qu'on les eût laissé comme morts estendus par
terre, le Roy commanda à ceux qui en estoient proches de leur marcher sur le
corps. En suitte il fit signe aux Portiers de rompre sur eux leurs bastons. Apres
cette execution , on les porta dehors tous brisez de coups , & il y en eut vn qui en
mourut sur la place. Quelqu'vn voulut excuser la chose & la rejetter sur l'Ambassadeur, mais le Roy dit qu'il auoit cūmandé qu'on luy dōnât seulemēt 2. ou 3. ver-

res de vin. Quoy qu'en ce pays l'yvreſſe ſoit vn vice fort commun,& que les hommes en faſſent gloire, & que ce ſoit meſme l'exercice le plus ordinaire du Roy, elle eſt neantmoins ſi expreſſément deffenduë, que les Portiers qui ſont au Gouzalcan, refuſent la porte quand le Roy y eſt, à ceux qui ſe preſentent pour y entrer,ſ'ils ſentent à leur haleine qu'ils ayent beû du vin; & ſi le Roy en a connoiſſance, c'eſt vn hazard ſ'ils ſe ſauuent du foüet. Au reſte, quand le Roy eſt en colere, le pere n'ozeroit auoir pris la hardieſſe de parler pour ſon fils. Ce fut ainſi que le Roy fit payer l'eſcot à ceux qui ſ'eſtoient trouuez à ſa table auec l'Ambaſſadeur de Perſe.

Le vingt-ſixiéme, j'enuoyay chez Sorocolla pour auoir le Firman; il m'en enuoya vne copie où il y auoit autant d'ambiguité & d'apparence de mauuaiſe foy que dans la premiere. Ie le refuſay, & copiay moy-meſme les articles qui m'eſtoient ſuſpeſts. Ie renuoyay apres la copie; on me promit que le lendemain elle ſeroit ſcelée.

Le 28. le Roy eſtant ſur le poinſt de partir pour vn voïage, j'enuoyay demander à Aſaphchan vn ordre pour auoir des Chariots. Nos Marchands en auoient cherché par toute la Ville ſans en trouuer; & cependant ils eſtoient obligez de tranſporter leurs marchandiſes à Agra. On m'enuoya vn ordre pour auoir vingt Chameaux,quatre Chariots, & deux Carroſſes, au meſme prix que le Roy les paye : l'en donnay aux Faſteurs autant qu'il en falloit pour leurs marchandiſes. l'aurois tort ſi j'oubliois icy vne rencontre qui doit faire connoiſtre ou la baſſeſſe de l'ame du Mogol, ou l'enuie qu'il auoit d'éprouuer ma liberalité. Il auoit fait condamner à la mort pluſieurs voleurs, entre leſquels ſe trouuoient quelques jeunes garçons; & il n'y auoit point d'autre voïe de leur ſauuer la vie, que de les achepter pour eſclaues. Ce Prince commanda à Aſaphchan de m'en offrir deux pour de l'argent, donnant ordre à Kutvval d'en faire le prix. Mon Interprete répondit à mon inſçeu, que les Chreſtiens ne tenoïét point d'eſclaues; & que puiſque j'auois mis en liberté ceux que le Roy m'auoit dónez auparauát,il eſtoit inutile de me faire vne ſemblable propoſitió. Ie ſoubçonay que le Roy auoit eu la penſée d'éprouuer par là ſi j'eſtois hôme à donner quelque argent pour ſauuer la vie à ces miſerables. Soit que la choſe fut ainſi,ou non,ie fis reflexion que ie deuois hazarder ce peu d'argét pour faire vne bóne aſtió. C'eſt pourquoy ſás vouloir penetrer dauátage dás la péſée du Mogol, ie cómanday à mon Interprete d'aller trouuer Aſaphchan,de luy dire qu'il m'auoit rendu cópte de ſa propoſitió,& de la réponſe qu'il y auoit faite de luy-meſme:que j'auois trouué fort mauuais qu'il euſt eu la preſomption de répódre pour moy. Que mon ſentimét & ma réponſe eſtoient, que ſi ie pouuois par argent ſauuer la vie à ces deux garçois,ſoit qu'on le deuſt donner à ceux qu'ils auoiét volez, ou que ce fut ſeulemét pour les ſauuer du ſupplice auquel ils eſtoient códamnez,j'eſtois preſt à le faire pour le reſpeſt que ie portois à tout ce qui venoit du Roy,& pour la charité qui m'y obligeoit; mais que ie ne les voulois en façon du móde achecter pour eſclaues;& qu'auſſi-toſt que j'aurois payé leur rançó, ie les mettrois en liberté ; que ſ'il luy plaiſoit de ſçauoir du Roy ſ'il auroit agreable que ie les miſſe ainſi en liberté,j'eſtois tout preſt de le faire. Aſaphchan répondit que j'en pouuois diſpoſer comme ie voudrois, & que c'eſtoit vne grande bonté à moy d'en vouloir vſer de la ſorte.Il accepta donc la ſomme que j'en donnay,en continuant ſes loüanges, & voulut que j'enuoyaſſe l'argent à Kutvval. Qu'au reſte, ie pouuois diſpoſer de ces jeunes hommes comme il me plairoit; ne parlant en façon du monde, d'en informer le Roy, qui eſtoit vne des fins pour laquelle ie faiſois cette liberalité. Il y auoit long-temps que j'eſtois las d'eſtre pris pour Duppe, & ie ne ſçauois ſi ce commerce-là n'alloit point au profit des Officiers du Prince. Ie reſolus donc de payer l'argent; mais afin que le Roy n'ignoraſt pas que j'auois plus d'humanité que luy, & qu'il ſceuſt qu'vn Chreſtien eſtimoit dauantage la vie d'vn More que de l'argent, j'enuoyay mon Faſteur & mon Interprete à Kutvval, pour luy dire ce qui ſ'eſtoit paſſé auec Aſaphchan, & luy faire entendre que ſ'il vouloit ſur le ſoir informér Sa Majeſté de l'offre que j'auois faite de rachepter ces priſonniers par charité, &

que le Roy confentift que ie les miffe en liberté, ie luy enuoyerois l'argent; mais que pour ce qui eft de les achepter en qualité d'efclaues, quand ce n'auroit efté que pour vne heure, ie ne le pouuois pas faire. Ainfi, ie mis les Officiers du Mogol dans la neceffité de m'expliquer plus clairement leur propofition. Ils me demanderent dix Iacobus pour ces miferables. Kutvval à qui j'auois enuoyé, me répondit qu'il apprendroit là deffus les fentimens de Sa Majefté, & qu'il m'en donneroit aduis. Les Indiens me vouloient perfuader que c'eftoit vne des plus fignalées faueurs du Grand Mogol, de choifir quelqu'vn entre les principaux de fa Cour pour vne femblable action, & de luy donner cette occafion de faire vne bonne œuure, en racheptant des prifonniers; Que quant à l'argent que ie donnerois pour le rachapt dont il f'agiffoit, il feroit employé pour fatisfaire la perfonne qui auoit efté volée par ces jeunes garçons; & que ceux à qui le Roy faifoit de femblables faueurs, luy en faifoient de grandes fizedas & remercimens, comme ils font lors qu'ils reçoiuent de luy quelque grace confiderable. Auec cela il me fembloit qu'il y auoit quelque chofe contre l'honnefteté, qu'vn Prince taxaft ainfi vn Eftranger qui ne tiroit de luy ny appointemens, ny gages. Ie fus au Durbal, pour voir fi le Roy ne m'en parleroit point, auec refolution auffi de luy faire moy-mefme ces offres. Kutvval luy parla plufieurs fois, & fit entrer l'Executeur de la Iuftice, à qui on fit quelques commandemens que ie n'entendis point.

Le premier de Nouembre, Sultan Coronne prit congé du Roy fon pere pour fe rendre à fon Camp. Le Roy eftoit au Durbal, lors que le Prince y vint fuiuy d'enuiron fix cens Elephans richement harnachez, & de mille Caualiers. Plufieurs d'entreeux auoient des habits de drap d'or, auec des bouquets de plumes fur leurs turbans; il faut auoüer qu'ils eftoient tous fort leftes & fort braues; Coronne auoit vn habit d'vn drap d'argent brodé de groffes perles & de diamans. Le Roy en l'embraffant, le baifa, & luy témoigna beaucoup d'affection. Il luy donna vne épée, dont le fourreau eftoit d'or, couuert de perles de la valeur de cent mille Roupias, vn poignard qui en valoit bien quarante mille, vn Elephant, & deux Cheuaux, dont les felles & leur garniture eftoient de placques d'or, couuertes de pierreries; auec cela vn des Carroffes qui auoient efté faits à l'imitation de celuy que le Roy mon Maiftre luy auoit enuoyé. Sultan Coronne entra dans le Carroffe, & commanda au Cocher qui eftoit Anglois, de le conduire jufques à fes tentes. Il eftoit affis au milieu, les rideaux ouuerts des deux coftez; fa Nobleffe le fuiuit à pied, jufques à fes tentes qui eftoient éloignées de quatre milles. Par le chemin, il jettoit des quarts de Roupias au peuple qui le fuiuoit auec acclamations; & eftendant fa main jufques au Cocher, il mit dans fon chappeau vne centaine d'écus.

Le deuxiéme, le Roy alla au Camp auec fes femmes & toute fa Cour. Ie le trouuay au Farraco. Ie montay fur l'échaffaut qui eftoit au deffous de luy, eftant bien aife d'auoir occafion de voir ce lieu là, que ie n'auois peû voir auparauant. Il y auoit deux Eunuques affis fur deux treteaux, qui luy chaffoient les mouches auec des plumes mifes au bout de deux longues perches. Il fit beaucoup de prefens ce jour-là, & on reçeut de toute forte de gens. Il auoit à cofté de luy ceux qu'il vouloit faire. C'eftoient des eftoffes roulées fur vne piece de bois tournante. Vne vieille & hydeufe Matrone prenoit ceux qui luy eftoient prefentez. A vne Ialoufie qui eftoit à cofté, ie vis deux de fes principales femmes qui augmenterent les trous de la Ialoufie, derriere laquelle elles eftoient pour me voir mieux. l'apperçeus premierement leurs doigts qu'elles pafferent par ces trous, & qu'elles augmenterent à tel point, que ie peûs à la fin leur voir tout le vifage. Elles n'étoient pas fort blanches; elles auoient les cheueux noirs comme jaix, les yeux fort vifs. Le lieu où elles eftoient eftoit peu éclairé; mais quand ie n'aurois point eu d'autre lumiere pour les voir que celle de leurs diamans, elles en auoient vne quantité fi grande, que j'euffe peû les découurir à leurs feuls brillans. Apres les auoir confiderées quelque-temps, elles fe retirerent, & fe mirent à rire, ie m'imaginay que c'eſtoit ſur mon ſujet. Le Roy ſe leua ſubitement, & nous fûmes au Durbal pour attendre l'heure qu'il deuoit ſortir. Il y vint quelque-temps apres, & y tint ſa ſeance vne demie-heure, pour dôner le téps à ſes femmes de monter ſur les Elephans qui les attédoient à leur porte. Il y en auoit 50. tout richemết couuerts; mais principalement 3. dont les petites tours eſtoient couuertes de placques d'or. Les grilles des feneſtres des tourelles eſtoient de la meſine matiere, & vn daiz de drap d'argent couuroit toute la tour. Le Roy deſcendit les degrez de ſon troſne auec tant d'acclamation & tant de voix de Viue le Roy, qu'on n'auroit pas entendu le bruit du canon. Ie me preſſay pour me trouuer proche de luy au bas du degré. Il y eúſt vn de ſes courtiſans qui luy preſenta dans vn baſſin vne Carpe fort grande, & vn autre vn plat plein d'vne matiere blanche comme de l'amidon. Le Roy y porta le doigt; il en toucha apres le poiſſon, & ſ'en frotta le front. Cette ceremonie eſt en Indoſtan, vn preſage de bonne fortune. Vn autre de ſes grands Officiers paſſa ſon épée dãs les pêdans de ſõ baudrier. L'épée & les boucles eſtoiết couuertes de diamans & de rubis, & le baudrier de meſme. Vn autre luy mit ſon carquois auec trente fléches & ſon arc auſſi, dans le meſme eſtuy que l'Ambaſſadeur de Perſe luy auoit preſenté. Son turban eſtoit fort riche. Il y paroiſſoit des Habillemés du Mogol. bouts de corne. D'vn des coſtez pendoit vn rubis hors d'œuure, auſſi gros qu'vne noix; & de l'autre, vn diamant de pareille groſſeur, & au milieu vne émeraude bien plus grande taillée en forme de cœur. Le turban eſtoit entortillé d'vne chaîne de groſſes perles, de rubis & de diamans qui faiſoient pluſieurs tours. Il auoit autour du col vne chaîne de perles, trois fois plus groſſe que les plus belles que j'aye iamais veuës. Au deſſus du coude il auoit des bracelets de meſine ſorte, qui faiſoient trois tours à l'entour du poignet. Il auoit la main nuë, & à chaque Equipage du Mogol qui marche en campagne. doigt vn anneau. Ses gands eſtoient d'Angleterre. Ils eſtoient paſſez dans ſa ceinture. Son habit eſtoit de drap d'or ſans manches. Ses brodequins eſtoient brodez auec des perles. Le bout des brodequins eſtoit en pointe, & tourné en haut. Il entre en cét équipage dans ſon Carroſſe. Vn Anglois ſeruoit de Cocher, habillé auſſi richement que iamais Comedien l'ait eſté, & menant quatre Cheuaux couuerts & harnachez de velours d'or. C'eſtoit la premiere fois que ce Prince ſ'eſtoit ſeruy de ce Carroſſe, qui auoit eſté fait à l'imitation de celuy d'Angleterre, & eſtoit ſi ſemblable, que ie n'en connus la difference que par la houſſe, qui eſtoit d'vn velours trauaillé auec de l'or qui ſe fait en Perſe. Apres qu'il y fut entré, deux Eunuques marcherent aux deux coſtez du Carroſſe, portans de petites malles d'or enrichies de rubis, & vne queuë de cheual blanc pour luy chaſſer les mouches. Il y auoit beaucoup de trompettes, de tambours, & autres ſemblables inſtrumens, & des gens qui marchoient deuant auec des daiz & des paraſſols, la pluſpart de drap d'or ou de broderie, enrichis de rubis, de perles & d'émeraudes. L'Ambaſſadeur de Perſe luy preſenta vn Cheual. Derriere luy ſuiuoient trois Pallanquins, dont les pieds eſtoient couuerts de placques d'or; & les bouts de la canne à laquelle ils eſtoient attachez, ornez de perles auec vne crépine d'vn pied de hauteur, aux fils de laquelle il y auoit grand nombre de perles enfilées. Le bord du Pallanquin eſtoit couuert de rubis & d'émeraudes. Vn des Officiers du Prince portoit vn marche-pied d'or auec des pierreries. Les deux autres Pallanquins eſtoient couuerts de drap d'or. Le Carroſſe que j'auois preſenté ſuiuoit apres; on y auoit fait vne nouuelle couuerture & de nouueaux ornemens, & le Mogol l'auoit donné à la Reyne Normale qui eſtoit dedans. Ce Carroſſe eſtoit ſuiuy d'vn troiſiéme fait à la maniere du Pays; mais qui n'approchoit point, ce me ſemble, de la beauté de l'autre. Les plus jeunes de ſes fils eſtoient dans ce dernier. Quatre-vingt Elephans les ſuiuoient, c'eſtoit ceux qui eſtoient deſtinez pour la perſonne du Roy. Il ne ſe peut rien voir de plus riche que la garniture de ces Elephans qui brilloient de tous coſtez des pierreries dont ils eſtoient couuerts. Chaque Elephant auoit ſes banderoles de drap d'argent, & d'autres. Les

principaux de ſa Cour ſuiuoient à pied. Ie le ſuiuis de meſme juſques à la porte de
la Ville. Ses femmes venoient en ſuite à la diſtance d'vn mille, portées ſur leurs
Elephans. Quand il fut deuant la porte où ſon fils aiſné eſtoit priſonnier, il fit arreſter le Carroſſe, & le fit appeller. Il vint, & luy fit la reuerence, ayant vne épée
& vn bouclier à la main. Sa barbe luy deſcendoit juſques à la ceinture, qui eſt vne
marque de diſgrace. Le Roy luy commanda de monter ſur vn de ſes Elephans, &
marcher à coſté de ſon Carroſſe. Il le fit, auec vn grand applaudiſſement de
toute la Cour que le retour de ce Prince remplit de nouuelles eſperances. Le Roy
luy donna vn millier de Roupias pour en faire largeſſe au peuple. Aſaphchan qui
l'auoit gardé & ſes autres ennemis eſtoiët cependant à pied: Ie pris vnCheual pour
éuiter la preſſe, & ie l'allay attendre à l'entrée de ſa tente. I'y trouuay vne longue
haye d'Elephans qui portoient chacun vne tour. Aux quatre coins des tours il y
auoit quatre banderoles de taffetas jaune, & deuant la tour vn fauconneau monté ſur ſon affuſt, qui portoit vn boulet auſſi gros qu'vne balle de jeu de paûme; le
Canonier eſtoit derriere. Il y auoit trois cens de ces Elephans, & quelques ſix
cens autres de parade qui eſtoient tous couuerts de velours trauaillé auec de l'or,
& deux ou trois banderoles dorées. Pluſieurs perſonnes à pied couroient deuant
auec des outres pleines d'eau pour arroſer le chemin par où il deuoit paſſer.
On ne permet point d'approcher de ſon Carroſſe de plus prés d'vn quart de
mille; tellement que ie fis diligence pour aller à ſes tentes, & attendre qu'il y
miſt pied à terre. Les tentes auoient bien deux milles de circuit. Elles eſtoient
entourées d'vne étoffe du Pays, rouge par le dehors, & qui par le dedans eſtoit
peinte de diuerſes figures, comme le ſont nos tapiſſeries. Toute l'enceinte auoit
la forme d'vn Fort, auec ſes bouleuards & ſes courtines. Les pieux qui portoient
ces tapiſſeries, auoient au haut vn gros bouton de cuiure: la foule eſtoit grande à
l'entrée des tentes du Roy. I'y voulus entrer, mais on n'y laiſſe entrer perſonne.
Les grands du Pays ſ'arreſtent à la porte. Ie donnay quelque choſe à ceux qui la
gardoient, & j'y fus admis. L'Ambaſſadeur de Perſe ne fut pas ſi heureux que
moy: Car ayant tenté d'entrer, il fut refuſé. Ce fut en cette rencontre que cét
Ambaſſadeur me ſalüa pour la premiere fois, ſans toutesfois me parler. Au milieu de la Cour de ce Palais portatif, eſtoit dreſſé vn trône de Nacre de
perle; deux piliers en ſoûtenoient le daiz de brocard d'or. Les bouts
ou les chapiteaux de ces piliers eſtoient d'or maſſif. Lors que le Roy approcha de la porte de ſa tente, quelques-vns des Seigneurs du Pays entrerent dans
l'enceinte, & auec eux l'Ambaſſadeur de Perſe. Nous nous trouuâmes vis-à-vis
l'vn de l'autre. Le Roy en entrant, jetta les yeux ſur moy. Ie luy fis la reuerence.
Il porta ſa main ſur ſa poiçtrine, & ſ'inclina vn peu. Il fit le meſme à l'Ambaſſadeur de Perſe. Ie demeuray immediatement derriere luy juſques à tant qu'il euſt
monté ſur ſon Trône; il fût accompagné des acclamations de tout ce qu'il y auoit
de gens en ce lieu-là. Apres que nous euſmes pris nos places, il demanda de l'eau,
ſe laua les mains, & ſe rerira. Ses femmes entrerent par vne autre porte dans l'A-
partement qui leur eſtoit deſtiné. Ie ne vis point le Prince ſon fils dans l'enceinte
que ie viens de dire. Il eſt vray qu'il y auoit plus de trente Apartemens faits auec
des tentes. Les Seigneurs de la Cour ſe retiroient chacun à leurs tentes. Elles
eſtoient toutes de differentes formes & de differentes couleurs: les vnes blanches, les autres vertes; mais toutes dreſſées dans vne auſſi belle diſpoſition, que
les Apartemens de nos plus belles maiſons; ce qui me parut vne des plus belles
choſes & des plus magnifiques que j'euſſe iamais veuës. Tout le Camp paroiſſoit
comme vne belle Ville. Le bagage & les autres embarras de l'Armée n'en gaſtoiët
point la beauté ny la ſimetrie. Ie n'auois point de Chariot, & j'auois quelque
honte de me voir en l'eſtat où j'eſtois: mais à cela il n'y auoit point de remede, &
d'ailleurs cinq années de mes appointemens n'auroient pas ſuffi pour me faire vn
équipage approchant de celuy des moindres Seigneurs de la Cour du Mogol.

Le Roy fait ſortir de priſon le Prince Corſoronne ſon aiſné.

Tentes du Mogol.

Mais ce qui est encore plus surprenant, c'est qu'ils ont tous de doubles tentes & vn double équipage, & pendant qu'ils sont campez en vn lieu, ils enuoyent au lieu où ils sçauent qu'ils doiuent camper, les tentes & les meubles qui ne leur seruent point; & tout cela se trouue tout dressé lors qu'ils y arriuēt. La cōfusion où j'estois de me voir en si mauuais équipage, me fit retourner bien viste à ma pauure caze.

Description des tentes du Prince. Le cinquiéme de Nouembre, ie vis la mesme magnificence chez le Prince Coronne. Son Trône estoit couuert de placques d'argent, & en quelques endroits de fleurs en relief d'or massif. Le daiz estoit porté sur quatre piliers aussi couuerts d'argent. Son épée, son boucher, ses arcs, ses fléches, & sa lance, estoient sur vne table deuant luy. On monta la garde lors qu'il arriua. J'obseruay qu'il estoit fort maistre de luy-mesme, & de ses actions; & que mesmes il prenoit soin de les composer auec grauité. Il reçeut deux Lettres, & les leut debout auant que de remonter à son Trône. Ie n'ay iamais veu vne contenance d'homme si arrestée ny si graue. Ie ne peus remarquer sur son visage le moindre sousris, ny la moindre difference dans la reception qu'il faisoit à ceux qui se presentoient à luy. Ses actions me paroissoient pleines d'vne fierté rebutante, & d'vn mépris general pour tout ce qu'il voyoit. J'obseruay neantmoins quelque trouble interieur, & quelque espece de distraction dans son esprit. Ce qui le faisoit répondre peu à propos à ceux qui luy parloient, voire mesmes qui l'empeschoit de les entendre. S'il m'est permis d'en juger, ou ie me trompe fort, ou ie croy qu'il auoit laissé son cœur dans l'entretien qu'il auoit eu auec les femmes de son pere. Il luy auoit esté permis de les voir. Normale l'estoit venu voir le iour auparauant dans son Carrosse à l'Angloise; & en prenant congé de luy, elle luy auoit donné vn manteau tout couuert de broderie, releué de perles, de diamans, & de rubis. Cette visite estoit sans doute cause qu'il n'auoit point de presence d'esprit pour les affaires dont on luy parloit.

Le sixiéme de Nouembre, ie reçeus vne Lettre d'Amadauat, par laquelle on me donnoit auis d'vne rencontre qui s'estoit passée entre les Portugais & ceux de nostre Nation. Cinq Portugais ayant attaqué vn jeune Anglois à Camboya, luy auoient osté ses armes. Deux Anglois estoient accourus au bruit pour le tirer de leurs mains, & auoient esté attaquez par sept autres Portugais. Iean Brovvn fut blessé à la main d'vn coup de pistolet. Nos gens se deffendirent brauement, & en Anglois. Ils tuerent vn Portugais sur la place, en blesserent quelques-autres, & leur donnerent la chasse d'vn bout de la Ville à l'autre. Les Portugais se mirent à fuyr deuant eux comme des bestes, auec beaucoup de honte pour cette Nation, & beaucoup de gloire pour la nostre. Les fregates Portugaises estans depuis arriuées, plusieurs des ennemis vinrent à terre pour se vanger de cét affront. Il n'y auoit alors dans la Ville que les trois Anglois dont ie viens de parler. Le Gouuerneur en ayant esté auerty, enuoya le Kutvval auec des gens pour garder nostre maison, fit fermer les portes qui sont du costé de l'eau, chassa les Portugais, leur deffendant sur peine de chastiment de se méler auec les Anglois, & fit sortir auec seureté les nostres de la Ville, qui retournerent à Amadauat.

Le neufiéme, ie trouuay le Prince Coronne jotiant aux Cartes auec grande attention. Il me fit excuse de son peu de memoire, & mit la faute sur ses Officiers, me témoignant au reste plus de ciuilité qu'il ne faisoit ordinairement. Il m'appella mesmes quelquesfois pour me monstrer son jeu, & m'addressa souuent la parole. J'attendois qu'il me parleroit de faire le voïage auec luy; mais comme il ne m'en toucha rien, ie luy dis que j'estois seulement venu pour luy obeyr, & pour prendre mon congé; que ie le priois de m'excuser si ie n'estois pas dauantage auprés de luy, mais que j'estois obligé de retourner à Adsmeer, & que ie n'auois point d'équipage pour demeurer là cette nuit. Il me dit qu'il m'auoit voulu voir deuant que de partir, & que ie serois expedié sur le champ. Il m'enuoya vn Eunuque; & plusieurs de ses Officiers me vinrent trouuer, & me dirent en soûriant, que le Prince me vouloit faire vn grand present; que si j'auois peur de faire voïage de nuit, on me donneroit dix Cheuaux pour me seruir d'escorte. Ils me firent vne aussi grande feste de ce present, que si le Prince m'eust deû donner la plus belle de ses chaînes de perles. Le present vint enfin; c'estoit vn manteau de drap d'or, qu'il auoit porté deux ou trois fois. On me le mit sur les épaules, & ce fut à contre-cœur que ie luy en fis la reuerence. Si on auoit à representer sur vn theâtre le grand Tamerlan son deuancier, cét habit auroit esté fort propre pour vn tel per-sonnage. La plus grande faueur que le Prince fait en ces quartiers-là, est cel-le de donner vn habit apres l'auoir porté vne fois ou deux.

Le 16. le Roy fit commandement qu'on mist le feu à toutes les tentes du Camp proche d'Asmeer, pour obliger par là le peuple de le suiure. La chose fut execu-tée sur le champ. I'y demeuray bien embarrassé, aussi bien que l'Ambassadeur de Perse. Il auoit crié, il s'estoit plaint, il auoit fait des brauades, & auec tout cela il n'auoit pû obtenir les voitures ny les Chariots qu'il auoit demandez. Ie me reso-lus à son exemple d'en achepter, puisque ie n'auois pû en trouuer à loüer au prix que le Roy les paye. Ils estoient à la verité bien chers d'achat; mais aussi en les loüant au prix qu'on en vouloit, le loüage de trois mois de temps égaloit la va-leur des Chariots. Enfin, ce fut vne necessité d'en vser ainsi, car la Ville estoit aussi brûlée, & ie me trouuois exposé au danger des voleurs, dont il y a tousiours grand nombre dans le voisinage des armées. On n'y trouuoit point mesme de pain. Ie renuoyay à la Cour, & me resolus à souffrir toutes ces incommoditez.

Le 17. j'appris par la voye de Goa, que Dom Emanüel de Menesez, auec en-uiron trois cens soldats du Vaisseau de l'Admiral, s'estoit sauué à terre; que ceux du Pays les auoit volez & mis en chemise; que mesmes ils en auoient tué quel-ques-vns; qu'ils en auoient contraints d'autres à se faire circoncir, & que le reste estoit arriué à Goa dans vn pitoyable estat.

Le 24. Octobre, il n'y estoit encore arriué aucun Vaisseau de la Flotte qui estoit partie de Lisbonne; ce qui les estonnoit beaucoup. Le Gallion de Mozenbique s'estoit battu auec vn Vaisseau Hollandois: ce Gallion estoit fort riche, & se sau-ua à la faueur de ce Fort. Remarquez, ie vous prie, l'audace des Hollandois, d'at-taquer ainsi auec vn seul Vaisseau, vn Gallion plus fort qu'eux, à la veuë d'vne des principales Villes que les Portugais ayent dans les Indes.

Le 18. ie ne pûs auoir de Chariots: on me remettoit d'vn iour à l'autre, & j'ap-prehendois d'estre obligé de demeurer à pied. Il fallut enfin achepter des Cha-riots. Pour des Chameaux, on continuoit tousiours à m'en promettre; Mestre Bidolff demeura dans le Camp du Prince, pour recouurer l'argent qui luy estoit deû: le Roy n'estoit qu'à douze courses d'Asmeer. Ce fut là que le Iesuite prît congé de moy. Il fut obligé d'achepter aussi des Chariots, bien qu'il eust vn or-dre pour en auoir de ceux qui sont au seruice du Roy. Tout ce temps-là ne me donnant point d'occasion de vous parler de mes propres affaires, ie croy qu'il ne sera point mal à propos de vous entretenir de l'estat où se trouuoient alors celles de Sultan Corsoronne. Tout le monde prenoit part à sa disgrace, & on ne parloit que de sa détention entre les mains de ses ennemis. Le Roy qui y auoit consenty en partant, plustost pour satisfaire l'ambition de son cadet, que pour exposer l'aîné aux mauuais desseins que son frere pouuoit auoir sur sa personne, pensa à asseurer la vie de ce Prince, & à contenter par mesme moyen le peuple qui com-mençoit à murmurer de sa prison, & qui témoignoit hautement qu'il apprehen-doit qu'on ne luy fist quelque trahison. Il prit de là occasion de declarer luy-mes-me ses sentimens sur ce sujet, Asaphchan auoit visité son nouueau prisonnier; & comme s'il eust oublié qu'il estoit son Prince, il estoit entré inciuilement dans sa chambre contre sa volonté, & sans luy faire de reuerence. Quelques-vns croyent qu'il auoit tasché à luy faire vne querelle, croyant que le Prince qui n'estoit pas d'humeur à souffrir vn affront, auroit mis la main à l'épée, ou auroit fait quelque

autre violençe, dont les soldats de sa garde se seroient vangez sur luy ; ou qu'au
moins il en auroit trouué vne occasion de plainte, & de porter la chose au Roy cō-
me vne insulte que le Prince luy auroit voulu faire, pour se sauuer des prisons
où le Roy l'auoit fait mettre. Il trouua que le Prince estoit plus patient qu'il ne se
l'estoit promis : Car il se contenta de faire auertir le Roy par vn de ses amis, de la
maniere que son Geolier le traitoit. Le Roy appella Asaphchan au Durbal, & luy
demanda combien il y auoit de temps qu'il n'auoit veu le prisonnier qui estoit en
sa charge. Il luy répondit qu'il y auoit deux iours. Le Roy continua à luy demander qu'est-ce qui se passa l'autre iour dans sa chambre ? Asaphchan repliqua qu'il
n'y auoit esté que pour luy rendre visite ; mais le Roy le pressant sur la maniere
dont il l'auoit renduë, Asaphchan connut que le Roy estoit auerty de ce qui s'é-
toit passé. Il luy dit donc qu'il estoit allé voir ce jour-là le Prince pour luy offrir
son seruice, mais qu'il luy auoit refusé l'entrée de sa chambre ; là dessus, qu'il
auoit crû qu'estant responsable de la personne du Prince, il estoit du deuoir de la
charge qu'on luy auoit commise, de visiter la chambre de son prisonnier comme
il auoit fait, y estant entré dedans mal-gré luy. Le Roy luy dit sans s'émouuoir ;
Hé bien ? Quand vous fustes entré, que luy dites-vous ? Et quel respect & quelles soûmissions rendîtes-vous à mon fils ? Ce Barbare demeura fort confus, & confessa qu'il ne luy auoit fait aucune ciuilité. Le Roy sur cela luy dit, qu'il luy feroit connoistre que le Prince estoit son fils aîné & son heritier. Qu'il estoit son
Maistre & son Prince ; & que s'il entendoit parler vne autre fois qu'il luy eust manqué de respect, il commanderoit à son fils de luy mettre le pied sur la gorge, & de
l'étouffer. I'ayme Sultan Coronne, adjoûta-il ; mais ie veux que tout le monde
sçache, que ie n'ay pas mis mon fils & mon successeur entre ses mains & en sa garde pour le perdre.

Le 24. ie demeuray à la Cour pour les affaires des Marchands ; & j'y receu réponse d'Ispahan, que mes Lettres auoient esté enuoyées à Alep, & que nous
estions attendus en Perse ; mais sous des conditions que le Roy auoit jugées ad-
uantageuses, au dessein qu'il auoit de diuertir le trafic des soyes des terres du
Turc. Que le General des troupes du Grand Seigneur estoit auec vne puissante
armée à Argeronne à six journées de Tauris, & qu'il marchandoit s'il deuoit at-
taqter cette place, & entrer dans le pays de Gorgestan & de Gilan, d'où vient la
soye, & conquerir ainsi par les armes ce que l'on leur vouloit oster par le commerce. Le Roy de Perse estoit campé à Salmas lieu fort propre pour s'opposer à
l'vn ou à l'autre de ses desseins : Car ce village estoit également éloigné de l'entrée de la Prouince de Gorgestan, & de la ville d'Argeronne. Mais si les armées
n'en viennent point aux mains entre-cy & deux mois, l'approche de l'hyuer & la
disette qui suit tousiours, vn si grand amas d'hommes les dissipera l'vne & l'autre, sans qu'elles puissent rien faire de considerable. Si elles s'approchent, quoy
que le Persan ait cent quatre-vingt mille Cheuaux, on ne croid point qu'il ha-
zarde la bataille, mais il se contentera de tirer aduantage de la facilité qu'ont ses
troupes à faire de longues marches, estans sans bagages & sans artillerie.

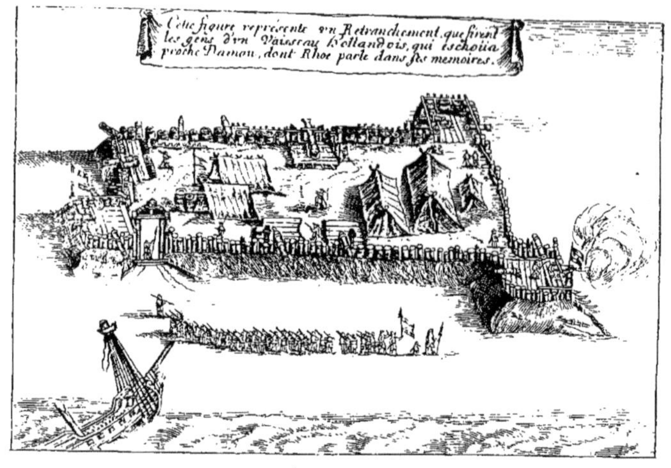

§. VII.

Voyages de l'Ambaſſadeur à la ſuite de la Cour. Deſcription du Camp du Mogol.

L E premier iour de Decembre, j'auançay juſques à Brampore. Ie trouuay ſur le chemin les corps de cent voleurs qu'on auoit fait mourir par l'ordre du Roy. La Carauanne partit ſur la minuit pour Aſmeere.

Le quatriéme, ie fis cinq coſſes ; ie rencontray vn Chameau chargé de trois cens teſtes de Rebelles, que le Gouuerneur de Candehar enuoyoit au Roy comme vn preſent.

Le ſixiéme, ie fis quatre coſſes. Ie trouuay le Roy dans vne Ville fermée de murailles, nommée Godah, ſituée dans le plus beau pays du monde. C'eſt vne Ville des plus belles & des mieux baſties de toutes celles que j'ay veuës dans les Indes. Il y a force maiſons qui ont deux eſtages ; ce qui eſt fort rare dans les autres. Il y a des ruës pleines de boutiques de toute ſorte de marchandiſes, auſſi riches que celles de nos meilleurs Marchands. On y voit pluſieurs baſtimens ſuperbes, & faits d'vne belle pierre de taille, qui ſeruent pour rendre la juſtice, ou pour les autres affaires publiques. Il y a auſſi des eſtangs enuironnez de galeries, ſouſtenuës d'arcades de pierre de taille, & reueſtuës de la meſme pierre auec des degrez auſſi qui regnent tout autour, & qui deſcendent juſqu'au fond de l'eau pour la commodité de ceux qui en vont puiſer, ou qui veulent prendre le frais. Sa ſituation eſt encore plus belle ; car elle eſt dans vne grande campagne, où de courſe en courſe on trouue des villages. La terre y eſt extrémement fertile en bleds, en cottons, & en paſturages. J'y vis vn beau jardin qui a bien deux milles de long, & vn quart de mille de large, & plâté de mangas, de tamarins, & d'autres fruits, & diuiſé par allées. Il y a de tous coſtez de petits Téples ou

Pagodes : pluſieurs fontaines, des bains, des eſtangs, & des pauillons de pierre de taille baſtis en voûte ; & ſi agreablement, qu'il faut que j'aduouë qu'il n'y a point d'hommes au monde qui ne fût rauy d'auoir a paſſer ſa vie dans vn ſi beau lieu.

Le ſeptiéme iour, le Mogol paſſa par cette belle Ville auec toute ſa Cour. Elle eſtoit autrefois beaucoup plus floriſſante qu'elle n'eſt à preſent, parce qu'elle eſtoit la demeure ordinaire du Prince Raia ou Raſboot auant qu'Ecbarsha l'euſt conquiſe, auec le reſte de ſes Eſtats. Ie remarquay meſme en pluſieurs endroits, que les plus beaux baſtimens de cette Ville ſ'en vont en ruïne. La raiſon en eſt, que les poſſeſſeurs des maiſons & des autres heritages les negligent ; parce que deuant de retourner au Roy apres leur mort, ils ne veulent pas prendre le ſoin de les conſeruer.

Deſcription du Camp du Mogol.

Le neufiéme, ie vis le Camp du Roy, qui eſt vne des plus admirables choſes que j'aye iamais veuës. Cette grande Ville portatiue fut dreſſée en quatre heures de temps : elle auoit de circuit prés de vingt milles d'Angleterre. Les ruës & les tentes y ſont tirées à la ligne, & les boutiques ſi bien ordonnées, que chacun ſçait où il doit trouuer ce qui luy eſt neceſſaire. Chaque homme de qualité & chaque Marchand ſçait à quelle diſtance de l'Ataſikanha ou Tente du Roy, la ſienne doit eſtre dreſſée. Il ſçait auſſi de quel coſté il ſe doit poſter, & quelle quantité de terrain il doit occuper, ſans que iamais en cela il y ait aucun changement. Et cependant, ces temtes ainſi dreſſées, enferment vne eſpace plus grande que la plus grande Ville de l'Europe. On ne peut approcher les pauillons du Roy qu'à la portée du mouſquet ; ce qui eſt maintenant obſerué ſi exactement, qu'on n'y admet perſonne que ceux qui y ſont mandez. Pendant que le Prince eſt en campagne, il n'y tient point le Durbal apres midy, mais il employe ce temps-là à chaſſer ou à faire voler ſes oyſeaux ſur les eſtangs. Il ſe met meſme quelquesfois tout ſeul dans vn batteau pour tirer. Il y en a touſiours à ſa ſuite que l'on porte ſur des Chariots. Il ſe laiſſe voir le matin au Fatraco ; mais il y a deffenſe de luy parler d'affaires en ce lieu-là. Les affaires ſe traitent la nuit au Gouzalcan : ce n'eſt pas que ce temps-là qui eſt deſtiné pour les affaires, ne ſoit bien ſouuent employé à boire auec excez. Il faut que ie diſe en paſſant, que l'on parloit fort à la Cour en ce temps-là d'vne nouuelle alliance entre Sultan Corſoronne & Aſaphchan, & que l'on y eſperoit ſa liberté.

Charité du grand Mogol vers les pauures.

Le ſeiziéme, j'allay chez le Roy. Ie le trouuay au retour de la chaſſe, ayant deuant luy le gibier & le poiſſon qu'il auoit pris. Il voulut que ie choiſiſſe ce qui m'en plairoit dauantage, & apres il diſtribua le reſte à ſa Nobleſſe. Il auoit au pied de ſon trône vn pauure miſerable vieillard ſale & hideux. Le Pays où il eſtoit, abonde en vne certaine ſorte de gens, dont celuy-cy eſtoit, qui affecte en faiſant profeſſion de pauureté, la reputation de perſonnes ſaintes. Ces mandians-là ſont en vne grande veneration : & en matiere de penitence & de mortification volontaire, ils paſſent tout ce qui a iamais eſté fait ailleurs. Le vieillard dont ie parle, eſtoit aſſis auprés du Mogol, en vn lieu où le Prince ſon fils n'auroit pas oſé ſ'aſſeoir. Il donna au Roy pour preſent vn petit gaſteau couuert de cendre, & brûlé ſur les charbons, qu'il auoit, ce diſoit-il, fait luy-meſme. Le Roy le reçeut benignement, en rompit vn morceau, & le porta à ſa bouche, encore qu'vne autre perſonne vn peu delicate en euſt eu mal au cœur. Il enuoya querir vne centaine d'écus, & de ſes mains propres non ſeulement il les mit dans vn pan de la veſte de ce pauure homme, mais il en ramaſſa quelquesvns qui eſtoient tombez à terre. Quand on euſt ſeruy ſa collation, il ne mangea rien dont il ne donnaſt vne partie à ce gueux ; & voyant qu'à cauſe de ſa foibleſſe il auoit de la peine à ſe leuer, il le prit luy-meſme entre ſes bras pour l'ayder. Vne perſonne vn peu propre ne l'auroit pas voulu toucher ; mais ce Prince l'embraſſa étroitement, porta trois fois la main ſur ſa poictrine pour luy faire honneur, & l'appella pluſieurs fois ſõ pere. Nous demeurâmes fort eſtõnez de voir tant de vertu en vn Mahometan.

Le 26. nous trauerſâmes des bois & des montagnes couuertes de halliers. Beaucoup de Chameaux perirent dans cette marche. Beaucoup de gens quitterét le Camp ; ne pouuant paſſer outre, tout le monde ſe plaignoit. I'y perdis ma Tente & mon

Chariot. Vers la minuict, ie rencontray le Roy qui s'estoit arresté deux iours au bas de la montagne, à cause qu'il falloit ce temps-là pour donner loisir à son Camp de se remettre du desordre de ce fascheux passage. Des milliers de Carrosses, de Chariots & de Chameaux, & mesmes beaucoup de Dames du Serrail, demeurerent dans ces montagnes couuertes de bois, sans eau & sans viures. Pour le Roy, il les auoit passées sur vn petit Elephant, qui auroit grimpé sur des rochers où iamais Chameau ny Cheual, ny quelque autre beste que ce soit, ne l'auroit pû suiure.

Le 24. de Ianuier, on eust nouuelles à la Cour que le Roy de Decan ne prenoit pas l'épouuante pour la marche du Mogol; qu'il l'attendoit de pied ferme sur la frontiere auec cinquante mille Cheuaux, apres auoir renuoyé son bagage dans le milieu de ses Estats. Que Sultan Coronne n'auoit osé passer Mandoa, estonné de la fermeté des ennemis, & de l'approche de Cham-chana. Asaphchan & Normahal qui auoient fait entreprendre ce voïage sur vne fausse supposition, changerent d'auis auec tous les autres qui auoient esté de ce mauuais conseil. Ils dirent au Roy qu'ils auoient crû que le Roy de Decan se seroit rendu, sur la seule apprehension de l'approche de ses troupes; mais qu'éprouuant maintenant le contraire, Sa Majesté feroit mieux de changer son voïage en vne partie de chasse, & tourner teste vers Agra : parce que, disoient-ils, le Decan n'estoit pas vn ennemy qui meritast qu'vn si grand Monarque l'allast combattre en personne. Le Roy leur répondit, que cette consideration venoit trop tard; que s'estant engagé si auant dans cette entreprise, il y alloit de son honneur de ne l'acheuer pas; qu'il vouloit suiure le premier conseil qu'on luy auoit donné, & en courir la risque. Il détachoit tous les iours des troupes fraîches, pour enuoyer des recreuës à l'Armée, & les prenoit quelquesfois entre celles qui l'accompagnoient. Il en auoit fait tirer aussi des Prouinces circonuoisines, iusqu'au nombre, disoit-on, de trente mille Cheuaux; mais peut-estre que si on leur eust fait faire monstre, on en auroit trouué moins.

Le troisiéme Feurier, ie m'éloignay vn peu de la route du Camp, pour me mettre à l'ombre d'vn grand arbre. Sultan Corsoronne, fils aîné du Roy, y vint aussi monté sur son Elephant pour y chercher la mesme commodité. Il n'auoit quasi point de gardes ny de suite. Ses gens eussent voulu que ie luy eusse cedé la place. Pour luy, il me traita auec beaucoup d'honnesteté. C'est vn fort bon Prince, & qui a l'air d'vn galant homme. Il auoit laissé croistre sa barbe dans la prison, & elle luy descendoit iusques à la ceinture. Les questions qu'il me fit, monstroient assez qu'il ne sçauoit rien de ce qui s'estoit passé à la Cour, & qu'il n'auoit iamais entendu parler qu'il y eust vn Ambassadeur d'Angleterre, ny des Marchands de nostre Nation.

Le sixiéme iour sur la nuict, nous arriuâmes à vne petite Ville nouuellement rebastie. Les tentes du Roy furent dressées assez prés de cette Ville, dans vn lieu agreable, sur la riuiere de Septa, & à vne cosse d'Vgen, qui est la principale Ville de la Prouince de Mulvva. Cette place est appellée Calleada; c'estoit autrefois la residence des Roys de Mandoa, Gentils de Religion. On dit qu'vn de ces Princes estant tombé dans la riuiere; & ayant esté pris par les cheueux par vn de ses esclaues qui nàgeoit fort bien, lors qu'il fut retourné de cét estonnement, & qu'on luy dit le seruice que luy auoit rendu cét esclaue, pour luy en faire donner quelque recompense; Il luy demanda comment il auoit eu la hardiesse de mettre la main sur la teste de son Prince, & le fit mourir.

Quelque-temps apres s'estant enyuré; & estant seul assis auprés d'vne de ses femmes sur le bord d'vn batteau, il tomba dans l'eau. Cette femme le pouuoit aisément sauuer, mais elle se garda bien de le faire, disant qu'elle s'estoit souuenuë de l'histoire de l'esclaue, & qu'elle auoit eu peur que le Prince ne luy fist couper la teste pour recompense de ce seruice.

L'onziéme, le Roy fut à Vgen pour y voir vn Deruis ou vn Saint qui vit dans la montagne, & que l'on tient estre âgé de trois cens ans; mais ie crois que cette merueille ne merite pas qu'on l'examine. Apres midy, ie reçeus vne Lettre que m'ap-

porta vn homme de pied, auec nouuelles que le Prince, nonobſtant tous les Firmans & tous les ordres de ſon pere, auoit pris de force les preſens que l'on m'enuoyoit. Mr Terry, entre les mains de qui on les auoit mis, luy repreſenta inutilement que les preſens eſtans pour le Roy, il n'y deuoit pas toucher, il n'y eut aucun égard; & obligea ceux qui les conduiſoient, de retourner auec luy à Brampore. Il deffendit à la verité qu'on n'ouuriſt pas les caiſſes, mais il preſſoit les Anglois de le permettre. Ceux-cy le refuſoient, ſelon l'ordre que ie leur auois donné. Il crût en pouuoir venir à bout, en les traitant mal. C'eſt ſon ordinaire de vouloir voir tous les preſens & toutes les marchandiſes, deuant que le Roy les ait
veuës, afin de choiſir le premier.

Deuant que ie peuſſe auoir connoiſſance de la violence qu'il faiſoit à mes
gens, il écriuit au Roy qu'il auoit fait arreſter certaines marchandiſes appartenantes à des Anglois, ſans faire aucune mention des preſens, & qu'il le prioit de
luy permettre de faire ouurir les caiſſes, & d'acheter les choſes qui ſeroient à ſon
vſage. I'en eus auis, & ce procedé ne pouuant eſtre appuyé de perſonne, ie reſolus d'en demander juſtice. Ie crûs d'abord qu'il me falloit addreſſer à Aſaphchan;
car ſi j'euſſe paſsé par d'autres mains, il l'auroit pris pour vne injure. D'vn autre
coſté, ie n'oſois m'y fier, & j'apprehendois qu'il ne preuint le deſſein que j'auois
de m'addreſſer au Roy. Enfin, ie me reſolus de luy enuoyer dire ſeulement que
ie ſouhaittois auoir audiance du Roy au Gouzalcan.

Ce pretendu Prophete que le Roy eſtoit allé voir peu auparauant, m'en fit
naiſtre l'occaſion. I'informay mon nouuel Interprete, de ce qu'il deuoit faire; &
eſtant monté à Cheual, ie pris le chemin par où le Roy deuoit reuenir. Ie le rencontray ſur vn Elephant. Ie mis pied à terre, & luy fis connoiſtre que ie luy voulois parler. Il ſe tourna vers moy; & preuenant la plainte que ie luy voulois faire;
ie ſçay, me dit-il, que mon fils à pris voſtre marchandiſe & mes preſens. Ne vous
en mettez point en peine, il n'ouurira point vos caiſſes, & ne touchera point aux
coffres. Ce ſoir, ie r'enuoyeray vn ordre de vous les remettre entre les mains. Il
accompagna cette promeſſe d'autres diſcours fort ciuils; & comme il connut que
j'auois ſujet de me plaindre, il commença le premier pour m'appaiſer. Durant le
chemin, ie n'en pûs tirer dauantage; mais la nuict eſtant venuë, ie fus au Gouzalcan, ſans m'addreſſer à Aſaphchan, auec reſolution de continuer à me plaindre de l'arreſt de mes marchandiſes, & de tous les autres mauuais traitemens que
nous auions reçeus à Surate. Auſſi-toſt que ie fus entré, le Roy appella mon
Interprete, & luy dit qu'il auoit écrit, & qu'il auoit enuoyé vn ſecond ordre, &
que ie ne perdrois pas la moindre choſe. Ie luy fis dire que l'affront qu'on nous
auoit fait, & les mauuais traitemens des Officiers du Prince, auoient mis noſtre
patience à bout. Il me répondit que pour ce qui eſtoit paſſé, il le falloit oublier.
Ie vis bien que tant que Aſaphchan ſeroit mon entremetteur, ie n'en tirerois ſatisfaction qu'en des paroles. C'eſt pourquoy ie me reſolus de ne pas porter la
choſe plus auant ce iour-là, & d'attendre quelque occaſion de parler au Roy lors
que mon Infidelle mediateur n'y ſeroit pas. Le Roy ſe mit à entrer dans les controuerſes de la Religion, & à parler de celles des Iuifs, des Chreſtiens, & des
Mahometans; le vin l'auoit rendu de ſi belle humeur, qu'il ſe tourna vers moy,
& me dit, ie ſuis le Roy; vous ſerez tous les bien-heureux dans mes Eſtats, Mores, Iuifs, Chreſtiens. Ie ne me meſle point des Controuerſes de vos Religions,
viuez tous en paix dás mes Eſtats, vous y ſerez à couuert de toute ſorte d'injures,
vous y viurez auec ſeureté, & j'empeſcheray que perſonne ne vous opprime. Il
repeta pluſieurs fois ce meſme diſcours; & enfin eſtant tout à fait yvre, il ſe mit à
pleurer, & à ſe laiſſer emporter à d'autres paſſions, nous tenant ainſi iuſques à
minuit.

Chacun peut iuger la peine où j'eſtois, de ce que les Facteurs auoient gardé
4. mois les marchandiſes pour les voir apres tant de temps entre les mains du

Prince. Il arriua deux iours apres de Brampore : ce nous eſtoit cependant vne
nouuelle injure, de voir qu'on ne nous faiſoit point de juſtice de la premiere. Mais
conſiderant qu'enfin l'affaire n'eſtoit plus en ſon entier, que j'auois commencé à
me plaindre du Prince, & qu'il eſtoit deſia beaucoup aigry contre moy de ce que
j'auois fait ; ie creus, puis qu'il le falloit perdre tout à fait, qu'il ſe falloit reſoudre à tout, & faire nos derniers efforts auprés du Roy. J'attendois l'occaſion de le
pouuoir faire à propos, & à l'heure meſme ie renuoyay le meſſager que le Sieur
Terry m'auoit dépeché, auec ordre de demeurer où il le rencontreroit, & d'y
attendre la réponſe du Roy, que ie luy enuoyerois en toute diligence. Cependant, le Roy ſ'eſtoit fait apporter ſecrettement les caiſſes, & les auoit fait ouurir,
ie pris en moy-meſme la reſolution de m'en vanger ; & dans vne audiance qu'il
me donna, ie luy en fis mes plaintes. Il me reçeut auec des flatteries baſſes, & encore plus indignes de ſa qualité, que l'action qu'il auoit faite. Ie crois qu'il le fit
pour me donner quelque ſatisfaction, voyant à mon viſage que j'eſtois outré au
dernier point. Il cõmença donc à me dire qu'il y auoit trouué diuerſes choſes qui
luy plaiſoient extrémemẽt ; entre-autres, deux couſſins en broderie, vn verre trauaillé à iour, qu'il auoit auſſi retenu les dogues ; que ſi entre ces choſes-là il y en
auoit quelqu'vne que ie ne luy vouluſſe pas dõner, il me la rendroit, & qu'il vouloit que ie fuſſe content. Ie luy dis qu'il y en auoit peu que ie ne luy euſſe deſtiné ;
mais que c'eſtoit vn procedé fort inciuil à l'égard du Roy d'Angleterre mon Maître, & que ie ne ſçauois cõment luy faire entendre que les choſes qu'il donnoit en
preſent auoient eſté ſaiſies, & non point preſentées par mes mains à ceux à qui elles eſtoient addreſſees. Que quelques-vns des preſens eſtoient pour le Prince &
pour la Reyne Normahal. Que les autres deuoient demeurer entre mes mains
pour m'en ſeruir dans les occaſions, & diſpoſer par là Sa Majeſté à nous proteger
contre les injures que les eſtrangers nous faiſoient tous les iours. Qu'il y en
auoit pour mes amis, ou pour mon vſage particulier. Que le reſte apparte-
noit aux Marchands, & qu'ainſi ie n'en pouuois pas diſpoſer. Il me pria que ie ne
trouuaſſe point mauuais qu'il ſe les euſt fait apporter ; qu'il auoit trouué ces choſes ſi belles, qu'il n'auoit pas eu la patience d'attendre que ie les luy preſentaſſe.
Qu'en cela il ne m'auoit point fait de tort, pource qu'il croyoit que mon intention eſtoit, que dans la diſtribution des preſens il fuſt ſeruy le premier. Que pour
le Roy d'Angleterre, il luy en feroit ſatisfaction & mes excuſes. Auſſi, que le
Prince, la Reyne Normahal & luy, n'eſtoient qu'vne meſme choſe ; & quant aux
preſens qui deuoient eſtre reſeruez pour les occaſions où j'aurois beſoin de ſa faueur, ce n'eſtoit qu'vne ceremonie tout à fait inutile, parce qu'il me donneroit
audiance en quelque-temps que ce fuſt ; & que ie ſerois bien receu, quand meſmes ie viendrois le voir les mains vuides, puis qu'il voyoit bien qu'il n'auroit pas
tenu à moy d'y venir autrement. De là, il ſe mit ſur le diſcours de ſon fils, & me
dit qu'il me rendroit quelque choſe de ce qu'il auoit pris, & qu'il feroit contenter mes Marchands ſur les marchandiſes qui leur appartenoient. Il conclud enfin
cette longue ſuite de raiſons, en me priant que ie ne priſſe point en mauuaiſe part
la liberté qu'il ſ'eſtoit donnée ſans aucune intention de me faire tort. Ie ne répondis rien à tout cela ; ſur quoy il me preſſa de luy declarer ma penſée, me demandant diuerſes fois ſi i'eſtois content ou non. Ie luy répondis que i'eſtois fort ſatisfait, de voir que Sa Maieſté le fuſt. Il tourna les yeux ſur le Sieur Terry, que i'a-
uois amené auec moy à l'audiance ; & luy dit, Padre, vous ſoyez le bien-venu.
Cette maiſon eſt à vous ; vous deuez faire voſtre compte là deſſus. Toutes les
fois que vous me voudrez parler, vous aurez les entrées libres, & ie vous feray
toutes les graces que vous me pourrez demander. Apres luy auoir ainſi parlé, il
ſ'addreſſa à moy derechef, auec tout l'art dont les plus fins ſe peuuent ſeruir, & ſe
mit à faire le dénombrement de toutes les choſes qu'il m'auoit fait enleuer. Il

commença par les dogues, les couſſins, & l'eſtuy de Barbier ; & en ſoûriant, vous
ne voulez pas, me dit-il, que ie vous rende ces choſes ; car ie ſuis bien aiſe de les
auoir. Il en faut demeurer d'accord, luy répondis-je. Pour les verres de ces deux
caiſſes, adjouſta-il, ils ſont fort communs, pour qui les auiez-vous fait venir ? Ie
dis que l'vne des caiſſes eſtoit pour Sa Majeſté, & l'autre pour Normahal. Hé
bien ! ce dit-il, ie n'en retiendray qu'vne. Et ces chappeaux, adjoûta-il, à qui
ſont-ils ? Ils plaiſent fort à mes femmes. Ie répondis qu'il y en auoit trois pour Sa
Maieſté, & que le quatriéme eſtoit pour mon vſage. Pour ceux-là, vous ne me
les voulez pas oſter, continua-il, car ie les trouue beaux. Pour le voſtre, ie vous
le rendray ſi vous en auez beſoin ; mais vous m'obligerez beaucoup de me le donner. Il en fallut demeurer d'accord. Et ces peintures, diſoit-il, à qui ſont-elles ?
Elles m'ont eſté enuoyées, luy dis-ie, pour en diſpoſer ſelon les occaſions & l'e-
xigence de mes affaires. Il commanda qu'on les luy apportaſt ; & ayant fait ouurir
la caiſſe où elles eſtoient, il me fit pluſieurs demandes ſur les femmes qui y eſtoiẽt
peintes, & d'autres queſtions ſemblables. Il ſe tourna ſur ceux de la Cour qui
eſtoient les plus preſts de luy, & les preſſa de luy donner l'explication d'vn tableau dans lequel il y auoit vne Venus & vn Satyre. Il deffendit à mon Interprete de m'expliquer ce qu'il diſoit ſur ce ſuiet. Il faiſoit remarquer à ſes courtiſans
les cornes du Satyre, ſa peau qui eſtoit noire, & diuerſes autres particularitez de
cette peinture. Chacun d'eux l'expliqua ſelon ſon ſens ; mais le Roy leur dit apres
les auoir ouys, qu'ils ſe trompoient, & qu'ils en iugeoient mal. Pour luy, il ne
declara point ſa penſée, & commanda de nouueau à l'Interprete de ne me point
expliquer ce qui ſ'eſtoit dit ſur ce tableau, mais de m'en demander mon ſenti-
ment. Ie luy répondis que ie croyois que c'eſtoit vne inuention du Peintre, pour
faire paroiſtre ce qu'il ſçauoit, & que c'eſtoit la couſtume de tous ceux de ſon
Art, de ſe ſeruir ordinairement des fictions des Poëtes pour en tirer le ſuiet de
leurs tableaux. Que ie ne luy pouuois rien dire dauantage ſur l'explication de
cette peinture, puiſque c'eſtoit la premiere fois que ie la voyois. Il demanda auſſi
au Sieur Terry le iugement qu'il en faiſoit, qui confeſſa comme moy ſon ignorance. Le Roy luy demanda, pourquoy donc m'apporter vne choſe dont vous ne
ſçauez point la ſignification ? Ie pris la parole, & dis au Roy que noſtre Miniſtre
ne ſe méloit point de ſemblables choſes ; qu'on ne les luy auoit pas données en
garde, mais qu'il eſtoit ſeulement venu auec nos marchandiſes, pour en auoir la
conduite par le chemin.

Ie rapporte cecy pour l'inſtruction de nos Meſſieurs de la Compagnie des Indes, & de tous ceux qui ſuccederont à ma place, les aduertiſſant qu'ils n'enuoyent
point en ces quartiers des choſes qui ſoient ſuiettes à mauuaiſe interpretation ;
car en ce poinct ils ſont fort ſoupçonneux. En effet, quoy que le Roy ne vouluſt
pas dire ſes ſentimens, ie creus neantmoins auoir connu par les propos qu'il auoit
tenu, qu'il ſ'imaginoit que cette peinture eſtoit faite en deriſion des peuples
de l'Aſie, & qu'il auoit opinion qu'ils y eſtoient repreſentez par le Satyre, comme eſtans d'vne meſme complexion ; & que la Venus qui menoit le Satyre par le
nez, repreſentoit le grand empire que les femmes de ce Pays-là ont ſur les hommes. Pour moy, il ne me preſſa pas dauantage d'en donner mon iugement ; &
comme il eſtoit perſuadé que ie n'auois iamais veu ce tableau, il crût que l'ignorance ſur laquelle ie m'excuſois eſtoit ſans artifice. Ce ſoubçon que ie viens de dire, luy demeura toutefois dans l'eſprit ; & ſans témoigner d'en eſtre offenſé, il
me dit qu'il receuoit cette peinture comme vn preſent que ie luy faiſois. Pour ce
qui eſt de la ſelle & des autres bagatelles, adiouſta-il, ie veux qu'il les enuoye à
mõ fils à qui elles ſont propres. Ie luy écriray auſſi ſuiuant la promeſſe que ie vous
en ay faite, auec des ordres ſi exprés, que vous n'aurez point beſoin auprés de luy
de ſolliciteur. Il accõpagna ces offres de tãt de cõplimés, d'excuſes, & de proteſta-
tiõs, & qui ne pouuoiẽt venir que d'vne ame, ou fort genereuſe, ou fort baſſe, il n'ẽ
demeura

demeura pas là. Il demanda ce que vouloient dire les figures de ces beftes, & fi
on me les auoit enuoyées pour les luy prefenter. On m'auoit auerty qu'elles
eftoient fort ridicules & fort mal-faites, & que la peinture mefme s'en eftoit
écaillée en plufieurs endroits. En vn mot, à les bien prifer, ce n'eftoit rien que de
vilaines maffes de bois. Ie luy répondis qu'on n'auoit pas eu intention de luy faire prefent d'vne fi mauuaife chofe; mais que ces beftes auoient efté enuoyées
pour faire voir la forme des animaux qui font les plus communs en nos Pays. Il
me repartit auffi-toft; Hé quoy! penfoit-on en Angleterre que ie n'euffe point
encore veu de Cheual ny de Taureau? Rien moins que cela, luy répondis-je;
mais celuy qui les a enuoyez eft vn homme d'vne condition ordinaire, qui m'a
voulu témoigner fon affection, en me faifant prefent de ces bagatelles. Et
bien, bien, dit le Roy, ie les veux garder; mais il faut que vous m'aydiez à me
faire auoir vn grand Cheual de ceux de voftre Pays. C'eft tout ce que ie vous
veux demander, auec deux de vos Lévriers d'Irlande, vn mafle & l'autre femelle,
& des autres efpeces de Chiens dont vous vous feruez pour la chaffe. Si vous me
les faites venir, ie vous jure en parole de Prince que ie vous en recompenferay,
& que ie vous accorderay plus de priuileges que vous ne m'en pourrez demâder.

Ma réponfe fut, que ie ne manquerois pas d'en faire mettre fur les Vaiffeaux
de la premiere Flotte; mais que ie ne pouuois pas répondre qu'ils peuffent refifter
à vn fi long voyage, & qu'en cas qu'ils vinffent à mourir, pour marque de mon
obeyffance, ie luy en ferois voir les os & les peaux. A ce difcours il s'inclina plufieurs fois, il porta la main fur fa poictrine, & me témoigna tant de faueur, de familiarité, & de biê-veillance, que tous ceux qui fe trouuerent prefens, affeurerent
qu'il n'en auoit iamais tant fait à perfonne. Ce fut là ma recompenfe. Il me dit
encore, qu'il vouloit reparer l'injure qui m'auoit efté fait, & me renuoyer à mon
Païs comblé de graces & de faueurs dignes d'vne perfonne de ma condition.
Mais voyant qu'on ne me donnoit que des paroles pour les marchandifes qui
auoient efté faifies, ie redemanday à Sa Majefté les pieces de velours & les pieces
de foye, comme marchandifes appartenantes aux Marchands, luy faifant croire
que les Marchands ne les auoient fait mettre dans mes coffres, que pour éuiter les mains des Officiers du Prince. Il fit appeller Maiftre Bidolph pour en faire
le prix auec luy, & le contenter. Ie luy prefentay alors vn Memorial où eftoient
eftendus au long les priuileges & les franchifes que nous efperions de luy, luy difant que fi il ne me les accordoit, ie ferois obligé de retourner vers mon Prince,
auec le déplaifir de luy auoir efté inutile en cét employ, & d'auoir par là
merité fa difgrace. Ie luy demanday auffi juftice pour le payement de ce que nous
deuoit Sulpheckarkon qui eftoit mort depuis peu; il me dit qu'il en parleroit à
fon fils, & de nos affaires de Surat; que nous n'aurions deformais aucun fujet
de nous en plaindre, ny des Officiers de fon Gouuernement. Il donna mefmes pour cét effet quelques ordres fur le champ, & me promit de me mettre entre les mains des ordres pour les Gouuerneurs des autres places. Enfin, dit-il, ie
vous monftreray en toutes rencontres que ie vous aime beaucoup, & que ie veux
que vous retourniez auec honneur en voftre païs. Il ajoûta qu'il enuoyeroit en
mefme temps vn magnifique prefent au Roy d'Angleterre; qu'il l'accompagne-
roit d'vne lettre où il luy rendroit témoignage de mes bons feruices; & me preffa
en fuitte de luy dire quel prefent ie croyois deuoir eftre le plus agreable au Roy
d'Angleterre. Ie luy refpondis qu'il me fiéeroit mal de luy demander vn prefent;
que ce n'eftoit point la maniere de noftre Païs, qu'il y iroit de l'honneur du
Roy mon Maiftre d'en vfer de la forte, mais que ie l'affeurois que quoy qu'il en-
uoyaft, il le receuroit auec beaucoup de ioye, comme venant d'vn Prince qu'il
eftimoit & qu'il aimoit beaucoup. Il me dit que peut-eftre ie croyois qu'il me faifoit cette demande en raillant; qu'il voyoit bien par là que i'eftois mal fatisfait;
mais qu'il me conjuroit de croire qu'il eftoit mon amy. Que ie l'efprouuerois à la

fin , & iura par sa teste que c'estoit tout de bon , & qu'il vouloit enuoyer vn present en Angleterre. Il fallut par force luy nommer quelque chose digne d'estre enuoyé si loing. Ie luy dis que selon ma pensée, les grands tapis de Perse seroient fort propres, parce que mon Maistre n'attendoit pas des presens de grande valeur. Il dit qu'il en feroit mettre ensemble de toutes sortes de grandeurs & de façons, & qu'il y adiousteroit ce qu'il croyoit estre le plus propre pour faire voir au Roy d'Angleterre combien il l'estimoit. On auoit mis deuant luy diuerses pieces de venaison. Il me donna la moitié d'vn Dain, & me dit en me le donnant, qu'il l'auoit tué de sa main propre, & qu'il auoit destiné l'autre moitié pour ses femmes. En effet cette autre moitié fut coupée sur le champ en plusieurs pieces de quatre liures chacune. Et à l'instant mesme, le troisiéme fils du Roy & deux femmes vinrent du Serrail, & prirent ces morceaux de viande entre leurs mains, & les porterent dans le Serrail comme des gueux à qui on les auroit donnez par charité auroient pû faire. Si l'affront qu'on m'auoit fait, eust pû estre reparé par des paroles, ie deuois estre content de celles que ce Prince me dit ce jourlà ; mais ie crû que ie deuois continuer à me plaindre, craignant qu'il ne m'eust fait toutes ces auances pour m'éprouuer, & pour voir si j'estois satisfait. Il me demanda si ie n'estois pas content de luy ; Ie luy répondis que sa faueur pourroit aisément remedier aux injustices qu'on m'auoit faites dans ses Estats. Ie n'ay qu'vne question à vous faire, me dit-il, quand ie songe aux presens que vous nous auez apportez depuis deux ans. Ie me suis estonné plusieurs fois que le Roy vostre Maistre vous ayant enuoyé auec la qualité d'Ambassadeur, vos presens neantmoins se soient trouuez si inferieurs en qualité & en nombre à ceux qu'vn Marchand qui a esté deuant vous icy, y auoit apportez, & auec lesquels il auoit gagné l'affection de tout le monde. Ie vous recönois pour Ambassadeur ; vostre procedé me semble estre d'vne personne de condition, & cependant ie ne puis comprendre que l'on vous entretienne icy auec si peu d'éclat. Ie voulois répondre à cette interrogation, mais il m'interrompit. Ie sçay assez bien, continua-il, que ce n'est ny vostre faute ny celle de vostre Prince ; ie veux vous faire voir que ie fais plus d'estime de vous, que n'en font ceux qui vous ont enuoyé. Lors que vous retournerez en Angleterre , ie veux que ce soit auec honneur & auec recompense, & vous charger d'vn present pour vostre Maistre, sans auoir égard à ceux que vous m'auez presenté, vous priant seulement d'vne chose, que ie ne voudrois point cömettre aux Marchands. C'est de me faire faire en vos quartiers vn carquois pour mettre des fléches, vn estuy pour mon arc, dont ie vous feray donner le modele , vn coussin à ma maniere pour dormir dessus , vne paire de brodequins que vous ferez broder en Angleterre le plus richemét que faire se pourra , & vne cotte de mailles pour mö visage. Ie sçay qu'en vos quartiers on trauaille mieux qu'en lieu du monde , & si vous m'enuoyez ces choses , vous sçauez que ie suis vn puissant Prince, & vous éprouuerez que vous n'aurez rien perdu à vous charger de cette commission. Ie l'asseuray que ie l'executerois soigneusement. Il commanda à Asaph-chan de m'en enuoyer les modeles. Il me demanda en suite si ie n'auois point de vin de grappe ; Ie luy répondis que j'en auois. Il me dit qu'il en vouloit taster la nuiét suiuante , & que s'il le trouuoit bon il s'en vouloit donner au cœur-joye. La soirée s'estant passée dans cette longue conuersation, le Prince se leua , & me donna congé.

Le 3. de Mars , j'arriuay à Mandoa, le Roy y deuoit faire son Entrée, mais le iour n'estoit point encore arresté ; car on attendoit que les Astrologues luy eussent marqué l'heure la plus fauorable pour cette ceremonie ; tellement que nous demeurâmes dehors en attendant ce moment bien-heureux.

Le sixiéme , j'entray à Mandoa. Mes gens que j'y auois enuoyez pour me chercher vn logement , auoient pris possession d'vne grande enceinte fermée de bonnes murailles , où il y auoit vn Temple & vn Monument.

Quelques gens de la Cour s'y estoient aussi logez ; mais ie ne laissay pas de m'en
conseruer la possession, comme du meilleur logement qui fust dans toute la Ville ;
en y faisant fort peu de dépense, on l'auroit rendu tout à fait commode, l'air
y estoit bon, & la veuë fort agreable ; car cette maison estoit sur le haut d'vne
éminence. Il est vray qu'il y auoit cette incommodité, qu'elle estoit éloignée de
deux milles du Palais du Roy.

Le 11. ie me mis en chemin pour aller trouuer le Roy, mais on me dit qu'vn
Lyon ayant tué quelques cheuaux de l'équipage, il luy auoit voulu donner la
chasse, & qu'il estoit sorty pour ce dessein là. I'employay quelque-temps pour
faire chercher de l'eau ; car la Ville estant sur vne hauteur & aux enuirons, il
n'y auoit ny puits ny autre reseruoir d'eau, tant est grande la preuoyance
des gens de ce païs. Toute cette multitude de monde qui y estoit, se vid
en danger de perir de soif : les principaux Seigneurs de la Cour auoient pris
possession du peu de puits qui se trouuerent en la campagne voisine, de
l'eau, il ne me fut pas possible d'en auoir. Tous les pauures gens furent obligez de quitter la Ville, & l'on publia mesme vn ordre, par laquelle il estoit commandé de mettre dehors le bestail & les Chameaux. Tous ceux qui se trouuerent sans faueur, furent obligez d'aller chercher d'autres demeures à trois ou
quatre lieuës de là : ce qui causoit vn desordre incroyable dans la Cour, & rendoit les viures fort chers. En mon particulier, I'estois assez en peine de la resolution que ie deuois prendre ; car ma maison estoit fort bonne : & quoy que ie fusse
éloigné des marchez aussi bien que de l'eau, ie m'imaginois neantmoins que j'y
pourrois demeurer auec plus de commodité que ie n'aurois fait à la campagne, où
il auroit fallu camper. Ie montay donc à cheual pour chercher de l'eau moy-mesme ; ie trouuay vn puits que l'on gardoit pour vn Cham à qui le Roy l'auoit donné. Ie luy fis connoistre le besoin que i'auois de sa courtoisie, il m'accorda
quatre charges d'eau par iour. Ie receus cette faueur comme ie deuois, & ie m'en
retournay à mon logis fort satisfait ; & les iours suiuans, ayant vendu quelques
marchandises, & m'estant défait de quelques-vnes de mes voitures, ie me sau-
uay de la misere publique. Ie ne laisseray pas de dire que i'ay souffert dans des
voïages que i'ay faits à la suite de la Cour du Mogol, toutes celles qu'vn mauuais
gouuernement & vn climat intemperé peuuent faire souffrir aux hommes.

§. VIII.

Affaires des Marchands Anglois. Feste du iour de la Naissance du Roy.

LE 12. de Mars, ie presentay au Roy pour Estreines vne belle paire de couteaux & six verres, de la part de la Compagnie. Il receut bien l'excuse que
ie luy fis sur la petitesse de ce present ; & me témoigna beaucoup de bonté, ce qui estoit toute ma consolation ; il me dit que ie ne luy pouuois faire de
present, quelque petit qu'il fut, qui ne luy fust tres-agreable ; qu'il y consideroit
principalement l'affection auec laquelle ie le faisois, & que c'estoit maintenant à luy
à me donner quelque chose. I'apperceus à costé du Prince vne personne de la Cour
qui s'estoit bien acquittée de la promesse qu'elle m'auoit faite ; car ie trouuay que le
Roy auoit esté instruit par son moyen des choses que ie desirois. Il commanda aussi
sur le champ à vn de ses Officiers, de faire venir Maistre Bidolff, & qu'on luy payast
l'argent qu'il demandoit. Tous nos autres debiteurs eurent ordre de payer ce qu'ils
deuoient à la Compagnie.

Cela ainsi ordonné, le Roy me commanda de monter sur les degrez de son Trône,
& de m'approcher de luy. Ie luy obeys, & trouuay d'vn costé l'Ambassadeur de Perse ; & de l'autre, le vieux Roy de Candahar. A peine auois-je pris ma place prés de ce

** H ij

Prince, qu'il me demanda vn coûteau que ie luy enuoyay le iour fuiuant. Le Roy appella en fuitte l'Ambaffadeur de Perfe, & luy donna des pierreries & vn ieune Elephant. Il fe mit à genoux, & donna de fa tefte contre les degrez du Thrône pour le remercier. Ce Trône là eftoit le mefme qui auoit feruy l'année paffée, & auoit les mefmes accompagnemens. Au haut du Thrône eftoient les portraits du Roy mon Maiftre, de la Reine, de Madame Elizabeth, du fieur Thomas Sunth, auec quelques autres peintures. Au deffous il y auoit deux pieces d'vne tapifferie de Perfe tres-fine. Ce Thrône, comme i'ay defia dit, eftoit d'or femé de rubis, d'efmeraudes & de turquoifes. A cofté fur vn petit échafaut eftoit vne troupe de Muficiennes Courtifannes. I'écriuis ce iour-là à nos Facteurs à Surat les nouuelles que j'auois reçeuës de Perfe, & les negociations du nouuel Ambaffadeur Perfan en cette Cour: Ie leur manday auffi de faire fouuenir Abraham-Chan Gouuerneur de Surat de la promeffe qu'il m'auoit faite. Il m'efcriuit peu apres, & me mandoit par fa lettre, que durant fon abfence noftre Nation auoit receu à la verité quelques mauuais traittemens, mais que fon pouuoir ayant efté augmenté par le Prince, il vouloit que ie demeuraffe perfuadé que tant qu'il feroit en credit, non feulement il ne fouffriroit point que l'on nous fift aucun tort, mais que l'on nous accorderoit plus de libertez & de priuileges que nous n'en auions eûs par le paffé. Le 30. j'enuoyay faire vn cópliment à Afaph-Chan. Ie l'accompagnay d'vn bónet de nuict bien trauaillé, & d'vne paire de gans: L'vn & l'autre luy furent prefentez de ma part. Pour les gands il les renuoya comme vne chofe de nul vfage en ce païs. Il receut bien le bonnet, & me fit demander vn peu de vin d'Efpagne que ie luy enuoyay le iour fuiuant. Sur le foir Aganot m'enuoya vn Banjan fon Secretaire, pour me dire qu'il auoit ordre d'expedier l'affaire des marchandifes; & qu'il enuoyeroit exprés vn de fes gens pour acheuer cette affaire auec Maiftre Bidolff; que l'on m'enuoyeroit à mon logis les patrons des chofes que le Roy defiroit de moy, & qu'il me vouloit donner vne vefte & de l'argent pour la dépenfe du voyage que i'auois à faire vers mon Prince. Ie luy dis que ie ne me feruois point de ces veftes à l'Afiatique, & que ie n'auois point affaire d'argent. Que fi il plaifoit à fa Majefté de cófiderer les iniures qu'on nous auoit faites, & de jetter les yeux fur le memoire que ie luy en auois prefenté, & nous faire juftice, ou nous la faire faire par le Prince, c'eftoit la feule grace que i'attendois de fa bonté.

Le 21. ie ne peûs pas preffer dauantage le Roy fur les affaires de la Compagnie. Ie découuris feulement le foubçon qu'il auoit que nous n'euffions deffein de quitter fon païs à la dérobée. Pour ce qui eft du Prince, foit qu'il euft en effect apprehenfion de nos Vaiffeaux, ou qu'il fe voulut feruir de cette crainte pour fes fins particulieres, il auoit donné à entendre au Roy dés l'année precedente, que les Anglois auoient deffein fur Surat. A quoy il faut auoüer que la folie de quelquesvns de noftre Nation donna quelque fujet. Car il n'y a pas long-temps qu'à l'occafion d'vne de leurs querelles ordinaires, ils firent defcendre à terre deux cens moufquetaires, & les firent marcher vers Surat. Et ces foldats eftant rencontrez par des gens du Païs, leur dirent en raillant, qu'ils marchoient pour prendre la ville. Quoy que cette menace fut ridicule, & qu'il n'y euft point d'apparence qu'vne poignée de gens peût entreprendre de paffer douze mille de Pays ennemy, & attaquer vne ville fermée où il y auoit plus de mille cheuaux, & autant de moufquetaires; qu'il y euft de plus vne riuiere à paffer, que peu de gens auroient pû deffendre contre vne grande armée: La chofe ne laiffa pas de donner du foubçon, & de paffer aupres des plus fages pour vn mefpris & pour vne iniure faite à toute la nation. Le Prince s'en feruit pour vn deffein qu'il auoit en tefte depuis long-temps, qui eftoit de fortifier la ville & le chafteau; ce qu'il fit, & commença par la fortification du Port, où il fit defcendre de l'artillerie pour le deffendre. Ces fortifications luy pouuant feruir vn iour, pour luy affeurer cette place, & vne porte de derriere ouuerte s'il eftoit iamais obligé de fuïr la vengeance de fon frere. Cette rencontre, les mefcontentemens que ie

receuois dans le païs , quelques paroles libres qui m'eſchapperent, l'empreſſemént
que j'auois d'aller à Brampore , les nouuelles qui couroient que nous auions pris
Goa, & que nous preparions vne grande Flotte en Angleterre, augmentoient ce
ſoubçon dans l'eſprit du Roy. Il l'auoit tenu long-temps caché ; enfin, il ſ'en ouurit
apres dans vn diſcours qu'il me fit, & il demeura ſatisfait de ce que ie luy en dis. Pour
moy ie ne l'eſtois point, car il y auoit long-temps qu'on me repaiſſoit de paroles ; &
ie connoiſſois auſſi bien que luy-meſme, que la ſeule apprehenſion qu'il auoit de
nos Vaiſſeaux l'obligeoit à nous retenir.

Les plaintes que l'on fait des mal-verſations des Officiers, ſont ſi odieuſes en cette Cour-là, qu'elles attiroiét contre moy tout ce qu'il y auoit de perſonnes de condition qui ſ'interreſſoient dans cette affaire , comme dans vn intereſt qui leur eſtoic
commun. En effet , ils tiennent à Ferme tous les Gouuernemens du Pays, où ils pra-
tiquent toutes ſortes de tyrannies contre ceux qui ſont ſous leur dépendance , & ne
ſçauroient ſouffrir que l'on ſ'ouure vn chemin pour faire paruenir juſques aux
oreilles du Roy leurs injuſtices. Ils preſſent ſouuent les poulces à ceux de leur
Gouuernement pour tirer d'eux de l'argent , ils apprehendent tous que le Roy
n'en ſoit informé ; & c'eſt ce qui me faiſoit conſiderer & hayr en la Cour du Mogol ,
comme vn rapporteur.

Le 25. d'Auril 1617. ie reçeus vne Lettre de la Rade du Port de Dabul, écrite par
le Capitaine Papvvel , par laquelle il m'écriuoit conformément aux aduis que j'en
auois deſia reçeus ; qu'il auoit arreſté le Ioncq qui eſtoit fretté pour le Port de Moca ;
mais qu'ayant fait reflexion depuis ſur l'ordre que ie luy auois donné d'examiner en
cela la correſpondance qui eſtoit entre le Prince , & celuy qui commandoit dans
Maſulipatan, où eſtoit vn de nos Vaiſſeaux nommé le Salomon , & d'où il ne pouuoit ſortir ſans ſon congé ; & trouuant qu'il y auoit amitié entre ces deux Princes, il
auoit mis le Ioncq en liberté ſans en rien prendre. Que cette courtoiſie luy auoit fait
receuoir vn meilleur traitement dans cette coſte ; que le Pays ne porte, outre la liberté du trafic & l'aſſeurance de prendre de nous tous les ans trois cens pieces de
drap , vne bonne quantité de plomb qui ſeroit payé en argent , & quelques pieces
d'Artillerie. Ce que ie n'approuuay pas fort, à cauſe qu'elles deuoient eſtre employées pour le ſeruice des Indiens & des Princes alliez des Portugais, qui ſont
ennemis du Mogol ; j'aurois conçeu de ces offres que le Gouuerneur me fit faire, quelque eſperance de pouuoir eſtablir noſtre trafic dans ce Port, ſi ie n'euſſe
crû qu'elles venoient ſeulement de l'enuie que j'auois de rauir le Ioncq ou Vaiſſeau
qui eſtoit en la diſpoſition de Papvvel. Cette facilité à rendre le Ioncq , m'aſſeuroit
d'autre coſté que ce Capitaine Papvvel qui l'auoit pris , n'eſtoit pas perſonne à
rien entreprendre dans ſes courſes qui fuſt au prejudice de la Compagnie ; il me
ſembloit meſme que cela le deuoit mettre à couuert des ſoubçons & des jalouſies
qu'on auoit euës autrefois de ſa conduite.

Le 27. j'appris par vn homme de pied, que l'on m'auoit dépeſché de Maſulipatan,
que le Salomon ſ'eſtoit mis en mer ; que le Vaiſſeau Oſiander eſtoit arriué de Bantam, d'où il nous apportoit la mauuaiſe nouuelle de la perte de deux Vaiſſeaux nommez le Hector & la Concorde, dans le temps qu'on leur donnoit Carene à la Rade
de Iaccatra dans l'Iſle de Iaua ; & que le Vaiſſeau du Dragon, celuy nommé le Clou
de Girofle, & la Deffenſe, eſtoient arriuez en Angleterre, apres auoir chargé à Bantam. Ie pris cette occaſion pour faire tenir vne Lettre par terre au Gouuerneur de
Dabul, afin de ſçauoir ce qu'il y auoit à eſperer de l'ouuerture qu'il auoit faite d'é-
tablir noſtre trafic dans ſon Port. Ie m'imaginay que c'eſtoit vne occaſion qu'il ne
falloit pas negliger, & que ie deuois meſme exciter ceux de la premiere Flotte de
donner juſques-là. I'écriuis qu'il eſtoit bon qu'ils y miſſent à terre quelques
marchandiſes, pourueu qu'ils puſſent tirer de ces peuples de meilleures aſſeurances
que les offres d'amitié qu'ils nous auoient faites lors que nous auons eu entre nos
mains leur Ioncq. Cette Lettre contenoit la raiſon que nous auions euë d'arreſter ce

** H iij

Ioncq, qui estoit fondé sur la difficulté & le refus qu'on fait de traiter auec
nous. Que si en effet ce Gouuerneur estoit maintenant mieux disposé en nostre
endroit, & dans le dessein de faire amitié & alliance auec ceux de nostre Nation:
que si ses offres estoient accompagnées d'autant de sincerité qu'on en doit sup-
poser dans vn homme d'honneur, ie le priois d'écrire au Roy son Maistre pour obtenir de luy vn Firman, & les autres priuileges necessaires pour establir nostre
Commerce dans son Port; l'asseurant que de mon costé, il y auroit vne bonne
correspondance entre nos Anglois & ceux de son Gouuernement; que j'enuoyerois tous les ans vn vaisseau Marchand à Dabul; & que ceux qui sortiroient
de son Port, n'auroient point à craindre comme ils auoient fait par le passé, la
rencontre de nos Flottes. Ie vois assez de facilité à establir vne Factorerie dans ce
Port; mais ie crains qu'il n'y ait pas dans le Pays assez de marchandise pour r'employer l'argent que nous aurions tiré de la vente des nostres. Ie garday en cette
affaire vne conduite qui deuroit possible estre suiuie de ceux qui viendront apres
moy. Ie ne fis point paroistre vne grande enuie de faire reüssir la proposition que
ie luy faisois; & ie tiens qu'il faut estre fort serré auec ces gens dans les premiers
establissemens, à cause que nostre condition y empire tousiours.

C'est vne regle generale en ce païs-là, qu'il ne faut point esperer de rendre
meilleures les conditions de nostre seiour, & de s'y establir mieux que l'on n'y a
esté receu d'abord. Il en faut attendre le contraire : nostre meilleure heure est celle de nostre arriuée. En ces premiers temps on nous considere comme des personnes nouuellement venuës : le naturel de ces Barbares estant de s'ennuyer de ceux
Bangam si-
gnifi. Inter-
prete. qui ne leur apportent aucune nouueauté. Ie mis cette depesche entre les mains
de nostre Bangan, & le chargeay de s'enquester soigneusement des commoditez
& des auantages qu'on pouuoit tirer de ces païs-là, de leurs mœurs, de leurs façons de faire; & de penetrer le mieux qu'il luy seroit possible, comment ils sont
disposez à nostre égard.

Le 30. on me vint faire des excuses de la part de l'Ambassadeur de Perse, sur
ce qu'il estoit party sans me faire ciuilité. I'appris de son Enuoyé que cét Ambassadeur n'estoit point malade comme il le vouloit faire accroire; mais que ne receuant aucune satisfaction du Roy dans ses negociations, il en auoit pris congé lors
que l'on s'y attendoit le moins, & luy auoit donné en partant trente beaux cheuaux. Le Roy en recompense luy fit present de trois mil écus, l'Ambassadeur fit
connoistre qu'il estoit mal satisfait de ce present. Le Roy s'en voulut iustifier, &
fit deux listes, dans l'vne desquelles estoient escrits les presens de cét Ambassadeur, & à chacun de ces presens il y auoit mis le prix bien plus bas qu'ils ne valoiét
en effect. Dans l'autre estoient marquées iusques aux moindres choses que le
Roy luy auoit données, iusqu'à y mettre les melons, les pommes de pin, & le vin
qu'il luy auoit ennuoyé, auec leur prix, mais qui estoiét bié au dessus de leur valeur.
En luy presentant ces deux listes on luy offrit le surplus en argent pour égaler son
compte à celuy de l'Ambassadeur. Ces mauuais traittemens & ces mespris firent
que le Persan feignit d'auoir la fievre, pour ne point faire de ciuilité à Asaph-
Cham & à Ethimon Doulet. Que par cette raison il n'auoit peû trauerser la ville
pour me venir voir sans descouurir sa feinte; qu'il auoit voulu que s'en sceusse la
verité, qu'il repareroit cette inciuilité forcée, par le bon traitement qu'il feroit
en Perse à tous ceux de ma Nation. Ce qu'il accompagna de quelques paroles de
plaintes contre le Roy, que l'Enuoyé me fit assez librement; cependant que de
mon costé ie faisois semblant d'auoir de la peine à les entendre. Ie luy fis present
d'vn peu de vin d'Espagne, & de quelques cousteaux.

Le 12. de May ie receus nouuelles d'vne grande défaite des armées de Perse
par le Turc. I'appris que Tauris auoit esté razée, & que Sha-Abbas n'estoit pas
en estat de tenir la campagne. Le 25. vn Lion & vn Loup vinrent de nuict dans
mon logis; ils se jetterent sur des moutons qui estoient dans la Cour. I'enuoyay

demander la permiſſion de le pouuoir tuer. Car en ce païs il n'y a que le Roy
qui puiſſe faire la chaſſe au Lion. On me la permit, ie courus dans la Cour, le
Lion quitta ſa proye, & ſe jetta ſur vn petit dogue d'Irlande. Pour le Loup vn de
mes valets le tua, & ie l'enuoyay au Roy.

Le 14. iour de Iuin on apporta au Roy vn coffre que les Ieſuites auoient ennoyé
de Cambaya, dans lequel il y auoit quelques medicamens & vne lettre. Ils furent
trahis par celuy à qui ils l'auoient conſigné pour le porter ; car il mit le tout entre
les mains du Roy. Il ouurit le coffre, fit venir vn Ieſuite qui eſtoit dans ſa Cour
pour lire la lettre, ſe fit ouurir toutes les boëtes : mais n'ayant rien trouué qui fuſt
à ſon gouſt, il le remit entre les mains du Ieſuitte. Ce que ie remarque icy comme
vn aduertiſſement à ceux qui traittent en ce païs-là, de bien prendre garde à ce
qu'ils eſcriuent & à ce qu'ils enuoyent. Car l'humeur de ce Prince eſt de vouloir
voir iuſqu'aux moindres choſes. Les moindres bagatelles courent riſque lors
qu'elles tombent ſous ſes mains.

Le 18. ie receus des lettres des Officiers du vaiſſeau nommé l'Eſperance ; on m'é-
criuit qu'il n'y eſtoit point venu d'Indigo, à cauſe que la Carauanne ou Caphila de
Goa auoit manqué de venir cette année ; que l'on auoit rendu la Corne de Licor-
ne ; d'autant que dans l'épreuue qu'on en auoit faite, on l'auoit trouué ſans vertu.
Ie reçus auſſi deux Lettres de Brampore, par leſquelles j'appris que la debte de
Baffe eſtoit peu aſſeurée, & que Sprage eſtoit reuenu de l'armée de Decan ; que le
General Melic-Amber en ma conſideration auoit fait chercher dans ſon Camp vn
Perſan qui s'eſtoit enfuy de ma maiſon, mais qu'on trouua qu'il eſtoit allé à Vi-
ſiapore ; ce qui fut cauſe qu'on ne continua pas cette recherche ; que ce General l'auoit fait faire auec beaucoup de ſoin, témoignant par là l'eſtime qu'il faiſoit de ma perſonne ; qu'on auoit écrit vne Lettre ſur ce ſujet au Reſident d'Hollande qui demeuroit en cette place. Que ce General auoit prié Sparge de faire en
ſorte qu'on apportaſt dans ſon armée des draps d'Angleterre, & de nos lames d'é-
pées ; il campoit alors à ſix journées de Brampore. C'euſt eſté ſelon mon ſens, vne
bonne occaſion d'employer quelqu'vns de vos gens qui vous eſtoient alors inutiles, & de nous défaire des marchandiſes dont nous n'auions pas trouué le debit.

Le 30. de Iuillet on m'écriuit de Surate, que deux Vaiſſeaux Hollandois s'é-
toient échoüez ſur la coſte de Damon ; ils venoient du coſté du Sud chargez
d'épiceries & des ſoyes de la Chine pour la Mer-rouge ; mais que le mauuais têps
leur auoit fait perdre la ſaiſon propre pour y entrer. Qu'ils auoient tanté pluſieurs
fois d'aller ancrer ou à Soccotora, ou dans les autres Ports qui ſont ſur la coſte
d'Arabie ; mais que n'en ayant pû venir à bout, ils s'eſtoient reſolus de courir iuſqu'à Surat, auec eſperance d'y pouuoir demeurer à la Rade auſſi ſeurement
qu'ils auoient fait les années paſſées ; mais qu'ils auoient trouué que toutes les
années ne ſe reſſemblent pas ; car apres y auoir jetté l'ancre, la tempeſte les
obligea de couper leurs maſts, & leurs chables ſe rompans en ſuite, ils auoient
échoüé à la coſte ſur vn banc de ſable. Le Vaiſſeau demeura droit ; mais ayant perdu ſon Eſquif, & n'y ayant point d'eſperance qu'vn ſi grand équipage ſe puſt ſauuer par le moyen des radeaux, quatre de leurs Mariniers ſe jetterent dans la mer,
à la nâge gagnerent la terre ; vn peu apres la marée ayant mis le Vaiſſeau à
flot, ils ſauuerent la plus grande partie de leurs marchandiſes, & tout leur
monde : Leur Fregatte qui eſtoit de cinquante tonneaux, fut briſée en mille
pieces.

Le 21. d'Aouſt, Maſtre Ruſtan Roy de Candahor me vint rendre viſite ; ie fis apporter du vin & des fruits. Il demeura aſſis auec moy vne demye heure, & la fin
de la conuerſation fut qu'il me demanda vn baril de vin.

Le Prince Sultan Corſoronne ſortit ce iour-là de ſa priſon, & vint prendre l'air
en vne maiſon qui eſtoit aſſez proche de la mienne. Le Prince Coronne auoit fait
vn mariage à Brampore contre la volonté du Roy qui en auoit témoigné de la

fafcherie, & l'on auoit découuert en mefme temps quelque pratique qu'il auoit faite contre la vie de fon frere; il reçeut ordre de venir en Cour pour s'en iuftifier. Normal & Afaphchan, par l'auis d'Ethimon leur pere, traiterét de faire alliáce auec Corforonne. A cette nouuelle, on vit paroiftre vne ioye vniuerfelle parmy le peuple, qui commença dés-lors à efperer l'entiere liberté de ce bon Prince.

Le 22. le Roy s'alla diuertir chez Afaphchan. I'appris dans ce temps-là, que le Mogol auoit fort prefsé Sultan Corforonne de fe marier; qu'il luy en auoit témoigné vne grande paffion. Toute la Cour auoit les yeux tournez fur ce Prince, & l'on croyoit que ce mariage feroit le commencement de la ruïne de Sultan Coronne fon frere.

Auec quelles ceremonies l'on peze le Mogol. Le 1. de Septébre, iour de la naifsáce du Roy, & celuy de la folénité auec laquelle on le peze; l'on me mena dans vn beau jardin, ou entre-autres, il y auoit vn grand quarré d'eau bordé d'arbres, & au milieu de ce quarré vn pauillon, fous lequel eftoit la balance ou le Prince deuoit eftre pezé. Les plats eftoient d'or maffif enrichis de petites pierreries, de turquoifes & de rubis, des chaifnes auffi d'or fouftenoient les plats de ces riches balances; & outre les chaifnes il y auoit des cordons de foye pour vne plus grande feureté. Le fleau de la balance eftoit couuert de placques d'or. Les principaux Seigneurs de la Cour eftoient affis à l'entour du Trône du Roy fur des tapis en attendant qu'il vint. Il parut enfin tout chargé de diamans, de rubis & de perles. Il en auoit plufieurs rangs au col, aux bras, fur fon turban, aux poignets, & deux ou trois anneaux à chaque doigt; fon épée, fon bouclier & fon throfne eftoient auffi couuerts de pierreries. Ie luy vis entre-autres des rubis qui eftoient auffi gros que des noix, & des perles d'vne groffeur prodigieufe. Il fe fe mit dans vn des coftez de la balance affis fur fes tallons comme vne femme. On mit de l'autre cofté pour le contre-pefer des balots que l'on changea fix fois. Ceux du pays me dirent qu'ils eftoient pleins d'argent, & me firent entendre que le Roy auoit pezé ce iour-là neuf mille Roupias, qui font enuiron quinze mille francs en argent. On mit apres dans ce mefme cofté de la balance de l'or & des pierreries; mais comme elles eftoient empacquetez, ie ne les vis point. On le pefa apres contre des draps d'or, contre des eftoffes de foye, contre des toiles, contre des efpiceries, & contre toute forte d'autres richeffes, fi il faut croire ce que m'en dirét ceux du Pays; car toutes ces chofes eftoient empacquetez; on pefa enfin le Roy contre du miel, du beure, & du bled, & j'appris que tout cela deuoit eftre diftribué aux Banians; mais ie remarquay, ce me femble, que cette diftribution ne fe fit point, & qu'on remporta tout auec beaucoup de foin. On me dit que tout l'argent eftoit referué pour les pauures, le Roy ayant accouftumé d'en faire venir quelques-vns la nuict, & de leur diftribuer cét argent de fa main propre, auec beaucoup de charité. Cependant que le Roy eftoit dans l'vn des coftez de la balance, il tourna les yeux fur moy, & me fit vn foûris; mais il ne me dit mot, peut-eftre à caufe qu'il ne voyoit point mon Interprete qui n'auoit pû entrer auec moy. Apres qu'on l'euft pefé, il monta fur fon Trône. Il auoit deuant luy des baffins pleins de noix, d'amandes, de toutes fortes de fruits artificiels d'argent. Il en jetta vne grande partie; les plus grands Seigneurs qui eftoient les plus proches de luy, fe traînoient par terre pour en prendre. Ie creus qu'il n'y auroit pas de bien-feance à les imiter. Le Roy s'en apperçeut; & ayant pris vn des baffins qui eftoit quafi plain, le renuerfa dans mon manteau. Ses courtifans eurent bien l'effronterie d'y porter la main auec tant d'auidité, que fi ie ne les euffe preuenus, ils ne m'en auroient pas laiffé vn feul. On m'auoit fait entendre auant que ie fuffe entré, que ces fruits eftoient d'or maffif; mais ie trouuay par experience, qu'ils n'eftoient que d'argent, & d'argent fi leger, que mille de ces fruits-là ne pefent pas la valeur de deux cens frans. I'en fauuay bien la valeur de dix ou douze écus, & il y en auoit affez pour remplir vn plat d'vne bonne grandeur. Ie les garde pour marque du fafte de ces Peuples. Ie

ne

ne croy pas que ce jour-là le Roy en jettaſt pour la valeur de quatorze ou quinze
cens liures. Le Roy paſſa toute la nuiçt d'vn iour ſi ſolemnel à boire auec les principaux de ſa Cour. I'y fus inuité, mais ie m'en excuſay, à cauſe que ie n'aurois pas
pû me diſpenſer de boire ; & leurs boiſſons ſont ſi chaudes, qu'elles ſont capables de brûler les entrailles. I'eſtois alors malade d'vne diſſenterie, & n'ozois pas
hazarder ma ſanté dans vn ſemblable excez.

Le 9. de Septêbre, le Roy ſortit pour ſ'aller diuertir ſur la riuiere de Darbadat,
il deuoit paſſer pardeuant mon logis. Ie montay à Cheual pour aller au deuant
de luy. La couſtume du Pays eſt, que tous ceux deuant les maiſons deſquels il
paſſe, ſont obligez de luy faire quelque preſent ; ce preſent ſ'appelle Mouba-
rech, qui veut dire bonne nouuelle ou bon ſuccez : le Roy reçoit ſemblables
preſens, comme vn bon augure de l'affaire qu'il eſt ſur le point d'entreprendre.
Ie n'auois rien à luy donner ; cependant, il eſtoit honteux de paroiſtre deuant
luy ſans preſens ; & d'ailleurs, il y auroit eu de la ruſticité à ne me point trouuer
ce jour-là à mon logis. Ie me reſolus de luy preſenter vn Atlas bien relié, & de
luy faire des excuſes de ce que n'ayant rien trouué chez moy qui fût digne d'eſtre
preſenté à vn ſi grand Prince, ie luy offrois tout le monde dont il commandoit
vne partie ſi grande, ſi riche, & ſi conſiderable. Il reçeut mon preſent auec beaucoup de ciuilité, portant ſouuent la main à ſa poiçtrine, & m'aſſeurant que tout
ce qui viendroit de moy, luy ſeroit touſiours fort agreable. Il me fit quelques
queſtions ſur l'arriuée des Vaiſſeaux, ie luy dis que ie les attendois de iour en
iour. Il reprit le diſcours, & me dit qu'on luy auoit enuoyé de Goa des Sangliers
qui eſtoient fort gras ; & que ſi j'en voulois manger, il m'en enuoyeroit quelques-
vns à ſon retour. Ie luy fis vne grande reuerence, & luy répondis que ie reçeurois
auec beaucoup de reſpeçt & de joye, tout ce qui viendroit de Sa Majeſté. Il monta ſur ſon Elephant ; & ſ'eſtant vn peu arreſté deuant mon logis, il le trouua fort
beau. En effet, c'eſtoit vn des meilleurs du Camp ; ie l'auois pratiqué dans les ruïnes d'vn Temple, & celles d'vn Monument ancien. Il me dit adieu pluſieurs fois ;
& à cauſe que le chemin eſtoit fort mauuais, il voulut que ie retournaſſe à mon
logis. Ie luy obeys, apres auoir pris congé de luy.

Le 16. ie montay à Cheual, pour rendre au Prince de Candahor la viſite qu'il
m'auoit faite. Il me fit dire à l'entrée de ſon logis, qu'il ne pouuoit me voir ſans
en auoir eu auparauant permiſſion du Roy, ou en auoir aduerty Ethimon Doulet
ou Aſaphchan ; ce qu'il feroit au Durbal. Ie luy fis dire que ce ſeroit vne peine
inutile, & que ie me garderois bien de retourner vne ſeconde fois à la porte d'v-
ne perſonne ſi inciuile. Ie connus ſur le champ le peu de fondement qu'il y auoit
à cette excuſe, & ie jugeay bien que le Roy n'auroit point trouué mauuais qu'il
m'euſt reçeu chez luy, puis qu'il n'auoit pas trouué à redire à la viſite qu'il m'a-
uoit faite. Ses gens me vouloient obliger à demeurer, & attendre la réponſe de
leur Maiſtre ; mais ie m'en retournay, & ſur le ſoir ie fus à la Cour. Le Roy me fit
diuerſes queſtions ſur mon liure de cartes ; ie luy en donnay tout l'éclairciſſement
que ie pûs ; ie le trouuay fort diſtrait, & ie ne crûs pas qu'il fuſt à propos de luy
parler de nos debtes.

Le 25. ie retournay à la Cour, quoy que ie fuſſe fort foible, pour voir ſ'il y
auoit quelque choſe à eſperer du Roy ſur le ſujet de nos debtes. Vn de nos debiteurs m'auoit fait entendre depuis peu, qu'il ne nous pouuoit payer qu'en ven-
dant ſa maiſon. Ie preſentay donc au Roy la Requeſte des Marchands ; il la fit lire
tout haut, & voulut entendre le nom de nos debiteurs ; quelles eſtoient leurs cau-
tions, & les ſommes qui eſtoient deuës. Aſaphchan en fit la lecture ; le Roy fit appeller en ſuite Aradet-Chan Grand Maiſtre de ſa maiſon, auec le Cutval, & leur
donna quelque ordre que ie n'entendis pas. Comme on liſoit les noms de ces perſonnes, il ſ'informa de leurs qualitez & des marchandiſes qui leur auoient eſté
venduës. Il ſe trouua qu'il en eſtoit mort quelques-vns, que d'autres n'eſtoient

Les Maiſtres des maiſons deuant leſquelles le Roy paſſe, ſont obligés de luy faire vn preſent.

pas ſes ſujets , pour la partie de Rulphe , Aſaph-Chan ſ'offrit d'en parler au Prince , & de terminer cette affaire, quand il ſeroit arriué. On fit alors entrer mon Interprete ; & le Roy ſe tournant vers moy, me dit que nos Marchands auoient preſté cét argent ſelon leurs caprices, & à qui ils auoient voulu ; qu'ils ne luy auoient point preſenté de memoire de leur marchandiſes , & que par cette raiſon ſi leurs debiteurs n'eſtoient pas ſoluables, c'eſtoit leur faute, & qu'ils ne deuoient pas attendre qu'il leur payaſt les debtes des particuliers. Ie m'imaginay qu'il vouloit parler de celle de Ergon vn de ſes Officiers, lequel eſtoit mort depuis peu, & dont on auoit fait ſaiſir les effects de la part du Roy. Le Roy adiouſta, que pour la premiere fois il me tireroit de cette affaire, & me feroit payer ; mais que ſi à l'aduenir nos marchands vendoient leurs marchandiſes à ſes officiers ſans l'en aduertir, que ce ſeroit à leurs perils & fortunes ; que ſi au contraire, lors que les Vaiſſeaux Anglois arriuent, ils luy apportoient vn memoire de toute leur marchandiſe ; il prendroit ce qui luy ſeroit propre , & diſtribueroit le reſte aux vns & aux autres; & que ſi entre ceux-là il ſ'en trouuoit quelqu'vn qui manquaſt à les payer, il y ſatisferoit de ſa bourſe. Il eſt vray que c'eſt la couſtume des Marchands de Perſe de porter tout ce qu'ils ont au Roy, lequel apres auoir pris ce qui luy agrée dauantage, diſtribuë le reſte à ceux de ſa Nobleſſe. Ses eſcriuains marquent à qui les choſes ont eſté diſtribuées, & vn autre Officier y met le prix. On donne au Marchand vne coppie de ce memoire, & il n'a autre diligence à faire qu'à aller querir ſon argent à leur logis. Que ſ'ils ne payent pas, il y a vn Officier, qui ſelon la couſtume de leur païs, a charge de les faire payer par force. On fit entendre alors à mon Interprete, l'ordre que le Roy auoit donné, qui eſtoit qu'Aradcan deuoit faire venir nos debiteurs en ſa preſence, & les faire payer. Nos marchands ne ſe contenterent point de cette reſponſe. Pour moy ie la trouuay fort iuſte, & plus equitable que celle que des perſonnes particulieres peuuent attendre d'vn grand Prince en de ſemblables rencontres.

Le Roy ayant appris que i'auois eſté malade , & que i'auois fait chercher du vin, m'en enuoya cinq bouteilles, auec ordre que quand ie les aurois beuës, on m'en donnaſt autant que i'en pourrois auoir beſoin. Il m'enuoya auec cela vn Sanglier des plus gros que i'aye iamais veu. On l'auoit enuoyé de Goa à Mocredcam. Celuy qui me l'apporta de la part du Roy, me dit que depuis qu'il auoit eſté preſenté au Roy, on ne l'auoit nourry que de beurre & de ſucre. Ie receu ce preſent du Prince comme vne grande marque de ſa faueur, & en effect c'en eſt vne bien particuliere, & qu'il ne fait que rarement. On me rapporta apres de ſa part le liure de cartes que ie luy auois donné, & celuy qui me le rendit me dit de la part du Roy, qu'il l'auoit fait voir à ſes Molas, qui ſont les ſçauans du païs, que pas vn d'eux n'y auoit pû rien entendre.

Le 26. le Roy enuoya deux Vmbras (ce ſont des premiers Officiers de guerre) auec quelques trouppes, pour aller prendre vn Raya-Raſboot qui ſ'eſtoit reuolté dans des montagnes qui eſtoient à vingt courſes du Camp. Mais ce rebelle ſe deffendit fort bien, attendit de pied ferme ces trouppes, & dans vn rencontre tua vn de ces Vmbras, & douze autres Capitaines. On porta cette nouuelle au Roy, qui jugea que l'affaire meritoit bien qu'il enuoyaſt ſon fils pour le mettre à la raiſon.

Le 2. iour d'Octobre le Prince Coronne fit ſon Entrée dans la Ville , accompagné des plus grands Seigneurs du Païs , qui parurent auec beaucoup de magnificence. Le Roy le receut comme ſi il euſt eſté ſon fils vnique, en quoy nos conjectures ſe trouuerent tres-fauſſes. I'enuoyay faire mes excuſes à Aſaph-Chan de ce que n'eſtions pas monté à cheual pour luy rendre mes ciuilitez, la foibleſſe ou i'eſtois ne me permettant pas de le pouuoir faire. Tous les principaux Seigneurs de la Cour, & la mere du Roy elle-meſme firent cinq courſes pour aller au deuant du Prince & du fauory.

Le 5. ie receus des nouuelles de nos vaiſſeaux ; on me mandoit que l'admiral n'eſtoit point encore arriué. Que nos gens auoient fait vne priſe vers le Moſambic, & que deux Corſaires Anglois que l'on rencontra en Mer donnant la chaſſe au vaiſſeau de la Reine mere qui reuenoit de la Mer Rouge, fut rencontré par les vaiſſeaux de la Compagnie fort heureuſement, pour le ſauuer de leurs mains, & l'eſcorter iuſques à Surat. Si ces Pirates l'euſſent pris, nous en euſſions eſté icy fort en peine. Ie receus auec ces meſmes auis les lettres de la Compagnie, & ſes inſtructions, pour les affaires de Perſe. Ceux qui commandoient les vaiſſeaux ne ſçauoient quelle reſolution prendre pendant l'abſence de l'Admiral, ſur le fait de ces Pirates Anglois. I'en expediay les ordres neceſſaires, que i'enuoyay à Surat, comme on les peut voir dans les regiſtres de mes lettres.

Le ſixiéme i'allay pour voir le Prince, à l'heure à laquelle il a accouſtumé de donner des Audiances ; ie luy deuois vn compliment ſur ſon arriuée, & il importoit de luy parler de l'eſtat de nos affaires, & de le tenir bien diſpoſé en noſtre endroit. I'auois fait deſſein d'accompagner ces offres du ſeruice de noſtre Nation d'vne chaiſne d'or faite en la Chine. I'enuoyay pour auoir Audiance, on me fit réponſe que ie vinſſe le lendemain à la pointe du iour, qui eſtoit le temps auquel il la donne, ou que i'euſſe la patience d'attendre qu'il ſortiſt pour aller chez le Roy. Vous remarquerez qu'il l'auroit fallu attendre à la porte. Ie pris cette réponſe pour vn affront ; car ſon pere ne m'auoit iamais refuſé l'Audiance. Ie ne pûs m'empeſcher d'éclatter, & de dire reſoluëment que ie n'eſtois point ſon eſclaue, mais perſonne libre & Ambaſſadeur d'vn Roy ; que ie me garderois bien de luy rendre viſite vne autre fois, ny de luy aller faire la Cour ; qu'il m'auoit refuſé iuſtice ; que ie le verrois ce ſoir là meſme chez le Roy, à qui i'eſtois reſolu deſormais de m'addreſſer ſans paſſer par d'autres mains.

La nuict eſtant venuë, ie fus chez le Roy ; il me receut auec beaucoup de courtoiſie. Ie fis vne reuerence au Prince ; il ne fit pas ſeulement ſemblant de me voir. Ie rendis compte au Roy de ce qu'il m'auoit ordonné, & luy dis que conformément à ſes ordres i'auois fait vne liſte de tout ce qui eſtoit arriué ſur nos vaiſſeaux, & que ie la luy apportois pour receuoir ſes commandemens. Il me fit diuerſes queſtions ſur cette liſte, & me parut fort conſtant des choſes qui y eſtoient contenuës, principalement des tapiſſeries. Ce memoire, ayant eſté leu, le Roy promit toutes ſortes de faueurs, & tous les priuileges que ie pouuois ſouhaitter. Il me demanda ſi celuy qui auoit pris ces vaiſſeaux n'auoit point apporté de perles & de pierreries. Ie luy reſpondis que les pierreries eſtoient plus cheres en Angleterre que dans ſes Eſtats. Il me paruſt ſatisfait de cette reſponſe. Ie n'ozay pas luy dire qu'il y auoit des perles, car ie craignois que cela n'attiraſt ſur nos gens la perſecution du Prince. D'ailleurs ie me figurois que ces perles ſeroient d'autant plus eſtimées, qu'elles auroient ſurpris ceux qui ne les attendoient point. I'eſperois meſme d'en faire quelque amy, & ce fut pour cette raiſon que lors qu'Aſaph-Chan me preſſa de luy dire, ſi ie n'auois point de pierreries ; ie luy teſmoignay que ie ſouhaittois de luy qu'il appuyaſt la réponſe que i'auois faite, qu'elles eſtoient plus cheres en Angleterre qu'aux Indes, & que i'auois à luy parler en particulier. Il entendit à demy mot ce que ie voulois dire, & ſe teût. Le Roy me paroiſſant alors bien diſpoſé enuers nous, ie creus que le temps eſtoit propre pour luy parler de nos debtes : & comme i'auois ſur moy ma requeſte en eſtat, ie la pris à la main, & la tins éleuée pour la luy preſenter. Le Roy qui peut-eſtre ſongeoit alors à autre choſe n'y priſt pas garde : mais ſes Courtiſans ſe douterent auſſi-toſt de ce que ſe pouuoit eſtre, iugeant que le Roy auroit trouué fort mauuais que l'on euſt negligé ſes ordres : Il y en euſt vn qui s'approcha de moy, & addroittement me tira la main en bas, me priant que ie ne preſentaſſe point au Roy la requeſte que ie tenois. Ie luy dis qu'Aradeth m'auoit refuſé Iuſtice. Aradeth qui l'entendit en entra dans vne grande inquietude ; & s'addreſſa à Aſaph-Chan,

& le pria de m'empefcher de faire mes plaintes. Ie luy refpondis que nos vaiffeaux e-
ftoient arriuez , & que nous ne pouuions pas diffimuler dauantage toutes les remifes
& les pertes de temps que nous auions fouffertes. Ils confulterent enfemble ce qu'ils
auoient à faire ; & ayant fait venir Cuteual, ils luy dirent qu'il falloit executer les
ordres du Roy. On affiegea cette mefme nuiét les rentes de nos debiteurs;on en cou-
ruft quelques autres ; fi bien que ie m'affeure que cette fois icy nous en tirerons raifon. Ie receus de grands remercimens de la courtoifie auec laquelle nos gens auoient
traitté ces paffagers qui s'eftoient trouuez fur le vaiffeau de la mere du Roy , & de la
proteétion que nous leur auions donnée contre ces vaiffeaux Anglois armez en guerre. Ils en parlerent au Roy qui receut bien la chofe , & les principaux de la Cour me
dirent à cette occafion, qu'ils eftoient obligez d'aimer la nation Angloife;qu'ils nous
rendroient tous les feruices dont ils feroient capables, mais qu'ils ne ponuoient affez
s'eftonner de ce que noftre Roy ne pouuoit pas retenir fes Sujets, & qu'il y en euft eu
d'affez hardis pour fortir de fon Royaume auec des vaiffeaux fans fon congé. Afaph-
Chan me mena auec luy dans fon departement apres que le Roy fe fuft retiré ; &
nous traduifimes enfemble en langue Perfane le memoire des marchandifes qui e-
ftoient arriuées pour le faire voir au Roy vne heure apres. I'augmentay vn peu l'article de l'argent, afin de luy donner bonne opinion du profit que fes Eftats reçoiuent
de noftre commerce. I'auois mis en fuite les draps & les ferges, & il y auoit vn article
pour la marchandife fine, & vn autre pour la plus groffiere. Le memoire finiffoit par
la fupplication que ie faifois à fa Majefté , de nous donner la liberté de vendre le refte. Apres que ce memoire fut dreffé, Afaph-Chan me fit reffouuenir que i'auois
quelque chofe à luy dire en particulier. Il me pria de le faire en toute liberté , & me
fit plus de proteftation d'amitié que ie n'en deuois attendre de luy. Ie luy dis que i'a-
uois fouhaitté de luy parler en particulier, pour prendre confeil de ce que i'auois à
faire : Qu'il eftoit vray qu'il m'eftoit venu quelque chofe de rare , mais que ie m'e-
ftois fi mal trouué l'année paffée de la confidence que i'auois fait d'vn femblable fecret, que ie n'ofois maintenant me fier à perfonne qu'à luy. Que ie luy dirois donc,
fur la parole qu'il me donnoit de tenir la chofe fecrette ; que i'auois vne perle de
grand prix, & d'autres chofes fort curieufes. Que i'eftois en peine de fçauoir fi ie le
deuois dire au Roy, puifque le Prince pourroit peut-eftre prendre de là occafion de
rompre tout à fait auec nous. Ie luy dis que i'auois efté au matin pour luy rendre vifite ; l'inciuilité auec laquelle i'auois efté receu, & la refolution que i'auois prife ;
mais qu'apres tout , ie connoiffois combien fa faueur & fes bonnes graces nous e-
ftoient neceffaires ; Que i'auois efperé de me pouuoir remettre bien aupres de luy ,
en luy gardant cette perle: I'auoüay que c'eftoit là mon deffein , & la raifon du fecret
que j'auois gardé,que neantmoins i'en vferois cóme il le iugeroit le plus à propos, &
fuiurois fon confeil comme fort feur , puifque eftant beau-frere du Prince & fauory
du Roy, il connoiffoit mieux que perfonne ce qu'il y auroit à faire dans cette rencontre pour contenter l'vn & l'autre. Il m'embraffa là deffus, & me dit que i'en auois
vfé fort fagement. Qu'il falloit continuer à tenir la chofe fecrette, qu'autrement elle m'attireroit bien des affaires. Que le Prince eftoit vn Tyran, qu'il mal-traittoit
tous les Eftrangers ; Que pour le Roy il ne m'auroit pas voulu faire en cela d'iniufti-
ce ; & ie vis que la conclufion alloit à me tirer des mains la perle, me confeillant de
la faire tranfporter des vaiffeaux , & de ne me fier à perfonne,& m'alleguant l'exemple des mauuais traittemens que les Portugais auoient receus en femblables occafions, ; Que fi ie luy voulois vendre cette perle,il mettroit en depoft entre les mains
d'vne perfonne tierce l'argent que ie l'aurois eftimée , qu'en reuanche de cette confiance que i'auois euë en luy, il fe rendroit le folliciteur de nos affaires, dans lefquelles ie ne pourrois iamais rien aduancer fans fon affiftance. Ie connus que c'eftoit là le
temps de faire vne amitié fi vtile. Ie luy dis donc que ie le feruirois; mais que j'apprehendois qu'il ne découurift ce fecret. Il me fit ferment de le garder ; & afin que ce
fermét fuft plus authentique, nous nous ferrâmes le poulce l'vn à l'autre, felon la coû-

tume du Pays. Ie luy promis de mon cofté que ie me mettrois entierement entre
fes mains, & que ie ferois tout ce qu'il ordonneroit dans cette affaire & dans les
autres. Il me dit qu'il prendroit l'ordre de me faire expedier des Firmans, auec
deffenfes de toucher à nos marchandifes, & auec ordre qu'elles me puffent eftre
addreffées directemét pour en difpofer à ma volonté; qu'il me vouloit reconcilier
auec le Prince, & que la premiere fois qu'il luy iroit rendre vifite, il me mene-
roit auec luy. Qu'il feroit en forte qu'il me traiteroit autrement qu'il n'auoit fait
iufques à cette heure ; qu'il ne feroit pas en fon pouuoir de nous trauerfer dans
d'autres affaires ; que s'il l'entreprenoit, il nous feroit donner dans fon Gouuernement mefme vn Scindic auquel nous nous pourrions addreffer fans paffer par fes mains ; que mefme on nous donneroit tel autre port pour nos vaiffeaux
que nous voudrions ; & qu'enfin il nous feroit toutes les fatisfactions que nous
pourrions fouhaitter. Il m'aduertit qu'il ne feroit pas mal à propos de faire quelque prefent à fa fœur Normale : Elle fera en forte, me dit-il, que le Roy vous
dõnera de l'argét. Ie luy dis que ie ne defirois rié de femblable, & que i'aurois mieux
aimé qu'elle euft eftendu fur tous ceux de noftre nation les effects de fon credit,
que fur moy en particulier. Il me mena en fui te chez le Roy, auquel ie prefentay la
traduction du memoire. Il me receut fort bien, & me demanda fi i'auois les tapif-
feries ; Ie luy dis qu'on me les auoit enuoyées, fi on ne les auoit faifies par les chemins par ordre du Prince qui eftoit apres pour les auoir. Pour conclufion, il me dit
qu'il prendroit vne bonne quantité de nos draps, & plufieurs autres marchandifes, me commandant de donner ordre qu'on les fit venir, & à Afaph-Chan de faire dreffer le Firman, qu'il falloit enuoyer au Prince, afin qu'il les laiffaft paffer
librement. Ie fortis fort fatisfait de cette Audiance, & de la negociation de cette iournée-là ; Car quoy que j'euffe reconnu par le paffé, qu'il n'y auoit point
de fidelité entre ces barbares, ie n'auois rien à apprehender d'Afaph-Chan en vne
rencontre dans laquelle il eftoit de fon intereft, de me garder fidelité, iufques à ce
qu'il euft eu la perle, autrement elle luy auroit pû échaper ; & apres mefme qu'il
l'auroit euë, ie pouuois efperer qu'il me garderoit le fecret, puis qu'il n'y pouuoit
pas manquer fans découurir qu'il auoit trahy le Prince.

<hr>

§. IX.

*Iugement de Thomas Rhoë, fur diuerfes propofitions qui auoient
efté faites à la Compagnie Angloife des Indes Orientales.*

LE 12. Afaphchan felon fa promeffe, m'accompagna chez le Prince. Il me reçeut dans fa chambre. Ie luy fis prefent d'vne petite chaîne d'or de la Chine;
ie la prefentay fur vne fous-coupe du mefme Pays. Il me reçeut affez bien ;
Afaphchan luy perfuada de changer de maniere de faire enuers nous, luy reprefentant qu'il profiteroit tous les ans de plus de cent mille écus, fur le Commerce que
nous faifions à Surat. Que noftre Commerce augmentoit tous les iours, & qu'auec
le temps il luy apporteroit vn profit confiderable : que s'il continuoit à nous traitter
mal, nous quitterions fon Port & le Pays ; que nous eftionsfes Sujets (il crût deuoir
nous appeller de la forte) & qu'il tireroit de nous plus aifément les curiofitez qu'il
vouloit auoir, par la douceur, que par toute autre voye. Que la qualité que j'auois
d'Ambaffadeur, l'obligeoit à me traiter auec ciuilité lors que ie luy rendois vifite.
Le Prince donna ordre fur le champ à fon Secretaire, de dreffer le Firmant, en la
forme que nous le defirions, auec vne lettre au Gouuerneur pour luy en recommander l'execution : & adioufta, que fi nous auions befoin de quelqu'autre lettre, on me
l'accorderoit auffi-toft que ie l'aurois demandée. Cela me fit voir la baffeffe & l'in-

dignité de ces gens. Afaph-Chan pour vne fordide efperance de pouuoir achepter quelques bagatelles, eftoit tellement reconcilié auec nous, qu'il auroit trahi fon propre fils en noftre faueur, & me rendoit les foubmiffions d'vn valet, & cepédant la caufe de toutes ces amitiez, eftoit l'efperáce de pouuoir acheter des marchádifes qui auoient efté prifes dans vn vaiffeau, & quelques bagatelles. Il vouloit enuoyer pour cet effect vers nos vaiffeaux vn de fes gens, ce que ie ne luy pûs pas refufer, fans perdre vne perfonne que ie tafchois il y auoit fi long-téps de gagner. La chofe n'eftoit pas defaduantageufe pour nous, car il paye bien, & il nous efpargna ainfi la peine que nous euffionseuë de vendre ces marchandifes en détail, & les frais qu'il euft couf-fté à les faire charier. Il obtint du Prince la permiffion de faire cette emploite fous vn faux donné à entendre, & efcriuit au Gouuerneur vne lettre pleine de té-moignages d'amitié pour ceux de noftre Nation. On a icy befoin de fon credit qui eft fort grand. Ces bonnes qualitez firent que ie paffay par-deffus beaucoup d'autres mauuaifes dans l'efperáce de le gaigner, & au pis aller que i'en tirerois de l'auantage dans les affaires prefentes. Cette occafion me feruit encore à tirer du Prince vn au-tre Firmant pour Bergala, qu'il me promit fur le champ, quoy qu'auparauant il n'en euft point voulu entendre parler. I'efprouuay depuis qu'il preffoit nos creanciers comme il auroit pû faire les fiens propres; & paffant fur fon Elephant deuất la maifon de Kutual, il le fit appeller, luy commandant de nous expedier au pluftoft, ce qui fut vne faueur inouïe; Grô fut mis en prifon en fuitte, & Mûckfhû ne veut que deux iours de temps pour nous payer; ie ne defefpere pas tout de nos creanciers, entre cy & dix iours, quoy qu'on nous doiue prés de cinquante mille efcus.

L'11. Afaphchan m'éuoya vn des fiens de la part de la Princeffe, pour me dire qu'elle auoit obtenu du Prince vn autre Firman; que toutes nos marchandifes feroient d'o-res-en-auất en fa protection; qu'elle l'auoit obtenu, & qu'elle eftoit fur le poinct de l'enuoyer par vn des fiens qui deuoit prendre connoiffance des chofes qui reftoient à faire pour noftre eftabliffement, & prendre garde qu'on ne nous fift point de tort. Afaph-Chan nous fit dire qu'il auoit fait tout cela, craignant l'efprit violent du Prince & fa longueur en femblables affaires; que maintenant nous nous en pou-uions affeurer, puifque fa fœur auoit bien voulu eftre noftre protectrice; que le Prin-ce ne s'en mefleroit plus, & que fur fon honneur on me remettroit entre les mains toutes les chofes qui m'auoient efté addreffées; qu'elle en auoit enuoyé vn ordre fort exprés, enjoignant à la perfonne qu'elle auoit euuoyée, d'affifter nos Facteurs en for-te que nous n'euffions plus de fujet de nous plaindre des mauuais traitemens des Of-ficiers de Surat. Elle defiroit au refte que j'écriuiffe au Capitaine du Vaiffeau, & aux Facteurs, afin qu'ils reçeuffent bien fon Enuoyé, & qu'ils luy permiffent d'acheter quelques bagatelles de celles qui auoient efté mifes à part. Ie ne pûs pas luy refufer cette demande; mais ce ne fut pas fans remarquer la paffion qu'elle auoit d'auoir ces chofes. Ie luy en donnay vne lifte, à condition qu'elle me feroit voir la copie du Fir-man, lequel eftoit feelé.

Iugez de là cõbien il eft aisé de trouuer icy le debit de ces marchádifes. L'année paf-sée, on ne nous regardoit pas; maintenất, à caufe que j'ay fait traduire la lifte ou factu-re des marchandifes fines, fans toutesfois y mettre les perles, que i'auois donné au Roy, vn chacun court pour les acheter. Normal & Afaphchan f'eftudioient à me rendre de bons offices. La plufpart des Grands de la Cour me demandoient des Let-tres pour enuoyer ieurs gens pour traiter auec nos Facteurs; tellemết que fi j'euffe eu trois fois autant de marchádifes que j'en auois, elles auroiết efté venduës dans le Vaif-feau mefme, & on auroit fauué le payement des droits, la dépenfe du charoy, & les auanies que nous auions foufferres auparauant. I'auois efcrit à nos Facteurs de ven-dre aux gens de Normal & de fon frere, les marchandifes qu'ils voudroient, de celles-là mefme qu'on auoit mifes à part, & cela afin d'eftre appuyé de leur faueur dans les affaires que i'auois à traitter à la Cour. Le Prince eft maintenant de noftre cofté, nous nous fommes raffeurez nos amis, & il me femble que nous pouuons deformais nous promettre beaucoup du Roy & de son fils. Afaph-Chan se fait fort d'obtenir du Roy le Firman pour Bengala & pour les autres ports, & auec cela vne exemption de toutes sortes de peages dans toute l'estenduë de ses Estats;mais il veut auparauant auoir entre les mains les marchandises pour lesquelles il a depesché vers nos vaisseaux. Le 24. le Roy s'esloigna de quatre courses de Mandoa. Il alloit d'vn costé & d'autre dans les montagnes; & comme personne ne sçauoit son dessein, nous estions fort empeschez de la resolution & du chemin que nous deuions prendre. Le 26. i'obtins vn ordre pour me faire donner dix Chameaux au prix que le Roy les paye. Le 29.ie me mis en chemin, estant obligé de sortir de ce lieu, à cause de l'incommodité de son seiour. Le 31. i'arriuay aux tentes du Roy,ie trouuay qu'il estoit allé auec peu de suite à vne chasse qui deuoit durer dix iours, personne de la Cour ne l'ayant suiuy que ceux qui auoient ordre de le faire. Son Camp estoit diuisé & dispersé çà & là; les eaux y estoient mauuaises, & les prouisions fort cheres, beaucoup de maladies & toutes sortes d'incommoditez; mais il n'y a point de consideration qui l'empesche de prendre son plaisir où il le trouue. I'apris que le Roy n'estoit pas encore bien resolu s'il deuoit aller à Agra ou à Guzarat, le bruit commun estoit pour le dernier, mais le premier estoit plus probable, à cause que ceux de son conseil trouuoient ce seiour plus agreable & plus commode que l'autre : la chose m'estoit indifferente ; car ie n'auois rien en teste sinon d'expedier mes affaires. Voyant donc qu'il pourroit encore demeurer là vn mois, ie pensay qu'il estoit mieux d'y faire venir mes presens, & tascher de terminer là toutes mes affaires, m'imaginant qu'estant sorty de cét ambaras, & ayant nettoyé le tapis,ie pourrois esperer quelque repos. I'estois d'ailleurs trop foible pour me traisner plus long-temps dans ces voyages, & il y auoit fort peu d'esperance de recouurer sa santé dans les incommoditez de la suite de cette Cour,& en vn pays où on ne trouue le plus souuét que de l'eau creüe & mal-saine.

Propositiõs que l'on a-uoit faite à la Compa-gnie des Indes.

Le 2. de Nouembre Richard Steel & Iakson arriuerent auec les perles, & quelques autres petites marchandises qu'ils auoient tirées du vaisseau en cachette par mon ordre. Ie les receus & leur en donnay quittance. I'eus auec eux quelque conference sur leurs desseins : Ie ne voulois pas rejetter d'abord leurs propositions, ny ceux qui les auoient appuyées,mais ie leur fis entédre par degrez le peu de fondement qu'il y auoit à en esperer du profit, & cela à cause de l'humeur de ces peuples ; que si on entreprenoit ces machines pour esleuer de l'eau qu'ils proposoient, il les faudroit commencer à nos dépens; que la chose reüssissant nous n'en aurions point le profit, mais bien ceux du pays qui en auroient bien-tost compris l'artifice ; que pour la vente de nos marchandises, cela ne l'aduanceroit pas beaucoup, que le plomb tripleroit de prix s'il le falloit porter par terre, & qu'on ne le pourroit pas donner à Agra à si bon marché que celuy du païs, neant-moins i'estois bien aise qu'ils en fissent l'épreuue pour se satisfaire : Ie leur dis qu'ils me vinssent trouuer auec leurs ouuriers à Amadabar; que là auec l'assistance de Mocredcam, le seul de ce païs qui aime les nouuelles inuétions, i'offrirois au Roy leur industrie, & ie verrois quelles conditions on en pourroit tirer, quoy que selon mon sens, ce fust vne peine, & de l'argent perdu. La Compagnie ne de-uroit pas prester si aisément l'oreille à ces entrepreneurs,qui songent plus à s'attirer de l'employ, qu'au profit de ceux qui les employent. Bien souuent les choses qui semblét faciles dans le discours & dans la Teorie, sont plus propres pour satisfaire l'imagination d'vne personne curieuse,que pour estre mises en pratique ; car alors on les reconnoist pour chimeres, principalement quand elles vont à changer quelque chose dans les vsages des païs. Il y en a où l'on ne boit que de l'eau de puits, d'autre de celle de riuiere, d'autre où on la fait venir de loin.

La secõde pensée d'obliger les casilas & les marchands de Lahor & d'Agra, qui vont ordinairement en Perse par le chemin de Candahor, de changer de route, & de transporter leur marchádises sur la riuiere de l'Inde,& puis de les recharger

fur nos vaiſſeaux, pour les tranſporter dans la Golphe Perſique. C'eſt vne pure
reſuerie qui ne pourra iamais reuſſir dans la pratique. La riuiere eſt aſſez aiſée à
nauiger en deſcendant, mais les Portugais ont vne reſidence à ſon emboucheure; remôter côtre le cours de l'eau, cela eſt fort difficile: Enfin il faudroit aſſeurer
leurs marchandiſes. A peine vne flotte entiere ſe pourroit faire, & les Portugais
meſmes ne ſe chargent point des marchandiſes de ces quartiers, mais ſeulement
de celles de Sinda & de Tata; encores ces marchands Indiens tranſportant leurs
marchandiſes dans leurs propres Ioncques, les Portugais ne faiſant autre choſe
que de leur donner paſſe-port, dont ils retirent vn droit fort mediocre pour eſtre
aſſeurez contre leurs fregates, & auoir la liberté de ce commerce. Iamais les marchands de Lahor ne voudront deſcendre auec les marchâdiſes la riuiere de l'Inde,
car ces caphilas ou carauanes ſont compoſées au retour de marchands Perſans &
Armeniens, qui ſçauent fort bien que le paſſage du Golphe eſt auſſi dangereux
que celuy de Candahor.

Il ſeroit bon que les auteurs de ce deſſein appriſſent par leur propre experiéce
l'erreur où ils ſont, pourueu que la dépenſe ne retombaſt point ſur la compagnie,
mais ie m'imagine qu'ils abandonneront l'entrepriſe, ne ſçachant par où ſ'y prendre pour la commencer. Le 3. deſſein de ioindre le trafic de la Mer Rouge auec
celuy-cy eſt vne choſe que i'auois touſiours recommandée, & qui auoit deſia
commencé à eſtre miſe en pratique. Le danger des Corſaires dans ces Mers eſt
grand, c'eſt pourquoy ie ne doutay point que beaucoup de marchands ne peuſ-
ſent eſtre perſuadez de charger leurs marchandiſes à fret dans nos vaiſſeaux, &
que par là nous pourrions rendre noſtre amitié neceſſaire à ces peuples, & i'eſtois
meſmes d'auis qu'on y employaſt vn vaiſſeau dés cette année, qui retourneroit
au mois de Septembre. Pour ce qui eſt de ce deſſein i'en auois fait l'ouuerture à
nos facteurs; i'en auois preſſé l'execution, i'auois monſtré le chemin d'y reüſſir,
& ie l'auois recommandé au Capitaine, au principal marchand, & aux facteurs
auec beaucoup de chaleur, comme vous le pouuez voir par mes lettres; pour
la conſequence vous l'éprouuerez à voſtre profit, ſ'ils ſuiuent le conſeil qu'on
leur a donné: ſ'il y alloit de mon intereſt propre, & ſi les vaiſſeaux eſtoient à moy,
comme ils ſe trouuent le plus ſouuent vuides & ſans charge, à cauſe du peu de volume & du peu de place qu'occupent les marchandiſes qu'on enuoye icy, & qu'on
en rapporte, ie les enuoyerois en la Mer Rouge, quand meſmes il ne ſe trouueroit point de marchandiſes pour les charger, ny de gens pour les fretter. Il y a mille bonnes fortunes à courir dans cette Mer; vous auez icy deux vaiſſeaux qui ont
eſté pris depuis qui y ſeroient fort propres; & quand vos vaiſſeaux ne feroient
autre choſe que d'en rapporter les marchandiſes que vous auez au Mocca & aux
autres Ports de cette Mer, ils gaigneroient bien la dépenſe de leur voyage.
I'ay trouué Steel, Kerrigde, & les autres fort perſuadez de leurs imaginations. Il
me ſembla meſmes qu'ils auoient oublié le reſpect qu'ils me deuoient. Ce dernier
eſt tous les iours aux eſpées & aux couſteaux auec le Miniſtre. Ie me mis en deb-
uoir de les accommoder; mais pour ce qui eſt de ſa femme ie luy en parlay clairement, & ie luy dis qu'elle ne pouuoit pas demeurer dans le Païs ſans nous attirer
des affaires, & eſtre cauſe de ſa ruïne; Qu'il falloit la renuoyer en Angleterre, autrement ie ſerois obligé de prendre quelque reſolution ſur ce ſujet contraire à
mon humeur; & l'ayant rendu capable de ces raiſons, ie repreſentay auſſi au Capitaine Tannerſon le peu d'apparence qu'il y auoit de retenir la ſienne dans le
Pays. Vous ne ſçauriez croire combien ſont grandes les ſuittes que la permiſſion
de ſemblables choſes attirent apres elles; il me ſemble fort diſpoſé à ſ'en retourner, & pour cét effect i'eſcriuis à voſtre principal Facteur qu'il ſe chargeaſt des
marchandiſes qu'il auoit apportées, & qui eſtoient bornées pour le pays; & que
pour payement il luy en donnaſt vne lettre de change, auec le profit qu'il en
pouuoit raiſonnablement eſperer.

Ie

Ie treuue dans voftre lettre vn ordre bien exprés contre le commerce des particuliers, auſſi bien à l'eſgard de ceux qui ſont employez à voſtre ſeruice, que des autres. Ie vois bien par là que voſtre penſée n'eſt pas qu'on accorde à ces derniers venus toute la liberté qu'ils ſe promettent.

Les marchandiſes qu'à Touuerſon vallent plus de quatorze ou quinze mille liures, & celles de Steelle vne fois autant ; & cependant il pretend que renuoyant ſa femme en Angleterre, & vous déliurant ainſi de cét embarras, le merite de cette action, & ceux qu'il a acquis au ſeruice de la Compagnie, luy doiuent faire eſperer quelque grace. Pour moy ie ne m'en veux point meſler, mais bien donner ordre que l'on vous enuoye vn memoire cacheté de l'eſtime qui a eſté faite de ſes marchandiſes de Steelle, vous laiſſant ainſi la liberté de luy en donner ce que vous voudrez. Vous oſtez le courage de vous bien ſeruir à tous vos vieux ſeruiteurs : Quelques-vns obtiennent de vous tout ce qu'ils veulent par de belles paroles, les bonnes actions des autres n'empeſchent point qu'ils ne ſoient refuſez en toutes ſortes de rencontres. I'en pourrois nommer quelques-vns qui ſont partis d'icy depuis deux ans, qui ne prenoient point autre ſoin que de faire valloir leur propre capital, & qui jouïſſent maintenant dans leurs maiſons d'vn bon eſtabliſſement qu'ils ſe ſont faits. D'autres qui ont fait fortune en traficquant auec les deniers de la Compagnie de port en port, & qui ſont retournez en Angleterre auec de grandes richeſſes, ſans iamais les auoir fait rechercher de la maniere dont ils les ont acquiſes.

L'année paſſée vn de vos Mariniers auoit pour ſa part vingt-ſix balots d'Indigo : I'en ay veû vn autre qui auoit ramaſſé toutes ſortes des plus riches marchandiſes qu'on apporte des Indes. Vn troiſiéme cinq ou ſix iours deuant que partir, employa plus de ſix mille eſcus pour ſon compte : Et comme il en acheptoit auſſi tous les iours pour le compte de la Compagnie, il y a grand ſujet de croire qu'il ne prenoit pas les plus mauuaiſes pour luy. I'écriuis à Pring, & luy manday qu'il fiſt vn Inuentaire de tout ce qui ſ'eſtoit trouué dans les vaiſſeaux de guerre, & de vendre & diſpoſer de ces vaiſſeaux ſelon l'occaſion; que l'argent qui en reuiendroit ſi on les vẽd en ſera mis auec vôtre capital, qu'il donne paſſage à quelques-vns des officiers de ces deux vaiſſeaux, d'entretenir le reſte, & de les rẽuoyer, pour ce qui eſt de la deciſion de leurs affaires, à la Compagnie ; diſant que vous traitterez en Angleterre auec ceux qui ont fait l'armement de ces vaiſſeaux. Mon opinion eſt qu'ils ſont de bonne priſe, que leurs biens doiuent eſtre confiſquez. Si vous leur voulez rendre quelque choſe, ils le doiuent receuoir comme vne courtoiſie que vous leur ferez : Enfin vous ne les ſçauriez traitter auec trop de rigueur ; plus elle ſera grande, & plus grãd ſera l'exemple du traitement que meritent de ſi dangereux pirates. Car ſi vous permettez ces courſes & piratteries, vous pouuez dire adieu au commerce de Surat, & à celuy de la Mer Rouge. La Compagnie du Leuant en ſouffrira de ſon coſté ; le Turc ſ'en vengera ſur eux, & nous ſerons expoſez icy à vn pareil traittement. Le 6. i'allay trouuer Aſaph-Can, apres auoir receu ſon Paſſe-port ; Ie luy monſtray les Perles, conformément à la promeſſe que ie luy en auois faite ; il me dit qu'elles n'eſtoient pas propres pour ces pays-là, comme ie l'appris depuis des autres : neantmoins cette exactitude à tenir la parole que ie luy auois donnée luy plût tant, que ie croy pouuoir dire comme Pharaon, cette terre eſt à voſtre diſpoſition, demeurez y à l'endroit où vous voudrez auec tous vos gens. Nous ne parlâmes point du prix de la groſſe perle ; il me promit de me garder le ſecret ; m'aſſeurant que pour l'amour de moy, & de la confiance que i'auois euë en luy, il en donneroit dauantage qu'elle ne valoit, qu'il la payeroit en argent comptant, qu'il en auoit beaucoup, & que meſme il m'en preſteroit ſi i'en auois affaire. Enfin ie receus de luy toute la ſatisfaction qu'on peut receuoir en paroles, & auec cela quelques bons effects.

Quand les Preſens & vos Vaiſſeaux arriueront, ie vous aſſeure que ſi ie ſuis

liberal, ce sera pour vostre profit, & à bonnes enseignes. Asaph-Chan m'aduertit luy-mesme qu'il y auoit en ce pays peu de difference entre donner ou vendre.
Les experiences qu'en ont fait les autres m'ont fait approuuer cette doctrine.
Apres cette confidence qu'il me fit dans la chambre où estoit son lict, il se leua
pour aller dîner, & me pria d'en estre, auec ceux de ma suite : On feruit vne table
à part pour moy ; car ils font scrupule de manger auec nous.

Le Mogol
fait rache-
ter les cri-
minels par
les plus
grands de sa
Cour. Ie ne sçaurois m'empescher de faire icy mention d'vne bassesse ou d'vne
faueur, comme on la voudra appeller, que le Roy fait en ce Pays-cy, quand ses
prisons font pleines de criminels. Il commande que l'on en execute quelques-
vns ; il enuoye les autres aux principaux de sa Cour, afin qu'ils les racheptent, &
qu'ils payent le prix auquel ils font taxez. Il croit en cela leur faire vne grande
faueur, leur donnant, ce disent-ils, le moyen d'exercer leur charité : mais il prend
l'argent, & ainsi il fait trafic de leur vertu. Vn mois enuiron auparauant le voyage, il m'enuoya trois criminels qu'il suppofoit estre Chrestiens, afin que ie les ra-
chetaffe de la somme de cinquante écus chacun. Ie répondis que ie ne pouuois pas
achepter des hommes pour en faire mes esclaues, comme d'autres faifoient, tirant profit d'vn commerce inhumain ; mais que par charité ie donnerois vingt escus de chacun de ces miferables pour leur fauuer la vie, & les mettre en liberté. Le
Roy prit en bonne part cette responfe, & commanda qu'ils me fuffent enuoyez :
il s'attendoit que ie luy enuoyaffe de l'argent. De mon costé, comme ie n'en entendois point parler, i'esperois qu'il l'auroit oublié, & ie n'auois point de haste de
l'enuoyer. Vn soir les officiers du Roy amenerent les prifonniers chez celuy qui
faifoit mes affaires, & prirent de luy vne promeffe de foixante escus, ie la payay à
mon retour, & ie les mis en liberté.

Le 10. ie visitay Asaph-Chan, fur ce que i'auois appris que l'on auoit deffendu
à nos gens de tenir des Vaiffeaux à terre, & cela fur vn auis qu'on auoit donné au
Prince que nous auions deffein de baftir vn fort à Svvally, & que nos vaiffeaux
eftoiët chargez de briques & de chaux pour ce deffein. Ce foupçon leur vint de ce
qu'on auoit mis tous les gens de l'equipage à terre, pour nettoyer le fonds de cal-
le du vaiffeau. Ils en prirent l'allarme si chaude, que i'eus ordre d'aller à la Cour
pour me iuftifier. Ie leur representay que cette peur eftoit ridicule, qu'il eftoit
mesme hôteux de l'auoir euë ; que cette place n'eftoit point propre pour nous, fans
eau, & sâs havre. Ils en auoient neantmoins conçeu vne telle jaloufie, à caufe que
j'auois demandé peu de temps auparauant vne riuiere qui pouuoit feruir à ce deffein, que i'eus toutes les peines du monde à en guerir l'efprit du Roy. Vous pouuez voir par là si il feroit facile d'obtenir d'eux vn fort, qui d'ailleurs vous feroit
inutile, & que vous ne pourriez pas deffendre. Toutes les remonftrances que ie
peûs faire n'empefcherent pas qu'ils n'enuoyaffent vne compagnie de cauallerie
pour faire démollir vn four à brique qui eftoit là proche. Ils defarmerent
nos gens, les armes neantmoins ne furent point mifes ailleurs que dans
la Doüane, & on ne les ofta qu'à ceux de l'equipage. Ie dis à Asaph-Chan
que nous ne pouuions fouffrir l'efclauage, ny demeurer dans vn pays, où vn
iour le Prince enuoyoit son Firman, afin que nous y fuffions bien traittez ; & le re-
uoquoit le lendemain ; quil n'y auoit ny fidelité ny hôneur en ce procedé, & qu'on
me blâmeroit si i'y demeurois dauantage. Il me dit qu'il le reprefenteroit au Roy
le foir en prefence du Prince, & qu'il m'en feroit sçauoir la réponfe.

Priganie ;
mot Perfan
ou Indien,
dont on n'a
pû sçauoir
la signfica-
tion. Le 30. il me compta merueilles de l'affection que le Mogol témoignoit a-
uoir pour le Roy mon Maiftre, pour ceux de noftre Nation, & pour moy en parti-
culier. Il adjoufta qu'il s'eftoit mis en hazard de perdre la faueur du Prince pour
l'amour de nous ; qu'il feroit bien-toft en eftat de nous rendre d'autres feruices,
eftant sur le point d'auoir la Priganie de Surat ; que le Prince eftoit obligé de
quitter à caufe qu'on luy auoit donné le Gouuernement de Amandauat, de
Cambaya ; & pour me faire connoiftre qu'il agiffoit de bonne foy, il me

pria de me trouuer ce soir-là chez le Roy, de luy porter la lettre de mon Maistre
traduite en Persan; que l'occasion estoit fauorable, me chargeant sur tout de continuer à faire des plaintes, & de témoigner que ie voulois prendre mon congé;
que ie verrois, si il faisoit son deuoir.

Sur le soir ie fus chez le Roy. I'y trouuay toute sa Cour; ie luy presentay ma lettre, laquelle on mit deuant luy, mais comme il auoit d'autres
affaires, il n'y fit pas grande reflexion. Asaph-Chan parla à Ethimon Doulet son
pere à l'oreille, le priant de lire la lettre, & de nous estre fauorable, pource qu'il
estoit plus à propos qu'il fist cette ouuerture que luy. Ethimon prit les deux lettres, il presenta celle qui estoit en Anglois au Roy, & leut la traduction. Le Roy
s'arresta principalement sur l'endroit de la lettre qui parloit de la paix auec les
Portugais. Il demanda si le Roy d'Angleterre vouloit en effect la Paix. Ie dis qu'il
y auoit long-temps qu'on s'en estoit remis à luy, & que l'on esperoit qu'il en seroit
l'entremetteur. Il dit qu'il vouloit nous mettre d'accord, & nous faire viure en
paix dans ses Mers; qu'il respondroit au Roy d'Angleterre, & qu'il satisferoit de
mesme à toutes les autres articles de cette lettre. Ces bonnes paroles ne m'em-
pescherent pas de luy demander mon congé pour retourner en Angleterre. Le
Roy & le Prince entrerent en dispute sur ce sujet. Le Prince se plaignoit qu'il ne
tiroit aucune vtilité du sejour que nous faisions à Surat, & que pour luy il estoit
content que nous en sortissions. Asaph-Chan prît la parole, & dit hardiment
au Roy que nostre commerce apportoit beaucoup de profit à son Royaume, &
contribuoit mesme quelque chose à sa seureté; que les officiers du Prince nous
traittoient fort mal, & qu'il n'estoit pas possible que nous y demeurassions dauantage si on n'y apportoit quelque remede: Que sa Majesté feroit mieux de nous
donner nostre congé, que de nous retenir pour receuoir à toutes heures de nouueaux mécontentemens; qu'il en faudroit venir là à la fin. Le Prince respondit
tout en colere, qu'il ne nous auoit iamais fait de tort, & qu'il nous auoit encore
dernierement accordé vn Firman par son entremise. Il est vray, repliqua-t'-il,
vous leur donnastes vn Firman tel qu'ils le pouuoient souhaiter, & dix iours
apres vous en enuoyastes vn autre pour le reuoquer; que la confusion
de ce manquement de parole retomboit sur luy; qu'il ne me deuoit rien, ny
moy à luy; qu'il parloit sans interest; qu'il ne consideroit rien en cét affaire que la
justice & l'honneur du Roy. Pour le traitement qu'on nous auoit fait, Asaph-Chan
s'en rapportoit à moy, qui me plaignois souuent que nos marchandises auoient
esté prises par force depuis deux ans; que nous n'auions iamais pû nous en faire
payer, & que ses officiers vsoient touiours de la mesme vexation à l'arriuée de
chaque flote; que si le Prince estoit las de nous, il feroit mieux de nous chasser; & qu'il pouuoit bien s'asseurer que nous en tirerions raison sur Mer. Le
Prince, disoit-il, ou le Roy, donnent-t-ils à manger à cét Ambassadeur?
c'est vn estranger qui suit la Cour à ses despens; si on luy oste par force ses
marchandises, & qu'il ne les puisse retirer, ny l'argent qu'elles vallent, comment pourra-t'il viure, & comment pourra-t'il s'entretenir? Cela fut dit auec
beaucoup de chaleur, & le Roy repeta deux ou trois fois *force, force,* & fit vne seuere reprimande au Prince. Le Prince entra dans vne longue iustification de toutes
les plaintes que ie faisois de luy: Cette rupture ouuerte auec le Prince eut l'effet
qu'Asaph-Chan s'estoit imaginé: on nous fit payer tout ce qui nous estoit deû à
Surat; & on ordonna à ceux de la Doüane, de nous traiter mieux à l'auenir.
Ie suis asseuré que si ie n'en fusse venu à vne rupture auec le Prince, ie n'en aurois
iamais rien tiré. Ie dis à l'Enuoyé du Prince en presence des marchands Anglois,
que si il faisoit aucune violence où à moy ou à mes marchands, il luy en cousteroit du
sang; que ie mettrois toute ma boutique sur ses vaisseaux; que ie prendrois mesme
dans ses Ports, & que ie les emmenerois en Angleterre.

Le 30. Ianuier les Holandois vinrent à la Cour auec vn riche Present de curioſitez de la Chine. On ne leur permit pas d'approcher la troiſieſme baluſtrade. Le
Prince me demanda qui ils eſtoient. Ie luy dis qu'ils eſtoient Hollandois,& qu'ils demeuroient à Surat. Il me demanda s'ils eſtoient nos amis. Ie luy dis que c'eſtoit vne
nation dependante du Roy d'Angleterre qui n'eſtoit pas bien receuë par tout; que
pour l'affaire qui les amenoit là ie ne la ſçauois point, puis qu'lis ſont vos amis appe-
lez les. Ie fus obligé de les enuoyer querir pour donner leurs preſens; on les plaça
proche de nos Marchands ſans auoir auec eux aucune conference.

Dans l'Ori-
ginal An-
glois, il y a
le troiſiéme
degré,Havv-
kins,dont la
relatiõ ſui-
uera cy-a-
ries, appel-
le cét en-
droit de la
Cour du
Mogol,Red,
Kayle.

---

*Purchas finit icy les Memoires de Rhoë, & dit que ce qui reſte ne regarde
que le détail des comptes de la Compagnie, & de leur commerce.*

Purchas adiouſte : Il n'eſt pas hors de propos de mettre icy ce que le Sieur
Steel dont il eſt fait mention dans ces memoires, m'a autrefois dit des femmes de
ce païs-là. Steel auoit à ſa ſuite entr'-autres perſonnes vn Peintre : Le Mogol eut
la curioſité de luy faire faire ſon portrait; & comme il ne ſçauoit pas la langue du
païs, Steel pour luy ſeruir d'Interprete fut introduit dans l'appartement des femmes
du Mogol ; Ce qu'on ne permet iamais à vne perſonne de ſon ſexe: à l'entrée le chef
des Eunuques luy jetta vn drap ſur la teſte, afin qu'il ne peût pas voir les femmes qu'il
auroit peû rencontrer dans cét appartement, où il y en auoit grand nombre. Le hazard ou ſa curioſité luy en firent voir quelques vnes.L'Eunuque qui s'en apperçeut
luy jetta ſur la teſte vne autre piece de drap plus épais que le premier. Pour ce qui eſt
de ſa femme, elle auoit les entrées plus libres chez Chan-Channa : La fille de ce Seigneur auoit autrefois eſté mariée au plus âgé des freres du Mogol ; elle eſtoit alors
veufue, & viuoit dans vne grande retraitte : Elle eût la curioſité de voir vne femme
Angloiſe , & ſon pere pria Steele de permettre que ſa femme la fut voir. Elle y fut
conduite ſur vn charriot fermé de tous coſtez, tiré par des bœufs blancs, ſuiuy de pluſieurs Eunuques. Elle entra premierement dans vne Cour, au milieu de laquelle il y
auoit vn grand quarré d'eau; pluſieurs femmes eſclaues de toutes ſortes de nations
eſtoient aſſiſes ſur des tapis fort riches autour de ce quarré d'eau; il y en auoit entr'-
autres de Negres , qui ne laiſſoient pas d'eſtre fort agreables; des blondes, des Indiennes brunes, & toutes eſclaues de cette Dame. L'Angloiſe eſtant entrée habillée
à la maniere de ſon païs , toutes ces femmes ſe leuerent & luy firent la reuerence en
baiſſant la teſte. L'Angloiſe fit vn preſent à cette Dame : car en ce Païs-là on ne fait
point de viſite ſans regale à la perſonne à qui elle ſe rend. La fille de Chan-Channa
la fit ſeoir aupres d'elle , & apres vn peu de conuerſation on couurit la table; elle
commença ainſi à faire amitié auec cette Princeſſe, qu'elle cultiua depuis par de frequentes viſites qu'elle luy rendoit. La Princeſſe reconnut ſes ſoins, & luy fit diuers
Preſens, luy donnant ſouuent des rubis,& autres pierreries qu'elle m'a fait voir à ſon
retour en Angleterre. Son pere Chan-Channa enuoya vn iour ſon tailleur chez le
ſieur Steel, qui l'ayant veu vne ſeule fois , ſans prendre autrement ſa meſure, luy fit
vn habit & vn manteau de drap d'or à la mode d'Angleterre, qui ſe trouua fort juſte,
dont ce Prince le regala.

Lettre qui a esté trouuée entre les papiers de Mre Hakluyt, &
qui auoit esté tirée du Registre des Lettres de Thomas de Rhoë,
Ambassadeur d'Angleterre auprés du Mogol.

Cette Lettre est traduite de l'Anglois.

MONSIEVR,

I'auoüe que i'ay esté long-temps sans vous escrire; mais aussi il ne s'est rien passé depuis mes dernieres lettres, qui m'ait deû obliger à le faire; & quand il y auroit eu en cela quelque manquement de ma part, i'aime mieux en attendre le pardon de vostre generosité, que de vous donner la peine de lire les excuses que ie vous en pourrois faire.

Ie vous diray puisque vous voulez que ie vous dise quelque chose de ce païs, que les peuples qui l'habitent n'ont point de loix escrites. Le Roy regle tout par ordres, & ses Gouuerneurs par l'authorité qu'ils tiennent de luy. Il a la patience vne fois la semaine d'escouter les plaintes de ses sujets, de leur rendre justice, & de prononcer les sentences aussi bien dans les affaires criminelles, que dans les ciuiles. Il est heritier vniuersel des plus riches de ses sujets; ce droit de leur succeder le réd infiniment riche, & est cause que ceux du païs prennent si peu de soin d'embellir leurs maisons. Ceux qui tiennent les premieres places aupres du Roy n'y sont point paruenus par leur noblesse: la faueur est le seul moyen d'y paruenir, sans que la naissance y entre en consideration : On compte les richesses des plus grands du païs, par le nombre des cheuaux que le Prince leur entretient : la plus grande pension est de douze mil cheuaux, c'est celle des enfans du Mogol, de sa femme, & de quatre autres principaux officiers de sa Cour. Le moindre pensionnaire a l'entretien de 20. cheuaux, ce n'est pas que pas vn de ces pensionnaires soit tenu d'en entretenir ce nombre : Mais le Roy leur assigne autant de terre qu'il en faudroit pour les entretenir s'ils les auoient en effect. On compte la despense de chaque cheual par an à vingt-cinq Iacobus; ces pensions se montent à vne somme immense ; elle est prise sur le domaine du Prince qui est si grãd, que tous ses sujets en viuent, à l'exception seulement des Marchands, des artisans, & des laboureurs; mais quand ces pensionnaires meurent, les pensions retournent au tresor du Prince, auec les autres richesses que les pensionnaires ont amassé par leur propre industrie. Le Prince laisse d'ordinaire à la femme du deffunct & à ses enfans quelque partie de cette pension, comme seroit celle de cinq cens ou mil cheuaux à ceux dont le pere en auoit six ou sept milles : ainsi il les met en estat de cõmencer vne nouuelle maison, & les aduance suiuant les seruices qu'ils luy rendent, ou selon les presens qu'ils luy font : c'est leur maniere de faire la Cour à leur Prince; c'est à qui luy fera des presens plus magnifiques; iusques là qu'il en reçoit quelquesfois qui valent bien cent mille pistoles.

Outre les concubines, il a quatre femmes, mais celle des quatre qu'il ayme le plus le gouuerne absolument. Le Roy de Visiapour luy enuoya dernierement vn Ambassadeur, pour luy demander la paix; cét Ambassadeur baissa trois fois la teste iusques contre terre, & luy fit vn present de trente-six Elephans. Il y en auoit deux dont les chaînes & toute la garniture estoient d'or massif, elle pesoit bien en tout huit cens marcs. La garniture des autres estoit d'argent de la mesme façon, cinquante cheuaux richement harnachez, dix leques de Rupias en pierreries, grosses perles & rubis. Chaque leque vaut cent mille roupias, & chaque roupias répont à vn écu cinq sols.

**K iij

Les Eſtats du Mogol ont beaucoup plus d'eſtenduë que ceux du Perſan, & ſont plus grands ou égaux à ceux du Turc ; il eſt plus riche en argent que le Turc & le Perſan enſemble : ces grandes richeſſes ſe tirent du reuenu de ſes terres, des preſens qu'on luy fait, & de la dépoüille de tous ceux qui meurent dans ſes Eſtats. Ils s'eſtendent du coſté de l'Occident, iuſques au Sinde ; iuſques à Candahor, & iuſques au mont Taurus vers le Nord du coſté de l'Eſt, iuſques aux Frontieres du Royaume de Bengala au delà du Gange, & du coſté du Sud, iuſques au Royaume de Decan ; l'eſtenduë d'vn bout à l'autre eſt bien de deux milles milles. Il eſt vray qu'il y a beaucoup de Roys particuliers enfermez dans cét eſtenduë, mais ils luy ſont tributaires.

Havkins dit, comme luoc verra cy-apres, qu'il ne la dépoüille que de ſes penſionnaires.

Ranna qui deſcend de ce Porus qui fut vaincu par Alexandre, fut dernierement rangé ſous ſa domination, pluſtoſt par accord que par force. Le Mogol l'achepta pluſtoſt qu'il ne le vainquit ; & cette conqueſte au lieu d'augmenter ſon reuenu, le diminua de la penſion qu'il luy donne. I'ay trauerſé les Eſtats de ce Prince ; ils ſont ſituez entre la ville d'Aſmere & celle de Brampore.

Ranna ſucceſſeur de Porus.

Chitor en eſtoit autrefois la Ville principale, elle auoit eſté baſtie ſur le haut d'vne roche ou montagne eſcarpée. Le circuit de cette montagne eſt de quinze milles ; la ville eſtoit dans cette enceinte, & ne pouuoit eſtre abordée que par vn ſeul chemin ; deuant que d'y arriuer, il falloit paſſer cinq portes admirables pour leur ſtructure ; elle eſt maintenant ruïnée & ſans habitans. On y voit les reſtes de cent Temples, pluſieurs tours & de ſi belles ſtatuës antiques, qu'il n'y a rien en ce genre qu'on leur puiſſe comparer : En vn mot toutes les villes anciennes de ce païs ont eſté démolies, ie ne ſçay pas quelle politique, ſi ce n'eſt que le Mogol ait penſé qu'il y alloit de ſa reputation de laiſſer dans le Païs des monumés de Princes qui n'eſtoient point du nombre de ſes anceſtres ; ſi bien qu'en tout le Pays il n'y a pas vne ſeule maiſon raiſonnable. Entre les Villes qu'il affectionne, Surat eſt la mieux baſtie. Autrefois on faiſoit en ces quartiers de fort beaux ouurages ; mais l'Art s'en perd tous les iours. Il y a vn reſeruoir à Surat, qui eſt baſty de pierre de taille en forme d'vn Poligone qui a plus de cent coſtez, chaque coſté a de longueur quatre-vingt-quatre pieds, & a ſes degrez & ſes deſcentes pour les Cheuaux ; c'eſt vn ouurage admirable pour ſa grandeur & pour ſa ſtructure.

Monumens Antiques.

Il faut que ie diſe quelque choſe de cette Cour, & de la maniere dont j'y viuois. Iamais le Mogol n'a traité Ambaſſadeur auec plus d'honneur qu'il m'en fit, m'accordant la permiſſion d'y pratiquer les façons de faire de mon Pays ; & n'exigeant point de moy les meſmes ſoûmiſſions que l'Ambaſſadeur de Perſe auoit eſté obligé de luy rendre. Il me donna la bien-venuë deuant que j'euſſe commencé à luy parler. Il dit que le Roy d'Angleterre & luy eſtoient freres, auec beaucoup d'autres paroles de ciuilité. Quand ie fus malade, il m'offrit ſon Medecin. Il receut auec eſtime les preſents que ie luy fis ; & entre-autres, le Caroſſe luy plût tant, que deux ou trois fois la nuict il ſe mit dedans, & ſe fit tirer par quelques-vns de mes domeſtiques. Il reçoit auec douceur & affabilité ceux qui l'abordent. Il eſt ſans faſte. Il tient ſa ſeance hors de ſon Palais trois fois le iour, en trois differentes places : ſur le midy il ſort, pour voir le combat des Elephans & des autres beſtes : depuis quatre iuſques à cinq & ſix heures, pour donner Audiance ; & ſur le ſoir depuis neuf heures iuſques à la minuict, auec les principaux Seigneurs de ſa Cour, auec qui il paſſe le temps dans vne grande familiarité. I'eus ma premiere Audiance au Durbal. Il me receut dans vne Cour ſpacieuſe ſur vn eſchaffaut, comme vn Roy de theâtre. Pour moy, j'eſtois auec la nobleſſe ſur vne eſtrade plus baſſe couuerte de tapis. Il eſtoit ſous vn daiz, & à ſes deux coſtez il y auoit deux hommes aſſis ſur la teſte de deux Elephans de bois, pour chaſſer les mouches qui le pourroient incommoder ; ces Chaſſe-mouches ne ſont habillez que de toille, mais leur charge ne laiſſe pas d'eſtre conſiderable dans céte Cour. Les perſonnes de condition ſe font porter dás des Palanquins auec vne gráde magnificence: Quelques-vns ont deux cens,quelques-autres iusques à cinq cens hommes de pied, & quelquefois iusques à deux cens Cheuaux qui les sui-uent, auec quatre estendards que l'on porte deuant eux; voila en quoy consiste leur faste. Ils nourrissent leurs Cheuaux fort delicatement : Ils les engraissent auec du beurre & du succre : Ils ne sont pas fort grands. Outre ceux du Pays, il y en a de Perse & d'Arabie que l'on estime infiniment.

I'oubliois de faire icy remarquer la fausseté des Cartes que Mercator & les autres Geographes nous ont données iusques à cette heure de ce Pays. Premierement la fameuse riuiere de l'Inde n'entre point dans la mer à Cambaya ; sa principale emboucheure est à Synda; en voicy la preuue. La ville de Lahor est sur le fleuue In-dus, & de là il va iusques à Sinda. Quand les eaux sont hautes, les enuirons de Cam-baya sont couuerts d'eau iusques à la mer; ce qui a possible donné suiet à l'erreur dans laquelle ils sont tous tôbez. Lahor dans ces Cartes est mal placée; elle est situéo au Nord de Surat, à la distance de mil milles. La residence ordinaire du Roy est à Agra, qu'ils n'ont point marqué dans leurs Cartes; elle est au Nord Nordeest de Su-rat, sur vne riuiere qui tombe dans le Gange : ie Roy reside maintenant dans vne ancienne ville où il n'y a point de maisons qui ne soient basties de boüe, & qui ne valent pas mieux que les maisons couuertes de chaume de nos paysans. Il n'y a que le Palais du Roy qui soit basti de pierre ; les grands Seigneurs de sa Cour vi-uent sous des tentes, & on bastit en vn moment auec des Roseaux & du mortier, vn appartement où il y a quelquesfois iusques à douze chambres : cette ville est à dix iournées d'Agra ; elle en est esloignée de deux cens milles du costé du Nord Nordest ; elle est au Nord de Brampore quatre cens cinquante milles. Bram-pore est à deux cens mille à l'Est; son esleuation est enuiron de vingt-vn degrez. Ie vous ay dit, Monsieur, quelque chose du Pays, & qui peut-estre n'est pas fort considerable. Ie n'ay pas oublié les liures que vous m'auez demandez de pierre d'aimant : Il n'y en a point icy, on les trouue plus loing vers l'Orient, ils n'ont aucune correspondance auec ceux de la Chine; il y a bien des Carauannes qui vont en Perse & en Alep, mais il n'y en a point qui aillent au Catay.

Les nouuelles que nous auons de Perse sont que le Roy a osté l'eau & les ra-fraichissemens à ceux d'Ormus ; Il a chassé de ses terres les Portugais, & a depuis peu mis à feu & à sang le Pays des Georgiens.

L'on dit qu'il a en teste la côqueste des Vsbecques, qui est vne nation entre Sam-marcand & son pays. Il coupa dernierement luy-mesme la teste à son propre fils. Le Mogol le craint, & cette nation guerriere est terrible au peuple de ce Pays, dont la plus grande partie est de Bramens, c'est à dire, de gens d'vne Religion qui ne leur permet pas de tuer la vermine quand elle les mord. Pour les Mogols, sont peuples tout à fait effeminez ; le Turc luy enuoya vn Ambassadeur l'année pas-sée, pour le prier de n'assister point le Persan. Il le receut auec toute sorte de de-monstration d'estime. Il luy fit la reuerence iusques à terre ; & aussi-tost qu'il fut party, il enuoya au Persan trois millions cinq cens mil liures. Ie m'estimerois heu-reux de pouuoir rendre seruice à vostre Grandeur en Angleterre ; car ce pays est si peu agreable que ie suis mesme las d'en parler ; & ie croy que vous aurez le mes-me ennuy de lire ce que ie vous en escris : Ie souhaiterois que Vostre Grandeur permît au sieur Hackvvel de voir mô Iournal; car ie luy en ay promis vn, & n'ay pas le loisir de luy escrite ; ainsi auec toutes sortes de respects, & peu de ceremonie, ie finiray, en vous disant que i'espere de retourner bien-tost pour vous rendre de meilleurs seruices ; Ie meneray cependant vne vie miserable, puisque dans l'éclat de la place où ie suis, ie suis priué de la conuersation & de la presence des amis que i'aime & que i'honore. Vostre grandeur a bien voulu que la presomption de la mettre de ce nombre, & de me dire son tres-humble seruiteur pour luy faire seruice.

D'Asmere, Ville où se trouue presentement la Cour du Mogol, le 17. Ianuier 1617.

Extrait d'vne Lettre du 23. Nouembre 1616. écrite aux Marchands à la Compagnie des Indes Orientales.

MEs TRES-HONOREZ AMIS, I'ay receu voftre Lettre du 22. Octobre 1618. Elle m'a efté renduë par le Capitaine du vaiffeau nommé Charles, qui arriua fur la Barc de Surat, auec quatre autres vaiffeaux le 26. du prefent mois : le ne doute point qu'on ne vous ait enuoyé vne ample Relation de ce qui i'eft paffé fur mer pendant leur voyage : Ie vous diray quelque difference qu'il y a dans le rapport que les Portugais ont fait de noftre flotte : ce fut nous, felon leur dire, qui commençâmes le combat; & comme on n'auoit point enuoyé de Vice-Roy, va vieux Soldat nommé dom Emmanuel Menefes, qui auoit efté deux fois General de leurs armées, commandoit l'Admiral : Ils adiouftent qu'eftant percé de plufieurs coups, il efchoüa proche de la côte de Mofambic, & que Meneffes eft maintenant arriué à Goa : ce recit ne fe fouftient pas ce me femble ; car ie fçay qu'ils tirerent les premiers coups de canon, & qu'il eft impoffible de paffer d'Agazefia au Mofambic dans vn Canot comme ils fuppofent que Menefes auoit fait. Il y a auffi peu d'apparence de croire que les Habitans apres les auoir pillez, fe foient hazardez à les tranfporter dans leur Pays ; & quand mefme cela feroit, comment auroit-on pû en fi peu de temps auoir nouuelle de Goa de leur arriuée. Mon opinion eft, qu'ils conforment leur Relation le plus qu'ils peuuent à la noftre, & que tout ce qui fait la difference eft, qu'ils ont de la peine à auoüer la verité : mais enfin, foit qu'ils y foient tous demeurez, ou que leur Vice-Roy foit demeuré dans le combat, qui eft la plus grande perte & le plus grand dés-honneur qui leur pouuoit arriuer dans l'Inde. Il n'eft pas befoin de vous écrire vn plus long recit de vos affaires, ny les fentimens que j'en ay : I'ay écrit tout ce que j'en pouuois dire dans le Iournal que ie vous ay enuoyé, auec la copie des Lettres addreffées à vos Facteurs, dans lefquelles j'ay traité & éclaircy ce qui regarde voftre commerce & vos interefts en ces quartiers : Mais parce qu'à mon arriuée à ce Pays, ie m'arrêtay au rapport de quelques perfonnes, lefquels j'ay trouué depuis fans fondement, & qu'il y a quelques poincts qui n'ont pas efté bien éclaircis dans mon difcours general. Ie les parcoureray tous icy en peu de mots ; car ie fouhaite fort que vous puiffiez entendre vne fois pour toutes, l'eftat de vôtre cómerce; cóment il le faut eftablir & le gouuerner, de peur que fur d'autres rapports vous ne vous engagiez à des dépenfes inutiles, & ne tombiez dans de groffes fautes & des pertes confiderables. L'offre d'ayder le Mogol, ou de conuoyer fes Sujets jufques à la Mer-Rouge, eft vn offre inutile. Ie ne laifferay pas de la faire pour marque de voftre affection ; mais quand ces gens-cy n'ont point befoin des offres qu'on leur fait, ils les regardent comme vn mâtin regarde du pain quand il en eft faoul. Ce Roy a la paix auec les Portugais, & ne leur fera point la guerre que nous ne les ayons déplantez des places.

Tant qu'ils feront en paix, ils fe mocqueront de voftre affiftance ; quãd la guerre les preffèroit, ils n'oferoient fe mettre fous la protection d'vn Eftranger ; & pour rien du monde, ils ne la voudroient payer. Il faut fe defabufer de toutes les penfées que vous pouuez auoir de faire aucun trafic autre part que dans ce Port, ce fera affez que vous foyez en eftat de vous y pouuoir deffendre : Quelque feruice que vous leur puiffiez rendre, ils ne vous en feront iamais obligez ; Ils vous craindront toufiours, & ne vous aymeront iamais. Pour ce qui eft d'auoir icy vn Refident pour vos affaires, c'eft vne dépenfe qu'il faut continuer auffi long-temps que vous ferez en guerre auec les Portugais : les autres dépenfes, vous les pouuez retrancher comme inutiles, elles peuuent mefme vous apporter du prejudice.

Pour

Pour ce qui est d'vn Fort, i'ay crû à mon arriuée que c'estoit vne chose fort necessaire; mais l'experiéce m'a fait voir depuis que c'estoit vn grãd auátage d'auoir
esté refusé alors. S'ils me l'offroient maintenant, ie ne le voudrois pas accepter.
Premierement aux lieux où se rencontre la commodité des riuieres dont on vous
a parlé, le pays est desert, & l'on n'y peut negocier ny cõuerser. Les passages qui sõt
les plus aisés, sõt tellemét replis de voleurs, que l'authorité mesme du Roy ne les
en a pû chasser. La force des mõtagnes où ils demeurent les asseure cõtre les desseins que l'on peut faire sur eux; & s'il y auoit des lieux propres pour le trafic, ceux
du païs les auroient pris. Ces peuples sentent tous les iours l'incommodité qu'ils reçoiuent d'auoir vn havre qui n'est point habité; ce seroit ce me semble
vne assez forte raison pour faire voir que le lieu que l'on vous a proposé n'y est
pas propre, puis qu'ils ne s'en seruent point; & quand mesme le havre auquel vous
pensez seroit fermé de murailles; il n'est pas aisé de diuertir le commerce, & le tirer d'vn lieu où les marchands ont accoustumé de trafiquer, lors principalement
que le trafic est de marchandises qui se vendent en détail. L'autre raison est que
la dépense seroit plus grande que la qualité de vostre commerce ne la peut
porter; & le payement d'vne garnison absorberoit tout le profit de vostre commerce. Cent hommes ne suffiroient pas pour deffendre ce Fort imaginaire.

　　Les Portugais feront vn extrême effort pour vous en chasser. La guerre & le trafic sont incompatibles selon mon sens; & si vous m'en croyez, vous ne
vous hazarderez point à la faire autrement que sur mer, où on peut aussi-tost
gagner que perdre; c'est la cause de la pauureté des Portugais. Ils ont à la
verité des colonies dans des païs qui sont fort riches, mais les garnisons qu'ils
tiennent pour les conseruer en consument tout le profit, quoy que leurs garnisons
soient foibles; en vn mot remarquez s'il vous plaist ce que ie vous dis, ils ne profiteront iamais des Indes tant qu'ils feront obligez à faire ces dépenses.

　　Les Hollandois sont aussi tombez dans la mesme faute, lors qu'ils ont taché de
s'y establir par la force; ils en rapportent vne grande quantité de marchandises,
ils sont consideréz dans toutes les places, & sont mesme maistres de quelques vnes
des meilleures; auec cela leurs morte payes consument tout le gain d'vn si grand
& d'vn si riche trafic. Il est certain que s'il y a quelque fortune à faire en ce païs-
là, vous la deuez attendre du costé de la Mer, & d'vn commerce paisible.

　　C'est vne erreur d'affecter d'auoir des garnisons & des places de guerre aux Indes. Si vous auiez seulement à faire la guerre à ceux du païs, peut-estre que cela
vous reüssiroit; mais de la faire à d'autres pour leur deffense, ils ne le meritent
pas : outre que vostre reputation courroit grand risque. Il est plus aisé de faire v-
ne bonne attaque en ce païs, qu'vne bonne retraite. Il ne faudroit qu'vn mal-heur
pour vous faire perdre le credit, & pour vous engager dans vne guerre de
beaucoup de dépense, dont le succez seroit incertain; outre qu'vne action si su-
jette au hazard que sont les euenemens de la guerre ne peut pas estre entreprise
auec raison, quand l'éloignement des lieux d'où on peut tirer du secours & du
conseil est si grand, qu'il vous expose à vne perte irremediable. Nous voyons
tous les iours que ceux qui ont ces auantages-là tout proches, ont bien de la peine à apporter les remedes necessaires. En Mer, vous pouuez prendre ou laisser. On
ne publie point vos desseins. La rade de Svvally, & le port de Surat sont les deux
places de toutes celles du Mogol qui vous sont les plus propres. C'est vne chose
que i'ay bien examinée, & ie croy qu'on ne desaprouuera iamais ce que i'en écris
maintenant. Il n'est pas besoin d'en auoir dauantage. Le grand nombre de ports
de factoreries & de residences n'augmenteront pas vostre trafic & vostre commerce à l'égal de ce qu'ils en augmenterõt la dépése & les charges. On ne trouuera pas en mesme lieu vn port seur pour vos vaisseaux, & vne place propre pour les
décharger. La Rade de Svvally dans la saison est aussi seure qu'vn estang. Cam-
baia, Barochia, Amadauat, & Surat, sont les places du plus grand trafic qui se fasse

** L

dans les Indes, & les mieux fituées. Vous auez deux difficultez, les Portugais en
Mer & le debarquement de vos marchandifes. Pour furmonter la premiere, il
faut faire en forte que la charge de vos vaiffeaux foit dans voftre Port vers la fin,
du mois de Septembre ; ce que l'on peut faire ayant toufiours des marchandifes
deuant foy, ou empruntant de l'argent pour trois mois. Ainfi vous pouuez charger & décharger en mefme temps en vne faifon fort propre pour retourner en
Angleterre, & voftre ennemy n'aura pas le temps ny la force de vous faire du
mal; car à peine pourra-t'il arriuer en ce temps-là ; ou f'il a pris fes mefures de plus
loin, nous en aurons efté auertis.

Et pour le fecond poinct qui eft de charger les marchandifes fans courir le danger des fregates, & pour épargner la dépenfe du charroy par terre, il faut que
vous enuoyez vne pinaffe de foixante tonneaux, auec dix pieces de Canon, qui
prenne fept ou huit pieds d'eau, afin qu'elle demeure dans la riuiere qui eft entre
Svvally & Surat, pour affeurer le paffage de vos marchandifes qui feront ainfi en
feureté,& qui demeureront à laDoüane à voftre difpofitiõ.Elle feruira de Magazin,d'où vous les pourrez tranfporter où il vous fera plus commode. Les marchandifes que vous cherchez principalement font de l'Indigo, & des étoffes de cotton.
Il n'y a point de place qui foit également propre pour l'vn & pour l'autre. Enfin
il faut chercher celle où il y a moins d'inconuenient. I'en dis mon opinion & mes
raifons dans le difcours que i'ay fait à vos Facteurs.Quelques-vns peut-eftre y feront contraires, mais ie ne me trompe point, ie n'ay aucun deffein particulier d'a-
uoir des Facteurs à ma difpofition, ny d'auancer ou employer mes amis, & encores moins d'ambition d'auoir des gens au deffous de moy.

Il me feroit bien plus facile de faire connoiftre à la Compagnie toutes
les fautes qu'on a faites par le paffé que d'y remedier.La Riuiere de Sinda dont
vous me parlez eft tenuë par les Portugais,& quand mefme elle ne le feroit point,
elle n'eft ny plus propre au commerce, ny plus feure que celle de Surat. Vos Facteurs m'ont enuoyé quatre ou cinq articles de vos lettres qui regardent la Perfe
& le deffein de faire baftir vn Fort & vne colonie à Bengala, ce qu'ils iugent de
nul vfage. Ils ne m'ont fait fçauoir que cette partie de toutes les propofitions
dont vous leur auez écrit,& de tous vos deffeins. Ie feray ce qui dépendra de moy,
pour aduancer vos affaires à la Cour ; mais ie veux que vous voyez dans mon
journal & dans mes lettres comment ils en vfent enuers moy, ce que ie ne puis attribuer à autre chofe qu'à quelque jaloufie que vous auez euë de ma conduite,
mais qui vous coûtera bien cher. Pour ce qui eft d'établir icy voftre commerce,
ie crois auoir affez de credit pour obtenir du Roy tout ce que vous pourrez rai-
fonnablement fouhaitter; & quand il m'aura promis vne fois vne chofe, la confideration de vos vaiffeaux l'obligera à vous tenir parole. Vous n'auez pas befoin
d'vne fi grãde faueur à laCour côme vous vous l'imaginez.Il faut que vous apor-
tiez icy d'autres marchãdifes. Ne vous laiffez point tromper à ceux que vous employez. Le drap,le plomb, l'yuoire & le vif argent font les meilleures marchãdifes
pour ces quartiers, & le feront toufiours : j'ay fouffert l'année paffée beaucoup de
trauerfes de Sultan Coronne qui a le gouuernement de Surat.Ie n'ay pas peu obtenir que le Traité pour le Commerce fuft dreffé auec des conditions égales pour
les deux Nations. Le manquement de prefens m'a fait perdre vne partie de la faueur que i'auois à la Cour. Ie n'ay pas laiffé d'en tirer vne grande partie de ce
que ie defirois, & quelque fatisfaction fur toutes les extorfions & auanies qu'on
nous auoit faites par le paffé. Ie tâcheray de rendre nos conditions meilleures en
l'abfence du Prince, & de faire vn nouueau Traité, en donnant au Mogol les premiers prefens que vous m'enuoyerez.

*Purchas marque icy qu'il n'a pas fait imprimer le refte de cette Lettre, à caufe qu'elle ne con-
tient que les chofes qui regardent le détail des affaires de la Compagnie Angloife des Indes Orientales.*

CEt Ambaſſadeur en partant demanda au Mogol vne recommandation aupres du Roy d'Angleterre ſon maiſtre, il l'obtint aiſément : mais le Mogol
ſe rrouua embaraſſé de l'endroit où il deuoit mettre le ſceau de ſa lettre;en le mettant au bas, il croyoit faire quelque choſe indigne de luy ; ſ'il l'euſt mis au haut, il
ſ'imaginoit que lé Roy d'Angleterre auroit peù ſ'en offenſer;il ſe reſolut d'vſer de
temperamment. Il donna la lettre ſans eſtre ſcellée,& ſon grand ſceau à part, afin
que Sa Majeſté d'Angleterre, diſoit-il, le mit où il luy plairoit. Ce ſceau eſt d'argent, l'empreinte contient la Genealogie du Mogol depuis Temur-lam, dans des
cercles ſeparés; vous le pourrez voir cy-deſſus dans la Carte que Rhoë a fait faire
des Eſtats du Mogol.

Extraict d'vne Lettre du 30. Octobre 1616.

LE Mogol d'aujourd'huy eſt d'vne humeur fort douce & bien-faiſante ; mais
d'vn autre coſté nous auions de continuels démeſlez auec vn de ſes fils,
fier, intraitable , & entre les mains de qui il ſ'eſt défait de tout ſon pouuoir
& du gouuernement de ſes Eſtats, dont il n'eſt pas capable. Il eſt maiſtre du Port
où nous trafiquons, & nous donne mille trauerſes ; il a vne ambition ſi déreglée ,
qu'il ne voudroit pas que ie reconnuſſe ſon pere, que ie m'adreſſaſſe à luy, ny que
ie luy fiſſe aucune priere ny aucun compliment; il voudroit qu'on rendiſt à luy
ſeul ces defferences, ce que ie n'ay iamais voulu faire, & ie me maintiens dans
cette pretention par la confiance que me donne ma qualité, & par la faueur du
Roy;vn Ambaſſadeur qui ſera en céte Cour,qui cõnoiſtra l'obligatiõ de ſa charge,
& qui voudra ſoûtenir l'hõneur de ſon Maiſtre, & ſon rang,fera pluſtoſt des ennemis, qu'il n'y acquerrera des amis. Les Indiens ſont trop fiers pour ſouffrir icy des
égaux ; les perſonnes & les qualitez ne ſont eſtimées que ſelon la dépenſe que l'on
y fait ; tellement que pour fournir à celle qu'il faudroit faire pour ſoûtenir
celle d'Ambaſſadeur en cette Cour, il couſteroit beaucoup plus que le peu de
profit de noſtre commerce ne permet d'y dépenſer : Et d'autre coſté celuy qui
manquera à faire céte dépenſe fera tort à ſon rang, & tombera dans le mépris. Ie fais tout mon poſſible pour le ſouſtenir, auec le peu de moyen que i'en ay;
mais ie ſuis d'opinion qu'vne perſonne qui pourroit diſſimuler & ſouffrir quelques
affronts, ce que le rang d'Ambaſſadeur ne permet pas de ſouffrir ſeroit plus propre qu'vn Ambaſſadeur; ie croy que le Roy d'Eſpagne ne ſe reſoudroit iamais
d'en enuoyer en ces quartiers, connoiſſant bien qu'il n'y ſeroit pas receu auec
l'honneur qui eſt deub à ſa qualité: Et pour moy ie tiens qu'en retournant en Angleterre, & en dõnant à la Cõpagnie les auis des choſes que i'ay cõnuës par expe-
riẽce,ie la ſeruirois plus vtilemẽt, qu'en demeurãt icy.Pour ce qui eſt de la Perſe,
le Turc a fait vne brauade,les Paſſages ſe ſont trouuez occupez;& le Roy de Perſe ayant fait aduancer ſon armée juſques ſur les frõtieres , prit occaſion de dõpter
vne Nation qui ſ'eſtoit reuoltée,& qui eſt à l'Eſt de Babylone Les peuples de céte
Nation ſe nomment Curdes : Ie ne ſçay pas où les Geographes mettent leurs
Païs, ny ſous quel nom ils ont eſté connûs par les anciens. Le ſieur Robert Sherly
ayant employé beaucoup de temps à paſſer à Goa, a perdu l'occaſion de ſe pouuoit embarquer ſur la flotte qui alloit à Liſbonne, & il ſera obligé d'y demeurer
encore vn an; tellement que ſa negociation n'ira pas ſi viſte que ie l'apprehendois,
& nous aurons le temps d'y trauailler , ſelon les ordres que vous nous enuoyerez
d'Angleterre , ou ſelon l'intereſt des marchands que cét affaire regarde principa-

lemēt. Il eſt arriué icy vn Ambaſſadeur de Perſe; il ne nous a pas appris beaucoup de nouuelles ; car il y a neuf mois qu'il eſt party de ſon païs. Ses preſens ſont ma-gnifiques : En faiſant la reuerence au Mogol, il ſe proſterna à terre, & la heurta de ſa teſte, dont ie croy que ſon maiſtre ne l'aduoüera point, ſi ce n'eſt qu'il luy ait commandé expreſſement d'en vſer ainſi pour flatter le Mogol par cette ſoûmiſ-ſion, & le rendre plus facile à luy accorder le ſecours d'argent qu'il luy demande pour faire la guerre au Turc. Il a fait la meſme choſe pluſieurs fois en d'autres rencontres : On dit auſſi qu'il eſt venu pour eſtre mediateur de la Paix entre le Mogol & le Roy de Decan, de qui le Roy de Perſe prend la protection, à cauſe de la jalouſie qu'il a du trop grand accroiſſement de cét Empire. Ie croy qu'on le contentera auec de l'argent, & qu'il ſouffrira qu'on dépoüille ſes alliez : On ne luy a point donné le rang que i'ay tenu dans céte Cour, & que ie me conſerue mal-gré beaucoup de gens. Le Roy meſme ne receut point ſes lettres auec les de-monſtrations d'eſtime qu'il fit paroiſtre en receuant celle du Roy, & en parlant du Roy de Perſe il ne le traitta iamais de Majeſté comme il auoit pluſieurs fois traité le Roy d'Angleterre, ce que i'obſeruay auec beaucoup de ſatisfaction : il a-uoit à la verité quelques aduantages ſur moy, car il parloit la langue du Pays; les Eſtats de ſon Prince en ſont voiſins. Il auoit des amis en céte Cour. Le Roy eſt preſt de marcher du coſté de Decan. Son fils doit commander ſon armée, & nous aurons beaucoup de fatigue à ſouffrir à la ſuite de la Cour. Noſtre flote de cet-te année 1616. rencontra en ſon chemin vne carraque qui alloit à Goa ; elle la rencontra proche de l'Iſle de Mozalia ſous le douziéme degré de latitude Sep-tentrionale, la ſalüa, & luy rendit la ciuilité qui ſe pratique en mer.

Les Portugais au contraire leur tirerent huict coups de canon; les noſtres ne re-fuſerent point l'occaſion la combattirét, l'obligerent de ſ'échoüer à terre, & de ſe brûler elle-meſme. Elle eſtoit de 1500. tonneaux,& il y a apparence que le Vice-Roy qu'on attendoit à Goa a pery auec elle, ce qui eſt vne des plus grádes pertes & des plus grandes diſgraces qui ſoit iamais arriuée aux Portugais en ces quar-tiers, & vne iuſte recompenſe de leur temerité & inſolence. Le Commandant des Anglois y fut tué, celuy qui luy ſucceda fut eſtropié; Voila ce que ie vous puis dire des affaires de ces quartiers; il faut que ie diſe maintenant quelque choſe de celles qui regardent le ſpirituel, ſi vous voulez auoir la patience de les lire.

Deuant que Temur-lam eût inondé ces Païs, ils eſtoient gouuernez par diuers petits Princes qui n'auoient aucune Religion; mais chacun vne idolatrie par-ticuliere, adorant diuerſes ſortes de creatures; les deſcendans de Temur-lam apporterent dans le Pays la connoiſſance du Mahometiſme, mais ils ne for-cerent perſonne à le receuoir, laiſſant aux peuples conquis la liberté de conſcien-ce tellement, que ces eſtrangers ſ'appellerent Mogols, ou Chefs des peuples cir-concis.

Ils ſuiuent Haly gendre de Mahomet, ont leurs Moſquées, leurs Molas, leurs Cheriffes, des vœux, des prieres, & vne infinité de ceremonies. En matiere de penitences, il n'y a iamais eu de religionaires qui en ayent fait de plus auſteres; ceux d'entre-eux qui ont voulu paſſer pour Saincts, ont ſouffert des pauuretez volontaires, des mortifications, & des auſteritez extrêmes.

Il y a vne grande diuerſité entre les Sectes des Gentils; quelques-vns ſont vail-lans, bons ſoldats, boiuent du vin ſans ſcrupule, mangent de la chair de porc, & adorent la figure d'vne beſte. Il y en a d'autres qui ne veulent point manger de viande ſi elle n'eſt ſanctifiee auparauant à leur mode: D'autres n'en veulent point manger du tout ; quelques-vns feroient ſcrupule de tuer la vermine lors meſme qu'elle les incommode. Il y en a qui ne voudroient pas auoir beû dans vn verre,ou d'autres qui ne ſeroient pas de leur Religion auroient beû. Ils ont la ſuperſti-

tion de fe lauer fouuent. Ils attribuent tous vne efpece de diuinité à la riuiere du
Gange, & dans vne mefme faifon de l'année, on les void quelquesfois au nombre
de quatre ou cinq cent mil fur fes bords. Ils y jettent dedans comme par
offrande de l'or & de l'argent. Ils font des charitez à leur maniere. J'ay veu vn
troupeau de pourceaux dans vn de leurs Temples proche de cére ville, qu'ils
nourriffent par principe de charité auec nombre de vaches, & d'autres beftes de
toutes fortes. Ils ont des Synagogues, des Prophetes, des Deuins, & tous les
autres inftrumens des impoftures du diable : les Molas de Mahomet ont quelque
connoiffance de la Philofophie & des Mathematiques : Ils font grands Aftrologues ; ils ont veu quelque chofe d'Ariftote, d'Euclide, & d'Auerroes.

La langue des fçauans eft la langue Arabe. Ces peuples ont efté jufques
au temps d'Ecbarsha pere du Roy d'aprefent, fans auoir entendu parler de la Religion Chreftienne : Echbar eftoit vn bon Prince, & fort équitable, amateur
& curieux de toutes fortes de nouueautez. Il auoit de grandes vertus ; principalement vne finguliere pieté & reuerence pour fes parens. Il appella auprés de
luy trois Iefuites de Goa, dont le principal eftoit Hieronymo Xauier du Royaume
de Nauarre. Il prit plaifir à entendre fes raifons & fes difputes ; Il l'obligea mefme
d'écrire vn Liure pour la deffenfe de fa Religion côtre les Mores & les Gentils. Il
le lifoit fouuent la nuiét ; & enfin le fit examiner, & luy accorda par Lettres Patentes la permiffion de baftir, de prefcher, d'enfeigner, de conuertir, & d'exercer toutes les ceremonies de fa Religion, auffi librement qu'il l'euft pû faire à
Rome, luy donna de l'argent pour baftir des Eglifes : Si bien qu'en quelques-
vnes de ces Villes, ils commencerent à auoir pluftoft des Eglifes que des Chrétiens. Dans cette mefme conceffion, il permet à tous les Sujets de fe faire Chreftiens ; il l'eftendit jufques aux Princes du Sang Royal. C'eftoit là vn
beau commencement, & vn Printemps bien aduancé, pour vne recolte auffi
maigre que celle qui f'eft faite depuis. Pour luy, il n'a iamais efté fort
attaché à la Religion Mahometane, confiderant que Mahomet auoit
efté vn homme & vn Roy comme luy, & qu'on luy auoit porté refpeét ; & par
cette raifon, il f'imagina qu'il pouuoit deuenir auffi grand Prophete que Mahomet. Ce changement neantmoins ne parut pas ; vne certaine bien-feance le retint, & il mourut dans la profeffion de fa Foy. Son fils, qui regne à prefent, mit en
pratique ce que fon pere f'eftoit imaginé. Il ne fut point circoncis, & fut éleué
fans aucune Religion, & a continué jufques à cette heure dans l'eftat d'vn parfait Atheifte. Quelquefois il veut faire la mefme profeffion que les Mores, & cependant ne laiffe pas d'obferuer les iours de Fefte des Gentils, & de faire auec eux
toutes leurs ceremonies. Il f'accommode à toutes fortes de Religions, & ne témoigne de la haine qu'à ceux qui changent celle dans laquelle ils font nez. Il eft
tombé enfin dans les fantaifies de fon pere, & a paffé mefme plus auant que luy,
jufques à fe declarer pour le Chef de fa Religion, & pour eftre auffi grãd Prophete
que Mahomet, il f'eft fait vne nouuelle Loy, mélée de toutes les autres. Beaucoup de fes Sujets l'ont receuë, auec tant de fuperftition, qu'ils ne veulent point
manger jufques à ce qu'ils l'ayent falüé le matin. Il fe prefente pour ce fujet à la
pointe du iour, à vne feneftre ouuerte qui a veuë fur vne grande plaine deuant fon Palais, où vne infinité de gens l'attendent. Quand les Molas
luy loüent Mahomet, il les mal-traite, & au contraire il leur témoigne de
la joye quand ils en difent du mal. De Iefus-Chrift, il n'en a iamais parlé qu'a-
uec reuerence, ny pas vn de fa Secte ; ce qui eft vn admirable effet de la force de
la verité diuine. Pour ce qui eft des Eglifes des nouueaux Chreftiens, il leur confirme & augmente tous les iours leurs priuileges ; Il employe depuis deux ans
deux heures de la nuiét pour les entendre parler de la Religion Chreftienne, & a
dit fouuent des paroles qui donnoient efperance de fa conuerfion ; mais cela a
efté jufques à cette heure fans effet. Il mit quantité de jeunes hommes entre les

** L iij

mains de François Corsi, qui estoit alors Resident du Roy de Portugal, pour les enseigner à lire & à écrire la langue Portugaise,& les instruire dans les lettres humaines & dans la Loy de Iesus-Christ. Ce Iesuite a tenu école quelques années. Le Mogol a enuoyé à cette école deux Princes ses neueux. Ceux-cy ayans esté éleuez & instruits dans la Religion Chrestienne, furent baptizez auec beaucoup de pompe dans la nouuelle Eglise d'Agra, ayant auparauant paru comme en triomphe sur des Elephans par tous les endroits de la Ville : & cela, par vn ordre exprés du Roy, qui prenoit la peine de les examiner souuent sur le progrez qu'ils faisoient, & sembloit en estre fort content. Cela fit que plusieurs suiuirent ce mesme chemin, croyant que le Roy mesme n'en estoit pas beaucoup éloigné. D'autres qui le connoissoient mieux penetrerent qu'il faisoit cela par politique, pour attirer sur ces Princes la haine des Mahometans, qui font la principale force de ses Estats ; mais ils se trouuerēt tous trompez en leurs conjectures, car apres que ces Princes & quelques-autres enfans eurent appris les principes de la Religion Chrestienne, & quelques-vns de ses preceptes ; comme de n'auoir qu'vne femme,& de n'en épouser point qui ne fût Chrestiēne. Le Roy fit demander aux Iesuites par ces Princes, des Portugaises pour femmes. Les Iesuites qui croyoient que cela estoit venu de leur propre mouuement, leur firent quelque reprimende, & ne soubçonnerent rien dauantage ; mais comme cette demande estoit le dessein pour lequel le Roy auoit auancé leur conuersion, esperant par ce moyen auoir des femmes Portugaises qu'il souhaittoit fort. Ces deux Princes retournerēt trouuer les Iesuites,leurs remirent entre les mains leurs Croix,& les autres marques de la Religion qu'ils auoient receuës d'eux, disants qu'ils ne vouloient pas demeurer plus long-temps dans le Christianisme, puisque le Roy de Portugal ne leur enuoyoit ny presens ny femmes, comme on leur auoit fait esperer. Le Iesuite eût quelque soubçon alors, qu'il y eust dans cette affaire quelque chose de plus que ce que ces jeunes Princes ne disoient. La confiance auec laquelle ils faisoient cette declaration, luy donna sujet d'examiner dauantage le motif de cette demande. Il trouua qu'en effet le Roy leur auoit commandé de la faire. Les Iesuites refuserent de receuoir les Croix qu'ils auoient données, disant qu'elles auoient esté données par l'ordre de Sa Majesté,& qu'ainsi ils ne deuoient pas les receuoir que par son ordre : qu'ils les prioient qu'ils s'addressassent au Roy, & que Sa Majesté leur fit entendre sa volonté par la bouche de ceux qui portent ordinairement ses ordres. Les Peres connoissoient l'esprit de ce Prince, & sçauoient fort bien qu'il ne voudroit pas se découurir luy-mesme pour l'autheur d'vn dessein si bas à ses Officiers. Les Princes luy firent le message; il en demeura picqué au vif contre les Iesuites ; mais comme il vouloit ruiner céte escole, il leur commanda de faire venir les Iesuites à la porte de son Serail, où il leur fit dire par la bouche d'vne de ses femmes, que c'estoit par son ordre qu'ils changeoient de Religion ; ils sont maintenant Mahometans, sans auoir rien retenu de la profession du Christianisme ; ainsi toutes ces belles esperances sont éuanouïes, & quelque diligence que i'aye pû faire, ie n'ay point veu dans le Pays vn seul conuerty que l'on peût dire estre veritablement Chrestien, & fort peu qui en fasse la profession, si ce n'est vn petit nombre qui a esté baptisé pour de l'argent,& est entretenu par les Iesuites : de cette sorte on en pourroit accroître le nombre ; mais les Iesuites connoissent la mauuaise foy de ce peuple, & ne peuuent pas fournir a vne despese si inutile. C'est là le veritable estat du Christianisme en ce Pays, & celuy de l'Eglise qu'ils ont tasché d'y establir ; mais afin que vous puissiez mieux iuger de l'esprit du Roy, & de la conduite des Iesuites, ie vous veux dire ce qui s'est passé depuis peu sur ce sujet, & vous me direz apres s'il y a beaucoup à esperer de la conuersion de ce Prince. Il n'y a pas long-temps que l'Eglise des Iesuites, & leur maison fut brûlée, le Crucifix ne le fut point ; ce que l'on publia comme vn miracle, pour moy qui eusse esté

bien auisé, que de quelque accident que ce soit, on en euft tiré l'auantage d'eftendre la Religion Chreftienne. Ie n'en parlay point. Le Iefuite foupçon-
nant que ie n'eftois pas perfuadé de miracle, me dit que la chofe eftoit arriuée naturellement, & me fit entendre que les Mahometans mefmes fans fa par-
ticipation, auoient fait paffer la chofe pour vn miracle, m'aduoüant neantmoins
qu'il eftoit bien aife d'auoir trouué cette occafion de le faire croire. Le Roi qui ne
laiffe paffer aucune occafion de parler des nouueautez qui viennent à fa connoiffance, appelle le Iefuite, & luy fait diuerfes queftions; le Iefuite refpond
auec ambiguité. Sur cela le Roy luy demandant s'il ne defiroit pas de fe conuertir, le Religieux dit que oüy. Vous me parlez pas, dit le Roy, des grands miracles
que vous auez faits au nom de voftre Prophete. Si vous voulez jetter l'image de
Iefus-Chrift dans le feu en ma prefence, & qu'elle ne brûle point, ie me feray
Chreftien. Le Iefuite refpondit, que cette experience n'eftoit pas raifonnable;
que Dieu n'eftoit pas obligé d'en faire toutes les fois que les hommes luy en demandoient; que ce feroit le tenter; qu'il fait des miracles quand il trouue à propos d'en faire, mais qu'il offroit d'entrer luy-mefme dans le feu pour preuue de la
verité de fa Foy, ce que le Roy ne voulut pas confentir.

Ses courtifans en firent grand bruit, & dirent qu'il falloit efprouuer noftre
Religion par cette experience; adiouftant que fi le Crucifix brûloit, le Iefuite
feroit obligé de fe faire Mahometan. Ce Prince apporta des exemples des miracles qui auoient efté faits dans des occafions moins importantes, que n'eftoit la
côuerfion d'vn Prince fi puiffant, que fi ceux qui adoroiët Iefus-Chrift refufoient
cette experience, il ne croyoit pas eftre obligé de leur adioufter Foy. Le Roy entra dans la difpute; dit en faueur de noftre Religion, que noftre Seigneur eftoit
vn Prophete; qu'il eftoit fans comparaifon plus grand que celuy qu'ils adoroient,
fi l'on en iugeoit par fes miracles, fe feruant pour le prouuer de fa Refurrection,
ce que pas vn d'eux n'auoit iamais fait. Le Prince repliqua, que d'auoir donné la
veuë à vn aueugle, c'eftoit vn auffi grand miracle que celuy de la Refurrection. Cette queftion ayant efté chaudement agitée de part & d'autre, vn troifiéme entra dans la difpute, & dit que le Roy & le Prince auoient tous deux raifon; que veritablement donner la vie à vn corps mort, eftoit le plus grand de tous
les miracles; mais de donner la veuë à vn homme né aueugle, c'eftoit la mefme
chofe, & vne efpece de Refurrection.

Ie ne me fçaurois empefcher de rapporter encore icy les merueilles du Singe, &
ce qui fe paffa fur ce fujet. Pour ce qui eft de la verité du fait, il n'en faut point
douter. Vn Charlatan de Bengala, dont il y en a beaucoup icy, prefenta au Roy
vn grand Singe, difant qu'il eftoit diuin. Et il y a en effet en ce Pays des Sectes qui
attribuën à cét animal quelque diuinité. Le Roy fe tira du doigt vn anneau, &
le fit cacher dans les veftemens d'vn jeune garçon qui eftoit là auec douze autres
perfonnes de fon âge. Le Singe qui ne l'auoit point veu cacher, l'alla prendre au
petit garçon a qui on l'auoit donné. Le Mogol, non contant de cela, fit écrire
en douze billets differens, les noms de douze Legiflateurs, mettant enfemble
ceux de Moyfe, de Iefus-Chrift, auec ceux de Mahomet, d'Haly & d'autres : &
les ayant mélez dans vn vafe, demanda à ce Singe laquelle eftoit la veritable Loy. Le Singe mit fa main dans le vafe, & tira celuy où le nom de Iefus-
Chrift eftoit marqué. Le Roy en fut eftonné. Il euft quelque foupçon que le
maiftre du Singe fçauoit lire les caracteres Perfans, & qu'il euft inftruit fa befte.
Il récriuit les mefmes noms, auec les chiffres dont il fe feruoit ordinairement
quand il vouloit écrire quelque chofe de fecret à fes Miniftres. Le Singe ne
manqua point, il prit vne feconde fois le billet de Iefus-Chrift, & le baifa. Vn
de fes principaux Officiers en entra en colere; il dit au Roy qu'il falloit qu'il y eût
quelque fupercherie, & luy demanda la permiffion de méler vne autre fois les bil-

lets, l'expofant à toutes fortes de fupplices, fi le Singe le trompoit. Il écriuit
de nouueau les douze noms; mais il n'en mit qu'onze dans le vafe, & retint l'autre dans fa main. Le Singe les toucha tous l'vn apres l'autre, fans en vouloir prendre aucun. Le Roy luy en voulut faire prendre vn; la Befte fe mit en furie, & fit entendre par fignes à fa mode, que le nom du vray Legiflateur n'y eftoit point. Le Roy
luy demanda où il eftoit donc; il courut vers fon Officier, luy prit la main dans laquelle eftoit le billet écrit du Nom de Iefus-Chrift. La chofe fe paffa en prefenco
du Roy, & à la veuë de toute la Cour du Mogol. On interpretera cette Singerio
comme l'on voudra; mais pour ce qui eft du fait, il eft veritable.

VOYAGE

DE

EDOŬARD TERRI,

AVX

INDES ORIENTALES.

§. I.

Sa Nauigation jusques à Surat.

E n'est pas mon dessein de preuenir le jugement de mes Lecteurs par vne Preface estudiée, & de m'acquerir de la creance dans leurs esprits par les ornemens du discours. Ie sçay que les charmes de la verité sont plus puissans que ceux de l'éloquence ; & qu'vne Relation toute simple & toute nuë fait plus d'impression sur les personnes raisonnables, qu'elle ne feroit auec des beautez estrangeres & des graces empruntées. La mienne estant faite auec exactitude & sincerité, se promet le mesme succez ; & les Lecteurs me rendront justice, s'ils ne doutent point de la bonne foy auec laquelle ie leur fais le rapport des choses que j'ay veuës.

Nostre flotte qui estoit composée de cinq bons vaisseaux, le Charles, la Licorne, le Iacques, le Globe, le Cigne & la Rose, leua l'ancre de Grauezende le 3. de Feurier 1615. sous le commandement du Capitaine Benjamin Ioseph : Le 9. de Mars nous quittâmes la rade de Til-burye-Hope, & nous commençâmes nostre voyage auec vn vent de Nordoüest. Ce vent nous fut fauorable iusques à la nuit du 16. du mesme mois. Cette nuit-là vne tempeste furieuse nous surprit vers les costes de Portugal, qui emporta deux de nos Vaisseaux, le Globe & la Roze, & nous dura jusquau 21. de Mars.

Le 22. le Globle rejoignit nostre escadre. Pour la Roze, nous ne la vîmes plus de tout le reste du voïage ; & nous apprîmes que six mois apres nostre separation, elle estoit arriuée à Bantan.

Le 28. nous eusmes la veuë de la grande Canarie & du Pic de Teneriffe, qui est si haut, que les mariniers asseurent qu'on le voit en mer de plus de 40. lieuës quand le temps est serain. Ces Isles sont situées sous le 28. degré de latitude Septentrionale.

A

Le 31. nous pasſâmes le Tropique de Cancer , & le 7. du mois d'Auril nous trouuâmes que le Soleil eſtoit à noſtre Zenith. Depuis ce jour-là juſques au 14. le temps ſe calma, & nous ſoufrîmes des chaleurs extrêmes durant ce calme.

Le 16. nous eûmes des vents que les mariniers Portugais appellent Trauados; ces vents ſont ſi inconſtans , qu'en vne heure ils font les trente-deux pointes du compas. Ils furent accompagnez d'éclairs, de tonnerres, & du deluge d'vne pluye de telle nature, qu'elle pourriſſoit en vn inſtant les habits de ceux de nos gens ſur qui elle tomboit. Elle a encore cela de particulier, qu'en quelque lieu qu'elle tombe, il ſe forme de ſa corruption diuerſes ſortes d'inſectes fort incommodes. Nous fûmes battus de ces vents ſous le 12. degré de latitude Septentrionale , & ils ne nous quitterent point que ſous le 21. degré de l'autre coſté de la ligne. Nous la paſſâmes le 28. d'Auril.

Le 18. de May nous paſſâmes le Tropique du Capricorne , tellement que nous fûmes ſept ſemaines entieres entre les deux tropiques ſous la zone-torride. Pendant ce temps-là , nous voyons preſque tous les iours quelque nouuelle eſpece de poiſſons , & en plus grand nombre qu'on n'en voit en quelqu'autre mer que ce ſoit; comme des Balaines , des Dauphins, des Bonites, des Albicores, des poiſſons volans , & de diuerſes autres ſortes. Nous vîmes auſſi entre-autres des Balaines d'vne grandeur prodigieuſe. Elles paroiſſent au deſſus de la mer quand elle eſt calme, & à les voir de loin, on les prendroit pour quelques grands rochers. Elles ronflent par vn éuant qu'elles ont ſur la teſte , & jettent par là vne grande quantité d'eau , qui en retombant reſſemble à la cheute d'vne groſſe riuiere.

Le Dauphin eſt nommé la fléche de la mer, à cauſe de ſa grande viteſſe. Il eſt agreable à la veuë , & d'vne couleur qui change ſelon les differens mouuemens qu'il fait. Les écailles qui le couurent ſont fort petites. On trouue en le mangeant, qu'il a ie ne ſçay quoy de plus agreable au gouſt, que n'ont la pluſpart des autres poiſſons. Les Dauphins ſuiuent les vaiſſeaux , ce qu'ils font à mon jugement pluſtoſt pour profiter de ce que l'on jette hors le bord, que pour l'amour que quelques-vns ont écrit qu'ils ont pour les hommes. Il arriuoit ſouuent que nos gens auec vn harpon de fer attaché à vne corde en dardoient quelques-vns, lors qu'eſtant proches du vaiſſeau ils ſe trouuoient à leur portée, & les tiroient dans le bord par le moyen de la corde qui tient à ces harpons.

Les Bonites , & les Albicores, ſont d'vn gouſt & d'vne couleur aſſez approchante de celle de nos Maquereaux , ſi ce n'eſt qu'ils ſont fort grands; mais entre tous les poiſſons, il n'y en a point de ſi mal-heureux que les poiſſons volans. Si ils demeurent dans l'eau, les Dauphins, les Bonites, & les Albicores leur donnent la chaſſe ; & lors qu'ils ſe ſeruent de leurs aîles , & s'eleuent en l'air pour fuïr cette perſecution, ils y rencontrent d'autres ennemis, & des oyſeaux ſemblables à nos hyrondeles de mer qui les prennent. Ces miſerables poiſſons reſſemblent à ces gens qui ont deux profeſſions , & qui neantmoins ne peuuent profiter ny de l'vne ny de l'autre.

Le 12. de Iuin de grand matin nous découurîmes la Baye de Saldaigne que nous cherchions , elle eſt à quelque douze lieuës en deçà du Cap de Bonne Eſperance, nous y entraſmes heureuſement auant midy, & nous y trouuâmes vn Vaiſſeau de la Compagnie des Indes, nommé le Lion , qui eſtoit party de Surate pour retourner en Angleterre. Il ſe remit en mer pour continuer ſon voyage. La nuict du 14. Nous demeurâmes dans cette baye juſques au 28. du mois ſuiuant, nous en partîmes ce iour-là apres en auoir tiré toute l'eau & tous les rafraichiſſemens qui nous manquoient ; le Cigne ſe ſepara de noſtre flotte , pour prendre la route de Bantam où il deuoit aller.

Le 29. nous doublâmes le Cap de Bonne-Eſperance qui eſt ſous le 35. degré de latitude Auſtrale ; on trouue touſiours à la teſte de ce promontoire vn courant d'eau qui roule vers le Ponant ; & quand ce courant eſt repouſſé par vn vent contraire, la Mer y est tellement agitée, que plusieurs vaisseaux y ont esté engloutis, & il arriue peu qu'on le passe sans tempeste.

Le 22. de Iuillet nous découurîmes la grand' Isle de Madagascar, appellée communément l'Isle de S. Laurent; nostre route estoit entre cette Isle & la coste d'Affrique; nous la continuâmes sans y toucher non plus qu'aux Isles de Comora qui sont sous le 12. degré de latitude Australe. Le 16. de grand matin nos matelots qui estoient attentifs à voir s'ils ne découuriroient point la coste, virent vn vaisseau qui estoit selon leur estime à trois ou quatre licuës deuant nous, & justement sur nostre route. Sur le midy le Globe, qui estoit celuy de nos vaisseaux, qui alloit le mieux à la voile, se trouua au dessus du vent de ce vaisseau, & l'ayant salüé selon la coustume de la mer en issant la grande verge, demanda au Capitaine d'où il estoit. Il répondit auec mépris, de la Mer, adioustant à ce mespris des iniures, les appellant voleurs, heretiques, diables, & pour conclusion luy lascha sept volées de canon, il en fut percé en six endroits, & beaucoup de ceux de son équipage en furent blessez. Le Globe luy répondit de mesme à coups de canon, & se retira vers le corps de la flote. Le Charles nostre Admiral sur les trois heures apres midy l'aborda de si prés, que nous nous trouuâmes à la portée du pistolet. Le Capitaine Ioseph qui le commandoit, en vsa mieux que luy; & au lieu de se vanger d'abord de l'insult qu'on auoit fait à l'vn de ses vaisseaux, offrit d'entrer en traitté auec ceux, qui en auoient si mal vsé. Nos trompettes sonnerent, & salüerent le vaisseau. Il répondit de mesme. Tout nostre équipage parut à découuert sur le tillac; le Capitaine Ioseph dit à ceux de ce vaisseau, qu'il falloit que le Commandant vint à son bord luy faire satisfaction du mauuais traittement qu'ils auoient fait à nos gens; leur réponse fut qu'ils n'auoient point d'esquif pour passer d'vn vaisseau à l'autre. Le Capitaine Ioseph repliqua, qu'il leur en enuoyeroit vn, & commanda qu'on armât le sien, & leur enuoya sur le champ. Il reuint incontinent auec vn de leurs officiers, accompagné de deux autres personnes, qui luy dirent de la part de leur Capitaine, qu'il estoit de serment de n'abandonner iamais son Vaisseau, & qu'il n'obeyroit que par la force, au commandement qu'on luy en auoit fait.

Le Capitaine Ioseph traitta auec toute sorte d'honnesteté celuy qui luy porta le message; il commanda qu'on luy fist voir le bon estat de nostre Vaisseau, & combien il nous estoit facile de nous vanger. Cét Enuoyé nous témoignoit assez par sa contenance & par son estonnement qu'il en estoit persuadé, & pria nostre Commandant d'écrire vn mot à son Capitaine, afin qu'il s'en pust seruir pour le faire resoudre à obeyr. Le Capitaine Ioseph pour vne plus grande iustification, & pour éuiter la necessité de répandre du sang, y consentit, & luy écriuit ces mots; Pourquoy est-ce que celuy qui commande la Caraque, a fait tirer sur vn de nos Vaisseaux, qui ne luy en a donné aucun sujet, ie veux qu'il vienne promptement à mon bord, & qu'il me rende raison de cette violence, autrement il s'en repétira. Il fit ensuite rebarquer les Portugais, & enuoyât auec eux vn de nos maistres Matelots, fit dire au Capitaine; Que s'il refusoit d'obeyr, il le couleroit à fond, adioustant comme par vn esprit prophetique, qu'il ne le quitteroit point qu'il ne s'en fust rendu maistre, ou qu'il n'eust perdu la vie dans le combat; ce qui arriua en effet, car il y fut blessé, & mourut d'vn coup de canon qui fut tiré de cette Caraque.

Le Capitaine de la Caraque demeura ferme dans sa premiere réponse, & le Capitaine Ioseph tira luy-mesme les trois premieres volées de canon, qui partirent de nostre bord. Elles leur firent asseurément beaucoup de dommage, car nous entendîmes de grands cris immediatement apres. Le combat estant engagé de la sorte, les boulets commencerent à voler des deux costez; nostre Capitaine pour disposer ses gens au combat, estoit monté sur le demy-pont, & il n'y auoit pas vn demy quart-d'heure qu'il y estoit, lors qu'il fut emporté d'vn coup

A ij

de canon qui le prit par le milieu du corps. Le maiſtre du Vaiſſeau luy ſucceda, & continua le combat pendant l'eſpace d'vne demy-heure ; mais ſçachant
que le Capitaine Henry deuoit ſucceder au Capitaine Ioſeph, il diſcontinua l'attaque de la Caraque ; & ayant fait le ſignal qui auoit eſté concerté entre ceux de
la Flotte pour aſſembler le conſeil, il appella le Capitaine Henry qui eſtoit Vice-
Admiral, & les autres maiſtres des Vaiſſeaux, qui vinrent à bord pour reſoudre,
ce qu'ils auoient à faire dans cette rencontre. Il eſtoit nuit, & durant ce temps-là il
fallut abandonner la Caraque, qui continua ſa route ſans y rien changer, ayant
meſme mis vn fanal ſur ſa poupe, afin que nous euſſions plus de facilité à la ſuiure, & vers la minuit elle jetta l'Anchre ſous l'Iſle de Mohilia. Nous la ſuiuîmes
de prés, & jettâmes l'Anchre auſſi au meſme lieu tout proche d'elle.

Le 17. de bonne heure deuant la pointe du iour, nous nous preparâmes à luy
donner vne nouuelle attaque, ayant fait auparauant la priere. Le iour eſtant venu, la Caraque eſtoit ſi proche de la coſte, & nos autres Vaiſſeaux ſi loin
de nous, que nous trouuâmes à propos d'attendre, qu'elle euſt leué l'Anchre,
& qu'elle ſe fuſt miſe en mer, où nous l'aurions pû combattre auec plus d'auantage. Apres midy nous mîmes dans vne biere le corps de noſtre Commandant, &
le jettâmes hors le bord ſans aucune ceremonie, de peur que nos ennemis n'en
euſſent connoiſſance, & n'en tiraſſent auantage. Vn peu deuant la nuit, la Caraque ſe mit à la mer, nous leuâmes nos Anchres, nous déployâmes toutes les voiles, & l'on continua à la ſuiure Le iour nous manqua, mais noſtre ennemy qui
ne vouloit pas échapper de nos mains, mit encore comme il auoit fait la nuit precedente, vn fanal ſur le derriere de ſon Vaiſſeau, afin que nous le puſſions ſuiure
plus ſeurement. La nuit eſtant paſsée on fit la priere, & nous recommandâmes
à Dieu la juſtice de noſtre cauſe. Vous pouuez croire que nos quatre Vaiſſeaux
eſtoient bien reſolus de prendre leur place l'vn apres l'autre, & de forcer ce ſuper-
be Portugais à ſe rendre, ou à le couler à fond. L'Admiral fut le premier à donner deſſus. A peine y auoit-il vne demye-heure, qu'ils eſtoient aux priſes, que les
éclats que fit réjallir vn boulet des ennemis, qui auoit donné contre vne des pieces de fer qui eſtoient ſur le demy tillac de noſtre Vaiſſeau, bleſſerent dangereu-
ſement noſtre nouueau Commandant, auec le maiſtre de noſtre Vaiſſeau, &
trois autres Mariniers qui eſtoient auprés de luy. Ces éclats auoient emporté l'œil
gauche à noſtre Capitaine. Il auoit receu vne autre bleſſure à la teſte, & vne troiſiéme à la jambe, où vn éclat de bois qui luy eſtoit demeuré entre l'os & la chair,
luy faiſoit plus de mal que ſes autres bleſſeures. Telle fut l'vvelcome ou bien-
venuë de noſtre nouueau Commandant. Quoy que l'on jugeaſt dés-lors ſes bleſſeures mortelles, il ſuruécut neantmoins quatorze mois, & mourut dedans ſon
lit en retournant en Angleterre.

Noſtre Capitaine & le Maiſtre du Vaiſſeau eſtant comme ie viens de dire,
hors de combat, ils remirent le commandement aux quartier-Maiſtres, qui
s'en ſeruirent auec reſolution & prudence. Nos Vaiſſeaux continuerent ainſi
de tirer les vns apres les autres contre la Caraque, comme s'ils euſſent tiré contre
vne butte. Sur les trois heures apres midy, nous auions abbatu ſon grand mas, le
mas de Mizaine & le Trinquet ; & nous l'auions tellement percée, qu'il falloit de
neceſſité, ou qu'elle ſe rendiſt, ou qu'elle coulaſt à fonds. Dom Emmanüel Me-
nezez qui la commandoit, prit reſolution d'échoüer contre la coſte de l'Iſle de
Gazedia qui en eſtoit proche. Nous la pourſuiuîmes d'auſſi prés que nous pûmes
ſans nous mettre au hazard de nous briſer contre les Rochers de cette Iſle, &
nous enuoyâmes noſtre Eſquif auec vn ſignal de paix, pour parler à ce braue Capitaine. Il reſpondit au ſignal, & noſtre principal Marchand entra hardiment
dans ſon Vaiſſeau, & luy porta cette parole ; Qu'il le venoit trouuer auec des offres d'amitié & de paix, s'il les vouloit receuoir ; Qu'on auoit conceu vne ſi
grande eſtime de ſa valeur parmy nous, que s'il ſe remettoit entre nos mains, on

luy rendroit les mesmes respects que nous rendons à nos Capitaines. Cette proposition ne l'ébranla en façon du monde, & témoignant n'apprehender point
le mal-heur qu'il voyoit deuant ses yeux, il répondit qu'il n'y auoit rien qui le
pust obliger à changer sa premiere resolution, qu'il tâcheroit de se remettre en
Mer s'il pouuoit, & de recommencer le Combat auec nous, que le feu & le sang
le pourroient peut-estre faire tomber entre nos mains, mais qu'il ne se rendroit
iamais; & qu'en ce cas, il esperoit bien de trouuer parmy ceux de nostre Nation,
les traitemens qui sont deubs aux personnes de sa sorte.

Nostre Enuoyé retourna auec cette réponse; & peu de temps apres, ce mal-
heureux Vaisseau, dont tous les Manœuures auoient esté emportez, fut ietté par
les vents & les vagues entre deux Rochers qui sont sur la coste de l'Isle de Gazi-
dia. Ceux de son équipage qui n'estoient que blessez, gagnerét la terre à la faueur
de leurs Esquifs, & mirent le feu à la Caraque pour consommer les richesses
qu'ils ne pouuoient pas sauuer de nos mains. Mais ils n'en furent pas quittes pour
cette perte, car les Habitans de l'Isle leur osterent tout ce qu'ils auoient porté à
terre pour leur subsistance. Il y en eut mesme quelques-vns de tuez à la premiere
resistance qu'ils firent, & apparemment pas vn d'eux n'en seroit échappé, si deux
petits Vaisseaux Arabes qui estoient venus là pour traiter auec ces Insulaires, ne
les eussent receus dans l'esperance qu'ils auoient, côme ie m'imagine, que le Vice-
Roy des Indes les recôpenseroit bien du soin qu'ils auroient pris de les remener à
Goa. Nous ne perdîmes dans ce combat que cinq hommes qui furent tuez sur nos
quatre Vaisseaux, il y en eut trois de tuez sur l'Admiral, deux sur le Globe, & vne
vingtaine de blessez sur toute la Flotte; mais de sept cens hommes qui estoient
dans la Caraque, il n'en reuint pas deux cens cinquante à Goa, comme nous l'apprîmes depuis. Nostre Vaisseau, selon le rapport des Mariniers, tira dans ce combat trois cens soixante & quinze volées de canon, & auec cela cent Mousquetaires qui firent tousiours grand feu. Nos Ennemys n'oublierent aussi rien pour
leur deffense. Nostre Vaisseau receut plusieurs coups, entre lesquels il y
en auoit de tres-dangereux; mais ie m'arreste trop long-temps sur vn discours si
funeste. Il estoit minuit lors qu'on mit le feu à la Caraque, nous y courûmes pour
voir si on ne pourroit rien sauuer de cét embrasement; mais en ayant perdu l'esperance, nous ne songeâmes plus qu'à chercher des rafraichissemens pour ceux
de nostre équipage qui estoient ou blessez ou malades. Cette Isle est haute, & la
Mer qui la bat est fort profonde. Nous fûmes dix iours deuant que d'y trouuer
vn Havre pour nos Vaisseaux. Le Paysage en est fort agreable, elle est pleine
d'arbres verds, & fort fertile; nous y vîmes ed grands trouppeaux de Bœufs,
beaucoup de Volailles, du Ris, des Orangers, des Plantanes, des noix de Cocos,
des Cannes dont on fait le sucre, & quantité d'autres rafraichissemens. Nous y
fîmes toutes les prouisions qui nous estoient necessaires, & elles ne nous coûte-
rent qu'vn peu de papier blanc, quelques grains de verre, & quelques cousteaux
d'vn sol piece : & pour preuue du bon marché de toutes ces choses, ie vous diray,
que nous eûmes autant d'Oranges qu'il en peut tenir dans vn chapeau, pour le
quart d'vne feüille de papier blanc, & ainsi du reste à proportion. Les Insulaires
nous apportoient leurs fruits dans leurs petits Batteaux, qui sont faits du tronc
d'vn arbre creusé. Pour leur bestail, nous l'achetions à terre, où ie remarquay
que ces Peuples sont fort bien faits de leurs personnes, robustes & adroits. Ils
vont tout nuds pour la pluspart, mesmes les femmes n'ont presque rien de
couuert. Ceux qui auoient des habits, estoient habillez de long comme les Arabes, dont ils parlent la langue. Ils sont Mahometans, & fort attachez à leur Religion : ce que ie iugeay, par la resistance qu'ils faisoient lors que nous voulions
approcher de leurs Temples. Leurs maisons sont assez commodes. Les sepulchres
qu'ils dressent à leurs morts sont magnifiques. Ils viuent sous l'obeyssance d'vn
Roy qui demeure quelques milles plus auant dans le pays. Ils luy demanderent

Figuier d'A-
dam, ou
Mauz de
prosper.
Alpin.

permiſſion de traiter auec nous auparauant que de nous vouloir rien vendre. Le
Roy ayant eſté auerty de noſtre arriuée, complimenta noſtre Commandant, &
le regala de Bœufs, de Chévres, & des plus rares fruits de ſon pays. Il fut
fort ſatisfait des preſens qu'il receut de noſtre Commandant, qui ſe reduiſoient
à du papier, & à quelques-autres bagatelles d'Angleterre. Nous viſmes entre
leurs mains quelques pieces de monnoye d'Eſpagne, dont ils faiſoient ſi peu de
cas, que quelques-vns de nos gens eurent des pieces de 58. ſols pour de petits
morceaux de papier, & quelques grains de verre. Nous ne pûmes iamais deuiner à quel vſage ils pouuoient employer noſtre papier. Les Cocos qui ſont en
abondance dans cette Iſle, emportent à mon jugement l'auantage ſur tous les
autres Arbres du monde. Ces Arbres ſeuls ſuffiſent pour baſtir, équiper,
& charger vn Vaiſſeau preſt à mettre en mer, & à trafiquer par toutes les
Indes. On fait des planches du tronc de cét Arbre : on en fait des Mats, & toutes les autres pieces de charpenterie qui entrent dans le baſtiment d'vn Vaiſſeau : la Gomme qui en ſort ſert à le calfeutrer : on fait les cordages & les voiles
de ſon écorce : la noix qu'il porte contient vne liqueur & vne amende tres-
agreables, qui peuuent ſeruir de nourriture & de boiſſon à tout l'équipage d'vn
Vaiſſeau, & pour ſa cargaiſon. On peut remplir les magazins de cette meſme
noix, dont on trouue le debit par toutes les Indes.

Apres auoir ramaſſé grande abondance de ces noix, & nous eſtre arreſtez ſix
iours dans cette Iſle pour reparer les débris de noſtre Vaiſſeau, & faire penſer
ceux qui auoient eſté bleſſez dans le combat, nous nous miſmes en mer pour
continuer noſtre route des Indes Orientales. Nous partiſmes le 16. le vent nous
fut fauorable, & nous repaſſâmes la ligne ſans reſſentir aucune incommodité de
la chaleur. Nous cherchions l'Iſle de Socotra, mais vn vent qui ſortoit de l'em-
bouchēure de la mer-Rouge, nous empécha d'y pouuoir arriuer. Nous la paſſâmes le 1. de Septembre, noſtre Flotte ayant touché l'année precedente à cette
Iſle. Le Roy du pays vint ſur la coſte, & ayant entendu le ſon de quelques-vns
de nos trompettes, il demanda ſi elles ſonnoient les Pſeaumes de Dauid, dont il
auoit entendu parler, quoy qu'il fût Mahometan : vne perſonne qui ſe trouua là
proche, luy répondit que ouy. Le Prince adjouſta que ç'auoit eſté vne mauuaiſe
inuention, de méler ainſi la Muſique dans les choſes de la Religion, au lieu
qu'autrefois, diſoit-il, on adoroit Dieu du cœur, on en fait maintenant des
chanſons : ce que ie ne rapporte pas icy pour condamner la Muſique qui eſt en
vſage dans les Egliſes.

Comme nous eûmes manqué le port de Socotra, nous continuâmes noſtre
voyage, & le quatriéme de Septembre nous fimes auec ſolemnité les funerailles
de noſtre Commandant. Elles finirent par vne décharge de toute l'artillerie &
de toute la mouſqueterie des Vaiſſeaux.

La nuit du 6. Septembre, nous fûmes fort eſtonnez de voir l'eau de la mer
auſſi blanche que du lait. D'autres perſonnes de noſtre Nation en faiſant la meſme routte, auoient obſerué la meſme choſe : mais ie n'ay encore pû m'imaginer
quelle peut eſtre la veritable cauſe de cét effet, car nous eſtions fort éloignez de
la coſte : & la mer en cét endroit eſt ſi profonde, qu'on n'y trouue point de fonds.

Le 21. nous découurimes la coſte de l'Inde Orientale.

Le 22. nous eûmes la veuë de Diu & de Damon, qui ſont des Villes fortes,
& habitées par les Portugais.

Le 25. nous arriuâmes heureuſement à la rade de Soally, dans la Baye de
Cambaye, qui eſt le Havre où s'arreſtent nos Vaiſſeaux, lors qu'ils font ſejour
dans les Indes. Maintenant que j'ay conduit le Lecteur juſques aux Indes Orientales, il eſt temps qu'il ſe repoſe, & que ie luy faſſe voir la Cour du Mogol & ſes
Eſtats, auſſi conſiderables pour leurs richeſſes que pour leur grande eſtenduë.

§. I I.

Description Geographique des Estats du Mogol.

L'Empire du grand Mogol est borné du costé de l'Est, par le Royaume de Maugh. Il a à l'Oüest, la Perse, & la Mer. Au Nord, le mont-Caucaze, & la Tartarie. Au Sud, le Royaume de Decan, & le Golfe de Bengalla. Ce Pays est appellé Indostan par les Habitans, & est diuisé en 37. grandes Prouinces, qui estoient autrefois autant de Royaumes. Ie tâcheray icy a rapporter les noms de ces Prouinces, auec leurs principales Villes, leurs Riuieres, leur scituation, leurs frontieres, leur estenduë, & ie commenceray par les Prouinces qui sont au Nord.

La Prouince de Kandahar est la premiere. Sa principale Ville porte le mesme nom. Elle confine auec la Perse, dont elle a autrefois esté vne partie.

CABVL. Sa principale Ville porte aussi le mesme nom. C'est la partie des Estats du Mogol, qui est la plus auancée vers le Nordoüest, où elle confine auec la Tartarie. La riuiere Nilab y prend sa source; & courant du Nord au Sud, elle se décharge dans la riuiere d'Inde.

MVLTAN. Est le nom d'vne Prouince & de sa principale Ville. Elle est au Sud de Cabul & Candahar, & confine du costé de l'Oüest à la Perse.

HAIACAN. Prouince habitée par vn Peuple aguerry, qu'on nomme Ballock. Il n'y a point de grande Ville. La riuiere d'Inde, que les Habitans appellent Skinde, la borne du costé de l'Est; & la Prouince de Lar qui est au Persan, luy sert de borne du costé de l'Oüest.

BVCKOR. Dont la principale Ville se nomme Buckor-Suckor. L'Inde trauerse cette Prouince, & la rend fort fertile.

TATTA. Sa Ville principale porte le mesme nom. L'Inde fait plusieurs Isles dans ce Pays-là, & en rend le Paysage fort agreable. Le principal bras de cette riuiere se rend dans la mer à Siuda, place fort renômée parmy les Geographes.

SORET. Sa principale Ville se nomme Ianagar. C'est vne Prouince fort petite, mais fort riche : elle est à l'Oüest de Guarrate, & a l'Occan du costé du Sud.

IESELMEER. Ce nom est cômun à la Prouince & la Ville principale. Elle est frôtiere aux Prouinces de Soret, Bukor, & de Tatta, à l'Oüest desquelles elle est située.

ATTACH. C'est aussi le nom de la principale Ville de cette Prouince. La riuiere d'Inde la separe de celle d'Ayachan.

PEN-GAB. Qui veut dire cinq eaus, à cause que cette Prouince est scituée au milieu de cinq riuieres, qui se rendent toutes dans l'Inde; & toutes ces riuieres se reünissent en vn seul canal au Sud de la ville de Lahor. C'est vne Prouince fort grande & fort riche. Lahor en est la Ville principale, elle est fort bien bâtie, fort grande, & la premiere de toute l'Indostan pour le Commerce.

CHISMEER. Sa Ville principale se nomme Syranacar, la riuiere de Faat passe au milieu; & apres auoir fait plusieurs Isles, elle se rend dans l'Inde.

BANCHISH. Dont la Ville principale est Pishur, est à l'Est de Kismeer, vn peu vers le Sud; & est separée de cette Prouince, par la riuiere d'Inde.

IENGAPOR. C'est le nom de la principale Ville, aussi bien que de cette Prouince. Elle est sur la riuiere de Chaoul, qui est vne de ces cinq riuieres qui se rendent dans l'Inde.

GENBA. Cette Prouince est à l'Est de celle de Pengab, & sa principale Ville porte son nom.

DELLY. Qui est aussi le nom de sa principale Ville, est scituée entre Gemba & Agra. La riuiere Gemini y prend sa source; & apres auoir passé par Agra se rend dans le Gange.

Cette description est conforme à celle que Thomas-Rhos auoit tirée de la Secretairie du grand Mogol, & c'est par cette raison que l'on a ioint icy la Carte qu'il a faite de l'Indostan.

On dit que le Persan la reprise depuis.

DELLY. C'est vne Ville fort ancienne & fort grande, qui a esté autrefois la demeure du grand Mogol, & où la pluspart de ses ancestres ont esté enterrez.

BANDO. Confine auec Agra du costé de l'Oüest.

MALOVE'. Prouince fort fertile, dont Rantipor est la principale Ville.

CHITOR. Prouince fort ancienne, & des plus grandes de cét Empire. C'est aussi
le nom de sa principale Ville.

GVZERATE. C'est vn Royaume extrémement riche. La Baye de Cambaye en
dépend. La riuiere de Tapté passe à Surrat, & luy donne le trafic de la Mer-rouge,
d'Achen, & d'autres places.

CANDIS. Qui a vne Ville fameuse nommée Brampor. Sur la frontiere de cette
Prouince, il y a vn petit Prince nommé Partabza, qui est tributaire du Mogol.
Cette Prouince est la plus auancée de tous ses Estats vers le Sud.

BERAR. Borne aussi les costes du Sud. Shapore est la premiere de ses Villes.

NARVAR. Dont la Ville principale se nomme Ghehud. Il y passe vne belle riuiere qui entre dans le Gange.

GOVALIAR. Le Roy tient ses tresors dans sa Ville principale, qui porte ce mesme
nom. Il y a vn Chasteau bien fortifié, où l'on tient les prisonniers d'Estat.

AGRA. Est vne des plus grandes de ces Prouinces. Depuis la Ville principale
nommée Agra, jusqu'à Lahor, qui sont les deux plus belles Villes de tout cét Empire, il y a vne allée d'arbres plantez des deux costez, qui a bien 400. milles d'Angleterre de longueur. Ce Pays est plat & sans aucune montagne ou éminence.

SAMBAL. Que la riuiere de Gemini separe de la Prouince de Naruar, & qui tombe dans le Gange proche de la ville Halebak.

BAKAR. La Ville principale est appellée Brianée, & est à l'Oüest du Gange.

NAGRAKVT. Il y a dans sa Ville principale, qui porte le mesme nom, vn petit
Temple fort riche, qui est paué de carreaux d'or massif. Il y vient tout les ans vn
nombre infiny d'Indiens en Pelerinage, pour voir l'Idole de ce Temple, appellée
Matta; & entre-eux, il y en a quelques-vns qui se couppent vn peu de la langue
pour luy en faire vn sacrifice. Cette Prouince est aussi fameuse, par vn autre Pelerinage qu'ils font à vn lieu nommé Iallamaka, où ils adorent des flammes qui
sortent du creux d'vne roche & d'vne fontaine, dont l'eau est tres-froide.

SYBA. Sa Ville principale est Hardoüaire, où il semble que le Gange prenne son
origine. Les Indiens se font imaginez que la Roche doù il sort, a la figure de la
teste d'vne Vache, qui est de tous les animaux celle qu'ils estiment dauantage.
Ils vont là tous les iours en grande trouppe pour s'y baigner.

KAKANER. Dont les principales Villes sont Dankalée & Purhola, est vne Prouince fort grande & fort pleine de montagnes. Le Caucaze la separe de la Tartarie.
C'est la partie de l'Empire du Mogol, la plus auancée vers le Nord.

GOR. Est vne Prouince pleine de montagnes. La riuiere Persilis qui se décharge
dans le Gange, y prend sa source.

PITAN. La plus grande de ses Villes porte le mesme nom. La riuiere de Canda
l'arrouse, & entre dans le Gange, à l'vne des extrémitez de cette Prouince.

KANDVVANA. La riuiere de Persilis la separe de Pitan. Sa Ville principale est
Karhak, ou Kerakatench. Les Prouinces de Pitan & de Gor bornent l'Estat du
Mogol vers le Nordest.

PATNA. Est vne Prouince fort fertile. Sa Ville principale porte le mesme nom.
La riuiere du Gange l'enferme du costé de l'Oüest: & le Persilis du costé de l'Est.

IESVAL. Dont la Ville principale se nomme Ragepor. Elle est à l'Est de Patua.

MEÜAT. Est vne Prouince fort montagneuse, sa Ville principale se nôme Narnol.

VDESSA. Est la partie de tout cét Estat la plus auancée vers l'Est: Iokanat est
la plus fameuse de ses Villes.

BENGALA. Est vn Royaume fort fertile, & fort grand. Il donne le nom à ce
Golfe fameux, dans lequel le Gange se décharge par quatre embouchures.

Auant

Avant que de passer plus auant dans la description de ce grand Royaume, ie feray remarquer vne faute qu'ont faite tous nos Geographes. Ils supposent que le Pays du Mogol & la Chine sont contigus,quoy qu'en effet il y ait plusieurs Royaumes entre-deux, & vn grand chemin à faire pour passer de l'Inde à la Chine. Ce qui se voit assez, par les deux ans de temps que les Marchands mettent à aller d'Agra à la muraille de la Chine ; & à reuenir de cette muraille à Agra. Les Estats du Mogol ont deux mille lieuës Angloises d'estëduë.La partie qui approche le plus du Nord, va jusques sous le 43. degré de latitude Septentrionale: & la plus auancée vers le Midy, est sous le 20. degré du Sud : Ce Pays est le plus fertile & le plus puissant de toute l'Asie, pour ne pas dire de tout le Monde. On y trouue en si grande abondance toutes les choses necessaires à l'vsage de la vie, qu'il peut subsister & s'entretenir de luy-mesme, sans auoir besoin du moindre secours de ses voisins. Le ris & le bled y sont excellens. On en fait vn pain de si bon goust, que j'en puis dire ce qu'on a dit autrefois du pain qui se fait dans le pays du Liége ; que le pain de ce Pays est quelque chose de meilleur que du pain.

Le menu peuple le fait en forme de gâteaux, sur des plaques de fer qu'ils portent toufiours auec eux dans leurs voyages, & dont ils se seruent sous leurs tentes. Cette coustume semble estre fort ancienne, & auoir esté pratiquée dés le temps de Sarah, dont il est fait mention dans le dix-huictiesme Chapitre de la Genese. Les grands trouppeaux de Vaches & de Brebis que ces Indiens nourrissent, y rendent le beurre & le fromage à fort bon marché. Ils ont aussi des Busles, dont ils tirent du laict. La chair de ces animaux approche assez de celle de nos Bœufs ; mais elle n'est pas si saine. La Venaizon est fort commune dans tout le pays. Il y a des Cerfs, des Daims, des Sangliers, & grand nombre d'autres Bestes sauuages. La Chasse en est permise à tout le monde, & en tous lieux, si ce n'est en ceux où le Prince demeure. Il y a grand nombre de Liévres, & vne grande diuersité de Gibier ; & pour rendre les festins plus beaux, la coustume des personnes de condition est d'y faire faire des seruices de poisson aussi bien que de chair,se trouuant par tout presque également vne abondance prodigieuse de l'vn & de l'autre. Vn Liévre ne s'y vend que deux sols. On a trois Perdrix au mesme prix ; & le reste à proportion. Pour des Chapons, il ne s'en fait point. Les Bœufs sont differens des nostres, en ce qu'ils ont sur le dos entre les épaules, vne bosse fort grosse, fort grasse, & fort charnuë. Les Moutons ont la queuë large & pesante, & la laine fort courte, mais fort fine. La chair en est aussi bonne que celle des Moutons d'Angleterre. Il y a du sel en abondance. Il y croist aussi des cannes de sucre. Le plus fin ne se vend que quatre sols la liure ; & on l'a mesmes quelquesfois à meilleur marché.Les fruits y sont aussi fort bôs. Les Melons, les Melons d'eau, les Grenades, les Citrons,les Limons, les Oranges,les Dates, les Figues, les Raisins, & les Plantanes, y sont en abondance. Et pour finir par ce qu'il y a de meilleur en ce genre-là, l'on y trouue des Ananas qui sont sucrez, qui ont vn goust vineux, lequel tient quelque chose du jus de Cerises, & qui laisse dans la bouche l'odeur d'vne excellente eau roze. Du costé du Nord, on trouue vne grande quantité de Poires & de Pommes. Et du costé du Midy, toutes fortes de racines & d'herbes que l'on mange en Europe. Le gingembre y croist. Mais ie ne trouue rien de meilleur, qu'vne liqueur que les Habitans du pays appellent Taddy. Elle sort de l'incision de la tige d'vn arbre qui croist fort haut. C'est au haut de cette tige que l'on incise l'arbre, & qu'on y lie de petits pots de terre pour receuoir la liqueur qui en découle. Ce qui s'y trouue au matin, est aussi agreable au goust que quelque vin blanc que ce soit, si on le boit de bonne heure. Car quand la chaleur du Soleil a donné dessus, il perd cét agrément, s'aigrit, & deuient mal-sain. Cette boisson a vne grande vertu, quand elle est prise à propos. Quelques-vns de nos gens l'ont éprouuée heureusement ; & par

B

l'vſage frequent de cette liqueur, ſe ſont trouuez ſoûlagez des douleurs de là pierre.

Dans tout le pays qui eſt depuis Surate juſques à Agra, il ne pleut qu'en vne ſaiſon de l'année. Les pluyes y commencent vers le temps que le Soleil appro-che du Tropique de Capricorne, & y durent juſques à l'Equinoxe ſuiuant. El-les commencent & finiſſent auec des tempeſtes, des éclairs, & des tonnerres fort terribles. Le tonnerre neantmoins y tombe tres-rarement, ce qui vient peut-eſtre de la ſubtilité de l'air. Durant ces trois mois, il pleut tous les iours; & quelque-fois meſme la pluye dure tout ce téps-là ſans aucune interruption. Ce petit delu-ge joint à la chaleur du Soleil, rend la terre auſſi fertile & auſſi riche que celle de l'Egipte le deuient par l'inondation du Nil. Quand ce temps de pluïe eſt paſſé, l'air deuient ſerain & clair; & pendant les autres neuf mois de l'année, c'eſt vne choſe extraordinaire de voir le moindre nuage. A la fin de cette belle & longue ſaiſon, la terre paroiſt entr'ouuerte par tout, & tellement brûlée de l'embraze-ment de l'air, qu'elle eſt ſemblable à ces deſerts de ſable qui ne produiſent rien. Mais apres qu'il a plû cinq ou ſix iours ſeulement, on la voit toute verte. Ie n'ay point veu de terres dans tout ce pays, où le bled ne vint beaucoup plus épais &

plus fort qu'il ne fait en Angleterre. Les terres qui ont eſté labourées ſe ſement, au mois de May, & au commencement de Iuin. La recolte s'en fait en Nouem-bre & en Decembre, qui ſont les mois les plus temperez de toute l'année.

Le pays eſt tellement peuplé, que les Villes & les Villages ſe touchent preſ-que les vns les autres, quoy que dans les Cartes on ne les marque point faute d'en ſçauoir les noms. Les Habitans ne coupent point leurs prés comme nous fai-ſons en Angleterre, lors que l'herbe ne profite plus; mais ils la coupent lors qu'ils en ont beſoin, ſans conſiderer ſi elle eſt encore verte, ou ſi elle eſt deſia ſeche. Ils ſement beaucoup de tabac, mais ils ne ſçauent pas l'appreſter, & luy donner cette force qu'on luy donne aux Indes Occidentales.

Il y a pluſieurs beaux bois dans ce pays-là, & vne ſi grande diuerſité d'ar-bres tous differens des noſtres, que ie n'en ay pas remarqué vn ſeul de ceux

que nous auons en Angleterre. Ces arbres pour la pluſpart ont beaucoup de ſeue, ce qui vient de la bonté & de la graiſſe du terroir qui les nourrit. I'en ay vû vn d'vne eſpece bien particuliere. Il ſort de ſes branches des fila-mens qui pendent en bas; & quand ils ont touché la terre, ils pouſſent des raci-nes, & auec le temps ſe fortifient, & ſeruent de ſoûtien aux branches dont ils ſont ſortis. Cela fait auſſi que ces arbres auec le temps s'éleuent extrémement haut, & portent leurs branches ſi loin, qu'elles couurent vne grande eſtenduë de pays. Ceux qui viennent dans la partie de l'Inde qui eſt vers le Midy, ne quit-tent point leurs feüilles, & ſont verds toute l'année. Pour les fleurs, elles ſont ordinairement plus agreables pour leur beauté que pour leur odeur. I'ay meſme remarqué qu'il y en a fort peu qui en ayent ny de bonne ny de mauuaiſe.

Le pays eſt arroſé de pluſieurs belles riuieres. Celles de l'Inde & du Gange, ſont les principales; & c'eſt vne choſe digne de conſideration, qu'vne pinte de l'eau du Gange eſt plus legere d'vne once, qu'vne pinte de quelqu'autre eau que ce ſoit. Pour cette raiſon, le Mogol n'en boit point d'autre; & l'on eſt obligé de luy en porter en quelque lieu qu'il ſoit. Outre les riuieres, les Indiens ont quan-tité de reſeruoirs qu'ils rempliſſent d'eau de fontaines; ils retiennent auſſi l'eau dans des reſeruoirs quarrez. I'en ay veu qui auoient bien deux milles de cir-cuit, & qui eſtoient reueſtus de pierre de taille, auec des degrez tout autour de meſme matiere, pour la cõmodité de ceux qui y veulent décendre & y puiſer de l'eau. Ces reſeruoirs ſ'empliſſent aux téps des pluïes, & ſeruẽt à ceux du pays qui máquent de ſources d'eau viue. Cête premiere boiſſõ des hõmes, eſt fort en vſa-ge parmy les Indiens; & ceux des noſtres qui en boiuté, la trouuẽt beaucoup meil-leure que celles de l'Europe; Elle leur eſt auſſi fort neceſſaire; car ils ne pourroiẽt pas, sans se perdre, boire du vin ou d'autres semblables boissons, dans vn climat si chaud. Ce n'est pas qu'ils soient entierement sans vin, puis qu'ils en font en distillant le suc tiré de l'écorce aromatique d'vn arbre qu'ils nomment Iagra: Ils y mettent du sucre, & appellent cette boisson Arack: C'est vne boisson fort saine, quand on en vse moderément. Il y a aussi beaucoup de personnes en ce païs, à qui la Religion ne permet pas de boire du vin. Ceux-là se seruent d'vne liqueur qui est plus saine qu'elle n'est plaisante à boire. Elle s'appelle parmy eux Cahüa, & est faite d'vne fève noirâtre que l'on fait boüillir dans de l'eau, à laquelle elle ne donne quasi point de goust, quoy qu'elle ne laisse pas d'auoir beaucoup de vertu pour aider à la digestion, pour réueiller les esprirs, & pour purifier le sang. Ceux à qui le vin est deffendu, prennent aussi du Betel, dont les feüilles ressemblent fort à celle du Lierre, si ce n'est qu'elles sont beaucoup plus tendres. Ils broïent ces feüilles auec vne noix assez dure & fort approchante de la noix muscade; ils y adjoûtent vn peu de chaux, & quand ils ont succé le suc de ces feüilles, ils les crachent; cette composition a plusieurs bonnes qualitez: car elle fortifie les genciues, conforte le cerueau, donne de la force à l'estomach, & sert de remede & de preseruatif contre l'astme.

Leurs maisons ont pour la plufpart peu d'exaussement, si ce n'est dans les Villes où j'ay mesmes veu de fort belles colomnes. Le haut de leurs maisons est ordinairement couuert en terrasse. Ils y vont prendre l'air vers les sept heures du soir, que la chaleur du iour est passée: Ils n'ont point de cheminées, aussi le feu ne leur est-il necessaire que pour accommoder leur viande. Les appartemens d'en-haut sont percez de tous costez pour auoir plus d'air; les plus beaux bastimens sont de briques & de pierres bien taillées & bien mises en œuure; comme ie l'ay obserué à Amadauad.

C'est vne des plus grandes & des plus riches Villes du pays; elle a douze belles portes, & est enfermée d'vne forte muraille. Les Indiens ont coûtume de planter aussi bien dans leurs maisons de Ville que dans celles de Campagne, plusieurs grands arbres pour en tirer de l'ombre & de la fraicheur: ces arbres sont plantez ordinairement si prés à prés, & sont en si grand nombre dans les Villes, qu'à voir ces lieux de quelque éminence, on les prendroit plûtost pour des forests, que pour des Villages ou des Villes. L'indigo & le coton sont les Marchandises principales du pays. On seme le coton, & il vient par buissons comme les rosiers viennent en nos quartiers; la fleur en est jaune; quand elle est tombée, il se forme en sa place vne grosse gousse comme le poulce, pleine d'vne substance humide & jaune. Ce fruit en meurissant s'enfle & grossit tousiours de plus en plus, jusques à ce qu'il rompe sa gousse, & que le dedans soit blanc comme neige: c'est alors qu'il est temps d'en faire la recolte. Ils font de ce coton diuerses sortes de toiles, j'en ay veu d'aussi fine que les plus belles qui se font en Hollande. Ils mettent à la teinture celles qui ne sont pas si fines, ou ils les font peindre de diuerses figures. Le Vaisseau qui va ordinairement de Surate à Mocha dans la mer Rouge, est du port de 14. ou 15. cens tonneaux, mais mal basty; & quoy qu'ils y mettent beaucoup d'Artillerie, ils ne sçauent ny s'en seruir ny s'en deffendre. Il y a ordinairement beaucoup de passagers.

L'année que ie partis des Indes, ils estoient pour le moins dix-sept cens; la plus grande partie ne faisoit point ce voïage pour en retirer du profit, mais par la seule deuotion de visiter le Sepulchre de Mahomet, qui est à Medina proche de la Mecque, à 150. milles de Mocha; on tient en opinion de sainteté ceux qui ont fait ce voïage. Ces Pelerins de la Mecque se mettent ordinairement en mer le 20. de Mars, & reuiennent sur la fin de Septembre de la mesme année: le voyage est court, & il se pourroit faire en deux mois: mais pendant la saison des pluïes, quelque-temps mesmes deuant qu'elles commencent, & quelque-temps aprés qu'elles ont cessé, les vents sont si grands, qu'on n'oseroit se hazarder dans ces mers. Ce Vaisseau rapporte ordinairement la valeur de deux cens mille Iacobus, la plus grande partie en or & en argent. Ie ne sçay pas quelle quantité d'argent est transportée d'ailleurs dans les Indes, mais ie sçay bien qu'il y en vient de toutes parts dans les Estats du Mogol. Qu'il est permis à toutes ces Nations d'y en apporter, & d'en acheter des marchandises. Mais il n'y a point quasi de plus grand crime, que de le faire sortir & transporter ailleurs. L'argent que l'on y porte, soit qu'il soit monnoyé ou en barres, est tout aussi-tost mis à la fonte. On le rafine, & on en fait de la monnoye nouuelle au coin du Mogol, où le nom de ce grand Prince & ses titres sont grauez en caractères Persans. Cette monnoye est la meilleure que j'ay iamais maniée, n'y ayant aucun mélange ny aucun alliage. Enfin, elle est beaucoup meilleure que ne sont les anciennes pieces de 58. sols faites en Espagne, & qui passent neantmoins pour la meilleure

Monnoye. monnoye de l'Europe: leurs pieces de monoye les plus courâtes s'appellent Roupias, il y en a de diuerse valeur; la moindre vaut 30. sols, & la plus haute 42. sols; leurs payemens se font auec cette monnoye. Ils en ont encore vne autre espece à Gusarate qui ne vaut que quinze sols, & qu'ils appellent Mamoudis: Il y a d'autres pieces au dessous des Mamoudis & des Roupias, qui ne valent que le quart ou la moitié; celle qui vaut le moins, est à peu prés de la valeur de 4. sols. L'on en fait encore d'autres qui sont de cuiure, & sont appellez Pices, les trois font vn sol ou enuiron. Les pices sont si épaisses, que lors qu'on fond pour d'autres vsages, l'on trouue qu'il y a pour autant de métail que le prix pour lequel elles auoient cours. Leur monnoye d'argent est quarrée ou ronde, & est si forte qu'elle ne se rompt ny ne se fausse point.

Le pays rend beaucoup de soye, les artisans en font de fort belles estoffes, y mélans quelquefois de l'or & de l'argent; ils en font aussi des velours, des satins, des taffetas, mais qui ne sont pas si riches ny de si bonne fabrique que ceux d'Italie; ils ont beaucoup de drogues, de gommes, & la gomme lacque principalement, de laquelle ils font leur cire dure. La terre produit du plomb, du fer, du cuivre jaune & rouge; on dit aussi dans le pays qu'il y a des mines d'argent. Quand cela seroit vray, ils n'auroient que faire de les ouurir, puis que les autres nations leur en apportent de toutes parts. Les espiceries ne croissent point dans l'Indostan, on les y porte de Sumatra, de Iaua, & des Moluques: l'on y voit des clos d'arbres fruictiers, & des jardins de fleurs qui durent presque toute l'année; il y a des fontaines où ils se baignent, & où ceux qui y viennent chercher le frais pendant la chaleur du iour, s'endorment doucement au bruit de l'eau, & y demeurent iusqu'à la nuit.

Enfin, ce pays vous passeroit pour vn Paradis terrestre, si ie ne vous en disois les incommoditez; les voicy. La plus considerable est celle des bestes cruelles & sauuages, comme sont des lions, des tigres, des ours, & des jacars, qui sont vne espece de chiens sauuages; il y a aussi des crocodiles & des serpens d'vne effroyable grandeur. Nous auons trouué souuent dans nos maisons des scorpions,

Ce remede est infaillible, & a son effect presque au mesme temps qu'il est appliqué. dont la picqueure est mortelle, si on n'y remedie bien-tost, en appliquant dessus de l'huile dans laquelle on en a fait mourir. Il y a aussi vne si grande quantité de mouches dans la chaleur du jour, qu'elles ne vous laissent point en repos, & l'on n'a pas plutost seruy sur la table, qu'elles se jettent sur les viandes, & nos valets n'estoient pas peu empeschez à les chasser auec des seruiettes; les moschitots y sont aussi fort incommodes.

Dans les villes il y a tant de rats, si gros & si affamez, qu'ils s'attaquent mesmes aux hommes lors qu'ils sont dans leurs licts. Les vents de ces quartiers-là ne sont pas moins incommodes, car ils sont fixes & soufflent toufiours de mesme costé dans la mesme saison. On les appelle Mousons, & ils durent ordinairement six mois du costé du Nord, & six autres mois du costé du Midy, sans changer presque iamais. Les mois d'Auril & de May, & le commencement de Iuin, iusques à ce qu'il commence à pleuuoir, font extrémément chauds ; & les petits vents qui regnent durant cette faifon, reçoiuent de forte l'impreſſion de la chaleur, qu'ils brûlent au lieu de rafraichir. Ces vents quelquefois deuiennent plus forts, & c'eſt le ſeul remede que la Prouidence de Dieu a donné à ce pays contre l'excez de la chaleur. Il arriue encore pendant ce grand chaud que les vents ſoufflent de haut en bas, & forment des tourbillons de poudre & de ſable, qui s'éleuant en l'air reſſemblèt à d'épaiſſes nuées, dont ceux qui s'y trouuent enueloppez reçoiuent beaucoup d'incommodité. Enfin, il n'y a point de pays qui n'ait ſes eſpines auſsi bien que ſes roſes, & la Prouidence diuine a meſlé dans toutes les choſes du monde, l'incommode auec le commode, pour apprendre aux hommes qu'il n'y a que le Ciel où les delices ſoient toutes pures.

Le pays du Mogol a de tres-excellens cheuaux, & les ſujets les ſçauent fort bien dreſſer ; on leur en ameine de Perſe, de Tartarie, & de l'Arabie meſme. Les cheuaux Arabes ont la reputation d'eſtre les meilleurs de tout le monde, ils font à peu prés de la taille des noſtres, & on les vend auſsi cher ou plus que l'on vend les Anglois les plus eſtimez. Ils les entretiennent auec grand ſoin, chaque cheual a vn palefrenier pour le penſer, on les nourrit d'vne eſpece de legume qu'on appelle Donna ; elle eſt preſque ſemblable à nos pois ciches. On fait boüillir ces legumes, & apres les auoir laiſſé refroidir, on y meſle du ſucre, & on les donne aux cheuaux. On leur donne encore deux ou trois fois la ſemaine du beurre pour les purger : Ils ont auec cela grand nombre de chameaux, de dromadaires, de mulets, d'aſnes, & de rinoceros, qui font auſsi grands que les plus grands bœufs d'Angleterre.

Pour ce qui eſt des Elephans, le Roy en a quatorze mille. Tous les grands Seigneurs du pays en ont plus ou moins, ſelon leur qualité. Encore que l'Elephant ſoit le plus puiſſant animal de tous ceux qui ſont connus ; il ſe laiſſe neantmoins ſi facilement gouuerner, qu'vn petit garçon peut mener les plus grands. J'en ay veu qui auoient treize pieds de haut ; j'ay trouué bien des gens qui m'ont dit en auoir veu de plus de quinze pieds de haut. Leur peau eſt noire & dure à percer, auſſi eſt-elle fort époiſſe ; on la ſent douce au toucher, & ſans poil : Cét animal prend vn grand plaiſir à ſe baigner, & nâge mieux que quelque autre animal que ce ſoit. Il ſe couche & ſe leue auec la meſme facilité que font les autres beſtes. Il fait à marcher au pas trois milles en vne heure.

De toutes les montures, il n'y en a point qui ait le pied plus ſeur que celle-là. Il ne fait iamais vn faux pas. Et quand le grand Mogol doit paſſer des Montagnes ou quelque chemin difficile, il monte ſes Elephans.

J'ay pluſieurs fois obſerué, que l'Elephant fait beaucoup de choſes qui tiennent plus du raiſonnement humain, que du ſimple inſtinct naturel qu'on luy attribuë. Il fait tout ce que ſon Maiſtre luy commande ; s'il veut qu'il faſſe peur à quelqu'vn, il s'aduance vers luy auec la meſme fureur, que s'il le vouloit mettre en mille pieces, & lors qu'il en eſt tout proche, il s'arreſte tout court ſans luy faire aucun mal. Si le Maiſtre veut faire affront à vn autre, il parle à l'Elephant, qui prendra auec ſa trompe de l'eau du ruiſſeau ou de la boüe, & la luy iettera au nez. Sa trompe eſt faite d'vn cartilage, elle pend entre les dents ; Quelques-vns l'appellent ſa main, à cauſe qu'en pluſieurs occaſions elle luy rend le meſme ſeruice que la main fait aux hommes. Vn Marchand Anglois digne de foy, aſſeure qu'il a veu vn Elephant à Aſmere à qui vne femme auoit accouſtumé de donner des herbes lors qu'il paſſoit par le marché. Cét animal eſtant en chaleur, rompit ſes chaiſnes, & courut au trauers du marché. Tout le monde s'enfuïr pour l'éuiter, & entr'autres cette vendeuſe d'herbes, qui toute ſaiſie de frayeur, laiſſa dans la place où elle vendoit, vn petit enfant ; l'Elephant courant de toute ſa force, apperceut cét enfant couché ſur les herbes, il le prit adroitement auec ſa trompe, ſans luy faire aucun mal, & le mit ſur

Cheuaux.

L'E. de C. dit qu'ils les engraiſſent auec moüelle de mouton, beurre, ſucre, & de pain à demy cuit, ils en petriſſent vne paſte qu'ils mettent dans la bouche du cheual.

Elephant.

l'auuent d'vne maison qui estoit là proche, & apres, il continua sa course auec la mesme fureur.

Le Iesuite Acosta dans son Histoire naturelle, dit qu'il a veu la mesme chose à Goa. Le Mogol en a qui seruent de bourreaux aux criminels lors qu'ils sont condamnez à la mort. Si leur Conducteur leur commande de depescher promptement ces miserables, ils les mettent en pieces en vn moment auec leurs pieds, & au contraire s'il leur commande de les faire languir, ils leur rōpent les os les vns apres les autres, & leur font souffrir vn supplice aussi cruel que celuy de la rouë. Ce Prince ayme fort ces animaux, & bien souuent lors qu'il paroist en public, il fait venir les plus beaux qu'il a. Ils sont instruits à s'incliner & à luy faire vne espece de reuerence en s'approchant de son trosne, comme s'ils auoient le jugement de le distinguer entre les grands Seigneurs de sa Cour. Il les fait quelquefois combattre. Ils courent lors fierement l'vn contre l'autre, se battent auec leurs trompes, & se heurtent de leurs dents côme les taureaux de leurs cornes. Dans ce grand choc, ils ont vn si grand soin d'empescher que celuy qui les monte ne soit blessé, que cela n'arriue que rarement. Celuy qui les gouuerne est assis sur leur col, & en les picquant de la pointe ou du croc d'vn fer qu'il porte, il les fait auancer ou reculer comme il veut.

Le Roy en a plusieurs qui seruent pour la Guerre, ils portent vne piece d'Artillerie de fer, de six pieds de longueur, qui est couchée sur vn affust. L'affust est attaché fortement sur le dos de l'Elephant auec des cables ou des sangles. Aux quatre coins de cét affust, ils dressent quatre petits estendarts semblables aux Cornettes de nostre Caualerie, le Canonier monte l'Elephant pour seruir le canon & le tirer.

Ces pieces d'Artillerie portent vn boulet de la grosseur d'vne petite balle de jeu de paulme. Quand le Roy marche en campagne, il a pour sa garde plusieurs Elephans armez de la sorte. Il en a aussi d'autres que l'on fait marcher deuant luy par grandeur, dont les Harnois sont couuerts de placques de cuiure; quelques-vns mesme en ont d'argent & d'or massif où pendent des sonnettes, dont ces animaux ayment fort le bruit; leurs couuertures sont de velours ou de brocat d'or & d'argent, ou de drap simple auec des estendarts de soye qu'on porte deuant eux, dans lesquels sont les armes du grand Mogol; chacun de ces Elephans a au moins trois ou quatre hommes qui le seruent : le Mogol en a aussi pour sa monture & pour ses femmes; elles y sont assises comme elles le seroient dans vne chambre, & sous vn daix d'vne étoffe fort riche, qui est porté par quatre pilliers vernis, & faits au tour; quatre personnes y peuuent estre commodément assises. Il y en a d'autres qui seruent pour le bagage; j'en ay veu vn beau par excellence, qui souffre bien que l'on l'enchaîne, mais qui n'a iamais voulu porter ny homme ny quelqu'autre charge qu'on luy ait voulu donner.

 Quoy que dans le pays les viures soient a grand marché, ces bestes ne laissent pas de couter beaucoup à entretenir. Ils dépensent bien vn écu dix sols ou quatre francs par iour; on les tient enchaînez par le pied de derriere, & on les attache à vn arbre ou à quelqu'autre chose qui ne soit pas facile à ébranler : lors que le Soleil donne dessus eux, les mouches les tourmentent beaucoup. Pour s'en deffendre, ils font de la poussiere auec leurs pieds, & la jettent auec leurs trompes sur les endroits de leurs corps où ils sentent les mouches. Lors qu'ils sont en chaleur (ce qui leur arriue vne fois l'an & dure peu) ils renuersent tout ce qu'ils trouuent en leur chemin; & il n'y a pas mesme de seureté pour leur Gouuerneur s'il s'y rencontre. Ils sont si forts, qu'ils tuëront d'vn coup de trompe vn Chameau ou vn Cheual. Pour preuenir les desordres qui en pourroient arriuer, on les tient en ce temps-là separez les vns des autres, & on les enchaîne mieux qu'ils ne sont en vn autre temps. Que s'ils échappent, il n'y a point d'autre moyen pour les arrester, que de leur presenter quelque feu d'artifice; à ce feu ils s'arrestent tout court, & font voir la crainte qu'ils en ont par leur tremblement. On donne à chacun de ces Elephants, quatre femelles ou femmes, comme ils les appellent dans le Pays.

La femelle porte fon petit vn an auant que de le mettre bas. Ces animaux croiſſent juſques à trente ans, & viuent juſques à l'âge ordinaire d'vn homme.

---

§. III.

De la Religion des Indiens, & de leurs mœurs.

LES habitans de l'Inde eſtoient autrefois tous Idolâtres: mais depuis qu'ils furent ſubjuguez par Temur-lan, beaucoup de Mahometans ſe mélerent parmy eux. On y trouue auſſi des Perſans, des Tartares, des Abyſſins, & des Armeniens, & preſque de toutes les autres Nations de l'Aſie, & meſme de celles de l'Europe. L'on y voit des Iuifs qui ſont ſi haïs, & ſont en telle abomination, que leur nom paſſe pour vne injure dans le Pays. Quant à la taille des Indiens, ils ne ſont pas fort differents des Europeens. Ils ſont forts, & ie n'y ay point veu de boſſus. Leur teint eſt oliuâtre. Ils ont les cheueux noirs comme gets, mais ils ne ſont point friſez. On ne fait point de cas entre eux des femmes ny des hommes qui ſont blancs, & qui paſſeroient pour beaux chez nous. Car cette blancheur que nous eſtimons, eſt parmy eux vne marque de la lepre qui y eſt aſſez commune. La pluſpart des Mahometans, ſi vous en exceptez les Preſtres & les vieilles gens qui viuent dans la retraite, ſe raſent ſoigneuſement le poil; ils laiſſent ſeulement croiſtre les mouſtaches de la lévre d'en-haut. Ils ont auſſi la teſte toute raſe, ne laiſſant qu'vn petit toupet, par lequel ils eſperent que Mahomet les prendra pour les mettre dans le Ciel. Le peuple ſe baigne ſouuent, & ſe frotte le corps auec des huiles. Il y a peu de difference entre l'habit des hommes & celuy des femmes, les vns & les autres ſont faits de toile ou de drap de coton. Ils ſont fort étroits vers la ceinture, & larges par en bas, deſcendans juſques à my-jambe. Mais la Figure fera bien mieux conceuoir cette ſorte d'habillement, que la deſcription que l'on en peut faire.

Ils ont les pieds nuds dans leurs fouliers , ou plûtoft dans leurs pantoufles. Ils
fe feruent de cette chauffeure , pour l'ofter plus aifément lors qu'ils entrent dans
les maifôs, où les planchers fôt couuerts de beaux tapis qui fe font en ce païs-là.

Les perfon-
nes ordinai-
res les cou-
urent d'é-
toffes ou
nattes fai-
tes de ro-
leaux.

On les y fait auffi beaux qu'en Perfe & en Turquie. D'autres les couurêt d'autre
eftoffe felon leur condition. Ils s'affifent fur ces tapis les jambes en croix , comme
font nos Tailleurs. Ils n'oftent point leur turban quand ils font la reuerence ; ils
font feulement vne inclination du corps , & portent leur main droite fur le haut
de la tefte apres en auoir touché la terre ; donnant à entendre par cette action ,
que ceux qu'ils faliient peuuent marcher fur eux f'il leur plaift. Entre égaux , ils
fe prennent la barbe ou le menton l'vn à l'autre , qui eft vne efpece de falutation

3. ch. de Sam.
v. 10.

dont il eft parlé dans la Bible , où Ioab faliia Hamafa de la forte. 2. Sam. 20.

Ils n'employent iamais ces demonftrations exterieures d'amitié pour tromper
perfonne , & ont des manieres toutes particulieres de fe fouhaiter du bien les
vns aux autres. L'expreffion la plus ordinaire eft Greeb & Nemoas , c'eft à
dire qu'ils fouhaitent que les pauures faffent des prieres pour ceux qu'ils
faliient.

Femmes,

Les honneftes femmes ne fortent point de leurs maifons. Elles font bien faites , on ne peut pas neantmoins dire qu'elles foient belles. Elles ont la tefte couuerte d'vn voile ; les cheueux leur pendent derriere , entortillez auec de la foye.
Celles de qualité portent plufieurs pierreries au col & aux bras. Elles n'ont pas
feulement des pendans aux oreilles, elles fe font toutes percer vne des narines, où
elles paffent vne bague. Ce qui a efté pratiqué auffi par d'autres Nations , comme

Voyez la
Figure.

Langue du
pays,

on le voit dans la Bible. Ef.3.21.Cette bague fe voit dás le portrait d'vne Sultane,
qui a efté copiée fur l'Original fait dans l'Indoftan. Ie ne crois pas qu'il y ait femmes au môde qui mettent plus aifémêt leurs enfans au iour. Il eft ordinaire de les
voir aujourd'huy groffes , & demain porter leurs enfans entre leurs bras. Le langage commun du Pays eft appellé Indoftan , qui eft vne langue affez douce & facile à prononcer. Ils écriuent comme nous , tirant les lignes vers la main droite.
Tous les fçauans parlent le Perfan & l'Arabe, qui s'écriuent au contraire de nôtre maniere , en tirant vers la gauche. Il y a peu de gens doctes parmy eux , & ie
crois que cela vient de ce qu'ils ont fort peu de liures ; & ce qu'ils en ont, eft écrit
à la main. Ce n'eft pas que cette Nation ne foit capable d'eftre inftruite , & qu'il
n'y ait de fort beaux efprits qui pourroient reüffir dans les plus hautes fciences ,
s'ils auoient la facilité que nous auons de les apprendre. Ils ont entendu parler
d'Ariftote. Ils le nômment parmy eux Apli, & ont quelques-vns de fes Liures
traduits en Arabe. Auicenne ce grand Philofophe , eftoit originaire de Samar-
cande , qui eft auffi la patrie de Temur-lam.

Les maladies de ce Pays-là font les flux de fang , & les fiévres, contre lefquelles
les Habitans ne trouuent point de remede plus fouuerain que la diete. Les maladies que nous voyons arriuer parmy nous , de l'incontinence des hommes auec
les femmes font communes parmy eux. Ils ne viuent cômunément pas plus long-
temps que les Europeens; mais on y voit vn plus grand nombre de vieillards que
parmy nous. Ils ayment fort la mufique,& ont plufieurs inftrumens; les vns montez de cordes,& d'autres qu'ils font fonner par le moyen du vent ; mais ie n'en ay
iamais trouué l'harmonie agreable. Ils fçauêt faire des vers, ils trauaillent à l'hiftoire,ou plûtoft aux Annales de leur pays ; & font profeffion particuliere d'eftre
habiles hommes en Aftrologie. Le Roy a tant de creance à ces fortes de fçauans,
qu'il n'entreprendroit pas vn voïage ny autre chofe de confequence fans les con-
fulter , & fans apprendre d'eux l'heure la plus fauorable pour l'executer.

Fefte du
Nou-rous.

Les Gentils commencent l'année au premier iour de Mars. Les Mahometans
comptent la leur du moment que les Aftrologues ont obferué que le Soleil entre
dans le figne du Belier. Ce moment auffi eft le commencement de la Fefte que
le Roy folemnife , & qu'on appelle Nou-rous , c'eft à dire Neufuaine , car elle
dure

dure autant de iours. Tous les Seigneurs du Pays s'assemblent, & se rendent à la
Cour dans le meilleur équipage qu'ils peuuent, & font à l'enuy l'vn de l'autre des
presens au Roy, qui de son costé les recompense en les auançant dans les charges,
ou en augmentant leurs pensions. Ie me suis trouué à cette Feste, & ie n'ay iamais
veu ensemble tant de richesses, de diamans, de perles, & de pierres precieuses, que
j'en vis en ce temps-là. Elle se fit à Mandoa, où le Roy a vn fort grand Palais,
dont les arcades & les belles voûtes font bien voir que ses Sujets ne sont pas ignorans en Architecture. Le Palais qu'il a à Agra est encore plus magnifique. Il y a
deux tours de dix pieds en quarré, couuertes de placques d'or massif. Ils ne se feruent point de tapisseries dans leurs apartemens, à cause de la chaleur du Pays. Les
murailles sont peintes & enduites d'vne chaux plus blanche que le blanc d'Espagne ; les planchers y sont couuerts de tapis. Personne ne loge dans les apartemens
du Mogol, que ses femmes, ses Eunuques, & quelques jeunes garçons qu'il
gardent pour vn vsage abominable. Il mange tousiours en particulier auec ses
femmes. On luy prepare vne gráde diuersité de viandes, apres qu'on en a fait l'es-
say. On les dresse dás des plats d'or couuerts que l'on cachette, & que l'on met entre les mains de ses Eunuques pour les seruir. Il y a tousiours des viandes prestes,
afin qu'on puisse couurir sa table toutes les fois que l'enuie luy en prend. Le rys
auec des viandes boüillies, est leur nourriture la plus ordinaire. Ils n'ont point cette varieté de rosty & de patisserie que nous auons : Ie rastay entr'autres viandes,
d'vn de leurs ragousts qu'ils appellent Deüpario ; ce ragoust se fait de venaison,
qu'ils font cuire auec certaines racines, des oignons, des herbes, & vn peu
d'épiceries & de beurre ; selon mon goust, il ne se peut rien manger de meilleur. Il n'y a point d'Hostellerie pour les estrangers dans tous ces Pays-là. Il y a
seulement dans les grandes Villes, & de distance en distance dans la campagne,
de grandes maisons ou Carauannes-saras pour les receuoir. L'on n'y trouue que le
couuert, & il faut porter auec soy son lict, & tout ce qui est necessaire pour l'vsage de la cuisine. Le bagage se porte ordinairement sur des Chameaux, ou sur des
Chariots qui sont traisnez par des Bœufs. Les voyageurs portent aussi des tentes
dont ils se seruent lors qu'ils ne trouuent point de ces maisons. Les femmes aussi
bien que les hommes, ne font leurs voyages que sur des Chameaux ou sur des
Dromadaires. L'on y a aussi pour voyager, la commodité d'vne maniere de Carrosses à deux rouës, fermez par le derriere & ouuerts par le deuant, si ce n'est qu'il
y ait des femmes ; car alors ils sont fermez par tout. Ces Chariots ne peuuent tenir que deux personnes, & on guide les Bœufs qui y sont attelez auec des cordes
qu'on leur passe dans les nazeaux & entre les cornes. Ces Bœufs sont plus petits
que les nostres, & si bien dressez pour ce trauail, qu'ils peuuent faire 20. mil par
iour & dauantage. Les personnes riches se font porter sur des Elephans ou dans
des Palanquins sur les épaules de leurs esclaues.

Ie ne sçaurois vous mieux representer ces Palanquins, qu'en vous figurans vn
lict de repos auec des cordes au cheuet & aux pieds du lict, par le moyen desquelles il est attaché à vne longue perche ou canne, car ils en ont d'assez fortes pour
cét vsage, deux hommes portent aysément sur leurs épaules, les deux bouts de cette perche ou canne. Pour ce qui est des Elephans, quoy qu'il s'y en trouue vn
grand nombre, ils ne laissent pas d'y estre fort chers, & les beaux se vendent quatre ou cinq milles écus, & quelquesfois dauantage.

Les diuertissemens de ces Peuples sont, la chasse à l'Oyseau, celle du Liéure, du
Cerf, & autres bestes sauuages. Les Chiens qui leur seruent pour la Chasse,
sont faits quasi comme nos Leuriers, sinon qu'ils sont beaucoup plus petits ; ils
n'appellent point sur les voyes. L'on chasse encore en ce Pays-là auec des Leopards, qui prennent à la course les bestes les plus vistes.

C

I'y ay encore remarqué vne maniere bien adroite de prendre les Oyſeaux de riuiere ; le Giboyeur ſe met dans l'eau juſqu'au col , apres auoir mis ſur ſa teſte
vne peau ſemblable à celle de ces oyſeaux. Ainſi déguiſé , il ſ'auance parmy
eux , il les tire par les pieds ſous l'eau , où il leur tord le col.

Ces Peuples ayment fort à tirer de l'arc ; auſſi y ſont-ils ſi adroits , qu'ils tuént
auec leurs fléches des oyſeaux en volant. Les autres paſſent le temps à dreſſer
leurs cheuaux qu'ils montent toutes les fois qu'ils veulent ſortir , quand ils n'auroient à faire que deux ou trois cens pas. Les perſonnes de qualité parmy eux ,
croyant qu'il y a de la honte d'aller à pied. Ils jouent ſouuent aux Dames, aux Eſchets , & aux Cartes , mais leurs Cartes ſont fort differentes des noſtres.

Dans la partie Auſtrale de l'Indoſtan , il y a quantité de Singes tous blancs , &
qui ſont auſſi grands & auſſi forts que nos plus grands Lévriers : les autres animaux les craignent ; & c'eſt apparemment cette crainte , qui a appris à quelques
oyſeaux du Pays, a attacher auec vn filet leurs nids au bout des plus longues branches des arbres , & aux Perroquets à les faire dans les creux des arbres où les Singes ne peuuent entraîner.

Ie ſuis obligé par juſtice , de donner aux Gentils & aux Mahometans , que nous
prenons en ces quartiers pour nous en ſeruir , la loüange qu'ils meritent. Ils n'ont
ordinairement que 4. francs de gages par mois , & cependant ils nous ſeruent &
les autres eſtrangers , auec vne extréme fidelité. Ils ſuiuent leur Maiſtre à pied
dans leurs voyages , & mourroient pluſtoſt que de leur auoir fait tort, & leur rendent tout le ſeruice qu'ils en peuuent deſirer. A l'égard de leurs parens , c'eſt
vne choſe merueilleuſe de la reuerence & du reſpect qu'ils leur portent. Ils
ne deliberent point pour aſſiſter ceux de leurs proches qui ſont dans la neceſſité ,
& ayment mieux tomber dans le meſme mal-heur dont ils ont tiré les autres, que
de manquer à vn deuoir ſi pieux & ſi raiſonnable. Parmy ces Mahometans & ces
Gentils , il y a des gens de la derniere Brauoure , ils les appellent Balock ; ce nom
leur vient d'vne Prouince du meſme nom ſituée au Royaume de Bengale , où il y
en a beaucoup. Il y en a auſſi dans la Prouince d'Hayachan. Ils ont auſſi d'autres
ſoldats qu'ils appellent Raſboures ; ceux-cy ne viuét que de brigandages & de vo-

lerie ; ils se mettent plusieurs de compagnie, & attaquent les Carauannes les plus nombreuses. Le reste des Indiens est vne pauure espece d'hommes, gens sans cœur semblables à des femmes, qui terminent toutes leurs querelles à se dire des injures. Et cette poltronnerie est si generale, que le grand Mogol luy-mesme en a fait plusieurs fois raillerie, disant qu'vn Portugais battera tousiours trois Indiens, & vn Anglois trois Portugais.

Leur Infanterie se sert de mousquets ; quoy qu'ils soient vn peu lents à les ma- nier, ils ne laissent pas d'estre fort bons Mousquetaires. Leur poudre est excellen-te ; ils ont encore des lances, & portent des arcs & des fléches. Pour leurs épées, elles sont courbées comme nos sables, & le tranchant est fort bon, mais les gens du Pays ne sçauent pas leur donner la trempe comme il faut pour les rendre plian-tes. I'ay veu des Caualiers qui portoient toutes ces armes, & qui cependant se sont laissez battre par de nos gens qui n'en auoient aucune. Ils se seruent de tym-bales dans les armées, & de trompettes plus longues que les nostres. Ils n'ont au-cune discipline militaire ; les premieres attaques se font de part & d'autre auec beaucoup de chaleur, mais ils ne se rallient iamais, & n'opiniastrent pas long-temps le combat. Les Mosquées des Mahometans sont ordinairement basties de pierre, du costé de l'Occident elles sont tout à fait fermées de murailles, mais ouuertes du costé du Leuant, & embellies de quantité de colomnes & d'arcades, & s'estendent en longueur du Septentrion au Midy. Ils mettent aussi dans cette si-tuation les corps morts lors qu'ils les enterrent. Il y a des tourelles aux coins de leurs plus grands Temples. Leurs Molas ou Docteurs de leur Loy, y montent à certaines heures du iour, & crient à haute voix en Langue Arabe, *La alla illa alla Mahomet Rasul alla.*

Il n'y a qu'vn seul Dieu, & Mahomet est l'Ambassadeur de Dieu. Ce cry sert pour aduertir le Peuple de venir à la Mosquée, & ils l'entendent comme nous faisons nos cloches. Le Sieur Coriat entendant souuent ces clameurs à Agra, se mist en teste de monter aussi dans vne de ces Tours vis-à-vis du Molas, & de le contredire, en criant à haute voix ; *La alla illa alla Hazaret Eesa ebn alla.*

C'est à dire, il n'y a qu'vn seul Dieu, & Iesus-Christ est le Fils de Dieu, y ad-joûtant que Mahomet estoit vn Imposteur. Cette temerité luy auroit cousté la vie dans vne autre Ville plus attachée à la Religion de Mahomet ; mais dans les Pays du Mogol, chacun a l'exercice libre de sa Religion ; & j'ay obserué que l'on auoit mesmes toute liberté de combattre celle dont ils font profession. Pour ce qui est de leurs Sepulchres, il n'y a gueres de personnes de condition parmy les Mahometans, qui ne fasse dresser vn sepulchre dés son viuant pour luy & pour les siens. Ils ayment à les auoir prés de quelque bel estang ; & j'ay remarqué que la pluspart de leurs tombeaux sont assis prés de ces estangs, ou bien prés de quelque source d'eau viue. La maniere dont ils les font est, qu'ils enferment d'vne bon-ne & épaisse muraille, vn grand espace de terre ; & au milieu ; ils y éleuent vn tombeau d'vne forme quarrée ou en rondeur. Ce tombeau à deux estages, celuy d'embas est voûté, dans lequel ils mettent les corps morts, & se ferme auec des portes fort épaisses. L'estage de dessus est à iour, & composé d'vn grand nom-bre de colonnes qui soûtiennent la couuerture. Ils plantent des arbres & des fleurs à l'entour du tombeau & dans tout l'enceinte, comme s'ils vouloient y faire les champs Elisées des Poëtes. On n'enterre personne dans leurs Mosquées, & l'on voit en beaucoup d'endroits des tombeaux semblables à ceux que i'ay décrits, qui ont esté dressez pour eterniser la memoire de ceux qui passent pour Saints parmy eux. Ils ont vn Catalogue fort ample des noms de ceux qu'ils honorent pour leur sainteté.

Dans ces monumens on y void des lampes qui brûlent tousiours, & vne conti- nuelle procession de gens qui y viennent faire leurs deuotions & des meditations sur le bon-heur dont jouïssent ces Peires ; c'est le nom qu'ils leur donnent. Mais

entre les monuments qui font dreſſez à l'honneur de ces ſaints, le plus beau eſt à
trois milles d'Agra, en vn village nommé Secandra : Il fut commencé par Cek-
bar-sha grand Mogol, pere de celuy qui regne auiourd'huy. C'eſt là où il a eſté enterré, & ſon fils auſſi l'a fait acheuer en intention d'en faire le lieu de ſa ſepulture.

Molas.

Leurs Molas ſ'occupent la pluſpart du temps à faire des eſcritures pour les
affaires des vns & des autres. Ils ont la meſme liberté de ſe marier que le reſte du
peuple, & leurs habits n'ont rien qui les diſtingue du commun. Il y en a entre eux
qui viuent dans la ſolitude, & qui employent tout leur temps à mediter ou à donner aux autres des preceptes pour la conduite de leur vie. Ceux-là ſont en grande
reputation, auſſi bien que d'autres nommez Seayds, qui ſe diſent eſtre deſcendus
de Mahomet. Leurs Preſtres ne font ny inſtructions, ny lectures, ny predications
dans leurs Temples. Ils ſe contentent d'y lire à haute voix vn liure de prieres
écrites en Arabe, que le peuple repete auec le Molas., quoy qu'il ne les entende
point. Ils ont auſſi coûtume d'inuoquer le nom de Dieu & celuy de Mahomet, en
maniant des grains de metail ou de verre ſemblables aux grains de Chapelet des
Catholiques. Ils n'entrent iamais dans leurs Temples qu'ils ne ſe ſoient lauez les
pieds, & laiſſent leurs ſouliers à la porte. Pour bien commencer leurs deuotions

Prieres.

ils ſe bouchent les oreilles, & attachent fixement leurs yeux ſur quelque objet,
afin que rien ne puiſſe diuertir leur penſée. En ſuite ils ſe mettent à prier Dieu
tout bas ; Ils ſe ſeruent en leurs prieres de pluſieurs mots qui ſignifient parfaitement bien ſa toute-puiſſance, ſa grandeur, & ſes autres attributs. Apres faiſant
reflexion ſur eux-meſmes, ils confeſſent leur baſſeſſe, & témoignent la connoiſtre & la ſentir par milles actes d'humilité & de ſoûmiſſion ; ils ſe jettent ſouuent le viſage contre terre, & reconnoiſſent qu'ils n'en ſont que des fardeaux inu-
tils, qu'ils ſont le poiſon de l'air, & que la connoiſſance de leur baſſeſſe les empéche de leuer les yeux vers le Ciel, & finiſſent touſiours par l'eſperance qu'ils ont
en la miſericorde de Dieu, & en l'interceſſion de Mahomet.

Pluſieurs d'entr'-eux à la honte de nous autres Chreſtiens prient cinq fois le
iour, faiſant leurs prieres de trois heures en trois heures, & n'y manquent iamais
pour quelque empeſchement qui leur ſuruienne. Ils partagent les iours autrement que nous ne faiſons : Ils le diuiſent en quatre parties qu'ils nomment Pores,
& la nuict de meſme. Ces pores ſont encore diuiſées chacune en huict autres parties qu'ils appellent Grées ; Toutes ces differentes diuiſions du iour ſont meſurées
par vne quantité d'eau qui tombe d'vn vaſe dans vn autre : aupres de ce vaſe il y
a touſiours quelqu'vn qui marque ces portions du iour, frapant auec vn marteau
ſur vne piece de metail concaue faite en forme de plat. On y frappe autant de
coups qu'il y a de grées ou de pores écoulez.

Mahometãs
& les Gen-
tils, grands
obſerua-
teurs de leur
Loy.

Entre les Mahometans & les Gentils on voit des perſonnes d'vne ſi extraordinaire temperance, qu'ils aimeroient mieux mourir, que de manger ou de boire
quelque choſe qui leur ſoit deffenduë par leurs loix, & qui mangent pluſtoſt pour
ſatisfaire aux beſoins de la Nature, que pour côtenter leur appetit. Les débauches
de la bouche ſont abominables parmy eux. Ils tiennent que l'yurognerie eſt vne

Meſt.

eſpece de rage, & dans leur langue le mot qui ſignifie vn yurogne, qu'ils appellent

Ieuſne.

Ram-Ian, ſignifie encore vn enragé. Les Mahometãs font vn jeûne ſolénel enuirõ
le mois d'Aouſt, & le continuent toute la Lune. Ceux qui obſeruent eſtroitement
les preceptes de leur Religion n'ont point de communication durant tout ce
temps-là auec leurs femmes, & ne boiuent ny ne mangent juſques apres Soleil
couché. Quand le temps du Ieuſne finit, ils donnent vn iour pour celebrer la memoire de leurs amis treſpaſſez. I'en ay veu beaucoup parmy le peuple qui les pleu-
roient à chaudes larmes. Outre ce iour de triſteſſe & de commemoration des
morts, que tous celebrent ſans exception, il y a des femmes qui vont pluſieurs
fois l'année pleurer ſur les tombeaux de leurs maris & de leurs enfans. Au commencement de la nuit de ce iour des Trépaſſez, on allume par tout vne grande

quantité de lampes & de lumieres qui font attachées contre les murs de leurs
maifons. Quand ces lampes & ces lumieres font efteintes, ils rompent leurs jeûnes, mais les plus deuots vont f'affembler dans quelque Mofquée, où leur Preftre
leur lit publiquement quelque endroit de l'Alcoran, auquel ils ne touchent iamais qu'auec vne extrême veneration. Ils ont encore vne fefte au mois de Nouembre qu'ils appellent Bucarée ; c'eft à dire la fefte du Belier : Car ce iour-là ils
en tuent vn auec grand' folemnité, & le font rôtir pour le manger en memoire
de celuy dont Ifmaël, comme ils difent, fût racheté, lors qu'Abraham eftoit fur
le poinct de le facrifier. Il y a encore plufieurs autres feftes qui font expreffément
commandées pour celebrer la memoire de Mahomet, & de ceux qu'ils appellent
leurs Pieres ou Saints.

Ils ont les liures de Moyfe, qu'ils appellent *Moofa carym-alla*, c'eft à dire Liures.
Moïfe le Iufte deuant Dieu ; *Ibrahim Calim-alla*, Abraham le fidele de Dieu, *Ifmael*
le vray facrifice de Dieu, *Dahoode* Dauid Prophete de Dieu *Selimon*, Salomon, la fa-
geffe de Dieu ; ils celebrent la memoire de ces grands hommes en chantant tous
les iours quelques vers à leur loüange.

On remarque que mefme les plus groffiers d'entr'-eux ne font iamais mention
de N. Seign. Iefus-Chrift, qu'ils appellent Hafaret Eefa, qu'ils n'en parlent auec C'eft à dire
reuerence & refpect ; difant que c'eftoit vn bon homme qui eftoit iufte, & qu'il le Seigneur
 Chrift.
viuoit fans peché ; qu'il a fait de plus grands miracles que perfonne qui l'ait precedé. Ils paffent plus outre, & l'apellent *Rhahoualla*, l'haleine ou l'Efprit de Dieu.
Mais ils ne peuuent pas conceuoir qu'il foit fon fils. En ce poinct ils demeurent
dans l'erreur de tous les Mahometans. Cela n'empéche pas qu'ils ne nous croyent
tous fi prophanes qu'ils ne voudroient pas auoir mangé auec nous, ny d'aucune
viande qui euft efté preparée dans les plats dont nous nous feruons.

Il y a entre eux des Deruis qui quittent le monde, & paffent leurs jours dans la Deruis.
folitude, en attendant la recompenfe qu'ils fe promettent dans vne meilleure vie.
Ils f'engagent volontairement à fouffrir des mortifications qui égalent celles
que l'on vante tant dans la Vie des Saints. Il y en a qui viuent tous feuls fur les
fommets des montagnes, & qui n'ont iamais de commerce auec le refte des hommes. Ils paffent toute leur vie dans la contemplation, & fe laifferoient pluftoft
mourir de faim que de fortir de leurs cellules. Les peuples qui en font les plus proches leur portent à manger par deuotion. D'autres qui gardent le jeufne iufques
à ce que la nature foit entierement abbatuë. Quelques-vns vont nuds, & n'ont
que les parties honteufes couuertes, & queftent leur vie par les maifons comme
font les Religieux Mendians : Ils fe logent ordinairement dans les faux-bourgs
des grandes villes. Ils font vn peu de feu le iour, & dorment la nuit dans les cendres, dont ils ont le corps tout couuert. Ils ne fe rafent iamais, & laiffent croiftre
leurs ongles comme fit Nabucodonofor lors qu'il fut chaffé de la fociété des
hommes. Il y en a entr'eux d'vne forte appellez Mendez, femblables aux Preftres Mendez.
de Baal, qui fe coupét fouuét la chair auec des coufteaux & des lancettes. I'en ay
veu d'autres qui portoient en leurs jambes par deuotion des chaifnes de fer fi pefantes, qu'à peine pouuoient-ils mettre vn pied l'vn deuant l'autre. Mais apres
f'eftre quelque temps accouftumez à les porter, ils font des pelerinages de plufieurs lieuës chargez de toutes ces chaines & nuds pieds fur la terre qui brufle de
l'ardeur du Soleil pour vifiter les fepulchres de ceux qu'ils ont en eftime de Sainteté ; ceux-cy ne fe marient pas. Pour ce qui eft des Mahometans leur loy leur
permet d'auoir quatre femmes, & prennent mefmes la liberté d'en auoir autant
qu'ils en peuuent entretenir ; mais les Preftres fe contentent d'vne feule.

Ces Mahometans qui ont plufieurs femmes ne laiffent pas d'en eftre tellement
jaloux, qu'ils ne peuuent fouffrir qu'elles parlent ny à leur pere, ny à leurs freres
qu'en leur prefence. Cela fait que celles qui paffent pour honneftes femmes entre eux, ne fe laiffent point voir du tout par les eftrangers. Si vne femme manque

à la fidelité qu'elle doit à fon mary ; ou fi vne fille qui fait profeffion de chafteté tombe dans vne femblable faute, leurs freres les en chaftieroient pluftoft que de fouffrir qu'elle demeuraffent impunies ; & bien loin de craindre que la Iuftice les recherche pour auoir fait ce chaftiment, ils en font eftimez dauantage. On ne laiffe pas d'y voir force courtifannes dans les villes, aufquelles on permet l'exercice de leur meftier.

Les femmes de condition font feruies par des Eunuques, aufquels on a ofté dés la ieuneffe tout ce qui pourroit donner de la jaloufie à leurs maris. Leurs mariages fe font auec grande pompe. Apres que le Preftre leur a fait prendre la main l'vn à l'autre auec quelque ceremonie & quelques paroles de benediction : La nopce commence à Soleil couché : Le mary de quelque condition qu'il foit, monte à cheual : Ses amis l'accompagnent. On porte plufieurs torches à la tefte de la trouppe, fuiuie des trompettes, & d'autres femblables inftruments. L'Efpoufée vient apres auec fes amies dans vn chariot, & apres auoir ainfi paffé par les principaux quartiers de la ville, ils retournent au logis, où l'on fait vn feftin, & où les hommes font feruis dans vn appartement, & les femmes dans vn autre. Ils fe marient pour l'ordinaire à l'aage de douze ou treize ans.

<hr>

§. I V.

Des Sectes des Gentils, & de leurs Ceremonies.

IL faut que ie dife quelque chofe de plus particulier des Gétils. Il y a parmy eux 84. Sectes differentes les vnes des autres en plufieurs points. Ie m'en fuis fouuent eftonné, quoy que ie fçache que Sathan qui eft le pere de diuifion, en a efté l'autheur. Leurs Preftres s'appellent parmy eux Bramens : ils font fi ignorans, fi ftupides, & fi peu fermes dans leurs opinions, qu'ils fçauent à peine ce qu'ils croyent. Ils appellent leurs petits Temples des Pagodes, ils font baftis en rond : il y a des Idoles qu'ils adorent, quoy qu'elles reprefentent des Monftres. Quelques-vns d'entre-eux ont fongé qu'il y a des champs Elifées ; que pour y arriuer, il faut paffer vne riuiere femblable au Stix ou à l'Acheron, & qu'ils y doiuent prendre de nouueaux corps. D'autres tiennent que le monde finira bien-toft ; & qu'apres ce changement, ils doiuent retourner en vie, & là paffer dans vne nouuelle terre. Quelques Bramens m'ont dit qu'ils reconnoiffent vn Dieu, & s'imaginent qu'il a mille bras, mille yeux, & autant de pieds ; donnant à entendre par là, l'opinion qu'ils ont de fa toute-puiffance. Ils difent qu'ils ont quatre Liures que Dieu leur a enuoyez il y a fix mille ans, par le moyen de leur Prophete Ram. Qu'il y en a deux qui font cachetez, & qui ne feront iamais ouuerts. Que les deux autres ne doiuent eftre leus que par ceux de leur profeffion. Qu'il y a fept Cieux ; que Dieu eft affis fur le feptiéme ; Qu'il ne prend point connoiffance des actions particulieres des hommes, à caufe qu'elles ne le meritent pas. Ils luy affignent vne place où l'on le peut voir, comme au trauers d'vn nuage & de loin. Ils croyent qu'il y a des Diables ; mais qu'ils font tellement enchaînez, qu'ils ne leur peuuent faire de mal. Ils appellent parmy eux vn homme Adam, en memoire du premier Pere. Ils difent que fa femme eftant tentée de manger du fruict deffendu, en prît & en mangea ; & que comme fon mary en mangeoit auffi, la main de Dieu le prît au gofier, & empêcha le morceau de paffer plus bas ; que c'eft de là que vient vne boffe que les hommes ont en cét endroit, qu'ils appellent en leur langage pomme d'Adam, & que les femmes en font exemptes. La Preftrife parmy eux eft hereditaire, comme elle l'eftoit anciennement parmy les Iuifs. Le fils d'vn Bramen eft Preftre, & fe marie auec vne fille de la mefme condition. Auffi entre les Gentils, les mariages fe font entre perfonnes de mefme Tribu, de mefme Secte, & de mefme vacation. La fille d'vn Marchand, par exemple, fera mariée à vn Marchand. Celle d'vn homme qui vit de fon trauail, fera mariée auec vn autre qui fera du mef-

me ordre ; ce qui eſt cauſe qu'ils demeurent touſiours dans le meſme rang. Quoy
que ces Gentils n'ayent qu'vne ſeule femme, ils n'en ſont pas ſi jaloux que les Mahometans qui en ont vn grand nombre. Ils ſouffrent qu'elles aillent par la Ville. Ils
ſe marient dés l'âge de ſix ou ſept ans. Les parens font les Contracts du mariage, qui ne
ſe conſomme point qu'à l'âge de douze ans. Leurs nopces ſe font auec beaucoup de
réjouyſſance, comme celles des Mahometans. Il n'y a pas auſſi beaucoup de difference entre les habits des vns & des autres, la pluſpart de leurs femmes portent des anneaux aux doigts des pieds ; & pour les faire voir, elles vont nuds pieds. Elles ont auſſi
des anneaux fort larges, de cuiure ou d'autre métail, ſelon leur qualité, qu'elles portent au deſſous du gras de la jambe, c'eſt vn ornement qui ſemble auoir eſté en vſage entre les femmes des Iuifs.

Elles ſe font percer le bout de l'oreille dans leur jeuneſſe, & en augmentent le
trou en y mettant tous les iours quelque choſe de plus grand ; ſi bien qu'à la fin elles
y peuuent paſſer vne placque de la largeur de cinq ou ſix doigts.

Les hommes & les femmes ſe lauent tous les iours, & apres le bain ſe mettent à
table. Les femmes ſ'y mettent toutes nuës, ne couurant que ce que la modeſtie leur
deffend de laiſſer paroiſtre. Elles demeurent en cét eſtat juſques à ce qu'elles ayent
acheué leur repas. Les vns & les autres croyent que l'eauë dont ils ſe ſont lauées, ſert
auſſi à les nettoyer de leurs pechez. C'eſt de là d'où vient cette opinion de Diuinité
qu'ils ont pour les riuieres, & principalement pour le Gange. Ils y vont tous les iours
à grande trouppe ; ils jettent dans cette riuiere des pieces d'or & d'argent, ſelon leurs
moyens & leur deuotion. Ils ſe baignent apres, & ſe peignent le front auec du rouge
ou du jaune. Ils ſont trop groſſiers pour pouuoir croire la Reſurrection. Ils brûlent
par cette raiſon les corps morts prés de quelque riuiere, lors qu'ils le peuuent faire
commodément, & jettent les cendres dans l'eau. Leurs veufues ne ſe remarient
point ; mais apres qu'elles ont perdu leurs maris, elles coupent leurs cheueux, &
paſſent leur vie dans la triſteſſe & dans le mépris. Il arriue ſouuent que les plus jeunes ayment mieux mourir auec honneur, que de languir de la ſorte. C'eſt pourquoy
elles ſe jettent ſur le bûcher & dans le feu qui eſt allumé pour conſommer le corps de
leur mary, & ſe laiſſent brûler le tenant embraſſé. Ce qu'elles font volontairement,
& ſans y eſtre obligées. Les parens & les amis de celles qui doiuent mourir de la ſorte, les accompagnent auec beaucoup de joye. Et quand le bûcher commence à brûler, le peuple qui eſt autour fait grand bruit, afin qu'on n'entende point les cris de
ces mal-heureuſes perſonnes.

Il y a vne ſorte de Sectaires entre les Gentils, qui n'enterrent ny ne brûlent les
morts ; on les appelle Parcées ; ils choiſiſſent quelque lieu fort écarté, où ils éleuent
des terraſſes qu'ils ſoûtiennent auec des murailles de pierres. Ils mettent deſſus les
cadavres de leurs morts, qui n'ont point d'autre ſepulture que les oyſeaux qui les
déchirent. Les Gentils pour la pluſpart ſont fort induſtrieux. Ils labourent la terre, &
font ſoigneuſement ce qui eſt de leur vacation. Ils ont entr'eux des artiſans fort habiles, qui imitent fort bien tout ce qu'on leur preſente. Pour les Mahometans, ils
ſont generalement pareſſeux : & il a paſſé en prouerbe, qu'ils viuent du trauail des
Gentils. Les Gentils feroient ſcrupule de manger d'vne choſe qui auroit eu vie.
Ils ſe nourriſſent de laict, de beure, de fromage, d'herbes, & de confitures, qu'ils
preparent diuerſement. La plus ſaine eſt le Gingembre verd, que l'on confit mieux
en ces quartiers-là qu'en lieu du monde. Il y a vne autre ſorte de Gentils, qui ne
mangent rien que du poiſſon. Les Raſbuts mangent de la chair de Pourceau, pour
laquelle les Mahometans ont tant d'auerſion. Entre ces Sectes, les vns ſ'abſtiennent
d'vne ſorte de viande, les autres d'vne autre ; mais elles conuiennent toutes à ne
point manger de Bœuf : & ce ſcrupule vient de la grande veneration qu'ils ont pour
les Vaches. Outre les autres charges qu'ils payent au Roy, ils payent encore vn prix
tous les ans pour la rançon de leurs Bœufs ; ce qui monte à vne ſomme conſiderable.
Ces Idolàtres qui ont le plus d'eſtime pour les Vaches, ſ'appellent Banians. Ils croyent

*Metempfy-
cofe.*

la tranfmigration des ames, comme le premier article de leur foy. Ils croyent que les ames des plus honneftes femmes, & des hommes de plus grande probité, paffent apres leur mort dans le corps des Vaches pour y viure en repos, comme eftant les meilleures de toutes les creatures; qu'au contraire les ames des méchans paffent dans les corps des autres beftes. Celles des gourmands & des yurongnes dans le corps des Pourceaux. Celles des hommes qui ont aymé le plaifir des femmes, dans le corps des Singes & des Marmots. Les ames des perfonnes coleres, cruelles, & vindicatiues, dans le corps des Lions, des Tygres & des Loups. Celles des enuieux, dans celuy des Serpens, & ainfi du refte. Croyant auffi que ces ames logées de la forte, fe perpetuënt en paffant toufiours du corps d'vne befte en celuy d'vne autre de la mefine efpece; & cela, jufqu'à l'infiny; & fe figurent par là, que le monde fera eternel. S'ils voyent vne Mouche, ils vous diront qu'elle a efté l'ame de quelque perfonne, peut-eftre celle d'vne femme coquette: & ils font tellement enteftez de ces opinions, qu'on ne leur en fçauroit faire connoiftre l'impertinence. Pour cette raifon, ils ne veulent pas tuer les beftes mefmes qui leur font le plus de mal. Les Serpens les peuuent picquer impunément; f'ils leur font du mal, leur nature, ce difent-ils, eft d'en faire, & ils adjoûtent qu'il leur eft bien permis de les éuiter, mais non pas de les détruire. Les plus riches, par principe de charité, bâtiffent des Sarays pour loger les voyageurs, ou des referuoirs d'eau proche des grands chemins pour la commodité des paffans. Ils donnent quelquefois mefme des penfions à de pauures gens, pour les obliger de demeurer fur les grands chemins, & de prefenter de l'eau à ceux qui paffent, le Mardy eft leur iour de fefte ou de repos.

*Le Lundy eft celuy des Peguans, le Mercredy celuy de ceux de la Guinée, les Mores feftét le Vendredy, les Iuifs le Samedy. Purchas adjoufte que les Chrefliés de Iaua jeufneit le iour auquel ils ont commencé quelque grande entreprife.
Dans les Prouinces de Negrakue & de Cyba.
Langue en Perfan fignifie boiteux.
Supplices.*

Ils ont outre cela plufieurs iours de réjouyffances & de Feftes, qu'ils obferuent auec beaucoup de folemnité. Ils font des Pelerinages, dont les principaux font marquez dans la Carte du Pays. Ils difent que le peuple de ce Pays-là fe coupe par deuotion vne partie de la langue: & f'il eft vray ce qu'en a écrit vn de nos Anglois nommé Coriat, ces langues coupées, en peu de iours retournent en leur premier eftat. Ie pourrois dire beaucoup d'autres chofes de leur idolâtrie, fi ie n'apprehendois d'abufer du loifir des Lecteurs. Enfin, les Mahometans & les Gentils n'ont point d'autre fondement de leurs rêueries, que la tradition de leurs Anceftres.

Ces Mahometans & ces Gentils font tous Sujets du Grand Mogol. Le mot de Mogol fignifie vn homme Circoncis; & on l'appelle le Grand Mogol, pour dire qu'il eft le Chef & le Roy de tous les Circoncis. Il vient de pere en fils de Temur ce fameux conquerant de l'Afie. Ce fecond Alexandre, vn iour qu'il eftoit à la chaffe, tomba mal-heureufement de fon cheual, & fût eftropié de cette cheute qui auança fes iours, & fut caufe qu'on le nomma depuis Temur-lam; c'eft à dire, Temur le boiteux ou l'eftropié. Le Grand Mogol d'aprefent defcend de luy en ligne directe, & eft le 9. Roy de fa race. Il prend entre fes titres celuy de Roy de Iuftice, de lumiere de la Loy de Mahomet, & de Conquerant du monde. Il eft le feul & le Souuerain Iuge de toutes les affaires d'importance qui fe paffent dans fa Cour. Elles y font veuës & terminées en fort peu de temps, les criminelles auffi bien que les ciuiles. L'execution des coupables n'eft pas moins prompte. On coupe la refte à quelques-vns. On en pend d'autres, & fouuent on les expofe à la fureur des Chiens, des Elephans, des Serpens, & d'autres beftes felon la qualité des crimes. Ces executions font faites ordinairement dans la place du marché. Les Gouuerneurs des Villes & des Prouinces gardent la mefine forme de Iuftice. Ie n'ay iamais entendu dire qu'il y eut entre eux aucune loy efcrite. La volonté du Prince & celle de fes Officiers eft la loy qui regle tout.

Vicerois.

Les Vicerois ne demeurent pas long-temps en leur charge, de peur qu'ils ne gaignent l'affection des peuples, & ne leur faffent perdre la fidelité qu'ils doiuent à leur Souuerain. Ils changent ordinairement tous les ans. Ils reçoiuent les ordres du Prince auec beaucoup de marques de refpect, & ils ne trauaillent à rien dauantage qu'à faire venir de tous coftez les chofes les plus rares pour luy en faire des prefens. S'ils y auoient manqué, le Roy ne manqueroit pas de

leur

leur en faire des reproches ; & quand les presens qu'on luy fait ne luy sont pas
agreables , il les refuse , & les renuoye à ceux qui les luy ont faits pour en tirer
deux de plus considerables. Le Cady ou Iuge fait emprisonner ceux
qui doiuent , lors qu'ils se sont obligez par écrit ; & les personnes qui
ont du pouuoir dans le Pays , vendent quelquesfois ceux qui leur doiuent,
auec leurs femmes & leurs enfans, la coustume du Pays authorisant cette sorte
de vente. Le Roy se monstre trois fois le iour. La premiere , à la pointe du iour,
se presentant à vn balcon qui est du costé de l'Orient, sous lequel il y a tousiours
beaucoup de monde qui s'assemble pour luy donner le *salam* , & pour crier , *Padsha*
Salament. C'est à dire , Viue le Roy. Sur le midy , il void le combat de ses Elephans , & prend d'autres diuertissemens semblables. Vn peu auant que le Soleil
se couche , il se monstre à vne fenestre qui est du costé du Couchant ; & le Soleil
estant couché, il rentre dans son Palais accompagné de trompettes , & des acclamations du peuple. A ces trois temps ceux qui poursuiuent quelque affaire , en
tiennent les memoires esleuez haut sur leur teste, qui est la maniere dont ils vsent
pour demander Iustice. Depuis les sept heures du soir iusques à neuf il se diuertit
en particulier auec les principaux de sa Cour. Ses sujets n'ont aucun fonds de terre en proprieté. Ceux qui en possedent ne le possedent par aucun autre tiltre que
par don gratuit du Roy : Ce qui fait que la pluspart des grands Seigneurs con-
summent tout leur bien en des dépenses excessiues ; les marchands font de
mesme & cachent leurs richesses de peur d'estre pressez comme des éponges. Le
Roy ne manque jamais d'auoir égard aux enfans que les grands Seigneurs laissent
en mourant. Il leur donne des pensions , mais elles sont infiniment au dessous
des biens que les peres possedoient, si ce n'est que les enfans succedent à leur credit , car pour lors ils succedent ordinairement à leurs richesses. Tous les appoin-   Pensions.
temens & les pensions que donne ce Prince , sont comptées par la quantité des
Cheuaux qu'ils en peuuent entretenir, selon l'estat de sa dépense. Ces pensions
montent à vn million de Cheuaux. L'on compte l'entretien d'vn Cheual par an,
sur le pied de vingt-cinq Iacobus , ou de trois cens liures enuiron , qui se leuent
sur les terres que le Prince a affectées pour le payement de ces pensions. Il a dans
sa Cour 20.Seigneurs à qui il donne des pensions pour nourrir qui 5000.cheuaux,
qui quatre mil, qui trois mil, & ainsi en diminuāt toûjours. Celuy qui est payé pour
entretenir cinq mille cheuaux est obligé d'en auoir toûsiours deux milles effe-
ctifs , & en estat de seruir, & les autres à proportion. Ce pouuoir despotique &
souucrainement absolu qu'à le Mogol sur ses Sujets , est cause qu'ils luy font leur
Cour comme des Esclaues ; & que pour gagner ses bonnes graces, ils employent
toute sorte de bassesses & de flateries. Quand il aduance quelqu'vn , il luy donne
vn nouueau nom qui signifie quelque grand tiltre , ainsi que Pharaon le pratiqua   Gen. 41.
en la personne de Ioseph. Par exemple, il en nommera l'vn *Mahobet chan*, qui veut
dire Seigneur bien-aimé ; l'autre *Can Iahaun* , c'est à dire Maistre du monde.

Ses principaux Officiers sont ceux-cy. Le grand Tresorier, le Maistre des Eu-   Officiers.
nuques qui est le Grand Maistre de sa Maison ; Le Secretaire d'Estat ; Le Maistre
des Elephans ; Celuy qui a le soin de ses Tantes ; & le Maistre de sa Garderobe.
Le Can est le premier tiltre d'honneur. Mirza suit apres ; puis Vmbra, & Haddec,   Vmbra si-
qui signifie vn simple Caualier ou Soldat.   gnifie vn   Capitaine.

La chaleur du pays ne leur permet pas de porter des habits chargez d'or & de
Broderie. Le Roy s'habille ordinairement d'vne toile de côton blanche , comme
on la voit dans la figure qui est mise cy-dessus. Le bleu est la couleur de ceux
qui ont quelque affliction : On n'oseroit paroistre deuant le Mogol auec cette
couleur ; & on se garde bien mesme de parler de la mort en sa presence. Quand
ils sont obligez d'apprendre au Prince la mort de quelqu'vn des siens , ils l'expri-
ment par circonlocution ; & disent par exemple, vn tel s'est sacrifié aux pieds de

D

Voftre Majefté. La chaleur du païs fait que nos draps d'Angleterre n'y font pas en grand vfage. On ne les y employe que pour la couuerture de leurs Elephans, de leurs Cheuaux, & de leurs Calefches. Il n'y a point de Prince au monde qui ait plus de richeffes & de pierreries que le Mogol : Dans le Palais d'Agra il y a vn Throfne fur lequel on monte par plufieurs degrez. On void au haut quatre Lions d'argent vermeil doré, enrichis de pierres precieufes. Ces Lions foûtiennét vn dais d'or maffif. Les pierreries que le Mogol porte fur fa perfonne, foit à fa tefte, à l'entour de fon col, foit aux poignets, ou fur la garde de fon efpée & de fon poignard, font d'vn prix que l'on ne peut eftimer. On le peze le premier iour de Septembre, & fes Medecins marquent curieufement combien il a pezé, parce qu'ils croyent que par ce poids ils peuuent tirer des coniectures certaines de l'eftat de fa fanté.

Lettre du grand Mogol au Roy d'Angleterre, traduite du Perfan.

QVand Voftre Majefté ouurira cette Lettre, Que fon cœur foit auffi frais que l'ombre d'vn beau Iardin. Que tous les hommes viennent faire la reuerence à voftre porte. Que voftre Throfne foit éleué au deffus de ceux des autres Roys qui reconnoiffent le Prophete Iefus. Que Voftre Majefté foit la plus grande de celles des Monarques Chreftiens. Qu'ils viennent prendre confeil de Vous. Que la prudence de leur conduite deriue de vos confeils & de voftre tefte, comme d'vne fontaine & d'vne fource tres-pure. Que la Loy de la Majefté de Iefus puiffe viure & fleurir fous voftre protection. I'ay receu des mains de voftre Ambaffadeur le Sieur Thomas Rhoë, qui merite bien la confiance que vous auez de vous feruir de luy, les Lettres d'amitié & de confederation que vous m'auez enuoyées, & les prefens auffi, qui font des marques de voftre affection. Il me les a prefentez en vne heure fort heureufe ; mes yeux eftoient arreftez fi fixement à les confiderer, que i'eus de la peine à les en retirer pour voir d'autres objets, &c.

Autre Lettre du Mogol au Roy d'Angleterre, traduite auffi du Perfan.

QVe la Lettre de V. M. que Dieu preferue, m'a efté agreable ? Mes yeux fe font arreftez à la confiderer, auec le mefme plaifir qu'ils auroient eu à voir vne rofe dans vn Iardin. Que Dieu vous conferue dans l'eftat où vous eftes. Que voftre Monarchie proffere, qu'elle s'accroiffe, & que vous puiffiez venir à bout de tous les deffeins que vous formerez dignes de la grandeur de vôtre renommée. Et comme voftre cœur eft noble & grand, que Dieu comble de gloire le temps de voftre Regne, puifque vous deffendez courageufement la Majefté de Iefus.

Ce qui fuit dans cette Lettre contient des témoignages & des affeurances de
l'affection qu'il auoit pour les Anglois. Ces Lettres ayans efté efcrites, l'on en
enuoya les coppies à l'Ambaffadeur, l'original eftoit vn papier roulé & couuert
de drap d'or, cacheté aux deux bouts à la façon des lettres du païs. Nous voya-
geâmes deux ans à la fuitte du grand Mogol, durant la faifon la plus temperée
qui eft entre les mois d'Octobre & celuy d'Auril. Il y auoit bien dans fon Camp
deux cens mille bouches, fans y compter les cheuaux, les elephans, & les autres
beftes qu'on nourrit de grain. Cependant l'on ne manqua iamais de viures,
non pas mefme dans la marche de dix-neuf iours que nous fifmes depuis
Mandoa iufques à Amadauat, au trauers du defert du Sud, par vne route qu'on
auoit coupée pour nous faire paffage au milieu des bois. Les Tentes eftoient de
diuerfes couleurs, & lors qu'elles eftoient dreffées, elles reprefentoient vne vil- Camp du Mogol.
le de grande eftenduë, & faifoient vne fort belle perfpectiue. Les Tentes du
Roy eftoient rouges fort hautes, & placées au milieu du Camp; Elles tenoient
vn grand efpace fermé de draps de cotton rouge, fouftenus par des cannes d'efpace en efpace à la hauteur de neuf pieds. Les Soldats y font la garde toutes les
nuits. La marche de chaque iour eftoit de dix ou douze milles, plus ou moins,
pour s'accommoder aux diftances des lieux où l'on peut trouuer de l'eau. Ses
femmes & fes concubines, qui font bien au nombre de mille, font portées dans
des Palanquins fur des Elephans, ou dans vne efpece de panniers entierement couuerts, & portez par des Dromadaires. Elles font feruies par des Eunuques, & ont leurs tentes dans l'enceinte de celles du Roy. Dans le choix qu'il
fait de fes femmes, il a plus d'égard à leur beauté qu'à l'alliance des Princes fes
voifins. Celle qu'il ayme le mieux à prefent, fe nomme Nour-mahal; c'eft à dire
en langage du Pays, la lumiere de la Cour. Elle a beaucoup auancé fes amis, &
les a éleués au deffus de leur condition, par l'empire abfolu qu'elle a fur l'efprit
de ce Prince. Les Mogols & les principaux Seigneurs de la Cour, gardent à la
verité toufiours leur femmes; mais ils ne les ayment gueres quand elles ont pafsé
trente ans. Quoy que le Roy qui regne aujourd'huy ait vn fi grand nombre de
femmes, il n'a que fix enfans, cinq garçons & vne fille. On donne à fes fils le titre de Sultan ou Prince; l'aifné à nom Sultan Cofron, le fecond Sultan Parueys,
le troifiéme Sultan Caroon, le quatriéme Sultan Shahar, le dernier Sultan
Taucht. Le Roy luy donna ce nom, à caufe qu'il eut nouuelle de fa naiffance precifément au temps qu'il commença à eftre paifible poffeffeur de fon Empire.
L'aifné de ceux qui viennent des femmes qu'il a époufées, luy fuccede par
prerogatiue d'aîneffe. On l'appelle le grand Frere. Quoy qu'on ne faffe pas mourir les cadets comme en Turquie, on n'a pas laifsé de remarquer qu'ils ne viuent
pas long-temps apres leurs peres, car ordinairement on les employe à quelque
expedition dangereufe. Achabar-sha auoit menacé de dés-heriter celuy qui regne aujourd'huy, à caufe de fes amours auec celle de fes femmes qu'il aymoit le
plus, nommé Anar-kalée, c'eft à dire pepin de Grenade; mais eftant au lict de la
mort, il luy pardonna.

L'on a dit de ce Prince, que lors qu'il eftoit mal fatisfait de quelqu'vn des Seigneurs de fa Cour, il auoit accoûtumé de leur donner certaines pillules, pour
purger, ce difoit-il, leurs ames de leur corps. Comme il vouloit vn iour pratiquer ce remede, & qu'il tenoit vne pillule d'vn contraire effet pour luy-mefme,
il prit l'vne pour l'autre pendant qu'il entretenoit cette perfonne de belles paroles; & s'eftant empoifonné de fa propre main, mourut peu de iours apres d'vn
flux de fang. Le Mogol d'aujourd'huy eft d'vne humeur fort inégale, & fujet
à paffer d'vne extremité à l'autre. Il s'enyure fouuent, & punit feuerement ceux qui tombent dans cette mefme faute. Il eft quelquefois fort ciuil, &
en d'autres temps fort rude. Les Sujets ne fçauent ce que c'eft de luy dés-obeïr.
Il fait tous les iours beaucoup d'aumônes; & quelquefois pour donner des exem-

ples de pieté, il porte le Palanquin de sa mere sur ses épaules. Il parle auec respect de Nostre Seigneur Iesus-Christ ; mais sa pauureté & le genre de sa mort le
choquent, ne pouuant accorder l'vn & l'autre auec la Majesté Diuine, & ne se
rendât point à tout ce qu'on luy peut dire pour luy faire côprendre cette profonde humiliation d'vn Dieu. Toutes sortes de Religiôs sôt permises dâs sô Estat, les
Prestres y sont fort respectez ; il m'appella plusieurs fois Padre, me faisant prendre place entre les premiers de sa Cour. Les Iesuites n'ont pas seulement beaucoup de facilité pour parler au Prince, il les secoure mesmes souuêt dans les rencôtres, & leur fait des liberalitez. Il ne trouue point mauuais qu'on côuertisse ses Sujets, & ne les ayme pas moins, pour s'estre faits Chrestiens. Il voulut éprouuer vn
de ses nouueaux conuertis, luy faisant plusieurs menaces pour le détourner de la
Religion qu'il auoit embrasée ; & voyant qu'il n'en pouuoit venir à bout par cette voye, il essaya celle de la douceur & des promesses ; celle-cy luy ayant
manqué comme l'autre, il l'exhorta à continuer, & le renuoya auec des marques
de son estime & de sa liberalité, apres luy auoir dit que s'il se fût laissé vaincre d'v-
ne façon ou d'autre, il en auroit fait vn exemple. Le plus considerable des Iesuites
qui estoiêt en cette Cour se nommoit François Corsi, il estoit Florentin de nation,
& faisoit les affaires des Portugais. Ie voudrois pouuoir confirmer auec verité,
les relations qu'ils enuoyent dans l'Europe des progrez & des conuersions qu'ils
font dans ces païs-là. La verité est qu'ils en ont baptisez quelques-vns, mais ces
gens-là ont esté portez à se faire Chrestiens, plustost par pauureté & misere, que
par vn vray zele ou vne bonne instruction. I'aurois bien aussi souhaitté de pouuoir trauailler à vn ouurage aussi Saint qu'est la conuersion des Infidelles, mais
il m'a tousiours paru qu'il y a fort peu de profit à en esperer, non seulement à cause de la pluralité des femmes à laquelle les Mahometans sont accoustumez, mais
encore dauantage pour le mauuais exemple que les Chrestiens leur donnent, vi-
uans dans vne effroyable dissolution, s'abandonnans à toutes sortes de débauches.

ΕΚ ΤΗΣ ΚΟΣΜΑ ΜΟΝΑΧΟΥ
ΧΡΙΣΤΙΑΝΙΚΗΣ ΤΟΠΟΓΡΑΦΙΑΣ,

ΠΕΡΙ ΖΩΩΝ ΙΝΔΙΚΩΝ, ΚΑΙ ΠΕΡΙ ΔΕΝΔΡΩΝ
Ἰνδικῶν, κ̀ὴ περὶ τῆς Ταπροβάνης νήσου.

ΡΙΝΟΚΕΡΟΣ.

ΟΥΤΟ ὁ ζῶον, καλεῖται Ρι-
νόκερως. Διὰ ὅ ἐν τοῖς μυκτῆρσι τὰ
κέρατα ἔχ᾽ ὅτε δὲ περιπατεῖ, σα-
λεύονται τὰ κέρατα. ὅτε ὁ ὁρᾷ μ᾽ θυμοῦ,
ἀποτείνει αὐτὰ κὴ ἀσάλευτα θεωρεῖνται· ὥςτε
κὴ δένδρα δύνασθαι ἐκριζοῦ τὰ ἐν αὐτοῖς
μάλιςα ὁ ἔμπροσθεν· τὶς ὁ ὀφθαλμοὺς κάτω
περὶ τοῖς γναθίοις ἔχ᾽. φοβερώτατον δέ ἐςι πάνυ. μάλιςα κὴ τῷ ἐλέφαντι πῶς ἀντικείμε-
νον· οἱ πόδες ὁ κὴ ὁ δέρμα περ᾽ παραπλήσιά εἰσι
τῷ ἐλέφαντι ἔχ᾽ δὲ ὁ πάχος τῷ δέρματος
αὐτῷ ξηραγγώδινον, δακτύλοις τέσσαρας. κὴ, ὃς αὐτῷ ἔνιοι βάλλοισιν αὐτῇ σιδή-
ρου εἰς τὰ ἄρθρα κὴ ἀρθρελάσι τῷ γλῶ.
καλοῦσι δὲ αὐτὸ οἱ Αἰθίοπες τῇ ἰδίᾳ Διαλέ-
λέκτῳ ἄρου ἢ ἄριοι. διασπάζοντες ὁ δεύτε-
ρον ἄλφα κὴ οὕτω προσιπόντες ὁ ῥισί. ἵνα
Διὰ τῷ μὲν ἄρου ἢ ὁ θηρίον. Διὰ δὲ τῷ
ἄριοι, ἀκροτελεῖ ἐκ τῷ σχήματος τῷ περὶ τοῖς
ῥώθωνας ἅμα δὲ κὴ τῷ δέρματος, τῷ ἐπωνυμίαν
αὐτῷ τεθηκότες. τεθέαμαι δὲ κὴ ζῶντα ἐν τῇ
Αἰθιοπία, ἀπὸ μακρὰν ἱστάμενος κὴ νεκρὸν ἐκ-
δαρὲν κὴ καταπληωθὲν ἄχυρα, ἱστάμενον ἐν οἴκῳ
βασιλικῷ, ὅθεν ἀκριβῶς κατέγραψα.

ΤΑΥΡΕΛΑΦΟΣ.

Τοῦτο ὁ ζῶον ὁ Ταυρέλαφος, ἐν τῇ
Ἰνδίᾳ κὴ ἐν τῇ Αἰθιοπίᾳ θεωρεῖται. ἀλλὰ τὰ
μὲν τῆς Ἰνδίας ἥμερά εἰσι. κὴ ἐν αὐτοῖς
ποιοῦσιν ἐν διακονίοις, βαςαγὰς πεπέ-
ρεως κὴ ἑτέρων φορτίων. κὴ γάλα ἀμέλ-

γουσιν ἐξ αὐτῶν κὴ βούτυρον. ἅμα δὲ
κὴ ὁ κρέας ἐσθιομέν. οἱ μὲν Χριστιανοὶ
σφάζοντες, οἱ δὲ ἕλληνες, κατασφαρίζοντες.
τὰ ὁ τῆς Αἰθιοπίας ἄγρια ἐςὶ κὴ ἀνήμερα.

ΚΑΜΗΛΟΠΑΡΔΑΛΙΣ.

Ἡ δὲ καμηλοπάρδαλις, ἐν τῇ Αἰθιοπίᾳ
μόνη θεωρεῖται. κὴ αὗται πάλιν ἀνήμεραι ὁ
ἄγριαί εἰσιν. ἐν δὲ τῷ παλατίῳ εἰς λόγον
τῷ βασιλέως ἡμεροῦσιν ἀπὸ μικρόθεν, μίαν
ἢ δύο περὶ θέαν αὐτῇ. ὅτε δὲ προσβα-
βάλλοισιν αὐτῇ πιεῖν ἔμπροσθεν τῷ βασιλέως
εἰς λεκάνην ἢ γάλα ἢ ὕδωρ. εἰ μὴ ἁπλω-
σῇ τοὺς ἔμπροσθεν δύο πόδας, οὐ δύναται
φθάσαι κὴ πιεῖν εἰς τὸ γλῶ. Διὰ ὁ τοὺς πόδας κὴ ὁ τῆλος ὁ τὸν τράχηλον ὑψηλὰ ὑπάρχει. ἀναλόγως οὖν Διαρίζουσα τοὺς ἔμπροσθεν πόδας, τότε δύναται πιεῖν. κὴ ταῦτα ὡς οἴδαμεν διεγράψαμεν.

ΑΓΡΙΟΒΟΥΣ

Ἀγριόβους ἐςὶ μέγας, τῆς Ἰνδικῆς τοῦτο ὁ
ζῶον. ἐξ οὗ ἐςὶν ἡ λεγομένη τύφα. ᾗ κοσ-
μοῦσι τοὺς ἵππους κὴ τὰ βαΐδα οἱ ἄρχοντες
εἰς τοὺς κάμπους· φασὶ ὁ περὶ αὐτῷ. ὅτε ἐὰν
αὐτὴ ἐμπλακῇ τινι δένδρου τ᾽ οὐρᾶς, ἐκέτι κλίνε-
ται. ἀλλ᾽ ἵσταται ἀκινδῶς ἔχων ἑὼς μίαν
τρίχα ἐξ αὐτῆς. λοιπὸν ἔρχονται οἱ ἐξώ-
ελοι κὴ κόπτουσι τ᾽ οὐρὰν. κὴ τότε φεύγει, ὁ
πλῷ τ᾽ οὐρᾶς ἀπολέσας· αὕτη ἡ φύσις τῷ
ζώῳ.

ᾱ

Ὃ δὲ μικρὸν ζῷον ἔστιν ὁ μόσχος. καλοῦσι δὲ αὐτὸ τῇ ἰδίᾳ διαλέκτῳ οἱ ἐγχώριοι κατοῦδει. διώκοντες δὲ αὐτό, τοξεύουσι. καὶ ὃ συναιρεῖ μυονα αἷμα περὶ τὸν ὀμφαλὸν, δερμάτιον τες ἀποκόπτουσι. τοῦτο γὰρ ἔστι ὃ μέρος αὐτοῦ ὃ διάδες· τουτέστιν ὃ περὶ ἡμῶν λεγόμεμόσχος ὃ δὲ λειπὸν αὐτοῦ σῶμα ἔξω ῥίπτουσιν.

ΜΟΝΟΚΕΡΩΣ.

Τοῦτο ὃ ζῷον, καλεῖται μονόκερως. οὐκ ἐθεασάμην δὲ αὐτό, ψῆλας δὲ αὐτοῦ χαλκᾶς ἀναπληρώσας ἐν τῇ Αἰθιοπίᾳ ἐν οἴκῳ τετραπύργῳ βασιλικῷ τέσσερας ἑώρακα διὸ καὶ οὕτως κατέγραψα. φασὶ δὲ περὶ αὐτοῦ ὅτι φοβερόν ἔστι καὶ ἀκαταμάχετον. ἐν τῇ κεφαλῇ ἔχον τὴν ὅλην ἰσχύν. καὶ ἡνίκα δόξῃ περὶ πολλῶν διώκεσθαι· καὶ καταληφθῇ, εἰς κρημνὸν ἐφάλλεται. καὶ ῥίπτει ἑαυτὸν ἐκ τῷ ὕψους. καὶ κατερχόμενοι ἀντιστρέφεται. καὶ ὃ κέρας δέχεται τὴν ὅλην ὁρμήν. καὶ ἀσφαλές διαμένει· τοιαῦτα δὲ ἡ γραφή διηγεῖται περὶ αὐτοῦ λέγουσα. σῶσόν με ἐκ στόματος λεόντων. καὶ ἀπὸ κεράτων μονοκερώτων τὴν ταπείνωσίν μου καὶ πάλιν. καὶ ὃ ἠγαπημένος ὡς ὑιὸς μονοκερώτων, καὶ πάλιν ἐν ταῖς εὐλογίαις τοῦ Βαλαὰμ αἷς εὐλόγησε τὸν Ἰσραὴλ, φησὶ ἐν δευτέρῳ. οὕτως ὁ Θεὸς ὁδήγησεν αὐτὸν ἐξ Αἰγύπτου ὡς δόξα μονοκέρωτος αὐτῷ διαπλύτων ἰσχὺ καὶ πεποίθησιν καὶ δόξαν μαρτυρῆσαι τῷ ζώῳ.

ΧΟΙΡΕΛΑΦΟΣ.

Τὸ δὲ Χοιρέλαφον καὶ εἶδον καὶ ἔφαγον. τὸ δὲ ἱπποπόταμον οὐκ εἶδον μὲν. ἔχον δὲ ὀδόντας ἐξ αὐτοῦ μεγάλους· ὡς ἀπὸ λιτρῶν δεκατειῶν οἷς καὶ πιπράκα ἐν ζῶν. πολλοὶς δὲ εἶδον καὶ ἐν τῇ Αἰθιοπίᾳ καὶ ἐν τῇ Αἰγύπτῳ.

ΠΙΠΕ΄

Τοῦτο ὃ δένδρον ἔστι ὃ τῆς πιπέρεως ἕκαστον δὲ δένδρον, ἑτέρῳ ὑψηλῷ ἀκάρπῳ δένδρῳ ἀνακλᾶται. διὰ ὃ λεπτὸν εἶναι πάνυ καὶ ἀσθενές· ὥστε καὶ τὰ κλήματα τῆς ἀμπέλου λεπτά. ἕκαστος δὲ βότρυς, δίφυλλον ἔχει σκέπον. χλωρὸν δὲ πολύ ἔστι ὥσπερ ἡ χρεία τῷ πηγάνου.

ΑΡΓΕΛΛΙΑ.

Τὸ δὲ ἄλλο τῶν Ἀργελλίων ἔστι τῶν λεγομένων, τουτέστι τῶν μεγάλων καρύων τῶν Ἰνδικῶν. παραλλάττει δὲ τῷ Φοίνικος ἐν τῷ πλίω ὅτι τελειότερός ἔστι καὶ ἐν ὕλῃ, καὶ ἐν πάχει, καὶ ἐν τοῖς βάρεσι. οὐ βάλλει δὲ καρπὸν, εἰ μὴ δύο ἢ τρία σπαθία ἀπὸ τρειῶν Ἀργελλίων. ἔστι δὲ ἡ γεῦσις γλυκεῖα πολύ, ἃ ἡδεῖα ὡς τὰ κάρυα τὰ χλωρά. ἐξ ἀρχῆς μὲν τῷ ὕδατος γέμει, γλυκέος πολύ. ὅθεν καὶ ἐξ αὐτῶν πίνουσιν οἱ Ἰνδοὶ ἀντὶ οἴνου. λέγεται δὲ ὃ πινόμενον ῥοζχοσοδρα ἡδὺ πολύ. τρυγώμενον ὃ καὶ παραμϕθὲν αὐτὸ ὃ Ἀργέλλιον πήγνυται ὃ ὕδωρ αὐτῷ κατὰ περβάσιν ὃ ἐπὶ ὃ ὄστρακόν αὐτῷ. καὶ μὴ ὃ ὕδωρ εἰς ὃ μέσον ἄπηκτον, μέχρις ὅτου καὶ αὐτὸ σκλήπη. ἐὰν δὲ καὶ πλέον παραμείνη, ταλῆξ ὁ καρπὸς αὐτῷ ὁ πεπηγώς. καὶ οὐ δύναται ἔτι βραχῆναι.

ΦΩΚΗ, ΔΕΛΦΙΝ, ΧΕΛΩΝΗ.

Φώκην τὴν λεγομένην καὶ τὸν δελ-
φῖνα καὶ Χελώνην τοῦ ἐσθίομεν κ̅ τ̅ θάλασσαν εἰ τύχοι πλεαθέντας. τὸν μὲν Δελφῖ-
να κ̅ τὴν χελώνην σφάζοντες ἐσθίομεν·
τὴν δὲ Φώκην οὐ σφάζοντες, ἀλλὰ κοπρα-
φίζοντες. ὡς ἐπὶ τῶν ἰχθύων τῶν μεγάλων. καὶ
τὸ μὲν κρέας τῆς χελώνης, ὡς προβάτου ἐστὶ
μελάμψον. τὸ δὲ τὰ Δελφῖνος, ὡς χοίρου, με-
λαμψόν· δὲ καὶ βρομῶδες. τὸ δὲ τῆς Φώκης
ὡς χοιρωδικὸν κ̅ ἄθερμον.

ΠΕΡΙ ΤΗΣ ΤΑΠΡΟΒΑΝΗΣ ΝΗΣΟΥ.

Αὕτη ἐστὶν ἡ νῆσος ἡ μεγάλη ἐν τῷ
ὠκεανῷ, ἐν τῷ Ἰνδικῷ πελάγει κειμένη· παρὰ
μὲν Ἰνδοῖς καλουμένη Σιελεδίβα, παρὰ δὲ
Ἕλλησι Ταπροβάνη, ἐν ᾗ εὑρίσκεται ὁ λίθος
ὁ ὑάκινθος· ἐνδοτέρω δὲ κεῖται τῆς χώρας τῆς
πιπέρεως. πέριξ δὲ αὐτῆς, εἰσὶ νῆσοι μικραὶ
πολλαί· πλὴν πᾶσαι δὲ γλυκὺ ὕδωρ ἔχουσαι
κ̅ Ἀργέλλια. ἀπὸ βαθέων δὲ ὡς ἐπὶ τὸ πλεῖστον
πᾶσαι εἰσίν· ἐχει δὲ ἡ νῆσος ἡ μεγάλη καθὼς
φασὶν οἱ ἐγχώριοι, γαυδία τριακόσια, εἴς τε
μῆκος ὁμοίως κ̅ πλάτος τουτέστι μίλια ἐννα-
κόσια. δύο δὲ βασιλεῖς εἰσιν ἐν τῇ νήσῳ,
ἐναντίοι ἀλλήλων· ὁ εἷς ἔχων τὸν ὑάκινθον, καὶ
ὁ ἕτερος τὸ μέρος τὸ ἄλλο, ἐν ᾧ ἐστι τὸ ἐμπόριον
καὶ ὁ λιμήν. μέγα δὲ ἐστι καὶ τὸ τῶν ἐκεῖσε
ἐμπόριον. ἔχει δὲ ἡ αὐτὴ νῆσος κ̅ ἐκκλησίαν
τῶν ἐπιδημιούντων Περσῶν Χριστιανῶν. καὶ
πρεσβύτερον ἀπὸ Περσίδος χειροτονούμενον,
καὶ Διάκονον κ̅ πᾶσαν τὴν ἐκκλησιαστικὴν λει-
τουργίαν· οἱ δὲ ἐγχώριοι καὶ οἱ βασιλεῖς, ἀλλό-
φυλοί εἰσιν. ἱερὰ δὲ πολλὰ ἔχουσιν ἐν αὐτῇ τῇ
νήσῳ, εἰς ἓν δὲ ἱερὸν αὐτῶν ἐφ' ὑψηλοῦ κεί-
μενον, ἔστιν ἐν ὑάκινθος, ὡς φασὶ πυρρὸν καὶ
μέγα· ὂν ὡς στρόβιλος μέγας, καὶ λάμπει μα-
κρόθεν μάλιστα τοῦ ἡλίου αὐτῷ προσειλάμποντος·
ἀτίμητον θέαμα ὄν. ἐξ ὅλης δὲ τῆς Ἰνδικῆς δὲ

Περσίδος καὶ Αἰθιοπίας, δέχεται ἡ νῆσος πλοῖα
πολλά, μεσίτις οὖσα. ὁμοίως δὲ ἐκπέμπει
κ̅ ἀπὸ μὲν τῶν ἐνδοτέρων. λέγω δὴ τῆς Τζινίτζας κ̅ [leg. μεταξ.]
ἑτέρων ἐμπορίων δέχεται μεταξὶν, ἀλόην, [leg. μεταξ.]
καρυόφυλλον, ξυλοκαρυόφυλλον, τζανδάνα [leg. μεταξ.]
δὲ ὅσα κ̅ τ̅ χώραν εἰσὶ κ̅ μεταβάλλει τοῖς ἐξω-
τέρω, λέγω δὴ τῇ Μαλὲ, ἐν ᾗ ὁ πίπερι γίνεται.
κ̅ τῇ Καλλιανᾷ, ἔνθα ὁ χαλκὸς γίνεται, κ̅ ση-
σάμινα ξύλα· κ̅ ἕτερα ἱμάτια. ἐστι γὰρ κ̅ αὕτη
μέγα ἐμπόριον. ὁμοίως δὲ Σινδοῦ, ἔνθα ὁ μόσχος δὲ τὸ κάστορι, κ̅ τὸ ἀνδρόσαχον γίνεται κ̅ τῇ
Περσίδι, κ̅ τῇ Ὁμηρίτη, κ̅ τῇ Ἀδούλῃ. τ̅ [leg. κατα-σ...]
πάλιν τὰ ἀπὸ ἑκάστου τῶν εἰρημένων ἐμπορίων
δεχομένη, κ̅ τοῖς ἐνδοτέρω μεταβάλλουσα.
δὲ τὰ ἴδια ἅμα ἑκάστῳ ἐμπορίῳ ἐκπέμ-
πουσα.

Ἡ Σινδοῦ δὲ ἐστιν ἀρχὴ τῆς Ἰνδικῆς. διαρρεῖ γὰρ
ὁ Ἰνδὸς ποταμὸς τουτέστιν ὁ Φᾶών, εἰς τὸν κόλπον
τὸν Περσικὸν ἔχων τὰς ἐκχύσεις. πλώτης Περσίδα
κ̅ τὴν Ἰνδίαν. εἰσὶν οὖν τὰ λαμπρὰ ἐμπόρια τῆς [leg. ἐκχύσ.]
Ἰνδικῆς ταῦτα, Σινδοῦ, Ὀρρωθᾶ, Καλλιανὰ,
Σιβὼρ, ἡ Μαλὲ. πέντε ἐμπόρια ἔχουσα
βάλλοντα τὸ πέπερι, Πάρτι, Μαγκαρουθ,
Σαλοπάτανα, Ναλοπάτανα, Πουδαπά-
τανα.

Λοιπὸν ἔξω ὡς ἀπὸ πέντε νυχθημερῶν τῆς
χέρσας, εἰς τὸν ὠκεανόν ἐστιν ἡ Σιελεδίβα, τ(ου)-
τέστιν ἡ Ταπροβάνη. εἶτα λοιπὸν ἐνδοτέρω εἰς
τὴν χέρσον, ἐμπόριον ἡ Μαραλλώ. βάλλουσα
κόχλιοις. ἐστι Καβὲρ βάλλουσα τὸ Ἀλαβαν-
δινόν· εἶτα ἐφεξῆς λοιπὸν τὸ παρυόφυλλον
τὸ λοιπὸν ἡ Τζινίτζα, τὴν μέταξαν βάλλουσα. ἧς
ἐνδοτέρω οὐκ ἔστιν ἑτέρα χώρα. ὁ ὠκεανὸς γὰρ
αὐτὴν κυκλοῖ κατὰ αἰγιαλάς, αὕτη οὖν ἡ Σιελεδίβα μέση πῶς τυγχάνουσα τῆς Ἰνδικῆς,
ἔχουσα κ̅ τὸν ὑάκινθον. ἐξ ὅλων τῶν ἐμπορίων
δέχεται, κ̅ ὅλοις μεταβάλλει κ̅ μέγα ἐμπόριον
τυγχάνει. ποτὲ γοῦν τις ἀπὸ ἐνζᾷ πραγμα-
τευομένων ὀνόματι Σώπατρος, ὃν ἴσμεν προ πε-
τεσσαρακονταπέντε ἐτῶν τε λελυτρῶσθαι. εἰσελθὼν ἐν
τῇ Ταπροβάνη νήσῳ πραγματείας ἕνεκα, ἔτυχε
δὲ ἀπὸ Περσίδος ὁρμῆσαι πλοῖον. κατῆλθον οὖν
οἱ ἀπὸ Ἀδούλης, μεθ' ὧν ἦν ὁ Σώπατρος κατῆλθον δὲ οἱ ἀπὸ Περσίδος, μεθ' ὧν ἦν ὁ πρεσβύ-

τῆς Περσῶν. εἶτα κατὰ τὸ ἔθος οἱ ἄρχοντες καὶ οἱ τε-
λῶναι δεξάμενοι τύπτεις, ἀποφέρουσι πρὸς
τὸν βασιλέα· ὁ δὲ βασιλεὺς δεξάμενος καὶ προ-
σκωπηθεὶς, κελεύει αὐτοὺς καθαθῖσαι. εἶτα
ἐρωτᾷ πῶς αἱ χῶραι ὑμῶν. καὶ πῶς τὰ πράγματα. οἱ δὲ εἶπον, καλῶς. εἶτα ὡς ἐν τῷ
μεταξὺ ἠρώτησεν ὁ βασιλεύς. ποῖος τῶν βασιλέων ὑμῶν μείζότερος καὶ δυνατώτερος.
ὁ δὲ Πέρσης ἁρπάσας τὸν λόγον, ἔφη. ὁ ἡ-
μέτερος καὶ δυνατώτερος, καὶ μείζότερος καὶ
πλουσιώτερος, καὶ βασιλεὺς βασιλέων ἐστί.
καὶ εἴ τι θέλει δύναται. ὁ δὲ Σώπατρος ἐσιώπα.
εἶτα φησὶ ὁ βασιλεύς, σὺ ρωμαῖε. οὐδὲν λα-
λεῖς; ὁ δὲ Σώπατρος. τί ἔχω εἰπεῖν. τούτου
ταῦτα εἰπόντος· εἰ θέλεις μαθεῖν τὴν ἀλήθειαν,
ἔχεις ἀμφοτέρους τοὺς βασιλέας ἐνταῦθα. κα-
τάμόνον ἑκάστῳ. καὶ ὁρᾷς ποῖος λαμπρότε-
ρος καὶ δυνατώτερος ἐστιν. ἐκεῖνος ἀκούσας,
ἐξενίσθη λέγων. πῶς ἔχω τοὺς ἀμφοτέρους
βασιλέας ἐνταῦθα. ἔχεις ἀμφοτέρων τὰς μονή-
τας. τὸ μὲν τὸ νόμισμα. τὸ δὲ τὴν δραχμίαν
τουτέστιν τὸ μιλιαρίσιον. καταμόνησον τῇ εἰκόνι
ἑκάστου. καὶ ὁρᾷς τὴν ἀλήθειαν. ὁ δὲ ἐπαινέσας
καὶ θπτιλύσας ἐκέλευσεν ἐνεχθῆναι ἀμφό-
τερα. ἰδῶ τὴν τὸ νόμισμα εὐειδὲς, λαμπρὸν,
εὔμορφον· τοιαῦτα γὰρ ἐκλεκτὰ προχωροῦ-
σιν ἐκεῖ. ἰδῶ γὰρ καὶ τὸ μιλιαρίσιον ἅπαξ εἰπεῖν, ἀργυρος. καὶ ἀρκεῖ μὴ συγκρινόμενος
τῷ χρυσίῳ. στρέψας ὁ βασιλεὺς καὶ αὐτὸς στρέψας, καὶ κατανοῶν ἀμφότερα· ἐπαινέσας πολὺν
τὸ νόμισμα ἔφη. ὄντως οἱ Ρωμαῖοι καὶ λαμπροὶ,
καὶ δυνατοὶ, καὶ φρόνιμοι. ἐκέλευσεν οὖν τὸν
Σώπατρον τιμηθῆναι μεγάλως. καὶ καθίσας
αὐτὸν εἰς ἐλέφαντα μετὰ τυμπάνων τὴν πόλιν
περιελθεῖν ἐν τιμῇ πολλῇ. ταῦτα ὁ Σώπατρος
ἡμῖν διηγήσατο· καὶ οἱ μετ' αὐτοῦ ὄντες· ἐν τῇ
νήσῳ ἐκείνῃ, ἀπὸ Ἀδδύλης ἀπελθόντες.
τούτων δὲ χρομάρων ὡς ἔφησαν, ὁ Πέρσης
πολὺν ἐνετράπη.

Μεταξὺ δὲ τῶν λαμπρῶν ἐμπορείων τῶν
προρρηθέντων, εἰσὶ καὶ ἕτερα ἐμπόρεια πολλὰ
καὶ παραθαλάττια καὶ μεσόγαια, καὶ πολλὴ
χῶρα. ἀνώτεροι δὲ τουτέστι βορδότεροι τῆς Ἰνδικῆς, εἰσὶ λαὸι καὶ Οὖνοι. ὁ λεγόμενος Γολλάς.

ἐκβάλλων εἰς πόλεμον ὡς φασιν, οὐκ ἔλαττον
τῶν διχιλίων ἐλεφάντων καὶ ἵππων πολλῶν. κα-
ταρκρατεῖ δὲ καὶ τῆς Ἰνδικῆς, καταδυναστεύων καὶ
φόρους ἀπαιτῶν. ποτὲ γοῦν ὡς φασὶ βουλόμενος πόλιν τῶν Ἰνδῶν μεσόγειον πορθῆσαι· τῆς δὲ
πόλεως κύκλῳ ὕδατι φρουρουμένης. αὐτὸς
ἰχθυὰς ἡμέρας πρεικαθίσας καὶ φρυρήσας καὶ
ἀναλώσας τὸ ὕδωρ διὰ τῶν ἐλεφάντων, καὶ
ἵππων, καὶ στρατοπέδου. ὕστερον διὰ ξηρᾶς
περάσας τὴν πόλιν προσέλαβεν. οὕτοι καὶ τὸν
σμάραγδον λίθον ἀγαπῶσι. καὶ εἰς τὸν στέφα-
νον αὐτῶν φορ
οῦσιν. εἰσφέρουσι γὰρ οἱ Αἰθίοπες
συναλλαγὰς ποιοῦντες μετὰ τῶν βλεμμύων ἐν
τῇ Αἰθιοπίᾳ, τὸν αὐτὸν λίθον ἕως εἰς τὴν Ἰν-
δίαν· καὶ αὐτὰ τὰ καλλιστεύοντα ἀγοράζουσι. καὶ
ταῦτα πάντα τὰ μὲν πείρᾳ μαθὼν ἐξηγη-
σάμην καὶ διέγραψα· τὰ δὲ ἐξ ἐγγὺς τῶν τόπων
ἀκολούθως, ἀκριβῶς μεμαθηκὼς ἐξεῖπον.

Οἱ δὲ κατὰ τόπον βασιλεῖς τῆς Ἰνδικῆς ἔχουσιν ἐλέφαντας. οἷον ὅ τε Ὀρροθᾶ, καὶ ὁ Καλ-
λιανῶν, καὶ ὁ τῆς Σινδδῦ, ἔνθα ὁ στέφαρ, καὶ ὁ
τῶν Μαλὲ· ὁ μὲν ἑξακόσια, ὁ δὲ πεντακόσια,
ἕκαστος πλέον ἢ ἔλαττον. ὁ δὲ τῆς Σιελεδίβα,
καὶ τοὺς ἐλέφαντας καὶ στρατὸν καὶ τοῖς ἵπποις· τοῖς μὲν
ἐλέφαντας πηχισμῷ ἀγοράζει· μετρεῖται γὰρ
ἀπὸ τῆς χαμαὶ τὸ ὕψος αὐτῆς. καὶ ὅπου συμφωνῇ
δ πῆχυ πρὸς πῆχυν φέρε εἰπεῖν, πεντήκοντα ἢ
ἑκατὸν νομίσματα. ἢ καὶ πλέον· τοὺς δὲ ἵππους
ἀπὸ Περσίδος φέρουσιν αὐτῷ καὶ ἀγοράζει, καὶ
ἀτελῶς ἀπελθεῖν τοὺς φέροντας.

Οἱ δὲ καὶ εἰς τὸν στερεὰν βασιλεῖς, ἡμεροῦσιν ἐκ
τοῦ ἀγροῦ τοὺς ἐλέφαντας ἐκτῶνται αὐτοὺς εἰς
πολεμικὴν χρείαν· συμβάλλουσι δὲ καὶ μά-
χην ἐλεφάντων πολλάκις, θεωροῦντος τοῦ βασιλέως. μεγάλοισι γὰρ τοὺς δύο ξύλων μέγα
πλάγιον. δεδεμένον εἰς ἄλλα δύο ξύλα ὄρ-
θια φθάνοντα ὥσπερ εἰς ὃ στῆθος αὐτῶν. καὶ
ἵσταὶ πολλοὶ ἔνθεν κἀκεῖθεν δεθερποι. μὴ
ἐῶντες αὐτοὺς συμμίξαι ἀλλήλοις καὶ συμβάλ-
λεσιν αὐτοῖς, καὶ τῇ προβοσκίσι τύπτουσιν
ἀλλήλους μέχρις ὁ πρότερος αὐτῶν παραιτή-
σεται. ὀδόντας δὲ μεγάλους οἱ Ἰνδικοὶ οὐκ ἔχουσιν, ἀλλὰ καὶ ἐὰν σχῶσι, πρίζουσιν αὐτοῖς
διὰ τὸ βάρος. ἵνα μὴ βαρῇ αὐτοῖς ἐν τῷ πα-

λέμφ. οἱ δὲ Αἰθίοπες οὐκ ἴσασιν ἡμερῶσαι ἐλέφαντας. ἀλλ᾽ εἰ τύχοι θελήσαι τῷ βασιλέα ἕνα. ἢ δύω περὶ πρὸς θέαν, μικροὺς παίζουσιν καὶ ἀναστρέφουσιν. ἔχει γὰρ ἡ χώρα αὐτῶν πλῆθος καὶ μεγάλους ὀδόντας ἔχοντας. ἐκ τῆς γὰρ Αἰθιοπίας καὶ εἰς Ἰνδίαν πλοΐζοντα ὀδόντες καὶ ἐν Περσίδι καὶ ἐν τῷ Ὀμμηρίτῃ καὶ ἐν τῇ Ῥωμανίᾳ καὶ ταῦτα παρειληφὼς ἔγραψα.

πᾶσαν δὲ τὴν Ἰνδικὴν καὶ τὴν Οὐνίαν, διαιρεῖ ὁ Φεισὼν ποταμός. καλεῖται γὰρ παρὰ τῇ θεία γραφῇ ἡ γῆ τῆς Ἰνδικῆς χώρας, Εὐϊλάτ· ἐπεὶ γὰρ γέγραπται ἐν τῇ γενέσει, ποταμὸς δὲ ἐκπορεύεται ἐξ ἐδὲμ ,, ποτίζειν τὴν Παράδεισον. ἐκεῖθεν ἀφορίζεται εἰς ,, τέσσαρας ἀρχάς· ὄνομα τῷ ἑνὶ Φεισὼν· ἐκεῖ ,, ὁ κυκλῶν πᾶσαν τὴν γῆν Εὐϊλάτ· ἐκεῖ οὗ ,, ἐστὶ τὸ χρυσίον· τὸ δὲ χρυσίον τῆς γῆς ἐκείνης, κα- ,, λόν· ἐκεῖ ἐστὶ ὁ ἄνθραξ, καὶ ὁ λίθος ὁ πράσινος· γῆν Εὐϊλάτ σαφέστερον αὐτὴν ὀνομάσαι· οὕτος δὲ ὁ Εὐϊλάτ ἐκ τοῦ Χάμ ἐστὶν· οὕτω γὰρ πάλιν γέγραπται· υἱοὶ Χάμ, Χοὺς καὶ Μεσραΐμ φοὺδ καὶ Χαναάν· υἱοὶ δὲ Χοὺς σαβᾶ καὶ Εὐϊλάτ. τουτέστιν Ὀμμηρίται καὶ Ἰνδοί· ἡ σαβᾶ γὰρ ἐν τῷ Ὀμμηρίτῃ κεῖται· καὶ Εὐϊλάτ ἐν τῇ Ἰνδίᾳ ἐστὶ· τὰς δύο γὰρ ταύτας χώρας, ὁ Περσικὸς κόλπος διαιρεῖ· ἔχει δὲ καὶ ἡ γῆ ἐκείνη τὸ χρυσίον κατὰ τὴν ἱερὰν γραμμα· ἔχει καὶ τὴν πεζέρωτα λίθον. αὐτὸν γὰρ καλεῖ ἄνθρακα· ἔχει καὶ τὴν ἴασπιν· τὴν γὰρ εἶπε λίθον πράσινον, σαφέστερον ὅτι ἡ θεία γραφὴ ὡς ὄντος θεία, διηγεῖται τὰ πράγματα κατὰ καὶ πᾶσα ἡ πραγματεία δηλοῖ

εἰ μὲν οὖν ὁ Παράδεισος ἐν ταύτῃ τῇ γῇ οὐκ ἄκινεν οἱ πολλοὶ φθάσαι μέχρι τῶν αὐ-

τόθι· εἰ γὰρ διὰ μέταξιν εἰς τὰ ἔσχατα τῆς γῆς τινες ἐμπορίας οἰκτρᾶς χάριν οὐκ ὀκνῶσι διελτεῖν πῶς ἂν περὶ τῆς θέας αὐτῆ οὐ παραδείσου ὠκνῆσαν πορεύεσθαι· αὕτη δὲ ἡ χώρα τοῦ μετάξιου ἐστὶν ἐν τῇ ἐσωτέρα πάντων Ἰνδίᾳ· κατὰ τὸ ἀριστερὸν μέρος εἰσιόντων τῷ Ἰνδικῷ πελάγους· προαγωτέρω πολὺ τοῦ Περσικοῦ κόλπου καὶ τῆς νήσου τῆς καλουμένης παρὰ μὲν Ἰνδοῖς, Σελεδίβα· παρὰ δὲ τοῖς Ἕλλησι, Ταπροβάνης Τζίνιτζα οὕτω καλουμένη· καλουμένη πάλιν ἐξ ἀριστερῶν ἀπὸ τοῦ ὠκεανοῦ· ὥσπερ καὶ ἡ βαρβαρία κυκλοῦται ἐκ δεξιῶν ἀπ᾽ αὐτοῦ· καὶ φασὶν οἱ Ἰνδοὶ φιλόσοφοι οἱ καλούμενοι Βραχμᾶνες· ὅτι ἐὰν βάλῃς ἀπὸ Τζίνιτζα ἀπαρτίον διελτεῖν διὰ Περσίδος ἕως Ῥωμανίας, ἀπὸ κανόνος ὁ μεσαίτατον τοῦ κόσμου ἐστὶ· καὶ τάχα ἀληθεύουσι· πολὺ γὰρ ἀριστερά ἐστιν· ὡς δι᾽ ὀλίγου χρόνου βασταγὰς μεταξίν γίνεσθαι ἐκ τῶν ἐκεῖ. ἐκ διαδοχῆς ἑτέρων ἐθνῶν, ὡς Περσίδι διὰ τῆς γῆς διὰ δὲ τῆς θαλάσσης, πάλιν πολλὰ διαστήματα ἀπέχουσα ἀπὸ τῆς Περσίδος· ὅσον γὰρ διάστημα ἔχει ὁ κόλπος ὁ Περσικὸς εἰσερχόμενος ἐν Περσίδι, τοσοῦτον διάστημα πάλιν ἀπὸ τῆς Ταπροβάνης καὶ προαγωτέρω ποιεῖ ὁ ἐπὶ τὰ ἀριστερὰ εἰσερχόμενος εἰς ἐν αὐτῇ τῇ Τζίνιτζα· μετὰ τὸ καὶ διαστήματα πάλιν ἱκανὰ ἔχων ἀπὸ τῆς ἀρχῆς ἔξωθεν τοῦ Περσικοῦ κόλπου, ὅλον δὲ τὸ Ἰνδικὸν πέλαγος ἕως Ταπροβάνης καὶ ἐπέκεινα διατεμνόμενα· σὺν πολλὰ διαστήματα ὁ διὰ τῆς ὁδοῦ ἐρχόμενος ἀπὸ Τζίνιτζα ἐπὶ Περσίδα· ὅθεν καὶ ὁ πλῆθος μεταξίν ἀεὶ ἐπὶ τὴν Περσίδα διείσκε· περαιτέρω δὲ τῆς Τζίνιτζας οὔτε πλέεται, οὔτε οἰκεῖται· ἀπὸ γοῦν τῆς Τζίνιτζας ὡς ἀπὸ ἀπαρτίαν ὀρθῶς ἐπὶ τὴν δύσιν τῆς μετρῶν τὰ διαστήματα τοῦ μήκεις τῆς γῆς, διηρήσει πλεῖον ἢ ἔλαττον, μονῶν δὲ ἀπὸ μιλίων λ'. μετελτέον δὲ οὕτως· ἀπὸ τῆς Τζίνιτζας ἕως τῆς ἀρχῆς Περσίδος πᾶσα ἡ Οὐνία καὶ Ἰνδία· καὶ ἡ Βακτρῶν χώρα, εἰσὶ περὶ τῷ μονὰς ρ'. εἰ μή τι πλεῖος οὐκ ἔλαττον. καὶ πᾶσα ἡ Περσῶν χώρα μονὰς π'. καὶ ἀπὸ τῆς Νίσιβι ἐπὶ Σελεύκειαν, μονὰς ιγ'.

κỳ ἀπὸ Σελευκείας ἐπὶ Ῥώμην καὶ Γάλοις καὶ
Ἰσπανίαν τοῖς νῦν λεγομένοις Ἰσπανοῖς ἕως Γα-
δείρων ἔξω εἰς τὸν ὠκεανὸν, μοναὶ ρν΄. καὶ
πλέον ὡς γίνεθαι ὁμοῦ τὸ πᾶν μοναὶ τετρακό-
σιαι πλέον ἢ ἔλαττον· ὁ δὲ πλάτος αὐτῆς
ἀπὸ τῶν βορείων τόπων ἕως τῇ Βυζαντίῳ,
ᾗ πλείους εἰσὶ μοναὶ ι΄. ἐκ τῆς γὰρ κοιασίας
θαλάσσης τῆς εἰσβαλλύσης ἐκ τῦ ὠκεανῦ,
δυνατὸν σημάσασθαι καὶ τὰ οἰκούμενα τῶν
μερῶν ἐκείνων· καὶ ἀπὸ τῇ Βυζαντίῳ πάλιν
ἕως Ἀλεξανδρείας, μοναὶ ι΄. καὶ ἀπὸ Ἀλεξανδρείας ἕως τῶν καταρακτῶν, μοναὶ λ΄.
καὶ ἀπὸ τῶν καταρακτῶν ἕως ἀξόμεως μοναὶ λ΄.
ᾧ ἀπὸ ἀξόμεως ἕως ἄκρων τῆς Αἰθιοπίας
τῆς λιβανοτοφόρου γῆς τῆς καλουμένης Βαρ-
βαρίας· ἥτις ᾧ παρήκει τῷ ὠκεανῷ· ᾧ
πλησίον ἀλλὰ καὶ μακρὰν ἔχουσα τῇ σασου-
χώραν ὑπάτω ὅσον τῆς Αἰθιόπων γῆς,
μοναὶ μ΄. πλέον ἢ ἔλαττον· ὡς εἶ ὁμοῦ μοναὶ σ΄. πλέον ἢ ἔλαττον. ὥτε ᾧ κατὰ τοῦτο
ἀληθεύειν τῇ θείᾳ γραφῇ διπλῆν τῇ πλά-
τοις, ὁ μῆκες τῆς γῆς ἀποτιθεμένων· ποιήσῃς
γὰρ τὴν τράπεζαν ὡσεὶ τὴν ὑπογραφὴν
τῆς γῆς, μῆκος πηχῶν β΄· ᾧ πλάτος πήχεις μιᾶς·
ἔστι ᾧ χώρα ἡ λιβανοτοφόρος εἰς τὰ ἄκρα τῆς
Αἰθιοπίας μεσούχες λιῶ ἵνα· τὸν δὲ ὠκεανὸν
ἐπέκεινα ἔχουσα ὅτι ᾧ οἱ τῇ Βαρβαρίαν οἰκοῦν-
τες ὡς ἐξ ὕθεν ὄντες, ἀπερχόμενοι, ἐπὶ τὰ μεσόγεια ᾧ πραγματευόμενοι, κομίζουσιν ἐξ
αὐτῶν τὰ πλεῖστα ἡδυσμάτων· λίβανον, κασ-
σίαν· κάλαμον καὶ ἕτερα πολλά· ᾧ αὐτὰ πάλιν διὰ θαλάσσης κομίζουσιν ἐν τῇ Ἀδδύλῃ
ᾧ ἐν τῇ Ὁμηρίτῃ, καὶ ἐν τῇ ἐσωτέρᾳ Ἰνδίᾳ ᾧ ἐν τῇ Περσίδι· τὸ γὰρ αὐτὸ ᾧ ἐν τῇ
βασιλείας εἴρησις γεγραμμένον· ὅτε ἡ βα-
σιλίσσα Σαβᾶ τῆτεσι τῇ Ὁμηρίτᾳ· ἢ πάλιν καλεῖ ὁ Κύριος ἐν εὐαγγελίοις βασιλισ-
σαν νότῦ, τῷ σολομῶντι ἡδύσματα ἔφερε τὰ
ἀπὸ αὐτῆς τῆς Βαρβαρίας ὡς χθνιῶσα εἰς
τὸ πέραν ᾧ ῥάβδοις ἐβενίνοις ᾧ πιθήκοις ᾧ
χρυσίον ἐκ τῆς Αἰθιοπίας· ὡς χθνιῶσα πάσῃ
τῇ Αἰθιοπίᾳ κατὰ ὁ πέραν τῇ Ἀραβικῇ κολ-
πῷ· ἔστιν οὖν πάλιν ᾧ ἐκ τῶν λόγων τῇ Κυ-
είῳ ἰδεῖν· ὡς ὅτι πέρατα γῆς καλεῖ, αὐτὰς

πεῖς τόποις οὕτως λέγων· βασίλισσα νότῦ ἐγερ-   «
θήσεται ἐν τῇ κρίσει μετὰ τῆς γενεᾶς ταύτης καὶ   «
κατακρινεῖ αὐτὴν· ὅτι ἦλθεν ἐκ τῶν περά-   «
των τῆς γῆς ἀκοῦσαι τῆς σοφίας Σολομῶνος· οὐκ   «
ἀπέχει γὰρ τῆς Βαρβαρίας ὁ Ὁμηρίτης· τῆς
θαλάσσης μεσαζούσης, πορείας ἡμερῶν διὰ
θαλάσσης δύο· εἰς λειπὸν ἐπέκεινα ὁ ὠκεανός
ἐστι. ὃ καλόμενον ἐκεῖ Ζίγγιον· ἡ δὲ λεγομένη σάσου ᾧ αὐτὰ πλησίον ὑπάρχει τῇ ὠκεα-
νῦ· ὡς ᾧ τῆς λιβανοτοφόρου γῆς, πλησίον ὁ
ὠκεανὸς ὑπάρχει· μεγάλα πολλὰ χρυσία
ἔχουσα· ἕνα δὲ πρὸς ἕνα ἐνιαυτόν. ὁ βασιλεὺς
τῶν ἀξωμιτῶν διὰ τῶν ἀρχόντων τῇ Ἀγαῦ,
ἀποστέλλει ἐκεῖ ἀνθρώπους ἰδίους ἕνεκεν πραγματείας χρυσίᾳ, συνεξέρχον ᾧ αὐτοῖς καὶ
ἕτεροι πολλοὶ συμπραγματευόμενοι· ὡς
εἶ ἐπάνω πεντακοσίων ἀνδρῶν· καὶ ἀποφέρουσι δὲ ἐκεῖ βόας, ᾧ ἅλας, ᾧ σίδηρον· ὡς
ᾧ ἐγγὺς τῆς χώρας γίνονται, παύσουσι κατὰ τὸ-
πον παύσουσι· φέροντες δὲ ἀκμῶν πλῆθος.
ποιοῦσι μεγάλην φραγμὸν ᾧ ἔσωθι διάγουσι
ᾧ θύσι βόας καὶ μελίζουσι, ᾧ προβάλλουσιν
ἐπάνω τῶν ἀκμῶν τὰ ζῶα· καὶ τοῖς ἅλας, καὶ
τὸν σίδηρον· ἔρχον· ᾧ ἐκεῖνοι οἱ ἐγχώριοι φέροντες χρυσίον ὡς θερμία τὸν λεγόμενον ταγ-
χάραν· ᾧ τίθησιν ἢ ἐν θερμίον ἢ δύο ἢ πλέον
ἐπάνω τοῦ ὀρεσκέ· μέλοις· ἢ εἰς τὰς ἅλας,
ἢ εἰς ᾧ σίδηρον ᾧ εἱστήκει πρὸ ἔξω· ἐγγὺς
ᾧ ὁ Κύειος τῆς βόος καὶ ἐὰν ἤρεσεν αὐτῷ ἔλαβε ᾧ χρυσίον, κἀκεῖνος ἐλθὼν ἔλαβε ὁ χρέας
ἢ τοῖς ἅλας, ἢ τὸ σιδήριον· εἰ δὲ οὐκ ἤρεσεν
αὐτῷ· ἠφίει τὸ χρυσίον· καὶ ἦλθε κἀκεῖνος θεω-
ρῶν ὅτι ᾧ ἐκ ἔλαβε· καὶ ἢ προσετίθησιν, ἢ ἔλαβε ὁ
χρυσίον αὐτῦ καὶ ἀπερχόμενος· τοιαύτη ἐστὶν ἡ
σπαλλαγὴ τῶν ἐκεῖσε· ἐπ' ᾧ καὶ ἀλλόγλωσσοι
εἰσὶ καὶ ἑρμηνέων μάλιστα πολλῶν ἀπορούσι·
ποιοῦσι δὲ κατὰ τόπον εἰς ἐκείνῳ τὴν χώραν, ἡμέρας πέντε· πλέον ἢ ἔλαττον κατὰ προβας·
εἰσερχόμενοι ᾧ πραγματευόμενοι. μέχρις
τῇ ἀπὸ πραγματεύσωθαι. ἐν τῷ ᾧ ὑποστρέ-
φειν πάλιν· ὁμοθυμαδὸν ἔνοπλοι ὑποτρέχεται
διὰ ᾧ τῇ τινας μεταξὺ τῆς χώρας ἐπηρεάζοντας
αὐτοῖς. καὶ ἀφελεῖ βουλομένοις ἀπ' αὐτῶν
ᾧ χρυσίον· ἐξ οὖν οὖν ποιοῦντες δὲ ἑξάμηνα

ποιῦσι τὴν ἐπομείαν ἐν ταῖς ὑπάρχαις καὶ ὑπο-
τρέφειν αὐτοῖς βραδυτέρως περιπατοῦντες ἐν
ταῖς ὑπάρχαις μάλιστα διὰ τὰ ἄλογα· ὑπο-
τρέφοντες ἢ σπουδαιότερον ἵνα μὴ οἱ χειμῶ-
νες καὶ οἱ ὑετοὶ καταλάβωσιν αὐτοὺς ἐν τῇ ὁδῷ·
ἐκεῖ γὰρ τὰ ἐκεῖ ἐστὶν ἡ κορυφὴ τῦ Νείλου
ποταμῦ· καὶ κατὰ χειμῶνα ἐκ τῶν πολλῶν
ὑετῶν, πολλοὶ ποταμοὶ ἐξ αὐτῆ εἰσὶν ὁδὸν
γίνονται· ἔστι δὲ ὁ χειμὼν τῶν αὐτῇ κατ᾽ ὃ
πρὸς ἡμῖν θέρος· ἀπὸ τῦ κατ᾽ Αἰγυπτίοις
ἐπιφὶ μηνὸς ἀρχὴ ἕως τέλεις τῦ θὼθ σφο-
δρῶς καταβρέχων τοὺς τρεῖς μῆνας ὥστε πλῆθος
ποταμῶν ποιεῖν πάντες δὲ ἐπὶ τὸν Νεῖλον ἐκ-
χέουσι ταῦτα ἢ τὰ λοιπὰ ὅλει ἐπέλαβον· τὰ
δὲ ἀκηκοὼς ἐξ αὐτῶν τῶν ἐκεῖσε πραγμα-
τενομένων γέγραφα· βούλομαι δὲ καὶ ἑτέραν
ἱστορίαν διηγήσασθαι τῇ σῇ εὐλαβείᾳ· συμ-
πλεύσῃ πρὸς τὴν παρῦσαν ὑπόθεσιν.

Ἐν τῇ ἀδδύλῃ τῇ καλυφθῇ τῶν Αἰθιόπων πό-
λει παραλίῳ τυγχανῦσῃ ὡς ἀπὸ μιλίων δύο
λιμωδι ὑπαρχῦσῃ τῦ Ἀξωμιτῶν ἔθνεσι· ἔνθα δὲ τὴν ἐμπορείαν ποιῦμεθα· οἷ ἀπὸ Ἀλεξανδρείας καὶ Ἀηλᾶ ἔμποροι ὅρμιοι, δίφρος
ἐστὶ κείμενος ἐν τῇ ἀρχῇ τῆς πόλεως κατὰ
ὃ δυτικὸν μέρος πρὸς ἔχων ἐπὶ τὴν ὁδὸν Ἀξω-
μεως μύρμάρινος ἑνὸς τῶν βασιλευσάντων
ἐνταῦθα πτολεμαίῳ. ἀπὸ δοκιμασίᾳ μύρ-
μάρου λευκοῦ· οἷα εἰσὶ τὰ τραπέζια τὰ λευ-
κά· ὃ λοιπὸν πεντηκοντάπους ἔχων βάσιν τετράγωνον καὶ τέσσαρα κιόνια λεπτὰ μικρὰ
εἰς τὰς τέσσαρας γωνίας καὶ ἕνα παχύτε-
ρον μέσον γεγλυμμἐνον θρόνον· ᾧ ἐπάνω
τῶν κιονίων τὸ κάθισμα· καὶ τὸ ἀνάκλιτον τὸ
ὄπισθεν τῦ θρόνου· καὶ τὰ ἑκάτερα πλευρὰ δεξιὰ καὶ ἀριστερά· ὅλος ὁ δίφρος ἤβασις
καὶ τὰ ε. κιόνια, καὶ τὸ κάθισμα, καὶ τὸ
ἀνάκλιτον, καὶ τὰ ἑκάτερα πλευρὰ ὅλα
εἰς λίθος γεγλυμμἐνος· ἔχων ὅλος ὡς πήχεις
δύο ἥμισυ ὡς αἱ πρὸς ἡμῖν καλούμεναι κα-
θέδραι. ὄπισθεν δὲ αὐτῦ τῦ δίφρου, ἄλλο μάρμαρον ἀπὸ βασανίτη λίθου ἐστὶν ἰσάμηνον ὡσεὶ

πηχῶν πεισὶν· τετράγωνον ὡς εἰκὼν ἧς ἡ
κεφαλὴ, ὃ μέσον μὲν ὀξὺ ἄνω· τὰ πρεκά-
τερα δὲ, μικρὸν χαμηλότερα ὡς τύπον τῦ
στοιχείυ τῦ λάμδα· ὅλει ἢ τὸ σῶμα τετρά-
γωνον· νυνὶ δὲ αὐτὴ ἡ εἰκὼν πεπτώκυα ἐστὶν
ὄπισθεν τῦ δίφρου· ὃ κάτω πᾶν μέρος αὐτῆς κλαδὲν καὶ ἀπολεθὲν· ὅλει δὲ ὃ μάρ-
μαρος ὁ δίφρος πεπληρωμἐνα γραμμά-
των ἑλληνικῶν· πρόντι οὖν μοι ἐν τοῖς τόποις
περὶ τούτων τῶν ἐνιαυτῶν εἴκοσι πέντε πλέον
ἢ ἔλαττον· ἐν τῇ ἀρχῇ τῆς βασιλείας Ἰουστίνου
τῦ ῥωμαίων βασιλέως· ὁτηνικαῦτα βασιλεὺς
τῶν Ἀξωμιτῶν Ἐλεσβαὰν μέλλων ἐξιέναι εἰς
πόλεμον πρὸς τοὺς Ὁμηρίτας τοὺς πέραν,
γράφει τῦ ἄρχοντι ἀδδύλης· ἀναλαβεῖν τὰ
ἴσα τῶν γεγραμμἐνων ἐν τῷ δίφρῳ τῷ πτο-
λεμαϊκῷ καὶ τῇ εἰκόνι καὶ ἀποστεῖλαι αὐτῷ.
καλέσας δέ με ὁ τότε ἄρχων ὀνόματι Ἀσβᾶς·
καὶ ἄλλον ἕνα πραγματευτὴν ὀνόματι Μη-
νᾶν· ὃς γενόμενος μονάζων ἐν τῇ ῥαϊθῦ, ὃ
περὶ πολλοῦ τὸν βίον μετήλλαξε· κελεύῃ ἡμῖν
ἀπελθεῖν καὶ ἀναλαβεῖν τὰ γεγραμμἐνα· λα-
βόντες δὲ, δεδώκαμεν τῷ ἄρχοντι· κατα-
χόντες δὲ ἑαυτοῖς ταῦτα ἃ καὶ νῦν θήσω· ἐν ταύτῃ τῇ συγγραφῇ· συμβαλλόμενα ἡμῖν πρὸς
τὴν τῶν τόπων καὶ τῶν οἰκουντων καὶ τῶν διαστη-
μάτων εἴδησιν εὐρημὴ καὶ ἐν τοῖς ὀπισθίοις
τῦ δίφρου γεγλυμμἐνοις· τόν τε ἡρακλέα καὶ
ἑρμέα· οἷς ὁ μετ᾽ ἐμοῦ μακαρίτης Μηνᾶς
ἔλεγε τὸν μὲν ἡρακλέα, σύμβολον εἶ δυνα-
μεως· τὸν δὲ ἑρμέα πλύτου· κἀγὼ δὲ μνη-
σθεὶς τῶν πράξεων τῶν ἀποστόλων, ἀντέλε-
γον αὐτῷ περὶ ὃ ἓν λέγων· ὅτι τὸν ἑρμέα
μᾶλλον σύμβολον λόγου ἐπὶ λαβεῖν τὸν
γὰρ γέγραπται ἐν ταῖς πράξεσιν, ὅτι ἐκά-
λουν τὸν μὲν Βαρνάβαν, διὰ· τὸν δὲ παῦλον,
ἑρμῆν· ὅτι αὐτὸς ἦν ἡγούμενος τῦ λόγυ· ἔστι
οὖν ὁ δίφρος· καὶ τὸ μάρμαρον, ἅμα καὶ αὐτὸς πτολεμαῖος:

ὁδὸς ἀπάγουσα ἀπὸ Ἀδδύλης εἰς Ἀξώμην:

ΕΙΣΙ ΔΕ ΚΑΙ ΤΑ ΓΕΓΡΑΜΜΕΝΑ ΕΝ ΤΗ
ΕΙΚΟΝΙ ΤΑΥΤΑ.

Βασιλεὺς μέγας Πτολεμαῖος υἱὸς βασιλέως Πτολεμαίου, καὶ βασιλίσσης Ἀρσινόης θεῶν ἀδελφῶν, τῶν βασιλέων Πτολεμαίου, καὶ βασιλίσσης Βερενίκης, θεῶν σωτήρων ἀπογόνος· τὰ μὲν ἀπὸ πατρὸς Ἡρακλέος τοῦ Διός, τὰ δὲ ἀπὸ μητρὸς Διονύσου τοῦ Διός, παραλαβὼν παρὰ τοῦ πατρὸς τὴν βασιλείαν Αἰγύπτου καὶ Λιβύης καὶ Συρίας καὶ Φοινίκης, καὶ Κύπρου καὶ Λυκίας καὶ Καρίας καὶ τῶν Κυκλάδων νήσων, ἐξεστράτευσεν εἰς τὴν Ἀσίαν μετὰ δυνάμεων πεζικῶν καὶ ἱππικῶν καὶ ναυτικοῦ στόλου καὶ ἐλεφάντων τρωγλοδυτικῶν καὶ Αἰθιοπικῶν, οὓς ὅ τε πατὴρ αὐτοῦ καὶ αὐτὸς πρῶτος, ἐκ τῶν χωρῶν τούτων ἐθήρευσαν καὶ καταγαγόντες εἰς Αἴγυπτον, κατεσκεύασαν πρὸς τὴν πολεμικὴν χρείαν. κυριεύσας δὲ τῆς τε ἐντὸς Εὐφράτου χώρας πάσης καὶ Κιλικίας καὶ Παμφυλίας καὶ Ἰωνίας καὶ τοῦ Ἑλλησπόντου καὶ Θρᾴκης καὶ τῶν δυνάμεων τῶν ἐν ταῖς χώραις ταύταις πασῶν καὶ ἐλεφάντων Ἰνδικῶν καὶ τοὺς μονάρχας τοὺς ἐν τοῖς τόποις πάντας ὑπηκόους καταστήσας, διέβη τὸν Εὐφράτην ποταμὸν, καὶ τὴν Μεσοποταμίαν καὶ Βαβυλωνίαν καὶ Σουσιανὴν καὶ Περσίδα καὶ Μηδείαν καὶ τὴν λοιπὴν πᾶσαν, ἕως Βακτριανῆς, ὑπ' αὐτὸν ποιησάμενος καὶ ἀναζητήσας ὅσα ἀπὸ τῶν Περσῶν ἱερὰ ἐξ Αἰγύπτου ἐξήχθη, καὶ ἀνακομίσας μετὰ τῆς ἄλλης γάζης τῆς ἀπὸ τῶν τόπων εἰς Αἴγυπτον, δυνάμεις ἀπέστειλε διὰ τῶν ὀρυχθέντων ποταμῶν.

Καὶ ταῦτα μὲν ἐν τῇ εἰκόνι ἐγέγραπτο, ἃ καὶ δι' ἐρήμων σῶσαι ὀλίγα ἦσαν τὰ ἀπολλύμενα. οὐδὲ γὰρ πολὺ ἦν τὸ κεκλασμένον μέρος αὐτῆς· εἶτα ὡς ἐξ ἀκολουθίας, καὶ εἰς τὸν δίφρον ἐγέγραπτο οὕτως.

Μεθ' ἃ ἀνδρειώσας, τὰ μὲν ἔγγιστα τῆς βασιλείας μου ἔθνη εἰρηνεύσας καὶ κελεύσας, ἐπολέμησα δὲ ὑπέταξα μάχαις τὰ ὑπογεγραμμένα ἔθνη· Γάζῃ ἔθνη ἐπολέμησα, ἔπειτα Ἀγάμη καὶ Σιγύνη ἐνίκησα τὴν ἡμίσυν τῶν πρὸς αὐτοῖς πάντων καὶ αὐτῶν ἐμερισάμην. Ἄθα καὶ Τιαμὼ τοὺς λεγομένους Τιαμὼ καὶ τοὺς Γαμβελὰ καὶ τὰ ἐγγὺς αὐτῶν λεγόμενα ἔθνη· τὰ πέραν τοῦ Νείλου καὶ Ζιγγαβήνη καὶ Ἀγγαβὲ καὶ Τιαμὰ καὶ Ἀθαγαοὺς καὶ Καλαὰ καὶ Σεμῆνοι· ἔθνος πέραν τοῦ Νείλου ἐν δυσβάτοις καὶ χιονώδεσιν ὄρεσιν οἰκοῦντας ἐν οἷς διὰ παντὸς νιφετοὶ καὶ κρύη καὶ χιόνες βαθύταται· ὡς μέχρι γονάτων καταδύειν ἄνδρα, τὸν ποταμὸν διαβὰς ὑπέταξα· ἔπειτα Λασίνε καὶ Ζαὰ καὶ Γαβαλὰ οἰκοῦντας πρὸς ὄρεσι θερμῶν ὑδάτων βλύσει καὶ καταρρύτοις Ἀταλμὼ καὶ Βέγα· καὶ τὰ σὺν αὐτοῖς ἔθνη πάντα Τανγαΐτας, τοὺς μέχρι τῶν τῆς Αἰγύπτου ὁρίων οἰκοῦντας ὑποτάξας, πεζεῦσαι ἐποίησα τὴν ὁδὸν, ἀπὸ τῶν τῆς ἐμῆς βασιλείας τόπων μέχρις Αἰγύπτου ἕκτα Ἄννινε καὶ Μέτινε ἐν ἀποκρήμνοις οἰκοῦντας ὄρεσι· Σεσέα ἔθνος ἐπολέμησα, ὃς καὶ μέγιστον καὶ δυσβατώτατον ὄρος ἀπελθόντας προσφυγόντας κατήγαγον· καὶ ἐπελεξάμην ἐμαυτῷ τούς τε νέους αὐτῶν καὶ γυναῖκας καὶ παῖδας καὶ παρθένους καὶ πᾶσαν τὴν ὑπάρχουσαν αὐτοῖς κτῆσιν. †Ῥαυσοὶ ἔθνη μεσόγεια λιβανωτοφόρων Βαρβάρων· οἰκοῦντας ἐντὸς πεδίων μεγίστων ἀνύδρων καὶ Σολάτε ἔθνος ὑπέταξα. οἷς καὶ τοῖς αἰγιαλοῖς τῆς θαλάσσης φυλάσσειν ἐκέλευσα ταῦτα ἢ πάντα τὰ ἔθνη ὀρεσιν ἱδρυτέα πεφορτισμένα· αὐτὸς ἐγὼ ἐν αἷς μάχαις παρὼν, νικήσας καὶ ὑποτάξας, ἐχαρισάμην αὐτοῖς πάσας τὰς χώρας ἐπὶ φόροις ἄλλα δὲ πλεῖστα ἔθνη, ἑκόντα ὑπέταγη μοι ἐπὶ φόροις· καὶ πέραν δὲ τῆς ἐρυθρᾶς θαλάσσης οἰκοῦντας Ἀραβίτας καὶ Κιναιδοκολπίτας στράτευμα ναυτικὸν καὶ πεζικὸν διαπεμψάμενος καὶ ὑποτάξας αὐτῶν τοὺς βασιλέας φόρους τῆς γῆς τελεῖν ἐκέλευσα· καὶ ὁδεύεσθαι μεθ' εἰρήνης καὶ πλεῖσθαι ἀπό τε Λευκῆς κώμης ἕως τῶν Σαβαίων χώρας ἐπολέμησα· πρῶτος δὲ ταῦτα ἔθνη, ὥσπερ καὶ μόνος βασιλέων τῶν πρὸ ἐμοῦ ὑπέταξα· δι' ἣν ἔχω τὸν μέγιστον θεὸν καὶ Ἄρην χάριν ὁμολογῶ ὅς με καὶ ἐγέννησεν. δι' οὗ πάντα τὰ ὁμοροῦντα τῇ ἐμῇ γῇ ὑπὸ μὲν ἀνατολῆς μέχρι τῆς λιβανωτοφόρου, ἀπὸ δὲ δύσεως μέχρι τῶν τῆς Αἰθιοπίας καὶ Σάσου τόπων ὑπ' ἐμαυτὸν ἐποίησα· ἃ δ' ἦν αὐτοὶ ἐγὼ ἐλθὼν καὶ νικήσας· ἃ δὲ διαπεμπόμενος καὶ ἐν εἰρήνῃ καταστήσας πάντα τὸν ὑπ' ἐμὲ κόσμον κατὰ τοῦτο εἰς τὴν Ἀδούλην τῷ Διὶ καὶ τῷ Ἄρει καὶ τῷ Ποσειδῶνι, θάλασσαν ὑπὲρ τῶν πλωϊζομένων, ἀθροίσας δέ μου τὰ στρατεύματα καὶ ἐφ' ὧν ἐποίησα ἐπὶ τούτῳ τῷ τόπῳ ἐκαθέσθην δὲ τὸν δίφρον ἀναθεὶς ἱερὸν ἐποίησα· ἔτει τῆς ἐμῆς βασιλείας εἰκοστῷ ἑβδόμῳ.

Καὶ

Καὶ ταῦτα μὲν τὰ ἐν τῷ δίφρῳ γεγραμμένα· ἕως δὲ τῆς σήμερον ἡμέρας, ἐν ἐκείνῳ τῷ τόπῳ ἔνθα κεῖται ὁ δίφρος, ἐντεῦθεν αὐτῷ τὰς καταδίκας φοιβῶσιν· εἰ ἐκ τῆς παλαιᾶς τε καὶ κατὰ τὸν Πτολεμαῖον τύχη κεκρατηκὸς, εἰπεῖν οὐκ ἔχω. ταῦτα δὲ τέλεια δεῖξαι βουλόμενος ὡς αὐτὸς τήν τε Σασοῦ καὶ τὴν Βαρβαρίαν, τέλος τῆς Αἰθιοπίας ἀκριβῶς ἐπίσταμαι· πλεῖστά τε ἔθνη ἐκεῖνα κατετάξας καὶ τὰς χώρας ἃ καὶ πλεῖστα ἐξ αὐτῶν ἐθεασάμεθα· τὰ δὲ λοιπὰ ὡς ἐγγὺς τῶν τόπων ὄντες, ἀκριβῶς μεμαθήκαμεν· τὰ γὰρ πλεῖστα τῶν αἰθιοπίδων τῶν ἐρχομένων ἐξ αὐτῶν τῶν ἐθνῶν εἰσιν· ἃ δὲ εἰσέρχονται παρὰ τὰς ἐμπορίας ἐν τοῖς ἐκεῖ· ἀλλὰ τὰ Σεμῆναι ἐν θαλάσσῃ τὰς χίνας καὶ τὰ κρήπι γίνεσθαι ἐκεῖ· ἐξορείζει ὁ βασιλεὺς τῶν ἀξωμιτῶν ἡνίκα τινὰ καταδικάσῃ πεμφθῆναι ἐν ἐξορείᾳ παρὰ ὃ πέραν Ἀρραβίας καὶ κιναιδοκολπίτας καὶ τὴν Σαβαίων χώραν, τοὺς Ὁμηρίτας λέγει· ἔστιν οὖν ἐκ ταύτης τῆς ἱστορίας, ἀκριβῶς στοχάσασθαι τὸ πλάτος τῆς γῆς ἀπὸ τῶν κατὰ βορείων τόπων ἕως τῆς Σασοῦ καὶ τῆς λιβανοφόρου Βαρβαρίας ὂ πλείω τῶν διακοσίων μοναῶν εἰ· ἀκριβῶς γὰρ ἐπιστάμενοι οἱ πολὺ διαμαρτάνοντες τῆς ἀληθείας· τὰ μὲν πλανώμενοι καὶ ὁδεύοντες· τὰ δὲ ἀκριβῶς μεμαθηκότες, καταγράφω ὥστε καὶ ἐξ τούτου, τὴν μὲν θείαν γραφὴν ἀληθεύειν τοῖς ἐξ

ἔξωθεν φιλοτεχνῶν τὰ ζητούμενα μᾶλλον τὰ σοφιστικῶς· φιλεῖς καὶ γραώδεις μύθοις διηγούμενοι, πρὸς σύστασιν τῆς αὐτῶν ματαιότητος καὶ αἰσχραλογίας ἑτέραν ζωὴν νοητικωτέραν τῆς κεκαυμένης ὁμοίας τῆ ὑφ' ἡμῶν οἰκουμένη καὶ ταύτην ἣ οὐδεὶς ἑώρακε πώποτε οὔτε ἀκήκοε· πῶς γὰρ ἑωραθείη ἢ ἀκουσθείη, ὃ μὴ τῇ ἀληθείᾳ αἰσθητῶς ὑφιστάμενον· διὸ οὐ παραδεκτέον τοῖς αὐτῶν φληνάφοις· νέων γὰρ τινῶν σοφιζομένων τὰ τοιαῦτα τυγχάνει ὃ ὁ παλαιὸν· οἵτινες σοφίσματι πιθανοῖς, ἔδοξαν ἀναγγέλλειν τοῖς παρὰ αὐτῶν γεγονόσιν ἀδυνάτοις ἐπεχειρομῶντες καθ' αὐτὸ ἐν τῷ περὶ τούτου λόγῳ τὸν ἔλεγχον ὡς ἐν βραχεῖ ἐποιησάμεθα.

ΠΑΡΑΓΡΑΦΗ ΕΙΣ ΤΟΝ
πτολεμαῖον.

Καὶ γὰρ οὗτος ὁ Πτολεμαῖος, εἷς ὢν τῶν βασιλευσάντων μετὰ Ἀλέξανδρον τὸν Μακεδόνα, Πτολεμαίων· περὶ ὧν ὁ προφήτης Δανιὴλ προφητεύει διαφόρως μὲν, ἐξαιρέτως δὲ, ἐν τῷ ἐνυπνίῳ, τῷ Ναβουχοδονόσορ καὶ τῷ ὁράματι τῶν τεσσάρων θηρίων τῶν ἀναβαινόντων ἀπὸ τῆς θαλάσσης, ὧν εἶδεν αὐτὸς ὁ Δανιὴλ ἐν μὲν τῇ εἰκόνι κεφαλὴ χρυσῆ ἐστιν ᾗ τῷ ὁράματι, λέαινα· σημαίνων τὴν τῶν Βαβυλωνίων ἀρχὴν τουτέστι τὸν Ναβουχοδονόσορ.

DESCRIPTION DES ANIMAVX
ET DES PLANTES DES INDES.

AVEC VNE RELATION DE L'ISLE TAPROBANE,
tirée de la Topografie Chreſtienne de Coſmas le Solitaire.

LE RHINOCEROS.

Ce manuſ-
crit a eſté
tiré de la
Bibliothe-
que de ſaint
Laurent de
Florence.

ON l'a nommé ainſi à cauſe des cornes qu'il a ſur le nez, quand il marche, ces cornes vont d'vn coſté & d'autre, & ne ſōt point ar-reſtés; mais quád il entre en colere, elles deuiennēt ſi roides & ſi dures, qu'il n'y a point de tronc d'arbre qu'elles ne déracinent, principalement quand il les heurte de front. Il a les yeux pla-cez fort bas, proche des machoires; c'eſt vn animal terrible & l'ennemy de l'Elephant, auquel il reſſemble par les pieds, & par l'épaiſſeur de ſa peau; quand elle eſt ſeiche, elle eſt epaiſſe de quatre doigts, & ſi dure, que quelques vns s'en ſeruent au lieu de fer, & en font le ſoc de leurs charruës; Les Ethiopiens les appellent en leur langue Arouhariſi, nom compo-ſé d'Arou, qui eſt le nom de cette beſte, & d'hariſi, qui marque leur ſituation ſur le nez, & l'vſage que l'on tire de ſa peau pour labourer la terre. I'ay veu de loin en Ethiopie cét animal, & là meſme ie vis dans le Palais du Roy la peau d'vn autre qu'on auoit emplie de paille; c'eſt là deſſus que i'ay fondé la deſcri-ption fort exacte que i'en fais icy.

LE TAVREAV CERF.

Cét Animal ſe trouue en Ethiopie & dans les Indes, il eſt priué, ils ſen ſer-uent pour voiturer leurs Marchandiſes, principalement le poivre, qu'ils tranſ-portent d'vn pays à l'autre dans des ſacs faits en forme de beſaces. Ils tirent du laiſt de ces Animaux & en font du beurre. Nous en mangions auſſi la chair, apres les auoir égorgez, comme font les Chreſtiens. Pour les Payens ils les aſ-ſomment. Cette meſme beſte dans l'Ethiopie eſt ſauuage, & ne ſ'appriuoiſe point.

LE GIRAFFE.

Le Giraffe ne ſe trouue point ailleurs qu'en Ethiopie. Il eſt fort ſauuage, & ne ſ'appriuoiſe que tres-difficilement; i'en ay veu deux dans le Palais du Roy qu'on y auoit appriuoiſez de longue main pour luy en donner le plaiſir; Il les fai-ſoit venir en ſa preſence, & i'obſeruay que lorsqu'ils vouloient boire, & qu'on leur preſentoit de l'eau ou du laiſt; pour y atteindre, il falloit qu'ils écartaſſent les iambes; autrement, comme ces beſtes ſont hautes de deuant, elles ne pourroient pas boire, quoy qu'elles ayent le col fort long. I'ay obſerué de mes yeux ce que i'en rapporte icy.

BOEVF SAVVAGE.

Le Bœuf ſauuage des Indes eſt fort grand. C'eſt de cét Animal qu'ils tirent le *Touffa*, dont les Officiers d'armée parent leurs drapeaux, & qu'ils mettent ſur la teſte de leurs cheuaux par ornement; Ils diſent que quand cét Animal ſe trouue la queuë embarrassée à l'entour d'vn arbre, & qu'il ne s'en peut deffaire sans y perdre quelqu'vn de ses poils, plustost que de souffrir cette sorte de honte, il demeure là, & donne le temps aux Indiens de venir, & de luy couper la queuë; qu'il s'enfuit apres l'auoir perduë.

LE MVSC.

Le Musc est vn petit Animal, ceux du pays l'appellent Castoury. Ils le chassent, le tuent à coups de flesches, & luy ostent vn amas de sang qu'il a à l'endroit du nombril, apres l'auoir lié; car c'est la partie de l'Animal qui sent bon, & ce sang est ce que nous appellons le Musc; Ils iettent le reste des chairs comme inutile.

Voyez la figure de cét animal dans le texte Grec.

LA LICORNE.

Pour moy ie n'ay point veu de Licorne, mais bien quatre figures de Bronze de cet Animal en Ethiopie dans le Palais du Roy, nommé les quatre tours; Ils disent que c'est vn Animal terrible, & indomptable; que toute sa force consiste en sa corne; que quand il est poursuiuy par les Chasseurs, & qu'il se void sur le point d'estre pris, il se precipite du haut des rochers, & tombe sur sa corne qui soustient tout l'effort de sa cheute, & ne se fait point de mal. Il en fait mention dans la sainte Escriture, lors qu'elle dit *Sauuez-moy de la gueule des Lyons & des cornes des Licornes*; & en vn autre endroit, *Son Bien-aymé, comme le fils de la Licorne*: & dans les benedictions que Balaam donne au peuple d'Israël: *Dieu l'a conduit de l'Egypte, & luy a donné la force des Licornes*, &c. l'Escriture rendant tesmoignage par tout à cét Animal d'vn courage & d'vne force merueilleuse.

Il en est fait mention dãs la Sainte Escriture.

LE POVRCEAV CERF.

I'ay veu cet Animal, & i'en ay mangé. Pour le Cheual Marin, ie n'en ay point veu; mais i'ay achepté de ses dents qui pesoient bien treize liures: il se tronue beaucoup de ces dents en Egypte & dans l'Ethiopie.

Voyez la Figure dans le texte.

LE POIVRIER.

L'on appelle Pipé l'Arbre qui porte le poiure. Les Poiuriers s'attachent toûjours sur vne autre espece d'arbre qui ne porte point de fruit, & qui a la tige fort haute, autrement ils ne se pourroient pas soustenir, leur bois estant foible & semblable au serment de la vigne. Chaque grappe de poiure a trois feüilles qui la couurent; tout en est verd, & d'vn verd fort semblable à celuy de la Ruë.

Ou bien chaque grain de poiure a deux écorces.

LE COCOS.

Les autres arbres qui portent les grandes noix des Indes, que les Grecs appellent *Argellia*, sont fort semblables aux Palmiers, si ce n'est qu'ils sont plus hauts & que leur tronc & leurs branches sont beaucoup plus grosses que celles des Palmiers. Le fruit ne paroit point d'abord; Ces arbres iettent premierement deux ou trois guaines, ou enueloppes, lesquelles se rompent à mesure que pousse le fruit qu'elles cachent & qu'elles enferment; Ces noix sont aussi agreables au goust que les cerneaux des noix vertes, elles sont pleines d'vne eau fort douce quand elles sont nouuelles. C'est le vin des Indiens, & leur principale boisson; Ils l'appellent en leur langue *Roncho Soura*. Mais si on laisse durcir ces noix, ou qu'elles soient vieilles cueillies, la partie de cét eau qui est contre la

Les Persans appellent les Cocos Nargel.

Tixera dit qu'on l'appelle encore

coquille s'épaissit & se caille, & s'attache à la coquille de la noix, le reste demeu-re long-temps en consistance d'eau au milieu du fruit, & se perd à la fin, le fruit en deuient aigre, & n'est plus bon à manger.

LE VEAV MARIN, LE DAVPHIN, LA TORTVE.

I'ay mangé estant sur la Mer du Veau marin & du Dauphin, nous mangions aussi de la Tortuë, quand il s'en rencontre de fort grasses; pour le Dauphin & la Tortuë, on les euentre; mais l'on assomme le Veau marin, en luy donnant vn coup sur la teste, comme l'on fait aux gros poissons. La chair de la Tortuë est semblable au Mouton; celle du Dauphin ressemble plus à la chair de Porc; elle est tendre & agrea-ble au goust comme celle de la Tortuë, mais elle est plus salée, & a vn goust de sauuagine. La chair du Veau marin tient de la chair du cochon de laict, car elle est blanche, n'est pas si salée, & ne sent pas si fort la sauuagine.

L'ISLE DE TAPROBANE.

La Taprobane est vne des plus grandes Isles de l'Occean; elle est dans la Mer Indique. Les Indiens l'appellent Siele-diba, & les Grecs Taprobane; on y trou-ue des Iacinthes; elle est au delà du Pays où croît le poivre. Il y a quantité de pe-tites Isles proche de celle-là, qui ont toutes de l'eau douce & des noix de cocos dont on tire vne eau qui sert de breuuage. Le fond de la plus part de ces Isles est de sable : L'Isle de Taprobane selon le rapport de ceux du pays, à trois cens cos de longueur & autant de largeur, ainsi elle a de circuit vn peu plus de 900. mil-les. Elle est sous la domination de deux Princes qui se font la guerre. L'vn est Maistre de la partie de l'Isle où se trouuent les Iacinthes, & l'autre de celle où est le port le plus hanté, & qu'on peut dire estre le plus fameux de toutes les Indes. Il y a dans l'Isle vne Eglise pour les Chrestiens Persans qui y abordent souuent.

Elle est seruie par vn Prestre & vn Diacre qui ont receu les Ordres sacrez en Perse. Ils ont toute la Liturgie Ecclesiastique. Pour ce qui est des peuples qui habitent cette Isle, & des Roys qui les commandent, ils sont Payens, ont plusieurs temples, & vn entr'autres situé sur vne eminence où il y a vn Iacin-the ou Rubis de la figure d'vne grosse pomme de pin d'vn prix inestimable. Lors que le Soleil donne dessus, il iette vn grand feu qui esblouyt & surprend. Il aborde dans cette Isle quantité de Vaisseaux, principalement des Indes & de l'E-thiopie : Il en sort aussi beaucoup de ses ports, il y en vient de la Chine & des au-tres pays qui luy sont à l'Est.

Les Insulaires traittent auec les Chinois des soyes de bois d'Aloë, ou d'Aquila, de Clou de Girofle, de bois de Girofle, de bois de Sandale & d'autres Marchandises. Ceux de l'Isle en trafiquét aussi auec ceux de Malé d'où viét le poivre; mais prin-cipalement auec les Marchands de Calliana d'où vient le cuiure, le bois de Sezem semblable à l'ebene & autres matieres dont on fait des estoffes. Calliana est d'vn fort grand commerce, aussi bien que Sindou; on y trouue le Musc, le Ca-storeum & la Spica Nardi. Ceux de Sielediba enuoyent souuent leurs Mar-chandises iusques en Perse, dans l'Omiritis, & à Adouly; ils en reçoiuent en eschange d'autres de ces mesmes ports qu'ils transportent plus auant dans les Indes.

Sindou est le commencement des Indes; le fleuue Indus ou Pheison, qui se rend dans le Golphe Persique separe la Perse des Indes. Les ports les plus fa-meux des Indes sont Sindou, Otrota, Calliana, Sibor & Malé, & les cinq ports où se fait la traitte de poivre, Parti, Mangarouth, Saloupatana, Nalopata-na & Poudapatana.

Sielediba ou la Taprobane est éloignée de Terre ferme d'enuiron cinq iournées de chemin, elle a vne ville de grand commerce nommée Marallo , où il se trouue quantité d'huiſtres ; le port de Macer , où on charge beaucoup de noix de muſcade, de ſoye, & de clou de girofle. Les autres Marchandiſes viennent du Tſin : au delà du Tſin, il n'y a point de terre habitée ; car l'Ocean l'entoure du coſté de l'Orient. Sielediba eſtant ainſi au milieu des Indes, & ayant des pierreries , & des Iacinthes qui y attirent les Marchands ; il y vient des Vaiſſeaux de tous coſtez ; elle en enuoye auſſi par tout, & eſt maintenant vn lieu de grand commerce.

que cette Iſle eſtoit autresfois plus grande, & qu'vne grâde partie a eſté abiſ-mée.

Vn Marchand nommé Sopater , qui viuoit encore il n'y a que trente cinq ans, eſtant arriué dans l'Iſle, ſur vn Vaiſſeau qui eſtoit parti du port d'Adouly ; Vn Ambaſſadeur du Roy de Perſe y arriua en meſme temps : ceux qui commandoient dans le port, & qui auoient la ferme de la Doüane, les ayant preſentez aux Roy, il les receut ciuilement, les fit ſeoir, & leur demanda quelles nouuelles ils apportoient de leur pays : ces Eſtrangers luy répondirent que tout y alloit bien ; mais comme dans la ſuitte de l'Audiance le Roy leur euſt demandé lequel de leurs Princes eſtoit le plus puiſſant, le Perſan prît la parole, & dit que le Roy ſon Maiſtre eſtoit le plus riche & le plus puiſſant, que rien ne luy eſtoit impoſſible, & qu'enfin c'eſtoit le Roy des Roys. Sopater cependant gardoit le ſilence, le Roy ſe tourna vers luy, & vous Romain vous ne dites mot ? Qu'aurois-ie à dire, répondit Sopater, apres ce qu'a dit cet homme ; mais ſi vous voulez vous éclaircir de la queſtion que vous auez faite , vous auez icy nos deux Roys, conſiderez-les, & iugez lequel des deux eſt le plus riche & le plus puiſſant : le Roy fut ſurpris, & n'entendoit point le ſens de cette reſponſe. Sopater continua ; voila les monnoyes de l'vn & de l'autre, & luy preſente vn eſcu d'or où eſtoit l'Effigie de ſon Prince , & vne petite monnoye de Perſe : l'écu eſtoit d'vn bel or, & la figure du Prince y eſtoit grauée auec Art ; car les Marchands choiſiſſent touſiours la plus belle monnoye pour la porter en ces quartiers. La monnoye de Perſe au contraire eſtoit d'argent, & ne pouuoit pas entrer en comparaiſon, ny pour ſon coing, ny pour ſa matiere auec l'écu d'or : le Roy en connut auſſi-toſt la difference ; il faut aduoüer, dit-il, que les Romains ſont magnifiques, qu'ils ſont puiſſants, & qu'ils excellent en tout. Il commanda en ſuite qu'on rendît de grands honneurs à Sopater, le fit promener par toute la ville ſur vn Elephant au ſon des tymbales. Ie tiens cette Relation de Sopater meſme, & de ceux qui eſtoient auec luy. Ses gens qui l'auoient accompagné en ce voyage, & qui eſtoient partis auec luy du Port d'Adouly, me diſoient que le Perſan auoit eu vne grande confuſion de ce qui ſe paſſa en cette Audiance.

M. Voſſius explique Ἀλαῖς ἀνδριτὸν la noix muſcade, à cauſe qu'elle vient toute de l'Iſle Banda.

Valliliariſú du poids d'vne, dragme.

Il y a encore d'autres Ports de mer & d'autres Villes plus auant dans le Pays, de grand trafic : entre ces peuples, ceux qui ſont au plus haut des Indes, i'entens les plus auancez vers le Nord, ſont les Huns blancs, le Gollas qui les Commande peut mettre en campagne, comme ils diſent, iuſques à deux mille Elephans, & beaucoup de Caualleric ; il eſt Maiſtre d'vne grande partie des Indes, & pluſicurs Peuples voiſinsluy payent tribut. Ils diſent qu'ayant aſſiegé vne Ville qui eſtoit toute entourée d'eau, il y vint auec tant d'Elephans, de Cheuaux, & vn ſi grand nombre d'Hommes, qu'il épuiſa toute l'eau ; & que l'ayant ainſi miſe à ſec, il ſurmonta la plus grande difficulté qu'il y auoit à s'en rendre maître. Ces Peuples ayment les émeraudes, ils s'en parent la teſte ; les Ethiopiens qui en trafiquent iuſques dans les Indes leurs portent les plus belles de celles qu'ils ont troquées auec les Blemmyes autres Peuples d'Ethiopie. L'experience m'a enſeigné la pluſpart des choſes que ie viens de rapporter, & i'ay appris les autres ſur les lieux de perſonnes dignes de foy que i'ay interrogé curieuſement.

Tous les Roys de cette partie des Indes ont des Elephans ; ceux d'Horrota, de Calliana, les Roys du Sinde, de Siuor, & de Malé ; celuy du Sinde en a ſix milles, & celuy de Malé enuiron cinq milles : Le Roy de Sielediba a des Cheuaux

& des Elephans, il achete ceux-cy felon le nombre de pans qu'ils ont de hauteur, & en donne quelquesfois iufques à cent pieces d'or, plus ou moins, felon qu'ils font grands. Pour les Cheuaux, on les amene de Perfe;& les Marchands qui font ce trafic ont de grands priuileges, & ne payent rien dans fes Ports.

Les Roys qui font plus auant dans la terre-ferme, font appriuoifer les Elephans fauuages qu'ils ont pris à la chaffe; les dreffent pour la guerre, & les font combattre fouuent les vns contre les autres pour en auoir le plaifir. L'on dreffe vne barriere entre deux; on plante deux poteaux ou pieces de bois droites qui en portent vne trofiéme de trauers mife à la hauteur de la poitrine des Elephans; il y a des hommes à droite & à gauche, pour les empefcher de fe pouuoir ioindre, ny fe feruit d'autres armes dans ce combat que de leur trompes; ils f'en donnent de grands coups iufques à ce que l'vn d'eux cede à l'autre; Les Elephans des Indes n'ont pas les dents fort grandes : & quand il s'en rencontre on les leur fait fcier de peur que leur pefanteur ne les furcharge, & ne les rende moins propres pour la guerre : Pour ce qui eft des Ethiopiens ils ne prennent point la peine d'appriuoifer les Elephans; mais lors que le Roy en veut auoir quelqu'vn, ils en prennent des ieunes, & les éleuent, ce qui leur eft aifé à caufe de la grande abondance qu'il y en a dans le pays, & de cette efpece qui ont les dents fort grandes. L'Ethiopie enuoye des Vaiffeaux chargez de ces dens iufques dans les Indes, en Perfe en l'Arabie, & en l'Europe.

Genef. Le Fleuue Pheifon trauerfe toute l'Inde & le Pays des Huns; la fainte Efcriture appelle l'Inde Euilat : Il fort vn fleuue d'Eden; apres auoir arroufé le " Paradis, il fe fepare apres en trois bras, l'vn fe nomme Pheifon, & ce bras entoure " & embraffe tout le Pays d'Euilat, où il y a d'excellent Or; on y trouué l'Efcar- " boucle & le topafe : Euilat qui a donné le nom à ce Pays tiroit fon origine de Cham, car on void en vn autre endroit de la fainte Efcriture que Cham eut pour fils Chus, Mefaim Phered & Chanaan, que Chus eut Saba & Euilat; c'eft à dire les Omirites & les Indiens; car le Pays nommé encore auiourd'huy Saba eft l Omiritis, & Euilat eft Lefile païs des Indes: Le Golphe Perfique fepare ces deux Pays l'vn de l'autre, & ce Pays produit de l'Or, & l'efcarboucle, felon que le dé-crit l'Efcriture fainéte qu'il appelle ἄνθραξ, & le Topafe auffi qu'elle appelle λίθον πράσινον. C'eft ainfi que la fainte Efcriture feule rapporte plus clairement les chofes que les Relations les plus curieufes ne le peuuent faire.

Ce qui fuit a efté tiré du Chapitre qui a pour titre τὸ χρύσιον, c'eft à dire le Texte.

SI le Paradis eftoit dans la terre que nous habitons, il n'auroit pas manqué de gens qui auroient entrepris d'y aller, puis qu'il y en a tant d'autres qui courent iufques aux extremitez du Monde pour le feul deffein de trafiquer & d'en rapporter des foyries: Le Pays d'où vient la foye eft dans la partie la plus éloignée des Indes, à la main droite de ceux qui entrent dans la Mer Indique, beaucoup au delà du Golphe Perfique & de l'Ifle que les Indiens appellent Selediba, & les Grecs Taprobane. On appelle ce Pays Tfin. Le Pays du Tfin eft fermé à la main droite par l'Ocean, de mefme que la Barbarie, qui en eft auffi fermée d'vn cofté; Les Philofophes Indiens qu'on appelle Brachmanes, difent que fi l'on tiroit vn cordeau depuis le Tfin iufques en Grece, il pafferoit iuftement par le milieu du Monde; & ils ne s'éloignent pas de la verité; car il y auroit encore bien des Pays au cofté droit de ce cordeau ou ligne imaginaire; tellement qu'on tranfporte en peu de temps en Perfe la foye par terre, en changeant de plufieurs mains des peuples qui font entr'deux; mais le chemin par mer eft bien plus long; car depuis l'Ifle de Taprobane iufqu'au Tfin, il y a auffi loing que du fonds du Golphe Perfique iufqu'à l'Ifle de Taprobane; ainfi ceux qui vont pas terre abregent de beaucoup le chemin, & c'eft de cette facilité de porter des Marchandifes en Perfe que vient cette abondance de Soyrie qu'on y trouue toufiours; ce qui eft au delà du Tsin n'est point habité, & l'on n'y nauige point ; & qui mesureroit l'étenduë de ce cordeau tiré de là vers l'Occident, trouueroit à peu prés la distáce de quatre cent stations ou journées ; & voila, comme ie croy, qu'il la faudroit mesurer : depuis le Tsin iusques aux frontieres de la Perse se trouue l'Ounia, l'Inde, & la Bactriane, l'on trauerse ces Pays en 150. stations : toute la Perse en 80. stat ons ; depuis Niniue iusques à Seleucie on compte 13. stations: depuis Seleucie iusqu'à Rome, en France, & en Iberie, qu'on appelle maintenant Espagne 150. Stations & dauantage ; & si on l'estendoit iusqu'au détroit de Cadis, il y auroit en tout enuiron 400. stations.

* Const. Porphir ogenetta parlant de quelques Turcs qui s'estoient habituez vers l'Orient de l'Europe, dit qu'ils auoient deux Princes, l'vn nomé Gilas, & l'autre Kargan : que ces noms n'estoiét point des noms propres, mais des nôs de leur dignité, que Gilas est la principale.

Pour ce qui est de la largeur de la terre, à la prendre depuis ces Pays Septentrionnaux en tirant vers Bizance, l'on ne compte ordinairement pour ce chemin que tiente journées ; car il est aisé d'en estimer l'estenduë par la distanco qu'il ya depuis la Mer Caspienne qui vient de l'Occean, iusques en ces Pays-cy : De Bizance iusques en Alexandrie cinquante stations : On en compte tiente autres d'Alexandrie iusqu'aux Cataractes : depuis les Cataractes iusques à Axome 30. stations, & d'Axome iusqu'aux extremitez de l'Ethiopie & aux frontieres du Pays nommé Barbarie d'où vient l'encens, laquelle ne touche point à l'Ocean ; car entre la Barbarie & l'Ocean, il y a encore tout le Pays de Saffos qui est la derniere terre de l'Ethiopie, enuiron 40. stations, tellement que ce sera en tout 200. stations, ce qui s'accorde fort bien auec la sainte Escriture, qui luy donne la mesme proportion, & fait la longueur de la terre double de sa largeur, qui est la proportion de deux à vn.

Le Pays qui porte l'Encens est à l'extremité de l'Ethiopie, entourré de terres de tous costez ; mais auec cela il n'est pas fort éloigné de l'Ocean : Delà vient que les Peuples de la Barbarie qui en sont voisins trafiquent auant dans les terres & en rapportét la pluspart des Aromas, l'Encens, la Canelle, le Calamus, & beaucoup d'autres, lesquels ils transportent apres par Mer au port d'Adouly dans l'Omeritis, en Perse & dans les lieux les plus éloignés des Indes ; vous trouuerez mesmes quelque chose de cela dás les liures des Roys, où vous voyez que la Reine de Saba, c'est à dire la Reyne d'Omiritis que nostre Seigneur appelle en vn autre endroit dans les Euangiles la Reyne du Midy, apporta à Salomon des Aromas du Pays de Barbarie dont elle estoit proche, des branches d'Ebene, des Singes & de l'Or d'Ethiopie, comme estant proche des Pays qui portent ces raretez, & d'Ethiopie qui est au delà de la Mer Rouge, nostre Seigneur appelle ce Pays les extremitez de la terre, il dit ; la Reine du Midy venuë des extremitez de la terre pour entédre Salomon ; car il n'y a au plus que 2. iours de Nauigatiõ du Pays d'Omiritis iusqu'en la Barbarie ; & au delà de ce Pays on ne trouue que l'Ocean qu'ils appellét Zingium ; Pour ce qui est du Pays appellé Saffo, il est aussi proche de l'Ocean : Le Pays qui porte l'Encens est encore riche en metaux, & tous les deux ans le Roy des Axomites enuoye en ces quartiers-là, sous les Ordres du Gouuerneur d'Agau des hommes exprés, pour y trafiquer & en rapporter de l'or ; plusieurs Marchands se ioignent ordinairement à cette Troupe, si bien qu'ils sont plus de cinq cens hommes ; ils menent en ce Pays des Bœufs, ils portent du fer & du sel ; & quand ils sont proche de la Frontiere ils font alte, dressent vne haye auec des épines qu'ils ont portées pour cét effet, demeurent dans certe enceinte, tuent leurs Bœufs, & en mettent les pieces sur ces hayes d'épines auec leurs autres marchandises, leur fer, & leur sel.

Les Habitans du Pays les viennent trouuer auec de petits pains d'or, en forme de Lupins appellés Tancara, & mettent 2. ou 3. de ces pains d'or sur la marchandise qui leur plaist ; I'entends sur vne partie du fer ou du sel, & se retirent aussi tost ; L'autre Marchand en approche alors, & s'il est content de l'or qu'on a mis pour sa marchandise, il le prend, & l'autre qui vient apres emporte la marchâdise : Si au côtraire le Marchand n'est pas content de l'or qu'on a mis sur sa marchandise, il n'y touche point, & l'autre s'en estant rapproché, ou en adiouste dauantage, ou remporte ce qu'il y en auoit mis, & se retire ; c'est là leur maniere de traiter ensemble ; car ces Peuples ne s'entendent point, & n'ont point d'interprete par le moyen desquels ils puissent communiquer les vns auec les autres ; Ils demeurent ordinairement 30. iours dans le Pays ; ils trafiquent durant ce temps-là & s'en retournent apres tous ensemble ; car il y a des gens en ces quartiers qui se mettent en Campagne pour les voller & leur oster l'or dont ils sçauent qu'ils ont traité : Ils mettent ordinairement six mois à faire ce voyage, i'entends à aller & venir ; en allant ils marchent plus lentement à cause du bestial qu'ils conduisent ; au retour ils font plus de diligence, de peur d'estre surpris par l'Hyuer & par Cause de l'inondatiõ du Nil découuerte. la pluye ; car la source du Nil est en ce Pays-là, & en Hyuer les pluyes font enfler les Riuieres qui se débordent & gastent les chemins ; Ils ont l'Hyuer dans le temps que nous auons l'Esté depuis le commencement du mois que les Egyptiens appellent Epiphi iusqu'à la fin de celuy qu'ils nomment Thoth ; en cette saison il y tombe des pluyes continuelles ; il s'y fait des torrens qui se rendent tous dans le Nil. Ie rapporte vne partie de ces choses sur le témoignage de mes yeux, & i'ay appris les autres de ceux qui trafiquent dans le Pays ; Mais il faut que ie dise à vostre Reuerence vne autre particularité qui n'est pas tout à fait éloignée du suiet dont i'ay traité iusqu'à cette heure.

Dans vne ville d'Ethiopie nommée Adouli scituée sur le bord de la Mer, éloignée de deux mille du port des Axomites où nous trafiquons souuent, comme font aussi ceux d'Alexandrie & d'Aela : On void vn Trosne de Marbre à l'entrée de la Ville du costé qui regarde l'Occident sur le chemin qui mene à Axomi. Ce Throsne a esté dressé par vn Roy du Pays nommé Ptolomée, de marbre blanc, semblable à celuy de l'Isle de Marmara dont on fait les tables : Sa baze est quarrée, & sur chacun de ses quatre coins sont éleuées autant de petites Colomnes, & vne cinquiéme au milieu plus grosse que les autres ornée de bas reliefs qui tournent tout autour en ligne spirale : Le Throsne est sur ces Colomnes auec son Dossier, & ses appuits à droite & à gauche ; Mais ce Throsne, sa Baze, ses cinq Colomnes, le Dossier & les appuits sont d'vne seule pierre taillée de la figure de nos chaises, qui peut auoir de hauteur deux coudées & demie : Derriere le Trosne est vn autre de marbre qui peut auoir trois coudées de hauteur, la Baze en est quarrée : La pierre finit en pointe, & estant ainsi plus éuasée par en bas represente assez bien la figure d'vn lambda ; elle a quatre faces, & est maintenant couchée par terre derriere le Throsne, & la partie inferieure en est fruste & fort ruinée ; cette pierre aussi bien que le Trosne est remplie de lettres greques, & comme i'estois en ces quartiers-là il y a enuiron 25. ans, au commencement du Regne de l'Empereur Iustin ; Le Roy des Axomites Elazuas qui regnoit alors, estant sur le point d'aller faire la guerre aux Omirites de l'autre costé de la Mer Rouge, enuoya vn ordre au Gouuerneur d'Adouli de prendre vn Ectype, ou copie des lettres qui sont sur le Trône & sur cette pierre, & de le luy enuoyer. Asuas qui estoit alors Gouuerneur de la ville d'Adouli m'enuoya querir pour cét effet auec vn Marchand nommé Minas qui se retira dans la solitude quelque-temps apres, & y est mort depuis peu. Nous executâmes son ordre, nous en portâmes la copie à ce Gouuerneur ; nous en gardâmes vne autre que ie mettray icy côme vne chose qui peut donner connoissance de beaucoup de lieux & de peuples. Derriere le Trosne estoit la figure d'vn Hercule & d'vn Mercure en relief, Minas me disoit qu'Hercule estoit le symbole de la force, & Mercure celuy de la richesse : Ie soustenois au contraire que Mercure estoit plustost le symbole de l'Eloquence, & cela fondé sur le passage des Actes des Apôtres ; *ils appelloient Barnabas Iupiter, & Paul Mercure, à cause de son Eloquence.*

INSCRIPTION.

Le grand Roy ³ Ptolomée, fils du Roy ² Ptolomée & de la Reyne Arsinoes, petit fils de ¹ Ptolomée & de la Reyne Berenice, dont la naissance du costé du pere vient d'Hercule, & du costé des femmes de Dionysius fils de Iupiter, Roy de l'Egypte, de la Libie, de la Sirie, de la Phenicie, de l'Isle de Cypre, de la Lycie, de la Carie, & des Isles Cyclades, Estats qu'il a herité de son pere ; il entra auec grand nombre de Caualerie & d'Infanterie, & vne tres-puissante Armée Nauale en Asie, auec beaucoup d'Elephans d'Ethiopie, du pays des Troglodites, que son pere auoit premierement pris en ce pays là, & les auoit fait dresser pour la guerre : il a subiugué tout le pays qui est enfermé par l'Euphrate & la Cilicie, la Pamphilie, l'Ionie, l'Hellespont & la Thrace, est venu à bout de toutes les forces de ce pays-là, s'est rendu maistre de tous les Elephans des Indes, a reduit sous sa puissance tous les Roys du pays, a passé l'Euphrate, a subiugué la Mesopotamie, la Babylonie, la Sousiane, la Perse, la Medie ; a estendu ses conquestes iusques à la Bactriane ; & apres auoir retiré des mains des Persans les choses sacrées qu'ils auoient enleuées aux Egyptiens, les a reporté en Egypte auec tout le butin de ces peuples conquis, & y a ramené son Armée en détournant les riuieres, & faisant des canaux où il estoit necessaire, pour rendre à ses troupes le passage plus aisé.

Ces paroles estoient inscrites sur la Statuë de ce Prince, & il en manquoit fort peu en vn endroit où elle auoit esté rompuë, la suite de l'inscription estoit grauée sur le Thrône :

Ayant apres pacifié auec le mesme courage les Peuples voisins de mes Estats, i'ay subiugué par la force de mes armes ceux de Gaza, d'Agama ; i'ay vaincu ceux de Ziguyn ; i'ay partagé auec eux la moitié de toutes leurs richesses ; i'ay rangé sous mes Loix les Nations suiuantes : Aua, Tiamo, Tziamo, Yambela & les Legrys leurs voisins, qui sont au delà du Nil ; celles de Xingauine, d'Angaue, de Tiama, les Athagons, les Calaans & les Zemenes, autre nation située au delà du Nil dans des montagnes inaccessibles tousiours couuertes de broüillards, & de neiges si hautes que l'on en a au dessus du genoüil ; ie les ay forcez dans les montagnes, apres auoir passé le fleuue & les auoir tenu long-temps assiegez ; i'ay dompté en suite ceux de Lasine, de Zaa, d'Auala, qui demeurent dans d'autres Montagnes pleines de sources d'eauës chaudes ; * ceux d'Atalmo, de Vega, & tous les autres peuples de ces quartiers, auec les Tanchaites qui touchent aux frontieres de l'Egypte : i'ay asseuré le chemin qui s'estend depuis ces pays iusques en Egypte ; i'ay vaincu en suite ceux d'Annine & ceux de Metyne qui habitent dans des roches affreuses ; ie suis venu à bout des Seseans que i'ay assiegez dans des montagnes difficiles où ils s'estoient retranchez, dont ie me suis reserué les femmes, leurs filles, le choix de leurs enfans & de toutes leurs richesses ; comme aussi les Rheses, ceux des peuples qui recueillent l'encens, les plus auancez dans les terres, qui habitent des vastes campagnes tousiours seiches & brulées de la chaleur : les Solates ausquels i'ay laissé le soin de tenir la coste nette de Pyrates ; i'ay forcé à la teste de mes troupes ces Nations qui se croyoient inuincibles dans leurs hautes Montagnes ; ie leur ay rendu leurs terres à condition de m'en payer tribut ; mais entre ces Nations, plusieurs se sont rendues volontairement tributaires ; i'ay fait passer la mer-Rouge à mes trouppes sur vne puissante Armée Nauale, & i'ay obligé les Roys des Arrabites & des Cinedocolpites, dont les Estats s'estendent le long de la coste, de se declarer mes tributaires, auec obligation de tenir les chemins de leurs pays & leurs costes nettes de voleurs. Enfin, i'ay porté mes armes depuis la ville de Leucé iusques aux pays des Sabeans, & i'ay subiugué ces peuples qui n'auoient point reconnu mes ancestres ; aydé de l'assistance du Dieu Mars de qui i'ay tiré mon origine, c'est à luy que i'ay l'obligation d'auoir estendu les bornes de mes Estats, partie par conquestes, partie par le bien que i'ay fait à ces peuples, iusques en Arabie du costé de l'Orient, & du costé du Couchant iusques au pays de Sassos : Enfin, ayant estably la paix par mer & par terre, ie suis venu à Adouli où i'ay sacrifié à Iupiter, à Mars, & à Neptune, à cause du bon succez de mes Nauigations ; & à la teste de toutes mes troupes ; i'ay dedié ce Trône au Dieu Mars la vingt *-septiéme année de mon Regne.

Ils font mourir encores aujourd'huy les criminels en vne place qui est au deuant de ce Trône ; ie ne sçay si cette coustume s'obseruoit du temps de Ptolomée. I'ay rapporté en partie cette Inscription, pour faire voir que l'on connoist particulierement toute l'estenduë du pays de Sassos, & tout le pays de Barbarie, puisque

---

³ Ce Ptolomée est le troisiéme de ceux qui regnerent dãs l'Egypte apres Alexandre.

² Ce sera Philadelphe qui épousa sa sœur.

¹ Celuy qui fut nommé Soter.

* Où d'où découlent les Fleuues d'Atalmo & de Vega.

* Il me semble qu'Eusebe ne luy donne que 24. années de Regne.

vous les voyez marquez dans cette Infcription, auec les peuples qui les habitent;
j'ay voyagé dans la plufpart de ces pays; & ce que i'en ay rapporté des autres, ie l'ay
fait fur ce que i'en ay appris de leurs voifins & des efclaues de ces peuples, que
l'on rencontre fouuent dans ces voyages. Le Roy des Axomites enuoye fouuent
en exil les criminels dans Semene, dans la mer, & où il y a des neiges & des glaces. Pour ce qui eft des Arrabites des Cynedo Colpites, & du pays des Sabeens,
la Sainte Ecriture les nôme les Omirites, & de cela mefme on peut iuger exactement quelle eft la largeur de la terre, & que depuis les pays les plus auancez vers
le Nord, iufques au pays de Saffos & à la Barbarie où croift l'encens, il n'y a
pas plus de deux cent ftations ou iournées; ie fçay exactement ce chemin par les
voyages par mer & par terre que i'ay faits, ainfi la defcription que i'en donne eft
tres-feure; par là l'on void que la Sainte Efcriture eft toufiours veritable, & que
les Payens fe trompent qui nous font des contes de vieilles pour eftablir leur
vanitez & leurs menfonges, en fuppofant qu'il y a vne autre Zone au Midy de
celle que l'on appelle le Zone torride, femblable à celle que nous habitons,
quoy que perfonne ne l'ait veuë, & que l'on n'en aye point de Relations; comment auroit-on veu vne chofe qui n'eft point? il faut donc fe defabufer de ces
fauffes opinions, qui viennent non pas des anciens, mais de quelques moderns
qui ont voulu faire croire que les anciens auoient efté de leur opinion; ie l'ay re-
futée en peu de paroles dans le difcours precedant.

Ce Ptolomée eft vn de ces Roys Ptolomees qui regnerent apres Alexandre le
Grand, defquels parle le Prophete Daniel en plufieurs endroits; mais principalement dans le fonge de Nabuchodonofor, & dans la vifion des quatre Beftes
que Daniel vid fortir de la mer, dans le fonge la Tefte d'argent de la Statuë, &
dans la vifion la Lionne, fignifioit l'Empire des Babyloniens, c'eft à dire celuy
de Nabuchodonofor.

A V I S,
fur les deux Tables fuiuantes.

L'On n'aura rien d'affeuré de la veritable pofition de l'Afie, que par les
Geographes Orientaux, entre lefquels on doit fouhaiter principalement la
Geographie d'Ifmael Abulfeda Prince de Hamah, à caufe qu'il a mis dans la fienne
ce qu'il a trouué de meilleur chez les autres Geographes; & furtout, dautant qu'il
a marqué les degrez de Longitude & de Latitude de chaque place. Il cite dans fon
Liure iufques à 30. Geographes differens, entre lefquels il auoüé qu'il f'eft feruy
principalement des Geographies de Ptolomée, d'Albiruni, d'Alfaras, d'Ebnfahid,
& d'vn Liure qui a pour titre, la quatriéme Partie du Monde habité, qui auoit, ce
dit-il, efté traduit de Grec en Hebreu, & d'Hebreu en Arabe, par le commandement d'Almamoun Prince Arabe, qui fit traduire de fon temps tous les bons Liures
écrits en Grec & autres langues. Tous ceux de fon pays luy ont l'obligation, de leur
auoir appris tout ce que les Latins, les Grecs & les Iuifs auoient de meilleur, & les
Sçauans de l'Europe ne luy ont pas moins d'obligation d'auoir conferué par ce
moyen beaucoup d'anciens Autheurs Grecs & Latins qui ne fe trouuent plus en ces
langues, & que l'on affeure fe trouuer en Arabe; vne perfonne qui a le plus donné
des pieces de ce Recueil, auoit obligé vn fameux Traducteur de ces langues à trauailler fur l'Albufeda, dõt il y a vn Exemplaire dans la Bibliotheque Vaticane; mais
la Traduction eft demeurée imparfaite par les occupations qui luy font furuenuës:
l'on n'a pas laiffé d'en tirer quelques Tables, & les pofitions de deux climats qui
regardent les pays qu'on décrit dans ce Recueil, & que l'on met icy en attendant
que l'on puiffe auoir la Traduction de tout l'Ouurage: Auparauant que de f'en feruir, il faut remarquer qu'Abulfeda commence fes Longitudes depuis la cofte de la
mer Occidentale, comme il dit; c'eft à dire, depuis le Détroit de Gibraltar, & qu'il

met son premier Meridien, ou Ptolomée qui met le sien dans les Isles fortunées
conte le dixiéme Meridien; que ces Climats imaginaires esquels il diuise toute
la terre, ne sont point fondez sur la differente durée des iours comme ceux de Ptolomée, & que c'est à cause de cela qu'il les appelle imaginaires; & enfin, que les
journées par lesquelles il mesure les distances, sont de huict farsangues, que la far-
sangue des Persans contient trois milles ou vne lieuë de France; ou pour le dire
plus exactement, 3000. coudées, chacune de 32. poulces, * le poulce de six grains
d'orge mis à costé l'vn de l'autre par leur grosseur, & chaque grain d'orge six crcins
de cheual. Au reste, on a laissé cette piece en la Langue dans laquelle elle a esté
traduite de l'Arabe, afin que l'authorité de son Traducteur Arabe de Nation, &
Professeur à Rome dans le College de la Sapience, luy demeurât toute entiere.

* Ou de 4000. cou-
dées, chacu-
ne de 24.
poulces, ce
qui reuient
à la mesme
mesure.

Regionis Sindæ
Præcipuæ Vrbes.

ALdobil est parua Sindæ vrbs ad oram maritimam sita, maximis obnoxia caloribus. Abundat Sesami copiâ. Est eius Regionis Emporium celeberrimum. *Aldobil.*

Mocran est longè lateque diffusa Regio, at inculta & sterilis, adeoque omnium *Mocran.*
rerum laborat penuriâ. Eius Metropolis est vrbs *Tirhan*, quæ in medio Regionis
Mahran sita est propè sinum, qui protenditur à *Mahranad* Mansuram.

Kozdad est paruum castrum, seu oppidum in quodam positum colle, quem vn- *Kozdad.*
dique latissima ambit planities hortis referta. Est autem Emporium Regionis
Turan.

Albirun est vrbs posita inter *Aldobil* & *Mansuram* Equali fermè spatio ab vtraque *Albirun.*
dissita.

Sadusan est vrbs sita ad Occidentalem plagam Amnis *Mahran*. Solum habet fer- *Sadusan.*
tilissimum, & omnibus abundans bonis. Plura subiacent ei suburbia, & quidem
nobilissima.

Almansura, ita dicta fuit, quia qui eam expugnauit ex Moslemanis, cæpitque *Almãsura*
dixit: *iam vicimus*, id enim hoc vocabuli denotat. Plini autem *Namihu* vocabatur.
Est vrbs satis ampla, quam vndique ambit sinus fluminis *Mahran*, eamque penin- Le Liure Per-
sulam efficit. Maximis obnoxia est caloribus, nec aliud producit eius solum præter san seb elto-
palmas, & Sachari arundines, & quemdam fructum pomis simillimum, magnâ præ- ua rich le
ditum aciditate, quem Alimuma vocant. Porrò *Almohabi* scribit. Almansuram nomme Al-
extructam fuisse ab *Hamro* silio *Haphadi Bahrar* cognomento *Sab Giahpharo Alman-* mansor billa
sur ex *Habbasitarum* gente Chalipha secundo, eamque ea eius nomine Almansu- Abugiafar.
ram vocatam fuisse.

Almultan est vrbs *Almansura* inferior. In hac vrbe extat quoddam Idolum, quod *Almultan.*
Indi summoperè venerantur, peregrinanturque ad illud Religionis causâ. Refert
autem Idolum hoc effigiem hominis sedentis super throno complicatis pedibus,
manibus verò expansis, induti rubrocorio more incolarum *Sageslan*. Oculi illius
sunt duæ gemmæ. Quicquid autem offertur isti diuitiarum, est iuris Regis. *Almultan.*

Vrbes Regionis Hindæ præcipuæ.

SAnam Sumnat, idest Idolum *Sumnat*, est vrbs sita ad maritimam oram Regio- *Sanam.*
nis *Albuarith*. Mercatoribus notissima est, ac eorum linguis satis celebrata. Cùm
verò sita sit in quodam promontorio nauigationibus satis commodo, eò frequen-
ter appellunt Naues, præsertim ex vrbe *Haden*.

Alkandhar, aliter *Bahnad*, sita est ad vadum Sindæ. *Bensahid* asserit, vrbem hanc *Alkãdhar.*
dictam quoque Alexandriam, vnamque esse ex ijs vrbibus, quas in varijs terrarum orbis partibus condidit Alexander. Hoc enim nomine sexdecim vrbes voca-
tas fuisse scribit Auctor libri inscripti *Almochtaree*, quas omnes enumerat, easque

Decimum tertium Clima imaginarium
& est Alsend.

Nomina Vrbium.	Nomina Authorum	Longitudo grad. min.		Latitudo grad. min.	
344 Aldabil.	A Busaid.	92	31	24	20
	Al Biruni.	93	3	26	0
	Editio.	93	3	26	35
345 Mocran					
eius castrum Altiro.	Absahid.	86	3	30	30
	Al Faras.	88	3	26	35
346 Kosdar.	Al Biruni.	94	5	30	
	Al Faras.	91	3	27	30
347 Albirun.	Al Biruni.	94	30	24	4
	Al Faras.	94	3	26	3
348 Sadusan.	Al Biruni.	94	50	23	30
	Al Faras.	94	3	38	
349 Almansura.	Abusahid.	95	30	24	42
	Al Biruni. & Al Faras.	95	3	26	40
350 Almultan.	Al Biruni.	96	25	29	40
	Al Faras.	96	35	29	40

Decimum quartum Clima imaginarium
& est Regio Indiarum.

Nomina Vrbium.	Nomina Authorum	Longitudo grad. min.		Latitudo grad. min.	
351 Sanam. Sumanat.	Al Biruni.	97	10	22	15
352 Vaiahnat *castrum* Alkandhar.	Al Faras.	96	50	33	20

Decimum quartum Clima imaginarium

& est Regio Indiarum.

	Nomina Vrbium.	Nomine Authorum	Longitudo grad. min.		Latitudo grad. min.	
353	Nahluara.	Al Biruni.	98	20	33	30
354	Canbaïet.	Al Biruni.	99	2°	3	20
		Al Faras.	99	20	16	20
355	Bahur Regio , seu vrbs Brahmanorum.	Al Biruni.	84	27	27	15
		Al Faras.	86	27	27	27
356	Tarich.	Al Biruni.	84	20	19	20
		Al Faras.	92	27	19	20
357	Sandan.	Al Biruni.	84	20	19	50
		Alia editio	86	27	19	27
358	Luhur ; alias Lhauer emporium Indiarum quod					
359	Al Bairuni vocat Suphara.	Al Biruni. Al Faras.	84	55	19	35
360	Dali.	Al Biruni. Abusahid.	128	50	35	50
361	Kanugi.	Abusaid.	131	50	29	27
		Al Faras.	104	50	26	26
362	Alcaulam.	Abusahid.	132	27	12	27
		Al Faras.	* 8	27	18	30
363	Montes Kamarun.	Al Biruni. Al Faras.	125	27	20	27
364	Almahbar.	Abusahid.	142	27	17	25

* Il y a faute en cet endroit, qu'on ne sçauroit corriger que par vn autre exemplaire.

inter est hæc Alexandria Indiarum. Sita est ad ripam fluminis, quod ex eius nomine nomen habet.

Nahluar.   Nahluar, aliis *Nahruala*, est Metropolis Prouinciæ *Algezrat.* Sita autem est ad Occidentalem plagam *Alminbar.* Ædes inter se dissitæ sunt inter hortos, & aquarum riuulos dispersæ.

Canbaiet.   Canbaiet est vrbs maritima, quam Mercatores negotiandi causâ frequentant. Est autem vrbs satis pulchra.

Bahura.   Bahura sunt castra, seu arces Brahmanorum inexpugnabiles ad vtramque fluminis *Chich* ripam dispositæ à *Calueg* vsque ad mare Indicum descendendo. Isti sunt Indorum Religiosi, suamque referunt denominationem ad *Barhman* eorum primum sapientem.

Thana.   Thana, hanc ferunt esse ex Prouincia *Gezrat*, & est sita ad Orientalem plagam. Bensahid vult hanc esse vltimam vrbium Prouinciæ *Allar.* Est summoperè mercatorum celebrata linguis. Incolæ oræ huius maritimæ quotquot sunt, Idolâ colunt.

Sendan.   Sendan, aliis *Sendabar*, distat à *Thana* trium dierum itinere, & est sita ad sinum quendam Maris viridis. Distat à *Manfura* quindecim parasangis; & est Emporium omnium celeberrimum, ac nobilissimum.

Lauhur.   Lauhur, aliis *Lahauer*, est vrbs satis ampla, omnibusque abundans bonis; & quorundam doctorum virorum patriam, & nutrix.

Safala.   Safala Indiarum, quam *Albairuni SuKaran* vocat. Est & alia huius nominis Zongæorum vrbs.

Dalli.   Dalli est satis ampla, mœnibus ex lateribus munita. Sita est in planitie, cuius solum lapidibus, & arena intermixtum est. Præterfluit propè illam ad parasangam amnis quidam magnus, Euphrate tamen minor. Nobiliores incolæ sunt Moslemanni, quemadmodum & eius rex, ciues verò infideles. Quosdam paucos habet hortos. Vua caret omninò. Estate ibi pluit. Eius Meschitæ, seu templi Turri nullam habet similem terrarum orbis. Siquidem constat ex lapidibus rubris, habetque 360. gradus.

Kenauag.   Kenauag sita est inter duo fluminis *Chanec* brachia. Posita est in extrema plaga Indiarum ad Orientem partem *Almultan*, distantque ab inuicem 282. parasangis, & est Indiarum vrbium Cayrus, nempe omnium maxima, & populis frequentata. Ferunt quippe in ea extare 300. fora ad gemmas tantummodo diuendendas; eiusque regem habere 2500. Elephantes. Plures habet aurifodinas.

Alcaulam.   Alcaulam est vltima regio Orientis, quæ piper profert. Soluitur ex ista ad *Haden.* Retulit mihi quidam mercator, hanc vrbem sitam esse ad sinum quendam maris in arenosa planitie. Reperitur inibi arbor *AlbaKam*, quæ similis est arbori malorum granatorum, tametsi folia similia sunt foliis Ziziphi.

Kamerun.   Montes *Kamerun* sunt scopuli Indias inter & Sinas, vbi abundanter prouenit Aloë. Vrbes sunt *Ducra*, & *Acmesciun*, quæ Regia est Regis Kamerun. Vrbs Acmesciun sita est ad ripam amnis cuiusdam magnitudinis Nili. *Ducra* autem posita est in extrema parte *Kamerun*, & initio regionis Sinarum.

Almahbar   Almahbar satis celebrata est hominum linguis. Indè deferuntur nobilissimæ telæ, quæ sunt tanti candoris, vt prouerbio locum fecerint. Ad Septentrionalem illius plagam continui visuntur montes vsque ad regionem *Bahera*, quæ est Regis Regum Indiarum Regia. Ad Occidentalem eius plagam sese exonerat Amnis *Alfulian* in mare. Est verò ad Orientalem plagam Alcaulam spatio itineris trium, aut quatuor dierum, cum inclinatione tamen ad Austrum.

Description des Antiquitez de Persepolis, appellées maintenant Chimilnar, traduite de l'Anglois.

IL n'y a rien de plus admirable que les Antiquitez & les restes de l'ancienne Rome, si nous en croyons nos Peintres & nos Architectes; cependant, Bellon dit qu'elles ne peuuët point entrer en comparaiſon auec les Antiquitez d'Alexandrie & les Pyramides d'Egypte : Ceux qui ont paſſé plus loin,& qui ont veu les ruïnes de Perſepolis & les veſtiges du Palais de Darius, tiennent qu'elles ſurpaſſent infiniment les Merueilles d'Egypte & les Antiquitez de Rome ; voicy comme nos derniers Voyageurs les décriuent : * On appelle les Antiquitez qui ſe voyent proche de Perſepolis, Chimilnira, ou les quarante Colomnes, quoy qu'il y en ait prés de quatre-vingt, dont on void des fragmens au moins de ſix pieds de hauteur ; mais il n'y en a que dix-neuf qu'on puiſſe dire entieres, auec vne autre toute ſeule *a* qui eſt à l'Eſt de celles-cy, & qui en eſt éloignée enuiron de cent cinquante pas ; vne roche de marbre fort dur ſeruoit de fondement à cét édifice, elle a enuiron deux fois le circuit du Chaſteau de Vvindſor ; quatre-vingt quinze marches ou degrez portent au premier plan du Palais ; cette montée eſt taillée dans la roche,de marbre noir, & elle eſt ſi large,que douze cheuaux y pourroient monter de front ; ces degrez portent à la hauteur de vingt-deux pieds Geometriques ; car le premier plan du Palais eſt éleué de cette hauteur par deſſus le rez de chauſſée de la campagne ; tout le reſte du roc eſt taillé à plomb, on void encore les deux pieds droits ou coſtez de l'entrée de ce Palais ; l'entrée a enuiron vingt pieds d'ouuerture, d'vn coſté eſt la figure d'vn Elephant, & vis-à-vis celle d'vn Rhinoceros haut de 30. pieds, & tous deux d'vn marbre *b* luiſant ; proche ces Animaux il y a deux Colomnes,& pas loin de là la figure d'vn Pegaſe ; apres auoir paſſé cette entrée,on rencontre quantité de fragmens de colomnes de marbre blanc,dont les reſtes font encore voir la magnificence auec laquelle elles auoient eſté baſties ; les Cicognes font aujourd'huy leur nid ſur les chapiteaux des plus hautes, les moindres de ces colomnes ont quinze coudées,les plus grandes en ont dix-huit de haut, elles ont quarante cannelures larges chacune de trois grãds poulces,d'où l'on peut juger de toute leur groſſeur & de leurs autres proportions : la matiere excellente dont elles ſont compoſées,le trauail de leurs ornemens, & leur diſpoſition, attirẽt encore aujourd'huy l'admiration de ceux qui les voyent ; de là, l'on découure vne fort belle veuë ; mais à voir la campagne des endroits de cette Antiquité les plus éleuez,ceux du pays aſſeurent que la veuë ſ'eſtend à plus de dix lieuës.

* Herbert, Figueroa, Carturige, la Vallé.

a Figueroa dit qu'à vne demie lieuë de cette Antiquité,iln'y remarqua aucun veſtige de cette grande Ville qu'on dit auoir eſté là proche, ſinõ que ſes gens luy dirent qu'ils y auoient veu vne autre colõne auſſi grande que les premieres,& deux autres plus petites vn peu plus loin,&qu'ils virent des cheuaux de marbre d'vne grandeur prodigieuſe, & des Coloſſes qui repreſentoient des Geans ; que pour luy, il n'eût pas le courage d'y aller, à cauſe que toute la plaine par où il falloit paſſer,eſtoit toute entrecoupée de canaux qu'on tire de la riuiere Araxes : La plaine où eſt cette Antiquité, quoy qu'elle n'ait que dix lieuës de large, eſtoit aſſez fertile pour nourrir vne auſſi grande Ville que Perſepolis ; il n'y reſte plus maintenant qu'vne petite Ville de 400. maiſons entourée de beaux paſturages, d'vne campagne fertile & de plaiſans jardins,& arroſée d'vne eau ſi ſaine, qu'il ne croy pas qu'elle ait ſa pareille au monde.

b Figueroa dit que rien ne luy parut plus admirable que la qualité & le poly de ce marbre, qui repreſentoit des objets comme vn miroir.

c Aſſez proche de l'entrée ,nous vîmes vne Inſcription grauée ſur vn quarreau

$$\text{𒀸𒁹𒐊}$$

$$\text{𒀸𒐊𒐊}$$

de marbre noir vny comme vne glace, elle auoit enuiron douze lignes ; mais les lettres d'vne figure ſi extraordinaire,que pas vn de ceux qui les ont veu ne les ont pû entendre ; elles ont toutes la figure de triangles ou Pyramides ; au reſte d'vne ſi belle ſimetrie, qu'elles monſtrent bien que les peuples chez qui elles ont eſté en vſage ,n'étoient point barbares.

c Figueroa adjouſte queces lettres luy parurent toutes ſemblables, & qu'il n'y auoit remarqué autre difference que dans leur ſituation, ce qui ſe voit en effet dans l'Ectype de cette Inſcription que M. Tauernier donne icy au public.

e Figueroa
continuë la
mesme cho-
se,& dit;Les
hommes qui
y sont re-
presentez
sont habil-
lez comme
les Nobles
de Venise.
Vous en
voyez,dit-il
les vns asis
sur des chai-
ses semblab-
bles à celles
qu'on donne
aux princi-
paux Prelats
dans nos E-
glises; Me-
tropolitai-
nes,auec vn
petit mar-
che-pied qui
peut auoir
demy pied
de haut fort
propre,& ce
qui m'eston-
roit le plus,
est que ces
habits n'ont
aucun rap-
port auec
ceux que
portent les
peuples de
ces Pays-là,
ny mesmes
auec ceux
des anciens
Assyriens,
Persans, &
des Medes;
lesquels cô-
me nous les
voyons dé-
crits chez
les Grecs &
chez lesRo-
mains, por-
toient la ye-
ste, tunique,
ou espece de
juste au
corps, qui
est encore
maintenant
en vsage
chez les
Turcs &
chez les Per-
sans; les
Turcs l'ap-
pellent Ca-
baia, & les
persansAlio-
ba, qui me
fait croire
que ce Mo-
nument est
plus aucien
que toutes
les autres
Antiquitez
dont nous
auons con-
noissance.

Là proche est vn autre compartiment quarré, dont chacun des costez à quatre-vingt dix pas, auec huit portes ou entrées; quatre de ces portes ont six pas d'ou-uerture, les autres n'en ont que trois; elles sont basties chacune de sept grands quarreaux de marbre fort exactement poly; ces quarreaux ont quatre aulnes de long, & cinq quarts d'aulne de haut, releuez de bas reliefs, qui representent des Grifons, des Lyons, des Tygres; & en d'autres endroits de ces murailles sont gra-uées des Batailles, des Sacrifices, des Triomphes, des jeux Olympiques, d'vn des-sein & d'vne sculpture admirable; sur chaque porte est representé vn homme ma-jestueux couuert d'vne longue veste auec vne Mître ou Tiare, les cheueux longs,& qui luy descendét par boucles jusques sur les épaules; d'vne main il tient vn Sceptre,& de l'autre vn Globe;ce qui n'a iamais,que ie sçache,esté visité par les Roys de Perse; ceux du Pays disent, que c'est Samson ou Aaron : à cét Apparte-ment est joint vn troisiéme, qu'ils nous disoient auoir esté vn Serrail; les quatre costez sont inégaux, il y en a deux de soixâte de mes plus grâds pas, & deux autres de soixante & dix : de là ie passay dans vn quatriéme Appartement, dont deux cô-tez sont de vingt pas,& les deux autres de trête, ses murailles assez entieres & d'vn marbre noir si poly,qu'on se pouuoit mirer dedans: il y a des bas reliefs taillez dâs ces murailles enrichis d'vne dorure qui se void encore maintenant; les bas reliefs de cét endroit representent des Geans : nous montâmes apres sur des ruïnes, & arriuâmes au dessus de cét Edifice; nous y vîmes la figure d'vn Roy à genoux de-uant vn Soleil,du feu tout proche,& vn serpent; toutes ces figures taillées dans le costé de la roche, qui est par tout ailleurs entouré de precipices. Cette Antiquité est tellement ruïnée, qu'on ne sçauroit determiner maintenant si elle a esté d'or-dre Dorique, Ionique, ou Corinthien; mais vn habile Dessignateur en trois mois de temps ne la pourroit pas dessigner toute entiere : C'est vn grand dômage qu'on n'ait pas encore fait cette diligéce,car les peuples qui en sôt proches la ruïnét tous les iours, & en tirét des pierres pour seruir à toute sorte d'vsages dâs leurs maisôs.

A cinq lieuës de là l'on void vne figure monstrueusement grande, que les Per-sans disent estre la figure de Nocta Rustan; il y a plus d'apparence que c'est vne Statuë d'Alexandre, qui auroit eu la vanité de faire croire à la posterité, qu'il estoit plus grand que l'ordinaire des hommes; ce qu'il voulust faire croire mesme de son temps, par les armes extraordinairement grandes & pesantes qu'il enuoyât par toutes les Indes. Il y a vne Ville proche de cette Antiquité, nommée Marga-tean, il n'y reste que deux cent maisons habitées par vn peuple si superstitieux, qu'ils parfumerent leurs maisons apres que nous en fûmes sortis; il y a de là à Si-ras dix farsangues ou lieuës de France.

Gouuea dit que deux escaliers fort proches l'vn de l'autre, porte jusques à la principale entrée du Palais; les pierres qui en sont les degrez sont d'vne grosseur extraordinaire : l'en remarquay qui auoient 25. palmes de long, dix ou douze de large,& sept ou huict de hauteur. Les pierres des Colonnes estoient les plus massiues, & nous pouuions imaginer comment on auoit pû porter si haut de si lourdes masses : mais ce qui nous estonna le plus, fut de voir des chambres en-tieres,le plancher,les murailles,& la couuerture, tout d'vne seule pierre, tres-noire & tres-dure, & non point taillées dans la roche comme l'est le Pagode de l'Isle de Salcite proche deTana,aont la pierre est fort tendre. Au haut de l'escalier on trouue vne sale, d'où l'on découure vne grande estenduë de pays. Les murailles sont couuertes de bas reliefs, & l'on y void les 40. colonnes qui ont donné le nom à cette Antiquité. Trois pierres en font toute la hauteur; leur baze a bien 30. palmes de tour,& au plus haut il y a des figures de tout relief. Les murailles sont fort hautes, le Sculpteur y a representé des Lyons, des Tygres, & d'autres Animaux, qui sortent en relief, si bien trauaillez,qu'ils font peur à ceux qui les voyent. De là nous montâmes vn lieu plus éleué, où nous trouuâmes dans vn lieu taillé dans la roche mesme,vn superbe tombeau que ces peuples ont ruïné,croyant y trouuer vn tresor; là proche est vn autre tombeau,qu'ils disoient estre la se-pulture d'vne Reyne, personne n'a pû encore expliquer vne inscription que l'on void en plu-sieurs endroits de cette Antiquité, ainsi tout contribuë à obscurcir la memoire du Prince, qui croyoit par ce bastiment la rendre eternelle. Et à cause que ces pierres sont si dures,que le temps tout seul auroit de la peine à les détruire, ces peuples y employent tous les iours le fer & le feu pour les ruïner, & se deliurer par là des estrangers qui les viennent voir.

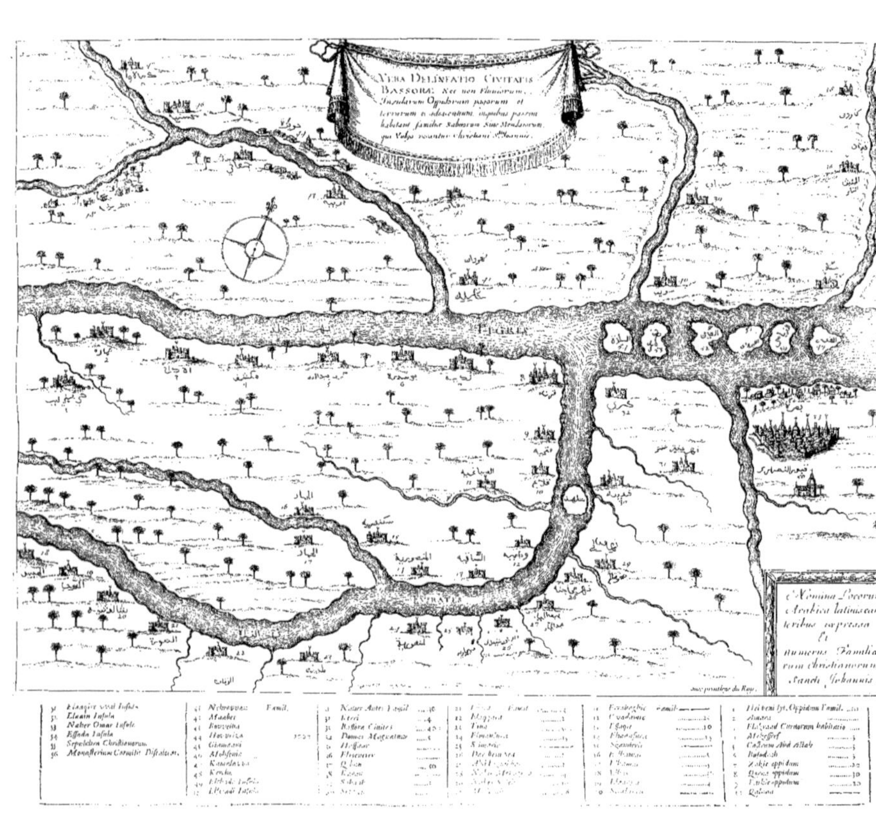

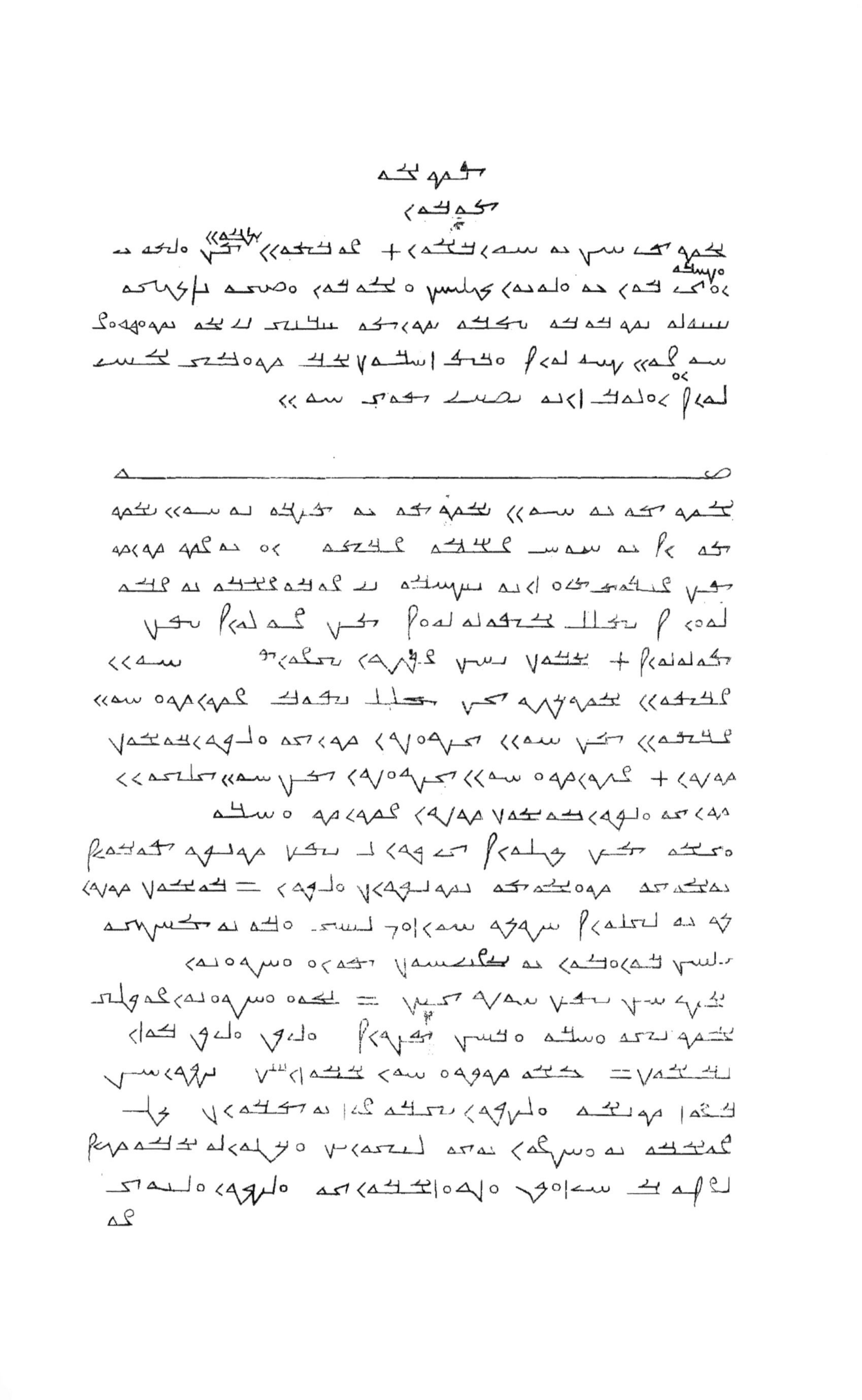

[illegible]

[illegible]

[illegible]

[illegible]

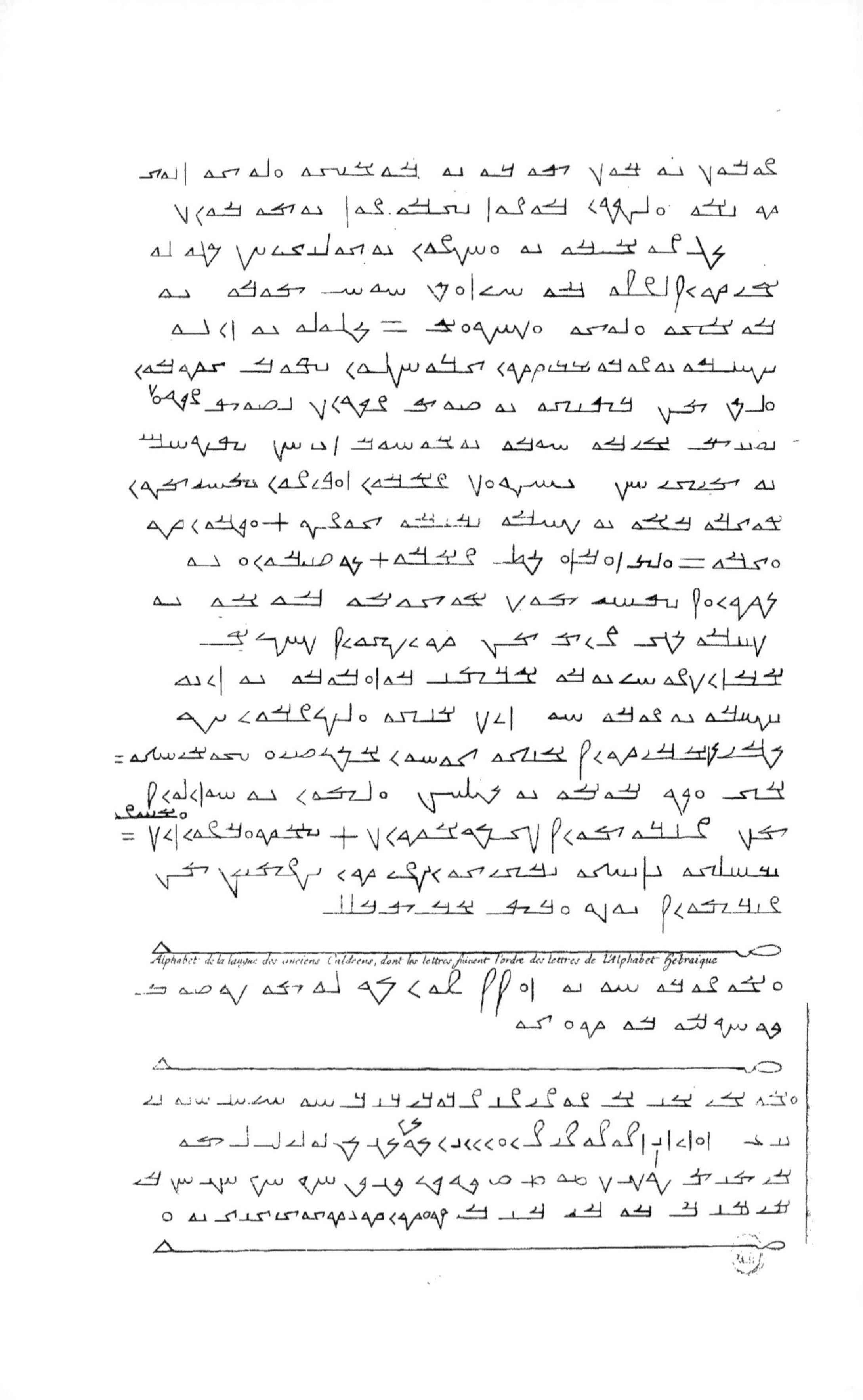

Alphabet de la langue des anciens Caldeens, dont les lettres suivent l'ordre des lettres de l'Alphabet Hebraique

RELATION

DES ROYÁVMES DE GOLCONDA,

TANNASSERY, PEGV, ARECAN,

& autres Eſtats ſituez ſur les bords du Golfe de Bengale ; & auſſi
du Commerce que les Anglois font en ces quartiers-là.

par

VVILL· METHOLD.

E Golfe de Bengale ſ'eſtëd depuis le CapCommorin qui eſt ſous
le huitiéme degré de latitude Septentrionale , iuſques à Chattignan,ſous le 22. degré de latitude auſſi Septentrionale.Cette coſte a bien mille lieuës Angloiſes d'eſtenduë , & l'ouuerture du
Golfe neuf cens lieuës. Le Cap de Sincapoura qui eſt ſous le premier degré de latitude Auſtrale le ferme de l'autre coſté. Les
Royaumes de Zeilan, Biznagar, Golconda, Bengala, Arecam, Pegu & Tannaſſary ſont ſur céte coſte, elle eſt coupée de pluſieurs petites riuieres dont on ne parle
guieres, à cauſe que leur nom eſt obſcurcy par le voiſinage du Gange, ſi fameux
par les écrits des Geographes : On ne ſçait point bien où il prend ſa ſource ,
mais on ſçait en general qu'elle eſt fort éloignée de l'emboucheure ; & les Gentils
ont en ſi grande veneration céte riuiere , qu'ils croyent que leurs pechez leur
ſont pardonnez lors qu'ils ſe ſont lauez dans ſes eaux.

Chattignan
eſt au fonds
du Golfe.

Nos Anglois ont peu de connoiſſance de l'Iſle de Zeilan. Les Portugais y
ſont les plus puiſſans , & pretendent meſmes eſtre aſſez forts pour en empécher
l'entrée aux autres nations. Il y a vn Roy dans l'Iſle nommé le Roy de Candy,
auec lequel les Danois entrerent il y a quelque temps en Traité ; & voyant qu'ils
ne pouuoient pas eſtablir leurs affaires par la Negociation,ils ſe fortifierent dans
le Pays proche de Negapatan, en vn lieu nommé Trangabay.

Iſle de Zei-
lan.

Le Royaume de Biſnagar eſtoit le plus ancien & le plus conſiderable de tous
les Royaumes qui ſont du coſté de la terre ferme. Il eſt maintenant diuiſé en pluſieurs Prouinces ou Gouuernemens , dont les Naickes ou Capitaines du Pays ſe
ſont rendus les Maiſtres : car le dernier Roy eſtant mort il y a quelque quinze
ans, il ſ'éleua pluſieurs pretendans à la Couronne. Les Naickes prirent party ſous
ces Chefs, & ſ'engagerent en vne guerre ciuile, qui fut ſuiuie d'vne ſi grande de-
ſolation & famine , que pluſieurs peres portoient leurs enfans ſur la coſte, & les
vendoient pour la valeur d'vn écu ou quatre francs de Rys. Les Marchands qui
les auoient à ſi bon marché , les reuendoient apres auec vn grand profit en d'autres endroits des Indes. La ville de S. Thomas eſt dans ce Royaume; les Portugais en ſont les Maiſtres,mais ne laiſſent pas d'en faire quelque reconnoiſſance au
Nayck qui eſt maiſtre de ce canton. Il les aſſiegea il y a trois ans, & les obligea à
luy donner quelque argent pour auoir la paix; car leur Ville eſt ſeulement forti-

Royaume
de Biſnagar.

Ville de
S. Thomas.

fiée du coſté de la mer, n'ayant point d'autre deffenſe du coſté de la terre, que les maiſons qui la ferment. La ville de Pallecatte qui eſt dans cette Prouince, eſt vn mauuais voiſinage pour les Portugais, depuis que les Hollandois ſe ſont rendus les maiſtres de ſon Chaſteau : Car depuis ce temps-là, leurs Vaiſſeaux n'oꝛent paroiſtre ſur cette coſte ; & quand ils ſ'y hazardent, ils choiſiſſent des bâtimens qui aillent fort bien à la voile. Si bien que les Portugais y ſont maintenant fort pauures, & ont eſté bien punis de l'enuie auec laquelle ils empeſchoient le Commerce aux autres Nations. Dés les premiers voïages que les Hollandois firent aux Indes, ils reconneurent que les marchandiſes qui ſe trouuent à S. Thomas, ſe pouuoient tranſporter auec beaucoup de profit aux Molucques, à Iaua, Sumatra, Amboyna, & autres endroits des Indes. Ils obtinrent du dernier Roy de Biſnagar, la permiſſion de pouuoir trafiquer en ce Pays, & d'eſtablir vne Factorerie à Pallecatte, auec ſix ou ſept Hollandois pour negocier. Les Portugais de S. Thomas qui ne pouuoient ſouffrir qu'ils ſ'eſtabliſſent ſi proche, ſe mirent en mer, & vinrent attaquer la maiſon des Hollandois. Ils ſe rendirent, apres ſ'être deffendûs quelque-temps. On les mena priſonniers à S. Thomas ; d'où quelques-vns ſe ſauuerent, & entre-autres le principal Facteur, de qui ie tiens cette Relation.

Le Roy accorda depuis aux Hollandois la permiſſion de baſtir vn Fort pour ſ'aſſeurer des inſultes des Portugais, à condition toutefois que la garniſon ſeroit my-partie, moitié d'Hollandois, & moitié de ceux du païs : Il arriuoit tous les iours quelque querelle entre deux nations ſi differentes. Le Roy ennuyé d'en entendre parler dauantage retira ſes Sujets, & laiſſa les Hollandois en pleine poſſeſſion de ce Fort : Ils ont accreü depuis cette Place, l'ont fortifiée, & la nomment maintenant Gueldria, depuis le Traité de l'année 1619. Ceux de noſtre Nation ont fait la moitié de la dépenſe de la Garniſon, & cependant ne jouïſſent point des auantages qu'on a tirez depuis de l'eſtabliſſement de cette Place. Ie n'oſerois parler dauantage de l'injuſtice de leur procedé, de peur que l'on croye que ie parle auec paſſion, & comme intereſſé dans vne querelle qui m'eſt commune auec tous ceux de noſtre Nation. Ainſi les Portugais qui n'auoient pû au commencement ſouffrir cinq ou ſix Hollandois poche d'eux, ſont maintenant bridez par vne Garniſon qu'ils ne pourront apparamment iamais chaſſer de ce païs là ; car ils ne ſont pas aſſez forts à S. Thomas pour l'entreprendre, & le Vice-Roy des Indes ne les aidera pas dâs vn ſemblable deſſein. Les Portugais de S. Thomas ne payent iamais rien pour les affaires generales des Indes ; Ils ne ſeruent point le Portugal de leurs perſonnes, & paſſent pour rebelles auſſi bien que ceux de Bengale ; par cette raiſon ils ne doiuent pas attendre de protection de leurs Princes, ny de ſecours de leurs Vice-Roys.

Ils ſe ſont contentez depuis peu d'exciter ſous main quelques Naickes contre les Hollandois, ils les aſſiegerent dans la ville de Pallecatte, mais ces troupes ne demeurent pas long-temps ſur pied. Ils leuerent le ſiege apres en auoir receu quelque argent. Il faut auoüer que les Hollandois gardent vne conduite fort prudente ; ils n'entreprennent point ſur ceux du Pays ; ils n'en tirent aucune contribution, & ſe contentent d'y eſtablir leur trafic, & d'empeſcher celuy des Portugais.

Maſulipatan eſt le principal Port du Royaume de Golconda, il eſt ſous le ſeiziéme degré trente minutes latitude Septentrionale : La Compagnie Angloiſe des Indes Orientales y tient vn Agent ou vn Preſident & des Facteurs, comme auſſi à Petapoly. I'y ay paſſé huict années en qualité de Preſident des affaires de cette Compagnie ; c'eſt ce qui m'a donné la hardieſſe d'entreprendre de ſatisfaire la curioſité des Purchas, qui m'a prié d'écrire vne Relation de ce pays. Maſulipatan eſt vne petite ville mal baſtie & encores plus mal ſcituée, mais qui ne laiſſe pas d'eſtre fort peuplée : Toutes ſes eaux ſont ſalées ; car quand la Marée hauſſe elle y monte prés d'vn mil auant dans le pays. C'estoit au commencement vne pauure retraite de pescheurs, & c'est delà qu'elle tire le nom qu'elle retient encore. La commodité de la rade y attire les marchands, & son trafic a tousiours esté en augmentant depuis que ceux de nostre Nation ont commencé à y venir. Son climat est fort sain; ils diuisent leurs années en trois saisons;les mois de Mars, d'Auril, de May & de Iuin font celle de l'Esté ; car en ce temps-là, non seulement l'approche du Soleil échauffe leur Pays, mais le vent au lieu de le temperer l'augmente : Il y souffle ordinairement vers la my-May vn vent d'Oüest qui eschauffe encor' plus le Pays que le Soleil mesme. La chaleur y est aussi grande, que l'on sent lors qu'on est proche d'vne maison qui brusle ; tellement que dans les chambres les mieux fermées, le bois des chaises & des tables y est tellement eschauffé qu'on ne le peut toucher ; & que l'on est obligé de jetter continuellement de l'eau dessus & sur le plancher des chambres ; mais cét excez de chaleur ne dure que six ou sept iours en toute vne année, & depuis seulement neuf heures du matin iusques à quatre heures apres midy;car il vient apres vn air frais de la Mer qui la tempere agreablement. Ceux du Païs qui sont obligez de voyager durant ces grandes chaleurs en sont quelquefois estouffez;ce qui est aussi arriué à vn Hollandois qui voyageoit dans vn Pallanquin ;& à vn de nos Anglois qui ne fit qu'vne demie lieuë pour aller iusqu'à la Barre du Port. Les moindres chaleurs de leur Esté surpassent encore de beaucoup les plus grandes chaleurs que nous auons en Angleterre, & dureroient tout le mois de Iuillet, d'Aoust, de Septembre & d'Octobre, mais les pluyes continuelles rafraîchissent l'air & la terre, & viennent en si grande abondance qu'elles inondent tout le Païs. Les habitans en reçoiuent le mesme auantage que les Ægyptiens tirent du Nil ; car ils sement dans ces terres ainsi preparées leur Rys & les autres grains sans esperer d'autre pluye que huict mois apres. Ils content leur Hyuer au mois de Decembre, Ianuier, Feurier, mais il y fait aussi chaud qu'au mois de May en Angleterre ; ainsi les arbres y sont tousiours verds & tousiours chargez de fruicts murs. On y fait deux moissons de Rys ; il y a mesmes des terres qu'on despouïlle trois fois, & celles qu'on ne seme qu'vne fois rendent extremement ; ils sement vne espece de legume que nous n'auons point en Angleterre ; ils ont de l'orge, mais ils en mangent peu ; le Betle leur tenant lieu de tous les autres herbages dont nous nous seruons. Ce Pays est fort fertile, tout y est à bon marché, ce qui vient principalement de l'abstinence que font les habitans, & de ce qu'ils ne mangent d'aucune chose qui ait vie. L'on y a huict poules pour quatorze sols, vn mouton pour onze, & tout le reste à proportion, ces choses estant encore à meilleur compte hors de la ville.

Ce Royaume aussi bien que les autres Royaumes des Indes,prend son nom de la ville de Golconda, lieu de la residence de son Prince. Les Mores & les Persans l'appellent Hidraband ; elle est esloignée du costé de Masulipatan de vingt-huict lieuës du Pays, dont chacune fait neuf de nos miles d'Angleterre. On fait ce chemin ordinairement en dix iours. Cette ville passe pour la mieux scituée de toutes les Indes, à cause de la douceur de son climat, de la bonté de ses eaux, & de la fertilité de son terroir. Le Palais du Prince surpasse aussi en magnificence tous les autres des Indes. Il a 12. miles de circuit tout basti de pierre ; & aux endroits où nous employons icy le fer, comme aux barreaux des fenestres, c'est de l'or massif. On tient ce Prince pour le plus riche des Indes en Elephans & en pierreries. Il tire son origine des Persans,& a retenu leur Religion, qui differe en beaucoup de choses de celle des Turcs. I'en ay descrit la difference fort au long dans mō voyage,& ie n'ay rien à y adiouster icy,sinon qu'vn nommé Meéne qui se vantoit d'estre de la race de Mahomet,me disoit qu'il prieroit plustost Dieu pour vn Chrestien, que pour vn Sunée,c'est à dire vn Mahometan heretique. Ce Prince & tous ses predecesseurs ont gardé le tiltre de Cotubsha, dont ie me

---

foutiens d'auoir leu l'origine dans Linfchot. Il fe maria au temps que i'eftois dans le Pays auec la fille d'Adelsha Roy de Vifiapour. Il a trois autres femmes , & au moins mil concubines : Il n'y a rien de plus commun parmy eux que d'auoir plufieurs femmes ; & de toutes les chofes que ie luy pouuois dire de l'Europe , il n'y en auoit point qui l'eftonna dauantage; & comme il difoit,qui fut plus honteufe & plus deplorable, qu'vn Roy d'Anglererre qui auoit trois Royaumes, fuft reduit à n'auoir qu'vne feule femme. Il eft engagé dans vne ligue deffenduë auec *del Sta* , & *Sha* , contre le Mogol , mais les meilleures armes qu'ils employent pour f'affeurer contre fes enrreprifes , font les prefens qu'ils luy font tous les ans , & trouuent plus auantageux d'acheter le repos que d'entrer en guerre. Il a de reuenu 25. lecques de Pagodes qu'il tire detous fes Sujets, qu'on peut dire eftre tous fes Fermiers.

Ce Roy, comme prefque tous les autres Roys des Indes eft maiftre de toutes les terres de fon Païs; elles font diuifées par Gouuernemens; que les Gouuerneurs tiennent à ferme du Roy, & les diuifent en plufieurs portions qu'ils fousferment à d'autres,& ceux-là à d'autres inferieurs,tant que cette fubdiuifiõvienne iufqu'au peuple qui eft fort miferable ; car lors qu'il ne peut pas payer fa ferme, il faut qu'il quitte le Païs ; Sa femme , fes enfans , fes freres & fes parens refpondent de fadebte : Pour ce qui eft des grands Fermiers & Gouuerneurs, quand ils manquent à fatisfaire à leur payement , ils font battus à coups de canne ,'comme il arriua au Gouuerneur de Mafulipatan,qui mourut des coups qu'il receut fur le col,fur le vêtre, fur le dos , & fur la plante des pieds. Tous les ans au mois de Iuillet, on expofe en vente les Gouuernemens, on les donne au plus offrant ; tellement que dans ce peu de temps que dure leur bail, il n'y a point d'exaction ny de violence qu'ils ne pratiquẽr. L'on compte dans le Pays foixante & fix places fortes ; les foldats des Garnifons n'ont que cinquante fols par mois, & encore en font-ils mal payez. La plufpart de ces châteaux ou places fortes font fur des rochers de fort difficile accez. I'en ay veu trois,

Cundapoly , Cundauera , & Bellum-Cunda. Le mot de Cunda fignifie en cette langue , vne montagne. Vn iour que j'eus occafion de rendre vifite au Gouuerneur de la ville de Cundapoly , j'eus la curiofité d'entrer dans le Chafteau. Il me dit que luymefme qui eftoit Gouuerneur du Pays , n'y pouuoit pas entrer fans vn ordre exprés du Prince , & que cét ordre ne f'obtenoit qu'auec beaucoup de peine. Il me dit que cette fortereffe eftoit compofée de 60. differens forts tellement fituez,qu'ils fe commandoient l'vn l'autre, & qu'ils enfermoient des campagnes de grandes eftenduës , où il y a toutes fortes d'arbres fruictiers, & où ils recueillent du Rys ; telle fût la Relation que m'en fit le Gouuerneur de Cundapoly. Pour moy,qui confideray de loin cette place, elle me parut fur le haut d'vne roche efcarpée de tous coftez , hormis du cofté du chemin tres-eftroit qui y conduit. Auec cela,elle ne laiffe pas d'eftre enfermée d'vne muraille auec quelques tours & baftions qui la flanquent. Ceux qui ont bafty cette place, fe font feruis de l'auantage du lieu : & comme elle ne peut eftre minée, & qu'elle commande à tout le Pays qui eft autour; c'eft vn vray lieu de retraite pour vn Prince qui auroit perdu vne bataille. Ce Chafteau entretient correfpondance auec celuy de Cundauera,qui en eft éloigné de vingt-cinq milles. Par le moyen des feux qu'ils fe font de nuit , l'exercice de toutes fortes de Religions eft libre en ce Pays. Les perfonnes de qualité font de la Religion du Roy, mais celle des naturels du Pays qui font Gentils, eft la plus fuiuie. Ie ne puis m'empefcher de dire quelque chofe de cette Religion des Gentils; leurs Preftres ou Docteurs deleur Loy, font appellez Bramenes ; ils difent qu'au commencement il n'y auoit qu'vn feul Dieu ; qu'il f'en eft depuis affocié d'autres, les choififfant d'entre les hommes qui ont vefcu fur la terre ; ils érigent des Temples ou Pagodes à leur memoire, & leurs addreffent leurs prieres dans leurs neceffitez.

Ils tiennẽt l'ame immortelle , & qu'elle paffe d'vn corps dans vn autre, felon qu'a vefcu le dernier hôme, dans lequel elle f'eft trouuée ; & c'eft de là que vient cette crainte qu'ils ont de rien manger qui ait eu vie. Pour ce qui eft des ceremonies qu'ils

obſeruent lors qu'ils ſe lauent & qu'ils mangent, ils les tiennent de leurs predeceſſeurs. Ils ont vne fort bonne morale, l'homicide & le vol ſont des crimes inconnus
en ce Pays-là; mais ils prennent toutes ſortes d'auantages dans les Traitez qu'ils
font. La Poligamie ou multiplicité des femmes eſt permiſe, cependant il y en a
beaucoup qui ne ſe ſeruent pas de cette permiſſion, ſi ce n'eſt lors que leurs premieres femmes ſe trouuent ſteriles. Il ne ſ'y parle gueres d'adulteres, & la couſtume
punit les femmes qui ſ'en trouuent conuaincuës. Pour ce qui eſt des filles & des vef-
ues, il n'y a que la ſeule modeſtie qui les retienne. Ces peuples ſont diuiſez par Tous les Habitans diuiſez par Tribus.
Tribus ou lignées. Ils diſent qu'il y en a pour le moins quarante-quatre. Ils ſe di-
ſtinguent par là les vns des autres, & tiennent leur rang ſelon les prerogatiues de
leur Tribu. Ainſi le plus pauure Bramen precedera le plus riche des Comiti, à cauſe
que la Tribu de ces Bramens doit preceder l'autre. Ces Bramens ſont les Preſtres du Tribu des Bramens.
Pays, & les Docteurs de leur Religion. Ils entendent fort bien l'Arithmetique, &
les Marchands Mahometans les employent ordinairement pour faire leurs comptes.
Ils écriuent ſur des feüilles de palmites auec vne pointe de fer, & tiennent par tradition de leurs anceſtres, les ſecrets de la Medecine, de l'Aſtrologie, & des autres
Arts qu'ils pratiquent, & ne les communiquent iamais à ceux des autres Tribus.
Ils ſont aſſez bons Aſtrologues, & ne reüſſiſſent pas mal dans les predictions des écli-
pſes: ce qui leur a acquis vne ſi grande reputation parmy les Gentils & parmy les
Mores, qu'ils n'entreprennent point de voyages ny de grandes affaires ſans les auoir
conſultez auparauant ſur l'heure à laquelle ils en doiuent commencer l'execution.
I'ay veu le Gouuerneur de Maſulipatan attendre dix iours l'heure de faire ſon entrée en ſon Gouuernement. Il y a deux Roys de cette race ou Tribu, le Samorin Roy Tribu des Fangams.
de Kalecu, & le Roy de la Cochinchine. La lignée appellée Fâgam, tient le ſecôd râg
apres les Bramenes. Ils obſeruent les ceremonies des Bramens, & ne prennent point L'E. de C. dit vne au-tre raiſon, & que c'eſt à cauſe qu'eſtât ſuſ-pendu au plancher & hors de ter-re, il germe, tirant de là vne indu-ction que c'eſt vn ani-mal.
d'autres nourritures que du beurre, du laict, & toutes ſortes d'herbages, excepté
l'oignon, auquel ils ne touchent point à cauſe de certaines veines qui ſ'y trouuent,
& qui leur paroiſſent auoir quelque reſſemblance auec du ſang.

Les Comitis compoſent l'autre Tribu; ſont tous Marchands dans le Pays, & ra-
uiſſent d'vn coſté & d'autre les toiles de cotton pour les reuendre en gros aux Marchands eſtrangers. Ils ſe mélent auſſi de changer les monnoyes, en quoy ils ſont tres-
habiles; & à la ſeule veuë d'vne piece d'or, ils en connoiſſent la valeur interne à vn
grain prés. Ils jugent auſſi fort bien de la bonté de toutes ſortes de Marchandiſes; ſi Tribu des Comitis.
bien que l'auſterité de leur vie, & cette grande connoiſſance qu'ils ont, me fait croire qu'ils tirent leur origine des Banians, qu'ils leur reſſemblent dans l'vne & dans
l'autre de ces qualitez.

Campo-varo eſt la Tribu qui ſuit apres: elle eſt compoſée de Laboureurs, de gens Tribu des Campo-va-ro.
de trauail, & des ſoldats des Garniſons. Cette Tribu eſt plus nombreuſe que les autres. Ils mangent de toutes ſortes de viandes, à l'exception du bœuf; mais il n'y a
point de neceſſité qui les peuſt obliger de tuer vn Bœuf ou vne Vache. La raiſon
qu'ils en apportent, eſt que leur Pays tire preſque toute la ſubſiſtance de ces animaux. Ils leurs donnet le laict & le beurre, & croyent que c'eſt de luy qu'ils tiennent
auſſi les fruits de la terre, à cauſe qu'ils ſeruent à labourer; tellement que ſelon leur
ſens, c'eſt la plus grande inhumanité qui ſe puiſſe imaginer, de tuer tous les
iours & de manger vn animal dont on tire tant de ſeruice; tellement que pour rien
du monde, ils ne venderoient aux Anglois ny aux autres Europeens, vn Bœuf ny
vne Vache, quoy qu'entre-eux elles ne ſe vendent que quatre francs ou cent ſols.

L'autre Tribu eſt des femmes de débauche. Il y en a de deux ſortes; les vnes ne Tribu des femmes de débauche, de deux ſor-tes.
ſe proſtituent qu'aux gens qui ſont d'vne Tribu plus noble que la leur, & iamais à
ceux d'vne Tribu inferieure; les autres ne refuſent perſonne, & tiennent ce genre
de vie de leurs anceſtres, qui ont fait le meſme meſtier. En effet, leurs filles, ſi elles ſont belles, ſont éleuées dans ce deſſein; autrement ſi on ne les eſtime pas aſſez
bien faites pour y reüſſir, on les marie auec des hommes de cette meſme Tribu;

& les filles qui viennent de ce mariage, reparent le dés-honneur de leurs meres qui n'ont pas esté jugées assez belles pour faire ce mestier ; tellement que cette succession n'est iamais interrompuë. On fait apprendre à ces jeunes filles à danser, & leur principal soin est de leur rendre le corps souple dés leur jeunesse : Apres auoir esté ainsi éleuées, elles font des postures que l'on croiroit impossibles. I'ay veu quelquesfois vne fille de 8. ans, leuer l'vne de ses iambes aussi droite par dessus sa teste, que i'aurois pû leuer mon bras, estant cependant debout, & se soustenant sur l'autre. Ie leur ay veu mettre les plantes de leurs pieds sur leurs testes : Enfin, elles passët en cela nos plus habiles danseurs de corde ; elles ne doiuët point d'autre tribut au Roy, que de se rendre vne fois l'année à Golconda, pour faire toutes sortes de postures deuant ce Prince ; où celle qui y reüssit le mieux, reçoit vn present de Sa Majesté. Elles satisfont de mesmes les Gouuerneurs des Prouinces, & dansent deuant eux lors qu'ils le commandent ; mais elles se font payer de tous les autres qui les employent aux occasions des Festes, des arriuées des Vaisseaux, des Circoncisions, & des autres réjouyssances. Il y en a entre-elles de fort riches, de fort bien mises, & qui ont sur elles quantité de pierreries. Pour leurs habits, ils sont de toile de cotton, ou de quelque estoffe de soye fort legere ; elles portent vn corps de sarge, auec des manches qui ne leur viennent que jusques au coude ; aux bras elles portent des bracelets d'or, auec des rubis & des émeraudes ; elles ont toutes des pendans d'oreilles ; il y en a mesme quelquesvnes qui ont les narines percées, & qui y mettent vne bague auec vne perle ou vn rubis ; elles ont à leur col des filets de perles ou de corail ; & pour leur coëffure, elles releuent leurs cheueux auec vn nœud qu'elles font sur leur teste.

Tribu des Artisans.

Les Charpentiers, les Massons, les Orfévres, & les Marchands, font vne autre Tribu. Les derniers de tous sont les Piriaues ; ils ne sont reçeus dans pas vne des autres Tribus ; on ne leur permet point de demeurer dans les Villes : & si par hazard ceux des autres Tribus s'estoient frottez contre-eux, ils seroient obligez à s'aller lauer tout aussi-tost. Leur mestier est de preparer les cuirs, de faire des souliers, d'emballer les Marchandises. Ie n'ay iamais veu de gens plus sales.

Les Peintres font vne Tribu à part, comme aussi les Selliers, les Barbiers, & ceux qui portent les Palláquins.

Il faut que i'adjouste icy quelque chose de ceux qui portent les Pallanquins : huict de ces hommes vous porteront auec vn matelats & des coussins, trente-six de nos milles d'Angleterre en vn iour. Ils sont tousiours quatre, & se succedent les vns aux autres ; ils s'accoustument à ce trauail dés leur jeunesse. Toutes ces Tribus ont vne mesme Religion & vn mesme Pagode ou Temple d'Idoles où ils s'assëblent, mais dâs ce Temple ils choisissent chacun leur Idole. Ces Pagodes sont ordinairement fort obscurs, & n'ont point d'autre lumiere que celle qu'ils reçoiuët des portes qui sont tousiours ouuertes : ils seruët aussi de retraite à ceux qui voïagent ; car le Bramen qui y demeure, n'en occupe qu'vn petit coin. Ils n'ont en toute l'année qu'vne seule Feste, à laquelle chacun se rend aux pieds de l'Idole qu'il adore. On void ce jour-là des milliers de ce Peuple qui s'y rendët. Ils jeûnent 24. heures ; ils se lauent ; ils attachent des lampes le plus proche de l'Idole qu'ils peuuent, & luy font des prieres chacun selon ses necessitez ; il y en a mesme qui viennent pour voir leurs amis & leurs parens. L'on void sur le chemin des gueux qui ont des inuentions admirables pour exciter à compassion les passans ; car ceux qui n'ont point de défaut, se roulent tous nuds sur des épines ; d'autres s'enterrent dans vne fosse jusques au col. Sur la minuit on porte le Pagode au son des trompettes, & on tire quantité de feux d'artifices, que ces Peuples preparent fort bien. Entre ces Idoles, ils en ont vne qui est des plus adorées ; c'est vn bloc de pierres qu'ils disent ressembler d'autant mieux à la Diuinité, qu'il n'a aucune figure semblable à ces Atheniens qui auoient dressé vn Temple au Dieu inconnu. Ils ont 4. autres Festes principales, dont la solemnité se passe dans l'eau de la Mer. Ils se rendent ce jour-là sur ses bords : ils s'y lauent sous la direction de leurs Docteurs ou Bramenes, qui prononcent certaines paroles

en leur jettant de l'eau. Le Bramen & ceux du Peuple qui reçoiuent la Benediction, font dans ce temps-là dans l'eau jufques à la ceinture. Ils fe font tous les
iours de nouuelles Idoles, leur donnant des figures qui leur font venuës en fonge, & font vœu quelquesfois de ne point manger jufqu'à ce qu'ils ayent acheué
de les tailler ou de les fondre. I'en ay veu vne de pierre noire de quatre pieds de
haut; elle reprefentoit vne figure humaine; ils difoient que fi l'on euft jetté fur fa
tefte vn boiffeau de Rys, tous les grains fe feroient arreftez fur cette Idole, fans
qu'il en tombaft vn feul grain à terre. Vn autre m'affeuroit qu'vn homme qui fe
feroit coupé la langue deuant fon Idole, il luy en feroit reuenu vn autre en la place; mais il n'en voulut point faire l'experience. On m'en fift voir vne troifiéme, ceux du Pays affeuroient, que fi on mettoit quelque quantité de miel de Sor-
bec, ou de quelque autre liqueur que ce fuft, dans vn trou qui en eftoit proche,
il ne f'y en perdroit juftement que la moitié; Que d'vne pinte le trou en auroit
retenu vne chopine, & vn demy muid d'vn muid entier. Ils adorét vne autre Ido-
le qui fait venir, ce difent-ils, les maladies, & particulierement la petite verole. Leurs Ido-
les, & les
miracles
qu'ils fup-
pofent.
le: Pour mieux exprimer les defordres de cette maladie, ils la reprefentent Temple de
la petite ve-
role.
par la figure d'vne grande femme maigre, ou pluftoft d'vne Furie qui a deux
teftes, & quatre bras. En voïageant vn iour en ces quartiers, ie fus obligé de paffer
la nuict dans le Temple de la petite verole: celuy qui l'auoit bafty, me raconta
que cette maladie f'eftant mife dans fa famille, il auoit fait vœu de luy baftir ce
Temple, & qu'elle auoit cefsé tout auffi-toft. Les plus deuots & moins riches,
luy font vn autre vœu encore plus extrauagant; ie fus exprés pour en voir l'execution vn iour, qui fembloit eftre deftiné pour ces fpectacles.

On fait deux ouuertures auec vn coufteau dans les chairs des efpaules de celuy Le vœu
qu'on luy
fait de fe
faire accro-
cher.
qui a fait ce vœu; on y paffe les pointes de deux crocs de fer; ces crocs tiennent
au bout d'vn grand arbre ou piece de bois pofée fur vn effieu, qui eft porté par
deux rouës de fer, en forte que la piece de bois a fon mouuement libre: d'vne
main il tient vn poignard, de l'autre vne efpée: on l'éleue en l'air, & par le
moyen des rouës on luy fait faire enuiron vn quart de lieuë de chemin. Il fait cependant mille actions auec fes armes, & il y a lieu de f'eftonner comment la pefanteur de fon corps ne fait point rompre l'endroit de la peau par laquelle il eft
attaché: On en accrocha quatorze en ma prefence les vns apres les autres, pas vn
defquels ne fe plaignit de ce martyre: on met vn appareil fur leurs playes,
& retournent au logis auec vn fort mauuais vifage, & le corps en piteux
eftat. Ils ont des dieux gardiens de leurs maifons; le chef de la famille en a le foin;
ils leur font vne fefte, & les enfans mangent ce qui leur a efté prefenté
dans le Sacrifice. Les peres & les meres choififfent vn party à leurs enfans,
ils le choififfent toufiours dans la mefme Tribu; & autant qu'ils peuuent dans la mefme famille, & entre leurs plus proches parens, n'ayant aucun efgard entre-eux aux degrez de parenté. Ils ne donnent rien à leurs filles en les ma-
riant: le mary mefme eft obligé de faire quelques prefens au pere & à la mere de
la fille; il y en a beaucoup qui ne fe marient pas, à caufe qu'ils n'ont pas affez de
bien pour faire cette dépenfe. Les perfonnes riches marient les garçons dés l'âge Mariages.
de cinq ans; les filles dés l'âge de trois. I'ay veu beaucoup de ces ieunes mariez,
& ils croyent dans le païs que c'eft vne grande prudence de les marier de la forte:
car, difent-ils, ils font toufiours mariez du viuant de leurs peres, qui choifit
mieux leur party qu'ils ne feroient pas eux-mefmes. Quand le garçon a douze
ou treize ans, & la fille dix ou onze, le mariage fe confomme, & i'en ay veu acou-
cher qui n'auoient que douze ans. Le iour du mariage on porte les mariez dans
vn Pallanquin; on les promeine dans les places publiques de la ville auec des muficiens, & la troupe des courtifannes qui danfent à la tefte du cortege, & f'arre-
ftent aux portes des maifons des grands Seigneurs ou on leur fait quelques rega-
les: quand ils font retournez au logis, le Bramen eftend vn drap entre le mary

& la femme , & dit quelques prieres : il commande apres au mary de
paſſer la jambe par deſſous le drap, & de preſſer de ſon pied, qui eſt nud, le pied
de l'épouſée qui eſt de meſme , comme vn prelude de la conſommation du mariage qui ſe doit faire en ſuite. S'ils ſont trop jeunes, la conſommation eſt remiſe à
vn autre temps ; ſ'ils ſont en âge, on les remene à la maiſon du pere du garçon, ou
en celle du plus âgé de ſes freres ; car les freres & ceux d'vne famille, quoy que
fort nombreuſe, ne ſe ſeparent guere ; ils rapportent en commun tout ce qu'ils
gagnent, rendent grand reſpect à leurs parens, & viuent dans vne grande vnion.
Si le mary meurt, la veufue ne peut plus ſe remarier, pas meſme celles qui ont
eſté mariées à l'âge de trois ou quatre ans, & dont le mariage n'a pas eſté conſumé. C'eſt vne malheureuſe condition que celle de ces veufues qui ont leur puce-
lage, on ne leur permet point de ſortir ; ſ'il y a quelque fatigue à faire dans la
maiſon, elles en ſont touſiours chargées : on ne leur ſouffre point de beaux
habits, de pierreries, ny d'autres ornemens : en fin on les tient de ſi court, que
la pluſpart ſ'enfuïent pour mener vne vie plus libre, mais il faut qu'elles la paſſent loin de leurs familles, pour ſe mettre à couuert du danger d'eſtre empoiſon-
nées par leurs parens, qui en feroient gloire dans ce rencontre.

Ils ne baptiſent ny ne circonciſent point leurs enfans : Ils ne ſont point d'autres ceremonies à leur naiſſance que de leur donner vn nom qui eſt pris ordinairement de leurs peres de la Tribu dont ils ſont , ou quelque epitete qui marque
quelque defaut ou qualité de leurs perſonnes. Les femmes en ce païs accouchent
preſque ſans peine, & ſe lauent ordinairement deux ou trois iours apres ſ'eſtre
déliurées de leurs enfans : il y en a meſme qui le font dés le premier iour. Leurs enfans ne leur dônent pas plus de peine à éleuer, car iuſqu'à l'âge de 7. à 8. ans elles
les laiſſent tout nuds ; ils ſe roulent par terre iuſques à ce qu'ils puiſſent marcher,
& en les lauant ſouuent dans l'eau, elles les tiennent fort nets. Les enfans des perſonnes riches ſont éleuez auec plus de ſoin, mais ſans habits ; & on ne leur en donne point que les iours de feſte : Les hommes qui ſont ſortis de l'âge de l'enfance
portent vne piece de drap de coton blanc, qui leur pend depuis la ceinture iuſqu'aux genoux, & vne eſpece de manteau ſur les eſpaules, qui leur couure iuſqu'au milieu du corps : Ils releuent leurs cheueux, qu'ils laiſſent croiſtre comme
les femmes, portent le Turban, des anneaux aux oreilles, auec de petites perles
& des chaînes de ginebra ou d'argent à leur col : car il y en a peu qui puiſſent en
auoir d'or. Ils ne ſont pas tout à fait noirs, mais oliuaſtres, les vns neantmoins
plus blancs que les autres, & la pluſpart bien faits de leurs perſonnes, robuſtes, &
aſſez ciuils dans leur côuerſation. Ceux de noſtre Nation ont eu ſujet de ſ'en loüer
dans le temps de leur reſidence dans le pays. Les artiſans d'vne meſme Tribu trauaillent tous pour meſme ſalaire, & ce ſalaire eſt peu de choſe. Le marchand &
l'orpheure quoy que l'vn faſſe des fers à ferrer, & l'autre des chaînes d'or, ne ga-
gneront que la valeur de cinq ou ſix ſols en vn iour, & dans nos maiſons nous
eſtions fort bien ſeruis par des gens auſquels on ne donnoit qu'vne piece de cinquante huict ſols par mois ſans les nourrir. Ceux qui portent les Pallanquins ne
gagnent pas dauantage, encore ſont-ils obligez de faire quelques coruées
pour le Gouuerneur. La grande abondance du Païs, & la diette continuelle de ces
peuples, fait que les viures y ſont à grād marché. Quand ils meurent on en bruſle
les vns, & l'on jette les cendres dans la plus proche riuiere. L'on enterre les autres
aſſis les jambes croiſées, comme ils ſ'aſſéent ordinairement. Il faut que ie rapporte ce que i'ay veu de ces femmes qui ſe font bruſler ſur les corps de leurs maris. C'eſt vne Tradition receuë entre ces Indiens, qu'autrefois les femmes de ce

<table>
<tr><td>Femmes qui
ſe brûlent
ſur le corps
de leurs ma-
ris.</td><td>Pays eſtoient ſi portées à la débauche, qu'elles empoſonnoient ordinairement
leurs maris pour la faire auec plus de liberté ; ce fut l'occaſion d'vne Loy que l'on
y eſtablit, que les femmes ſe bruſleroient ſur les corps de leurs maris, ce qui ſe
pratique encore maintenant dãs l'Iſle de Baly proche de Iaua, mais en ces derniers</td></tr>
</table>

temps

temps on a reformé la rigueur de cette Loy, & la veufue eſt ſeulement obligée à
ne ſe point remarier, on permet toutesfois à celles qui ſe veulent brûler la liberté de le pouuoir faire : Ce qui arriue quelquesfois; car elles croyent que mourant
de la ſorte leurs ames tiendront compagnie à celles de leurs maris dans les tranſ-
migrations qu'elles ont à faire. Ie me ſuis trouué à deux de ces ſpectacles; le premier fut de la femme d'vn Tiſſeran âgée de vingt ans; elle ſe para le mieux qu'elle
pût, & ſe fit accompagner de ſes plus proches parens & amis ; elle ſe repoſa
quelque temps ſur le bord de la foſſe où elle deuoit eſtre bruſlée , entretenant cependant auec vn eſprit fort tranquile ceux qui venoient prendre congé d'elle : Elle mangeoit quelquefois des feüilles de Béttele, marquant meſme auec les mouuemens de ſon corps , la cadence de la muſique qui eſtoit
là, & qui faiſoit partie de ce ſpectacle. Nous en fuſmes auertis dans la Ville, & nous ccuruſmes en grande diligence pour y arriuer à temps. Ils ſ'imaginerent nous voyant venir auec cette haſte , que le Gouuerneur nous auoit enuoyez pour empeſcher cette femme de ſe brûler ; & ils en preſſerent l'execution.
Quand nous arriuâmes, ils jettoient deſia de la terre ſur ſon corps; Car chacun des
parens tient vn pannier plein de terre qu'ils jettent tous en meſme temps. Nous
remarquaſmes qu'vn de ſes parens ſ'approcha de la foſſe , & l'appella par
ſon nom. Il nous voulut faire croire qu'elle luy auoit répondu, & qu'elle luy auoit
dit qu'elle eſtoit fort contente de la reſolution qu'elle auoit priſe. On éleua ſur
cette foſſe vn peu de terre, & ils ſ'en retournerêt fort glorieux d'auoir eu vne parente ſi genereuſe. L'autre eſtoit vne femme de la Tribu de Campo-varo ; celle-
cy apres ſ'eſtre preparée comme la precedente, chantoit en ſ'approchant du bûcher, *Bama-Narina,Bama-Narina,* qui eſt le nom d'vne de leurs Idoles, & ſe jetta dãs
la foſſe où ſon mary brûloit : ſes parẽs & amis l'eurent pluſtoſt couuerte de terre,
que le feu ne l'eût brûlée. La troiſiéme eſtoit la femme d'vn Orfévre ; ſon mary
eſtant mort , elle ſe reſolut de le ſuiure ; elle vint trouuer chez moy auec ſes parens , le Kutual ou Magiſtrat de la Police, pour obtenir de luy cette permiſſion.
Le Kutual luy répondit qu'elle l'allaſt attendre à ſon logis, & qu'ils parleroient
de cette affaire , taſchant cependant à la détourner de ce deſeſpoir, & luy diſant
qu'il auroit ſoin de ſa perſonne. Cette femme témoigna faire peu de cas de ſes offres, & partit mal ſatisfaite, diſant qu'il luy pouuoit bien refuſer cette permiſſion;
mais non pas l'empécher de mourir de quelque autre genre de mort. Peu apres, on
me dit qu'elle ſ'eſtoit penduë; la choſe arriua à Maſulipatan, où ils ſõt preſque tous
Mahometans, & ne permettẽt pas aux Gentils d'executer ces cruelles couſtumes.
Pour la quatriéme, ie rapporteray ce que j'ay appris d'vn de nos Facteurs. Il me
diſoit, que voyageant à la campagne pour les affaires de noſtre Compagnie, il vid
de loin vn grand concours de Peuple; que ſ'en eſtant approché, il trouua que c'é-
toit vne femme qui ſ'alloit brûler ſur le corps de ſon mary. Il mit l'épée à la
main auec ceux de ſa troupe ; & ayant écarté ceux qui aſſiſtoient à ce ſpectacle, il taſcha de perſuader de viure à cette femme qui eſtoit demeurée toute ſeule,
l'aſſeurant de la prendre en ſa protection, & de la deffendre de l'importunité des
parens de ſon mary ; mais elle ne ſe laiſſa point perſuader , luy dit qu'elle ne ſou-
haitoit rien tant que la mort : Si bien que l'abandonnant à ſon deſeſpoir , il permit aux Indiens de ſ'en r'approcher, & d'acheuer cette triſte ceremonie, dont il
fut le ſpectateur.

I'ay entendu dire à beaucoup de gens, que la Mine des diamans auoit eſté
trouuée par hazard; & qu'vn Berger gardant ſon troupeau à la campagne, &
ayant donné du pied contre vne pierre qui luy parut auoir quelque éclat, il l'auoit
ramaſſée, & l'auoit venduë pour vn peu de Rys à vn Committy, qui ne la connoiſſant pas, l'auoit auſſi reuenduë à vn autre de ſa Tribu, ſans en tirer grand profit;
qu'elle auoit ainſi paſſé en pluſieurs mains, juſques à ce qu'enfin elle tomba entre celles d'vn homme qui en reconnut la valeur. Ce dernier marchand chercha

Femmes qui
ſe bruſlent
ſur le corps
de leurs ma-
ris.

Deſcription
de la Mine
des diamans
deGolconda

* * * B

foigneufement les perfonnes par les mains de qui elle auoit pafsé, & trouua en fin
le lieu de la Mine. La chofe ayant efté diuulgée, le Roy en prit poffeffion, & les
Ioaliers de tous les pays d'alentour s'y rendirent. Pour moy, ie me refolus d'y faire
vn voïage auec le Sieur Soccore Gouuerneur du Fort, & le Sieur Thomafon Marchand ; nous voulions voir principalement l'ordre que l'on garde en cette Mine,
& confiderer l'endroit d'où l'on tire vne chofe fi precieufe. Nous fûmes quatre
iours en chemin, & trauersâmes vn Pays defert, fterile & plein de montagnes ; tellement que nous trouuâmes que la Mine eftoit à cent huit milles de Mafulipatan. Nous logeâmes dans l'Hoftellerie ; & d'abord pour fatisfaire à la couftume
du Pays, nous allâmes voir le Gouuerneur ; c'eftoit vn Bramene nommé Ray
Ravv ; il eftoit là par l'ordre du prince pour receuoir fon droit & pour adminiftrer
la Iuftice à toutes les differentes Nations que l'auidité du gain y attire. Il nous receut fort bien, & nous fit voir de fort beaux diamans qui appartenoient au
Roy, & vn entre-autres de trente quarats, qui fe pouuoit tailler en pointe ;

mais qui n'eftoit pas parfait. Nous retournâmes à la Mine le iour fuiuant, elle eft
éloignée de la Ville de deux lieuës. Il y a bien trente mille perfonnes qui y trauaillent ; les vns foüiffent la terre ; les autres en empliffent des baquets ; les autres en puifent l'eau ; d'autres portent la terre de la Mine en vne place bien vnie &
quarrée, fur laquelle ils l'étendent à la hauteur de quatre ou cinq poulces ; ils la
laiffent feicher au Soleil, & le iour fuiuant ils broyent les mottes de cette terre
en frappant deffus auec des pierres : ils ramaffent apres les cailloux qu'ils ont trouuez dedans ; ils les caffent, & y trouuent des diamans, quelquefois il ne s'y en
rencontre point du tout, & cela felon la terre qu'ils ont trauaillée : ce qu'ils connoiffent à la veuë ; quelques-vns me difoient qu'ils le connoiffoient mefme à l'o-
deur de la terre ou motte : Quoy qu'il en foit, il eft tres-certain qu'ils le connoiffent fans rompre ces mottes & cailloux : Car ie voyois en quelques endroits qu'ils
n'auoient fait qu'égratigner vn peu la terre, & que dans d'autres ils auoient foüil-
lé jufqu'à la profondeur de dix ou onze braffes. La terre de cette Mine eft rouge,
elle a des veines d'vne matiere femblable à de la chaux, quelquefois blanche &
quelquefois jaune : Elle eft mêlée de cailloux, lefquels fe leuent attachez plufieurs enfemble. Ces mottes fe feichent eftant expofées au Soleil ; ils les
broyent comme j'ay dit auec des pierres ; je pris vne motte, que ie garde

encore pour la fatisfaction des curieux. Ces Mines ne fe trauaillent point comme celles de l'Europe, où l'on fait des allées fous terre ; ils creufent droit en
bas, & font comme des puits quarrez. Ie ne puis pas affeurer fi ils fuiuent cette
maniere par la cõnoiffance qu'ils ayent du cours de la veine, ou s'ils le font par
ignorance ; mais ie puis bien affeurer qu'ils ont vne maniere de tirer l'eau de leurs
Mines, meilleure que toutes les machines que nous y employons ordinairement ;
ils le font auec des hommes qu'ils placent les vns au deffus des autres, & qui fe
donnent l'eau de main en main jufqu'à ce qu'ils l'ayent tirée dehors, la diligence
eftant fort neceffaire à ce trauail : car l'endroit où ils ont trauaillé à fec toute la
nuict, fe trouueroit le matin plein d'eau à la hauteur d'vne braffe. La mine eft oir
affermée à vn nommé Marcanda, qui eft de la Tribu des Orphévres ; il en paye au
Roy tous les ans 300. mille Pagodes, le Roy fe referuant tous les diamans qui
paffent dix carats. Ce fermier general diuife la Mine en plufieurs portions par
quarrez, & il la fousferme à d'autres. Le Roy pour eftre affeuré que l'on ne de-
ftourne point les pierres qui font de fon droit, oblige le Gouuerneur du Pays d'y
eftre fouuent, & pour faire punir fort rigoureufement ceux qui entrepren-
droient de le frauder de fon droit ; mais cette crainte n'empefche pas qu'on ne dé-
tourne quelquefois des diamans de 40. carats. I'en ay veu deux qui approchoient de 20. carats châcun, & plufieurs de 10. & d'11. mais ils fe vendent fort
cherement. La Mine eft fcituée au pied d'vne grande montagne affez proche
d'vne riuiere nommée Chrifténa. Ce Pays eft naturellement fi fterile, qu'aupara-

uant cette découuerte c'eſtoit vn deſert:il eſt maintenant fort peuplé,& il y a plus
de cent mil hommes qui y trauaillent ou qui y trafiquent. Les viures y ſont fort
chers,car on les apporte de bien loin. Les maiſons mal baſties,comme ne deuant
ſeruir que pour le peu de ſeiour qu'on y fait. L'année 1622. la Mine fut fermée ; on fit retirer tous ceux qui y eſtoient ; quelques-vns ont creû que c'eſtoit
pour faire augmenter le prix & le debit des diamans, ne voulant pas qu'on en ti-
raſt de nouueaux que les premiers qui auoient eſté tirez ne fuſſent vendus:d'autres aſſeurent que ce commandement fut fait ſur vne Ambaſſade du Mogol, qui
demanda au Roy de Golconda trois liures peſant de ſes plus beaux diamans. On
l'ouurit apres qu'ils ſe furent accordez ſur cette demande ; mais à ce que i'ap-
prens, elle eſt preſque épuiſée, & l'on y trouue à cette heure fort peu de diamans.
Il y a en ce Pays beaucoup de criſtal & beaucoup d'autre pierres tranſparantes qui
n'ont pas la meſme dureté, & qui ſont de peu de valeur, comme des Grenas, des
Ametiſtes, des Topazes,des Agathes, & ſemblables pierres tendres. Il y a auſſi
beaucoup de fer & d'acier qui ſe tranſporte en pluſieurs endroits des Indes : on
vend le fer enuiron 30. ſols le cent de liures, & 45. ſols le cent d'acier pris ſur les
lieux, & trois ſchellings le bon acier : Et comme il le faut faire porter ſur des
boeufs juſqu'au port de Maſulipatan, & qu'ils mettent huiĉt iournées de chemin
en ce voyage, on l'y vend juſqu'à quatre francs ou cent ſols ; le reſte de ce Pays ne
produit ny or , ny cuiure, ny autres métaux.

Les pierres de Bezoar ſ'y trouuent en quantité ; mais c'eſt dans vn ſeul endroit Pa-zahar ſi-
du Pays. Ils tuënt vne infinité de Chéyres , & leur ouurent le ventre pour gnifie ſen
les chercher ; ils en trouueront dans quelques - vnes juſqu'à trois ou quatre , Perſan la
les vnes longues , d'autres rondes , mais toutes fort petites. Les plus groſſes pierre du
viennent d'autres Pays ; les meilleures ſe trouuent en Perſe. Ils diſent que celles poiſon.
de Perſe ſe trouuent dans le corps des Singes;on ſ'en ſert beaucoup dans les Indes,
& ſont fort cheres par cette raiſon ; il y a peu de profit à en apporter en Angleterre. On a fait cette experience ſur ces Chéyres ; on en prit quatre , & on les
tranſporta à quelques cent cinquante milles de là : on en ouurit deux incontinent
apres , dans leſquelles on trouue des Bezoars. On ouurit la troiſiéme dix iours
apres , on y vid quelque marque qu'il y en auoit eu : & dans la quatriéme qu'on
ouurit vn mois apres, on n'y trouua ny Bezoar ny aucune marque ou veſtige de
pierre. Ils en tirent vne conſequence , qu'il faut qu'il y ait en ce lieu-là quelque
arbre ou quelque plante ; laquelle ſeruant de nourriture à ces animaux , eſt cauſe de la produĉtion du Bezoar.

On y trauaille toutes ſortes de toiles de cotton , mais qui ſe diſtinguent Teinture,ou
aiſément de celles qui ſe font dans tout le reſte des Indes. La teinture , ou pour pluſtoſt pein
mieux dire la peinture des toiles de ce Pays, car ils peignent les plus fines auec vn ture des toi-
pinceau,eſt la meilleure & la plus belle de toutes celles qui ſe font dans le Leuant. les de coté.
On a beau lauer ces draps ou toiles , la couleur dure autant que l'eſtoffe. On tire
cette teinture d'vne plante qui ne croiſt que dans ce Pays, ils l'appellent Chay, &
eſt autant eſtimée parmy eux , que la Cochenille l'eſt dans l'Europe.

L'on y fait auſſi de l'Indigo, il eſt à peu prés de la meſme qualité que celuy qu'on Indigo.
appelle Indigo de Lahor. Les Hollandois en ont acheté vne grande quantité ;
mais ceux de noſtre Nation qui en font de grandes experiences , ſe trouuent
mieux de celuy qu'ils achetent à Surate. Ils ont commencé depuis quelques années à planter du tabac, qu'ils tranſportent à Moca & à Arecan ; mais il n'a pas la Tabac.
force du noſtre : ce qui vient, comme ie croy, de ce qu'ils ne le ſçauent pas trauailler, n'y apportant autre ſoin que celuy d'en faire ſeicher les feüilles au Soleil.
Ce ſont là les principales commoditez & marchandiſes du Pays ; ils les tranſportent par toutes les Indes dans leurs Vaiſſeaux qui ſont d'vn grand port, mais dont
la ſtruĉture n'en eſt pas ſi bien entenduë que celle des noſtres. Ils trafiquent ordinairement dans la Mer-rouge au Mocha , dans l'Iſle de Sumatra , à Arecan , à

l'Ifle de Zeilan, & au Cap de Comorin.

Leurs nauigations ou commerce.

Ils partent au mois de Ianuier pour aller au Mocha, & retournent au mois de Septembre ou d'Octobre fuiuant. Le Roy y enuoye quantité de Rys comme vne aumofne, pour y eftre diftribuée aux pelerins qui font le voïage de la Meque. Il y enuoye aufli des marchandifes pour acheter des cheuaux Arabes; ils n'en mettent que cinq ou fix dans vn Vaiffeau. Ils font fort eftimez dans le Pays; car ils n'ont point de cheuaux de bonne race; l'on y enuoye aufli du tabac en grande quantité, des fers de lance, des toiles de cotton propres pour faire des turbans, du fer, de l'acier, de l'Indigo, du Benjoin, des gommes, & de la lacque; ils en raportent des camelots, mais fur tout des Sultanins & des pieces de cinquâte huit fols.

Mouffons.

Au mois de Septembre, leurs Vaiffeaux fe mettent à la voile pour Achin, Arecan, Pegu, & pour Tannaffary; car dans toutes les coftes des Indes, les vents font continuellement fix mois d'vn cofté, & puis fix mois de l'autre, eftans feulemen vn peu changeans fur la fin de ces fix mois, & ne manquent point de fe fucceder ainfi les vns aux autres au mois d'Auril & d'Octobre: ils portent à Achin beaucoup de fer, d'acier, des toiles blanches, des toiles teintes, & quelques diamans depuis que la Mine a efté découuerte. Ils en rapportent du Benjoin, du Camfre de Barauffi, du poivre de Priaman, & de Tecoo, des Porceleines, & toutes fortes de marchandifes de la Chine.

Ils portent à Arecan du tabac, du fer, vn peu de toiles de cotton peintes, & en tirent pour leur retour de l'or, de la Lacque, mais principalement du Rys qu'ils reuendent auec profit à Pallecatte, & le long de la cofte de Narfingue.

On charge pour Pegu des pieces de toiles de cotton peintes de diuerfes fortes, ils en retirent des rubis & des faphirs, de l'or, la meilleure lacque qui fe trouue, de l'eftain, & du vif argent.

Ils trafiquent à Tannaffary des toiles de cotton teintes en rouge; ils en portent mefme par terre jufqu'à Siam, qui eft vn chemin de quatorze journées, & en retirent toutes fortes de marchandifes de la Chine, des Porceleines, des Satins, du Damas, de la Soye, du bois d'Aloës, du Benjoin de Camboya, beaucoup d'acier, & d'vn bois qui fert pour teindre en rouge, qu'ils nomment dans le Pays Sapang, & qui eft le mefme que noftre bois de Brefil.

Ils nauigent le long de ces coftes, auec des petits Vaiffeaux qu'ils chargent de Rys & d'autres grains qu'ils vendent dans la cofte de Bifnagar auec grand profit; car on leur donne en échange des enfans qui ne leur reuiennent qu'à quarante ou cinquante fols la piece, & ils les reuendent apres huict ou neuf écus. Ie finiray icy la Relation du Royaume de Golconda, dans laquelle ie me fuis peut-eftre trop eftendu; mais toufiours l'experience de cinq années de refidence que j'y ay fait, m'affeurent que ie n'ay rien mis dans cette Relation, qui ne foit veritable.

Royaume de Bengala.

Le Royaume de Bengale eft frontiere à celuy-cy, & eft fous la domination du Mogol, qui y tient fes Gouuerneurs, ce voifinage oblige le Roy de Golconda, d'être toufiours fur fes gardes, quoy qu'il y ait des deferts & des riuieres qui femblent l'affeurer de ce cofté là. La cofte de ce Pays eft trop dangereufe, & nos vaiffeaux trop grands pour les hazarder entre les roches & les bancs qui y font, mais nous connoiffons par l'abondance des chofes que le Païs produit, qu'il n'y en a point de plus fertile en toutes les Indes. Il y a vn an qu'il arriua à Mafulipatan vne flotte de petits vaiffeaux du port de 20. tonneaux ou enuiron, chargez des marchandifes du Païs. Les

Cairo.

planches de ces petits baftimens eftoient coufuës les vnes aux autres auec du Cairo, qui eft vne efpece de corde faite des racines de l'arbre que porte le Cocos, fans qu'il y eut aucune piece de fer employée dans ce petit baftiment. Ces Barques eftoient chargées de rys, de beurre, de fucre, de cire, de miel, de gommes, de lacque, de poivre

Moga.

long, de toutes fortes d'eftoffes de cotton, de Moga qui fe fait de l'efcorce d'vn certain arbre. Il y auoit aufli quantité de tapis & de conuertures faites de Moga; & cependant ce qui fait voir l'abondance de leur Pays: ils trouuoient grand profit à vendre ces marchandifes à Mafulipatan où elles font defia à grandiffime marché. Les Portugais qui ont efté obligez de quitter leur Pays fe retirent en ces quartiers, & y viuent comme des bandis fans gouuernement, fans police, & fans exercice de Religion. C'eft le meilleur Pays des Indes, que l'on peut dire eftre habité par les plus méchans hommes du monde : On dit ordinairement que les hommes y font volleurs, & toutes les femmes débauchées. Le Gange entre dans la Mer en cét endroit; il y a quantité de Crocodils; i'en ay veu d'vne grandeur extraordinaire dans les riuieres qui fe rendent dans ce Golphe : les bateliers qui hantent ces riuieres les fçauent charmer, & apres les auoir charmez paffent fans danger dans vne petite barque faite de troncs de Palmites: Ie ne puis m'empefcher de rapporter icy ce qui m'eft arriué vne fois fur le fujet de ces charmes : eftât fur le bord de la riuiere, & fur le point de la trauerfer, nous defcouurîmes vn fort grand Crocodile ; toute la tefte paroiffoit efleuée au deffus de l'eau, il nageoit vers nous ; celuy qui me deuoit paffer entra dans la riuiere iufqu'aux genoux, & en ayant mis vn à terre, fe mit à dire en fa langue quelques paroles, & à faire fept nœuds fur vne petite corde qu'il tenoit entre fes mains, & ayant mis cette petite corde ainfi noüée fur vn buiffon qui eftoit là tout proche, il nous paffa librement de l'autre cofté auec nos cheuaux, le Crocodile demeurant cependant fans mouuement à noftre veuë; le marinier nous affeura qu'il ne pouuoit point ouurir fa gueule : auffi-toft qu'il nous euft paffez il retourna en diligence pour défaire les nœuds de la corde, adiouftant que fi ce Crocodile fuft mort par la force de fon charme, il n'auroit pas peû luy feruir vne autre fois.

Charme du Crocodile.

Arecan eft frontiere au Royaume de Bengale & ne luy cede point en fertilité ny en la douceur de fon climat; le Roy de ce Pays eft Idolâtre, mais il n'obferue point les mefmes fuperftitions des autres en fon manger : Il fe marie ordinairement auec fa propre fœur : Ils difent pour raifon que dans le commencement du monde le premier homme & fes enfans en vferent ainfi. Ils traitent bien les étrangers, & permettent aux Mores, aux Perfes & aux Arabes, l'exercice de leurs fuperftitions. Ce Prince a plufieurs fois inuité les Anglois & les Hollandois de s'habituer en fon Pays, mais la connoiffance qu'ils ont du peu de profit qu'il y a à y faire, les a empefché de receuoir ces offres. Ils ne laiffent pas cependant d'entretenir bonne correfpondance auec luy & auec fes Sujets, à caufe que le Pays eftant fort fertile, ils en pourroient au befoin tirer beaucoup de prouifions. Il a continuellemét la guerre auec le Mogol par mer & par terre: fe tient fur la defenfiue du cofté du Roy d'Arecan; & traite fi bien les étrangers qui feruét dans fes troupes, que i'en cônois quâtité qui f'y font faits riches.

Arecan.

Les Terres du Royaume de Pegu confinent auec celles d'Arecan, c'eft vn Pays fort fertile & fort temperé, mais il a bien de la peine à fe remettre de la pefte & de la famine qu'il a fouffert depuis peu d'années : Ce qui fe voit affez dans la campagne, qui a toufiours plus de peine à fe remettre de la defolation qu'apportent ces deux fleaux, que les villes qui fe repeuplent les premieres; à quoy n'a pas peu feruy vn ordre qu'ils ont eftably, de deffendre fur peine de la vie aux femmes d'en fortir, & de promettre quelque recompenfe à ceux qui en feroient venir dans le Pays. Le Roy eft de la mefme Religion que le Roy d'Arecan, de Tannaffari, & de Siam. Il femblé qu'ils ayent pris les principes de leur Religion des Chinois ; en effet le voifinage de la Chine, la conformité de leur Religion, de leurs manieres de faire, & la reffemblance de leur vifage, font croire ce que quelques-vns ont dit deuant nous, que les Chinois ont efté autrefois maiftres de tous ces pays, & ont eftendu leur domination iufques à l'Ifle de Madagafcar. Le Roy qui regne maintenant eft neveu du dernier mort, & a exclus fes fils de la fucceffion du Royaume.

Defcription du Royaume de Pegu.

Il a retiré dans ces derniers temps des mains du Roy de Siam quelques places qu'il auoit cônquifes fur fon predeceffeur, & entre autres le Royaume & la ville de Zangomay; vn de nos Anglois nômé Samuel fe trouua dans cette place lors qu'elle fut prife & fut conduit à Pégu. Ce Royaume eftant mieux policé que tous les Eftats voifins, les marchâds s'y font eftablis. L'on fçeut par le moyen de quelques vns de Mafulipa-

Les Anglois enuoyent vers le Roy de Pegu.

*** B iij

tan que cét Anglois qui s'eſtoit trouué à Zangomay eſtoit mort; que le Roy auoit pris ſes effeſts apres s'eſtre declaré qu'il les rendroit à ceux de la Compagnie des Indes Orientales. Anthoniſſon qui eſtoit pour lors noſtre Agent à Maſulipatan, prit de là occaſion de depeſcher vers ce Prince auec quelques preſens & vn peu de marchandiſes pour faire les frais du voyage, & eſſayer ſi l'on pouuoit eſtablir quelque trafic en ce pays. Ses enuoyez s'embarquerent à Maſulipatan le 10. Decembre, & arriuerent à Siriam, qui eſt le Port du Royaume de Pégu le 3. Octobre. Ie rapporteray icy le contenu d'vne lettre qu'ils eſcriuirent ſur le ſujet de ce voyage.

„ Le Roy ayant appris noſtre arriuée, enuoya quatre galeres auec des preſens pour no-
„ ſtre Ambaſſadeur, & pour le reſte de ſa troupe, auec aſſeurance qu'il eſtoit fort aiſe
„ de nous auoir en ſon Païs. Ces Galeres auoient cinquante rames de chaque coſté,
„ huiſt principaux Seigneurs du Païs eſtoient deſſus; ils firent mettre à l'anchre no-
„ ſtre vaiſſeau deuant la ville de Siriam.

Lettres des Marchãds enuoyées vers le Roi, de Pegu.

„ Le 7. Decembre le frere du Roy qui en eſt le Goûuerneur, nous enuoya deux de
„ ſes Gentils-hommes pour apprendre nos noms, nos âges, & le ſujet de noſtre voya-
„ ge; nous luy dîmes que nous eſtions enuoyez de Maſulipatan auec des preſens, & vne
„ lettre pour le Roy, par laquelle Sa Majeſté ſçauroit le ſujet de noſtre arriuée, quand
„ on nous auroit permis de la luy rendre. Le 10. d'Octobre nous debarquâmes, & le
„ frere du Roy nous conduiſit dans vne belle maiſon qui eſtoit ſur le bord de la Mer;
„ ce Prince eſt bien fait de ſa perſonne, homme de bon ſens, le teint aſſez blanc; il
„ auoit des anneaux d'or à ſes oreilles, & diuerſes pierreries à ſes doigts: il nous fit la
„ meſme demande qu'il nous auoit deſia faite par le moyen de ſes Gentils-hommes, &
„ nous auſſi la meſme réponſe que nous fiſmes alors; nous y adiouſtâmes vn preſent,
„ afin qu'il facilitât noſtre Audiance.

„ Le 8. Nouembre le Roy nous manda, & le Goûuerneur de Siriam nous fit
„ donner vn batteau auec ſix rameurs commandez par deux Gentils-hommes, pour
„ nous conduire iuſqu'à Pégu; nous fiſmes vn Preſent à ces gentils-hommes;
„ car en ce pays il ne ſe fait rien ſans Preſens: Nous arriuâmes à Pegu l'11. de Nouem-
„ bre; on eſcriuit vne ſeconde fois nos noms, & on nous offrit le choix d'vne place pour
„ y baſtir vne maiſon à nos frais & deſpens. La maiſon ayant eſté baſtie, nous reçeû-
„ mes vn ordre fort exprés de n'en point ſortir, ny de parler à perſonne du Païs que
„ nous n'euſſions eu Audiance du Roy: Il nous enuoya des rafraîchiſſemens de peu de
„ valeur à la verité; mais ce qui nous conſole le plus, eſt l'aſſeurance que nous auons
„ que le Roy eſt fort aiſe de noſtre arriuée. Le 27. Decembre il enuoya querir noſtre
„ Preſent; & on nous donna des cheuaux pour le venir trouuer; on nous fit demeurer à
„ la porte de la ville, pour attendre qu'il ſortiſt. Vous aurez ſçeu d'ailleurs comment ſe
„ paſſa cette Audiance, & qu'il ne nous parla point du tout de l'affaire pour laquelle
„ nous eſtions venus, perſonne de ſa Cour ne ſe vouloit charger d'en faire la premiere
„ ouuerture: Nous enuoyâmes noſtre lettre par le moyen d'vn Portugais eſclaue du
„ Roy, qui parloit bien la langue du pays, & nous euſmes bien de la peine à luy faire cõ-
„ prendre le contenu de cette lettre, qui n'eſtoit point eſcrite en Portugais. Quelque
„ temps apres nous donnâmes à Bani-bram le Preſent qui luy eſtoit deſtiné, nous en
„ receuſmes beaucoup de belles paroles, & rien autre choſe. Ce pays eſt fort different
„ de ce que vous vous l'eſtes imaginé; car les eſtrangers qui y arriuent, y ſont traittez
„ & retenus comme autant d'eſclaues, & ne peuuent ſortir ſans congé; car il a des
„ gardes par mer & par terre. Pour ce qui eſt de l'affaire de cét Anglois qui auoit fait
„ quelque fortune dedans le Pays, on luy auoit fait vne banqueroute l'année d'au-
„ parauant ſa mort, & le Roy s'eſtoit mis en poſſeſſion de tous ſes effeſts. On inter-
„ rogea vn de ſes aſſociez nommé Mallajor; pour ſçauoir le nom de ceux qui luy
„ deuoient quelque choſe; ceux de ſes creanciers qui eſtoient du pays, furent con-
„ traints de payer au Roy leurs debtes. Pour les Mores, ils dirent qu'ils payeroient
„ aux Anglois lors qu'ils ſeroient dans le pays. Nous nous addreſſâmes à Nicheſa
„ pour l'obliger à parler au Roy de nos debtes, il nous fit entẽdre qu'õ nous remet-

troit tout entre les mains;lors que nos vaisseaux viendroient dans ses Ports, & «
qu'ils nous donneroient toute la satisfaction que nous pouuions attendre.Il nous «
escriuit vne autre lettre le 4. de Mars, qui portoit qu'on ne nous laisseroit point «
sortir du pays que les vaisseaux d'Angleterre n'y fussent arriuez:Nous auons de- «
pensé tout nostre argent, & nous sommes dans vn fort miserable estat, sans voir «
aucun moyen d'en sortir. Le Roy ne nous a rien rendu des effects de Samuel ; il «
ne nous permet point de nous faire payer de ce qui luy est deub : Il ne prend «
point nos draps, & nous sommes icy comme des brebis esgarées qui courent ris- «
que d'estre à toute heure menées à la boucherie : Nous vous prions, & tous «
ceux de nostre Nation,d'estre touchez de nostre misere, & de considerer le dan- «
ger où nous sommes de demeurer esclaues d'vn Tyran, dans vn pays d'Idolâtres. «
Si le Roy nous permettoit de sortir, il nous seroit aisé de nous faire payer de tout «
ce qu'il a pris à ceux de nostre Nation. Le plomb & l'estain sont assez rares icy ; «
mais si on nous enuoye de l'argent, nous en pourrons acheter plus auant dans le «
pays. La coste du Pegu est fort seure, & l'entrée du Port fort aisée, & il ne man- «
que pas de gens à Masulipatan qui connoissent fort bien cette coste : Nous vous «
prions encore vne fois de nous tirer d'icy,en y enuoyant quelque vaisseau. «

Ce sont là les propres termes de leur lettre.Mais on a apris depuis qu'ils auoient
trouué à bien vendre leurs draps,& quetout l'argent qu'ils en auoient tiré,ils l'a-
uoiét dépensé mal à propos à faire la débauche,& auoient mesmes chargé de plusieurs debtes la Compagnie des Indes, dont ie suis fort fâché. Le Roy en effect
rendit vne partie des effects de Samüel, & on ne le fit qu'à l'heure du depart des
vaisseaux, comme s'il eût voulu empescher que cela ne fust dissipé comme le
reste ; ces mauuais ménagers reuinrent à Masulipatan l'an 1619. auec vne lettre
du Roy escrite sur vne feuille dePalmite:Cette lettre estoit pleine du desir qu'a-
uoit ce Prince de voir le trafic de ceux de nostre Nation estably dans ses Estats,
& auec cela vn present d'vne bague auec vn rubis, de deux nattes,de deux boëtes
pleines de Betle, & deux pieces de damas fort estroites, qui pouuoient valoir en
tout vingt nobles à la roze. Les Rubis & les Saphirs qu'on apporte de ce Pays, se
trouuent dans le Royaume de Aua,qui est sous la domination du Roy de Pegu;
Ces pierres sont fort estimées dans toutes les Indes.

Tanassari est vn petit Royaume qui confine à celuy de Pegu ; il est Tributai- Tanassary.
re du Roy de Siam ; Tanassary est le nom du seul Port qui soit dans ce Royaume.
Nos vaisseaux ont remonté depuis la riuiere de Siam, & ont trouué moyen d'e-
stablir vne habitation pour nostre Compagnie, qui y tient à present ses
officiers. Vous aurez appris par les Relations les particularitez de ce Pays ;il y en
a seulement vne que ie ne puis m'empécher de rapporter icy, & qui m'a esté confirmée non seulement par tous ceux de ma Nation, mais aussi par le rapport des
Hollandois qui s'accordent tous à dire qu'il y a vne infinité de cochons en ce Cochõs qui
pays, & qu'ils se multiplient sans qu'il se trouue vn seul verrat ou masle. Le sieur se multi-
plient sans
Drifft Hollandois homme fort sage, & qui y a esté long-temps, m'a asseuré que masles.
pour en faire l'experience, il auoit mis des cochons de Laict dans son vaisseau,
& que six mois apres ils en firent d'autres sans qu'il y eust aucun masle ; Voila ce
que i'auois à dire des costes du Golphe de Bengale, & ce que i'en ay appris dans
le temps du sejour que i'ay fait à Masulipatan.

IOVRNAL

DE

PIERRE VVILL. FLORIS.

§. I.

Son voyage à Patane & à Siam.

PRES m'eftre engagé auec le Gouuerneur & les Deputez de la Compagnie Angloife des Indes Orientales, ie m'embarquay fur le vaiffeau nommé le Globe le 25. de Ianuier 1650. en qualité de Marchand. Le 21. de May 1611. nous arriuâmes à la Baye de Saldaigne. Nous y trouuâmes trois vaiffeaux, mais fort peu de rafraîchiffemens. C'eftoit auffi la faifon de l'année la plus fâcheufe, pource que c'eft celle des grandes pluyes qui font tout l'hyuer en ce pays là. Le haut des montagnes nous parut auffi couuert de neiges. Cette incommodité ne nous empefcha pas de trauailler auec beaucoup d'affiduité pour trouuer la racine d'vne plante nommée Nyngin. Deux des trois vaiffeaux dont i'ay parlé y eftoient venus pour f'en charger, parce qu'ils auoient appris des habitans du Iappon l'eftime que l'on en fait. Il nous fut affez difficile de la découurir, à caufe que les premieres feuilles de cette plante ne commençoient encore qu'à pouffer, & nous ne l'euffions point connuë, fi l'on ne nous eût marqué bien precifément les endroits où elle fe trouue. Les mois de Decembre, de Ianuier & de Feurier font les plus propres pour la leuer, & ceux du pays la nomment Canna.

Apres auoir fait prouifion d'eau, & nous eftre rafraîchis de quelques moutons que nous y trouuâmes, nous partifmes de cette Baye, & y laifsâmes la Barque d'Ifaac le Maire, qui trafiquoit de peaux auec les Sauuages, & y deuoit demeurer iufqu'au mois de Decembre pour faire de l'huile de Balleine. Le long de la cofte nommée Terra de Natal, nous eufmes au mois de Iuin des vents, des tonnerres, & des pluyes extraordinaires; & ce ne fut que par vne grande grace de Dieu que nous nous fauuâmes du danger de nous brifer contre cette cofte.

Le 1. d'Aouft nous vifmes cette partie de l'Ifle de Ceilan, qu'on nomme la Punta de Galle. Le 6. nous nous trouuâmes proche de Negapatan : vous remarquerez que les Cartes de nauigation marquent mal la fituation de ce Païs-là ; car felon elles nous en debuions eftre efloignez de plus de 28. milles. La mefme chofe eftoit arriuée aux Hollandois, & cette erreur pourroit faire perir des vaiffeaux qui en approcheroient de nuiét. Nous ne trouuâmes point auffi cette Ifle fi grande qu'on la fait. Moullineux met la Punta de Galle fous le 4. degré, & elle eft fous le 6. Le 7. nous pafsâmes deuant le Port de Nagapatan. Les Hollandois y ont eftably vne Facturerie, mais ils n'y font pas grand chofe. Le 8. nous arriuâmes deuant S. Thomas, & le 9. à Palecatte. Deux batteaux y vindrent à noftre bord : Celuy du Sabander nous apporta vn Chaoul, auec vne permiffion de defcendre à terre. Ie me mis dedans; mais la Mer eftoit fi agitée, que le batteau fe renuerfa. Le Sabander vint au deuant de nous, & touché de côpaffion de noftre naufrage, nous fit marquer vn logis. Le 11. Vuerfiche Prefident des Holládois, qui'a la direétiõ de

Racine Ninguin. Voyez l'Hift. naturelle du païs

Faute des Cartes de Nauigatiõ.

En Perfan, Sabander fignifie celuy qui cômande dans le Port.

*** C

toutes leurs affaires sur la coſte de Choromandel, me mõſtra vn Priuilege du Roy de Narſinga, qui portoit que les Hollandois ſeuls pourroiét trafiquer en ce Pays-là, & vouloit pour cette raiſon, nous obliger à en ſortir. Nous reſpondiſmes que nous tenions noſtre commiſſion du Roy d'Angleterre. On ſ'échauffa de part & d'autre. Le Sabander ſ'entremit de noſtre different, & en remit la deciſion à l'arriuée de la Gouuernante de céte Prouince, qui deuoit arriuer dans trois iours.

Ce Roy ſe nommoit Vvencapati Raya.

Le dix-ſeptiéme, la Gouuernante Conda-Maa approcha de la coſte. Nous voulions l'aller trouuer, lors que l'on nous fit entendre que le iour ſuiuant elle nous enuoyeroit querir. Nous eûmes quelque ſoupçon que cét ordre auoit eſté donné à la priere des Hollãdois, & nous enuoyaſmes chez le Sabander, pour nous en eſclaircir. Sa reſponſe fut, qu'il eſtoit vray que le Roy auoit accordé ce Priuilege aux Hollandois, & que nous ſerions obligez de nous addreſſer à luy-meſme pour auoir la permiſſion que nous demandions. Ce voyage ne ſe pouuoit faire qu'en deux mois de temps, & en le faiſant nous nous hazardions à perdre le Mouſſon propre pour aller à Pantan, outre que les Hollandois qui eſtoient reſolus de trauerſer noſtre deſſein, tenoient vn Elephant tout preſt pour depeſcher de leurs gens à la Cour de ce Prince. Cela nous fit reſoudre de continuer noſtre voyage.

Il y a peu d'ordre en quelques endroits de ce Iournal, mais on n'a pas crû deuoir laiſſer au Traducteur la liberté d'y rien chãger.

Le 20. nous arriuaſmes deuant Petapoli : Le Gouuerneur nous permit d'y prendre terre; & apres eſtre demeurez d'accord de luy payer trois pour cent de nos marchandiſes, nous miſmes à terre. On y laiſſa deux de nos gens, & vn nommé Lucas, pour auoir le ſoin des marchandiſes, & ayant mis à la voile, nous allâmes moüiller l'ancre à la rade de Maſulipatan, qui eſt bonne pour toute ſorte de vaiſſeaux. Nous y arriuâmes le dernier iour du mois d'Aouſt : on nous permit auſſi de mettre pied à terre, ce que nous fiſmes ; & pour eſtre mieux receus, nous fiſmes vn preſent à Mirſumela, qui tient les plus grandes terres de ce Pays. Nous demeurâmes pluſieurs mois en ce lieu-là. Le 20. de Ianuier 1612. Cotobara Roy de Badaya, ou Lollongana & de Maſulipatan, mourut ſans enfans. Il y auoit ſujet d'apprehender de grands deſordres dans cet eſtat ; mais la ſageſſe de Mir Maſunin les preuint, & fit eſlire Mahumed Vnim Cotobara neveu du Roy deffunct, jeune Prince de grande eſperance. Son oncle en mourant auoit laiſſé le gouuernement de ſon Eſtat entre les mains des Perſans & de Mir Sumela, auſquels celuy-cy a toûjours eſté fort contraire.

Le Gouuerneur traitta auec moy de fort mauuaiſe foy. Nous eſtions demeurez d'accord que ie luy donnerois 4000. Pagodes, c'eſtoit enuiron 4. pour cent de nos marchandiſes, & il en vouloit tirer douze pour cent, diſant pour ſes raiſons, qu'il eſtoit vn Mir, de la race de Mahomet, & que ce qu'il diſoit deuoit pluſtoſt eſtre crû, que la parole d'vn Chreſtien. Pour moy ne voyant point d'autre moyen de tirer raiſon de ce Barbare, i'eſtois ſur le poinct de la chercher par la force, lors que quelques Mores du Pays ſ'entremirent de nous accommoder. Apres auoir fait nos affaires à Petapoli nous partiſmes pour Bantan, par vn vent qui eſtoit fort propre pour cette Nauigation. Nous y arriuaſmes le 28. d'Auril 1612. nous trouuâmes que les Hollandois eſtoient ſur le poinct de quitter le Pays, & de ſ'aller eſtablir à Iaccatra, à cauſe des auanies que leur faiſoit tous les iours le Gouuerneur. Apres quelque conteſtation que nous eûmes auec luy, nous demeurâmes d'accord à raiſon de 3. pour cent. On eſtablit vne Factorie à Suckadania ; mais

Suckadania dans l'Iſle de Borneo.

les marchands que nous y laiſſâmes pour traitter auec ceux du Pays eurent plus de ſoin de leur intereſt particulier, que de ceux de la Compagnie.

Le 1. de Iuin nous partiſmes de Bantan, & le 22. du meſme mois nous arriuâmes à la rade de Patane, où nous trouuaſmes vn vaiſſeau d'Enchuyſe, qui nous informa des façons de faire du Païs. Le vingt-ſixiéme nous deſcendiſmes à terre : noſtre Preſent qui pouuoit valoir ſix cens pieces de huict, fut receu à la maniere du Païs. La lettre fut miſe dans vn baſſin d'or porté ſur vn Elephant en grande pompe au son d'vne musique d'instrumens, & precedé d'autres gens qui portoient deuant des lances & des Estendarts.

La Cour de la Reine nous parut magnifique : nostre lettre fut leuë, & on nous accorda la liberté du commerce aux mesmes conditions qu'on l'auoit accordée aux Hollandois. Nous partismes de la Cour sans auoir veu la Reine, & l'on nous mena chez vn Officier, dont la Charge est de receuoir les Estrangers : on nous y fit vn festin où l'on seruit beaucoup de fruits ; nous fusmes aussi traittez chez vn autre Officier nommé Orancaya Sirnona, & le iour d'apres la Reine nous enuoya des fruits qu'elle fit porter iusqu'à nostre vaisseau.

Le 3. Iuillet vne Pinasse Hollandoise nommée le Leurier partit de ce port pour aller au Iapon ; nous donnasmes au Quartier-Maistre de cette Pinasse vne lettre pour Maistre Adam. Cette occasion se rencontra fort heureusement pour luy escrire ; car les Iaponnois sont en guerre auec ceux de ce païs, & ont bruslé deux fois la ville de Pantam depuis 5. ou 6. ans.

Nous eusmes bien de la peine à obtenir la permission de bastir en ce lieu-là vn Magazin qui ne fust point sujet au feu ; enfin l'on nous accorda vne place de 30. brasses en longueur sur 20. de largeur ; nous y bastismes vne maison qui auoit 8. brasses de face sur 4. de profondeur : Ils nous firent des demandes excessiues ; & nous fusmes obligez de leur donner pour cette permission & pour autres droits, quatre mille pieces de cinquante huict sols. La maladie se mit dans nostre equipage. Le Capitaine Hippon en mourut le 9. Iuillet. L'on ouurit dans le vaisseau la boëte marquée du numero 1. Mr Brun y estoit nommé pour son successeur ; mais comme il estoit mort auparauant, on ouurit la boëte numero 2. dans laquelle Thomas Essinston estoit nommé pour luy succeder. Peu de temps apres pour surcroit de mauuaise fortune nous fusmes volez : on prit 280. pieces de huict dans mon coffre, quoy qu'il y eust vne lampe allumée, & quinze personnes dans la maison;ce qui me fit croire que quelqu'vn de nos gens pouuoit bien auoir fait le coup;car vn grand dogue que nous auions ne fit aucun bruit. On me laissa là auec six autres pour auoir soin des marchandises de la Compagnie. Le vaisseau partit le 1. d'Aoust pour aller à Siam : Il eust esté à propos d'auertir ceux de nos gens qui estoient à Siam du peu de debit qui se trouuoit de nos draps, mais ie ne trouuois point d'occasion de le pouuoir faire par Mer : & par terre, il falloit enuoyer quatre ou cinq personnes ensemble, à cause du danger des tigres,& de l'incommodité de plusieurs riuieres qu'il faut passer, outre qu'ils me demandoient des sommes si excessiues pour faire ce voyage, que ie creûs qu'il estoit à propos d'attendre quelque meilleure occasion.

Au mois de Septembre le Roy de Ior attaqua le Fauxbourg de Pahan, brûlant tout ce qu'il rencontroit deuant luy. Campon-sina esprouua la mesme fortune, ce qui causa vne grande cherté dans Pahan. Les Portugais auoient auparauant fourny Malaca des marchandises. Les Hollandois en firent de mesme à Bantam & aux Molucques;& y auoient porté toute la quantité de draps qui s'y consirment ordinairement; si bien qu'estant venu le dernier, ie n'y trouuay aucun debit. Cela me fit resoudre à faire venir vne cargaison pour Macassar, & i'en donnay la conduite à Iean Persons, qui partit le 8. d'Octobre sur vn Ionck d'Ampan. Le 9. j'eus nouuelles de Mr Essinston & de son collegue, qui me donnoient aduis du peu d'apparence qu'il y auoit de vendre leurs marchandises, à cause des guerres de ceux de Campoja,Ianiam, de Zangonay contre le Royaume de Siam.

Le 25. il partit d'icy des Ionckes pour Bornéo, Iambi, Iaua, & autres places. Ie ne sçaurois m'imaginer quelle politique oblige les Hollandois à fauoriser le trafic des Chinois,des Mores,& des autres Indiens, cependant qu'ils le deffendent à ceux mesmes de leur Nation sur peine de la vie & de la perte de leurs biens, ce qui ne peut estre que l'effect d'vne grande enuie.

Le 11. Nouembre le Globe reuint de Siam, apres auoir esté huict iours en chemin. Nos gens estoient arriuez à la rade de Siam dés le 15. d'Aoust. Ils y auoient moüillé l'anchre à trois brassées de haute marée ; mais le iour suiuant l'eau ayant baissé 13. heures durant, ils ne treuuerent plus que sept pieds d'eau, & vn fonds de vaze, qui par cette raison ne leur faisoit point de peur. Ils leuerent l'anchre, & la moüillerent apres à 4. lieües de la Barre, où ils trouuerent trois brasses d'eau de basse marée. La ville de Siam est à 30. lieües de l'emboucheure de la riuiere. Le

Sabander si-
gnifie l'A-
miral ou
maistre des
Ports. Sabander & le Gouuerneur de Mancok, place sciruée sur le bord de cette riuiere, vinrent pour receuoir les lettres du Roy, ou plustost pour receuoir les presens qui luy estoient destinez, & Essinston s'en alla auec eux. Il eust audiance du Roy le 7. Septembre, il fut regalé auec ses camarades chacun d'vne petite boëte d'or, & vne piece de drap. Les Mandorins trauersoient sous main la liberté du trafic que le Roy nous auoit accordée, & vouloient mettre des impositions à leur caprice sur nos marchandises, & les payer de mesme. Il falut s'en plaindre au Roy, qui leur deffendit de s'en ingerer dauantage; auec tout cela le commerce est encore moins libre dans ce Royaume là que dans le reste des Indes. Nos gens bastirent vne maison de briques prés de celle des Hollandois, nous estions alors en la saison des pluïes, & tout le Païs estoit couuert d'eau.

Le 26. d'Octobre il s'éleua vne si furieuse tempeste, qu'il n'y a point de memoire dans ce païs-là d'y en auoir veu vne semblable. Elle arracha les arbres les plus forts, & abbatit le Monument que le Roy auoit dressé à la memoire de son pere. Nostre vaisseau eust peine à se sauuer. Nos gens auoient desia perdu deux anchres, dont les cables s'estoient rompus, & n'estoiēt plus qu'à vn mille de la coste,

Bantam, Pa-
tan & Siam,
trois villes
de grand
commerce
en ces quar-
tiers. lors qu'ils en jetterent vne troisiéme qui tint & arresta le vaisseau; six des nostres furent noyez. La tempeste dura quatre ou cinq heures, & incontinēt apres la Mer parut aussi vnie & aussi trāquile, que si elle n'eust iamais esté du tout agitée. Cette place est la troisiéme en rang pour le trafic des Indes; on la met immediatement apres Bantam & Pantan, & est presque également distante de l'vne & de l'autre.

§. II.

Relation des Euenemens estranges du Royaume de Pegu, de Siam, d'Ioor, de Pantan, & autres Pays voisins.

LE Royaume de Siam est fort ancien, & a esté tres-puissant auant qu'il fut Tributaire de celuy de Pegu. Mais cette seruitude ne dura pas long-temps; car le Roy de Siam estant mort, & ses deux fils ayans esté menez prison-

L'aisné se
nōmoit en
langue Ma-
laïque Raia
api, les Por-
tugais l'ap-
pelloient le
Roy noir. niers à la Cour du Roy de Pegu, ils se sauuerent de leur prison; & l'aîné ayant trouué moyen de retourner à Siam, s'y fit reconnoître pour Roy. Le Roy de Pegu luy fit la guerre, & enuoya vne armée à Siam sous le commandement de son propre fils. Ce jeune Prince fut tué, & sa mort cousta la vie à quantité de ses Sujets; car le Roy son pere fit mourir les principaux Officiers, & les meilleurs soldats de son armée. Cette cruauté hors de temps fit reuolter plusieurs Princes qui luy estoient Tributaires, & donna le courage au nouueau Roy de Siam de luy faire la guerre. Il attaqua la ville capitale de son Estat qui se nomme d'Onxa, ou Pegu, où il s'estoit retiré. Il fut deux mois deuant, apres lesquels il leua le siege, & s'en retourna à Siam. Peu de temps apres le Roy de Pegu se rendit luy-mesme auec tout son tresor entre les mains du Roy de Tangu; la famine & la mortalité qui auoient desolé ses Estats l'ayant obligé à prendre cette resolution, & à preuenir par là l'inuasion du Roy d'Arecan, qui estoit sur le poinct d'y entrer auec vne puissante armée. Le Roy d'Arecan se rendit aisément Maistre de tout le Pays, qu'il trouua presque desert. Sa pensée estoit de passer delà dans les Estats du Roy de Tangu, mais celuy-cy luy enuoya des Ambassadeurs, & luy offrit vne partie des tresors du Roy de Pegu, & sur tout son Elephant blanc &

fa fille. Il adjoufta à ces offres celle de luy mettre entre les mains la perfonne du
Roy de Pegu, ou de le tuer: ce que ce barbare fit quelque temps apres, luy ayant
caffé la tefte auec le pilon d'vn mortier, dont on a accouftumé dans ce pays-là de
broyer le Rys. Tel fut la fin de ce grand Empire, duquel il ne refte prefque plus
de memoire mefme fur les lieux. Le Roy d'Arecan donna la ville & la forte-
reffe de Seriam en depoft aux Portugais, Philipo de Britto y mit garnifon. Ce
Prince donna à ce Portugais le nom de Xenga, c'eft à dire Galant homme : Le
Portugais merita bien ce titre ; car 2. ou 3. ans apres il prit le fils de ce Roy prifonnier, & luy fit payer vne rançon d'onze mille Tangans, & de dix Galeres
chargées de Rys. Le Roy de Siam fe fortifia par la deftruction du Royaume de
Pegu, & a depuis conquis les Royaumes de Cambaya, Lauiangh, Zagomay, Lugor, Patane, Theneferim, & diuers autres.

Ce Conquerant que les Portugais appelloiēt le Roy noir de Siam, mourut l'an
1605. & laiffa fõ Royaume à fon Frere qu'ils appelloient le Roy blanc: C'eftoit vn
Prince qui n'auoit d'autres penfées que de joüir en paix de la Royauté : il mourut l'an 1610. & laiffa plufieurs enfans. C'eft par là que vinrent les troubles de cét
Eftat ; car ce Roy eftant au lict de la mort fit mourir l'aifné de fes fils, qui eftoit vn
Prince de grande efperance : Il fit faire ce meurtre à la follicitation & par le confeil d'vn Seigneur du Pays, lequel fe trouuant fort puiffant & fort riche en Efclaues, s'eftoit mis en tefte de fe faire Roy. Le Roy d'aujourd'huy eft le fecond
fils du Roy blanc : il fit mourir peu de temps apres ce Traiftre : il auoit entre fes
efclaues 280. Iaponnois qui coururent au Palais, fur le bruit de fa mort ; & refolus d'en tirer la vengeance, ils fe rendirent maiftres des portes du Palais & de la
perfonne du Roy, & l'obligerent de leur promettre de faire mourir quatre des
principaux Seigneurs de la Cour, de figner de fon fang la promeffe qu'il leur en
fit ; & non contens de fa fignature, ils voulurent auoir en leur puiffance quelques-
vns de fes principaux Palapos ou Preftres pour oftages, & pour affeurance de
l'execution de fa parole. Ces Efclaues fatisfaits de leur vangeance, & chargez
du butin, retournerent chez eux, laiffant par tout des marques de leur
cruauté, fans que ceux du Pays ozaffent fe prefenter deuant eux. Cette marque de foibleffe, fit reuolter le Royaume de Cambaya & de Lauiangh. Il y
eût mefme vn Peguan nommé Banga-de-laa, qui fit vn party dans cét Eftat. Le
Roy de Lauiangh entra auffi l'année fuiuante dans le Royaume de Siam, efperant
le trouuer en defordre à caufe de la reuolte des Iaponnois ; mais ils auoient defta
quitté le Pays ; & le Roy de Siam f'eftant mis en campagne, celuy de Lauiangh
n'ofa l'attendre, & fe retira. On dit que les Princes voifins ont fait vne ligue, &
qu'ils doiuent entrer dans fon Pays auec vne grande Armée. Ce qui ne leur reüf-
fira pas apparemment, fi ce n'eft qu'ils y ayent quelque intelligence.

Nous refolûmes que noftre vaiffeau pafferoit l'hyuer à Patane : Le 31. Decembre la Reine fortit de fon Palais pour fe diuertir, accompagnée de fix cens petites
barques ; elle vint premierement à Sabrangh où nous allafmes luy faire la reuere-
ce, & nous eufmes l'honneur de luy parler conjointement auec les Hollandois. Elle peut bien auoir foixante ans ; mais cét âge ne luy ofte ny la grace ny la majefté : ie
n'ay point veu de Prince dans les Indes qui ait vn fi bon air : elle auoit auec elle
vne de fes fœurs qui paroift auoir quarante-cinq ans : c'eft la prefumptiue heritiere
de la Couronne, & ceux du Pays l'appelle la jeune Reine. Ie vis auffi auec elle vne
petite Princeffe qui eft fille de la plus jeune de fes fœurs, qui auoit efté mariée auec
Raïa Siack fils du Roy de Lahor.

Apres quelques difcours, la Reyne laiffa tomber le rideau de fon Trof-
ne, nous faifant entendre par là que nous nous pouuions retirer. Elle nous fit
dire que le lendemain elle nous donneroit encore audiance ; nous y fufmes, & elle
nous receut parfaitement bien. D'abord 12. filles & 12. garçons commencerent
vne danfe qui nous parut fort bien concertée, la Reine commanda à tous fes Cour-

*** C iij

tifans de danſer, ou au moins d'en faire le ſemblant ; ce qui donna à toute la Cour
vn grand ſujet de rire.

Les Hollandois furent obligez de faire la meſme choſe & nous auſſi. La Reine
prit plaiſir à noſtre danſe : il y auoit 7. ans qu'elle n'eſtoit ſortie de ſon Palais : Cette
fois elle ſortit pour ſe trouuer à la chaſſe des Taureaux & des Buffles ſauuages, qui
s'y trouuent en grand nombre. Comme elle paſſoit auec ſon train entre noſtre
maiſon & noſtre vaiſſeau, nous la ſalüaſmes de l'artillerie du vaiſſeau, & les mouſquetaires qui eſtoient à terre firent la meſme choſe.

Durant les mois de Nouembre & de Decembre les pluyes furent ſi frequentes, &
l'inondation ſi generale qu'on ne ſe ſouuenoit point d'en auoir veu de pareille : pluſieurs maiſons furent emportées, beaucoup de troupeaux de beſtes noyez, & le Pays
en fut preſque tout deſolé. Le 25. de Ianuier nous euſmes nouuelles que le marchand que nous auions laiſſé à Siam auoit vendu la moitié de ſa marchandiſe, que le
Roy en auoit acheté vne grande partie : nous euſmes auſſi nouuelles de Keda que
les Portugais auoient pris la maiſon que les Hollandois ont à Paleacate ; qu'ils
eſtoient venus au nombre de 1500. hommes du coſté de la ville de S. Thomas ; qu'ils
auoient fait paſſer au fil de l'eſpée tous ceux qui leur auoient reſiſté, & s'eſtoient
rendus maiſtres de toutes leurs marchandiſes. I'enuoyay au mois de Mars vn vaiſſeau à Siam auec des nouuelles marchandiſes.

Le Roy de Pahan auoit épouſé la plus ieune des ſœurs de la Reine de Patan : Il y
auoit vingt-huit ans que ces deux ſœurs ne s'eſtoient point veuës. La Reyne de Patan auoit fait prier le Roy de Pahan ſon mary, de luy permettre de faire vn voïage à
Patan pour la voir ; mais comme elle vid que ce Prince n'y vouloit point conſentir,
elle fit arreſter tous les vaiſſeaux de Siam, de Cambaya, Bordelongh, Lugor, & d'autres places qui eſtoient chargez de Rys pour Pahan ; & enuoya vne armée de 70. voiles, ſur laquelle il y auoit 4000. hommes, a cet ordre aux Generaux de luy amener
cette Princeſſe par amitié ou par force. Mais les reuolutions qui arriuerent dans les
Eſtats de ce Prince, come vous verrez cy-après, l'obligerent à y venir de luy-meſme.

Il arriua le dix-ſeptiéme diuers vaiſſeaux de Cambaya & de la Chine au
mois d'Auril de l'année mil ſix cens treize, ie receus des Lettres de Siam au mois de
May, i'appris que noſtre vaiſſeau eſtoit arriué, & que nos gens trauailloient à
faire vne cargaiſon pour le Iapon où ils deuoient ennoyer des marchandiſes à la
Chine, i'empruntay trois mil écus de la Reine à intereſt de ſix pour cent
par mois, & d'vn pour cent que ie deuois donner à ſon Treſorier. On m'eſcriuit
de Bantam que le Magaſin des Hollandois & le noſtre y auoient eſté bruſlez, & que
les deux Nations y auoient fait vne grande perte. Le 12. Iuillet le Roy de Pahan arriua icy auec ſa femme ſœur de la Reine & deux petits enfans ; il auoit quitté ſon païs
deſolé par la famine, par le feu, & par la reuolte de quelques-vns de ſes Sujets : il
apporta nouuelle que ceux d'Achen auoient pris Ior, & qu'ils en auoient emporté
l'artillerie, les eſclaues, & tout ce qu'ils auoient trouué de meilleur. Que le Roy
meſme s'eſtoit ſauué à Bantam où l'on l'auoit tenu aſſiegé l'eſpace de 29. iours, &
que quelques Hollandois qui s'eſtoient ſauuez dans Ior y auoient perdu la vie
& la liberté : pas vn des grands de la Cour de la Reine ne rendit viſite au pauure Roy de Pahan, & la ſeule choſe que l'on fit pour luy fut de tuer tous les chiens
à cauſe qu'il ne les pouuoit ſouffrir. Il receut fort bien l'honneur que nous luy fiſmes en le ſalüant de noſtre Mouſqueterie lors qu'il paſſa deuant noſtre habitation ;
& nous teſmoigna vn grand deſir que nous vinſſions trafiquer dans ſes ports. Le 16.
de Iuillet nous euſmes nouuelles de la mort de Henry Middleton ; L'on creut qu'il
eſtoit mort de douleur d'auoir veu ſon vaiſſeau eſchoüé, & preſque tout
ſon equipage, malade d'vne maladie inconnuë, qui auoit fait mourir cent Anglois,
& encor plus grand nombre de Chinois qu'on auoit loüez pour ſeruir dans le vaiſſeau ; que le Capitaine Schot auoit pris le Chaſteau & l'Iſle de Solor, où il auoit
trouué beaucoup de bois de Sanda. Le 31. de Iuillet le Roy de Pahan nous vint

voir accompagné d'vne grande fuite, & nous promit toute forte de bons traittemens en fon Pays.

Le 1. d'Aouſt la Reine nous fit venir en fon Palais, où l'on deuoit faire vne grande feſte à cauſe de la venuë du Roy de Pahan : des femmes y reprefenterent vne
Comedie à la maniere de celles de Iaua, que nous viſmes auec beaucoup de plaiſir :
Le 9. le Roy de Pahan partit apres auoir feruy de joüet à ceux de la Cour de Patan,
fa femme qui eſtoit ſœur de la Reine, ne le voulut point abandonner. Elle retourna auec luy ; & au lieu de remporter de grands prefens de cette Cour, elle y defpen-
fa prefque tout ce qu'elle auoit de bien. Le 16. l'on m'efcriuit de Maccaſſar, que le
Faƈteur que i'y auois laiſſé eſtoit deuenu fol.

Le 18. de Septembre vn marchand qui eſtoit party le 25. d'Oƈtobre, apporta icy
beaucoup de noix mufcades : il auoit eſté à Maccaſſar & à Banda ; i'appris par le
moyen d'vne lettre qu'il me rendit, l'eſtat de nos affaires de Banda, que le General
Pierre de Both auoit fait pendre quelques-vns de fes foldats, pour obliger les autres à garder mieux la difcipline Militaire ; mais qu'apres vn traittement ſi rude pluſieurs de fes gens s'eſtoient retirez à Banda, & s'y eſtoient faits Mahometans, & qu'il
n'y auoit point d'apparence de les pouuoir retirer de leurs mains. Le Chaſteau rend à
la verité les Hollandois maiſtres de la Mer ; mais ils ne font point en eſtat de rien entreprendre du coſté de la Terre. Le 23. le vaiſſeau nommé le Globe arriua de Siam : le
Faƈteur que nous auons en cette Place-là m'efcriuit qu'il n'auoit point de nouuelles de la cargaiſon qu'il auoit enuoyée à Zagomé, les guerres d'entre ceux d'Aua
& de Laniangh ayans bouché les Paſſages : le bruit courut que le Roy d'Haua auoit
pris Siriam, & auoit fait mourir le Xenga Capitaine des Portugais. Le Roy de Siam
l'attend auec de grandes forces, & tient la frontiere bien garnie : ie païay à la Reine
l'argent que i'auois emprunté d'elle.

Le 4. Oƈtobre, qui eſt le 1. iout du jeuſne des Mahometans, le feu prit fur les 8.
heures du matin dans le Fort de Pattane : il y auoit là deux des principaux Seigneurs du Pays qui demeuroient l'vn prés de l'autre, & qui eſtoient les plus riches
en Efclaues de Iaua, l'vn d'eux nommé Dato-Bezar fut menacé par fes Efclaues qu'ils
le tuëroient, auec quelques autres : il fit venir fes Efclaues ; & apres auoir eſté exa-
minez, & auoir fouſtenu qu'ils n'eſtoient point coupables, leur Maiſtre ne laiſſa pas
de faire mettre aux fers deux des plus fufpeƈts. Le Pongola ou l'Officier qui commandoit ces Efclaues le voulut empefcher. Bezar le poignarda : Les Efclaues enragez de cette aƈtion fe jetterent fur leur Maiſtre, qui fut fauué de leurs mains par d'autres Efclaues qu'il auoit outre ceux-cy : ils fortirent de la maifon de ce Seigneur,
tuërent tout ce qu'ils rencontrerent fur le chemin, & mirent le feu par tout. Les Efclaues de l'autre Seigneur nommé Datolaxmanna, fe joignirent à ceux-cy, nonobſtant les menaces & les defenfes de leur Maiſtre : ils pouuoient eſtre en tout cent
perfonnes ; ils coururent à la porte nommée Punta-Gorbing, mettant le feu à
toutes les maifons qui eſtoient des deux coſtez de la ruë, tellement que toute la ville bruſla, à l'exception du Palais de la Reine, d'vne Mofquée & de deux autres Palais : ils prenoient par les ruës les femmes & les emmenoient auec eux & les retin-
rent iufqu'à vne heure apres midy, perfonne n'ofant les approcher ; nous eſtions cependant dans vne grande inquietude en noſtre quattier, car les Efclaues mena-
çoient d'attaquer noſtre maifon & celle des Hollandois : nous fiſmes pour cette raifon bonne garde, & enuoyafmes querir les foldats de noſtre vaiſſeau, auec lefquels
nous marchafmes pour rencontrer ces enragez. Ils en furent aduertis, & fans nous
attendre, fortirent de la ville & gagnerent la Campagne ; ainſi nous euſmes à bon
marché la gloire d'auoir defendu ceux du Pays de l'infulte de ces Efclaues. Ce tumul-
te appaifé on donna la chaſſe à ces fugitifs ; mais iufqu'à cette heure on n'en a pris
que 3. ou 4. C'eſt pour la troiſiéme fois que Patan a eſté bruſlée. Les deux premieres par les Iapponois, & cette troiſiéme par ceux de Iaua.

Le 21. nous priſmes congé de la Reine : Elle fit prefent à Eſſingthon d'vn cris ou

poignard d'or. Le mefme iour il arriua vn de nos vaiffeaux de Ior: ils nous dirent
qu'vne partie de leurs gens eftât entrez das la ville de Ior, elle fût en mefme têps
inueftie par le Roy d'Achen:ils écriuirêt à ceux qui eftoiêt reftez dâs le Vaiffeau,
de leur enuoyer 25.ou 30. hommes par terre, & d'auancer auec le vaiffeau le plus
auant qu'ils pourroient dans la riuiere ; mais les rochers qui y font, leur ofterent
le moyen de les affifter. Ainfi la ville fut renduë par compofition apres vn fiege
de 29. iours. Vingt-trois Hollandois demeurerent prifonniers,tous les autres gagnerent le vaiffeau,où il ne fe trouua perfonne pour le commander que le Camarade du Maiftre & vn affiftant : ils fe refolurent de venir à Patane , mais la tempefte les jetta vers l'Ifle de Borneo fur vn fond de Corail.De là ils furent à Pulo-
candor,& n'ayant plus d'efperance de gagner Patane, ils chercherent des rafraîchiffemens aux Varellas:ils trouuerent vne bonne Baye,mais vne mauuaife cuifine ; car ceux du Pays font leurs ennemis, tellement qu'eftans venus long-temps
aprés à Patane,ils n'auoient plus que 58. hommes,encore eftoient-ils tous malades : ils auoient feptante mille pieces de 8. & 29. Balots d'eftoffes des Indes.

<h2 style="text-align:center">§. III.</h2>

<h3 style="text-align:center">Voyage à Mafulipatan ; ce qui s'y paffa dans le temps de leur
fejour , & leur retour.</h3>

Ces Ifles fôt fous le fixiéme degré de latitude.

LE 25. nous nous trouuâmes vers la pointe Meridiane des Ifles de Ridang ;
elles font dix-neuf ou vingt en nombre. Le foir du mefme iour , nous vîmes les Ifles de Capa ; ce font trois petites Ifles éloignées de trente-deux
lieuës de celles que nous venons de dire , & de 2. lieuës de la terre ferme. Le 29.
nous vinfmes par vn calme à Pulotyaman ; fi vous vous trouuez iamais en cette
route à dix-huit braffes d'eau, vous n'auez rien à craindre que vous ne puiffiez
découurir de la veuë. Le premier de Nouembre , nous vîmes la pointe de Ior , &
la môtagne de l'Ifle de Bintan.Le iour fuiuât au matin,nous vîmes Petra Blanca;
& fur les dix-heures nous nous trouuâmes dans ce fafcheux courant de l'eau , qui
tôbe de la pointe de Ior jufqu'à quatre lieuës dans la mer. L'Infchoot décrit fort
bien cette cofte , & ce ne fut pas fans danger que nous la paffafmes , courant à
l'Oüeft Sud-Oüeft de ces trois petites Ifles ; il eft bon de prendre du cofté de la
mer,jufqu'à ce qu'elles foiêt couuertes de la pointe de Ior,& que Petra Blanca ne

Petra Blâca. couure plus l'Ifle de Bintan. Petra Blanca eft vn rocher où il y a vn nombre infiny
d'oyfeaux, il eft couuert de leur ordure ; fi bien que de loin , le fommet en paroît
tout blanc. Nous employâmes jufqu'au dix-feptiéme pour paffer la riuiere de Ior,
& nous arriuâmes à deux lieuës de Sincapoura. Le 8. diuers petits Vaiffeaux vinrent à noftre bord. Ils eftoient Sujets du Roy de Ior. On nomme ces Peuples Sa-
lettes. Ils paffent leur vie dans les Vaiffeaux , où ils ont leurs femmes & leurs enfans,& viuent de la Pefche. Nous apprîmes d'eux que le Roy d'Achen auoit r'enuoyé le frere du Roy d'Ior. Il luy auoit donné trente-fix Vaiffeaux pour l'accompagner , & deux milles de fes Sujets pour rebâtir le Fort de la ville de Ior, auec
beaucoup de pieces d'Artillerie & autres munitions. Ils adjoûterent qu'ils luy
auoient donné fa fœur en mariage , & qu'on l'alloit inftaler en la place de fon frere qui commandoit dans le Pays. Nous prîmes là vn Pilote pour nous feruir de
guide au trauers des détroits.

  Le 19. Decembre , nous arriuâmes à Mafulipatan ; nous y trouuâmes trois
Vaiffeaux, deux Anglois & vn Hollandois. Le 21. ie defcendis à terre , & y trouuay le Sabander & d'autres Mahometans qui me receurent fort bien. Ils me firent beaucoup de complimens , & me donnerent vn Cheual. Ils en donnerent
auffi vn au Directeur Vvaerner, ie fus obligé de l'accepter , quoy que j'en cuffe

peu

peu d'enuie, & que j'euſſe ſujet d'apprehender quelque trahiſon de ces gens-là. I'en tiray vn Chaoul, ou permiſſion de vendre nos marchandiſes, en payant qua-tre pour cent.

Le 25. de Ianuier, le Vaiſſeau Anglois nommé le Iacques, partit pour aller à Petapoly. Le 18. de Feurier, ie fus à Narſapur-Peta. Le 19. j'entray auec le Vaiſ-ſeau dans la riuiere, il prenoit plus de neuf pieds d'eau ; & ayant jetté la ſonde, nous en trouuâmes dix pieds & demy ; ce qui eſtoit fort contraire à ce que nous auoient dit des gens qui ne nous veulent point de bien. Le 23. j'arriuay à Maſuli-patan, & j'enuoyay vn pieton à Suratte. Ce iour, Corneille Franc y arriua ſur vne petite barque de Pegu ; il me dit que le Roy d'Aua auoit pris le Fort de Siriam, qu'il auoit fait paſſer au fil de l'épée tous les Portugais, & entre-autres leur Capitaine Philippo de Britto ; que la choſe ſ'eſtoit paſſée au mois de Mars, & que l'on auoit donné ordre pour faire rebaſtir l'ancienne Ville, auec force bel-les promeſſes & priuileges pour ceux qui ſ'y habituëroient. Les Mores qui ſont à Maſulipatan furent forts réjouys de cette nouuelle, eſperant de remettre le Com-merce qu'ils auoient autrefois auec ceux de Pegu, & d'y enuoyer deux Vaiſſeaux au mois de Septembre. Au mois de Mars, j'eus nouuelle de l'arriuée de onze Vaiſſeaux de Loor, de huit de la Chine, & de trois de Malacca ; ce qui fit fort baiſſer de prix des marchandiſes, & bien m'en prît d'auoir vendu les miennes quelque temps auparauant.

Le 18. de May ſur les cinq heures du ſoir, le Capitaine Heſeingthon mourut de mort ſubite. Il auoit diſné auec nous ; il auoit ſur le corps quelques puſtules aſſez communes dans ce Pays, & principalement dans cette ſaiſon de l'année, en-tre-autres vne fort grande ſur l'épaule qui ne ſuppuroit point ; ce que ceux du Pays croioyent auoir eſté la cauſe de ſa mort. I'allay ſur ſon Vaiſſeau pour y met-tre le meilleur ordre qu'il eſtoit poſſible. L'équipage ne voulut point reconnoiſtre d'autre Cõmandeur que moy ; mais il me ſembla qu'il y alloit trop de mõ hôneur de prendre la place de Heſeingthon, dont la charge eſtoit ſubordonnée à la mien-ne ; ſi bien que ie commis vn autre en ma place, & m'en retournay à Maſulipatan. I'y trouuay à mon retour trois perſonnes qui me dirent auoir eſté enuoyées de la part de la Reyne de Palecate, pour m'aſſeurer que ſi ie voulois venir dans ſes Eſtats, elle me donneroit vne habitation vis-à-vis du Fort de Palecate, auec tous les auantages & tous les priuileges que ie pourrois deſirer : mais faiſant re-flexion ſur la maniere dont j'y auois eſté traité, auſſi bien que le Vaiſſeau nommé le Iacques, j'adjoûtois peu de foy aux paroles de ces gens-là ; neátmoins, il fut re-ſolu que ie retiendrois auprés de moy vn de ces Enuoyez ; & que ie renuoyerois les deux autres auec des Lettres ; où apres auoir repreſenté à la Reyne le mauuais traitement que j'auois receu dans ſon Pays, ie luy diſois que ſi elle vouloit que j'y retournaſſe, elle trouuât bon de me faire tenir vn paſſe-port pour mon aſſeuran-ce. Le 29. de Iuillet, arriuerent icy quatre perſonnes qui ſe diſoient enuoyées de la part du Roy de Narſinghe, autrement Velur ; ils me preſenterent en ſon nom vn paſſe-port, auec vn abeſtiam, qui eſt vn drap blanc ſur lequel ſon nom eſtoit imprimé en couleur de ſandal ou de ſaffran. Ils m'en apporterent auſſi vn autre de la Reyne de Palecate. La Lettre du Roy eſtoit grauée ſur vne placque d'or ; il ſ'excuſoit par cette Lettre du mauuais traitement qu'on auoit fait à nos gens à Palecate, & promettoit de le reparer par les graces & les priuileges qu'il accor-deroit aux Anglois qui y demeureroient à l'auenir, leur permettant d'y baſtir vne maiſon ou chaſteau, & finiſſoit, en me promettant le reuenu d'vne de ſes Villes, qui montoit bien à quatre ou cinq mil liures de rente.

En quelque endroits l'Original porte Palea cate, & aux autres Pale-cate, ce qu'õ a obſeruć dans la tra-duction.

Au mois d'Aouſt, il y eût vn grand deluge aux enuirons de Narſapur-Peta, l'eau couurit tout le pays à la hauteur de cinq pieds. Le torrent qui paſſe à Golcõ-da, emporta pluſieurs maiſons. Les deux Ponts de pierre, l'vn de quinze Arches, & l'autre de dix-neuf, qui ſont auſſi bien baſtis qu'il y en ait dans l'Europe, furent

couuerts d'eau à la hauteur de trois pieds ; six Arcades de ce dernier Pont furent emportées : ce Pont ne cede point en beauté à celuy de Rochester.

Le vingt-cinquiéme, nous eûmes nouuelles de la mort de Vvencatadrapa Roy de
Velur, arriuée le cinquantiéme an de son Regne : trois de ses femmes, dont la Reyne Obiama estoit vne, se brûlerent sur son corps.

Ie connus en ce temps-là la mauuaise foy du Gouuerneur, qui me remettoit toûjours pour le payement de nos debtes ; & comme ces remises me pouuoient faire perdre le temps de retourner cette année-là, ie resolus de l'enleuer, ou son fils, & de le
mettre dans mon Vaisseau. L'entreprise à la verité estoit hardie ; mais tous ceux de
ma troupe me promirent de m'y seruir au peril de leurs vies. Ie donnay donc ordre à
ceux qui commandoient l'Esquif de nostre Vaisseau, de cacher six mousquets dans
les Voiles, & de se rendre le long du Quay de la Doüane ; & aux autres, d'attendre
de mes nouuelles dans la maison, & de se saisir des armes qui estoient au Corps de
garde de la Doüane, lors que ie les y aurois fait venir, esperant d'y prendre le
Gouuerneur ou son fils, & de le transporter dans mon Vaisseau auparauant qu'on en
eust pris l'allarme dans la Ville. Quoy qu'on eust tenu la chose fort secrette, les Hollandois ne laisserent pas d'en auoir quelque vent : mais comme ils ne le pouuoient
croire, ils n'en donnerent point aduis au Gouuerneur.

Le vingt-vniéme Nouembre, les Gentils firent vne feste solemnelle ; ils la solemnisent trois fois l'an, & tousiours lors que la nouuelle Lune se rencontre le iour
d'vn Lundy ; les hommes & les femmes se baignent ce jour-là, & croyent acquerir
vn grand merite en le faisant.

Le vingt-quatriéme, ie pressay le Gouuerneur de me payer ; ie luy representay
qu'il y auoit sept mois qu'il me remettoit de iour en iour : Il tourna la chose en
raillerie, & me dit que nous parlerions de cette affaire à la Doüane, lors que ie
ne serois plus en colere : ma réponse fut, que ie ne voulois pas passer dauantage pour
duppe, & que les Capitaines qui commandoient les Vaisseaux d'Angleterre, n'é-
toient pas accoustumez à souffrir de semblables traitemens. I'allay de ce pas à la
Doüane, où ie trouuay son fils : ses Gardes auoient laissé leurs picques à la
porte ; la marée estoit haute, ce qui me fit croire que ie ne pouuois pas mieux
prendre mon temps. I'enuoyay querir mes gens, qui se saisirent des armes du Corps
de Garde de la Doüane ; & estans entrez dedans, en fermerent les portes. I'arrestay
le fils du Gouuerneur, & trois ou quatre de mes gens l'emporterent à force de bras,
& le jetterent dans le Batteau. Ie m'y mis auec le reste de ma troupe ; & nous estions
desia loin du Port, lors que son pere en fut aduerty : le vent estoit fort, & nous obligeoit à ramer le lôg de la coste, à la distance de deux cables, pour en estre à l'abry, &
pour prédre le fil de l'eau du canal. Ceux du païs accoururêt, se jetterent dans des Batteaux, & firent mine de nous vouloir attaquer : nous leur tirâmes trois coups de
mousquet, & enleuâmes nostre proye à la veuë de plus de trois mille hommes. I'a-
uois donné ordre au Facteur des Anglois de demeurer dans nostre logis auec deux
autres, pour faire entédre apres à ces Peuples la raison que nous auions euë d'en vser
ainsi ; mais il executa mal mon ordre. Il sortit du logis, pour voir comment la chose
se passeroit ; & le peuple l'auroit assommé de coups, si le Gouuerneur ne l'eust pris
en sa protection, apprehendant qu'on ne fist vn pareil traitement à son fils.

L'apresmidy, le Facteur des Hollandois me vint demander le sujet de cette hostilité ; ie luy dis qu'il n'y auoit gueres d'apparence de croire qu'il l'ignorât, & que j'a-
uois laissé de mes gens à terre pour leur en rendre compte : qu'au reste, ie ferois pendre le fils du Gouuerneur à la grande vergue de mon Vaisseau, si on traitoit mal les
Anglois qui estoiét dâs la Ville. Ie luy fis aussi entendre que ie ferois vn pareil traite-
rrent à ceux qui desormais aborderoiêt mon Vaisseau, sans m'apporter des Lettres de
ceux que j'auois laissé à terre. L'Hollandois retourna le vingt-septiéme auec l'Interprete du Roy, & offrit de me payer ce qui m'estoit deû par le Gouuerneur. Ie luy dis
que ie pretendois qu'il me payast outre sa debte, celle d'vn nommé Callopas, dont il

auoit esté caution ; & que pour les autres debtes ie serois satisfait, pourueu qu'il enuoyast à mon bord mes autres debiteurs. L'Hollandois me fit vne protestation du dommage qui pourroit arriuer à ceux de sa Nation ; à cause de cette hostilité. Ie luy répondis par écrit ; Vvencatadra cependant n'auoit ny bû ny mangé depuis qu'il estoit dans mon Vaisseau. Il estoit Bramene, & sa Religion ne luy permettoit pas de manger de viandes apprestées dans vn autre logement que le sien. I'en eus pitié, & luy offris de le mettre en liberté ; pourueu qu'il me donnast en eschange deux Mahometans de qualité. Il n'en trouua point qui voulussent prendre sa place, & fut ainsi obligé de continuer son jeûne jusqu'à ce que le Gouuerneur son pere eust payé ses debtes ; & fait payer les autres.

Le trentiéme de Nouembre, ie renuoyay mon prisonnier à terre ; diuers Marchands Mahometans me vinrent voir ; me promirent d'écrire au Roy la verité de ce qui s'estoit passé, & me prierent de ne point faire de tort à leurs Vaisseaux. Ie leur répondis que j'estois satisfait ; mais qu'à l'aduenir ils prissent garde de traiter mieux ceux de nostre Nation.

Le septiéme Decembre, le Facteur que j'auois laissé à terre, me vint trouuer dans mon Vaisseau ; ie me mis à la voile, apres auoir offert au Gouuerneur d'aller prendre congé de luy à terre : il m'en remercia ; car il apprehendoit que ie ne visse quelques-vns des Marchands Mahometans, & que ie ne fisse sçauoir à la Cour, par leur moyen, ce qui s'estoit passé.

Purchas adiouste pour finir ce Voyage, que le trentiéme de Feurier, ce Capitaine entra auec son Vaisseau dans la Baye de Saldaigne, & que le premier de Iuin il estoit en l'Isle de sainte Helene.

Relation du Royaume de Siam, par Ioost Schuten, Directeur de la Compagnie Hollandoise, en ces quartiers-là.

Escrite en Hollandois l'année 1636.

LE Royaume de Siam est dans le continent de l'Asie ; il s'estend jusques sous le dix-huitiéme degré de Latitude Septentrionale, & est frontiere de ce costé-là aux Royaumes de Pegu & d'Aua du costé de l'Oüest, il est borné par le Golfe de Bengale : la coste s'estend depuis Marrauan jusques sous le septiéme degré, où il confine du costé du Sud auec les Royaumes de Patan & de Queda. Depuis Patan la coste court vers le Nord, jusques à treize degrez trente minutes, où elle se courbe en arc, & fait le fonds du Golfe de Siam. La coste descend apres vers le Sud, jusques sous le douziéme degré ; & de ce costé-là le Royaume de Siam a à l'Est les deserts de Cambodia, & au Sud les Royaumes de Iongoma, Tangou, & Langs-Iangh ; si bien que ce Royaume a la forme d'vne demie-lune de quatre cens cinquante lieuës de circuit ; il est presque par tout couuert de montagnes & de bois, si ce n'est le long du bord de la mer, où il est plat, marescageux, & a vn fond de glaise. Ie ne diray rien de ses costes, de ses haures, de l'entrée de ses riuieres, puisque toutes ces particularitez ont esté marquées fort exactement dans les Cartes qui en ont esté faites.

Il faut icy voir la Carte.

La riuiere Me-Nam, c'est à dire la Mere des Eaux, est fort large : ceux du Pays n'ont point de connoissance de sa source, qui doit estre bien auant dans la terre ferme ; elle est fort rapide, & à son cours du Nord au Sud ; elle trauerse les Royaumes d'Aua, de Pegu, & beaucoup de Prouinces du Royaume de Siam ; elle se rend par trois emboucheures dans le Golfe de Siam, du reste fort semblable aux riuieres du Gange & du Nil ; car elle déborde tous les ans vne fois, & couure tout le plat-pays pendant quatre ou cinq mois de temps : la terre en deuient extrémement fertile. La plus grande des emboucheures de cette riuiere, est celle qui est la plus auancée vers l'Est, sous le treiziéme degré trente minutes de Latitude Septentrionale. C'est par cette emboucheure que les Vaisseaux & les Ionc-

* * * D ij

ques ont couſtume d'entrer : il y a au fond du Golfe de Siam à l'entrée de cette riuiere vn Banc plat de ſable , il a pour le moins vne lieuë d'eſtenduë , il ſ'y trouue ordinairement cinq ou ſix pieds d'eau quand la mer eſt baſſe , & quinze ou ſeize quand
elle eſt haute , mais lors que la mer eſt débordée , c'eſt à dire au mois de Septembre,
d'Octobre , & de Nouembre , il y a dix-ſept ou dix-huit pieds d'eau ; au dehors de ce
Banc , enuiron à deux lieuës loin de terre , il y a bon Ancrage pour les grands Vaiſſeaux , & pour ceux qui ne voudroient point entrer dans la riuiere ; car il ſ'y trouue
touſiours quatre , cinq à ſix braſſes d'eau , fonds de glaiſe & bonne tenuë. Pour ce qui
eſt de ceux qui veulent entrer dans la riuiere , ils attendent que l'eau ſoit haute pour
paſſer ſur ce Banc ; ils peuuent apres faire voile , & là remonter juſques deuant vne
petite Ville appellée Bancop à ſix lieuës de l'emboucheure ; au deſſus de cette Ville,
la riuiere eſt moins large , & ſon fonds eſt fort inégal. Vn baſtiment qui ne prendroit
qu'onze à douze pieds d'eau , peut paſſer & remonter vingt-quatre lieuës auant dans
le Pays , juſqu'à la ville d'India , & cela en cinq ou ſix iours de temps ; mais quand
l'eau eſt fort haute , comme j'ay dit qu'elle eſtoit aux mois de Septembre , d'Octobre , & de Nouembre , on met bien trois ou quatre ſemaines à faire cette Nauigation.

Ce Pays en general eſt fort peuplé , toutefois il y a des Prouinces qui le ſont les
vnes plus que les autres , principalement celles qui ſont le long des riuieres dans le
plat-pays , & où il y a peu de montagnes ; car dans celle-là on y void tant de Villes,
de Bourgs , & de Villages , qu'il ſeroit difficile d'en rapporter le nombre. Les principales Villes ſont , India , Picelouck , Sourckelouk , Caphengh , Soucethay , Ke-
phinpet , Conſeyvvan , Pijtsyay , Pitſidi , Lydure , Tenou , Mormelon , Martenayo,
Ligor , Bordelong , Tannaſſary , Bankock , Pijpry , Rapry , Mergy , & autres. Ces
Villes ſont les Capitales des Gouuernemens des Prouinces où elles ſont ſituées : ce
n'eſt pas qu'il n'y en ait vn grand nombre d'autres qui ſont fort peuplées ; mais il ſeroit inutile d'en mettre icy les noms.

La ville d'India , Capitale du Royaume de Siam , où le Roy fait ſa réſidence , eſt
ſituée ſur la riuiere de Me-Nam au milieu d'vne belle plaine fort fertile ; elle eſt bâtie dans vne Iſle , dont la figure eſt ronde de deux bonnes lieuës de circuit. Les Faux-
bourgs ſont baſtis ſur les bords de la riuiere qui regarde cette Iſle , & à proportion
ſont auſſi peuplez que la Ville meſme.

On void dans ces Faux-bourgs quantité d'édifices publics , pluſieurs Temples &
lieux où les Sacrificateurs viuent en commun , ſemblables à des Cloiſtres de Religieux. Il y a des quartiers de la Ville qui ſont fort bien baſtis ; les ruës en ſont larges,
fort droites , auec des canaux au milieu ; il y en a d'autres où les maiſons ſont mal
baſties , les ruës fort eſtroites : il y a par tout des canaux ; ſi bien que lors que la
riuiere eſt débordée , on peut entrer en Batteau dans toutes les maiſons.

Les maiſons ſont baſties à la maniere ordinaire des Indes , & couuertes
pour la pluſpart de laſſers de pierre en forme de thuiles. Les lieux où les Sacrificateurs viuent en commun , & leurs Temples , font la plus belle partie de cette
Ville : il y a bien trois cens de ces baſtimens ornez de tours , de pyramides , & d'vne
incroyable quantité d'Idoles & de Figures de toutes ſortes de matieres. Le Palais du
Roy eſt à vne des extremitez de l'Iſle , & de loin on le prendroit pour vne ſeconde
Ville , tant il eſt grand & magnifique. Ie ne connois point de ſejour plus agreable en
toutes les Indes , de lieu où l'on viue à meilleur marché , ny où il ſe trouue vne plus
grande diuerſité de peuples. La ſituation & les fortes murailles qui font vne Ville de
cette Iſle , la rendent imprenable , outre qu'vne armée ne pourroit pas demeurer deuant plus de ſix mois ; car l'inondation qui reuient touſiours dans ce temps , obligeroit les ennemis à leuer le Siege.

Le Roy de Siam eſt fort abſolu dans ſes Eſtats ; il eſt d'vne maiſon fort ancienne
& fort noble , qui regne depuis long-temps en ce pays-là. Seulement dans les occaſions les plus importantes de l'Eſtat , la couſtume du Pays eſt , qu'il communique ſes

deffeins à quelques-vns des plus grands Seigneurs, qu'ils appellent Mandorins : ces
Mandorins affemblent d'autres Officiers qui font au deffous d'eux, aufquels ils communiquent les propofitions que le Roy leur a faites, & tous enfemble concertent
leur réponfe ou remonftrance. Il y a tel égard qu'il luy plaift ; il difpofe de toutes
les charges de fon Eftat, fans confiderer le plus fouuent la naiffance de ceux à qui il
les donne ; il les ofte auffi fur la moindre faute qu'on leur puiffe reprocher, fes Sujets
par cette raifon le feruent auec vne foûmiffion d'efclaues. Dans leu
autres Re-
lations on
met Man-
darins,

Son train eft magnifique, il ne fe monftre prefque iamais au peuple, les grands
Seigneurs mefmes le voyent peu fouuent, & cela à certains iours de l'année qui y
font deftinez. Ces iours d'Audiance, fon Palais fe voit paré de meubles fort riches ;
le Roy eft affis fur vn Trône, tous les grands du Pays à genoux à fes pieds, les
mains croifées & la tefte baiffée : fa garde eft compofée de trois cens hommes ;
fes réponfes font receuës comme des Oracles, & fes ordres foigneufement executez.
Outre la Reyne, il a vn grand nombre de concubines, qu'on choifit entre toutes les
plus belles filles de tout le Pays : fa table eft bien couuerte ; mais fa Religion luy deffend le vin, auec les eaux de vie & les boiffons fortes ; ainfi il ne boit ordinairement
que de l'eau pure, ou de l'eau de Cocos, & ce feroit vn grand fcandale pour fon Peuple
fi le Roy ou fes principaux Officiers auoient manqué à l'obferuance de cette Loy.

Quelquefois il fe promene fur la riuiere dans de petites Galleres, fur chacune defquelles il y a ordinairement quatre-vingt ou cent Rameurs, outre les Praos du
Roy, qui font ordinairement fept ou huiçt. Il eft encore fuiuy de trois ou quatre
cens autres où font les plus grands Seigneurs du Pays ; ces petits baftimens ont au
milieu vn pauillon tout doré fous lequel on s'affied, & ordinairement il y a dans ce
rencontre quatorze ou quinze cens perfonnes qui fuiuent le Roy. Quand il va par
terre, des hommes le portent fur leurs épaules dans vne chaife dorée : fa garde &
ceux de fa Cour le fuiuent en grand filence & en bon ordre ; & tous ceux qui fe rencontrent fur le chemin font obligez de fe jetter le ventre contre terre. Il fe monftre
tous les ans vers le mois d'Octobre à fes Peuples, vn iour fur l'eau, vne autre fois il fort du cofté de la terre, & va aux principaux Temples de fes Dieux fuiuy d'vne grande Cour ; deux cens Elephans paroiffent à la tefte, ils portent chacun trois hommes armez ; ces Elephans font fuiuis de joüeurs d'inftrumens, de trompettes, & d'vn millier de foldats à pied bien armez. Les grands Seigneurs du pays
viennent apres, entre lefquels il y en a qui ont quatre-vingt & cent hommes à leur
fuite ; apres ces Seigneurs, on voit deux cens foldats du Iappon, les foldats qui compofent la Garde du Roy, puis fes Cheuaux de main & fes Elephans, & apres eux les
Officiers de fa Cour, qui portent tous des fruits ou quelque-autre chofe qui doit
eftre prefentée en Sacrifice aux Idoles ; apres ces Officiers, quelques-vns des grands
Seigneurs du Pays, entre lefquels il y en a mefmes qui ont des couronnes fur leurs
teftes, l'vn d'eux porte l'Eftendard du Roy, l'autre vne Efpée qui reprefente la Iuftice ;
Sa Majefté paroift apres eux fur vn petit Trône mis fur vn Elephant, tout entouré de
gens qui luy portent des paraffols, & fuiuy du Prince qui luy doit fucceder : fes femmes fuiuent auffi fur des Elephans ; mais dans des petits cabinets fermez, tellement
qu'on ne les void point : fix cens hommes armez ferment ce Cortége, qui ordinairement eft de quinze ou feize mille hommes. Quand il fe met fur l'eau, deux cens
Seigneurs du Pays paroiffent à la tefte chacun dans fon Prao ou Galiote, auec foixante ou quatre-vingt Rameurs : quatre Batteaux des Muficiens les fuiuent, & cinquante autres Praos du Roy fort dorez. Apres ceux-là, il en paroift dix autres plus
magnifiques que les premiers, tous couuerts d'or, les rames mefmes en font dorées :
le Roy eft affis fur vn Trône dans le plus beau de ces Praos ; fur le deuant du Prao
eft vn des grands du Pays qui porte fon Eftendard. le Prince fuit apres & les
femmes du Roy, auec leur fuite ; fi bien que j'y contay jufqu'à quatre cens cinquante Prauvvs ou Praos. Le Peuple fe rend en ce temps fur les bords de la riuiere, les
mains jointes & la tefte baiffée, témoignát vn grãd refpeçt & veneration à fon Prince.

Son reuenu eſt de pluſieurs millions d'or, il ſe tire principalement ſur le Rys que ce Païs produit en grande abõdance, ſur le Sappang, ou bois qui ſert à teindre en rouge, ſur l'Eſtain, ſur le Salpeſtre, ſur le Plomb, n'y ayant que les Facteurs du Roy qui puiſſent vendre ces marchandiſes aux eſtrangers, non plus que l'or de lauage qu'ils tirent du ſable, & celuy qu'ils trauaillent dans les mines. Il y a encore des impoſitions ſur les marchandiſes eſtrangeres, les taxes des Gouuerneurs & le tribut des Princes ſes vaſſaux. Il tire auſſi de grands profits du commerce que ſes Facteurs font dans la Chine & à la coſte de Choromandel, d'où il tire bien deux mille cattys d'argẽt tous les ans. Il a beaucoup d'Officiers qui manient ſes deniers, & les profits qui viennent de ce trafic ſont ordinairement appliquez à baſtir quelque Temple à leurs Idoles, & le ſurplus de la dépenſe eſt mis dans le treſor du Prince, que l'on tient eſtre fort riche. Quand le Roy eſt mort, le plus âgé de ſes freres luy ſuccede : lors qu'il n'a point de frere, c'eſt l'aîné de ſes fils; & quand il a pluſieurs freres, ils ſe ſuccedent les vns aux autres, ſelon l'ordre de la naiſſance. Les filles ne ſuccedent point à la Couronne; mais cét ordre eſt ſouuent interrompu; & les Princes qui ont plus de credit parmy le peuple, ſe rendent maiſtres de l'Eſtat.

Le Roy qui regne maintenant l'a vſurpé de la ſorte, & à fait mourir tous ſes Cõpetiteurs pour ſ'aſſeurer mieux la poſſeſſion de ſõ Empire. Ils ont des Loix écrites, & vn Conſeil de douze Iuges preſié par vn treiziéme, regle toutes les affaires Ciuiles & Criminelles. Il y a encore d'autres Iuriſdictions ſubalternes à ce Conſeil, où les affaires ſe traitent par le moyen de Procureurs & d'Aduocats, auec la meſme longueur qui ſe pratique en Hollande : quand l'affaire a eſté bien inſtruite, on en dreſſe vn procez verbal ou relation, on le cachete pour eſtre ouuert dans ce Conſeil des douze. Dans les affaires Criminelles, lors que les delits ne ſont pas bien prouuez, ils ont diuerſes manieres d'en rechercher la verité; quelquefois on oblige le denonciateur à ſe plonger dans l'eau, & y demeurer quelque-temps, on oblige les autres à marcher les pieds nuds ſur des charbons ardans, à ſe lauer les mains dans de l'huyle boüillante, ou à manger du Rys charmé. L'on plante dans l'eau deux perches, les deux parties ſe plongent dedans, & celuy qui demeure plus long-temps entre ces deux perches gagne ſon procez. Lors qu'on les fait marcher ſur des charbõs ardans, vn hõme leur preſſe ſur les épaules,

afin qu'ils appuyent dauãtage en marchant : ſ'ils en ſortent ſans ſe brûler, on tient leur innocence bien prouuée. Pour le Rys charmé, ce ſõt les Docteurs de leur Loy, qui le preparent & qui le leur donnent, celuy qui le peut aualer eſt declaré innocent, & ſes amis le remenẽt cõme victorieux & en triomphe chez luy, & l'on punit ſeuerement ſon Denonciateur; cette derniere preuue eſt la plus ordinaire de toutes. Ce Prince a des Mahometans & des ſoldats de Malacca à ſon ſeruice; mais ceux du Iappon y ſont eſtimez pour leur Brauoure plus que les autres, & les Roys de Siam en ont touſiours fait leurs principales forces.

Le Roy d'apreſent en auoit pris quelque jalouſie, & auoit fait mourir tous ceux de cette Nation qui ſe trouuerent dans ſes Eſtats; mais ils y ſont retournez depuis quelques-temps. Ceux de Siam ſeruent leur Prince dans ſes troupes, ſans aucun ſalaire : on y leue quelquefois le vingtiéme, quelquefois le centiéme des Habitans, ſelon le beſoin qu'on en a; le Roy leur donne des Officiers pour les commander : outre cela, les Seigneurs du Pays entretiennent grand nombre de Soldats, qui leur ſeruent dans les occaſions de la guerre. Ce Roy peut mettre ſur pied des armées de cent mille hommes, auec deux ou trois milles Elephans, qui ſeruent partie pour le combat, & partie pour le bagage & munitions; neantmoins ſes armées ne paſſent gueres cinquante mille hommes. Ces troupes gardent aſſez bien leurs rangs & la diſcipline militaire; mais elles ſont mal armées, ne portant la pluſpart que l'arc, la picque, ayant peu de pratique à ſe ſeruir du mouſquet. La Caualerie n'eſt pas mieux armée; elle porte le bouclier, l'arc,

& la lance. La principale force de leurs armées confiste en vn grand nombre d'Elephans de guerre, chacun monté par trois hommes armez : Ils ont vne aſſez belle Artillerie ; mais ils ne ſ'en ſçauent pas ſeruir, & encore moins de celle qu'ils mettent ſur leurs Galleres & ſur leurs Vaiſſeaux; car ils ne ſõt pas des meilleurs Mariniers. Ils ont vn nombre infiny de Praos ou petites Galiotes dans leurs riuieres, mal-armées, & qui ne pourroient pas reſiſter aux Vaiſſeaux ny aux Galeres de l'Europe : ils ne laiſſent pas d'eſtre fort redoutez des Peuples voiſins. Les Roys de Siam ayans ſouuent auec ces mauuais Soldats fait de grandes conqueſtes, & formé vn grand Eſtat dans cette partie de l'Aſie, dont ils ſont conſiderez comme les Empereurs.

Les Roys de Pegu & d'Aua luy ont fait ſouuent la guerre ; car ſe trouuant d'égales forces, ils luy diſputent l'Empire : ſi bien que les frontieres de ces deux Royaumes, qui ne ſont iamais deux ou trois ans en repos, en ſont entieremẽt ruïnées & deſertes. Le Roy de Siam enuoye preſque tous les ans vne armée de vingt-cinq ou trente mille hommes, durant les ſix mois du Mouſſon ſec, qu'ils appellent, ou pour mieux dire lors que les eaux ne ſont pas débordées, ſur les frontieres des Royaumes de Iangoma, Tangou, Langhs-langs : & dans ces derniers temps il a fait la guerre au Roy de Cambodia ſon vaſſal, qui ſ'eſt reuolté contre luy ; mais il ſe deffend, & luy fait encore maintenant teſte. Depuis cette guerre de Cambodia, le Royaume eſt demeuré en paix juſques à la mort du Roy.

Son fils luy ſucceda, contre la couſtume du Pays, qui veut que les freres du Roy ſuccedent à la Couronne ; tous les Princes du Sang qui y pouuoient pretendre furent mis à mort, le Royaume a paſſé dans la perſonne d'vn Prince de ſa maiſon qui l'a vſurpé ſur luy, & l'a fait mourir, & qui apres de longues guerres Ciuiles & eſtrangeres, l'a poſſedé depuis auec beaucoup de reputation & d'authorité. Il eſt preſentement en guerre auec les Roys d'Aua, de Pegu, & les rebelles de Cambodia. Ce Prince ayme les eſtrangers, comme ſes predeceſſeurs les ont toûjours aymez ; mais il ayme dauantage les Hollandois que les Portugais. Ces derniers auoient en l'an 1624. pris vn petit Baſtiment Hollandois dans la riuiere de Siam ; il fit arreſter la Gallere de Dom Fernando de Silua, fit dépoüiller ſes gens, nous fit rendre noſtre Vaiſſeau & les Marchandiſes. Les Eſpagnols des Manilles luy declarerent la guerre pour ce ſujet, & arreſterent beaucoup de ſes Sujets qui trafiquent à la Chine. Les Hollandois pour ſe reuancher de cette obligation, luy preſterent ſix de leurs Vaiſſeaux l'an 1634. pour luy ayder à mettre à la raiſon ſes Sujets de Patan.

Ce Roy a bien trois milles Elephans, chacun de ces Elephans a deux ou trois hommes qui le penſent : on dreſſe les vns pour la guerre, les autres pour porter l'Artillerie, les viures, & les munitions de guerre : il y en a beaucoup de ſauuages dans le Pays, voicy comment ils les prennent & comment ils les appriuoiſent.

On fait entrer dans les bois vne troupe de quinze ou vingt Elephans femelles, qui ayans eſté priſes fort jeunes, ſont priuées & dreſſées à cette chaſſe. Les Elephans ſauuages ſe mêlent parmy elles ; ceux qui font cette chaſſe, font entrer la troupe d'Elephans femelles dans vn lieu quarré fermé de murailles ; ils baſtiſſent ce lieu dans le plus fort du bois, auec vne allée qui y conduit, ainſi petit à petit les ſauuages ſ'engagent dans cette allée & dans ce baſtiment que l'on ferme auſſi-toſt qu'ils y ſont entrez, cependant l'on ouure vne autre porte par laquelle on fait ſortir les Elephans priuez ; ſi bien que celuy qui eſt ſauuage demeure ſeul : à ſix pieds de diſtance de ces quatre murailles, il y a vne palliſſade de grands pieux ; & entre vn pieu & l'autre, autant d'eſpace qu'il en faut pour faire paſſer vn homme. Au milieu de ce quarré, il y en a vn autre, mais plus petit ; & deuant tout ce baſtiment eſt vn pauillon auec vne gallerie qui regne autour, où le Roy ſe met ordinairement auec les principaux de ſa Cour, pour auoir le plaiſir

de cette chasse : on entre par les interualles des pieux pour mettre l'Elephant en
furie : on luy tire des fusées ; & quand il s'est bien tourmenté en vain, & qu'il est
tout à fait las, on ouure vne porte de cette enceinte, & on le fait entrer dans vn
lieu plus estroit où on luy lie auec de gros cables les pieds de deuant & ceux de
derriere : on le met entre deux Elephans priuez ; & luy ayans passé des cables &
des sangles par dessous le ventre, on le guinde en haut, & on le laisse à demy sus-
pendu quelques iours ; tellement qu'en trois ou quatre mois de temps il deuient
priué comme les autres. Ils ont vne autre maniere de les prendre, ils attaquent à
la campagne l'Elephant sauuage, montez sur des Elephans priuez ; ils l'approchent, luy jettent des cordes dont ils luy embarassent les jambes, & le prennent ainsi. L'on void par là combien les Anciens se sont trompez, lors qu'ils ont
parlé de cette chasse.

Ce Pays est le seul où il y ait des Elephans blancs. Ces peuples disent que l'Elephant blanc est le Prince de tous les autres, & les Roys de Siam en ont eu long-
temps, qu'ils ont traitez comme ils auroient fait quelque Prince de leurs voisins
qu'ils auroient receus dans leurs Estats, les faisant seruir auec autant de pompe &
de magnificence. Le Roy leur rendoit souuent visite ; la vaisselle où l'on mettoit
leur nourriture, & tout ce qui seruoit à leur vsage, estoit d'or massif. Il y a soixante
ans que le Roy de Siam eût vne grande guerre auec celuy de Pegu, pour auoir
vn de ces Elephans blancs ; celuy de Siam fut vaincu, & rendu tributaire à l'autre.
Le Roy d'aujourd'huy a eu le bon-heur d'auoir deux jeunes Elephans blancs dans
le temps de ma residence, qui moururent bien-tost apres de tristesse. Ces peuples
croyent qu'il y a quelque chose de diuin dans ces animaux, & en rapportent plusieurs preuues ; si bien qu'ils ne les estiment pas seulement à cause du seruice qu'ils
en tirent ; mais par la raison de l'esprit qu'ils admirent dans cette beste. Ils croyent
auoir remarqué qu'il se réjouyt lors qu'il se void traité comme il le merite, & que
les autres Elephans luy rendent le respect qu'ils luy doiuent ; qu'il est triste & me-
lancolique au contraire, quand on le sert auec moins de respect & de soin.

Ceux de Siam sont Idolâtres ; le Pays est plein de Cloistres & de Temples, où
l'on void des Idoles de tous costez faits de diuerses matieres : j'ay veu de ces Idoles qui auoient cinquante pieds de haut ; il y en a mesme vne d'vne figure assise
qui en a six-vingts. Leurs Temples & leurs Idoles sôt seruis par des * Sacrificateurs,
qui menent vne vie fort innocente ; ils reconnoissent tous pour Superieur le Sa-
crificateur du principal Temple de la ville d'India, qui est la seconde personne de
l'Estat, & la plus respectée : il y a bien trente mille de ces Religieux dans le Pays.
Ils n'ont presque point de marque qui les distingue du reste du peuple ; ils portent des habits de toile jaune tout simples, & ont la teste rasée. On choisit entre-
eux les plus habils pour Sacrificateurs & pour Superieurs des Temples ; ils pres-
chent le Peuple, l'instruisent, & font des Offrandes & des Sacrifices à leurs Idoles ; il leur est deffendu sur peine du feu, d'auoir commerce auec les femmes ; mais
lors qu'ils ne se sentent pas assez forts pour resister à cette tentation, ils leur est
permis de quitter la vie Religieuse ; les Cloistres sont bastis proche des Temples ;
ils chantent ensemble le matin & le soir des prieres ; les Cloistres & les Eglises sont
fondées ; mais les Ecclesiastiques tirent leur principale subsistance des aumônes
qu'on leur fait, & il sort tous les iours des Cloistres & des Eglises des Questeurs
auec des besaces, qui entretiennent leurs Communautez des aumosnes qu'ils rapportent. Il y a aussi proche des principaux Temples, des maisons de Religieuses de
vieilles filles, rasées, habillées de blanc, qui passent là leur vie pour estre plus
assiduës aux prieres, predications, & Sacrifices qui s'y font ; mais c'est de
leur bon gré qu'elles font cette vie, & auec la liberté de la quitter quand elles
veulent.

Ces Peuples sont diuisez en plusieurs Sectes ; mais elles s'accordent toutes à
croire vn Dieu Souuerain, qui en a beaucoup d'autres au dessous de luy, qu'il est
Createur

Createur de tout l'Vniuers ; que les ames font immortelles, & que dans l'autre
monde elles font punies ou recompensées felon le merite de leurs actions. C'eſt
là le fondement de leur Religion, qu'ils difent eſtre fort ancienne ; qu'elle a eſté
confirmée par le témoignage de quantité de faintes perfonnes, auſquelles ils
dreſſent des Images. Ils font des aumônes, ils entretiennent les Docteurs de leur
Loy, & exercent des œuures de charité indifferemment à l'endroit des hommes, & de tout ce qui a vie. En effet, les iours de Feſtes on porte à l'entrée de
leur Temple des poiſſons & des oyfeaux ; ils les achetent de ceux qui les ont pris,
& leur donnent la liberté, croyant que cette charité ſ'eſtende juſqu'aux ames de
ceux qui ont vefcu auparauant eux.

Ils ont des prieres publiques, des Prefches ; ils vont entendre les leçons que
leur font leurs Docteurs ; ils font des offrandes dans leurs Temples à leurs Dieux,
qu'ils accôpagnent de torches, de lumieres, de fleurs, & de feux d'artifice, croyant
par là détourner leur colere & fe les rendre fauorables. Leur plus grande Feſte fe
folemnife dans de certaines faifons de l'année à certains quartiers de la Lune. Ils
ont vn jeûne de trois mois, pendant lequel ils ne mangent de rien qui ait eu vie ;
ils prient Dieu pour les malades ; ils rafent leurs morts, les falent auec beaucoup
de fuperſtition, & les portent proche de leurs Temples, où ils les brûlent auec
muſique, repreſentations de comedies, feux d'artifice, prieres de leurs Preſtres,
& autres magnificences. Ils ramaſſent apres les cendres de ces corps brûlez, y mettent du fel, & les enterrent au mefme lieu. Les plus riches dreſſent ſur leur fepul-
ture des pyramides & des monumens ; & la coûtume du pays eſt de faire de grandes dépenfes dans ces rencontres. Leurs Docteurs traitent humainement ceux
des autres Religions, ne ſ'emportent point à les blâmer, & foûtiennent qu'on
peut arriuer au Ciel par de differens chemins, que Dieu fe plaiſt à la diuerſité des
cultes : c'eſt ce qui les rend plus difficiles à receuoir le Chriſtianifme ; & cette difficulté paroiſt affez dans le peu de progrez qu'y ont fait les Portugais, auſſi bien
que les Mahometans qui ont tafché de les attirer à leur Religion, & n'ont pû rien
auancer de ce coſté-là, quoy que les vns & les autres y ayent toute la liberté de
l'exercer.

Ces Peuples d'ailleurs fort deuots, ne laiſſent pas de facrifier aux Diables,
qu'ils tiennent les autheurs de tout le mal qui arriue aux hommes ; & c'eſt principalement dans leurs afflictions qu'ils ont recours à eux, qu'ils fuppofent en eſtre
les autheurs. Il feroit honteux à vn Chreſtien d'apprendre au monde les abomi-
nations qu'ils commettent dans ces Sacrifices ; & c'eſt le fujet le plus ordinaire des
predications de leurs Eccleſiaſtiques, qui ne ceſſent de prefcher contre ces abo-
minations.

Ils font affez bien faits de leurs perfonnes, ont le teint fort brun, tirant ſur la
couleur d'oliue, mauuais foldats, mais cruels vers leurs ennemis quand ils font en
leur puiſſance : ils ont l'air fier, viuent entre-eux fort ciuilement, naturellement
portez à la legereté, timides, fourbes, infidels, grands menteurs ; les hommes
faineants, les femmes affez belles, fortes, labourent la terre, & font tout le trauail qui occupe les hommes ailleurs : ceux-cy fe contentent de faire la Cour, &
de feruir dans les Armées : elles portent des habits fort legers, de toile peinte,
ou pour mieux dire, imprimée, & vne veſte par deſſus d'eſtoffe qui a plus de
corps, & qui leur couure le fein ; & pour tout ornement, quelque anneau aux
doigts & quelque priam ou poinçon ſur leur coëffure : les hommes ont de mefme
vn habit d'eſtoffe fort legere, & vne efpece de juſte-au-corps auec des demyes
manches. Les pauures & les riches font habillez les vns & les autres quaſi de la
mefme façon ; mais on les connoiſt affez à leur fuite : car il y en a qui ont vingt-
cinq ou trente perfonnes qui les fuiuent, cependant que les autres n'ont qu'vn efclaue ou deux : leurs maifons comme la plufpart des maifons des Indes font baſties
de charpente ou de rofeaux, & couuertes de feüilles de Cocos ou de thuyles ; le

plancher eſt plus éleué que le rez de chauſsée de trois ou quatre pieds ; ils ne viuent que de Rys, de poiſſon, & de legumes ; mais il eſt ordinaire principalement
entre ceux du menu peuple , de ſenyurer d'arac ou d'eau de vie les iours de
Feſtes.

Les mariages entre les perſonnes riches, ſe font en mettant en commun vne
certaine ſomme de deniers ; ils ſe font auec beaucoup de feſtes & de magnificences ; mais ſans qu'il y entre aucune ceremonie de leur Religion : les mariez ont
touſiours la liberté de ſe ſeparer en partageant leurs enfans & leurs biens : le mary
auec cela peut prendre autant de concubines qu'il en veut, qui doiuent neantmoins obeyſſance à la premiere femme, dont les enfans heritent tout le bien de
leur pere ; ceux des concubines n'en ayant qu'vne partie fort peu conſiderable.
Les biens des perſonnes de condition, apres leur mort ſont ſeparez en trois parties,
les Sacrificateurs ou Eccleſiaſtiques en ont vne, le Roy l'autre, & la troiſiéme eſt
pour les enfans : mais les pauures gens en vſent autrement ; les hommes achetent
leurs femmes par quelque preſent qu'ils donnent à leurs peres ; ils ont la meſme
liberté de les quitter que les grands ; mais les diuorces ne ſe font point legerement, & ſans qu'ils ayent grande raiſon de le faire. Les enfans des gens du peuple partagent entre-eux également le bien de leur pere, laiſſans neantmoins ordinairement quelque choſe de plus à l'aîné. Ils mettent les enfans dés leur jeuneſſe
auprés de leurs Preſtres & Docteurs, pour apprendre à lire, à écrire, & autres
connoiſſances : durant ce temps, ils ne viennent point en la maiſon de leur pere,
& à la fin de leurs eſtudes il en demeure touſiours beaucoup qui continuënt à viure le reſte de leurs iours dans la Communauté de ces Docteurs.

Le plus grand traffic du pays eſt d'étoffes qui viennent de la coſte de Choromandel, & de Surat, toutes ſortes de marchandiſes de la Chine, des pierreries, d'or,
du Benjoin, de la Gomme laque, de la cire, de Sappangh, du Paó d'Aquila ou
bois d'Aigle, d'eſtain, plomb, & quantité de peaux de Cerf : car il ſen prend tous
les ans plus de cent cinquante milles dans le pays, & on les porte auec grand profit au Iappon. Il ſy fait auſſi grand traffic de Rys, on en tire tous les ans pluſieurs
milliers de tonneaux, & ce commerce y attire toutes ſortes de Nations des Indes.
Le Roy eſt le plus grand Negociant de tout ſon Royaume ; il enuoye tous les ans
de ſes Marchandiſes en la coſte de Choromandel, & à la Chine, où il a eſté de tout
temps fort conſideré. Il tire auſſi tous les ans de grandes richeſſes du traffic qu'il
fait dans le Royaume de Pegu à Iangoma, Langhsjangh.

La monnoye de ce pays eſt d'vn argent fort pur, ils en ont de trois ſortes, des
Ticals qui valent trente ſols, des Maſes qui ont cours pour ſept ſols & demy, &
les Foanghs pour trois ſols neuf deniers : ils font ordinairement leurs comptes
par cattys d'argent ; chaque cattys vaut vingt Tayls, ou cent quarante-quatre liures : car le Tail vaut ſept francs, & quelque choſe dauantage. Tout le commerce ſe fait auec cette monnoye, il ne ſen bat point d'autre dans le pays ; mais on y
apporte des Manilhes de l'Iſle de Borneo, & de celle de Lequeo, vne eſpece de
coquille dont il en faut huict à neuf cens pour faire la valeur d'vn Foanghs, & cette monnoye leur ſert pour acheter les choſes neceſſaires à la vie, qui y ſont à grand
marché.

Auparauant que les Hollandois vinſſent en ce pays, les Portugais y eſtoient
fort conſiderez : les Roys de Siam receuoient auec demonſtration d'eſtime les
Enuoyez des Vice-Roys des Indes, & des Eueſques de Malacca : ils auoient exercice de leur Religion dans la ville d'India, juſques-là meſme que le Roy donnoit
des appointemens à vn Preſtre qui auoit ſoin de cette Egliſe : mais ils commencerent à perdre leur credit auſſi-toſt que les Hollandois eurent mis le pied dans le
pays ; ils en vinrent enfin à vne rupture ouuerte, les Portugais trauerſerent le
commerce que ces peuples auoient à Santome & à Negapatan, & prirent l'année
1624. dans la riuiere de Menam, vne petite Fregate Hollandoiſe. Le Roy de Siam

leur porta la guerre iufques dans les Manilhes ; leurs Marchands ne laiſſerent pas
de demeurer cependant dans le pays : mais ſans conſideration & ſans credit ; ſi
bien qu'il n'y reſte maintenant que quelques Meſtis ou Portugais bannis ; l'année
1631. le Roy de Siam par droit de repreſailles , ſe ſaiſit de leurs Vaiſſeaux , & fit
arreſter priſonnier les Portugais qui ſe trouuerent deſſus ; ils ſe ſauuerent deux
ans apres par le moyen d'vne Ambaſſade ſuppoſée : l'on prit auſſi dâs les havres de
Ligor & de Tannaſſari des Vaiſſeaux Eſpagnols & Portugais, mais le Roy fit mettre
ceux de l'Equipage en liberté , & les chargea de Lettres pour les Gouuerneurs de
Manilhes , de Malacca , où il leur offroit la liberté du commerce, & de les recouoir
dans ſes Eſtats , tellement qu'il y a apparence qu'ils y retourneront.

Pour les Hollandois , il y a bien trente ans qu'ils ſe ſont eſtablis dans le pays ; le
commerce qu'ils y font a eſté iugé aſſez important par la compagnie des Indes
Orientales pour y entretenir vn Gouuerneur, apres auoir baſty dans la ville d'India vn magazin , & y auoir fait vn grand commerce de peaux de Cerf , de Sappangh , &c. Ils enuoyent tous les ans ces Marchandiſes au Iappon , toutefois auec
plus de reputation que de profit , ſi ce n'eſt qu'on faſſe entrer en ligne de compte
les viures qu'on en tire pour Battauia, & la commodité de cét eſtabliſſement pour
trauerſer le commerce des Eſpagnols. I'y fis baſtir en 1633. vn nouueau magazin ;
& dans les quatre ans de temps que i'y ay eu la direction des affaires de la Compagnie , i'y ay reduit les choſes à tel point , qu'elle en pourra tirer beaucoup de profit
à l'auenir.

L'année 1634. i'y fis baſtir par ordre du General Brouwer & du Conſeil des Indes , vne maiſon de pierre auec ſes magazins , des appartemens fort commodes &
des foſſez pleins d'eau , pouuant dire que c'eſt la meilleure maiſon que la Compagnie ait dans les Indes. Voila ce que i'ay appris du Royaume de Siam, dans les
huict années de reſidence que i'y ay fait dans la ville d'India capitale du pays.

Dronte, autrement appellé par les Hollandois Dod-aers ___________
Cette figure est en quelque chose differante de celle du voyage de Bontekoe.

RELATION
OV
IOVRNAL
DV VOYAGE
DE BONTEKOE,
AVX INDES ORIENTALES.

E partis du Teſſel le 28. Decembre 1618. auec vn vent d'Eſt, dans le Vaiſſeau nommé la nouuelle Hoorn, en qualité de maiſtre de Vaiſ-ſeau. Son port eſtoit de onze cens tonneaux, & il y auoit deſſus deux cens ſix bouches. Traduit de de l'Origi-nal Hollan-dois, écrit par Guillau-me Iſbrantz Bontekoë.

Le 29. du meſme mois, nous paſsâmes les Caps.

Le 30. nous euſmes ſur le ſoir la veuë de Poortlandt, & le meſme iour nous paſsâmes Pleymuyen.

Le premier Ianuier 1619. nous paſsâmes Engelants End, ou le bout de l'Angle-terre, le meſme vent continuant touſiours ; ce fut là que nous commençâmes à dreſſer noſtre courſe Sud-Oüeſt au Sud vers la mer.

Le 20. le vent eſtoit Sud-Eſt noſtre courſe Su-Sud-Oüeſt, auec vn bon frais.

La nui¢t du 5. Feurier, nous receûmes trois coups de mer ; le Vaiſſeau en eſtoit preſque couuert. Nos gens ſe mirent à crier, nous coulons à fonds, nous coulons à fonds, les Sabords du deuant du Vaiſſeau ſont ouuerts. Ie courus dans le Chaſteau du deuant du Vaiſſeau, & ie trouuay qu'ils eſtoient fermez. Ie leur criay qu'ils n'auoient rien à craindre de ce coſté-là, courage, camarades, leur dis-je, qu'on aille au fonds de Cale, & qu'on voye ſi l'eau n'y entre point. Ils l'executerent auſſi-toſt, & trouuerent qu'il n'y auoit point d'eau. Ie donnay or-dre en ſuite qu'on puiſât l'eau auec des ſeaux de cuir, & qu'on la jettât hors le bord : Mais nos gens auoient tellement embaraſſé le paſſage auec leurs coffres, que la crainte de l'eau leur faiſoit tranſporter de coſté & d'autre ; que ceux qui eſtoient employez à jetter l'eau ne trouuoient pas aſſez de place pour le pouuoir faire ; il fallut de neceſſité rompre les coffres qui ſe trouuerent ſur le paſſage : on les mit en pieces, & on trouua ayſément place pour ſe ſeruir des ſeaux & executer l'ordre que j'auois donné.

Apres eſtre ſortis de ce danger auec l'ayde de Dieu, nous nous laiſſions aller au gré du vent ſans voile ; Mais noſtre Vaiſſeau rouloit ſi eſtrangement, que nous fuſmes obligez de remettre la vo ile pour le tenir droit ſur ſa route qui eſtoit vers l'Oüeſt. Le temps eſtoit fort inconſtant auec pluye ; la mer fort agitée, & les éclairs ſi frequentes, qu'elle paro iſſoit tout en feu.

A

Le sixiéme, le septiéme, & le huitiéme, le temps se trouua encore fort mauuais, auec pluye. Nous vismes ce jour-là beaucoup de Mauuettes ; ce qui nous fit croire que nous estions proche de l'Isle du Bresil, neantmoins nous ne vismes pas la terre. Sur le midy du huitiéme iour, nous courusmes vers l'Est, le vent estoit enuiron Oüest Sud-Oüest, le temps tousiours fort inconstant. La tempeste dura long-temps; nostre Vaisseau se tourmentoit si fort, & nos haubans bandoient de sorte, quoy que nous les eussions liez en deux endroits, que le grand Mast se rompit à cinq pieds enuiron au dessus du Tillac. La crainte de perdre tout à fait nostre Mast, nous obligea à le fortifier, en y joignant le gros mastereau pour le tenir en estat. Le voyage dépendoit de là : si le Mast fut tombé hors le bord, nous eussions esté obligez de retourner en Hollande. On fit vne ouuerture dans le Tillac pour y passer le bout d'enbas du mastereau, & on le lia le plus fermement qu'il fut possible contre le Mast. Nous le mismes ainsi en estat de seruir, dont nous fusmes fort réjouys. La tempeste dura jusques au 19. nous tournâmes tantost nostre route vers le Sud, tantost vers l'Oüest, pour nous accommoder au changement du vent.

Le 20. le temps deuint beau & calme, & nous prîmes ce temps pour asseurer dauantage nostre Mast : & l'ayant fait, nous dressâmes nostre course vers les Canaries Su-Sud-Est ; le vent estoit à peu prés Sud-Oüest, & le temps fort beau : ce qui nous donna moyen de trauailler encores à nostre Mast.

Le 21. nous vîmes derriere-nous vne voile, qui faisoit son possible pour nous approcher. Nous l'attendîmes sur le costé de nostre Vaisseau, où les voiles portoient. Nous trouuâmes que c'estoit vn Vaisseau des Indes Orientales, qui estoit sorty de Zelande le 29. Decembre 1618. le lendemain du iour que nous estions partis du Tessel. Ce Vaisseau estoit en fort bon estat, & ne manquoit de rien ; il s'appelloit la nouuelle Zelande, c'estoit vne bonne compagnie pour les vns & pour les autres. Nous allions aussi bien à la voile qu'eux, nonobstant l'accident qui nous estoit arriué : on continua ce jour-là la mesme route que le iour precedent.

Le maistre qui le commandoit se nommoit Pierre Thuisse,

Le 23. du mesme mois, nous vîmes vne autre voile au stribord de nostre Vaisseau, c'est à dire à nostre main droite. Nous y courûmes, & trouuâmes que c'estoit le Vaisseau Enchuysen, qui estoit sorty auec nous, & deuoit faire aussi le voyage des Indes Orientales. Nous estions donc trois Vaisseaux de Flotte ; on passoit souuent d'vn bord à l'autre pour faire bonne chere, & nous nous entretenions de nos aduantures. Nostre course nous portoit proche des Isles du Cap-Vert : nous en eusmes la veuë : en les passant, le vent estoit Sud-Est, & le temps fort beau ; si bien que nous portions nos hunieres au plus haut qu'elles pouuoient monter. Nous tâchames de gagner l'Isle S. Anthoine, pour auoir des rafraîchissemens ; mais les broüillards & la pluye nous en osterent la veuë, & il fallut pour plus grande seureté aller chercher l'Isle del Mayo, ou celle del Fuego. Proche de ces Isles, il tomboit de la broüine, & les vents estoient variables. Il nous fallut louier deuant que d'y arriuer, les Vaisseaux qui s'estoient joints à nous s'en separerent, & furent à l'Isle del Mayo, qui n'est pas loin de celle del Fuego, où nous estions. Proche de cette Isle, nous ne trouuâmes point de fonds qui fut propre pour anchrer ; nous courusmes tout proche de la terre durant le calme.

Nous auiôs dás nostre Vaisseau de petits Mats, on en fit sier vn en deux ; nous accómodâmes ces deux pieces auec deux autres que nous auions desia, pour soustenir plus fortement nostre Mast. Et en effet, cela le rendit aussi fort qu'il auoit esté auparauant. Cependant, nous enuoyâmes nostre Chalouppe vers la terre pour pescher ; & comme elle estoit sous cette coste, quelques Espagnols parurent vers le bord de la mer, & tirerent sur les gens qui estoient dans nostre Chalouppe, leur faisant connoistre par là qu'ils ne vouloient point souffrir qu'ils vinssent à terre. Ainsi, la Chalouppe reuint au Vaisseau, & rapporta vn peu de poisson qu'elle auoit pesché : le reste de l'équipage estoit occupé à trauailler à nostre Mast. Et pour l'asseurer dauâtage, on y adjousta vn autre mastereau qu'on lia dessus, & on le remit en estat de seruir. Il y

auoit du plaifir à le voir, il eſtoit preſque auſſi gros que le pilier d'vne Egliſe. Nous
ſortiſmes le ſoir hors des calmes de cette Iſle, & priſmes noſtre route pour paſſer la
ligne. Dans le temps que nous eſtions ſous cette Iſle, il vint de terre vne ſi grande
quantité de pouſſiere ſemblable à des cendres, que les haubans de noſtre Vaiſſeau en
eſtoient tout couuerts. Le iour ſuiuant, comme on eſtoit à desjeûner, nous viſmes
derriere nous deux Voiles ; nous chaſſâmes apres, c'eſtoit le Vaiſſeau de la nouuelle
Zelande, & celuy de la nouuelle Enchuſe, qui ſ'eſtoient ſeparez de nous de nuict
prés des Iſles del Mayo & del Fuego. Ils furent fort réjouys de noſtre rencontre. Ils
auoient pris terre à l'Iſle del Mayo pour ſe rafraîchir ; mais ils n'y auoient rien trouué, & deux de leurs gens y auoient eſté tuez par les Eſpagnols : le vent eſtoit Sud-Eſt,
& nous courions vers la ligne ; ſous la ligne, nous eûmes des calmes, & quelquefois
auſſi de faſcheuſes trauades, accompagnées de vents & de playes. Les vents ſouffloient quelquefois en vn meſme temps de toutes les pointes de compas, ou de tous
coſtez ; ſi bien que nous fuſmes trois ſemaines deuant que de pouuoir paſſer la ligne.
La nuict la mer paroiſſoit toute eſtincelante & pleine de petits brillans, qui ſem-
bloient rejallir de la Poulaine, ou du deuant de noſtre Vaiſſeau, dont nous eſtions
fort eſtonnez. Nous dreſſâmes noſtre route pour paſſer les Abrolhos auec vn vent
Sud-Eſt ; mais le calme nous ſurprit comme nous en eſtions aſſez proche : Nous apre-
hendions de ne les pouuoir paſſer. A la fin le vent ſ'élargit, & nous en paſſâmes ſi proche, que nous eûmes la veuë des Abrolhos ou rochers les plus aduancez vers la mer.
Nous les paſſâmes auec l'ayde de Dieu, & ce nous fut vne grande joye ; car ſi nous
fuſſions demeurez engagez entre ces rochers, il eut fallu retourner ſur noſtre route,
& cela eut beaucoup allongé noſtre voyage, non ſans danger d'apporter beaucoup de
maladies parmy noſtre Equipage. Ce iour-là on donna double portion à l'Equipage,
& à chaque plat vne pinte de vin d'Eſpagne. Nous allâmes chercher les Iſles de Tri-
ſtan de Conde. Et quelques iours apres, nous nous trouuâmes ſous la hauteur de ces
Iſles ; mais nous ne les viſmes pas. Nous courûmes en ſuite vers l'Eſt, auec vn vent
de Nordvveſt, pour gagner le Cap de Bonne-Eſperance. Apres auoit tenu quelque-
temps cette route, nous viſmes des Mauuettes tachetées de noir ; nous en priſmes
auec des petits baſtons, qu'on laiſſoit flotter ſur l'eau. Nous mettions vn hameçon &
vn peu de lard au bout de ces baſtons, & nous nous diuertiſſions à les peſcher de la
ſorte. La veuë de ces oyſeaux que ie viens de dire, eſt vne marque qu'on approche
du Cap de Bonne-Eſperance. Il y a encore vne autre marque pour connoiſtre ce Cap,
ou pour ſçauoir qu'on en eſt proche, qui eſt, lors que l'aiguille de voſtre Bouſſolle
regarde preciſément le Nord & le Sud. Nous l'éprouuâmes, & nous eûmes la veuë
du Cap de Bonne-Eſperance. Les vents de l'Oüeſt ſouffloient ſi violamment, qu'ils
nous obligerent à faire petite voile. Nous n'ozions pas mettre pied à terre : & ayant
aſſemblé ſur cela le conſeil, il fut reſolu que nous continuerions noſtre voyage le
long de cette coſte, puis que noſtre monde eſtoit encores en plaine ſanté, & que
nous n'auions aucune neceſſité de faire eau ; quoy qu'il y eut cinq mois que nous
eſtions partis de Hollande. Nous dreſſâmes donc noſtre route le long de la coſte, juſques à la terre de Natal. Nous eûmes touſiours beau temps le long de ces coſtes ; on
paſſoit d'vn Vaiſſeau à l'autre, & nous y faiſions bonne chere. Le Vaiſſeau nommé
Enchuyſen, eſtoit deſtiné pour aller vers Coromandel. Il fallut qu'il ſe ſeparât de
nous, & qu'il prit vne autre route entre la coſte d'Affrique & l'Iſle de Madagaſcar,
ou de ſaint Laurent, pour aller ſe rafraîchir aux * Mayjottes. Nous nous ſeparâmes   *Autrement
donc, en nous ſouhaitant bon voyage les vns aux autres. Pour nous, nous priſmes   Iſt de Como-
noſtre route au dehors de l'Iſle de S. Laurent, auec le Vaiſſeau nommé la nouuelle   rs.
Zelande. Faiſant ainſi voile de Flotte, nous portions le Fanal chacun à noſtre tour.
Nous tombâmes en diſpute ſur le ſujet de la route, ſans en pouuoir demeurer d'accord. La choſe alla ſi auant, que nous nous ſeparâmes, & chacun de nous ſuiuit le
chemin qui luy ſembla le meilleur. Le Vaiſſeau de la nouuelle Zelande, cingloit

deux pointes de la Bouſſolle plus vers le Sud que nous, & il auoit dés ce temps-là beaucoup de malades.

Apres auoir nauigé quelque-temps, nous les perdîmes enfin de veuë ſous la hauteur de vingt-trois degrez Sud. Le nombre de nos malades augmentoit tous les iours. Nos gens obligerent les Officiers de faire prendre la route de l'Iſle de Madagaſcar pour s'y rafraîchir. Nous auions peur que tout noſtre Equipage ne deuint malade ; car il y en auoit bien quarante au lict, & le nombre de ceux qui ſe plaignoient de ſe trouuer mal, eſtoit encore plus grand. Tous ceux du conſeil conclurent qu'il falloit aller droit à l'Iſle de Madagaſcar chercher la Baye de ſainte Lucie. D'abord, nous ne trouuâmes point de lieu pour moüiller l'Ancre. On mit l'Eſquif en mer, & ie paſſay dedans pour aller à terre, cependant que le Vaiſſeau ſe tenoit ſous les voiles ſans s'en éloigner. Ie trouuay que la mer briſoit ſi eſtrangement contre la coſte, qu'il eſtoit impoſſible d'y aborder. Nous viſmes des Sauuages qui vinrent ſur la Greue. Vn de nos Matelots ſauta hors de l'Eſquif, & les alla trouuer ; mais il ne les pouuoit entendre. Ils nous faiſoient ſigne auec la main, & il ſembloit qu'ils nous monſtraſſent qu'il y auoit là d'autres endroits où l'on auroit pû aborder. Ils n'auoient point de rafraîchiſſemens, au moins nous n'en viſmes point, & cela nous obligea de ne nous y arreſter pas dauantage. Et quoy que cette neceſſité fut faſcheuſe à tout noſtre monde en general, les malades en eſtoient encore plus affligez que les autres. Nous courûmes vers le Sud juſques à la hauteur de vingt-neuf degrez. Là nous changeâmes de bord, & courûmes juſques ſous le dix-ſeptiéme degré de Latitude Auſtrale. Ceux de l'Equipage firent de nouuelles inſtances, qu'on les mit à terre pour chercher quelques rafraîchiſſemens. Ce que nous leur accordâmes, à cauſe que la maladie augmentoit tous les iours, & qu'il en eſtoit deſia mort quelques-vns. On reſolut de toucher à l'Iſle Maurice, ou à celle de Maskarénas. Nous dreſſâmes noſtre courſe entre ces deux Iſles, qui ne ſont pas beaucoup éloignées l'vne de l'autre. Nous arriuâmes à la pointe de l'Eſt de l'Iſle de Maskarénas. Nous courûmes le long de cette pointe ; nous trouuâmes quarante braſſes d'eau. On jetta l'Ancre ; mais l'ancrage n'eſtoit pas propre pour noſtre Vaiſſeau, & eſtoit trop proche de terre.

Cependant tous nos malades ſortoiét hors de leurs brädes ou licts, & auoient gräde enuie d'aller à terre ; mais côme la mer y eſtoit trop haute pour les y porter, nous auions quelque repugnance à l'entreprendre. Nous enuoyâmes l'Eſquif à terre, pour voir ce qui ſe pourroit faire. Ils trouuerent des endroits où les Tortuës auoient remué la terre. Comme ils furent de retour, les malades prierent qu'on les y deſcendit. Ils auoient commencé à reſpirer l'air de la terre, & diſoient ; Si nous ſommes vne fois à terre, nous ſommes à moitié gueris. Le Marchand Rol ne le vouloit permettre en façon du monde, & diſoit pour ſes raiſons, qu'il y auoit du danger ; que nous pourrions facilement eſtre jettez loin de la coſte, & ainſi demeurer affoiblis du nombre de nos gens que nous aurions deſcendus. L'Equipage ne ſe rendoit point à ſes raiſons : ils me prioient les mains jointes que ie les miſſe à terre, & le firent auec tant d'importunité, qu'à la fin j'y conſentis. I'allay trouuer le Marchand, & luy demanday s'il le vouloit permettre. Il me répondit que non, en façon du monde. Ie luy dis ; hé bien, ie me charge de les mettre moy-meſme à terre. Ie courus à nos gens, & leur dis ; ça, mes Camarades, ie vous veux faire porter à terre. Les Matelots porterent les malades dans le Batteau, & ie leur fis donner vne Voile pour en faire vne Tente ; comme auſſi de l'huyle, du vinaigre, des pots pour faire la cuiſine, auec des prouiſions de bouche, & vn Cuiſinier pour les appreſter. Ie fus auſſi-toſt auec eux à terre. Y eſtans, ils commencerent à ſe rouler ſur l'herbe, & à dire ; Nous ſentons deſia quelque allegement. L'on y trouua quantité de Ramiers de cette eſpece, qui a les aîles bleuës. Ils ſe laiſſoient prendre auec les mains, ou bien on les aſſommoit à coups de baſton & de canne, ſans qu'ils fiſſent aucun effort pour s'enuoller ; en vn iour on en tua bien deux cens. Nos gens en faiſoient boüillir vne partie, & faiſoient roſtir l'autre, auſſi bien pour ceux qui eſtoient en ſanté, que pour les malades. Ils trouuerent auſſi grande quantité de Tortuës de terre, qu'ils faiſoient cuire auec des prunes de damas, dont nous auions fait bonne prouiſion. Ie retournay au Vaiſſeau, & laiſſay à terre les malades au nombre de quarante, auec le Cuiſinier. Comme ie fus arriué, ie jugeay qu'il eſtoit à propos d'aller la nuict auec l'Eſquif le long de la coſte, pour voir ſi on ne pourroit point trouuer quelque place plus propre pour mettre noſtre Vaiſſeau à l'Ancre; car celle où il eſtoit eſtoit dangereuſe. Ce que ie fis, & trouuay vne Baye auec vn fonds de ſable, qui eſtoit éloigné enuiron cinq milles du lieu où eſtoit le Vaiſſeau. I'entray dans la Baye, & j'y trouuay au fonds vn lac, dont l'eau n'eſtoit pas tout à fait douce. Ce qui prouenoit, ſelon mon jugement, de ce qu'elle n'eſtoit éloignée que de trois fois la longueur de noſtre Vaiſſeau du bord de la mer: & ainſi l'eau ſalée y entrant à trauers du ſable, luy donnoit ce mauuais gouſt.

Comme nous fuſmes plus auant dans la terre, nous trouuâmes grand nombre d'Oyes, de Ramiers, de Peroquets gris, & beaucoup d'autre gibier, auec quantité de Tortuës de terre. Nous en viſmes bien vingt-cinq enſemble à l'ombre d'vn arbre, & nous en priſmes autant que nous voulûmes. Les Oyes ne ſ'enuoloient pas, quand nous les pourſuiuions. Elles ſe laiſſoient tuer à coups de baſtons. Il y auoit auſſi des Dod-Eerſen qui ont de petites aîles; & bien loin de pouuoir voler, ils eſtoient ſi gras, qu'à peine pouuoient-ils marcher.

MAis ce qui eſtoit le plus admirable, quand vn de ces Peroquets ou de ces autres oyſeaux que nous auions pris, faiſoit du bruit, tous ceux de leur eſpece qui eſtoient aux enuirons, y accouroient, comme ſ'ils fuſſent venus pour les mettre en liberté, & ſe laiſſoient prendre eux-meſmes. Ainſi, ce ſeul gibier nous fournit ce qui eſtoit neceſſaire pour noſtre nourriture. Ie retournay au Vaiſſeau; ie leur dis que nous auions trouué vne Baye de ſable, & vn bon fonds, pour mettre le Vaiſſeau en ſeureté. Nos gens en eurent vne grande ioye; ils enuoyerent aduertir les malades, & ceux qui eſtoient à terre, qu'ils ſ'en allaſſent à cinq milles de là, & qu'on les viendroit reprendre; dont ils furent fort ſatisfaits. On Ancra dans cette Baye à trente-cinq braſſes de fonds. L'Ancre tenoit ferme, & on permit à l'Equipage d'aller à terre, voir ſi'l pourroit trouuer du rafraîchiſſement dans les bois. On commanda de plus huict hommes auec vne ſayne pour aller peſcher dans le lac dont nous auons parlé cy-deuant. Ils y trouuerent de fort beaux poiſſons, des Carpes, & vne autre ſorte de poiſſons, qui reſſemble fort aux Saulmons; ils ſont fort gras & de fort bon gouſt. On trouua auſſi de l'eau douce, & vne petite riuiere qui deſcend du haut des Montagnes, & coule juſques ſur la Greue. Ses deux bords eſtoient plantez d'arbriſſeaux, qui en rendoient la veuë fort agreable, & ſon eau claire comme vn cryſtal, nous inuita à y porter tous nos malades, qui ne pouuoient boire aſſez de cette eau. Nous leur permîmes d'y demeurer juſques à ce que nôtre Vaiſſeau fuſt en eſtat de partir. Nous trouuâmes proche de cette eau vne planche, où on auoit graué des lettres, qui marquoient que le Commandant Block auoit eſté là auec vne Flotte de treize Vaiſſeaux; qu'il y auoit perdu quelques Chalouppes, auec quelques-vns de ſes Matelots.

Dans le temps que nous demeurâmes en cette Baye, la Mer ne nous parut point ſi rude contre la coſte, qu'on le ſuppoſoit dans cette Relation. Il n'y a point de Peuple dans cette Iſle. Nos gens la coururent de tous coſtez, percerent au trauers de ſes bois, & ſe ſoûlerent de gibier & de poiſſon. Ils auoient trouué l'inuention de roſtir les oyſeaux auec des broches de bois, & de faire dégoutter deſſus, cependant qu'ils rôtiſſoient la graiſſe des Tortuës. Ce qui les rendoient ſi delicats, que c'eſtoit vn plaiſir que d'en manger. Ils trouuerent auſſi vne eau courante, où il y auoit de groſſes Anguilles. Ils ſe dépoüilloient de leurs chemiſes; & les tenant ouuertes d'vn coſté dans le courant de l'eau, & liées de l'autre, ils en prenoient, & les trouuoient d'vn fort bon gouſt. Nous viſmes là vne choſe qui nous eſtonna tous; les Tortuës venoiẽt le matin de la Mer ſur le ſable; & apres y auoir creuſé vn trou, elles y mettoient leurs œufs en grand nombre; les vnes cent, les autres deux cens, & grattoient apres le ſable pour les couurir. La chaleur du Soleil qui eſt grande ſur le midy, les faiſoit éclore. Nous voyons auec eſtonnement les petites Tortuës ſortir de ces œufs, leurs coquilles n'eſtoient pas plus grandes que des coquilles de groſſes noix. Nous y trouuâmes des Palmites, dont nous beuuions le ſuc qui ſ'en tire; ce ſuc eſt la douceur meſme. On vit auſſi quelques Cabrits; mais ils eſtoiẽt ſi ſauuages, qu'ils ne ſe laiſſoiẽt point approcher. Nous n'en peûmes attraper qu'vn ſeul, encore eſtoit-il ſi vieil, que ſes cotnes eſtoient rongées de vers, & il nous fuſt impoſſible d'en manger. Les malades que nous auions laiſſez, nous vinrent trouuer en parfaite ſanté, à l'exception de ſept, qui ne pouuoient encore marcher. On les porta dans le Vaiſſeau lors qu'il fallut partir. Nous le nettoyâmes par dedans & par dehors. On ouurit tous les Saborts, afin que l'air entraſt entre les deux Ponts. On y jetta du vinaigre en quelques endroits, pour en oſter la mauuaiſe odeur. Pour noſtre plus grande commodité, nous auions fait vn quadran à terre, où nous pouuions voir quelle heure du jour il eſtoit.

A force de chaſſer, & de courir apres les oyſeaux; ils deuinrent enfin ſi ſauuages, qu'ils ſ'enfuyoient lors que nous en approchions. Noſtre maiſtre Pilote ayant pris ſon fuſil pour tirer, il luy creua entre les mains, & vn éclat du canon luy donna au deſſus de l'œil, & le luy jetta hors de la teſte. Enfin, nous miſmes noſtre Vaiſſeau en eſtat de partir. Nous appreſtâmes les Voiles; on fiſt prouiſion d'eau; on enuoya le Trompette à terre, qui ramaſſa nos gens, & on mit enuiron cent Tortuës dans le Vaiſſeau. Nous eſtions bien pourueus de toutes choſes, de Tortuës, de Gibier, & de Poiſſon ſec, que nos gens auoient pris & fait ſeicher. Et de plus, nous auions dans la chambre vn baril plein d'Oyes à la daube à demy cuittes, accommodez auec du vinaigre; Comme auſſi vne bonne quantité de poiſſon aſſaiſonné de la meſme maniere, pour le garder plus long-temps.

Nous nous miſmes à la voile, apres auoir eſté là 21. jour. Noſtre deſſein eſtoit de cingler le long de l'Iſle Maurice; mais nous deſcendîmes trop bas. Nous la pûmes bien voir au deſſus de nous, mais non pas en approcher. Quoy que nous euſ-

fions efté long-temps dans l'Ifle Maskarénas, & que nous euffions fait prouifion
de tout ce qu'elle a de meilleur, noftre Equipage n'eftoit pas en parfaite fanté ; &
il y en auoit encore beaucoup parmy nos gens qui fe plaignoient : cela donna occafion aux Officiers de demander au nom du peuple qu'on cherchât vne autre
place de rafraichiffement ; car nous auions encor beaucoup de chemin vers le
Sud, deuant que de trouuer les vents, qui nous deuoient porter à Batauia ou
Bantan, & dans céte longueur de temps, il eftoit à craindre que tous nos gens
ne deuinffent malades : apres vne longue deliberation, le confeil du Vaiffeau
trouua à propos d'aller droit à fainte Marie, qui eft vne Ifle fort proche de Madagafcar, vis à vis la Baye d'Antongil ; nous y dreffames noftre route ; nous la
vifmes, & nous courûmes vers la pointe d'Oüeft de cette Ifle fur fept & huit
braffes d'eau, nous voyons le fonds auffi clair que le iour, nous courûmes le
long de la cofte de l'Ifle, & nous iettafmes l'ancre à douze ou treize braffes bon
fonds. Les habitans nous vinrent trouuer auffi-toft dans des petits batteaux faits
du tronc d'vn arbre qu'ils creufent. Ils nous apporterent des Pommes, des Citrons, vn peu de Ris, des Poules, & nous faifoient comprendre qu'ils n'apportoient ces chofes que pour monftre, & qu'à terre ils en auoient grande abondance. Ils nous faifoient auffi entendre, qu'ils auoient des Vaches, des Moutons,
des Veaux & des Poules & d'autres viures, & cela par vn langage vniuerfel, car ils
contre-faifoient le cry de tous ces Animaux, au lieu de nous les nommer. Nous
ne pouuions affez admirer ces Peuples, nous leur donnafmes du vin à boire dans
vne taffe d'argent : ils n'auoient pas l'efprit de la porter à leur bouche, mais ils
mettoient le menton dans la taffe, & buuoient comme des beftes.

Ce Peuple va tout nud, fi ce n'eft qu'ils couurent leurs parties auec vne petite piece de drap. Ils font d'vne couleur Oliuaftre, qui tire fur le noir, nous allions tous les iours à terre, & nous troquions auec eux des Clochettes, des Cüil-
liers, des Coufteaux & de la Raffade ou grains de Verre de diuerfes couleurs :
pour des Veaux, des Moutons, du Ris & du Laict. Ils apportoient le Laict au
Marché dans des feüilles qui eftoient enuelopées les vnes à l'entour des autres,
comme celles d'vn chou pommé : Nous faifions vne ouuerture dans ces
feüilles en les coupant, & nous en tirions ainfi le Laict ; cela nous obligea de faire voile encore deux ou trois milles plus haut, & de moüiller
l'ancre en vne autre place. Nous y trouuafmes peu de Pommes, il y auoit
des Melons d'eau, & des Porcs : On jugea à propos que ie fuffe auec l'Efquif iufques à l'Ifle de Madagafcar, pour voir fi ie pourrois, auec quelques
marchandifes que i'y porterois, achepter des Pommes & des Citrons,
ce que ie fis. I'entray dans vne Riuiere, où ie remontay bien la longueur d'vn
mil & demy. Nous euffions bien voulu la remonter plus haut ; mais les arbres
eftoient tellement entrelacés des deux coftez, les vns auec les autres, & le Canal fi eftroit, que nous fufmes obligez de retourner, fans auoir trouué aucun
Peuple, ny aucune forte de fruit. Nous couchafmes vne nuit à terre, & apres
auoir efté trois iours dehors pour ce deffein, nous retournafmes heureufement
à noftre Vaiffeau. Nous repaffames le iour fuiuant à l'Ifle, pres laquelle eftoit
noftre Vaiffeau, & nous en rapportafmes quelques Citrons, des Pommes, du
Laict, du Ris & des Bananas. Dans ce temps, noftre Equipage fe trouua en auffi
bon eftat, & en auffi parfaite fanté qu'il eftoit au fortir d'Holande : toutes les
fois que nous allions à terre, nous menions auec nous vn de nos gens, qui iouoit
de la violle : la nouueauté de cette harmonie attiroit ces Infulaires. Ils fe ran-
geoient à l'entour de luy, ils danfoient & marquoient la cadance, en faifant du
bruit auec leurs doigts.

Il ne nous parut point que ces peuples euffent aucune connoiffance de
Dieu, ny qu'ils luy rendiffent aucun culte ; nous remarquâmes feulement
deuant leurs maifons des teftes de Bœufs fichées au bout de certaines perches,

deuant lefquelles ils fe proſternoient à terre , & fembloient faire des prières. Ils nous parurent fort fauuages , & fans religion.

Nous y demeurâmes neuf iours ; nos gens eſtoient en parfaite fanté , nous miſmes noſtre Vaiſſeau à la bande le mieux que nous peuſmes , & le nettoyaſmes par deſſous , auec des broſſes & des grattoires ; nous miſmes apres à la voile , & couruſmes vers le Sud iuſques à la hauteur de 33. degrés , là nous changeaſmes de bord , & nous priſmes noſtre route vers l'Eſt pour gagner le détroit de Sunda. Eſtans arriués à la hauteur de cinq degrés & demy , qui eſt celle de ce détroit , le 19. iour de Nouembre 1619. le Bouteillier eſtant allé ſelon ſa couſtume apres midy pour tirer de l'eau de vie auec la pompe de fer blanc , le feu ſe prit à l'eau de vie de cette maniere : Il auoit vne chandelle , & auoit picqué ſon chandelier de fer dans la futaille d'vn baril qui eſtoit d'vn rang plus haut que celuy où eſtoit l'eau de vie ; en ayant tiré auec ſa pompe , autant qu'il en falloit pour emplir le barillet , qui deuoit eſtre le lendemain diuiſé à ceux de l'Equipage ; il voulut détacher le chandelier ; & comme il eſtoit enfoncé bien auant , il le tira auec force ; il y auoit à la meſche de la chandelle vne eſteincelle , laquelle tomba par hazard dans le bondon de ce meſme tonneau d'eau de vie ; l'eau de vie prit feu tout auſſi-toſt , ietta les fonds du baril , & commença à courir le long du bas du Vaiſſeau : il y auoit par hazard en cét endroit du charbon de terre qui deuoit ſeruir à la forge ; on cria tout auſſi-toſt au feu , au feu ; i'eſtois alors ſur le Tillac , & ie regardois en bas au trauers des treillis du Pont. A ce bruit , ie courus au fonds de Cale , où ie ne vis point de feu , ie demanday ou eſt le feu , ils me dirent , regardez là , il eſt dans ce tonneau ; i'y mis la main , & ie ne ſentis aucune chaleur. Ce Bouteillier qui y mit le feu eſtoit de la ville d'Hoorn ; il auoit auprés de luy deux bidons ou brocs pleins d'eau , qu'il auoit iettée auſſi-toſt ſur l'eau de vie , il ſembloit que le feu en deuſt eſtre eſteint ; ie ne laiſſay pas de faire venir de l'eau , qu'on m'apporta tout auſſi-toſt dans des ſceaux de cuir , & on en verſa tant que nous ne voyons plus aucune apparence de feu : ie ſortis du fonds de Cale ; mais vne heure & demie apres , on commença à crier de nouueau au feu , au feu : ce qui nous eſtonna tous extremement : nous deſcendîmes dans le fonds , & nous viſmes que le feu venoit du fonds du Vaiſſeau , Il y auoit 3. ou 4. rangs de bariques l'vn ſur l'autre , & l'eau de vie auoit mis le feu au charbon qui eſtoit deſſous le dernier de ces rangs : Nous entrepriſmes vne autrefois de l'eſteindre auec nos ſceaux de cuir , & nous iettaſmes vne tres-grande quantité d'eau. Il nous arriua vn autre incident , car à force de ietter de l'eau ſur le charbon qui bruſloit , il en ſortit vne ſi groſſe fumée , qu'elle nous étouffoit dans le fonds de Cale : i'y eſtois la plus-part du temps pour donner les ordres , & ie changeois de temps en temps ceux qui trauailloient pour les rafraiſchir ; Ie croy qu'il y en euſt beaucoup qui y demeurerent étouffés pour ne pouuoir pas trouuer moyen de ſortir par les écoutilles : i'y eſtois moy-meſme ſouuent bien empeſché , & ie mettrois ma teſte plus haut que les dernieres bariques pour prendre l'air , & me tournois ſouuent vers les Eſcoutilles : il fallut que i'en ſortiſſe à la fin : i'allay trouuer le marchand Rol , & ie luy dis , Camarade , nous ne pouuons pas mieux faire que de ietter hors du bord noſtre poudre : Rol ne s'y pouuoit reſoudre , & diſoit , ſi nous iettons noſtre poudre , & que nous rencontrions apres nos ennemis , nous ne pourrons pas nous deffendre ; le feu cependant augmentoit touſiours ; perſonne ne pouuoit demeurer dans le fonds de Cale , à cauſe de la fumée & de la puanteur qui en ſortoit ; ie me tenois à coſté des Ecoutilles , par où nous iettions beaucoup d'eau. Mais cela ne ſeruoit de rien ; il y auoit bien trois ſepmaines que nous auions mis dehors noſtre grand batteau , & que nous le tirions apres nous ; on auoit mis auſſi la Chaloupe à la Mer , à cauſe qu'eſtant ſur le Tillac , elle nous empeſchoit de porter l'eau ; l'étonnement eſtoit grand dans noſtre Vaiſſeau , car nous voyons l'eau d'vn coſté & le feu de l'autre

&

& nous n'auions aucun ſecours à attendre de la terre, quelqu'vns dé nos gens
ſe coulerent hors du Vaiſſeau. Ils ſe tenoient cachés au deſſous de la gallerie, afin
qu'on ne les vit point ; ils prenoient apres leur temps , ſe iettoient à l'eau &
nageoient pour gagner l'Eſquif où ils ſe cachoient ſoubs le couuert , qui eſt aux
deux bouts & ſous les aix , attendans qu'il y eût aſſés de monde. Le marchand
Rol vint par hazard dans la gallerie, il ſ'eſtonna de voir tant de monde dans le
batteau & dans l'Eſquif ; les gens qui y eſtoient luy crierent qu'ils eſtoient reſolus de quitter le Vaiſſeau & de prendre la Largue, & que ſ'il vouloit venir auec
eux , il falloit qu'il ſe coulaſt le long de la corde ; Ce qu'il fit, & entra auec les autres dans le batteau , & leur dit, Camarades, attendons que le Maiſtre du Vaiſſeau ſoit venu. Mais ſes ordres n'eſtoient pas écoutés ; car auſſi-toſt qu'ils eurent
Rol dans leur batteau , ils couperent la corde qui les tenoit attachés au Vaiſſeau,
& ſ'en eſloignerent à force de rames. Pour moy , ie faiſois cependant mon poſſible pour donner les ordres pour eſteindre le feu : ie vis venir de mes gens qui
me dirent ; noſtre cher Maiſtre, quel remede, que ferons-nous , l'on emmeine
la Chaloupe & le Batteau : Ie leur dis que puis qu'ils ſ'eſloignoient de
nous , qu'aſſeurement ils auoient reſolu de ne plus retourner ; Ie courus ſur le
Tillac, & comme ie vis qu'en effet ils ſ'en alloient : Ie criay à mes gens, mettés
les voiles au vent, nous verrons ſi nous les pouuons atteindre & faire paſſer deſſus eux la quille de noſtre Vaiſſeau ; nous fiſmes voile vers eux ; mais comme
nous nous en eſtions approchés à la diſtance de quarante ou cinquante braſſes ,
ils ramenerent contre le vent , & ainſi il leur fut ayſé de nous éuiter, à cauſe que
noſtre Vaiſſeau qui alloit à la voile ne pouuoit pas faire la meſme choſe pour les
ſuiure. Voyant donc que nous ne les pouuions ioindre, ie dis à mes gens ; Camarades, apres Dieu, nous ne deuós plus attendre de ſecours que de nous-meſmes ; que
chacun mette la main à l'œuure, & qu'il tâche d'eſteindre le feu. Ie fus auſſi-toſt
dans la ſoute où eſtoit la poudre, & ie commençay à la jetter hors le bord ; car ie
voyois bien que c'eſtoit fait de nous ſi le feu y prenoit. Ie me jettay meſme auec
les Charpentiers hors le bord, & nous tachâmes auec des tariers & autres inſtrumens de faire des trous, auec reſolution de laiſſer entrer l'eau dans le Vaiſſeau
juſques à la hauteur d'vne braſſe & demye , pour eſteindre ainſi le feu qui eſtoit
dans le fonds de cale : Mais nous ne pûmes iamais percer le Vaiſſeau, à cauſe de
la grande quantité de fer que nous trouuions en pouſſant nos tariers. Enfin , le
deſeſpoir eſtoit ſi grand, que ie ne le puis exprimer ; on n'entendoit que gemiſſe-
mens & que cris. Nous entreprîmes encore vne fois d'éteindre le feu à force
d'eau, il ſembloit que le feu fuſt diminué ; mais quelque-temps apres il prit à
l'huyle, & alors nous viſmes que c'eſtoit en vain que nous trauaillions ; car plus
on jettoit d'eau , plus le feu ſembloit prendre de force. Ce nouueau mal-heur
augméta le deſeſpoir & l'horreur de l'eſtat où nous eſtiós. Nous ne laiſſions pas de
touſiours jetter de l'eau , & de tirer la poudre hors le bord. Nous en auions deſia
jetté ſoixante demy barils, & il nous en reſtoit encore trois cens. Le feu ſ'y prit,
& fit ſauter en l'air le Vaiſſeau, auec cent dix-neuf perſonnes de l'Equipage qui
y eſtoient reſtées. Le Vaiſſeau ſe briſa en cent mil pieces. I'eſtois alors ſur le haut
du Tillac ; ſoixante perſonnes qui eſtoient proche du grand Maſt pour jetter de
l'eau, furent emportez auec vne telle violence, qu'on n'en vit plus aucun. Pour
moy Guillaume Bontekoë, qui eſtois alors maiſtre du Vaiſſeau, ie fus emporté
auſſi en l'air. Ie crûs eſtre mort ; ie leuay les mains au Ciel, & ie dis ; Voila vne
partie du chemin fait, c'eſt là que ie deuois aller ; Seigneur, faites miſericorde à
vn pauure pecheur que ie ſuis. Ie ne laiſſay pas de conſeruer le jugement dans ce
ſaut, & j'eus quelque preſſentiment que ie me pourrois ſauuer d'vn accident ſi
eſtrange. Ie retombay en ce temps-là entre les pieces du Vaiſſeau qui eſtoit entierement briſé. Ie pris vn nouueau courage dans l'eau. Ie regarday autour de
moy, & ie vis que le grand Maſt flottoit à vn de mes coſtez ; j'apperceus à l'au-

4 B

tre le Maft de Mifaine. Ie me jettay deſſus le grand Maft ; & ie dis, voyant l'effet & l'éclat de la poudre ; Seigneur, comment eſt-ce que ce beau Vaiſſeau eſt perdu comme Sodome & Gomorre. Ie ne voyois point d'homme viuant à l'entour de moy. Il y vint vn jeune homme porté ſur des planches, qui ſ'aydoit le mieux qu'il luy eſtoit poſſible de ſes mains & de ſes pieds, & gagna enfin la Poulaine du Vaiſſeau qui eſtoit reuenuë ſur l'eau ; & ſ'y eſtant pris, il commence à dire ; M'en voila dehors. Ie regarde de ce coſté-là, & commençay à dire ; Seigneur, eſt-il poſſible qu'il y aye encore quelqu'vn de nos gens en vie. Ce jeune homme ſe nommoit Herman de Kniphauſen : Ie vis vn petit Maft qui flottoit proche de luy ; & comme le grand Maft ſur lequel j'eſtois, rouloit fort rudement ſ'en deſſus deſſous ; tellement que ie ne m'y pouuois tenir qu'à peine. Ie dis à ce jeune homme ; Faites aller vers moy le mieux que vous pourrez ce petit Maft qui eſt proche de vous ; ie me mettray deſſus, & tâcheray de m'approcher de vous, & de me mettre ſur la meſme piece de bois ſur laquelle vous eſtes. Ce qu'il fit ; & ſans cette ayde, iamais ie ne l'euſſe pû approcher ; car j'eſtois tout rompu du vol que la poudre m'auoit fait faire. I'auois le dos tout écorché, & deux trous à la teſte. Nous nous aſſiſmes donc enſemble, chacun tenant auec les bras le bout d'vne courbe du Vaiſſeau, & les yeux tournez vers l'Eſquif & le Batteau. Ils nous apperceurent à la fin ; mais ils eſtoient ſi loin de nous, que nous ne pouuions pas juger ſ'ils ſ'en éloignoient, ou ſ'ils ſ'en approchoient. Le Soleil eſtoit ſur le poinct de ſe coucher, ie dis à mon Camarade ; Herman, il n'y a plus d'eſperance pour nous ; car il eſt tard, le Soleil ſe couche ; l'Eſquif & le Batteau ſont ſi loin, qu'à peine les pouuons-nous voir. Et d'ailleurs, le Vaiſſeau eſt tout briſé ; nous ne pouuons pas demeurer long-remps icy, c'eſt pourquoy prions Dieu qu'il nous tire de cette miſere. Il nous fit cette grace ; car nous connûmes auſſi-toſt que le Batteau & l'Eſquif ſ'eſtoient approchez de nous. Cela nous réjouyt fort, & ie commençay à crier, Sauuez le Maiſtre, ſauuez le Maiſtre du Vaiſſeau. Ils crioient de leur coſté, & demandoient ſ'il eſtoit poſſible que leur Maiſtre fuſt en vie. Ils ramerent vers nous ; mais ils n'oſoient pas approcher du debris pour nous venir ſecourir, apprehendant de heurter contre quelque piece du Vaiſſeau. Herman ſe trouua auoir encore tant de force & de courage, qu'il ſe jetta à la nâge pour gagner le Batteau. Pour moy, ie leur criay ; Si vous voulez me ſauuer, il faut que vous me veniez prendre ; car ie ſuis tellement briſé, que ie ne puis nâger. Le Trompette ſe jetta dans l'eau, & me donna le bout d'vne corde de meſche, qui luy eſtoit reſtée. Ie me l'attachay au trauers du corps, & ils me tirerent ainſi par vn miracle dans le Batteau. Le Marchand & le Souspilote ſ'approcherent de moy fort eſtonnez de me voir en vie. I'auois fait faire dans le derriere du Batteau vn peu de couuert, où deux hommes pouuoient bien tenir. Ie me mis dedans ; & quoy que ie ne creuſſe pas pouuoir viure long-temps à cauſe de mes bleſſeures, & des deux trous que j'auois à la teſte, ie ne laiſſay pas de dire à Rol & aux autres ; Demeurez la nuiſt proche le debris du Vaiſſeau ; car demain quand il ſera iour, nous en pourrons tirer quelques viures, & peut-eſtre vne Bouſſolle pour trouuer la terre ; car dedans l'Eſquif ny dans le Batteau, il n'y auoit ny Carte, ny Compas, ny Arbaleſtre, & point du tout ou fort peu de nourriture, tant auoit eſté grande la haſte auec laquelle ils auoient quitté le Vaiſſeau. Ils diſoient que le Maiſtre Pilote auoit tiré de l'Habitacle les Bouſſolles, & il ſembloit par là qu'il euſt apprehendé que nos gens euſſent quitté le Vaiſſeau, & ne les euſſent emportées. Pendant que j'eſtois ſous le couuert du Batteau, le Marchand ſans ſ'arreſter à ce que ie leur auois dit, fit ramer, ſ'imaginant que dés le lendemain matin il ſeroit à terre. Mais quand le iour parut, nous nous trouuâmes éloignez du debris & de la terre auſſi. Ils en eſtoient au deſeſpoir. Ils vinrent, & regarderent dans le lieu où j'eſtois ſi ie viuois encore, & me dirent ; Maiſtre, que ferons-nous, nous ſommes éloignez du debris, & nous ne voyons aucune terre : Nous n'auons ny à boire, ny

à manger, ny Arbaleſtre, ny Carte, ny Bouſſolle, que faire à cela. Ie leur dis,
Camarades, il falloit executer ce que ie vous auois dit hier au ſoir. Si vous fuſ-
ſiez demeurez proche du debris, vous y euſſiez trouué beaucoup de viures. Quand
j'en ſortis pour venir dans le Batteau, ie trouuay proche du Vaiſſeau tant de barri-
ques de lard, & autres prouiſions, que j'auois peine à m'aduancer vers vous. Chér
Maiſtre, me dirent-ils, ſortez vn peu. Ie leur dis que j'eſtois tèllement eſtropié,
qu'à peine ie me pouuois traîner. Que s'ils vouloient que ie ſortiſſe, il falloit
qu'ils m'aydaſſent. Ils vinrent, & m'aydcrent à ſortir. I'allay m'aſſeoir : ie jettay
les yeux ſur les gens du Batteau, ie trouuay qu'ils ramoient. Ie leur demanday,
mes Camarades, quels viures auez-vous dans voſtre Batteau. Ils ne trouuerent
en tout qu'enuiron ſept ou huiƈt liures de pain. Nous auions deux petits barils qui eſtoient vuides ; on mit le pain dedans. Ie leur dis ; Mes enfans, retirez
vos Rames, il faut aller d'vne autre maniere ; car autrement nous irions trop lentement pour le peu de viures que nous auons : qu'on mette les Rames dans le
fonds du Batteau. Que ferons-nous donc ? dirent-ils. Que chacun oſte ſa chemiſe, leur repliquay-je, & qu'on les couſe enſemble pour en faire des Voiles. Ils me
dirent ; Nous n'auons point de fil pour les coudre. Prenez, dis-je alors, les bouts
de cables qui pendent le long du Batteau, & en faites du fil. Ils firent le meſme
dans l'Eſquif. Nous comptâmes noſtre monde ; nous trouuâmes quarante-ſix perſonnes dans le Batteau, & vingt-ſix dans l'Eſquif, qui faiſoient enſemble le nôbre
de ſoixante & douze perſonnes. Il ſe trouua par hazard dans le Batteau vn couſſin & vn gaban, qui eſt vne eſpece de robe dont ſe ſeruent les peſcheurs lors qu'ils
vont à la peſche. Ils me donnerent l'vn & l'autre. Ie me couuris du gaban, & me
mis le couſſin ſur la teſte ; i'y eſtois bleſsé en deux endroits. Le barbier eſtoit bien
dans noſtre Batteau ; mais il n'auoit point de medicamens. Il maſcha entre ſes
dents vn peu de pain, & l'eſtendit ſur mes playes. Ie fus guery par cét emplaſtre,
ou pluſtoſt par la grace de Dieu. Ie m'offris auſſi de dépoüiller ma chemiſe comme
les autres ; mais ils ne voulurent pas le permettre, & n'oublierent aucun des ſoins
qui pouuoient ſeruir pour me guerir. Nous employâmes tout vn iour à coudre
nos chemiſes enſemble.

Le vingtiéme Nouembre, nous conduiſimes noſtre courſe par la veuë des eſtoiles, & par leur leuer & leur coucher. La nuiƈt il faiſoit ſi froid, que nos gens en
trembloient ; & le iour ſi chaud, qu'on ne pouuoit durer.

Le vingt & vn, vingt-deux, & vingt-troiſiéme du meſme mois, nous fiſmes
vne Arbaleſtre pour prendre la hauteur. Nous traçâmes vn quart de cercle ſur vne
planche, & par ſon moyen nous marquions les degrez ſur l'Arbaleſtre. Celuy de
nos gens qui auoit eſté loüé pour faire des coffres & des caiſſes, auoit vn compas,
& quelque connoiſſance de la maniere dont il faut graduer l'Arbaleſtre ; tellement que tous enſemble nous en fiſmes vne qui nous ſeruit pour prendre la hauteur. Ie marquay auſſi vne Carte ſur vne planche, i'y mis l'Iſle de Sumatra, celle
de Iaua, & le détroit de Sunda qui eſt entre ces deux Iſles, ſuppoſant que le naufrage ſ'eſtoit fait à nonante milles de la terre. Ie fis auſſi vne Bouſſolle, &
tous les iours ie faiſois mon eſtime. Ie pointay ce jour-là ma Carte à ſeptan-
te milles du détroit ; afin que quand nous viendrions à trouuer la terre,
nous ſçeuſſions mieux de quel coſté il falloit tourner pour continuer noſtre
route. I'ay dit que nous auions ſept ou huiƈt liures de pain, i'en donnois
tous les iours à chacun ſa ration, autant qu'il pût durer ; mais nous en viſmes bien-toſt la fin, chacun en auoit vne petite tranche de l'épaiſſeure d'vn doigt.
Nous n'auions point à boire ; c'eſt pourquoy auſſi-toſt qu'il pleuuoit, nous abbat-
tions nos Voiles, & ramaſſions dedans le plus d'eau que nous pouuions pour la
mettre dans les petits barils. Et quand ils eſtoient plains, nous les mettions à part
pour nous en ſeruir aux iours pendant leſquels il ne pleuuoit point. Ie coupay le
bout d'vn ſoulier, chacun de la troupe venoit à ſon tour proche des barils, & y

puiſoit autant d'eau qu'il en pouuoit tenir dedans, & ſ'en retournoit apres à la place qui luy auoit eſté marquée ; & quoy que nous fuſſions dans ce grand beſoin,
Maiſtre, diſoient-ils, prenez-en tant que vous voudrez ; car enfin il n'y en a pas
aſſez pour nous tous. Mais voyant par là leur affeƈtion, ie m'en croyois plus obligé à l'épargner que les autres. Nous faiſions voile de conſeruc auec l'Eſquif ; le
Batteau alloit mieux à la voile. Et de plus dans l'Eſquif, il n'y auoit perſonne qui
entendit la Nauigation ; tellement que toutes les fois qu'ils ſ'approchoient de
nous, ils nous prioient qu'on les receut dans le Batteau. Ils me diſoient, Maiſtre,
prenez-nous dans le Batteau, afin que nous puiſſions eſtre tous enſemble. Ceux
du Batteau diſoient au contraire ; Maiſtre, ne les receuez pas ; car ſi vous les receuez nous ſommes perdus, & le Batteau n'eſt pas aſſez grand pour porter tant de
monde. La miſere eſtoit grande parmy nous ; car nous n'auions point de pain, &
nous ne voyons point de terre. Ie leur aſſeurois touſiours pour leur donner courage, que nous en eſtions proche. Ils murmuroient entre-eux, le Maiſtre a beau dire
que nous approchons de la terre ; mais peut-eſtre que nous nous en éloignons. Vn
iour que nous eſtiõs à l'extremité, & prés de mourir de faim, Dieu permit que des
Mauuettes vinrent voler dans noſtre Batteau, comme ſi elles euſſent voulu ſe faire prendre ; car elles voloient quaſi dans nos mains, & ſe laiſſoient prendre. On
les plumoit ; on les coupoit par petits morceaux, & on en donnoit vn peu à chacun. Nous les mangions toutes crües, & ie vous aſſeure que ie n'ay rien trouué
en ma vie de ſi bon gouſt : nous n'en auions qu'autant qu'il en falloit pour ne
pas mourir de faim. Cependant on ne voyoit point de terre, nos gens reſolurent de prendre auec eux ceux qui eſtoient dans l'Eſquif, diſant que puis qu'il
falloit mourir de ſoif & de faim, qu'il eſtoit encore mieux de mourir enſemble.
Ils prirent donc les gens qui eſtoient dans l'Eſquif, auec leurs Rames & leurs Voiles qu'ils mirent ſur le Batteau. Nous auions donc trois Voiles, & trente Rames
que nous miſmes ſur les bords du Batteau, & qui faiſoient ainſi vne eſpece de
Pont ou Tillac. Le Batteau eſtoit ſi creux, qu'vne partie de nos gens pouuoit aiſément demeurer aſſis au deſſous des Rames, cependant que l'autre moitié eſtoit
aſſiſe au deſſus ; ainſi nos gens y eſtoient aſſez à leur aiſe.

    Ces ſeptante-deux perſonnes ſe regardoient les vns les autres auec des yeux où
le deſeſpoir eſtoit peint ; car nous n'auions plus ny à boire ny à manger. Il n'y
auoit plus de pain, les oyſeaux ne venoient plus, & le temps ne nous promettoit
point de pluye. Quand par vne ſpeciale miſericorde de Dieu, certains poiſſons qui
volent, gros comme nos plus gros Eſperlans, ſe leuerent de la Mer, & vinrent voler par troupe dans noſtre Batteau ; chacun ſe mit en deuoir d'en prendre ; nous
les diuiſâmes entre nous ; nous les mangeâmes tous creus, & les trouuâmes fort
bons ; mais ce ſecours eſtoit de peu de durée. Ce qui me donnoit le plus de courage, eſtoit de voir que perſonne ne mouroit : nos gens auoient deſia commencé à boire de l'eau ſalée, contre la deffenſe que ie leur en auois faite. Ie leur
diſois, Camarades, ne beuuez point d'eau ſalée ; car elle n'eſtanchera point vôtre ſoif, vous donnera le flux de ſang, & la mort en ſuite. Quelques-vns tenoient dans leurs bouches des balles de mouſquet ; d'autres beuuoient leur vri-
ne. Pour moy, ie la beus auſſi long-temps que ie la pûs boire : Elle changea à la
fin, de ſorte que ie n'en pouuois plus boire. Nous nous trouuâmes ſi preſſez de
la faim, que nous nous viſmes ſur le point d'attenter les vns ſur les autres pour nous manger : quelques-vns en parloient deſia, & faiſoient leur compte qu'il falloit commencer par les plus jeunes de l'Equipage. Ceux à qui l'âge
faiſoit craindre ce riſque, ſe leuoient, & ſe vouloient jetter dans l'eau : I'en eſtois
extrémement affligé. Ie priay Dieu qu'il eſtendit ſur nous ſa miſericorde, & qu'il
ne ſouffrit pas que nous fiſſions vn tel crime : qu'il ne voulut point éprouuer nôtre patience au delà des forces de noſtre nature, dont il connoiſſoit la foibleſſe.
I'en vis meſme quelques-vns qui auroient commencé le maſſacre des jeunes gens,

Dans d'au-
tres Rela-
tions, on
voit qu'à
force de le
boire dans
ces extremi-
tez, elle de-
uiët épaiſſe.

fi ie ne les euffe retenus, & que ie n'euffe prié pour eux, difant; Camarades, ne le faites pas encore, Dieu nous tirera du mal-heur où nous fommes; nous ne pouuons pas eftre loin de terre, felon l'eftime & les obferuations que j'ay faites. Ils me répondoient; il y a long-temps que vous nous dites la mefme chofe, & cependant nous ne voyons point la terre, & peut-eftre que nous nousen éloignons. Ils ne fe rendoient point à ce que ie leur ponuois dire : Enfin, ils me donnerent le téps de 3. iours, difant que fi entre-cy & ce temps-là ils ne trouuoient point la terre, il n'y auoit rien qui les pût empefcher de manger les mouffes de l'Equipage; ce qui eftoit à la verité vne refolution de gens defefperez. Ie priois Dieu de tout mon cœur, qu'il voulut regarder des yeux de fa mifericorde noftre mifere, & qu'il nous voulut conduire dans ce temps-là à terre, afin que nous ne tombaffions point dans vn crime fi execrable. Ie tâchois de confoler les autres; mais dans le fonds j'auois le cœur fi abbatu, que j'auois bien befoin de confolation moy-mefme.

A peine auiôs-nous la force de nous tenir debout; Le Marchand entre-autres eftoit fi abbatu, qu'il ne pouuoit fe leuer de fa place. Pour moy, j'auois encore affez de courage pour aller d'vn bout du Batteau à l'autre. Nous fufmes ainfi jufques au deuziéme Decembre 1619. qui eftoit le treiziéme iour depuis la perte de noftre Vaiffeau. Le temps fe broüilla; il fe mit à pleuuoir & à faire de la broüine : nous deffifmes nos Voiles, nous les étendîmes fur le Batteau, & nous nous mifmes à couuert deffous, & nous remplîmes nos petits barils de l'eau que nous recueillîmes dans nos Voiles. Nos gens n'auoient prefque point d'habits, à caufe de la hafte auec laquelle ils eftoient fortis du Vaiffeau, outre qu'ils auoient donné leurs chemifes pour faire des Voiles. La plufpart eftoiét en caleçon, & auoiét la moitié du corps découuert. Ils fe tenoient preffez les vns contre les autres à couuert de la Voile, pour eftre plus chaudement. Pour moy, ie tenois en ce temps-là la barre du gouuernail ; & felon mon eftime, j'eftois fort proche de terre. I'efperois que le temps s'éclairciroit bien-toft; mais le broüillard l'en empefcha. Ie fentis enfin tant de froid, que ie ne pûs demeurer dauantage au gouuernail. I'appellay vn des Quartier-maiftre; ie luy dis, Prend ma place ; car ie n'y peus pas demeurer dauantage. Ie me mélay au milieu de nos gens pour me réchauffer vn peu. Le Quartier-maiftre n'auoit pas efté vne heure en cette place, que le temps s'éclaircit, & qu'il vit la terre. Il s'écria de toute fa force, debout, Camarades, la terre eft tout proche de nous. Nous nous leuâmes tout auffitoft; nous virâmes pour gagner cette terre que nous voyons, & nous y arriuâmes le mefme iour : que Dieu en foit loüé, il exauça nos prieres, nous les auions faites dés le matin, & nous auions chanté vn Pfeaume apres la priere : car nous auions encore vn Liure de Pfeaumes auec nous; la plufpart du temps j'eftois le Lecteur. Quãd nous approchâmes de la terre, nous trouuâmes que la Mer rompoit fi rudement contre la cofte, que nous n'ozâmes nous hazarder à y defcendre. Enfin, nous trouuâmes vn recoin de la cofte, qui eftoit à l'abry du vent: nous y jettâmes noftre Ancre, & nous en mifmes encore vne autre à terre qui nous reftoit, plus petite que la premiere : Nous fautâmes du mieux que nous pûmes à terre, tous nos gens fe mirent à courre vers les bois. Pour moy, auffi-toft que ie fus defcendu, ie me mis à genoux; ie baifay la terre de joye, remerciay Dieu de ce que fa mifericorde nous auoit fauuez, & nous auoit tirez du mal-heur où nous eftions. Le iour de noftre débarquement eftoit le dernier de ceux apres lefquels noftre monde auoit refolu de tuer les jeunes gens & les manger. Il parut en cela que Dieu eft le meilleur de tous les Pilotes, & que luy feul auoit conduit noftre route. On trouua dans l'Ifle beaucoup de noix de Cocos; mais quelque diligence que nous peuffions faire, nous ne trouuâmes point d'eau; nous ne laiffions pas d'étancher noftre foif auec le fuc des noix de Cocos les plus nouuelles, qui nous eftoit vne boiffon fort agreable. Pour les vieilles, dont l'écorce eftoit dure, nous les mangions; mais nous ne fongions pas que nous en faifions excez ; & la mefme nuict nous en fufmes tous fort malades, auec de fi grandes douleurs de ventre & de tout le corps, qu'il fembloit que nous en deuffions creuer ; mais ces douleurs ne durerent pas long-temps. Le iour fuiuant, nous nous trouuâmes en bonne fanté, & nous courûmes toute l'Ifle. On ne trouua point de peuple ; mais bien des marques qu'il y en auoit eu. Pour tous viures, il n'y auoit que des noix de Cocos. Nos gens me difoient qu'ils auoient veu vne couleuure qui auoit bien vne braffe de groffeur ; pour moy ie ne la vis point. Cette Ifle eft à quatorze ou quinze milles de Sumatra ; nous y trouuâmes autant de noix de Cocos qu'il en falloit pour la prouifion de noftre Batteau ; nous mangions les plus feches, & des nouuelles nous tirions dequoy boire. Sur le foir nous quittâmes l'Ifle, & tirâmes droit vers la terre de Sumatra. Le iour fuiuant nous en eûmes la veuë : nous courûmes la cofte vent derriere, en tirant vers l'Eft. Quand on eut acheué de manger la prouifion, nos gens vouloient retourner à terre ; nous faifions voile proche de la cofte ; mais nous ne trouuions point de lieu propre pour defcendre, à caufe que la Mer y rompoit trop rudement. Enfin, on refolut que quatre ou cinq hommes fauteroient hors le bord, & qu'ils tâcheroient de nâger à terre au trauers des vagues ; qu'ils iroient le long de la cofte pour voir s'il n'y auroit point quelque ouuerture où on pût faire entrer le Batteau. Ce qu'ils firent, & coururent le long de la cofte, comme nous faifions auffi à la voile. Apres auoir bien couru, ils trouuerent enfin vne riuiere ; ils tirerent leurs caleçons, & nous firent figne que nous euffions à venir. A ce fignal nous cinglâmes vers eux ; mais en eftant proche nous trouuâmes qu'à l'emboucheure de cette riuiere, il y auoit vn banc fur lequel la Mer brifoit auec grande force : c'eft pourquoy ie leur dis, Camarades, ie n'entreprendray pas de paffer ce banc & ces brifures, fi vous n'en demeurez d'accord ; & qu'au moins fi le Batteau efchouë, vous ne puiffiez pas vous plaindre que j'aye manqué à vous faire fçauoir le danger où ie vous mettois. Ie leur demanday les vns apres les autres, ce qu'ils en penfoient : Ils me dirent qu'ils eftoient refolus d'en courir le hazard. Ô bien, leur dis-je, j'hazarderay ma vie auec les voftres. Ie donnay ordre que fur le derriere du Batteau il y euft vn auiron de chaque cofté, & deux hommes à chaque auiron pour tenir le Batteau droit contre la vague ; pour moy j'eftois au gouuernail. La premiere vague emplit le Batteau à demy plain d'eau. Ie leur criay, Camarades, vuidez l'eau, vuidez l'eau, ce qu'ils faifoient auec leurs chappeaux & les deux petits barils vuides que nous auions dans le Batteau. Il en vint vne feconde qui le remplit quafi jufques au haut du couuert des deux bouts, & le jetta de telle force fur le cofté, que le Batteau en enfonça, & fembloit qu'il allât eftre englouty. Ie leur criay, Camarades, tenez-vous fermes, vuidez l'eau, vuidez l'eau, autrement nous fommes tous perdus. Nous redreffâmes le Batteau, & nous vuidâmes l'eau le mieux que nous pûmes. Il vint vn troifiéme coup de Mer ; mais il ne rompit pas fi proche de noftre Batteau, & ainfi ne nous jetta pas beaucoup d'eau. Apres cela, nous trouuâmes fort peu d'eau, & ainfi nous nous tirâmes de ce danger. Nous goûtâmes de cette eau, elle fe trouua bonne à boire ; ce qui nous donna bien de la joye. Nous mîmes noftre Batteau du cofté droit de la riuiere.

L'herbe y eftoit fort haute, nous y trouuâmes quantité de feverolles. Tous nos gens fe mirent à en cueillir & à en manger : pour moy ie fis la mefme chofe. Ils y trouuerent auffi du feu & vn peu de tabac ; ce qui leur fut vne grande joye ; car nous voyons par là qu'il y auoit des Habitans dans l'Ifle. Il y auoit dans le Batteau deux haches ; nous nous en feruîmes pour abbattre des arbres, & nous employâmes ce bois à faire du feu en fept ou huiét endroits : nos gens eftoient affis deuant ces feux dix à dix, douze à douze, & prenoient du tabac. Sur le foir nous fifmes de grands feux, & nous mifmes des fentinelles en trois endroits, de peur d'eftre furpris par les Sauuages ; car la Lune ne luifoit point. La mefme nuiét nous nous trouuâmes tous fi malades des fèves que nous auions mangées, & nous en reffentions de fi grandes douleurs & tranchées, que nous en croyons mourir : la mefme chofe nous eftoit arriuée auparauant pour auoir mangé des noix de Cocos. Comme nous eftions en cét eftat,

les Sauuages vinrent à nous auec deſſein de nous ſurprendre , & de nous égor-
ger. Les ſentinelles les apperceurent ; elles nous vinrent trouuer , & nous dirent, Camarades, que ferons-nous, ils approchent ; nous n'auons point d'autres
armes que deux haches, & vne épée roüillée ; la pluſpart de nos gens ſont malades de féves qu'ils ont mangées. Nous ne laiſſâmes pas de reſoudre de ne nous
point laiſſer aſſommer de la ſorte ; & eſtans armez de baſtons allumez par le bout ,
nous aduançâmes vers eux dans l'obſcurité de la nuiſt. Le feu de ces baſtons & les
eſtincelles qui en ſortoient, eſtoient aſſez propres à donner de l'épouuante dans vne
nuiſt obſcure. Les Sauuages d'ailleurs ne ſçauoient pas que nous n'auions point
d'armes ; ils ſ'enfuyrent dans vn bois, & nous retournâmes vers les feux que nous
auions faits, demeurans toute la nuiſt dans cette inquietude. Le Marchand Rol &
moy, nous nous mîmes dans le Batteau , croyant y eſtre plus en ſeureté qu'à terre.
Le matin comme le Soleil commençoit à paroiſtre, trois des Habitans ſortirent du
bois & vinrent vers la Greue : Nous détachâmes trois de nos Matelots vers eux , qui
entendoient vn peu la langue de Malaca ; car ils auoient eſté auparauant aux Indes
Orientales. Comme ils ſ'en approcherent, les Sauuages leur demanderent quels
gens nous eſtions. On leur répondit que nous eſtions Hollandois ; & que le feu ſ'é-
tant pris à noſtre Vaiſſeau par mal-heur, nous eſtions là venus chercher quelque rafraîchiſſement. Leur réponſe fut, qu'ils auoient des Poules & du Ris. Ils ſ'approcherent alors du Batteau, & nous demanderent ſi nous auions encore des armes ; nous
leur diſmes que nous en auions vn bon nombre, des mouſquets, de la poudre, & des
balles. J'auois fait eſtendre les voiles ſur le Batteau, qui en eſtoit couuert, tellement
qu'ils ne pouuoient pas voir le mauuais eſtat où nous eſtions. Ils nous apporterent
du Rys qui eſtoit cuit auec quelques Poules.

Nous fiſmes vne recherche entre nous, pour ſçauoir quel argẽt nous pouuiõs auoir.
Il y en auoit qui apportoient cinq pieces de cinquante-huiſt ſols, d'autres ſix, d'autres
douze ; les vns plus, les autres moins ; ſi bien que nous miſmes enſemble la valeur
de quatre-vingt pieces de cinquante-huiſt ſols. Nous payâmes de cét argent leurs
Poules, & le Rys qu'ils nous auoient apportez. Apres auoir mangé, nous tinſmes
conſeil de ce que nous deuions faire ; & cõme nous ne ſçauions point où nous eſtions,
nous leur demandâmes comment ils nommoient leur pays ; mais nous ne pûmes en
façon du monde entendre ſ'ils le nõmoient Sumatra, ou autrement. Ils nous mon-
ſtroient bien auec la main que Iaua eſtoit là proche, & meſme nous nommoient Ian-
Coen noſtre General, qui faiſoit alors ſa reſidence en l'Iſle de Iaua. Enfin, à force
de les interroger , & de leur faire des ſignes, nous vinſmes à connoiſtre que
nous eſtions au deſſus du vent de l'Iſle de Iaua. Nous auions nauigé ſans Bouſſolle , & ainſi nous ne ſçauions point preciſément la route que nous auions faite. Nous
commençâmes dés-lors à en auoir l'eſprit plus en repos. Nous auions beſoin d'vne
plus grande quantité de viures pour acheuer noſtre voyage ; c'eſt pourquoy il fut reſolu que j'irois auec quatre Mariniers juſques au village qui eſtoit vn peu éloigné, &
que j'y porterois l'argent que nous auions pû mettre enſemble, pour achepter la plus
grande quantité de viures qui nous ſeroit poſſible. Ce que ie fis en remontant la riuiere dans vn petit Batteau fait du tronc d'vn arbre creuſé à la façon du pays : l'y
acheptay du Rys & des Poules, & ie l'enuoyay tout auſſi toſt vers le Batteau au Marchand Rol , auec ordre qu'on le partageât ſur le champ entre nos gens, afin qu'il n'y
euſt point de diſpute. Pour moy cependant , auec mes quatre Mariniers, j'auois fait
tuer dans le village deux ou trois Poules, & ie les auois fait cuire auec du Rys. Il y
auoit auſſi dans le village vne eſpece de boiſſon, qu'ils font de l'écorce de certains arbres : elle eſtoit ſi forte, qu'on ſ'en ſeroit enyuré fort aiſément. Nous n'en bûmes
qu'vne fois chacun, & cependant cette boiſſon commençoit deſia de nous monter à
la teſte.

Apres diſné , j'acheptay vn Buffle pour cinq pieces de huiſt & demy , ie le
payay ; mais quand mes Mariniers le voulurent conduire , il ſe trouua ſi ſauua-

ge, qu'il s'échapa de leurs mains ; nous perdîmes bien du temps pour le reprendre. Comme la nuiſt venoit, ie reſolus de m'en retourner vers le Batteau, penſant
qu'il ſeroi: plus aysé le lendemain de reprendre noſtre Buffle. Ces quatre Mariniers
ſ'offrirent de demeurer là la nuiſt ſi ie leur voulois permettre, ſ'aſſeurant de le pouuoir reprendre lors qu'il ſeroit eſtablé. Quoy que ie n'approuuaſſe point cette penſée, ie ne laiſſay pas de leur permettre, & de me laiſſer vaincre à leur importunité.
Ie pris congé d'eux, & nous nous diſmes bon ſoir les vns aux autres. Comme j'approchay du bord de la riuiere, où eſtoit le petit Batteau dans lequel j'eſtois venu, ie
vis là proche vne troupe de Sauuages, & ie remarquay qu'ils eſtoient en diſpute entre-eux. Il me ſembloit que les vns vouloient qu'on me laiſſât aller, & que les autres
inſiſtoient ſur le contraire : I'en pris vn ou deux de la troupe par le bras, & ie les tiray
vers le Batteau pour venir auec moy, auec autant d'aſſeurance que ſi j'euſſe eſté leur
maiſtre. Ils eſtoient affreux de viſage, comme des Spectres. Ils ne laiſſerent pas de
ſe laiſſer perſuader, & vinrent auec moy dans le Batteau : I'vn ſe mit à ſe ſeoir ſur le
derriere du Batteau, & l'autre ſur le deuant, chacun auec ſon auiron à la main. Nous
nous miſmes à l'eau ; ils auoient chacun à leur coſté, vne arme qui eſtoit faite comme vn poignard. Comme nous eûmes fait vn peu de chemin, celuy qui eſtoit derriere vint à moy ; car j'eſtois au milieu du Batteau, & me dit qu'il vouloit auoir de l'argent. Ie mis la main dans ma poche, j'en tiray vne piece de quatorze ſols, que ie
luy donnay. Il ſe mit à la regarder, & me parut n'eſtre pas bien reſolu de ce qu'il deuoit faire. Il la prit à la fin, & la mit dans le petit morceau de drap qu'il auoit deuant
luy. L'autre qui eſtoit ſur le deuant du Batteau, voyant que ſon camarade auoit eu
quelque choſe, vint auſſi à moy, & me dit qu'il vouloit que ie luy en donnaſſe autant. Ie tiray vne autre piece de quatorze ſols de ma poche, ie luy donnay. Il ſ'arreſta, & ſe mit auſſi à regarder cette piece. Ie crûs qu'il eſtoit en doute s'il deuoit
prendre l'argent, ou s'il me deuoit aſſaſſiner : Ce qu'ils pouuoient faire aiſément ;
car ie n'auois point d'armes, & chacun d'eux auoit ſon poignard au coſté. Dieu ſçait
où i'en eſtois. Nous voguâmes contre les vagues, leſquelles eſtoient grandes en cette riuiere. Quand nous fûmes à moitié chemin, ils ſe mirent à parler & diſputer enſemble, ie crûs auoir reconnu à toutes leurs manieres, qu'ils me vouloient aſſaſſiner ; le cœur m'en battoit de peur. I'eus recours à Dieu ; ie luy demanday miſericorde, & qu'il m'ouurit l'eſprit, & m'inſpirât ce que ie deuois faire dans ce rencontre :
il me ſembla auoir eſté inſpiré alors de me mettre à chanter ; ce que ie fis, quoy
que dans l'extremité où j'eſtois, ie n'en euſſe pas beaucoup d'enuie. Ie chantay vne
chanſon, qui commence, *Arbres, ruiſſeaux*, &c. En effet, il y en auoit beaucoup le
long de la riuiere : comme ils entendirent que ie chantois, ils ſe mirent à rire, & ou-
uroient la bouche, de telle façon qu'on leur pouuoit voir iuſques dans le gozier, &
ie reconnu par là qu'ils eſtoient perſuadez que ie ne me deffiois point d'eux. Ie trouuay ainſi par experience, qu'vn extrème danger & vne grande crainte peuuent faire chanter vn homme. Enfin nous aduançâmes tant, que ie découuris noſtre Batteau.
I'appellay nos gens qui en eſtoient proches, ils vinrent auſſi-toſt vers moy le long
de la riuiere, ie fis entendre à ces Sauuages qu'ils euſſent à me mettre à terre ; car
ie croyois par là me mettre à couuert de leurs deſſeins. Comme ie fus ſorty de ce danger, auec l'aſſiſtance de Dieu, & que i'approchois de noſtre batteau, les Sauuages
nous demanderent où nos gens paſſoient la nuit ; nous leur diſmes, qu'ils la paſſoient
ſous des tentes & ſous des feüillées qu'ils auoient faites. Ils nous demanderent encore où nous couchions, le Marchand Rol & moy. Ie leur dis que nous couchions
dans l'Eſquif deſſous la Voile ; ils s'en retournerent apres vers le village. Ie contay à
Rol, & au reſte de nos gens, ce qui m'eſtoit arriué ; comme i'auois achepté vn Buffle
dans le village, qui s'eſtoit échappé ſur le ſoir, & que nous n'auions pas pû le prendre : que les quatre Matelots qui eſtoient venus auec moy, s'eſtoient offerts de le reprendre, & de le ramener à bord, ſi ie leur permettois d'y paſſer la nuiſt : ce que ie
leur auois enfin accordé par importunité, à condition qu'ils ſe rendiſſent le lendemain

main de grand matin à bord auec ce Taureau. Apres que ie leur eus rendu compte des accidens qui m'eſtoient arriuez , nous nous allâmes coucher.

Le iour ſuiuant, le Soleil eſtoit deſia aſſez haut, que nous n'auions point de nouuelles de nos gens, ny du Taureau, qu'ils deuoient amener : nous commençâmes alors à ſoupçonner , qu'il leur eſtoit arriué quelque choſe de faſcheux : quelque temps apres nous viſmes deux Sauuages, qui venoiēt à nous auec vne beſte qu'ils chaſſoient deuant eux : comme ils furent proche ; ie leur dis , que ce n'eſtoit pas la meſme beſte que j'auois acheptée , & que ie leur auois payée. Noſtre Bouteillier entendoit vn peu leur langage , & leur demanda où eſtoient les quatre Matelots , qui auoient eſté en leur village , & pourquoy ils n'auoient pas amené la meſme beſte que nous auions acheptée. Leur réponſe fut ; qu'ils n'auoient pas pû la reprendre , & que nos gens venoient auec vn autre Buffle ; de laquelle réponſe nous demeurâmes en partie contens. Comme ie vis que le Taureau que les Negres auoient amené , eſtoit fort ſauuage & difficile à tenir ; ie dis à noſtre Sergent, donne vn coup de hache à cette beſte , de peur qu'elle ne s'enfuye , & que nous ne la perdions comme l'autre : ce qu'il fit , & la jetta par terre. Ces deux Negres ſe mirent à faire des cris épouuantables , & à ce bruit accoururent enuiron deux ou trois cens hommes , leſquels s'eſtoient mis en embuſcade derriere vn bois , & croyoient nous couper le chemin de noſtre Batteau , & nous aſſommer tous enſemble ; mais ils furent apperceus aſſez à temps par trois de nos Matelots , qui auoient fait vn peu de feu à quelque diſtance du lieu où nous eſtions. Ils coururent vers nous, pour nous aduertir que nous allions eſtre attaquez. l'en découuris enuiron quarante, qui ſortoient du bois ; & ie dis à nos gens, demeurez fermes, nous ſommes encore aſſez forts de monde pour les attendre ; mais comme ie vis qu'ils groſſiſſoient touſiqurs, & qu'ils venoient à nous auec vn viſage terrible comme des Spectres , ie me mis à crier ; Camarades , que chacun faſſe le mieux qu'il pourra pour gagner le Batteau ; car s'ils nous en coupét le chemin , nous ſommes morts. Nous nous miſmes donc en deuoir de gagner tous enſemble le Batteau ; ceux qui ne pûrent pas y arriuer , ſe jetterent à nâge dans la riuiere. Les Negres nous ſuiuirent iuſques au Batteau, qui eſtoit meſme vne mauuaiſe reſource pour nous ; car l'empreſſement auec lequel nous y eſtions accourus , ne nous auoit pas permis de remporter nos Voiles que nous auions tenduës à terre pour nous ſeruir de tantes. Les Negres eſtoient à nos talons, lors que nous nous jettions dedans le Batteau , & perçoient nos gens à coups de azegayes : nous nous deffendions le mieux qu'il nous eſtoit poſſible , auec les deux haches qui nous eſtoient reſtées , & noſtre épée roüillée ne nous fut pas inutile ; car vn Boulanger , qui eſtoit vn homme puiſſant , s'en ſeruit brauement ſur le derriere du Vaiſſeau. Nous tenions à deux cordes , vne à terre , & vne autre qui eſtoit celle de l'Ancre que nous auions iettée en mer. Comme ie fus arriué vers le pied du Maſt , ie criay au Boulanger ; hachez la corde de l'Ancre qui eſt à terre. Il ſe mettoit en deuoir de le faire , mais il n'en pût venir à bout : cela fit que ie paſſay ſur le derriere du Batteau où il eſtoit ; ie pris la corde , & la tenant étenduë ſur le bout de la quille, ie luy dis, couppe-là maintenant ; ce qu'il fit d'vn ſeul coup. Nos gens en tirant ſur l'autre , qui tenoit à l'Ancre, faiſoient aduancer le Batteau vers la mer : les Negres les ſuiuent iuſques dans l'eau ; mais comme ils commençoient à perdre pied fort proche du bord, ils abandonnerent noſtre Batteau , & nous nous miſmes à repeſcher nos gens qui eſtoient à nâge dans la riuiere. Ce fut par vne grace ſpeciale de Dieu , que le vent , qui auoit ſoufflé iuſques alors du coſté de la mer, ſe tourna tout à coup du coſté de la terre. Nous employâmes le peu de Voile qui nous reſtoit , & vne bouffée de vent nous tira du mauuais pas où nous eſtions, & nous jetta en mer.

Nous n'eûmes point de peine à paſſer ce banc , où nous auions couru ſi grand danger en arriuant , à la ſortie nous le paſſâmes fort ayſément. Les Negres

eſtoient accourus vers la partie de la terre la plus aduancée ; & comme ils ne
croyoient pas que nous pûſſions iamais nous tirer de ce banc, ils eſperoient auoir
bon marché de nos vies ; mais Dieu ne vouloit pas que nous nous perdiſſions en ce
rencontre : le Batteau ſe trouua eſtre haut du deuant, & ſ'éleua ainſi plus aysément ſur les vagues, contre leſquelles le vent nous pouſſoit. Le Boulanger qui ſe
ſçeut ſi bien ſeruir de l'épée, comme nous auons dit, auoit eſté bleſſé au deſſus du
nombril d'vne arme empoiſonnée ; les bords de ſa playe eſtoient d'vne couleur
bleuë : Ie coupay & cernay tout autour la partie qui me paroiſſoit empoiſonnée,
pour empeſcher le poiſon de gagner dauantage ; mais ce fut inutilement, car il
mourut ſur le champ ; nous le jettâmes hors le bord. Nous comptâmes apres nôtre monde, & trouuâmes que nous auions perdu ſeize hommes ; onze qui auoient
eſté tuez à terre, le Boulanger qui eſtoit mort dans le bord, & ces quatre premiers Matelots qui n'eſtoient point reuenus du village, comme j'ay dit. Cette
perte nous affligeoit extrémement, quoy que nous euſſions ſujet de remercier
Dieu, de ce que nous n'eſtions pas tous peris en cette occaſion.

Pour moy, ie croyois auoir obligation à ces quatre Matelots, de la conſer-
uation de ma vie ; car ie croy que ſ'ils fuſſent retournez auec moy vers le Batteau,
les Negres nous euſſent tuez tous cinq, car quand ie me trouuay ſur le bord de la
riuiere, ie leur dis que le iour ſuiuant ie retournerois auec plus de monde. Et il y
a apparence qu'ils reſolurent entre-eux de me laiſſer aller pour faire vn plus grãd
coup, & nous auoir tous enſemble, ſ'aſſeurans que ie ne manquerois pas de retourner pour reuenir querir les quatre Matelots qui demeuroient entre leurs
mains, comme vn gage qui m'obligeroit à retourner. Il nous fut pourtant bien
fâcheux d'eſtre contraints de les abandonner ; car ie croy qu'ils les égorgerent
tous quatre. Nous prîmes noſtre route-vent derriere le long de la coſte ; il nous
reſtoit encore huiƈt Poules, & vn peu de Rys, & tout cela pour cinquante-ſix
perſonnes que nous eſtions ; c'eſtoit à la verité bien peu de choſe pour tant de
bouches, chacun en eut ſa part, & on demeura d'accord qu'il falloit retourner à
terre ; car la faim commençoit deſia à nous preſſer, & il n'y auoit point d'eſperance de pouuoir trouuer en mer aucune nourriture. Nous tournâmes donc vers la
terre, où nous découurîmes vne Baye. Nous entrâmes dedans, & y viſmes pluſieurs Sauuages qui eſtoient enſemble. Nous courûmes à eux ; mais ils ne nous
attendirent pas, & ſ'enfuyrent de nous. Nous ne trouuâmes aucun viure ; mais
bien de l'eau fraîche, dont nous bûmes à noſtre ayſe, & en remplîmes nos deux
petits barils. Nous trouuâmes dans les roches des petites huîtres, & des moûles,
chacun en emplit ſes pochettes. I'auois achepté à l'endroit où nous auions perdu
noſtre monde, plain le creux d'vn chappeau de poivre. Ce qui vint fort à propos
pour manger les huîtres. Nous fîſmes voile, & ſortîmes de la Baye pour continuer noſtre voyage ; & comme nous eſtiors deſia aſſez loin de terre, il commença à ſ'éleuer vne grande tempeſte, qui nous obligea de baiſſer toutes les voiles ;
& nous eſtans mis à couuert de ces meſmes voiles, nous nous laiſſâmes aller au
gré du vent, n'eſperant qu'en la miſericorde de Dieu. Deux heures auant iour, la
tempeſte commença à diminuer, le temps ſe fit beau, & nous nous ſeruîmes de
nos voiles pour aller à la bouline ; car le vent eſtoit contraire, nous nous éloi-
gnions touſiours de la coſte, & il parut bien que Dieu auoit ſoin de noſtre conſer-
uation ; car ſi nous n'euſſions point eu cette tempeſte, & le vent contraire, nous
euſſions continué d'aller le long de la coſte, & ſans doute nous nous fuſſions arreſtez en quelqu'vn des endroits proche de Sumatra, où les noſtres ont accouſtumé de ſ'arreſter pour faire eau. Les peuples de ces quartiers eſtoient deuenus
grands ennemis de noſtre Nation ; & peu de temps auparauant, ils en auoient aſ-
ſaſſiné pluſieurs, qui eſtoient venus pour chercher de l'eau ; il y a grande apparence qu'ils nous auroient fait le meſme traitement.

A la pointe du iour , nous découurîmes trois Ifles ; & quoy que nous les creuſſions inhabitées, nous ne laiſſâmes pas d'eſperer qu'il ſ'y pouuoit trouuer quelque choſe pour noſtre ſubliſtance : Nous y arriuâmes le meſme iour, & y trouuâmes de l'eau bonne à boire , & des cannes auſſi groſſes que la jambe d'vn homme ; on les appelle des Bambus : on ſe mit à en couper auec les haches ; & apres auoir percé tous les nœuds qui ſe trouuoient au dedans, hormis le dernier, on empliſſoit le creux de la canne ou bambu d'eau, & on bouchoit apres le bout d'en-haut ; ſi bien que nous en ramaſſâmes dans ces cannes, autant qu'il en auroit pû tenir dans deux tonneaux de mer. Nos gens coururent toute l'Iſle, ſans trouuer dans ces bois rien qui nous fut propre. Ie me ſeparay d'eux ; & eſtant ſur le ſommet d'vne montagne la plus haute qui ſoit dans l'Iſle , l'eſprit fort abbatu, de voir que n'ayant iamais eſté aux Indes Orientales , & eſtant dépourueu de toutes les choſes qui ſont neceſſaires à vn Pilote , & ſans Bouſſolle, ie me voyois chargé de la conduite de ce peuple, ie ne trouuay point de meilleure reſolution , que de me remettre entre les mains de Dieu : Ie me mis à genoux ; & Ie priay qu'apres m'auoir ſauué par le moyen des oyſeaux, que ſa miſericorde nous auoit enuoyez ; de m'auoir preſerué du danger de l'eau, du feu, de la faim, de la ſoif , & des Sauuages, entre les mains de qui j'eſtois tombé ; ſa bonté paternelle voulut encore ſ'eſtendre juſques à me tirer du danger où j'eſtois, & de m'ouurir les yeux de l'entendement pour trouuer le chemin de noſtre pays. Ie le priois du fonds du cœur ; Seigneur, monſtre-moy le chemin, & conduits-moy ; & ſi tu ne juge pas à propos que ie doiue arriuer en ma patrie, permets au moins que quelqu'vn de noſtre troupe ſe puiſſe ſauuer, afin qu'on ſçache ce qui ſ'eſt paſſé d ans noſtre Vaiſſeau. Ayant ainſi parlé auec Dieu, ie me leuay pour m'en aller ; & comme ie jettois les yeux de tous coſtez, le Ciel eſtant deuenu ſerain , ie découuris des montagnes de couleur bleuë ; ce que j'auois entendu dire a utrefois à Guillaume Scoten me reuint dans l'eſprit. Il auoit remarqué en deux ou trois voyages qu'il auoit faits aux Indes , que vers la pointe de l'Iſle de Iaua, il y auoit deux hautes montagnes de couleur bleuë. Ie voyois ces montagnes ſur ma main droite ; nous eſtions venus le long de la coſte de Sumatra qui eſtoit à la gauche, & au milieu ie voyois vne ouuerture de mer, au delà de laquelle ie ne voyois aucune terre. Ie ſçauois d'ailleurs que le détroit de Sunda eſt entre l'Iſle de Iaua , & celle de Sumatra ; cela fit que ie m'imaginay que nous n'eſtions pas éloignez de noſtre chemin. Ie deſcendis de la montagne tout plain de joye, & de cette eſperance , j'allay trouuer noſtre Marchand , & luy dis que j'auois veu ces deux montagnes. Les nuages cependant auoient de nouueau obſcurcy le Ciel ; de ſorte qu'on ne les pouuoit plus voir. Ie contay auſſi au Marchand ce que j'auois ouy dire à Guillaume Schouten, & la conjecture que ie faiſois ſur ſon rapport, qui eſtoit que nous eſtions deuant le détroit de Sunda. Le Marchand dit ; Hé bien, noſtre Maître , puiſque vous eſtes de cét aduis , raſſemblons nos gens , & prenons noſtre route de ce coſté-là ; car voſtre coniecture me ſemble auſſi auoir beaucoup de fondement. Nous raliâmes donc nos gens, qui nous apporterent de l'eau dans les cannes Bambus.

Nous trouuâmes le vent fauorable , & cinglâmes droit à l'ouuerture , qui eſt entre les deux montagnes ; vers la minuit, nous viſmes de loin du feu ; nous creûmes d'abord , que ce fut quelque Vaiſſeau. Nous changeâmes noſtre route pour en approcher ; mais eſtans proche , nous trouuâmes que c'eſtoit vne petite Iſle, qui eſt dans le détroit de Sunda nommée Duars-Inde-Vvegh. Nous paſſâmes cette Iſle ; & quelque-temps apres, nous viſmes vn autre feu de l'autre coſté ; ie creus que c'eſtoit des peſcheurs. Le matin le temps fut calme ; nous eſtions proche de la coſte interieure de l'Iſle de Iaua : nous fiſmes monter vn homme au haut du Maſt pour découurir de plus loin. Il ſe mit à crier, qu'il voyoit des Vaiſſeaux qui eſtoiét à l'Ancre, & qu'il en comptoit juſques à vingt-trois. Ces paroles nous firent treſfaillir de joye : nous nous mifmes tous à ramer vers eux ; car comme ie vous ay dit, le temps eftoit calme ; fi nous n'euffions point trouué ces Vaiffeaux, nous euffions fans doute efté vers Bantam, où nous euffions pris terre. Et comme les peuples de ces pays-là eftoient en guerre auec nos gens, ce fut vne grande grace que Dieu nous fit de nous en détourner. Tous ces Vaiffeaux que nous auions découuerts eftoient Hollandois, Frederic Hout-man d'Alckmaer les commandoit : lors que nous les découurîmes, il eftoit dans la gallerie de fon Vaiffeau auec vne lunette d'approche, ne pouuant affez admirer la façon extraordinaire de nos voiles, ny f'imaginer dequoy elles eftoient faites. Il enuoya fa Chaloupe, qui nous vint à la rencontre, pour fçauoir qui nous eftions. Comme nous fûmes proche les vns des autres, nous nous connûmes d'abord ; car nous eftions fortis enfemble du Teffel, & ne nous eftions point feparez que dans la mer d'Efpagne. Ie paffay auec le Marchand dans leur Chaloupe, qui nous porta au Vaiffeau du Commandant. Il nous cria de loin que nous fuffions les bien-venus ; il nous fit feoir à fa table, & manger auec luy. Comme ie vis apporter le pain & les autres viandes, ie fentis le cœur qui me battoit, & j'en pleuray de joye ; tellement que ie ne pouuois manger. Le refte de nos gens eftant arriué en fuite, on les partagea dans les autres Vaiffeaux ; Hout-man fit mettre auffi-toft en ordre vn petit Vaiffeau pour me porter auec le Marchand à Batauia : & apres luy auoir conté les accidens de noftre voyage, & le mal-heur qui nous eftoit arriué ; nous nous mifmes à la voile, & nous arriuâmes à la ville de Batauia. Les amis que nous auions rencontré fur les Vaiffeaux, nous auoient donné des habits à l'Indienne ; fi bien que nous eftions habillez à la mode du pays, deuant que d'arriuer dans la Ville. Nous fûmes au Palais, où le General faifoit fa refidence. Nous demandâmes à fes hallebardiers, fi nous pouuions voir le General. Ils monterent en haut ; & eftant retournez, ils nous firent entrer dans fa chambre. Il ne fçauoit rien de nôtre arriuée ; mais nous eftant fait connoiftre, il nous dit que nous eftions les bienvenus. Il fallut l'entretenir de noftre voyage ; ie luy dis, Monfieur le General, nous fommes fortis du Teffel en tel temps, auec le Vaiffeau nommé la nouuelle Hoorne, qui par mal-heur a efté brûlé & jetté en l'air par l'effort des poudres fous vne telle hauteur. Nous luy contâmes auffi en détail comment cét accident nous eftoit arriué ; comment nous auions perdu nos gens, qui auoient efté emportez en l'air auec le Vaiffeau ; & que par la grace de Dieu, ie m'eftois fauué auec vn homme feulement.

Le General fur cela, dit, que c'eftoit vn grand mal-heur. Il nous demanda plufieurs particularitez, & nous luy dîmes comme tout s'eftoit paffé. C'eft vn grand mal-heur, ce dit-il pour la feconde fois. Enfin il dit, lacquais, qu'on m'apporte cette taffe d'or, qu'on l'empliffe de vin d'Efpagne. Courage, Maiftre, ie bois à voftre fanté, vous deuez faire voftre compte, que vous auez defia vne fois perdu la vie, & que Dieu vous en a donné vne feconde. Demeurez icy, & mangez à ma table ; car j'ay deffein de partir cette nuiét pour aller à Bantam eftablir quelque ordre dans l'Armée Nauallc. Demeurez icy jufques à nouuel ordre, & jufques à mon retour. Il bût apres cela à la fanté du Marchand ; nous parlâmes encore d'autres chofes.

Nous l'attendîmes felon fon ordre, & mangeâmes à fa table l'efpace de huiét iours. Apres cela, il nous manda de l'aller trouuer à Bantam, où nous le trouuâmes dans le Vaiffeau nommé la Pucelle de Dort. Il m'appella le premier, & me dit ; Maiftre Bontekoë, il faut que par prouifion, & en attendant vn nouuel ordre, vous alliez fur le Vaiffeau Bergerboot, pour y commander l'Equipage, comme vous auez fait dans l'autre. Ie luy dis ; ie vous remercie, Monfieur le General, de la grace que vous me faites. Deux ou trois iours apres, il fit venir le Marchand Rol, & luy dit ; Marchand, il faut que par prouifion, & en attendant vn nouuel ordre, vous alliez fur le Vaiffeau nommé le Bergerboot, & que vous preniez le foin des marchandifes qui y font, comme vous auez fait cy-deuant. Ainfi, nous nous trouuâmes enfemble auec le mefme commandement que nous auions fur le premier Vaiffeau.

Ce Vaiffeau qu'on nous donnoit, eftoit court de quille, monté de trente-deux pieces de canon en vne feule batterie, mais elle auoit plus de cinq pieds de haut. Au commencement de l'année 1620. nous fûmes vers Ternate ; noftre Vaiſſeau eſtoit chargé de viures, de lard, de Rys, & de beaucoup de munitions de guerre, pour mettre dans les Forts de ces quartiers-là. Nous faiſions vne eſcadre de trois Vaiſſeaux. En paſſant, nous approchâmes de Greſſe. Vn Marchand de Riga nommé Vvolter Hudden, nous y regala de beaucoup de Vaches, de Poules, de Canards, de ſucre noir : le fourage & la nourriture pour les beſtes qu'on nous auoit données, eſtoit du Rys qui n'eſtoit point battu ; & eſtoit encores en gerbes ; ils l'appellent en ces pays là Paedie. Nous partîmes de Greſſe, & nous rangeâmes la cofte tout proche du détroit de Baly, pour gagner la hauteur de la terre de Soloor; car le Mouſ-fon eſtant defia paſſé, nous eſperions que prenant cette route, nous ferions voile vers Amboin; & côme nous eſtions au détroit de Soloor, le Marchand qui eſtoit dans noſtre Fort nous vint trouuer, & nous dit qu'il y auoit là proche vne petite place nommée Lantocken, qui eſtoit tenuë par des Pyrates de Soloor, qui apportoient vn grand empeſchement à noſtre trafic, & que c'eſtoit maintenant le vray temps pour les en dénicher, puis que nous nous rencontrions trois Vaiſſeaux de Flotte.

Ceux de Riga ont des Facto-reries aux Indes.

Nous l'entreprîmes ; nous y fûmes accompagnez du peuple du pays dans leur Cor-rakorren ou Vaiſſeaux, qui venoient auec nous pluſtoſt pour voir comment la choſe ſe paſſeroit, que pour nous y ayder. Nous aduançâmes ſous le Fort, & fîſmes grand feu ſur eux ; ils nous répondirent de meſme. Dans ce temps-là, nous miſmes à ter-re noſtre monde à la faueur de noſtre mouſquetterie ; ceux du Fort firent vne ſortie ſur nous, & mirent nos gens en fuïte : tellement que nous y perdîmes vingt-cinq hommes, auec vn plus grand nombre de bleſſez ; cela nous obligea de partir ſans auoir rien fait. Nous fîmes eau, & prîmes congé du Marchand, prenant noſtre courſe vers le Nord-Eſt, pour atteindre le haut de l'Iſle Batamboer. Nous en eûmes la veuë, & la laiſsâmes à noſtre main gauche, dreſſant noſtre route du Nord-Eſt au Nord, pour gagner les Iſles de Boere & Blau. Nous les laiſsâmes auſſi à main gau-che, & cinglâmes vers l'Iſle d'Amboin ; mais le grand temps nous empeſcha d'en ap-procher. Nous priſmes le deſſous de cette Iſle, pour paſſer entre deux autres petites Iſles qui ſont vis-à-vis l'vne de l'autre, & gagnâmes vne anſe nômée Hiero, vis-à-vis de Combello, où il y a beaucoup de clouds de girofle. On peut en fort peu de temps paſſer à cheual de Hiero à Amboin : Nous trouuâmes là trois Commandans, ſçauoir le Gouuerneur Hout-man d'Alckmaer, le Gouuerneur Lam, qui eſtoit de la ville d'Hoorn, & le Gouuerneur Speult. Lam faiſoit ſa reſidence à Maleyen, Speult à Am-boin, & Hout-man eſtoit deſtiné pour paſſer auec nous à Baets-Ian, où nous arriuâmes ; & en partîmes apres y auoir eſté quatre ou cinq iours. Le Mar-chand qui auoit la direction de ce Fort, en ſortit, à cauſe que ſon temps eſtoit expiré, & Rol noſtre Marchand fut mis en ſa place. Nous fûmes au Fort des Moluc-kes, pour les auitailler de viande, lard, Rys, vinaigre, & autres choſes neceſſaires à la vie, & touchâmes l'Iſle de Maleye, où Lam faiſoit ſa reſidence. Nous y demeurâ-mes trois ſemaines ; & apres auoir pris congé de luy, nous retournâmes à Baets-Ian, où nous auions laiſſé Rol noſtre Marchand, comme ie viens de dire. Il nous donna bien deux cens tonneaux de clouds de girofle : nous prîmes congé l'vn de l'autre, tous deux les larmes aux yeux : cette ſeparation nous toucha fort, à cau-ſe de tant de dangers & de miſeres que nous auions ſoufferts enſemble, comme j'ay dit cy-deuant. Depuis ce temps-là ie ne l'ay point veu ; mais j'ay appris que peu de temps apres noſtre départ, il eſtoit mort dans l'Iſle de Maleyen, & qu'il y eſtoit en-terré. Ie prie Dieu qu'il faſſe miſericorde à ſon ame, & que ie le puiſſe reuoir en l'autre monde. Nous dreſsâmes noſtre courſe vers le détroit de Buton, & paſsâmes l'Iſle de Boggerones, pour ſortir des terres, & gagner Iaua-minor, & de là le long des terres, juſques à Greſſe. Le Gouuerneur Hout-man eſtoit dans noſtre Vaiſſeau. Eſtant à Greſſe, nous chargeâmes autant de Vaches & de Poules qu'il y en pût te-nir. Il y auoit bien nonante teſtes de beſtail, & ſeize cens Poules, auec quelques

Oyes. Nous donnions à nos beftes au lieu de fourage, du Rys en herbe. On a en ce pays-là feize Poules pour vne piece de cinquante-huit fols. Nous prîmes congé du Marchand Gautier Hudden, faifant noftre courfe le long de Iaua, & paſsâmes proche de Iapara ; mais nous ne nous y arreſtâmes point, & arriuâmes heureuſement à Batauia. Nous y parlâmes vne feconde fois au General Koen, & déchargeâmes là noftre Vaiſſeau ; puis on m'enuoya à Ianbay, pour y aller querir vn autre Vaiſſeau qui eſtoit chargé de poivre. Nous moüillâmes en paſſant à Palimbam, & nous amenâmes vn Vaiſſeau chargé de poivre à Batauia. Le General m'enuoya apres à des Ifles qui font entre Bantan & Batauia, pour y aller querir des pierres qui fe trouuent au fonds de la mer. Il me donna quarante Laskaris;ces Laskaris fe plongent dans l'eau; ils lient les pierres auec des cordes, qu'on tire apres dans vn Batteau : ce font de groſſes pierres, qu'on taille enfuite à Batauia, pour en reueſtir le Fort que nous y auons : Cette pierre eft extrémement blanche, plus blanche encore que la pierre dure de Hollande. Le Fort eft quafi tout bafty de ces pierres, depuis la fuperficie de l'eau de fes foſſez jufques au cordon du Parapel, & fait vne fort belle perfpeſtiue. Nous fîmes trois voyages pour charger de ces pierres.

Le Vaiſſeau nommé Groeningen arriua en ce temps-là d'Hollande ; & à caufe que le Maiftre & le Marchand de ce Vaiſſeau n'auoient pas pû s'accommoder enfemble, ils furent mis par ordre du General & du Confeil, fur le Vaiſſeau nommé le Berger Boot, & moy fur celuy de Groeningen, auec vn fous-Marchand nommé Iean Nicolas d'Amfterdam. Ie ne perdis point dans ce change ; car dans le Vaiſſeau nommé le Berger Boot, il n'y auoit, comme on dit, ny à manger,ny à boire ; & le Vaiſſeau Groeningen eſtoit nouuellemêt venu des Pays-Bas, & ne manquoit de rien. Ie fus enfuite cômandé pour aller à Ianbay querir du poivre, & y porter quatre caiſſes plaines d'argent. Nous auions ordre de toucher à Palimbam en paſſant ; ce que nous fîmes. Nous y trouuâmes vn Marchãd d'Alckmaer nommé Hooghlandt : nous luy mîmes entre les mains vne caiſſe d'argent, & partîmes pour Ianbay. Il y auoit auſſi vn Marchand de Delff nommé Abraham Vander Duſſen, entre les mains duquel nous mifmes vne autre caiſſe d'argent. Nous fûmes là quelque-temps à la rade ; on nous apportoit la marchandife à bord fur de petits brigantins. Nous auions de plus noftre Batteau, auec lequel nous allions tous les iours querir du poivre, en remontant la riuiere.

Noftre Maiftre Pilote ſ'eſtant mis vn iour dans la Chaloupe, pour aller vifiter les amis qu'il auoit dans vn Vaiſſeau qui eſtoit à la rade ; on luy fit fi bonne chere, & il en reuint fi yure, que ſ'eſtant couché & endormy fur le haut du Tillac, il roula enuelopé de fes couuertures dans la Mer, & fe noya ; ce qui nous affligea fort. Quand nous eûmes noftre charge, nous prîmes congé du Marchand Vander-Duſſen, pour aller à Batauia. Nous déchargeâmes auſſi-toft noftre Vaiſſeau, & nous fifmes apres deux autres voyages, pour aller querir de la pierre aux Ifles dont j'ay defia parlé. Apres l'auoir fait, nous retournâmes à Ianbay pour charger du poivre; nous retournâmes encore vne autrefois à Batauia, j'employay deux ans à ces voyages ; tantoft dans le Vaiſſeau du Berger Boot, tantoft fur celuy de Groeningen.

I'eus ordre apres d'aller auec le mefme Vaiſſeau à la Chine, auec fept autres Vaiſſeaux de Flotte fous le commandement de Cornelis, pour nous rendre Maiftres, fi nous pouuions, de Macao, ou pour aller vers l'Ifle du Pifcador, & tâcher d'établir par toute forte de moyens quelque commerce auec les Chinois ; ce qui eſtoit eftendu plus amplement dans l'inſtruſtion que le General nous auoit donnée. Il auoit écrit pour ce deffein en plufieurs lieux, que les Vaiſſeaux qui y eſtoient euſſent à nous joindre, leur donnant pour rendez-vous les lieux par où nous deuions paſſer ; & entre-autres à ceux qui eſtoient vers les Manilles fous le commandement de Vvillem Iansz, auec quelques Vaiſſeaux Anglois qui y attendoient l'occafion de faire quelque prife fur les Efpagnols.

Ce que ce Commandant executa , & nous donna quelques-vns de ſes Vaiſſeaux.

Le dixiéme Auril 1622. apres auoir eſté quelque-temps deuant Batauia , nous fiſmes voile auec nos huict Vaiſſeaux : nous dreſſâmes noſtre courſe pour paſſer le détroit de Balimbam.

L'onziéme, nous viſmes la terre de Sumatra. Nous nous trouuâmes plus aduancez vers le Sud , que nous ne croyons : ce qui nous fit juger , que nous aurions eſté emportez par vn courant d'eau, qui ſort du détroit de Sunda.

Le douze , treize , quatorze , & quinziéme , le temps & le vent furent inconſtans , & nous paſsâmes l'Iſle de Lucipara.

Le ſeiziéme & dix-ſeptiéme, nous arriuâmes proche de celle de Banca.

Le dix-huitiéme , nous rencontrâmes le Vaiſſeau de la nouuelle Zelande, qui venoit du Iapon , auec deux brigantins Portugais , que nos Vaiſſeaux auoient pris deuant Malacca.

Depuis le dix-neufiéme juſques au vingt-cinquiéme , nous fiſmes fort peu de chemin , à cauſe que nous eûmes la pluſpart du temps le vent & la marée contraires.

Le vingt-neufiéme ſur le midy , nous nous trouuâmes à la pointe Septentrionale du détroit de Balimbam. L'Iſle Banca eſtoit Sud-Eſt de nous enuiron vn mille ; nous courûmes au Nord , vers l'Iſle Polepon.

Le trentiéme , nous moüillâmes l'Ancre à la pointe Sud-Eſt de Polepon, à douze braſſes , fonds de ſable , la terre de la coſte eſt fort haute.

Le premier May , nous moüillâmes au coſté de l'Oüeſt de cette meſme Iſle, à dix-neuf braſſes fonds propre pour Ancrer , juſtement vis-à-vis la Baye de ſable qui eſt du coſté du Nord , il y a vn peu d'eau fraiſche dans vn fonds ou vallée au milieu d'vn bois. Depuis la pointe du Nord de l'Iſle de Banca , juſques à cette Iſle que ie viens de dire , le cours eſt Nord , & il y a dix-neuf milles de diſtance.

Le meſme iour, nous nous mîmes à la voile, & nous prîmes noſtre cours Nord-Eſt , & Nord-Eſt au Nord pour paſſer au deſſus, ou à l'Eſt de l'Iſle Linga.

Le deuxiéme , nous courûmes douze milles Nord-Eſt au Nord. L'apreſmidy, la pointe Orientale de l'Iſle Linga nous eſtoit au Sud-Oüeſt vers Oüeſt, à quatre milles de diſtance. Cette terre paroiſt fort haute du coſté du Nord, depuis le coſté Occidental de Polepon, juſques au coſté Oriental ; & à la pointe de Linga, les terres courent Nord Nord-Eſt l'eſpace de neuf milles, tirant vers le Nord dix-huict, dix-neuf, & vingt braſſes de fonds.

Le troiſiéme , l'Iſle Poële Paniang nous paroiſſoit à Oüeſt, & Oüeſt au Sud.

Le quatriéme , nous prîmes hauteur, & nous trouuâmes vn degré quarante-huict minutes du coſté du Nord de la ligne. L'apreſmidy , nous viſmes l'Iſle Laur, qui eſtoit Nord-Oüeſt de nous , à vn mille de diſtance ſelon noſtre eſtime. La terre de cette Iſle eſt haute ; elle nous paroiſſoit comme vne haute montagne , le fonds à trente-cinq braſſes.

Le ſixiéme , l'Iſle Poële-Timon eſtoit à Oüeſt de nous , à la diſtance d'enuiron ſix milles. Nous prîmes noſtre route Nord Nord-Eſt , pour gagner l'Iſle Poële Candoor.

Le neufiéme , on ordonna que nous irions auec nos trois Vaiſſeaux vers l'Iſle Poële Ceceer , celuy de Groenigen ſur lequel j'eſtois , l'Ours Anglois , & le ſaint Nicolas.

Le dix-huict au matin , nous vîmes l'Iſle Poële Candoor au Nord Nord-Eſt de nous , à la diſtance d'enuiron neuf milles. C'eſt vne terre fort haute , auec des petites Iſles , qui ſont pour la pluſpart au coſté du Sud-Eſt de la grande Iſle. On trouue de l'eau au coſté du Sud-Oüeſt. Depuis l'Iſle Poële-Timon juſques à cette Iſle , le cours eſt juſtement Nord Nord-Eſt , le fonds molaſſe à trente-cinq , quarante , cinquante , & foixante braffes , fuiuant les Cartes : mais lors qu'on approche de Poële Candoor , on trouue trente , vingt-cinq , ou vingt braffes, fonds de fable ferme. Le foir nous courûmes autour de l'Ifle , nous en tenans le plus prés que nous pûmes du cofté d'Eft , enuiron à vne grande demy-lieuë de l'Ifle qui eft à la pointe Orientale , le fonds eft de dix-huict & vingt braffes : nous prîmes nôtre cours vers le Nord-Eft , le long de la cofte de Champey.

Le vingt-vn au foir , nous voyons encore Poële-Candoor du haut de noftre grand Maft.

Le vingt-deuxiéme nous vifmes la terre de Champey ; elle paroift de loin, comme fi c'eftoient des Ifles qui fuffent à fept ou huict milles de la terre.

Le vingt-quatriéme , nous reuîmés nos autres Vaiffeaux. Nous eftions fous la hauteur de dix degrez trente-cinq minutes , à vn mille & demy de la terre. La partie de cette terre qui eft proche de la mer eft baffe , auec vn fable blanc ; mais celle qui en eft plus éloignée eft haute. Le long de cette terre jufques à trois milles en mer , il y a fonds de fable à dix-fept , feize , quinze , quatorze , & treize braffes. Le foir nous moüillâmes tous enfemble l'Ancre fur quinze braffes , vis-à-vis d'vne pointe qui eft fous la hauteur de dix degrez & trois minutes. Ce Cap fe nomme Cap de Ceceer : vers le Nord de ce Cap , il y a vn grand Golfe , où les Dunes l'auancent de part & d'autre , du cofté de la mer. La terre qui paroift eftre plus auant dans le pays eft haute ; elle gift depuis cette pointe Nord-Eft à l'Eft.

Le vingt-cinquiéme , nous eftions proche de la petite Ifle qui eft plaine de roches , nommée Poële Ceceer de Terre. Au Nord de cette terre, on voit vn goulfe qui femble vne riuiere. C'eft là que les Dunes dont il a efté parlé,commencent à diminuer , & où elles finiffent ; & en fuite on voit de hautes terres les vnes derriere les autres : la profondeur eft de trente , quarante , & cinquante braffes.

Le vingt-fixiéme , nous moüillâmes l'Ancre à Malle-Bay , les Habitans l'appellent la Baye de Panderan. Noftre Maiftre Pilote Abram Thiis nous quitta là , & paffa fur le Vaiffeau de faint Nicolas , qui eftoit enuoyé aux Manilles ; pour voir fil pourroit trouuer quelque Vaiffeau de ceux de la Flotte de Guillaume Iansz. Il y a en cét endroit le long de la riue de grands arbres auec des maifons.

Le iour fuiuant , nous nous mîmes à la voile auec nos Vaiffeaux , pour trouuer vne autre Baye nommée Canberiin. A fix milles au delà,nous trouuâmes du bois, de l'eau , & des rafraîchiffemens en abondance. Nous en tirâmes dix-fept teftes de beftail , & beaucoup de Poules : vn Porc feftant échappé & enfuy vers les Sauuages , nous ne pûmes plus apres tirer aucuns rafraîchiffemens d'eux.

Le quatriéme Iuin , ie fus trouuer auec mon Batteau le Vaiffeau qui eftoit de conferue auec nous , pour luy rendre compte de ce qui fe paffoit. Ie m'en retournay le 6. du mefme mois : nous reuîmes le Brigantin nommé le fainte Croix.

Le iour fuiuant , nous nous mifmes à la voile : nous joignîmes le Brigantin de Haen , qui auoit pris vn Ionque du Iapon : nous trouuâmes auffi nos autres Vaiffeaux.

Le vingtiéme , nous vîmes diuerfes Ifles dans noftre chemin , & deux Voiles , juftement deffous la cofte. Sur le foir nous en approchâmes ; c'eftoient des Vaiffeaux qui alloient aux Manilles , l'vn nommé l'Éfperance , & l'autre le Taureau, Vaiffeau Anglois : nous demeurâmes proche d'eux toute la nuict.

Le vingt-deuxiéme , nous nous trouuâmes deuant Macao : nous moüillâmes l'Ancre à quatre braffes fonds mol. Nous eftions quinze Voiles de Flotte , tant Brigantins que Vaiffeaux , dont il y en auoit deux Anglois. Nous fifmes faire monftre à nos gens , en les faifant toûrner à l'entour du Maft pour les compter , comme on fait dans les Vaiffeaux de Guerre. Ils firent le mefme dans les autres Vaiffeaux.

Le ving-troifiéme apres midy , nous moüillâmes auec nos trois Vaiffeaux , à fçauoir celuy de Groeningen , le Galias, & l'Ours Anglois , à trois braffes de baffe ſe marée, juſtement vis-à-vis de la Ville, en eſtans éloignez enuiron là portée d'vn canon. Nous tirâmes ce ſoir là cinq coups ſur la Ville : la nuiĉt nous aduançâmes auec le Vaiſſeau de Groeningen & le Galias, juſques à la portée du mouſquet des murailles de la Ville, à trois braſſes de fonds mol. On trouua à propos que j'irois auec le Marchand & vne partie de noſtre monde à terre, pour ſurprendre la Ville, & l'emporter d'emblée ; mais cette reſolution fut changée, pour ne pas oſter en meſme temps le Maiſtre & le Marchand d'vn meſme Vaiſſeau. Il fut reſolu que ie demeurerois dans le Vaiſſeau pour en auoir le ſoin, & que noſtre Commandant paſſeroit à terre pour conduire cette entrepriſe.

Le matin vingt-quatriéme, lors que le iour commença à paroiſtre, nous tirâmes toute noſtre bordée ſur la Ville ; & quelque-temps apres, noſtre Commandant alla mettre pied à terre, auec enuiron ſix cens hommes. Deux Brigantins raſoient la terre à l'endroit de la deſcente, pour fauoriſer le Commandant en ſa retraite en cas de beſoin, & auſſi pour ſeruir de deffenſes aux Chaloupes & aux Batteaux qui deuoient porter nos gens à terre. Les Portugais auoient dreſſé vn rempart à l'endroit où ſe faiſoit la deſcente : ils firent mine de l'empeſcher ; mais les noſtres ne laiſſans pas d'auancer, ils ſ'enfuyrent ſur vne éminence, où il y auoit vn cloiſtre. L'attaque de noſtre coſté ſe faiſoit auec beaucoup de reſolution : les Portugais faiſoient quelquefois des ſorties ; mais ils eſtoient touſiours repouſſez auec perte, juſques à ce que le feu prit par mal-heur à nos barils de poudre : ce qui fit perdre courage à nos gens ; car ils ſçauoient bien qu'on ne leur en pouuoit pas apporter ſi-toſt des Vaiſſeaux. Ils ſe mirent en deuoir de faire leur retraite en bon ordre ; mais les Portugais aduertis de ce mal-heur, par le moyen de quelques deſerteurs Iaponnois, qui auoient paſsé de leur coſté, vinrent fondre ſur les noſtres, leſquels faute de poudre ne pûrent faire de reſiſtance. Ils en tuerent beaucoup ; le reſte ſe retira auec confuſion dans les Batteaux, & tâcherent de gagner les Vaiſſeaux. Nous trouuâmes que nous y auions bien perdu cent trente hommes, & autant de bleſſez ; entre-autres le Commandant, qui à la premiere deſcente auoit eſté bleſſé au ventre ; mais il en guerit par la grace de Dieu. Nos gens eſtans retournez dans les Vaiſſeaux, nous iſmes voile, & nous nous éloignâmes de la Ville de la diſtance d'enuiron vn mille. Nous fîmes eau à vne Iſle qui eſt au Sud de Macao, & nous reprîmes noſtre Maiſtre Pilote qui eſtoit tombé du Vaiſſeau dans la mer.

Le vingt-ſeptiéme, les Vaiſſeaux Anglois partirent pour le Iapon, auec le Vaiſſeau nommé le Trou ; le Vaiſſeau nommé l'Eſperance ſe joignit à noſtre Flotte.

Le vingt-huitiéme, le Vaiſſeau nommé l'Ours, & celuy de ſainte Croix, firent voile vers l'Iſle de Lemon, & au de là vers les coſtes de la Chine.

Le vingt-neufiéme, nous partîmes tous pour aller à l'Iſle de Piſcador, à l'exception du Vaiſſeau nommé l'Eſperance, du Brigantin nommé ſaint Nicolas, & de l'autre petit Brigantin nommé Palicatten, qui deuoient demeurer là juſques à la fin du mois d'Aouſt, pour y attendre nos Vaiſſeaux, qui pourroient venir de Malacca.

Le trentiéme, nous paſsâmes Idelemo, autrement les Oreilles de Liéure. Nous courûmes vers l'Eſt, & eſt au Sud pour gagner l'Iſle de pierre Blanche. Elle paroiſt de loin comme vn grand Vaiſſeau, ou Caraque.

Le quatriéme Iuillet, nous voyons du haut de nos Hunes celles des Iſles Piſcador, qui eſt la plus auancée vers le Sud-Oüeſt.

Le ſixiéme, le Vaiſſeau nommé l'Ours nous vint retrouuer apres auoir couru la coſte de la Chine : nous fîmes voile enſemble à l'entour des Iſles.

Le dixiéme, nous moüillâmes l'Ancre prés d'vne Iſle qui paroiſſoit comme vne table, c'eſt vne des plus hautes Iſles de Piſcador. Nous vîmes entre ces Iſles quelques peſcheurs Chinois ; mais ils ſ'enfuyrent, & le iour ſuiuant nous leuâmes l'Ancre, & entrâmes dans vne Baye bien ſeure à huiĉt ou neuf braſſes fonds d'ancrage. Cette terre est platte, son terroir pierreux; elle n'a point de gros bois, mais beaucoup d'herbes & de l'eau fraîche qu'on tire des puits; elle sent pourtant la marine quand il a esté quelque-temps sans pleuuoir: on trouue de l'eau au bout des deux anses, où les Vaisseaux ont coûtume de se mettre: on n'y trouue point d'autres rafraîchissemens, il les y faut porter d'ailleurs.

Et comme on nous auoit donné ordre de garder cette place, & d'en faire nostre rendez-vous, nous nous postâmes sur la pointe de l'Isle Formosa, où les Chinois trafiquent dans vn Havre, qu'ils nomment Tayouuan. Nous tirâmes de là quelques rafraîchissemens, auec nos Brigantins. Ce Havre est à treize milles de Piscador; on ne trouue qu'onze pieds d'eau à son entrée, qui va fort en serpentant; tellement qu'on n'y peut pas entrer auec de grands Vaisseaux.

Le dix-neufiéme, nous nous mismes à la voile auec le Vaisseau Groeningen, & l'Ours, pour passer vers la coste de la Chine; nous rencontrâmes le Brigantin sainte Croix. Le jour suiuant, dans le Vaisseau de l'Ours se rompit la trauerse du trinquet; ce qui nous obligea de porter moins de Voiles pour aller de conserue.

Le vingt-vniéme, nous vismes la terre ferme de la Chine: Nous nous trouuâmes deuant la fameuse riuiere de Chincheo; cette riuiere est facile à connoistre, comme dit Linschot: du costé du Nord-Est, il y a deux terres, dont l'vne ressemble au pillier d'vne Eglise: du costé du Sud-Oüest, la terre est basse, auec de petites colines de sable. Vn peu au dedans de la pointe du Sud-Oüest, on void vne tour, ou au moins quelque chose qui ressemble vne tour. Nostre dessein estoit de courir du costé du Sud-Oüest, sous vne petite Isle qui est ronde; mais à cause que le Vaisseau l'Ours auroit couru risque en s'approchant si prés de la coste, en l'estat où il se trouuoit, n'ayant point encore raccommodé sa grande vergue, nous fûmes obligez par cette raison de nous en éloigner, & de prendre la largue vers la mer. Il s'éleua ce jour-là vn grand vent, qui nous fit perdre vne de nos voiles. Nous nous soustinsmes le mieux qu'il nous fût possible, & ne laissâmes pas d'estre emportez bien loin vers le Nord.

Le vingt-cinquiéme, estans sous la hauteur de vingt-sept degrez neuf minutes, nous vismes vne terre fort entrecouppée, que nous creûmes estre l'Isle de Lanquin: nous le jugions ainsi sur la description de Linschot, & par la Carte que nous auions: nous y moüillâmes l'Ancre à quinze brasses, & y vismes plusieurs pescheurs Chinois qui ne s'éloignoient point de plus de trois, quatre, cinq & six milles de la terre: nous fismes aussi-tost tout ce que nous pûmes pour gagner vers le Sud; mais nous estions emportez du costé du Nord: ce qui fait voir qu'il y a là vn fort courant d'eau.

Le vingt-septiéme, vn pescheur nous vendit du poisson sec.

Le neufiéme Aoust, nous nous trouuâmes proche des Isles de la Chine, qui sont en grand nombre: nous moüillâmes à quinze brasses, selon nostre Carte & la hauteur que nous auions prise. Nous deuions voir le Cap de Somber; mais nous ne découurîmes point de terre, & nous jugeâmes par là que ce Cap deuoit estre plus vers le Nord, que les Cartes ne le mettent.

L'onziéme nous leuâmes l'Ancre, & nous courûmes vers l'Isle de Lanquin, qui est sous la hauteur de vingt-huict degrez & demy de Latitude Septentrionale: elle a du costé du Nord vne rade qui est assez bonne: nous l'auions reconnuë en cherchant des rafraîchissemens; nous y en trouuâmes fort peu; il y auoit seulemét vn peu d'eau douce. Côme nous y estions, quelques Chinois vinrent à nostre bord auec leur Scampan, & donnerent à chacun de nos Vaisseaux cinq corbeilles plaines de sucre blanc: c'estoient à ce que nous en pûmes juger, des Pirates Chinois, qui pirattoient mesme sur leur compatriotes. Le iour suiuant, nous fismes prouision d'eau, & nous nous mismes à la voile, mais nous aduancions fort peu.

Le dix-huitiéme, nous moüillâmes l'Ancre au costé de l'Oüest de la mesme Isle, & en vne meilleure rade que n'estoit la premiere; c'estoit vn Havre où nous estions à couuert quasi de tous vents. Il seruoit de retraite à ces pirates, dont ie viens de parler. Tous les iours ils nous apportoient quelques rafraîchiſſemens qu'ils ſçauoient bien trouuer ailleurs que dans cette Iſle ; mais c'eſtoit vn petit ſecours pour vn auſſi grand nombre d'hommes que nous eſtions. Ils s'offrirent de ſuiure noſtre Eſtendard, ſi nous voulions faire voile auec eux le long de la coſte de la terre ferme, & nous aſſeuroient qu'ils nous y feroiét trouuer des rafraichiſſemens en abondance, & que nous ne manquerions point de places pour mettre pied à terre ; mais nous ne crûmes pas à propos de receuoir cette offre. Ils mettoient diuers pauillons ſur leurs petits Vaiſſeaux, comme ſ'ils euſſent eſté Sujets de Princes eſtrangers, pour piller ainſi ceux meſmes de leur pays. Nous nous remîmes à la voile, pour nous rejoindre à nos autres Vaiſſeaux qui eſtoient vers l'Iſle de Piſcador : nous y arriuâmes le vingt-deuxiéme de Septembre, auec vn temps fort inconſtant : nos gens eſtoient occupez à y faire vn Fort, nous y trouuâmes deux Gallions & vn petit Vaiſſeau qui eſtoient venus de Batauia pendant noſtre abſence ; à ſçauoir, le Gallion du Lion d'or, le Samplon, & le Brigantin Sinekepure.

Le iour ſuiuant, il y vint deux Brigantins de la coſte de la Chine : ils en auoient laiſſé vn troiſiéme derriere eux qui ſe perdit ſur cette meſme coſte ; mais on en auoit ſauué le monde & le canon : en quoy les Chinois les auoient fort aydez. Ces Brigantins auoient eſté commandez pour eſtablir le commerce auec ceux de la Chine, & les Chinois les auoient renuoyez auec de grandes eſperances, & auoient promis de dépeſcher vn Ambaſſadeur aux Iſles de Piſcador pour traiter de plus prés. Ce qu'ils firent ; les Ambaſſadeurs vinrent auec quatre petits Vaiſſeaux qu'ils appellent des Ioncques, & traiterent du commerce auec noſtre Commandant & le Conſeil des Indes : mais on n'y auança rien ; car ils ne tenoient aucune des paroles qu'ils nous donnoient, ne cherchant dans ce traité qu'à nous faire ſortir des Iſles de Piſcador ; ce qui eſtoit directement contraire à l'ordre que nôtre General nous auoit donné.

Le dixiéme Octobre, le Vaiſſeau du Lion d'or ſe mit à la voile pour aller à Iamby.

Le dix-huitiéme, nous fûmes commandez auec deux Gallions & cinq petits Vaiſſeaux, pour aller à la riuiere de Chincheo à la coſte de la Chine, pour voir ſi nous les pourrions obliger à traiter auec nous par la crainte de nos forces & de nos armes ; mais nous deſcendîmes dix milles plus bas qu'il ne falloit. Trois de nos Vaiſſeaux s'eſtoient ſeparez de nous, il nous en reſtoit encore cinq. Nous entrâmes dans vne Baye, & nous brûlâmes ſoixante & dix Ioncques, tant grands que petits. Il faut que ie rapporte icy vne choſe qui merite d'eſtre ſçeuë. Partie de noſtre Equipage auoit eſté commandée pour amener à noſtre bord deux petits Ioncques ou Vaiſſeaux Chinois, le vent les empeſchant d'en pouuoir venir à bout. Ils moüillerent l'Ancre, ayans auec eux le Batteau de noſtre Nauire & l'Eſquif. Ils perdirent la nuict leurs Ancres, & le vent emporta vn de ces Ioncques, dans lequel il y auoit vingt-trois de nos Matelots & deux Chinois. Le Brigantin Victoria s'eſtoit approché d'eux pour les ſecourir : ce qu'il ne pût faire, à cauſe du mauuais temps & de l'obſcurité de la nuict. Ceux de nos gens qui eſtoient dans l'autre Ioncque, ſauterent dans leur Batteau, & mirent le feu au Ioncque qu'ils deuoient amener ; mais comme ils ne ſe pouuoient ſeruir que difficilement de la voile, ils reſolurent de moüiller l'Ancre. Deux heures apres, leur cable ſe rompit, & furent jettez de nuit ſur la coſte auec grand danger de s'y perdre ; leurs meſches eſtoient eſteintes, & dauantage les peuples de cette coſte leur eſtoient ennemis, & eux en trop petit nombre pour leur reſiſter, n'eſtans en tout que quatre hommes & deux mouſſes. Ils attendirent auec beaucoup d'inquietude qu'il fit iour : les Chinois vinrent à eux ; ils prirent leurs armes, & ſe mirent à faire du bruit, comme ſ'ils euſſent eu la reſolution de leur aller au deuant. Les Chinois qui ne pouuoient pas connoiſtre leur foibleſſe dans l'obſcurité.

de la nuict, s'en retournerent, & les nostres qui mouroient de peur leur en firent
beaucoup. Ce leur fut vne marque asseurée de la protection de Dieu; & le iour
estant venu, ils se resolurent d'abandonner leur Batteau, à cause qu'il s'estoit
échoüé en vn lieu d'où il estoit difficile de le tirer pour le mettre en mer, & crû-
rent qu'il leur seroit plus facile de passer par terre le mousquet sur l'épaule & l'é-
pée au costé, jusques à la riuiere de Samnitiu, où il y auoit deux de nos Brigantins. Pour ce qui est des vingt-trois Matelots qui auoient esté emportez dans l'autre Ioncque, furent pris prisonniers.

  Ces quatre Matelots que ie viens de dire, & qui auoiët pris resolution d'aller par
terre, n'entendoient point la langue du pays, & ne voyoient point de Ioncques,
ny aucune marque qui leur pût enseigner le chemin qu'ils auoient à faire, pour
gagner nos Brigantins. Ils furent apperceus par des Chinois, qui détacherent
deux hommes pour leur parler; mais nos gens qui estoient tousiours sur leur garde, leur presenterent la bouche de leurs mousquets, firent mines de vouloir tirer
sur eux, & s'ouurirent ainsi le passage. Ils trouuerent en chemin vne petite maison,
où il y auoit vn homme & vne femme : ils y entrerent, y allumerent leurs mes-
ches, & les nettoyerent; car en prenant terre, elles s'estoient moüillées. Ils trouuerent à manger dans cette maison; l'homme qui y estoit leur donna du Rys : &
apres auoir remercié leurs hostes, ils continuerent leur chemin en diligence. Ils
virent le long de la coste les corps de six ou sept Chinois qui estoient exposez aux
chiens & aux oyseaux : ils auoient esté tuez par les nostres, & il estoit aysé à nos
quatre hommes de juger le traitement qu'on leur eût fait s'ils eussent esté pris.
Voyans qu'il n'y auoit point de quartier à esperer, ils resolurent de se deffendre
jusques à l'extremité. Ils furent découuerts en suite par vn gros de Chinois, qui
estoit bien de deux cens hommes; ces gens se mirent à fuyr aussi-tost qu'ils les
eurent apperceus. L'apresdînée, ils vinrent prés de nos Brigantins, & tirerent
auec leurs mousquets, pour faire entendre qu'ils estoient là, & que ceux des Brigantins les vinssent prendre. Sept ou huit cens Chinois vinrent au bruit de cette
mousquetterie, armez de coulteaux & de picques : les nostres leur tirerent quelques coups, ne croyant pas en deuoir attendre autre chose que la mort : mais les
Chinois estónez de leur resolution de mourir les armes à la main, se retirerët: il en
demeura pourtant quelques-vns de cette troupe, qui s'arresterent à quelque distance de nos gens, & se mirent à leur jetter des pierres. Il paroissoit bien qu'ils
n'auoient iamais entendu tirer d'armes à feu; car ils en auoient grand' peur. Enfin, ils parlerent à nos gens, leur offrirent la paix, & les menerent dans vn village : ils y trouuerent quelque deux mille Chinois qui les regardoient auec estonnement, & sembloient n'auoir iamais veu d'Hollandois. Ils menerent nos gens à
leur Temple, leur donnerent à boire & à manger, & vn peu de tabac : nos quatre
Hollandois ne se separoient point l'vn de l'autre, & tenoient tousiours leurs armes en estat, apprehendans la surprise. Toute leur mesche estoit brûlée; ils dé-
chirerent leurs chemises, & en accommoderent les morceaux en forme de mesche, le mieux qu'ils pûrent. Ils sortirent du village, & remercierent leurs hostes
de l'honnesteté auec laquelle ils les auoient receus, fort aises d'en estre échapez si
heureusement, & de voir que personne ne les suiuoit; car à peine leur restoit-il
assez de poudre pour tirer quatre coups. Comme ils furent vers la coste, ils trouuerent vn petit Batteau Chinois, qu'ils détacherent pour se mettre en mer, mais il
estoit tellement rompu, qu'il coula à fonds. Ils se sauuerent à nâge, & entrerent
dans la maison d'vn pescheur pour y passer la nuict. Ils entendirent pendant la
nuict, le bruit d'vn party de Chinois qui estoit proche de la maison : le matin ils
firent des radeaux le mieux qu'ils pûrent, & passerent par ce moyen jusques au
Brigantin, qui se mit aussi-tost à la voile : S'ils eussent tardé vn peu dauantage,
ils eussent esté obligez de demeurer dans le pays. Ces accidens font assez voir
qu'vn homme peut reuenir de bien loin, quand il est assisté de la protection

de Dieu ; car fans vn grand miracle , quatre hommes n'auroient pas pû fe fauuer
d'entre les mains de tout vn Peuple ennemy.

Le deuxiéme Nouembre , le Brigantin nommé faint Nicolas , paffa proche du
lieu où leur Batteau eftoit demeuré, trouuerent que les Chinois en auoient ofté la
Voile , le Maft , les cordages , le fer qui eft au bout , & deux pierriers : Ils le mirent en mer ; & s'en eftans feruis pour aller à terre, ils en rapporterent dix Cabrits,
& trois ou quatre Pourceaux , & reuinrent ainfi auec le Batteau à noftre bord.

Le quatriéme , le Batteau du Vaiffeau nommé l'Ours , prît deux Ioncques &
vingt-cinq hommes dedans : on mit le feu aux Ioncques , & les gens qu'on auoit
trouué dedans furent mis fur le Brigantin de faint Nicolas.

Le neufiéme , noftre Maiftre Pilote mourut en mer ; nous l'enterrâmes dedans
vne Ifle qui eft fous la hauteur de vingt-trois degrez. Le mefme iour , le Batteau
du Vaiffeau nommé l'Ours , donna la chaffe à plufieurs Ioncques ; mais il s'éleua
vne fi forte tempefte , que la mer l'emporta , auec dix-huict hommes qui eftoient
dedans, & entre-eux vn de nos meilleurs hommes; ce qui nous affligea beaucoup.
On enuoya le Brigantin Fictoria pour les chercher ; mais ils n'en apprirent point
de nouuelles : tellement qu'eftans à l'Ancre en ce lieu , nous fîmes perte fur nos
deux Vaiffeaux de quarante de nos meilleurs hommes ; ce qui nous affligeoit extrémement.

Le vingt-cinquiéme , nous vinfmes deuant la riuiere de Chincheo , & nous mîmes fous l'Ifle proche d'vn village que les Habitans abandonnerent. Nous y trouuâmes quarante teftes de beftail , entre lefquelles il y auoit des Pourceaux : nous
eufmes auffi des Poulles ; ce qui vint fort à propos pour nos gens , parmy lefquels
la maladie auoit commencé à fe mettre ; vn femblable rafraîchiffement ayant
beaucoup feruy à leur guerifon, on commanda trois Brigantins pour entrer dans la
riuiere. Ils mirent leurs gens à terre proche d'vn village qu'ils prirent , & efcar-
moucherent brauement auec les Chinois. Ceux du pays, apres auoir ainfi mefuré
leurs forces, attacherent enfemble neuf Ioncques, y mirent le feu, & les laifferent
defcendre fur nos Vaiffeaux, efperans par ce moyen y mettre le feu ; mais la chofe
ne leur reüffit pas.

Le vingt-huitiéme nous approchâmes d'eux , auec deux Vaiffeaux ; nous
tirâmes noftre groffe Artillerie vers vn endroit , d'où ils auoient tiré auec fept
pieces de fonte fur nos Brigantins : cinquante de nos Soldats qu'on auoit mis à
terre , firent tefte auec beaucoup de refolution , quoy qu'ils euffent affaire à plufieurs milliers d'hommes : leur Artillerie & les noftres retournerent à bord , apres
auoir brûlé quatre de leurs Ioncques qui eftoient deuant le village.

Le vingt-neufiéme , vn Chinois paffa vers nous ; mais il nous parut eftre à demy fol. Nous leuâmes l'Ancre , & tirâmes en paffant fur vne Ville ; & ceux de la
Ville nous répondirent auec des pieces de fonte : Nous receûmes quelques coups
dans noftre Vaiffeau ; nous brûlâmes vn Ioncque : Le Vaiffeau nommé l'Ours
auec vn Brigantin , couroit de l'autre cofté de l'Ifle , où ils virent deux gros villages & deux grands Ioncques qui s'y eftoient arreftez. En paffant , nous refolûmes
d'attaquer ces deux villages ; ce que nous entreprîmes le trentiéme du mefme
mois , auec foixante & dix moufquetaires. Nous trouuâmes que les Habitans
abandonnoient leurs villages , & fe retiroient dans le Fort qui en eftoit proche , jufques où nous les fuiuîmes. Ils firent deux forties auec des cris fi horribles,
qu'il fembloit que le monde allât s'abîmer. Ils vinrent hardiment à nous ; nous
les attendîmes de pied ferme , nous nous mélâmes auec eux l'épée à la main ; ils
tinrent ferme quelque temps , jufques à ce que nos moufquetaires eurent fait feu
fur eux , & en euffent tué quelques-vns ; car alors ils lâcherent le pied , & tâcherent de gagner leur Fort jufques où nous les menâmes toufiours battans : ils y per-
dirét la meilleure partie de leurs gens, des noftres nous ne trouuâmes à dire que le
Barbier du Vaiffeau nómé l'Ours ; nous n'auós iamais pû fçauoir s'il auoit efté tué,

où s'il auoit esté pris prisonnier: nous mîmes le feu à leurs Ioncques & au Village, & nous retournâmes le soir au bord auec vn bon butin, de Porcs, de Cabrits, de Poulles, & beaucoup de moubles : Nous tuâmes ces bestes la nuit ; afin d'en manger le iour suiuant, & reprendre nos forces abbatuës par le trauail & la fatigue de cette entreprise.

Le deuxiéme de Decembre, nous retournâmes à terre ; nous pillâmes vn autre Village, & nous y mismes le feu. On y trouua dans vn magazin vingt balles de soye, & on les porta auec d'autre butin à bord.

Le iour suiuant, nous fismes voile pour gagner vne autre Isle, où il y auoit vne tour ; nous n'y trouuâmes personne. Nous moüillâmes à cinq brasses & demie, la marée estant haute : comme elle fut basse, nous nous trouuâmes à sec ; ce qui nous fit juger que les marées de ces costes sont grandes. La mesme nuict, comme la mer montoit, les Chinois nous enuoyerent deux Ioncques où ils auoient mis le feu, & les laisserent aller sur le Vaisseau nommé l'Ours, qui auoit moüillé au dessus de nous. Il sembloit qu'vn des deux deût tomber sur la proüe de nostre Vaisseau, nous en estions en grand' peine : les regardans venir de dessus le Tillac, chacun en disoit son aduis. Pour moy, ie les asseurois qu'il ne nous feroit point de mal : le Marchand Nieuwen Roode qui estoit proche de moy, me disoit ; Maître, coupons le cable. Ie luy dis que c'estoit vn fort mauuais party, & qu'estant proche de la coste, nous y perdrions nostre Vaisseau, qu'au contraire nous ne receurions aucun dommage du Ioncque. Comme il fut tout proche de nous, ceux qui estoiët persuadez côme le Marchand qu'il ne manqueroit point de nous brûler, crioient coupe la corde, coupe la corde. Ie criois au contraire ; Gardez-vous bien de la couper ; car si vous la coupez, le Vaisseau est perdu, ne faites pas cette faute. Quand le Marchand vid que les Matelots qui auoient desia commencé à hacher la corde, cessoient de la couper, & m'obeyssoient, il crût que le Ioncque estoit desia attaché à nostre bord, & me dit ; Maistre, ce sera vostre faute, & vous en répondrez : cela me fit peur, & les Mariniers qui s'en apperceurent, vouloient couper la corde. Ie ne laissay pas de leur crier ; il ne nous touchera point, ne coupez pas la corde. Ce qui arriua en effet ; car il passa sans nous faire autre mal, que de brûler vn petit Batteau qui estoit attaché derriere nostre Vaisseau ; car ie tournay le gouuernail d'vn bord à l'autre, & ie fis faire vn tour entier au Vaisseau, qui éuita ainsi la rencontre du Brûlot ; & ce fut apres Dieu la cause de nostre salut.

Le quatriéme du mesme mois, nous leuâmes l'Ancre, & nous fismes voile vers l'Isle qui est à l'emboucheure de la riuiere d'où nous auions remporté quarante restes de bestail, comme ie viens de dire ; nous y prîmes de l'eau, & nous en partîmes le septiéme du mesme mois pour aller vers l'Isle de Piscador : le vent estoit si grand, que nous ne pouuions porter de voiles, & ainsi nous ne pûmes entrer dans l'emboucheure. Nous moüillâmes sous l'Isle la plus proche, à quinze brasses de fonds, qui est à l'Oüest de l'emboucheure de la riuiere.

Le neufiéme, nous perdîmes nostre Ancre, & nous en jettâmes vne autre : le cable apres auoir tenu quatre heures rompit aussi : nous fûmes emportez par la tempeste vers le Nord-Est & le Nord Nord-Est.

Le dixiéme, nostre Vaisseau se trouua si plein d'eau, qu'on auoit assez à faire à la tirer auec deux pompes. Il y auoit bien sept pieds d'eau dans le Vaisseau, la pompe de derriere estoit salle, & ne pouuoit seruir ; car il y auoit dans la chambre sur le derriere du Vaisseau de la paille ou gerbes de Rys, les grains du Rys entroient par vn trou dans la pompe, & l'auoient presque renduë inutile : nous fusmes obligez de jetter le Rys hors le bord ; car nous apprehendions qu'il ne bouchât tout à fait les conduits par lesquels l'eau entroit dans la pompe.

Le treiziéme & quatorziéme, le temps se trouua propre pour faire nostre voyage : nous nous trouuâmes justement sous la coste de la Chine, & approchâmes du Vaisseau nommé Haerlem, dont mon frere estoit maistre : il auoit aussi tâché d'aller à l'Isle de Piscador; mais la tempeste l'en auoit empesché. Il vénoit du Iapon; nous nous tinsmes compagnie quatre iours, & fusmes enfin obligez d'aller chercher vne rade le long de la coste de la Chine; car nous auions esté emportez plus bas que nous ne voulions.

Le vingtiéme, le Vaisseau Haerlem prît sept petits Batteaux Chinois, auec trois Ioncques & trente-six hommes dedans : ils estoient chargez de sel, de poisson salé, & autres marchandises. Le mesme iour, on trouua à propos de prendre dans nostre Vaisseau les marchandises que le Vaisseau d'Haerlem auoit apportées du Iapon; car ce Vaisseau estoit foible, & en tel estat, qu'il ne pouuoit pas durer long-temps sans estre radoubé, au lieu que le nostre estoit encore bon. Nous fismes donc place dans le nostre, & nous commençâmes le iour suiuant à charger. Deux Chinois vinrent de terre dans vn petit Batteau au Gallion d'Haerlem, & y apporterent bon nombre de Pommes, de Poules, & de Pourceaux : ceux du Vaisseau leur rendirent en recompense leur Ioncque; on fit prouision d'eau.

Le premier Ianuier, il fut trouué à propos que le maistre Pilote Iean Gerritsz de Naeyer passât auec enuiron six personnes du Gallion de Haerlem dans le nôtre, & nostre second Pilote nommé Geleyn Cornelissz passât auec quelques autres dans le Vaisseau Haerlem pour aller à Batauia, & de là en Hollande. Les Marchands estoient ce jour-là occupez à écrire des lettres, les vns à Batauia, les autres aux Isles de Piscador : nous mismes aussi quarante-huit Chinois sur le Gallion d'Haerlem, qui partit le quatriéme pour aller à Batauia. La nuit les Chinois reprirent vn de leurs Ioncques, qui estoit tout proche de nostre Vaisseau; & quoy que nous tirassions dessus, ils ne laisserent pas de passer outre; car nous n'auions point de Chaloupe pour courir apres.

Le cinquiéme, quelques Chinois vinrent pescher proche de nous; nous connûmes par là qu'ils estoient aduertis que nous n'auions point de Chaloupe : les Charpentiers trauailloient tous les iours pour en faire vne; nous auions eu du Gallion d'Haerlem vne voile à demy vsée; nous nous en seruîmes pour r'accommoder celles de nostre Batteau & de nostre Vaisseau; nous faisions bonne garde la nuiét, de crainte des Brûlots que les Chinois nous auroient pû attacher.

Le septiéme, nous mismes à la voile pour nous mettre en mer; mais le vent estant contraire, nous fusmes obligez de relâcher, & de nous remettre en nostre ancienne rade : nous prîmes estant à la voile vn Ioncque, dans lequel nous trouuâmes trois cables & d'autres cordages; apres les auoir ostez, nous y mismes le feu, les Mariniers s'en estoient enfuys; ces cordages nous vintent fort à propos.

Le neufiéme & dixiéme, nous trouuâmes que la voile de nostre Esquif, son Mast, & ses autres apprests, estoient en bon estat : nous ne laissâmes pas de demeurer à l'Ancre, à cause que le vent n'estoit pas propre.

L'onziéme, nous vismes sur le soir deux Ioncques sur la coste : le Marchand vouloit qu'on leur donnât la chasse; mais ie crû qu'il n'estoit pas à propos, à cause qu'il estoit tard, que le temps estoit mauuais, & qu'il y auoit apparence qu'il deuiendroit encore plus rude; car le Ciel estoit couuert de tous costez. Ie dis aussi qu'il ne falloit pas hazarder si aysément son monde : ces raisons les arresterent; & en effet, il fit si grand vent la nuiét, que nous eûmes sujet de nous réjouyr de ce que le Batteau estoit demeuré dans nostre bord. Le matin du iour suiuant, nous fusmes apres vn Ioncque qui louioit sur la Baye; mais auant que de le pouuoir joindre, quatre Ioncques armez en guerre vintent à son secours, & firent grand feu sur nous. Ils estoient tout proche de la terre, & nous vismes sur la riue enuiron mille hommes en armes; ce qui nous obligea de le quitter, & de retourner à nostre bord.

La nuiét du quatorziéme à la premiere garde, ie donnay la chasse auec le Batteau, à vn autre Voile. Ils se mirent en estat de se deffendre, tirerent l'espace de deux heures fur nous ; & comme nous apprehendions de nous éloigner trop du Vaiſſeau, & qu'il y auoit peu d'apparence d'en venir à bout, nous y retournâmes ſur le matin.

Le quinziéme, le Pilote alla attaquer vn Ioneque qui venoit de Teyſing : il l'attaqua chaudement ; mais il fallut enfin l'abandonner, trois de nos gens y furent bleſſez, & entre ceux-là vn, d'vne bleſſure mortelle ; car l'arme dont il auoit eſté bleſſé eſtoit empoiſonnée.

Le dix-huitiéme, ie donnay la chaſſe auec le Batteau à cinq Ioneques ; l'vn des cinq continua ſa route, les quatre autres vinrent à l'abord de nous, & mirent en ordre leurs armes & leurs Artilleries ; car c'eſtoient des Ioneques armez en guerre. Apres les auoir vn peu taſtez, nous nous en retournâmes : les Ioneques nous ſuiuirent, ceux de noſtre Vaiſſeau apprehenderent qu'ils ne nous attaquaſſent, & mirent en eſtat de pouuoir tirer ſur eux les deux canons qui eſtoient à la poupe ; car ils approchoient du Vaiſſeau : mais quand nous fûmes à quelques mille pas du Vaiſſeau, nous pliâmes nos Voiles, & nous nous miſmes à ramer droit contre le vent ; les Ioneques qui ne pouuoient pas faire la meſme choſe, nous quitterent. Sur le ſoir, nous retournâmes à bord, & fiſmes voile la meſme nuiĉt auec vn vent Nord-Oüeſt.

Le dix-neufiéme au matin, nous nous trouuâmes éloignez demy-mille de la terre, j'entends de la pointe du Teyſing ; Petra Blanca eſtoit au Sudeſt de nous, enuiron la diſtance de cinq milles : ce lieu eſt ſous la hauteur de vingt-deux degrez & vingt minutes ; nous fiſmes voile le long de la coſte. Le meſme iour, on regla la ration de l'Equipage à vne pinte d'eau par iour.

Le vingtiéme, le vent nous eſtoit contraire. Sur le ſoir, nous jettâmes l'Ancre à dix-ſept braſſes enuiron ſix milles hors de la terre Nord à l'Eſt de Catsje : ce que nous fiſmes, à cauſe que nous voyons que nous ne pouuions aduancer auec la voile. Nôtre cable ſe rompit en cét endroit, il fallut remettre les voiles au vent, & le mauuais temps nous obligea le iour ſuiuant de retourner à la rade, enuiron huiĉt milles à l'Eſt du Teyſing.

Le vingt-deuxiéme, nous enuoyâmes noſtre Vaiſſeau vers la terre, pour voir ſil ne pouuoit point trouuer vne meilleure rade. Nous fiſmes voile ſur leur rapport, & nous Ancrâmes à la portée d'vn canon en vne bonne rade.

Le vingt-troiſiéme au matin, le vent fut encore contraire : il eſtoit Nord-Eſt, & faiſoit grand froid.

Le vingt-quatriéme, celuy qui auoit eſté bleſſé neuf iours auparauant, mourut ; il ſ'appelloit Henry Bruys de Bremen.

Le vingt-cinquiéme, nos Charpentiers acheuerent la Chaloupe.

Le vingt-ſeptiéme, noſtre Marchand fut à terre auec la Chaloupe & le Batteau, pour voir ſil ne pourroit point trouuer d'eau ; mais ce fut inutilement. Nous viſmes quelques Ioneques qui eſtoient dans la riuiere, & fiſmes tirer ſur eux noſtre mouſquetterie ; mais ils nous répondoient auec leurs canons de fonte, & alloient à la voile, tellement que nous reuinſmes ſans rien faire.

Le vingt-huitiéme, noſtre Pilote prit vn petit Ioneque qui eſtoit chargé de poiſſon ſec & de poiſſon ſallé : les huiĉt Chinois qui eſtoient dedans ſe rendirent, ſans faire aucune reſiſtance.

Le vingt-neufiéme & le trentiéme, nous fiſmes diuerſes entrepriſes ſur des Ioneques & ſur des Batteaux de peſcheurs, mais nous n'en priſmes qu'vn auec cinq hommes. Nous cherchâmes de l'eau, & j'en trouuay qui eſtoit fort bonne & fort ayſée à charger. Les iours ſuiuans juſques au ſeptiéme de Feurier, nous chargeâmes noſtre eau : le temps continuoit touſiours à eſtre inconſtant, & le vent à eſtre contraire à noſtre voyage.

Le huitiéme Feurier, nous fuſmes à terre auec le Batteau & la Chaloupe, & vingt-ſept mouſquetaires, pour vne entrepriſe que nous deuions faire à terre : nous entrâmes dans vn village, d'où les Habitans ſ'eſtoient enfuys ; nous marchâmes vn peu

dans

dans le Pays, & trouuâmes vn troupeau de Buffles ; nous en ramenâmes dix-sept à noſtre bord, auec quatre Pourceaux, & quelques Poulles ; le temps eſtoit toûjours mauuais.

Le dixiéme, le Marchand retourna à terre auec le Batteau & l'Eſquif, & vingt-cinq mouſquetaires. Ils ſ'auancerent dans le Pays, & entrerent dans vn village, dont tous les Habitans eſtoient ſortis ; ils retournerent à bord apres y auoir mis le feu.

L'onziéme, noſtre petit Ioncque fut renuersé & coulé à fonds ; nous en ſauuâmes le Maſt de cinquante-neuf pieds de long ; noſtre Batteau retourna à terre pour apporter des gerbes de Rys qui nous ſeruoient de fourage pour les Buffles.

Le douziéme, nous fiſmes vne autre entrepriſe auec cinquante hommes : ils coururent dans les villages voiſins, où ils virent quelques Buffles ; mais ils ne les pûrent prendre. Ils rapporterent ſeulement quelques ſacs pleins d'aulx & d'oignons, & retournerent à bord apres auoir couru bien deux milles auant dans les terres.

Le quinziéme, noſtre maiſtre Pilotte fut mis aux fers, à cauſe que le feu auoit pris dans ſa chambre. Le ſoir, on le mit en liberté : nos Charpentiers raſſeurerent noſtre grand Maſt.

Le 18. nous jettâmes hors le bord vn de nos hommes qui eſtoit mort la nuit precedente. Il ne ſe paſſoit gueres de iours que nous ne fiſſions quelque entrepriſe auec nos Ioncques, noſtre Chaloupe & noſtre Batteau, tantoſt ſur les peſcheurs, tantoſt ſur les Ioncques Chinois ; mais le plus ſouuent auec peu de ſuccez. Le temps eſtoit toûjours vilain & faſcheux.

Le vingtiéme, nous priſmes vn Ioncque auec quatorze Chinois ; ils nous dirent qu'ils venoient de la riuiere de Chincheo, & que le Commandant des Hollandois auoit conclud le traité auec les Gouuerneurs du Pays ; nous ne laiſsâmes pas de le prendre, & de mettre ſa marchandiſe dans noſtre Vaiſſeau.

Le dixiéme Mars, vn Oyſeau paſſa ſur noſtre Vaiſſeau, & fut tué en volant.

Le quatorziéme, nous miſmes quaſi tout noſtre monde à terre ; noſtre Batteau eſtoit ſur la Greue pour le nettoyer & le calfader, & retournâmes le ſoir dans le Vaiſſeau.

Le dix-ſeptiéme, vn de nos Mariniers mourut.

Le dix-huitiéme, le temps fut inconſtant, auec tonners, éclairs, & pluyes. Le ſecond Pilote mourut la nuit de ce iour ; il n'y auoit que cinq ſemaines & demie qu'il eſtoit entré dans cette charge.

Le vingtiéme, trois de nos Chinois priſonniers ſauterent hors le bord, eſperans ſe pouuoir ſauuer auec le Batteau ; mais la ſentinelle les découurit : on en reprit vn, les deux autres ſe noyerent.

Le trentiéme, nous priſmes deux Ioncques & vn Vaiſſeau de peſcheurs, auec vingt-ſept hommes.

Le deuxiéme Auril, nous miſmes à terre deux Chinois, qui nous promirent de nous apporter des rafraîchiſſemens pour leur rançon ; l'vn eſtoit bleſſé, & l'autre fort vieil & fort caſsé.

Le cinquiéme, nous viſmes deux Chinois qui crioient qu'on les vint prendre, pour les porter dans le Vaiſſeau ; nous enuoyâmes noſtre Scampan pour les prendre, & il ſe trouua que c'eſtoit vn de ceux que nous auions mis en liberté deux iours auparauant. Ces deux Chinois apporterent de nuit dans noſtre Ioncque, des Poulles, des Oeufs, des Porcs, des Citrons, des Pommes, des Cannes de ſucre, & du Tabac, vn peu de chacune de ces choſes qu'ils nous donnerent en reconnoiſſance de la liberté que nous leur auions renduë. Grande vertu à la verité, & qui deuroit faire honte à beaucoup de Chreſtiens qui ne ſongent gueres à tenir leur parole, lors qu'ils ſont ſortis de la neceſſité qui les a obligez de la donner.

Le ſixiéme, nous reſolûmes de mettre en pieces vn Ioncque, & charger le bois fur vn autre pour le porter à l'Ifle de Pifcador ; car nos gens auoient befoin de bois à brûler.

Le feptiéme, nous mifmes à terre les deux Chinois dont nous venons de parler.

Le huitiéme, il vint vn petit Batteau auec deux autres Chinois, qui nous apporterent comme les autres auoient fait, quelques rafraîchiffemens, des Oeufs, des Poulles, des cruches pleines d'Arac ou vin. Nous leur promifmes en recompenfe de mettre en liberté deux hommes, dont l'vn eftoit blefsé. Ils nous firent efperer qu'ils nous apporteroient d'autres rafraîchiffemens ; ils nous donnerent encore vingt-cinq pieces de cinquante-huit fols, & f'en retournerent à terre. La nuit, ce Ioncque que nous voulions mettre en pieces, coula à fonds.

Le neufiéme & dixiéme, nous allâmes querir de l'eau pour noftre Ioncque & pour noftre Vaiffeau ; nous mifmes dix-fept hommes de nos gens fur le Ioncque, afin qu'ils pûffent faire voile auec nous vers les Ifles de Pifcador, auffi-toft que le vent feroit propre pour cette Nauigation.

L'onziéme, les deux derniers Chinois qui eftoient venus à noftre bord, y reuinrent auec cinq Porcs, quelques Oeufs, des Raifins, des Pommes, des Figues, & femblables rafraîchiffemens.

Le douziéme, nous eûmes vne grande tempefte, & nous abbatîmes toutes nos Voiles ; vn petit Vaiffeau Chinois fut emporté d'auprés le noftre, auec vn de nos Matelots. Nous enuoyâmes noftre Chaloupe aprés ; elle fauua noftre homme ; mais elle ne pût pas ramener le petit Batteau, elle tâcha de le remorquer à force de rames, l'abandonna enfin, & retourna au Vaiffeau.

Le treiziéme, nous permîmes de retourner à terre aux deux Chinois qui nous auoient apporté des rafraîchiffemens, & nous leur donnâmes les deux hommes que nous leur auions promis.

Le quinziéme, nos Mariniers voulurent éprouuer deux pieces de fonte qu'ils auoient mifes fur de nouueaux affufts ; ils les chargerent auec double charge, la bouche tournée vers le Ioncque. Dans le temps qu'ils y mettoient le feu, vn jeune homme fe trouua par hazard vis-à-vis pour faire de l'eau, ne fçachant rien de ce qui fe paffoit derriere luy ; la piece tire, & emporte les jambes à ce jeune homme : ce fut à la verité vn grand mal-heur & vne grande imprudence à celuy qui y mit le feu. L'apresdînée nous tuâmes dans noftre Vaiffeau vn Taureau & vn Porc, pour folemnifer le iour fuiuant, qui eftoit le iour de Pafques ; & cependant que l'on eftoit occupé à cette befogne, noftre Miniftre & fon Affiftant furent volez.

Le feiziéme, qui eftoit le iour de Pafques, on ofta les fers à ceux qu'on y auoit mis, à caufe du vol que ie viens de dire, pour entendre la predication, & mangerent auec nous leur part du Taureau. Le temps fut toufiours inconftant, & le vent fort variable.

Le dix-neufiéme, on coupa la jambe à ce jeune homme qui auoit efté blefsé par inaduertance, & il mourut vne heure apres.

Le vingtiéme, le temps demeura toufiours inconftant ; le vent Eft-Nord-Eft ; nous abbatîmes nos maffoteaux ou petits Mafts ; nous jettâmes vne autre Ancre, & les deux Chinois qui f'eftoient feparez de nous le treiziéme, retournerent à noftre bord, & nous apporterent quelques rafraîchiffemens. Ils nous dirent qu'il y auoit deux cens Ioncques qui deuoient venir pour nous tafter le poulx. Sur cét aduis, nous nous mifmes en eftat de les bien receuoir.

Le vingt-feptiéme, nous tirâmes dans le Vaiffeau noftre petit Scampan ; nous auions grande enuie de nous mettre à la voile, car nous n'ozions pas demeurer plus long-temps en ce lieu ; mais la tempefte & le vent, tout à fait contraire, nous empefchoit d'executer cette refolution.

Le vingt-huitiéme, nous mifmes vingt Chinois dans noftre Ioncque, pour les tranfporter dans l'Ifle de Pifcador.

Le vingt-neufiéme, nous nous mîmes à la voile auec noftre Ioncque, le vent eftoit
Eft Nord-Eft.

Le premier May, le temps fut inconftant , & le matin noftre Ioncque fe fe-
para de nous, nous le vifmes affez loin , la voile auoit efté emportée, c'eft pourquoy
nous trouuâmes à propos, comme le vent croiffoit toufiours, de retirer nos gens qui
eftoient deffus. I'y fus à ce deffein auec mon Batteau, & en retiray feize hommes, &
auec eux dix Chinois feulement; car le refte f'eftoit caché. Le têps f'éleua fi fort,qu'il
l'emporta,auec dix Chinois qui y eftoiét reftez. Nous retournâmes fur le midy à bord;
& felon noftre eftime, nous eftions à quelque huit milles des Ifles qui font à l'Orient
de Macao. En ces Pays, le vent fouffle fix mois de l'année d'vn cofté , & fix mois de
l'autre, on l'appelle le Mouffon; tellement que ceux qui ne prennent pas bien ce
temps,foit qu'ils cherchét l'vne des pointes des Ifles du Pifcador, ou l'autre,il leur eft
quafi impoffible d'y arriuer jufques à tant que le Mouffon foit pafsé. En effet , nous
perdîmes beaucoup de têps,tátoft nous mettant à la voile,& tátoft l'abbaiffant. Nous
fouffrîmes auffi vne grande incommodité, à caufe de la tempefte & des maladies qui
commençoient à affliger noftre équipage faute de rafraîchiffemens : Enfin, de quatre-vingt dix hommes, nous n'en auions pas cinquante qui fe portaffent bien. Nous
rencontrâmes vn Ioncqne de la Chine fur noftre route; il eftoit chargé de marchandifes precieufes, & valoit plufieurs milliers d'écus. Il eftoit party pour aller aux
Manilles; de deux cens cinquante hommes qui eftoient dedans, nous n'en laifsâmes
que vingt ou vingt-cinq. Nous prîmes les autres dedans noftre Vaiffeau : & à leur
place, nous y laifsâmes quinze ou feize hommes , apres auoir attaché le Ioncque au
derriere de noftre Vaiffeau. Nous auions bien alors cent Chinois dans noftre bord;
& comme nous n'auions que cinquante de nos gens en eftát de feruir,il eftoit à craindre que les Chinois ne conjuraffent contre nous ; & ainfi, nous permîmes à tous nos
gens de porter l'épée à leur cofté, n'y ayant en autre têps que les Officiers feuls qui l'a
portent. La nuit, nous faifions décendre tous les Chinois dans le fonds de cale. Nous
auions mis à l'entrée de l'écoutille vne efpece de chandelier qui portoit plufieurs lampes , & qui éclairoit tellement cette partie du Vaiffeau, qu'on voyoit clair proche de
l'écoutille. Nous auions cinq ou fix hommes qui y faifoient fentinelle le fabre à la
main. Le matin , nous ouurions l'écoutille, & permettions aux Chinois de venir en
haut pour les befoins qu'ils en pouuoient auoir ; tellement qu'on y voyoit fourmil-
ler les hommes de tous coftez. I'allois quelquesfois dans la chambre pour dormir;
mais ie n'en pouuois venir à bout à caufe du bruit que faifoient nos prifonniers. Ils
fe traînoient le long du bord du Vaiffeau , & marchoient les mains & les genoux en
terre , comme f'ils euffent efté eftropiez. On me dit fur ce fujet, qu'ils auoient entre-
eux vne prophetie que leur Pays deuoit eftre conquis par des hommes qui auoient la
barbe rouffe; & comme ie l'auois de ce poil, ie remarquois qu'ils me regardoient
auec plus d'admiration que les autres; ce qu'on me rapporta comme vne tradition
qu'ils ont entre-eux; Dieu fçait ce qui en eft. Le matin, ils alloient le long des bords
du Vaiffeau & fur les bancs : ils fe tenoient propres, & fe peignoient fouuent; leurs
cheueux eftoient fi longs, que beaucoup d'entre-eux les auoient jufques au deffous
des genoux : ils les releuent fur leurs teftes auec vn ruban, en forme de treffe,& mettoient au milieu vne efpece de plume qui les tenoient droits. Nous les portâmes
tous à l'Ifle du Pefcheur, comme on auoit fait auffi tous les autres qui auoient efté
pris par les autres Vaiffeaux & Brigantins ; là on les lioit deux à deux, & on les obligeoit de porter la terre au Fort; & lors que le Fort fut acheué, on en porta bien quatorze cens à Batauia, où ils furent vendus. Cette Ifle du Pefcheur eftoit noftre rendez-vous ; cependant que nous y eftions , nous fûmes furpris d'vn fi grand houragan
ou tempefte, que la plufpart des Vaiffeaux efchoüerent; entre-autres, noftre Ioncque fut jetté bien auant fur la terre. Eftant dans l'Ifle du Pefcheur, ie receus vne
Lettre de Batauia : & mon frere qui eftoit, comme j'ay dit, maiftre fur le Vaiffeau
Haerlem, m'écriuoit qu'vn troifiéme frere que j'auois nommé Iacques , eftoit forty

d'Hollande l'année precedente, auec la mesme qualité de maistre sur le Vaisseau Maurice; qu'il estoit arriué à Batauia auec vn autre Vaisseau nommé les Armes de Rotterdam, en vn estat tout à fait miserable; car il auoit perdu en chemin enuiron deux cens soixante & quinze hommes. Le Vaisseau des Armes de Rotterdam n'auoit pas assez de monde pour se pouuoir seruir de ses Voiles; plusieurs familles entieres d'Hollande vinrent sur le Vaisseau nommé les Armes d'Hoorn, pour s'habituer à Batauia; plusieurs Hollandois aussi s'y marierent pour s'y établir leur demeure.

Le vingt-cinquiéme d'Octobre, le Commandant Cornelis Reyersz ordonna que nous irions auec cinq autres Vaisseaux vers la riuiere de Chicheo, pour la tenir blocquée, & empescher que les Ioncques n'en sortissent pour aller aux Manilles & autres places de nos ennemis. Ils presserent ceux de la Chine, comme nous auions desia fait plusieurs fois, d'entrer en commerce auec nous à Tajoüan. De nostre costé, nous leur offrions la paix & nostre amitié; & en cas de refus, nous leur deuions declarer la guerre par mer & par terre, si nous estions en estat de la faire auec aduantage pour la Compagnie, comme il estoit exprimé plus au long dans l'instruction que nous auions receuë du Commandant & de son Conseil.

Le vingt-huitiéme, nous vinsmes deuant cette riuiere; nous moüillâmes sous l'Isle des Pagodes, d'où les Habitans s'en estoient fuys, à l'exception d'vn vieillard que nous y trouuâmes : nous arborâmes vn pauillon blanc suiuant nostre instruction, esperant que quelqu'vn viendroit du lieu nommé Agymuy pour traiter auec nous.

Le vingt-neufiéme, nous trouuâmes à propos qu'on trauaillât dans chaque Vaisseau à faire trente ou quarante petits Vaisseaux de bois pour puiser de l'eau, & le plus grand nombre de seaux de cuir qu'on pourroit, & qu'on y trauaillât tant que les Vaisseaux demeureroient à l'Ancre, afin de s'en seruir pour esteindre le feu, si les Chinois nous enuoyoient des Brûlots. On ordonna aussi qu'on feroit bonne garde, & que toutes les nuits deux Esquifs se trouueroient deuant les Vaisseaux à la distance d'vn tiers de mille, pour y seruir de sentinelle, & aussi pour aller querir de l'eau : & comme il ne vint personne d'Aymuy, nous écriuismes le trentiéme vne Lettre au Totock de cette place, & nous la fismes tenir par le moyen de ce vieillard Chinois que nous auions trouué dans l'Isle. La substance de nostre Lettre estoit, que nous estions venus là pour traiter de la paix & du commerce, comme nous auions fait dans la conferance qu'on auoit euë auec eux : le reste estoit des complimens selon le style de semblables Lettres. Nous publiâmes aussi le mesme iour le suiuant Reglement dans tous les Vaisseaux.

Ordonnance, selon laquelle les gens qui sont dans les Vaisseaux qui se trouuent
maintenant dans la Riuiere de Chincheo, se doiuent conduire.

PVisque nous sommes venus dans la riuiere auec quatre Vaisseaux, pour empescher autant qu'il nous sera possible les peuples de la Chine d'aller aux Manilles & autres places, qui sont tenuës par nos ennemis; & qu'il est à presumer, que les Chinois n'obmettront rien de ce qui leur pourra seruir pour nous chasser de là. Il est de la derniere importance, que dans nos Galions, dans nos Batteaux & nos Chaloupes aussi, soit qu'elles soiét proche du bord des Vaisseaux, ou qu'elles en soient éloignez, on fasse vne garde fort exacte : & comme nous trouuons que les Mariniers ont souuent manqué à vser de cette precaution, sans considerer le dommage & l'affront qu'ils en pouuoient attendre; le Commandant & son Conseil ordonnent & commandent, comme nous ordonnons & commandons à tous les Officiers des Vaisseaux & Mariniers, sans en excepter aucun, que chacun fera sa garde en la place où il aura esté posté; sur peine, pour celuy qui manquera, ou

qui fera trouué endormy, d'auoir trois fois la cale, & cent coups de corde au pied
du Mast: Que chacun pense à éuiter ce chastiment; car cette Ordonnance fera
executée contre ceux qui y contreuiendront, fans aucune exception, l'eftat des
chofes le requerant ainfi. Fait dans le Vaiffeau de Groeningen dans la riuiere de
Chincheo, le 30. Octobre 1623.

Le premier Nouembre, vn Chinois nommé Cipzuan vint à noftre bord, &
nous dit que fi nous eftions venus pour traiter de paix & de commerce auec eux,
que nous y trouuerions beaucoup de correfpondance de leur cofté; que ceux du
pays y eftoient fort portez, & nous fit efperer que nous en fortirions auec vn heureux fuccez, adjouftant que trois cens Marchands Chinois f'eftoient affemblez,
& auoient refolu de prefenter Requefte au Kombon de Hoeckzieu, afin qu'il leur
fut permis de traiter auec nous; & que f'il leur arriuoit de perdre leurs biens, la
guerre continuant, on leur permit auffi d'armer. Qu'ils auoient refolu de
demander auec inftance la permiffion de traiter auec nous: cét homme adjoûtoit
que dans le lieu où il eftoit, il y auoit vn Hermite qui demeuroit dans la
montagne, homme fort riche, d'vne grande naiffance; qu'il auoit efté Gouuerneur d'vne Prouince; qu'il f'eftoit retiré dans cette folitude apres la mort de fa
femme qu'il aymoit fort; & qu'il n'auoit plus d'autre occupation que celle d'ayder les pauures, & ceux qui manquoient de moyens pour aduancer leurs affaires
auprés des plus puiffans; que cét homme eftoit en grande veneration auprés des
grands auffi bien qu'auprés des peuples; qu'il eftoit tenu pour vn Prophete, & que
fes paroles eftoient receuës auec la mefme veneration. Il difoit dauantage, qu'il
auoit fait entendre à cét Hermite le differend qui eftoit entre nous & ceux de la
Chine; & qu'ayant appris qu'on faifoit de grands preparatifs pour nous faire la
guerre, il auoit predit à ceux du pays, que fi on nous faifoit la guerre, ils mettoient l'Eftat en danger de fe perdre. Chriftianfranz demanda à Cipzuan, fi on
ne pourroit point parler à cét Hermite, pour luy faire entendre plus particulierement le deffein de noftre venuë; Cipzuan nous promit de faire en forte que nous
le pourrions voir. Ie le feray, adjoufta-il, afin que vous connoiffiez que j'ay deffein de vous feruir. Il partit là deffus, nous difant qu'il nous eftoit venu trouuer à
la dérobée.

Le troifiéme, il vint à noftre bord auec cét Hermite & vn autre Chinois; nous
leur declarâmes le fujet de noftre arriuée, & le deffein que nous auions. Apres
quelques raifonnemens d'vn cofté & d'autre, ils nous promirent de faire vn dernier effort pour porter l'affaire au point que nous fouhaitiôs. Nous luy donnâmes
vne Lettre de la mefme fubftance que celle que nous auions enuoyée par le vieillard Chinois au Totock, ou Gouuerneur de la Prouince; il promit de la luy mettre entre les mains. Deux ou trois iours apres, Cipzuan nous vint trouuer, auec
la réponfe du Totock ou Gouuerneur, qui portoit; qu'il auoit appris que nous
eftions arriuez fous l'Ifle des Pagodes; que nous leur demandions la liberté du
Commerce, qu'il la fouhaitoit de fon cofté, fi nous la demandions fincerement,
& non pas comme nous auions fait auparauant, auec fauffeté & deffein de les
tromper; qu'il feroit bien-aife de faire vn bon accord auec nous; que dans la derniere conferance qu'il auoit euë auec les noftres, il nous auoit monftré deux chemins pour y paruenir; l'vn de mettre en liberté les prifonniers Chinois; l'autre
d'abandonner l'Ifle du Pefcheur, qu'ils appellent en leur langage Pehoë; que
nous n'auions point voulu accepter ny l'vn ny l'autre: ce qui auoit efté caufe de la
rupture de ce traité. Nous répondimes que nous n'auions iamais eu que de bonnes & finceres intentions. Il repliqua qu'il auoit appris, que nous n'eftions venus
à autre deffein que pour piller les Chinois; & que nous n'auions apporté ny
argent ny marchandifes pour traiter. Que fi en effet noftre intention eftoit bonne,
& telle que nous la fuppofions, nous euffions donc à enuoyer vers luy vn Capitaine pour traiter & conclure vn accord à longues années, ou vne paix pour toû-

jours. Nous luy demandâmes qu'il luy plût nous permettre de venir jufques à Aymuy auec vn de nos Brigantins, à caufe que cette forte d'affaire fe traiteroit mieux eftant proche qu'eftans plus éloignez. Il nous donna permiffion quelques iours apres de venir jufques-là, auec vn ou deux de nos Vaiffeaux.

Le treiziéme, on trouua à propos que noftre Commandant fit voile vers cette place, auec deux Brigantins.

Le quatorziéme, nos Brigantins partirent, & arriuerent le iour fuiuant à Aymuy, & nous demeurâmes auec deux Vaiffeaux fous l'Ifle.

La nuit du dix-fept au dix-huit, j'allay auec le Batteau jufques aux Brigantins, pour fçauoir comment les chofes fe paffoient ; car nous commencions à nous ennuyer de la longueur de ce Traité : mais comme j'eftois en chemin, & affez proche des Brigantins, j'en vis vn qui eftoit en feu, & que l'autre auoit trois Brûlots attachez à fon bord, cependant que toute l'Artillerie des petits Vaiffeaux Chinois & celle de leurs Ioncques armez en guerre tiroit fur eux. Nous vifmes cinquante Brûlots qui defcendoient fur le Brigantin nommé l'Erafme : ils auoient auec vne ardeur extraordinaire efteint le feu d'vn de ces Brûlots, & en auoit ofté deux autres aux Chinois, dont les hommes fe fauuerent, tellement qu'ils f'eftoient tirez de ce danger par vn miracle ; mais l'équipage du Brigantin Muyden n'eût pas tant d'adreffe, car ils ne pûrent empefcher que le feu ne prit à leurs voiles, & il nous fembloit qu'ils ne f'aydoient pas beaucoup. Il brûla, & fut emporté en l'air auec tout fon monde ; ce qui nous fut vn pitoyable fpectacle. Nous allâmes tout auffi-toft trouuer nos Vaiffeaux, auec le Brigantin nommé l'Erafme ; ceux de ce Brigantin nous conterent comme la chofe f'eftoit paffée, & nous dirent qu'auffi-toft qu'ils furent arriuez deuant Aymuy, quelques deputez vinrent à leur bord ; qu'ils firent inftance que de noftre cofté on enuoya vers le Gouuerneur de nos Officiers pour traiter de cette affaire de bouche. Le Commandant le refufa, leur difant qu'il n'auoit perfonne qui y fut propre ; mais qu'il prioit le Gouuerneur de luy enuoyer quelqu'vn des fiens auec vn plain pouuoir de conclure l'accord. Les deputez retournerent à terre ; & eftans reuenus, ils nous dirent que le Gouuerneur leur auoit donné entiere authorité & vn plain pouuoir ; & que tout ce qu'ils auroient arrefté auec nous, feroit de fon cofté obferué inuiolablement. On commença à traiter, & on demeura d'accord qu'ils nous viendroient trouuer en vn lieu nommé Teyoauan, & qu'ils y apporteroient autant de foyes que les marchandifes que nous auions pouuoient valoir ; qu'ils n'iroient point à Manilla, Combodia, Siam, Patany, Ianby, & Andrigerry, fans auoir vn paffeport de nous ; qu'ils enuoyeroient cinq ou fix Ioncques à Batauia pour traiter auec noftre General, fur le fujet de l'affaire de l'Ifle du Pifcador, d'où ils nous vouloient chaffer : cét accord ayant efté fait folemnellement, ils f'en retournerent à terre. Ils reuinrent vne autre fois à noftre bord, & firent inftance que quelques-vns de nos Capitaines vinffent trouuer le Totock ou Gouuerneur, afin que l'accord fut écrit & juré en Chinois & en Hollandois ; que le Totock fouhaitoit d'écrire au Combon, que l'accord auoit efté juré en fa prefence. Ils nous amenerent trois * Mandarins pour oftages, auec trois Fléches, felon leur couftume, pour feureté de leur promeffe. Le Commandant & le Confeil des Brigantins trouuerent à propos d'y enuoyer le Commandant en perfonne, auec d'autres Officiers : comme ils furent arriuez à terre auec enuiron trente perfonnes, ils furent fort bien receus. Les Chinois drefferent des tables fur la Greue, pour traiter les Matelots. Le Commandant donna ordre au Maiftre du Brigantin Erafme, d'auoir l'œil fur les Matelots, & qu'au pluftoft il les renuoyât à bord. Pour luy, il fut conduit au Palais du Totock ou Gouuerneur : il parut qu'ils auoient deffein d'enyurer les Matelots. Les Mandarins feruoient à table, & vouloient à toute force que le Maiftre de l'Erafme, qui auoit commandement fur les Matelots, vint vers le Totock. Il fut ébranlé d'y aller ; mais il euft foubçon que les Chinois auoient

quelque mauuais deſſein. Il fit leuer de table ſes Matelots, les enuoya au Vaiſſeau,
& y paſſa auec eux. Vers le ſoir, le maiſtre Pilotte du Brigantin Muyden fut à terre
auec vne Chaloupe armée, pour ramener les trois Officiers qui eſtoient allez vers le
Gouuerneur; eſtant arriué à terre, les Chinois l'arreſterent, les hommes qui
eſtoient demeurez dans les Brigantins ne pouuoient deuiner ce qui auoit pû retenir
leurs gens à terre, ny pourquoy nos deputez demeuroient ſi long-temps. Ils demanderent à ceux qui eſtoient auec eux pour oſtages, d'où venoit ce retardement : ils répondoient qu'il falloit que la bonne chere les eut retenus ; mais la meſme nuit,
ils vinrent quatre heures deuant le iour auec cinquante Brûlots, pour perdre nos
Brigantins ; ce qui leur reüſſit pour vn ſeulement. Ils auoient auſſi enuoyé de la bierre faite à la mode de la Chine, dans laquelle ils auoient mis du poiſon ; mais ils le
reconneurent, & ſe garderent bien d'en boire. Ces nouuelles nous affligerent tous
au dernier point ; car la perte que nous faiſions eſtoit tres-conſiderable : c'eſtoit du
coſté des Chinois vne infidelité execrable, & Dieu en fera le chaſtiment dans ſon
temps.

I⸱ dix-huitiéme, nous tirâmes des maiſons qui eſtoient dans l'Iſle des Pagodes,
du bois pour brûler. Nous reſolûmes apres cela de faire voile vers le coſté Septen-
trional de la riuiere, pour eſtre là plus aſſeurez contre le danger de leurs Brûlots ; car
nous eſtions bien perſuadez, que bien loin de rechercher noſtre amitié, ils n'auoient
autre penſée que de nous faire du mal.

Le dix-neufiéme, le Vaiſſeau nommé l'Ours Anglois qui venoit du Iappon, nous
vint trouuer ; nous luy contâmes ce qui ſ'eſtoit paſſé : & le Conſeil des Vaiſſeaux
ayant eſté aſſemblé à cette occaſion dans ce Vaiſſeau, on dreſſa vn écrit de la reſolution qui y fut priſe, en ces termes.

*Reſolution priſe par les principaux Officiers des Vaiſſeaux l'Ours Anglois, le
Samſon & l'Eraſme, le 24. Nouembre 1623. deuant la Riuiere de Chincheo.*

APres eſtre partis l'onziéme Nouembre du Iappon, nous jugeâmes à propos d'approcher de la coſte de la Chine, pour faire auec plus de ſeureté noſtre voyage à l'Iſle Piſcador : nous arriuâmes le dix-neufiéme du meſme
mois dans la riuiere de Chincheo, où eſtoient les Vaiſſeaux Groeningen, le Samſon, & l'Eraſme ; nous apprîmes d'eux auec douleur la perte du Brigantin
Muyden, la detention de leur Commandant, & de leurs autres deputez qui
eſtoient paſſez vers les Chinois pour traiter de la paix ; d'ailleurs, comme l'inſtruction du Commandant Cornelis porte, que ſoit que l'on continuë la guerre, ou
qu'on faſſe la paix, les Vaiſſeaux doiuent tenir la riuiere touſiours bloquée. Les
équipages de ces Vaiſſeaux ſe pleignant d'auoir beaucoup de malades, nommément ceux du Samſon, qui à peine auoit aſſez de monde pour leuer ſon Ancre,
eſtant pour cette raiſon obligé de quitter la coſte, pour eſſayer de mettre ſes malades ſur d'autres Vaiſſeaux, & les enuoyer à l'Iſle du Piſcador. On a trouué à propos de diſtribuer à ces trois Vaiſſeaux partie des rafraîchiſſemens que nous auions
apportez pour la Flotte ; d'autant plus que le Commandant Cornelis, auec la pluſpart
des malades qui eſtoit dans l'Iſle Piſcador, eſtoit party auec eux pour Teyouan ; tellement qu'il y a lieu de croire qu'il y eſt reſté fort peu de malades dans l'Iſle Piſcador. Nous leur donnâmes donc dix milles groſſes Pommes, dix milles   Mykans.
vingt Porcs, deux cens Melons, & trois Vaches ; afin que faute de rafraîchiſſemens, on ne leuât point le blocus de la riuiere ; ce qui ne ſe pourroit faire qu'en
manquant aux ordres & au grand détriment de la Compagnie ; & à cauſe que pendant la priſon du Commandant Chriſtiaen-Fransz, la Flotte n'a point de Chef ; on
a conclud que par prouiſion juſques à vn nouuel ordre du Commandant Cornelis,
Guillaume Bontekoë auroit authorité d'aſſembler le Conſeil, qu'il y preſideroit ;
& que ſon Vaiſſeau porteroit le Pauillon à ſon grand Maſt. Ainſi fut fait & arreſté
dans le Vaiſſeau l'Ours Anglois, le 24. Nouembre 1623.

Ce rafraîchiſſement rendit les forces & la vie à nos gens; ils tinrent la riuiere bloquée le mieux qu'ils pûrent, tellement que les Chinois ne pouuoient ſortir pour aller aux Manilles ny autre part. Nous prîmes pluſieurs de leurs Ioncques, & autres grands Vaiſſeaux. Enfin, ie fis voile vers l'Iſle du Piſcador, dans ce temps, le temps de mon ſeruice expira, ie n'auois point de penſée de m'engager dauantage. Le Commandant Cornelis m'en preſſoit beaucoup; il m'offroit des conditions bien plus aduantageuſes que celles auec leſquelles j'auois feruy juſques alors. Il hauſſoit notablement mes gages; enfin, il m'obligea de monter ſur vn Vaiſſeau nommé Bonne-Eſperance: ce Vaiſſeau eſtoit preſt de partir pour Batauia, & la commiſſion eſtoit conceuë en ces termes.

COmme nos Superieurs & noſtre General deſirent que ſur tous les Vaiſſeaux il y ait vne perſonne qui ait authorité d'aſſembler le Conſeil, & d'y preſider dans les occaſions. Nous auons nommé pour cét effet Guillaume Bontekoë Maiſtre de ce Vaiſſeau, pour y aſſembler le Conſeil pour les affaires qui regardent le ſeruice de la Compagnie, & auſſi pour y preſider & donner ſa voix le premier. Donné au Fort de Piſcador le 20 Feurier 1624.

Signé, { IEAN DE MOR, Marchand. Le Maiſtre du Vaiſſeau.
{ IEAN DE NAYER, Pilote. Le ſous-Pilote.

Les perſonnes cy-deſſus nommées, qui compoſent le Conſeil du Vaiſſeau, recommandent la diligence dans les choſes qui regardent l'intereſt de la Compagnie ſigné Cornelis Reyerſz.

Le vingt-vniéme Feurier, ie fis voile auec ce Vaiſſeau vers Batauia; mon inſtruction portoit, que ie courerois auparauant le long de la coſte de la Chine: ce que nous fiſmes; mais nous eûmes ſur cette coſte vne ſi rude tempeſte, & noſtre Vaiſſeau eſtoit en ſi mauuais eſtat, & tellement ouuert, qu'il nous falloit eſtre continuellement à la pompe; cela me fit reſoudre à ne demeurer pas dauantage le long de cette coſte, & à pourſuiure noſtre voyage juſques à Batauia.

Entre le vingt-quatre & le vingt-cinquiéme, nous paſsâmes les Iſles de Macao auec vn temps variable.

Le ſixiéme Mars, nous joignîmes le Vaiſſeau nommé l'Ours Anglois; ſon Marchand & ſon Maiſtre vinrent à noſtre bord, & nous dirent qu'ils auoient fait quelques cent ſoixante priſonniers Chinois, en comptant hommes, femmes, & enfans. Nous les voulûmes prendre ſur noſtre Vaiſſeau, & les obliger de demeurer auec nous, comme portoit noſtre inſtruction; mais ils nous declarerent que leur Vaiſſeau eſtoit ſi foible, & qu'il faiſoit tant d'eau, qu'à peine pouuoient-ils l'empeſcher de couler à fonds, & qu'ainſi ils eſtoient obligez d'aller à Batauia ſans perdre le temps ailleurs.

Le huitiéme, le Maiſtre du Vaiſſeau de l'Ours nous apporta deux Bœufs pour ſeruir de rafraîchiſſement à noſtre équipage.

Le neufiéme, nous fûmes à ſon bord; nous en tirâmes deux autres Bœufs, des féves, quelques cruches d'huyle, & autres prouiſions.

Le dix-ſeptiéme, nous moüillâmes l'Ancre ſous Poelpon; nous nous y pourueûmes d'eau, & ceux de l'Ours firent entrer dans noſtre Vaiſſeau ſoixante-quatre Chinois; nous fûmes à terre pour couper du bois à brûler.

Le vingtiéme, nous nous miſmes à la voile.

Le vingt-cinq & vingt-ſixiéme, le Vaiſſeau de l'Ours ſe ſepara de nous.

Le trentiéme, nous moüillâmes l'Ancre ſous l'Iſle Menſch-eters, ou des Mangeurs d'hommes.

Le premier Auril, nous leuâmes l'Ancre, & le iour ſuiuant nous arriuâmes à la rade de Batauia.

Nous fiſmes encores apres d'autres voyages pour apporter des pierres des Iſles qui ſont entre Bantam & Batauia. I'auois touſiours dans l'eſprit de retourner en mon Pays, à la premiere occaſion qui ſen preſenteroit. Ie trouuois par experience que le

prouerbe

prouerbe eſt veritable, qui dit qu'il n'y a point d'oyſeau qui n'ayme ſõ nid; car enfin, quelque beau pays où l'on ſe trouue, & quelque profit & aduantage qu'on en
puiſſe attédre, on n'auroit aucun plaiſir à y eſtre ny à les voir, ſi on n'auoit eſperáce d'en pouuoir parler vn iour en ſon pays; autremét ces lógs voyages, ſás eſperáce
de retour, ne ſeroient en rien differents d'vn banniſſement veritable. Comme
j'allois & venois de Batauia pour tranſporter des pierres, trois Vaiſſeaux ſe trouuerent preſts pour aller en Hollande; ie pris cette occaſion, & j'obtins du General la liberté de m'en pouuoir ſeruir. On me mit pour Maiſtre ſur le Vaiſſeau
nommé Hollande, qui eſtoit vn excellent Vaiſſeau, & bien monté d'Artillerie.
Le Commandant Cornelis eſtoit en ce temps-là reuenu de l'Iſle de Piſcador à Batauia, pour ſ'en retourner auſſi en ſon pays. Il eut le commandement de ces trois
Vaiſſeaux; il ſe mit ſur le noſtre; c'eſtoit vn homme fort agiſſant, & d'vne grande experience, qui en pluſieurs rencontres auoit rendu de grands ſeruices à la
Compagnie. Ie vis alors à Batauia Guillaume Schouten qui eſtoit de mon pays;
j'eus occaſion de le gouuerner long-temps. Il ſ'embarqua auſſi ſur le Vaiſſeau
Mildelburgh, pour faire auec nous le voyage.

Le ſixiéme Feurier 1625. nous partîmes auec ces trois Vaiſſeaux de Batauia
pour retourner en noſtre patrie; nous prîmes terre à Bantam, nous y trouuâmes
quelqu'vns de nos Vaiſſeaux à l'Ancre; nous y prîmes vn cable qui nous manquoit, nous nous mîmes en ſuite à la voile auec vn vent d'Oüeſt, qui nous eſtoit
tout à fait contraire; nous louiâmes juſques ſur l'Iſle de Sebbeſée. Cette Iſle eſt
au dedans du détroit de Sunda proche de Sumatra; nous demeurâmes là trois ou
quatre iours, en attendant le vent, pour forcer vn courant d'eau qui entre auec
grande force dans le détroit.

Le quinziéme, nous nous mîmes à la voile auec vn vent de terre; & le ſeiziéme, nous trouuâmes que nous auions paſsé le détroit; le vent eſtoit Oüeſt, nous
courûmes vers le Sud auec vn petit frais, dans l'eſperance de trouuer les vents
de Sud.

Le vingt-ſeptiéme, nous eûmes les vents du coſté du Sud, ſous la hauteur de
dix-ſept degrez Latitude Auſtrale : nous tournâmes noſtre courſe vers l'Oüeſt,
pour aller au Cap de Bonne-Eſperance, juſques ſous le 19. degré, où nous eûmes des
vents Sud-Eſt, le vent tourna apres vers l'Eſt, noſtre courſe vers l'Oüeſt, auec
vn bon frais, en ſorte que nous auancions autant qu'on le peut faire.

Le quinziéme de Mars au matin, nous trouuâmes vingt-deux degrez de variation Nord-Eſt qui diminuoit; ce jour-là noſtre Commandant ſe trouua fort mal.

Le ſeize, dix-ſept, & dix-huitiéme, il venta ſi fort, que nous eûmes peur de
heurter les vns contre les autres; noſtre Vaiſſeau ce jour-là eſtoit Admiral; car,
comme j'ay dit, nous portions le feu chacun à noſtre tour; j'allay trouuer le Commandant dans ſa chambre où il eſtoit malade, & luy dis que le Conſeil du Vaiſſeau eſtoit dans l'apprehenſió de perdre de veüe les autres Vaiſſeaux, à cauſe qu'on
ne pouuoit, par vn ſi grand temps, gouuerner aſſez pour ſe tenir de conſerue: qu'ils
trouuoient à propos par cette raiſon-là que le iour eſtant venu on n'abbaiſſât pas
les voiles, & qu'on tirât quelques coups de canon pour aduertir les autres Vaiſſeaux de faire la meſme choſe; que j'eſperois que cette nuit-là nous ne nous éloi-
gnerions point tant les vns des autres que nous ne nous pûſſions voir le iour ſuiuant: le Commandant me dit, Maiſtre, ſi vous croyez qu'il ſoit à propos, faites-le:
ie l'executay, on tira, & en meſme temps les autres Vaiſſeaux plierent auſſi les
voiles, & prirent vers le Sud. A ſix heures de nuit il venta ſi eſtrangement, que
ceux qui ne ſe ſont pas trouuez en pareille rencontre, n'auroient iamais crû que
le vent eut pû ſouffler auec tant de force : le vent couroit toutes les pointes du
compas; ſi bien que nous ne pouuions juger de noſtre route : noſtre Vaiſſeau fut
enfoncé dans l'eau ſi auant, que les gens qui eſtoient à la proüe en furent couuerts
d'eau; il ſembloit que toute la force du vent vint du haut en bas, & que le Vaiſſeau

deût estre englouty, nous en fûmes quitte pour nostre grãd Mast, que le vẽt emporta
hors le bord, & le rõpit quelques 3. pieds au deſſus du Tillac: nous eſtiõs aſſez prés les
vns des autres; mais nous ne pouuions pas nous faire entendre à cauſe du grand vent;
on appelle Houragan ces grands coups de vents, ils durent 7. ou 8. heures. Le vent
commença apres à diminuer. Dans le temps qu'il ſouffloit le plus fort, la mer eſtoit
vnie comme vne glace, comme ſi elle eut eſté arreſtée en cét eſtat par quelque force de dehors; mais quand le vent commença à diminuer, elle deuint ſi orageuſe,
qu'il ſembloit que le Vaiſſeau l'alloit renuerſer l'en deſſus deſſous; il en fut tellement remply d'eau, que nous en eûmes juſques à la hauteur de ſept pieds deuant
que de nous en eſtre apperceus : nous fiſmes trauailler toutes les pompes ; mais
il ſembloit qu'elle augmentoit pluſtoſt que de diminuer; nous nous trouuâmes fort
embaraſſez , les pompes eſtoient ſi ſales , qu'on ne pouuoit pomper , le poivre
les auoit bouchées; nous auions ſoixante pieces de canon de fer & de bronze dans le
fonds de cale , & au deſſous du poivre en grenier. Ces pieces, dans le grand mouuement du Vaiſſeau , en heurtant les vnes contre les autres, faiſoient couler le poivre
le long de la calingue , & ce poivre bouchoit les conduits par leſquels l'eau deuoit ſe
rendre aux pompes; mais comme le Vaiſſeau eſtoit bon par deſſous, nous ne perdîmes
pas courage , nous fiſmes démonter les pompes pour les nettoyer , & apres à force de

<table>
<tr><td valign="top" width="150">

</td><td>

pomper , l'eau commença d'en ſortir plus trouble, & à diminuer, ce qui nous aug-
menta le courage : noſtre Maſt nâgeoit le long du coſté du Vaiſſeau, ie le voulois
conſeruer; mais il fallut enfin ceder à l'importunité de la pluſpart de mes gens, qui
voulurent qu'on l'abandonnât.

</td></tr>
</table>

Le matin nous regardâmes de tous coſtez, pour voir les Vaiſſeaux qui nous faiſoient compagnie; nous viſmes deuant nous le Middelburgh qui auoit perdu tous
ſes Maſts, hormis celuy d'Auant; nous eſtions tous deux en ſi mauuais eſtat , que
nous ne pûmes approcher l'vn de l'autre. Le Vaiſſeau de Gouda ne paroiſſoit point ,
& il y a bien apparence qu'il coula à fonds dans cette tempeſte; car la nuit nous fûmes
portez vers vn endroit où l'eau nous parut fort noire; quelques-vns des noſtres en
ayans puiſé , nous dirent qu'ils y auoient trouué du poivre; ce qui nous faiſoit croire
que nos deux Vaiſſeaux s'eſtoient perdus en ce lieu. Le Middelburgh enuoya ſa Chaloupe vers nous; elle arriua à la pointe du iour ſous la gallerie de noſtre Vaiſſeau;
leurs gens qui y eſtoient nous appellerent , & nous fûmes fort eſtonnez d'entendre
leurs voix, ne croyans pas qu'il y eut du monde ſi prés de nous; nous leur donnâmes
vn bout de corde , & le Maiſtre monta auec les autres : ils nous raconterent le mauuais eſtat où ils eſtoient, & nous le noſtre; ils ſe plaignirent d'auoir perdu tous leurs
Maſts, & que ſi nous ne les ſecourions, ils ne pourroient iamais arriuer à terre : pour
nous , nous auions encore noſtre Beau-pré & noſtre Artimon, noſtre Gaillardet &
noſtre grande Vergue, que j'auois fait deſcendre juſques ſur le bord du Vaiſſeau, deuant que le Houragan fut venu; au lieu que dans l'autre Vaiſſeau, ils l'auoient toûjours tenuë au haut du Maſt, & ainſi l'auoient perdu; nous reſolûmes de donner à
ceux de ce Vaiſſeau noſtre grande Vergue, noſtre Maſt de Hune & vn petit Maſt de
quatorze palmes que nous auions encore dans noſtre Vaiſſeau : ce qui leur donna
du courage , & l'eſperance de pouuoir gagner la terre. On demeura auſſi d'accord , que chacun feroit la route qu'il pourroit pour arriuer à la Baye de ſainte Lucie dans l'Iſle de Madagaſcar. Cela fut ainſi reſolu , dans le Conſeil qu'on tint
dans la chambre du Capitaine; & à cauſe que ie commandois l'Equipage, ce fut à
moy à en porter le commandement; les gens du Vaiſſeau s'y oppoſerent, diſans qu'ils
auoient encore plus de neceſſité de toutes choſes que le Vaiſſeau de Middelburgh, &
qu'ils ne ſouffriroient point qu'on leur donnât ce qu'on leur auoit accordé : ie n'inſi-
ſtay pas dauantage ; mais ie leur dis auec douceur, Camarades, prenez garde à ce que
vous faites; ſi nous laiſſons icy le Vaiſſeau de Middelburgh dans l'impuiſſance où il
eſt , vous voyez bien qu'il ne peut pas faire le voyage, & qu'il faut qu'il periſſe; car
il n'a point de voiles : nous faiſons profeſſion d'eſtre Chreſtiens, monſtrons que nous

le sommes par nos actions : Songez, ie vous prie, à ce que vous souhaitteriez si
vous estiez en leur place, & rendez-leur le mesme secours que vous leur deman-
deriez en pareille occasion. Ils s'assemblerent, & apres auoir deliberé quelque-
temps, ils me dirent; Hé bien, nostre Maistre, quand nous aurons rendu ce seruice au Vaisseau de Middelburgh, pourrons-nous nous separer de luy : ie leur dis
que la chose auoit esté ainsi resoluë dans la chambre, ils ayderent alors à tirer le
Mast, & donnerent la grande Huniere auec le petit Mast de quatorze palmes.
Ceux de Middelburgh prirent congé de nous, & ramerent pour gagner leur Vaisseau ; apres auoir mis dans leur Chaloupe ce que nous leur auions donné, esperans
qu'auec l'ayde de Dieu nous nous trouuerions ensemble dans la Baye de sainte
Lucie. Nos gens me demanderent encore vne fois, pouuons-nous nous separer
d'eux : Ie leur dis, ouy, vous le pouuez.

Le vingt-deuxiéme, nous nous separâmes du Vaisseau Middelburg, & tournâmes nostre route vers l'Isle de Madagascar, qui estoit la terre la plus proche.

Le trentiéme nous en eûmes la veuë, & fîmes voile le long de la terre : nous y
vîmes quelques feux allumez : nous estions selon nostre estime, à huit ou neuf
milles de la Baye de sainte Lucie du costé de l'Est, & bien resolus de ne point quitter la coste à cause du mauuais estat de nostre Vaisseau. Nous resolûmes donc de
jetter l'Ancre à 25. brasses de fonds : la Chaloupe fut cõmandée cependãt le long
de la coste, afin qu'allant ou à la rame ou à la voile, elle tâchât de trouuer cette
Baye. Ie me mis sur la Chaloupe, & ie trouuay la Baye de sainte Lucie à neuf ou
dix milles du lieu où le Vaisseau auoit moüillé ; ie la sonday vers les pointes de la
terre & de tous costez, & trouuay que c'estoit vne place fort propre pour nostre
Vaisseau. Ie retournay au bord, où j'arriuay le iour suiuant, & ie rendis compte
de mon voyage. On leua l'Ancre, & on fit aussi-tost voile : nous arriuâmes dans
la Baye ; ce qui nous donna beaucoup de joye, & nous obligea à remercier Dieu
de la misericorde qu'il nous auoit faite.

Le premier Auril, nous trouuâmes à propos de décharger le Vaisseau, & de
dresser des tentes à terre pour y mettre les marchandises à couuert,& pour déboucher plus aisément les trous de nos pompes qui s'estoient remplies de poivre ;
mais comme j'allay à terre auec la Chaloupe, ie trouuay que la mer y brisoit fort
rudement ; ce qui me fit croire qu'il n'estoit pas à propos de débarquer les marchandises,à cause du danger qu'auroit couru la Chaloupe & nostre Batteau d'estre
brisez en pieces. On resolut de tirer du fonds de cale toutes les marchandises qui
y estoient ; mais de ne les point transporter hors du Vaisseau. Ce que nous fîmes :
nous tirâmes tout le poivre auec des sacs ; nous en emplîmes la chambre de sainte
Barbe,& le haut du Tillac,jusques à l'endroit du grãd Mast,où nous fîmes vne separation,afin qu'il ne roulât point sur le deuãt du Vaisseau. Nous nettoyâmes nos
pompes, & les trous par lesquels l'eau y deuoit couler, faisans passer des cordes
du long de la calingue pour la mieux nettoyer : apres quoy nous remîmes les
marchandises à fonds de cale. Nous prîmes apres celles qui estoient restées, &
les mîmes dans la chambre du Chasteau de deuant ; cependant nous traitions
auec les Habitans, & nous leur demandions si ils ne nous feroient point trouuer
quelque Mast : ils nous le faisoient esperer ; & les ayant pris auec nous, & nous
estant aduancez vers les bois, ils nous monstrerent des arbres qui y estoient propres, & s'offrirent de nous ayder dans toutes les choses qui auroient pû dépendre d'eux. I'y fus auec des Matelots, des haches & des sies : nous portâmes proche du Batteau la piece de bois qu'il nous falloit, & mîmes en besogne les Charpentiers : ils reclamperent le bout de cette piece de bois, qui auoit bien vingt-
huit pieds de long, sur le tronc du Mast que nous auions perdu.

Nous estions ainsi occupez à terre & dans le Vaisseau à reparer les pertes que
nous auions souffertes : on trouua quelques fers propres pour faire des cordes. Le
bruit s'estendit bien auant dans le pays que nous estions arriuez à cette place ; &

sur ce bruit, les Habitans accoururent de fort loin auec leurs troupeaux : ils dref-
soient leurs tentes proche de nous, & nous apportoient des pommes, des citrons,
& du laict, qu'ils faisoient boüillir deuant que de nous l'apporter, de peur qu'il
ne s'aigrit ; car en ce pays-là il se corrompt en vn moment. Nous troquâmes auec
eux de leur bestail, & leurs pescheurs nous apporterent à vendre & à troquer du
poisson : ce Peuple paroissoit tout à fait affectionné à nostre Nation ; ils nous faisoient entendre qu'ils auoient des ennemis dans le pays, & que si nous voulions
les ayder à leur faire la guerre, ils auroiét fait pour nostre seruice tout ce que nous
aurions desiré. Nous achetâmes aussi d'eux de la cire & du miel, dont ils auoient
abondance : ils nous dirent que leur Roy parloit Espagnol, & qu'il demeuroit à
vne journée de là : nous enuoyâmes vers luy deux de nos Matelots auec vn jeune
homme, le Roy les receut bien ; ils luy firent leur message, & luy demanderent
du Rys à acheter : Il leur dit que cette année-là ils auoient esté fort tourmentez
par les sauterelles, qui auoient mangé tout leur Rys : ce que ie crûs aisément ;
car estant à terre, j'en trouuay vne si grande quantité, qu'elles me vôloient de tous
costez sur le visage, & m'empeschoient quasi de respirer : ces Insectes ont des
aîles ; & estans à terre, elles sautent comme des autres sauterelles : les Habitans
les prenoient, leur arrachoient les aîles, & les mangeoient apres les auoir fait
brûler, nous inuitans à faire la mesme chose ; mais nostre goust ne s'accordoit
point auec le leur. Le Roy vint auec nos deux Mariniers jusques à nostre bord, il
me fit present de quatre bestes à corne : ie luy donnay en recompense deux mouf-
quets ; il nous dit qu'il ne nous pouuoit point fournir de Rys. Apres que nous eûmes esté là onze iours, nostre Commandant mourut : nous l'enterrâmes dans vne
Isle qui est à l'emboucheure de la Baye toute couuerte d'arbres, on le mit au pied
d'vn des plus beaux & des plus verds, auec cét Epitaphe.

La mort suit les hommes par tout, personne ne sçait quand elle le doit prendre,
ny si on la doit rencontrer du costé du Midy ou de celuy du Couchant : Dieu seul
le peut sçauoir ; mais celuy qui se conforme à sa volonté, meurt content en quelque lieu du monde où la mort le trouue.

Nos Mousquetaires firent trois fois leur descharge sur sa fosse, & on tira du
Vaisseau cinq coups de canon. Cette ceremonie estant acheuée, nous nous mismes à trauailler à nostre Vaisseau ; nos gens ne le faisoient pas auec la diligence
que nostre besoin le requeroit : & comme ie le connoissois mieux que personne, ie
les y exhortois tous les iours. Camarades, leur disois-je, faisôs du mieux qu'il nous
sera possible pour nous mettre en estat de partir promptement ; ne perdons point
de temps, puisque nous n'auons que pour huit mois de viures ; autrement, nous
serons obligez de retourner à Batauia. Ie sçauois bien qu'ils n'auoient point
enuie d'y retourner ; il fallut enfin en venir aux grosses paroles & aux coups, comme il arriue le plus souuent en semblables occasions. Il nous restoit encore beaucoup à faire durant ce temps-là ; il me sembloit que j'estois comme Scipion l'Af-
friquain, lequel, ainsi que j'apprends, auoit accoustumé de dire ; ie ne suis iamais
plus occupé, que lors que ie ne fais rien, & iamais moins seul que lors que ie suis
tout seul ; car toute la nuit n'estoit pas trop longue pour songer de quelle maniere
j'employerois mes Matelots le iour suiuant, sans leur donner sujet de se plaindre :
ie les animay de sorte, qu'ils trauaillerent de toutes leurs forces jusques au vingt-
deuxiéme Auril, auquel temps nous nous trouuâmes en estat de poursuiure nostre
voyage. Nous emplîmes nos bariques d'eau, & nos gens eurent autant de Pommes & de Citrons qu'ils en pûrent serrer dans leurs coffres.

Les Sauuages de ce pays-là sont noirs pour la pluspart, quelques-vns ont les
cheueux longs, d'autres les ont frisez comme la laine des brebis : les femmes les
portent attachez sur leurs testes par petites trousses, elles les graissent auec de
l'huyle ; ce qui fait qu'ils reluisent au Soleil. La pluspart des hommes en vsent de
la mesme façon, & n'ont rien qu'vn petit drap qui leur couure les parties hon-

rèuſes , quelques-vns meſmes vont tout à fait nuds.

Le vingt-troiſiéme , nous reſolûmes de partir le iour ſuiuant au matin , auec le vent qui vient de terre ; mais la nuit à cette heure, deux de nos Mariniers qui faiſoient ſentinelle, ſ'en allerent auec noſtre Eſquif à terre, & paſſerent du coſté des Negres, tellement que nous ne les pûmes trouuer : cela nous eſtonna fort ; car ils nous auoient aydé à mettre noſtre Vaiſſeau en eſtat de continuer le voyage , & ſ'eſtoient enfuys la nuict que nous deuions partir, pour viure parmy vn Peuple tout à fait barbare , qui n'auoit aucune connoiſſance de Dieu ny de ſes Commandemens : nous nous imaginâmes qu'ils auoient eu commerce auec les femmes du pays, & qu'elles les auoient engagez à demeurer ; car les femmes ſont de puiſſans inſtrumens pour perdre les hommes. Nous viſmes là des petits enfans qui eſtoient quaſi blancs, auec des cheueux blonds ; nous crûmes qu'ils pouuoient venir des Hollandois qui ſ'eſtoient arreſtez auparauant nous dans cette Baye. Les femmes auoient grande enuie de conuerſer auec nos gens ; & ſ'il eut eſté auſſi facile d'y auoir de la bierre & du vin que des femmes , nos affaires ne ſe ſeroient pas trop aduancées ; car apres qu'ils auoient eſté auec elles, ils retournoient à leur trauail ſans force , comme ſi on leur eut rompu tous les os du corps. Ie peus dire cela de beaucoup, en exceptant touſiours ceux qui furent ſages. Cette deſertion de deux de nos Mariniers retarda encore noſtre départ de deux iours, que nous employâmes à les chercher dans le pays : nous les trouuâmes enfin ; mais ils ſ'enfuyrent de nous, tellement que nous fûmes obligez de les laiſſer là.

Le vingt-cinquiéme Auril , nous fiſmes voile auec vn vent de terre : nous courûmes vers le Sud, & nous eûmes aſſez beau temps juſques au dixiéme May , que le vent & le temps ſe changerent ; le vent ſe tourna vers l'Oüeſt & le Sud-Oüeſt.

Le vent Oüeſt Sud-Oüeſt augmentoit touſiours de telle ſorte , que nous fuſmes obligez d'abatre nos Hunieres , tirant au deſſus de Madagaſcar. Nous vîmes le vingt-huitiéme de May la coſte de Terra de Natal ; nous y eûmes beau temps : nous la quittâmes enfin , & nous trouuâmes qu'vn grand courant venoit de la coſte, & nous portoit vers le Cap. Ce fut vne merueille de voir auec quelle viſteſſe nous perdions la veuë de la terre ; cela nous donna courage de paſſer le Cap. La nuit , nous eûmes de l'orage , auec pluyes & broüillards ; ſi bien que nous fûmes trois ou quatre iours auec vne ſeule voile ; le vent eſtoit Oüeſt , auec de ſi furieuſes vagues , que les membres du Vaiſſeau en craquoient ſouuent : ſi il euſt eſté moins fort , il ne ſeroit pas demeuré entier. Le temps ſ'eſtant vn peu appaiſé , nous prîmes noſtre chemin vers le Nord pour trouuer la coſte : le mauuais temps nous empeſcha de pouuoir prendre la hauteur ; & nous courûmes ſi long-temps ſur cette route, que nous viſmes la terre : le temps ſ'eſtant éclaircy, nous prîmes la hauteur, & trouuâmes que nous eſtions ſous les trente-cinq degrez : ce qui nous fit juger que la terre que nous voyons eſtoit celle du Cap des Aiguilles, qui eſt ſous cette hauteur. Nous nous éloignâmes auec vn vent Oüeſt Sud-Oüeſt, accompagné de pluyes : le vent deuint ſi fort , & les vagues rompoient en cét endroit ſi rudement les vnes contre les autres , & contre noſtre Vaiſſeau, qu'il ſembloit qu'elles le deuſſent engloutir ; mais par la grace de Dieu , nous nous en retirâmes, quoy qu'il n'y eut pas d'apparence de l'eſperer : cela dura quatre iours, au commencement nous n'auions qu'vne voile , nous en miſmes apres vne autre : noſtre Vaiſſeau eſtoit ſi rude , & rouloit tant , que ſans voile nous ne le pouuions tenir droit. Le ſixiéme iour , les vagues diminuerent , & nous eûmes bon temps ; nous prîmes la hauteur, & la trouuâmes de trente-deux degrez ſeize minutes, ce qui nous fit connoiſtre que nous auions paſſé le Cap de Bonne-Eſperance ; car il eſt ſous les trente-quatre degrez & demy. Enfin , le temps deuint ſi beau, qu'il nous ſembla eſtre paſſés de l'Enfer en Paradis ; & au lieu qu'auparauant nous pouuions à peine eſperer de

paſſer le Cap, que nous eſtions dans vne grande tempeſte le vent contraire, &
que nous n'ozions porter que fort peu de voiles; nous les auions toutes alors, &
nous les portiós lę plus haut qu'on les puiſſe porter: nous dreſſâmes noſtre courſe
vers l'Iſle de ſainte Helene auec vn vent Sud-Éſt, & eſt Sud-Eſt auec vn bon frais.

Le quatorziéme , nous en eûmes la veuë : nous courûmes tout proche de la coſte, & découurîmes la valée de l'Egliſe où l'on fait eau. Nous y
viſmes à la rade vne Caraque de Portugal: auſſi-toſt qu'elle nous eut découuert,
elle approcha de la terre à la diſtance de la portée d'vn mouſquet, & débarqua
du canon dont elle fit vne batterie : nous en approchâmes auec le Vaiſſeau
nommé Hollande; mais la terre de cette Iſle eſt ſi haute, qu'elle nous déroba le
vent , & nous empeſcha de l'aborder : nous auions deſſein de couper ſes cables,& de l'attirer en mer : ce que nous euſſions bien pû faire;car ſa batterie eſtoit
ſi haute, que noſtre Vaiſſeau ſe pouuoit mettre deſſous ſans la craindre ; & ſi nous
euſſions eu vn peu de bon-heur, nous nous en fuſſions ſans doute rendus les maî-
tres : nous n'en pûmes approcher plus prés que de la portée du mouſquet ; nous
armâmes noſtre Chaloupe , & noſtre Marchand paſſa vers eux auec vn páuillon
de paix. Ils armerent leur Batteau , & vinrent au deuant de nos gens : ils nous
demanderent d'où nous venions : nous leur dîmes de Iaua , & que nous
auions perdu noſtre compagnie , que nous attendions d'heure en heure : ils
dirent aux noſtres qu'ils venoient de Goa. Nous leur demandâmes en ſuite ſ'ils
nous vouloient permettre de faire eau en ce lieu, que nous en auions beſoin : ſur
cela ils ſe mirent à crier , *anda pero anda canaglia* , & autres injures. Nos
gens retournerent à bord auec la Chaloupe , & nous raconterent ce qui ſ'eſtoit
paſſé. Nous tinſmes conſeil de ce que nous auions à faire; on trouua à propos de
leur enuoyer vne ſeconde fois la Chaloupe , pour ſçauoir d'eux ſ'ils nous vouloient permettre de faire eau,ou non : que ſ'ils perſiſtoient à nous refuſer,la Chaloupe reuiendroit au Vaiſſeau : que nous tiendrions vn horloge de ſable ; & que ſi
dans le temps qu'il ſe ſeroit écoulé, ils ne nous accordoient point noſtre demande,
nous mettrions le feu à leur Caraque. Noſtre Chaloupe y retourna auec vn ſignal
de paix; ils la vinrent rencôtrer auec leur Batteau : vn Moyne qui eſtoit dedans,le
Froc enfoncé juſques ſur les yeux,nous répôdit;Retirez-vous d'icy,nous ne voulôs
point auóir de cômerce auec des heretiques.Les gens de la Chaloupe eſtãt retournez à bord,nous dirẽt ce qui ſ'eſtoit paſſé: nous fiſmes ſôner la cloche,on fit la priere,on tourna l'horloge; & auſſi-toſt que la demye heure fut écoulée,nous nous mîmes à tirer contre la Caraque auec nos onze demy canons : tous nos coups portoient ; car ſon Chaſteau de deuant eſtoit auſſi haut que la Hune de noſtre Maſt
de deuant, quoy que noſtre Vaiſſeau fut de mille tonneaux : ils ne tiroient preſque point de la Caraque ; mais la batterie qu'ils auoient dreſſée à terre faiſoit feu
continuellement ſur nous, & nous incommodoient beaucoup : tous leurs coups
portoient au deſſus de l'eau, deux, trois, & quatre pieds; tellement que nous ap-
prehendâmes qu'à la fin ils ne nous coulaſſent à fonds.Nous eûmes quelques-vns
de nos gens bleſſez , & nommément noſtre ſecond Pilote, qui eut les deux jambes
emportées. Il veſcut encore quelque temps apres; & voyans que nous ne pouuions
demeurer là, nous reſolûmes d'approcher de la terre , & de nous mettre à couuert
des roches qui y ſont; nous en approchâmes juſques à vn jet de pierre. La nuic
eſtant venuë , nous fiſmes venir dans la chambre tous les Officiers; on demanda
au Bouteillier combien nous auions encore d'eau : nous fiſmes noſtre
compte ſur ſa réponſe , & trouuâmes que nous ne pouuions pas donner dauantage
que quatre demy-ſeptiers chaque iour. Les Officiers demanderent à nos gens ce
qu'il leur ſembloit, ſ'ils vouloient combattre comme des deſeſperez contre nos
ennemys, qui eſtoient maiſtres de la ſeule place où nous pouuions auoir de l'eau,
ou ſ'ils trouuoient mieux de continuer noſtre voyage vers la Patrie , & ſe paſſer
de quatre demy ſeptiers d'eau par iour. Ils répondirent tous d'vne voix,qu'il eſtoit

meilleur de continuer le voyage, & se passer de cette quantité d'eau : nous leuâmes
nostre Ancre pour mettre à la voile ; mais le matin comme nous estions approchez
pour prendre quelques rafraîchissemens à terre, les Espagnols parurent, & tirerent
quelques coups de mousquet sur nous, sans toutesfois nous faire aucun dõmage. Si
nous eussions demeurez vne heure plus long-têps sous la coste, nous courions risque
de perdre beaucoup de monde. Cette Caraque, à ce que j'ay appris depuis, coula à
fonds des coups que nous luy auions donnez. Six Vaisseaux Hollandois vinrent apres
nous au mesme endroit pour se rafraîchir, ils en virent le debris. Les Espagnols
auoient sauué à terre les marchandises, le mieux qu'ils auoient pû, & auoient fait
vne batterie de leurs canons : cette batterie fit si grand feu sur les six Vaisseaux, qu'ils
ne pûrent point mettre leur monde à terre, & ils furent obligez de partir sans rafraîchissemens. Nous tournâmes nostre route vers l'Isle de l'Ascension, auec vn bon
vent, qui nous fit beaucoup aduancer. Nous ne vismes point cette Isle, nous apper-
çeûmes seulement vn grand nombre d'oyseaux de mer ; ce qui nous fit croire que
nous en estions proche : le vent augmenta si fort, qu'il fallut enfin nous en éloigner
pour passer la ligne : ce que nous fismes sans aucune difficulté ; au lieu que dans le
premier voyage, nous auions employé six semaines à la passer à cause des calmes, des
trauades, des coups de vent, & de la pluye, dont nous fusmes tourmentez.

Le douziéme de Septembre, trois mois trois iours apres auoir quitté l'Isle de sainte Helene, nous arriuâmes sous la hauteur de vingt-quatre degrez trente-quatre
minutes de Latitude Nord. Nous commençâmes à auoir le temps meilleur sous ce
parage ; nous nous mismes à nettoyer nostre Vaisseau par le dehors, où il s'estoit attaché du limon, esperant qu'estant plus net il en iroit mieux à la voile.

Le treiziéme, nous eûmes beau temps & vn petit frais : le vent estoit Est Sud-Est,
& nostre course Nord-Est au Nord.

Le quinziéme, le vent estoit Sud Sud-Oüest ; nous continuâmes la mesme course,
& nous nous trouuâmes sous le vingt-huitiéme degré.

Le seiziéme, nous vismes beaucoup de cette herbe qui croit dans la mer ; nostre
course estoit comme auparauant, le vent Sud-Oüest ; nous aduancions beaucoup.

Le dix-septiéme, nous nous trouuâmes sous la hauteur de trente degrez quarante-huit minutes, le vent estoit inconstant, la nuit il se trouua Nord-Est à l'Est, auec
tonners & éclairs.

Le dix-huitiéme, nous ne pûmes point prendre la hauteur, à cause du mauuais
temps.

Le dix-neufiéme, il fit vn si grand vent Sud Sud-Oüest, que nous fûmes obligez
d'abbattre toutes nos voiles : nous passâmes ainsi la nuit. Sur le iour, le vent diminua, & nous fismes voile.

Le vingtiéme, hauteur trente-cinq degrez treize minutes.

Le vingt-quatriéme, hauteur quarante-trois degrez douze minutes.

Le vingt-septiéme, le vent fut Sud-Oüest, nostre course Nord-Est au Nord. Le
matin, vn Pigeon vint vôler sur nostre Vaisseau ; nos gens qui auoient grande enuie
de le prendre, firent grand bruit ; ce qui l'effaroucha, il s'enuola, & tomba assez prés du
Vaisseau dans la mer ; la hauteur estoit de quarante-quatre degrez 35. minutes.

Le premier Octobre le temps estoit beau, le vent Est Sud-Est, nostre route Nord-
Est au Nord ; nous nous trouuâmes sous les huit degrez de hauteur, qui est celle de
l'Isle de Heyssant.

Le deuxiéme au matin, nous vismes vne voile qui pouuoit estre éloignée de trois
milles de nous, du costé du Nord-Est. Nous mismes toutes nos voiles, & courûmes a-
pres. Sur le midy, elle vint à nous ; c'estoit vn Anglois qui venoit de terre-Neuue :
nous achetâmes de luy deux milliers de molluës ; nous inuitâmes le Maistre de venir
à nostre bord, nostre route estoit vers Est, & Est au Sud, le temps humide & disposé
à la pluye.

Le quatriéme, cét Anglois retourna encore à nostre bord ; nous le traitâmes le mieux que nous pûmes, nous trouuâmes quarante-neuf degrez quarante-six minutes de hauteur.

Le cinquiéme, il fit grand vent de Sud Sud-Oüest.

Le sixiéme, nous vismes deux voiles, vne deuant nous, & l'autre derriere; leur course estoit Sud-Est pour entrer dans le canal, la hauteur cinquante degrez vingt minutes.

Le septiéme, beau temps, le vent Sud; nostre course Est Sud-Est.

Le huitiéme, la hauteur quarante-neuf degrez quarante-deux minutes, le vent comme auparauant; il se tourna vers l'Oüest, nous courûmes Sud-Est à l'Est, nous jettâmes la sonde, comme nous auions fait quelques iours auparauant; mais nous ne trouuâmes point de fonds. Le Capitaine Strijcker mourut, il commandoit la Solda-tesque, homme sage, aduisé, & fort experimenté dans les choses de la guerre.

Le dixiéme au soir, nous trouuâmes fonds à soixante & dix brasses.

L'onziéme, nous trouuâmes fonds à la mesme profondeur, & sur le soir à soixan-te brasses, le fonds estoit de sable : hauteur quarante-neuf degrez cinquante-cinq minutes, le vent Sud, la course Est au Nord, tirant vn peu dauantage vers le Nord-Est.

Le douziéme, nous trouuâmes le fonds à cinquante brasses, & nous continuâmes de quatre heures en quatre heures de jetter le plomb; nous eûmes cinquante, cin-quante-deux, & cinquante-trois brasses, la nuit cinquante-six & soixante, le fonds par tout d'vn sable gris blanc, & quelquefois noir. Nous vismes vn Vaisseau qui ve-noit vers nous; mais le broüillard estoit si grand, que nous le perdîmes aussi-tost de veuë. Le iour suiuant, le vent estoit Est, auec neiges, broüillards, & broüine. Deux ou trois iours apres, nous vismes la terre, que nous trouuâmes estre celle d'Irlande : nous entrâmes à Kinsael, où nous rencontrâmes vn Vaisseau du Roy d'Angleterre, qui auoit deux batteries ou deux rangs de canon l'vn sur l'autre. Ie sçauois que la Compagnie des Indes Orientales estoit en paix auec les Anglois; mais ie ne laissay pas pourtant d'auoir quelque repugnance de permettre à mes gens d'aller à terre, ap-prehendant quelque supercherie du costé de ce Vaisseau : ie me mis proche de luy du costé de la mer, auec pensée, s'il nous faisoit quelque insulte, de nous mettre plus fa-cilement en mer, & s'il nous suiuoit de l'attendre: le mesme iour ie fus à son bord; ie demanday au Commandant, s'il n'auoit point d'ordre de nous faire quelque tort; il me répondit que non : Ie l'inuitay de passer dans nostre Vaisseau; il y vint, & nous parut n'auoir point de dessein contre nous; neantmoins, ie ne m'y fiois pas; ie fis ac-commoder à dîner à terre, & le priay de s'y trouuer : nous beûmes ensemble; & dans la gayeté de la bonne chere, ie luy demanday encore vne fois, s'il n'auoit point d'ordre de nous attaquer. Il me dit que non, & adjoûta qu'aussi-tost que nous estions arriuez dans ce Port, il auoit écrit en Angleterre, & qu'il n'auoit receu aucune ordre : auec tout cela, ie ne m'y fiois point : cependant, deux Vaisseaux de conuoy vinrent à nous; ils croisoient ces mers-là pour nous trouuer, sur ce qu'ils auoient appris que nous y estions.

Cette rencontre me rasseura fort; mais mes gens se trouuoient si bien à terre, qu'il n'y auoit point moyen de les faire retourner au Vaisseau. I'employois toute sorte de raisons pour les persuader, ie leur disois que les iours estoient courts, que l'Hyuer ap-prochoit, que nostre Vaisseau estoit sale: ie leur monstrois le danger qu'il y auoit d'ap-procher des terres dans ce temps, auec vn vaisseau si chargé qu'estoit le nostre; ils n'é-coutoient point mes raisons, & demeuroient à terre, faisant la débauche auec la mes-me seureté que s'ils eussent esté dans leur propre pays. Ie m'aduisay enfin d'aller trou-uer le Maire de la Ville, & luy demanday s'il ne sçauoit point quelque moyen de les obliger de venir à bord: il me dit qu'il n'en sçauoit point; mais apres que j'eus regalé sa femme d'vne petite piece de toile fine, comme ie luy fis apres la mesme in-stance, il me dit qu'il en viendroit bien à bout. Il fit sonner à son de trompe dans la Ville, que si quelqu'vn des Hollandois qui estoient venus sur le Vaisseau des Indes

Orientales,

Orientales deuoit à son hoste plus de sept schellings,il ne payeroit point le surplus.
La pluspart auoient dépensé dauantage, & leurs hostes par cét interest les chasserent hors de chez eux, auec cela ils auoient de la peine à se resoudre à s'embarquer;
pour les y obliger, ie fis leuer les ancres, mettre les voiles au vent, & auancer le
Vaisseau vers l'entrée du Port; vous les eussiez vû alors venir de tous costez à mon
Vaisseau, & leurs hostes & hostesses courant apres, & demandant leur argent : Ie fis
payer ce que chacun d'eux deuoit,& fis écrire en mesme temps la somme dessus leur
compte;ainsi ie me retrouuay auec tout mon équipage dans le Vaisseau,à l'exceptió
de trois ou quatre qui s'estoient engagez auec des femmes, auec qui ils se marierent. Ie me mis à la voile auec les deux Vaisseaux de Conuoy, & nous arriuâmes le
16. Nouembre en Zelande, dont ie dois mille loüanges à Dieu qui m'a tiré de tous
les dangers que ie viens de décrire,& où ie me suis trouué l'espace de sept ans moins
vn mois qu'a duré ce voyage. I'en deurois finir icy la Relation; mais il faut auparauant que ie reprenne ce que j'auois dit du Vaisseau le Midelbourg qui s'estoit separé de nous le 2. Mars 1625. en fort mauuais estat, apres auoir concerté auec nous
d'aller chercher la Baye de sainte Lucie ; nous y arriuâmes le 31. & en partîmes le 25.
d'Auril,sans auoir appris aucune nouuelle de ce Vaisseau. Ie raporteray icy ce qu'on
en a sçeu depuis:Les habitans de la Baye de sainte Lucie nous firét entendre, qu'il y
auoit vn Vaisseau dans la Baye d'Antongil ; mais nous ne sçauions pas si c'estoit celuy-là ou vn autre. Nous partîmes auec esperáce de le rencontrer en l'Isle de sainte
Helene:la Caraque d'Espagne que nous y trouuâmes, ne nous permît pas de nous y
arrester. On trouua depuis des Lettres au Cap de Bonne-Esperance, que ceux du
Vaisseau le Middelbourg y auoit laissées, comme les Vaisseaux ont coustume de
faire; elles portoient qu'ils auoient tasché d'entrer dans la Baye de sainte Lucie, selon le concert qui auoit esté pris auec nous ; qu'ils estoient descendus trop bas, &
auoient esté contraints d'entrer dans la Baye d'Antongile ; où ils auoient pouruû
leur Vaisseau de toutes les choses necessaires pour continuer leur voyage;que quelques-vns de leurs gens y estoient morts,entre-autres Guillaume Cornelisz-Schou-
ten.Telle fut la fin de ce grãd Homme, qui auoit eu assez de resolution pour entreprendre de découurir des Mers inconnuës , & faire le tour du Monde. C'est pour
l'amour de luy, qui estoit mon amy intime, que j'ay inseré ce que ie viens de dire
du Vaisseau le Middelbourg.

Ces mesmes Lettres portoient d'autres particularitez de leur voyage, du temps
qu'ils y demeurerent,en quel estat,& en quel téps ils en partirent.Depuis,on n'en a
point eu de nouuelles certaines. Ces Portugais ont dit qu'il fut attaqué à l'Isle de
sainteHelene par deux Caraques,qu'il se deffendit bien,& mit le feu à l'vne à coups
de canon , que l'autre Caraque vint au secours de celle-cy pour esteindre le feu, &
l'esteignit en effet ; mais que comme les Portugais craiguoient d'estre jettez sur les
roches qui sont proche de l'Isle,la nuit arriuât,ils s'en separerĕt,& le laisserét aller.
Quoy qu'il en soit, la consideration de sa perte m'oblige encore à rendre de nouuelles graces à Dieu, de ce qu'il m'a tiré auec le Vaisseau Hollande de ces mesmes
perils où l'autre s'est perdu.

LA TERRE AVSTRALE DESCOVVERTE PAR LE
Capitaine Pelsart, qui y fait naufrage.

LEs Directeurs de la Compagnie des Indes Orientales, animez par l'heureux retour des cinq Vaisseaux du General Carpentier, richement chargez, firent armer la mesme année 1629. vne Flotte de onze Vaisseaux pour le mesme voyage ; & entre-autres le Vaisseau nommé Battauia, sous le commandement de François Pelsart. Il partit du Texel le 28. Octobre de l'année 1628. Ie passeray sous silence le Iournal de sa Nauigation jusqu'au Cap de Bonne-Esperance, de peur d'ennuyer le Lecteur par le recit d'vne chose aussi connuë que l'est cette route. Ie diray seulement que le quatriéme Iuin de l'année suiuante 1629. ce Vaisseau Battauia qui auoit esté separé des autres par la tempeste, fut porté sur des abrollos qui sont sous la hauteur de vingt-huict degrez latitude Sud, appellez par nos Flamands les abrol Hos ou roches de Frederic Outman. Pelsart qui estoit au lict malade, sentit d'abord que son Vaisseau touchoit : il estoit nuict, mais il faisoit vn grand clair de Lune & vn bon temps ; il court sur le tillac, il trouue toutes les voiles hautes, la route Nordest au Nord, & autant que la veüe se pouuoit estendre il se voit enuirôé d'vne écume épaisse : il crie le Maistre du Nauire, il luy reproche qu'il est la cause de leur perte ; l'autre s'en excuse, dit qu'il a fait bon quart, & qu'ayant de loin remarqué la blancheur de cette écume, & demandé à son Matelot ou camarade ce que se pouuoit estre, il luy auoit répondu que cette blancheur venoit des rayons de la Lune : On demande ce qu'il est besoin de faire, & en quel endroit du monde est le Vaisseau ; il répond que Dieu seul le sçait, & qu'ils sont sur vn banc inconnu : on jette la sonde, on trouue au derriere du Vaisseau dix-huit pieds d'eau, & au deuant beaucoup moins : ils tomberent d'accord de jetter hors le bord leurs canons, esperant que le Vaisseau en estant déchargé, il se pourroit mettre plus aisément à flot : cependant, ils jettent vn ancre ; mais dans ce temps, il s'éleua vne orage de pluye & de vent ; ce fut alors qu'ils connurent tout le danger où ils estoient, & qu'ils se virent entre des rochers & des bancs, contre lesquels leur Vaisseau heurtoit à tous coups ; cela les fit resoudre à couper leur grand Mast, qui augmentoit la secousse du Vaisseau ; mais quoy qu'ils l'eussent couppé vers le pied, il se trouua tellement engagé entre les Manœuures du Vaisseau, qu'il y demeura tousiours attaché. Ils ne voyoient point de terre que la mer ne couurît, sinon vne Isle, dont selon leur estime ils pouuoient estre éloignez de trois lieuës, & deux autres moins grandes, ou plustost deux rochers, qui en estoient encore plus proches ; l'on y enuoya le Maistre du Nauire pour les reconnoistre, il reuint sur les neuf heures, & rapporta que la mer ne les couuroit point ; mais qu'à cause des rochers & des bancs, l'abord en seroit difficile ; ils se resolurent d'en courir le risque, & de faire porter à terre les gens du Vaisseau pour satisfaire aux cris des femmes, des

<table>
<tr><td>

La soute est l'endroit du vaisseau où l'on met le pain, ce mot aussi signifie l'endroit où l'on met les poudres, que l'on appelle la soute des poudres.

</td><td>

enfans, aux plaintes des malades, & au desespoir des plus timides : on les embarque dans la chalouppe, & dans l'esquif : sur les dix heures du matin, on s'apperceût que le Vaisseau estoit entre-ouuert ; ils redoublent leur diligence pour tirer le pain de la soute, & le porter sur le tillac ; car pour ce qui est de l'eau, ils ne songeoient pas qu'ils en peussent auoir de besoin à terre dans l'extremité de ce danger ; ce qui le retardoit le plus fut la brutalité de plusieurs de l'equipage, qui se gorgerent de vin qui estoit à l'abandon : si bien que l'on ne pût faire cette journée-là que trois voyages, & porter à terre enuiron cent quatrevingt personnes, vingt barils de pain, & quelques petits barils d'eau. Le Maistre vint sur le soir au Vaisseau, & dit au Commandant qu'il estoit inutil de porter dauantage de viures dans l'Isle, que ceux de l'Equipage les dissipoient ; Pelsart y passe dans la Chalouppe pour y mettre ordre, il trouue qu'il n'y auoit point d'eau dans

</td></tr>
</table>

l'Ifle ; & comme il reuenoit pour y en faire tranfporter auec les marchandifes les plus precieufes du Vaiffeau, il s'éleua vn grand vent qui l'obligea de relâcher au lieu d'où il eftoit party.

Tout le cinquiéme iour du mefme mois fut employé à tranfporter de l'eau & des marchandifes à terre ; le Commandant dans l'Efquif & le Maiftre dans la Chalouppe voulurent retourner au Vaiffeau, mais ils trouuerent que la mer brifoit fi rudement contre, qu'il eftoit impoffible d'en aborder ; le Charpentier fe jetta hors du Vaiffeau à la nâge pour les venir trouuer, & leur dire l'extremité où ils eftoient : on le renuoye, auec ordre de dire à ceux qui y eftoient reftez, qu'ils ramaffaffent le plus de planches qu'ils pourroient, qu'ils les attachaf- fent enfemble, & les jettaffent à la mer afin qu'on les pût repefcher & faire des nâgeoires à la Chalouppe ou à l'Efquif: mais le mauuais temps augmenta toufiours, & obligea le Commandant de retourner à l'Ifle, laiffant auec vne grande douleur fon Lieutenant & foixante & dix hommes dans le Vaiffeau, à la veille de fe per- dre : ceux qui eftoient paffez dans la petite Ifle, n'eftoient pas en beaucoup meil- leur eftat ; car ayant fait le compte de leur eau, ils n'en trouuerent qu'enuiron qua- tre-vingt pintes pour quarante perfonnes qu'ils eftoient : ils en auoient encore beaucoup moins dans la grande Ifle, où cent quatre-vingts hommes s'eftoient fau- uez : ceux de la petite Ifle murmurent, & fe plaignent de ce que les Officiers ne vont pas chercher de l'eau dans les Ifles voifines ; on reprefente la neceffité de le faire à Pelfart : il fe rend à leurs remonftrances ; mais il leur dit qu'auparauant de partir, il veut communiquer cette refolution à l'autre trouppe ; il euft de la peine à les y faire confentir, car le Maiftre du Vaiffeau apprehendoit que ceux de cette trouppe ne le retinffent auec eux : ils luy accorderent enfin, apres qu'il fe fut ex- pliqué qu'il ne pouuoit pas fans le confentement de cette trouppe aller chercher de l'eau, & qu'autrement il eftoit refolu de mourir auprés de fon Vaiffeau ; mais quand il fut proche de l'Ifle, celuy qui commandoit le Batteau luy dit, que s'il auoit quelque chofe à dire il le pouuoit crier, & qu'il ne fouffriroit pas qu'il fortit du Batteau : comme le Commandant fe voulut jetter à l'eau pour gagner l'Ifle, il le re- tint, & cõmanda à fes gens de ramer & de s'en éloigner, ainfi il fut obligé de retour- ner, apres auoir laiffé ces mots écrits fur la fueille d'vne tablette, qu'il partoit auec l'Efquif pour chercher de l'eau dans les terres ou Ifles qu'il trouueroit les plus proches ; ils en chercherent d'abord le long des coftes des Ifles ; ils trouuerent bien de l'eau dans quelques creux des roches de ces Ifles, mais l'eau de la mer qui brife contre l'y eftoit mélée, & par cette raifon elle n'eftoit pas propre à leurs be- foins, cela les fit refoudre d'en aller chercher plus loin.

Ils firẽt vn pont à leur Batteau; car ils n'auroiẽt pas pû faire cette Nauigatiõ dãs vn bâtimẽt découuert. Il leur vint encore quelques-vns de l'Equipage qui fe joignirẽt à leur trouppe pour le mefme deffein : & apres qu'il eut fait foufcrire cette refolu- tion par tous ceux de fa trouppe, ils fe mirẽt à la mer, & prirent hauteur qu'ils trou- uerẽt de vingt-huiét degrez treize minutes ; Ils eurẽt quelque-tẽps apres la veuë de la terre-ferme, elle gifoit felon leur eftime à fix milles au Nord-quart-à-l'Oüeft du lieu où ils auoient fait naufrage ; ils trouuerent vingt-cinq ou trente braffes d'eau; & comme la nuiét approchoit, ils s'éloignerent de la cofte qu'ils reuinrent cher- cher apres minuit. Le neufiéme matin ils eftoient à trois milles de la cofte, felon leur eftime ; ils firent cette journée-là quatre ou cinq milles en plufieurs bordées, tantoft au Nord, tantoft à l'Oüeft, la cofte gift Nord-quart-à-l'Oüeft ; elle eft baffe, fans arbres, & pleine de rochers, & à peu prés de la mefme hauteur que la cofte de Douure ; ils virent vne petite anfe, & au fonds des fables : ils voulurent entrer dedans ; mais comme ils en approcherent, ils trouuerent que la mer brifoit trop rudemẽt ; & le temps deuenât plus fâcheux, ils furent obligez de s'en éloigner.

Le dixiéme, ils fe tinrent fous le mefme parage, louiant tantoft d'vne bordée, tantoft de l'autre : enfin, la mer eftant fort agitée, ils fe refolurent d'abandonner

---

Notes marginales :

L'Hollan- dois du Svvardez, ce font deux planches at- tachées à des cordes que l'on laiffe aller tantoft d'vn cofté tantoft de l'autre, pour tenir le batteau plus droit contre la vague.

Firent vn pont, c'eft à dire ils cou- urirent leur batteau, ain- fi on dit vn Vaiffeau à deux ponts, à trois ponts.

leur Chalouppe, & mefme de jetter vne partie du pain qui eftoit dans leur Batteau, qui les empefchoit de tirer l'eau qu'il faiſoit de tous coftez. Il pleût beaucoup cette nuiſt-là, & ils efpererent que leurs gens eftans demeurez dans les Iſles,
en tireroient vn grand foûlagement. Le onziéme, le vent ſ'appaifa, il eftoit Oüeſt-
Sud-Oüeſt: ils prirent leur route versle Nord ; car la mer qui eftoit fort agitée, les
obligeoit à ſ'éloigner des terres. Le douziéme, ils prirent hauteur, la trouuerent
de vingt-fept degrez : ils coururent le long de la cofte par vn Sud-Eſt ; mais ils ne
l'a pûrent aborder tant elle eftoit efcarpée, fans aucune anfe ny terre au deuant
comme il ſ'en trouue ordinairement deuant les coftes ; de loin, la terre leur parut
fertile & pleine d'herbes. Le treiziéme, ils prirent hauteur de vingt-cinq degrez
quarante minutes, ce qui leur fit connoiſtre que le courant de l'eau les auoit portez
vers le Nord, là ils fe trouuerent vis-à-vis d'vne ouuerture où la cofte giſt Nord-
Eſt ; leur courfe ce jour-là fut vers le Nord, la cofte eftoit d'vne roche rouge toute d'vne mefme hauteur fans aucune terre au deuant, & à caufe des vagues qui rompoient contre, il leur fût impoſſible d'y aborder.

Le quatorziéme bon frais au matin, qui calma fur le haut du iour, la hauteur
vingt-quatre degrez, le vent Eſt : les marées les portoient plus qu'ils ne vouloient
vers le Nord ; car leur deſſein eftoit de chercher vne defcente, & faifoient par cette raifon petites voiles le long de cette cofte ; & ayant de loin apperceu de la fumée, ils ramerent vers le lieu où ils l'a voyoient, efperant d'y trouuer des hommes, & par confequent de l'eau : ils trouuerent que la cofte eftoit efcarpée, pleine de roches, & la mer fort groffe, ce qui leur firent perdre l'efperance d'en pouuoir aborder ; enfin, fix de leurs hommes fe fians fur l'addreffe qu'ils auoient à nâger, fauterent hors le bord, & auec beaucoup de peine & de dangers gagnerent
enfin la terre, le Batteau demeurant cependant à l'ancre à vingt-cinq braffes de
fonds : ces gens employerent tout ce iour à chercher de l'eau ; & cependant qu'ils
alloient d'vn cofté & d'autre pour en chercher, ils apperceurent quatre hommes
qui ſ'approchoient d'eux à quatre pattes ; vn de nos gens ayant paru proche d'eux
fur vne hauteur, ils fe leuerent & prirent la fuïte, en forte que ceux-mefmes qui
Sauuages de la terre Au-ſtrale. eftoient dans l Efquif les pûrent voir fort diftinctement. Ces hommes font fauuages, noirs, tout à fait nuds, ne couurans pas mefme les parties que prefque tous les
autres Sauuages fe couurent ; n'y ayant plus d'efperance de trouuer là de l'eau, ils
reuinrent au Batteau à la nâge, bleffez & meurtris des coups qu'ils auoient receus
des vagues & des rochers ; on leua l'ancre, on continua de faire petites voiles toufiours le long de la cofte, fe tenant neantmoins hors des battures, & efperant trouuer quelque lieu plus propre pour l'aborder.

Le quinziéme fur le matin, ils découurirent vn Cap, & à fa pointe vn recif ou
chaîne de rochers qui pouffoient bien vn mil en mer, & vn autre recif le long de la
cofte ; ils entrerent entre ces roches à caufe que la mer leur y paroiſſoit peu agitée ;
mais ils trouuerent que ces rochers faifoiết vn cul de fac, & qu'il n'y auoit point de
fortie. Sur le midy, ils virent vne ouuerture où la mer eftoit affez tranquille ; mais il
eftoit dangereux de ſ'y engager, car il n'auoit pas plus de deux pieds d'eau, & beaucoup de pierres ; tout le long de cette cofte eſt fur le deuant vne table de fable qui
peut auoir vn mil de largeur. Eftans arriuez à terre, l'on fe mit à creufer des puits
dans cette auant-cofte ; mais l'eau qu'ils y trouuerent eftoit fallée : à la fin, on trouua dans les pierres creufes du rocher, de l'eau douce de pluye, ce qui leur fût vn
grand fecours ; ils fe mourroient de foif, & n'auoient eu pour ration les iours precedens qu'vn peu plus de demy-feptier d'eau ; ils en ramaſſerent bien cent foixante
pintes durant toute la nuiɛt qu'ils y demeurerent ; il y auoit eu quelque-temps auparauant des Sauuages en cét endroit, car ils y trouuerent des reftes d'écreuiſſes &
des cendres.

Le 16. au matin, ils refolurent de retourner encore à terre, dans l'efperance de
pouuoir ramaſſer vne plus grande quátité d'eau dans les roches, puifqu'il ne leur re-

ſtoit point d'eſperance d'en trouuer ailleurs; mais il y auoit fort long-têps qu'il n'y auoit pleû, car ils n'en trouuerêt point: & la terre qu'ils découurirêt au delà des roches qui bordêt la coſte ne leur en promettoit point; c'eſt ou vne raze câpagne ſans herbes ny arbres, où ils ne voyoient que de grands tas de fourmils; mais ſi grands, qu'on les auroit pris de loin pour des maiſons d'Indiẽs; ils y trouuerêt vne ſi étrâge quâtité de mouches, qu'ils eſtoiêt fort empéchez à ſ'en deffendre. Ils virent de loin huiĉt Sauuages, chacun d'eux auoit vn baſton à la main; ils en approcherêt à la portée d'vn mouſquet: mais comme ils virent que les noſtres venoient à leur rencontre, ils prirent la fuïte : enfin, voyant qu'il n'y auoit plus d'eſperance de trouuer de l'eau, ils ſe reſolurent ſur le midy de quitter cette coſte, & ſortirent par vne autre ouuerture de ce recif qui eſt plus auancée vers le Nord; car ayant pris hauteur vingt-deux degrez dix-ſept minutes, leur deſſein eſtoit de chercher la riuiere de Iacob Remmeſſens; mais le vent venant du Nord-Eſt, ils ne pûrent pas ſuiure plus long-temps la coſte; tellement qu'ayant conſideré qu'ils eſtoient à plus de cent milles du lieu du naufrage, & qu'ils auoient trouué ſi peu d'eau qu'à peine en auoient-ils pour ſubſiſter, ils ſe reſolurent de gagner le plus viſte qu'ils pourroient Battauia, pour aduertir le General de leur mal-heur, & ſolliciter le ſecours pour leurs gens qu'ils auoient laiſſez dans les Iſles.

Le dix-ſeptieſme, le broüillard les empeſcha de prendre hauteur à Midy; ils firent enuiron ce jour-là quinze milles auec vn vent Nord-Oüeſt-au Nord, bon frais, temps ſec; la route eſt Nord-Eſt.

Le dix-huiĉtieſme, ils ne peurent encore prendre de hauteur à Midy; mais ſelon leur eſtime, ils firent dix milles par vn vent Oüeſt-Nord-Oüeſt; le temps rude, grande pluye auec vn grand vent, lequel, ſur le Midy, venoit du Nord-Eſt vn peu vers le Nord; leur Courſe fût à l'Oüeſt; Ce meſme temps dura encore le dix-neuf, tellement qu'ils ne peurent point encore prendre de hauteur, ſelon leur eſtime, ils firent enuiron ſept lieuës, leur route Nord-Nord-Eſt, le vent Nord Oüeſt à Oüeſt.

Le vingtieſme ils ſe trouuerent ſous la hauteur de dix-neuf degrez vingt-deux minutes; ils auoient fait, ſelon leur eſtime, vingt-deux milles, la route Nord, le vent Oüeſt-Sud-Oüeſt auec vn petit frais meſlé de pluye.

Le vingt-vnieſme ils creurent auoir fait vingt-trois mil la route Nord, le vent changeant quelquesfois du Sud-Oüeſt au Sud-Eſt, quelquesfois bon frais, ſuiuy apres de calme.

Le vingt-deuxieſme hauteur ſeize degrez dix minutes, ce qui les eſtonna extrêmement, ne ſe pouuant imaginer, comment en ſi peu de temps, ils auoient pû hauſſer tant de degrez; il y a apparence que la marée les portoit fortement vers le Nord; ſelon leur eſtime ils auoient fait vingt-quatre milles, la route Nord d'vn petit frais qui venoit le plus ſouuent du Sud-Eſt.

Le vingt-troizieſme ils ne peurent prendre de hauteur, ſelon leur eſtime, ils auoient fait ſeize milles, la route Nord à l'Oüeſt, le vent, ce iour-là, virant quelquesfois de l'Eſt à l'Oüeſt, temps variable, pluuieux, meſlé de calmes; le vent ſur le ſoir, Sud-Sud-Eſt.

Le vingt-quatrieſme, temps ſec, bon frais, le vent Sud-Eſt au Sud; ils ſe trouuerent à Midy ſous la hauteur de treize degrez dix minutes : la route Nord à l'Oüeſt vingt-cinq milles.

Le vingt-cinquieſme le vent Sud-Eſt, le temps ſec, bon frais, la hauteur vnze degrez trente minutes, ſelon leur eſtime, ils auoient auancé trente & vn mille; Nord à l'Oüeſt; ils virent, ce iour, beaucoup de Vareck.

Le vingt-ſixieſme hauteur neuf degrez cinquante-ſix minutes; le vent Sud-Eſt, le temps ſec; ils auoient auancé Nord à l'Oüeſt vingt-quatre milles.

Le vingt-ſeptieſme le vent Sud-Eſt, le temps pluuieux, tellement qu'ils ne peurent prendre hauteur: Apres midy ils virent les terres de Iaua, à la hauteur;

comme ils se l'imaginerent de huit degrez en estant à quatre ou cinq milles : ils dresserent leur course, Oüest-Nord-Oüest, le Long de la Coste jusqu'au soir qu'ils découurirent vne pointe au deuant de laquelle estoit vne Isle pleine d'arbres ; ils firent voile vers cette pointe, sur la brune ils trouuerent vn Golphe, ils y entrerent suiuant la route du Nord-Nord-Oüest, y ietterent l'anchre à huit brasses d'eau, fonds dur & y passerent toute la nuict.

Ils leuerent l'ancre le vingt-huit au matin & ramerent vers terre pour chercher de l'eau ; car la soif les auoit réduits à l'extremité : Ils trouuerent heureusement vne eau courante, ils en estancherent leur soif & en remplirent leurs barils, & apres midy reprirent leur route vers Batauia.

Le vingt-neuf apres minuict, au second quart, ils virent deuant eux vne Isle qu'ils laisserent à leur stir-bord ou main droite ; à la pointe du iour ils se trouuerent proche de l'anse qui est du costé de l'Oüest, de là ils coururent Oüest-Nord-Oüest : en faisant cette route l'on s'éloigne de la coste qui est au fonds de cette anse, qu'on retrouue auant que d'arriuer aux Isles Trowuens. Sur le midy ils se trouuerent sous la hauteur de six degrez quarante-huit minuttes, & selon leur estime ils auoiét fait trente milles, leur route Oüest-Nord-Oüest à trois heures apres midy : ils passerent entre ces deux Isles, & virent sur celle qui est le plus à l'Oüest beaucoup d'arbres de Cocos. Sur le soir, ils estoient encore éloignez d'vn mille de la pointe du Sud de Iaua, & à la troisième horloge du second quart ils se trouuerent iustement entre Iaua & l'Isle des Princes.

Le trentiéme au matin ils estoient sous la coste de l'Isle des Princes, ne firent ce jour-là que deux milles. Sur le soir il s'éleua vn petit vent de terre.

Le premier Iuillet le temps calma, & à midy estoient encore bien éloignez de trois lieües de l'Isle Dwaers-inden-wegh, les vents inconstans : Sur le soir, ils s'éleuerent du costé du Nord-Oüest, si bien qu'ils gagnerent l'Isle que ie viens de dire. Le soir fut calme, & ils furent obligez de ramer.

Le deuxiéme au matin estans au trauers de l'Isle Toppers-hoëtien, ils furent obligez d'y demeurer à l'ancre iusques sur les onze heures, & d'y attendre le vent de la mer, mais il s'en leua fort peu ; si bien qu'il fallut encore ramer, & au soir trouuerent qu'ils n'auoient auancé que deux milles : Sur le coucher du Soleil, ils virent derriere eux vne voile au trauers de l'Isle Dwaers-inden-wegh, ils gagnerent la coste, & y ietterent l'ancre, resolus de l'attendre. Le matin ils allerent aborder ce Vaisseau, esperant en tirer du secours & des armes pour se deffendre de ceux de Iaua, si ils estoient en guerre auec les Hollandois : Ils le trouuerent accompagnez de deux autres Vaisseaux de la Compagnie, sur l'vn desquels estoit Ramburgh Conseiller de cette Compagnie : Pelsart passa dans son Vaisseau, luy conte auec douleur l'accident qui luy estoit arriué, & fut auec luy à Batauia.

Cependant qu'il sollicite le secours, ie retourneray à ceux de l'Equipage qui estoient demeurez dans les Isles ; mais ie vous dois dire auparauant que le sous-Marchand nommé Ierosme Cornelis, autrefois Apoticaire de Harlem, auoit dés la coste d'Affrique complotté auec le Pilotte & quelques-autres, de se rendre maistre du Vaisseau, & de le mener à Dunkerque, ou de s'en seruir pour courre le bon bord : Ce sous-Marchand demeura dans le débris dix iours apres que le Vaisseau eut échoüé, ne trouuant point de moyen de gagner la terre ; il passa mesme deux iours sur le grand Mast qui flottoit ; & de là s'estant mis sur vne vergue, gagna enfin la terre. Il deuoit commander en l'absence de Pelsart, & crût que ce commandement estoit vne bône occasion d'executer son premier dessein, qu'il luy seroit aisé de se rendre maistre de ce qui estoit resté du débris, & de surprendre le Commandant lors qu'il arriueroit auec le secours qu'il estoit allé querir à Batauia, & de croiser ces Mers auec son Vaisseau : pour y paruenir, il falloit se défaire de ceux de l'Equipage qui n'estoient point de son party ; mais auparauant que de mettre la main dans le sang, il fit signer à ses complices vne espece de Complot, par lequel ils se promettoient fidelité les vns aux autres. Tout l'Equipage estoit diuisé en trois Isles ; dans celle de Cornelis, qu'ils auoient appellée le Cimetiere de Battauia, estoit la plus grande trouppe : Vn nommé Vveybehays auoit esté enuoyé dans vne autre pour chercher de l'eau, & en auoit trouué apres l'auoir cherchée vingt iours ; Vveybe-hays fit le signal qu'il auoit concerté, par trois feux qu'il alluma, mais inutilement ; car ils ne furent point apperceus par les gens de la grande trouppe de Cornelis, parce que durant ce temps-là, les conjurez égorgeoient ceux qui n'estoient pas de leur party, ils en tuerent trente ou quarante ; quelques-vns se sauuerent sur des pieces de bois qu'ils joignirent ensemble, & vinrent trouuer Vveybe-hays, luy dirent l'horrible massacre qui s'estoit fait ; il auoit auprés de luy quarante-cinq hommes, il se resolut de se tenir sur ses gardes, & de se deffendre de ces assassins s'ils vouloient attenter sur sa trouppe ; comme en effet, ils en auoient le dessein, & de traiter de mesme vne autre troupe ; car ils apprehendoient que ceux de la troupe d'Hay ou de l'autre qui estoient dans vne troisiéme Isle, n'auertissent le Commandeur lors qu'il arriueroit, & n'apportassent quelque empeschement à leur dessein. Ils vinrent aisément à bout de cette derniere trouppe qui estoit la plus foible ; ils y tuerent tout, à l'exception de sept enfans & de quelques femmes ; ils esperoient venir à bout auec la mesme facilité de la trouppe de Vveybe-hays, & cependāt ouurirent les caisses des marchāds qu'on auoit sauuées du vaisseau. Ierôme Cornelis fit faire de riches étoffes qui y estoiët, des habits pour la troupe, se choisit des gardes qu'il fit habiller d'écarlatte auec deux grandes dentelles d'or & d'argent ; & comme si les femmes eussent esté vne partie du butin, en prend vne pour luy, donna vne des filles du Ministre à vn des principaux de sa trouppe, & abandonna à l'vsage public les trois autres ; il fit mesme quelques Reglemens pour la maniere dont elles deuoient seruir.

Apres ces horribles executions, il se fait élire Capitaine general, par vn Acte qu'il fit signer à tous ceux de son party ; enuoya en suite vingt-deux hommes sur deux Chalouppes, pour deffaire la trouppe de Vveybe-hays ; mais ils furent repoussez : il y va luy-mesme auec trente-sept hommes ; Vveybe-hays le vient receuoir au débarquement jusques dans l'eau, & le fait retirer, quoy qu'il n'eut point d'autres armes que des bastons dont il auoit armé le bout auec des cloux : la force ne luy reüssissant point, il a recours à d'autres moyens ; on propose vn Traité de Paix ; le *Domine* qui estoit du costé de Vveybe en fit les allées & les venuës : elle est concluë, à condition qu'il laisseroit en repos la trouppe de Vveybe, qui de son côté luy feroit rendre vn petit Batteau auec lequel vn Matelot s'estoit sauué de l'Isle où estoit Cornelis, dans celle de Vveybe, & qu'on donneroit à Vveybe de l'estoffe pour habiller ses gens : cependant que l'on va & vient, Cornelis écrit à quelques soldats François qui estoient de sa trouppe, leur offre à chacun six mille liures pour les corrompre, esperant qu'auec cette intelligence il luy seroit aisé de venir à bout de son dessein. Les Lettres ne font point d'effet, on les fait voir à Vveybe ; & Cornelis qui ne sçauoit pas qu'elles fussent découuertes, estant venu le lendemain auec trois ou quatre autres trouuer Vveybe, & luy porter les habits, Vveybe le fait charger, tuë deux ou trois de sa trouppe, & le retient prisonnier. Vn nommé Vvouter-los qui s'estoit sauué de cette déroute, vint le lendemain pour luy donner vn nouuel assaut ; mais auec aussi peu de succez. Pelsart arriue dans ces entrefaites sur la Fregate Sardam ; il approche du débris, & remarqua de loin de la fumée dans l'vne des Isles ; ce qui luy fut vne grande consolation, voyant par là que tout son monde n'estoit pas mort : il jette l'ancre, & se met aussi-tost dans l'Esquif auec du pain & du vin, & va descendre dans l'vne des Isles ; vn Esquif y aborde presque en mesme temps armé de quatre hommes ; Vveybe qui estoit l'vn de ces quatre court à luy, luy dit le massacre, & l'auertit de retourner au plustost à son Vaisseau, que l'on auoit dessein de surprendre ; que les conjurez auoient tué cent vingt-cinq personnes, & qu'ils le deuoient attaquer auec deux

Chalouppes ; qu'il auoit esté le matin de ce iour-là aux mains auec eux ; Pelsart découure en même téps les deux Chaloupes qui venoient à luy ; il fut plustost dans son
Vaisseau qu'elles ne l'eurent abordé ; il void ces gens couuerts de dentelles d'or &
d'argent, & les armes à la main ; il leur demande pourquoy ils abordent le Vaisseau
les armes à la main ; leur réponce fut qu'ils le luy diroient quand ils seroient
dans le Vaisseau ; il leur commanda de ietter leurs armes à la mer, autrement il les
menace de les couler à fonds ; il fallut obeyr, ils iettent leurs armes, on les fait entrer dans le Vaisseau, où on leur mit aussi-tost les fers aux pieds : Vn nômé Iean de
Brémen qui fut examiné le premier, confessa qu'il auoit mis à mort, ou aydé à as-
sassiner, vingt-sept personnes ; le soir mesme Vveybe amena à bord son prisonnier.

Le dix-huictiéme Septembre, le Commandeur auec le maistre Pilote furent
prendre auec des Batteaux dix hommes de la trouppe de Vveybe, auec lesquels
ils passerent à l'Isle de Cornelis ; ceux qui y estoient demeurez perdirent courage,
aussi-tost qu'ils le virent aborder, & se laisserent mettre aux fers ; le premier des
soins du Commandant fut de faire chercher les pierreries qui estoient dispersées
çà & là. On trouua tout dés la premiere recherche à l'exception d'vne chaisne
d'or & d'vne bague, & encore trouua-t'on depuis la bague ; l'on vient aprés au débris, le Vaisseau estoit en cent pieces, la quille d'vn costé eschoüée sur vn sable,
vne partie du deuant du Vaisseau sur vne roche, & d'autres pieces çà & là qui donnoient peu d'esperance à Pelsart de sauuer quelque chose des marchandises de la
Compagnie : le Boutillier luy dit qu'il y auoit bien vn mois que d'vn beau iour
qu'estoit le seul qu'ils eussent eû, en tout ce temps-là, estant allé pescher assez proche du débris, il auoit auec le bout d'vne picque donné contre vne des caisses
pleine d'argent.

Le dix-neufiéme on porta à l'Isle les autres Complices pour les examiner.

Le vingtiéme on enuoya à la troupe de Vveybe diuerses choses dont elle manquoit, & on en rapporta de l'eau. Car aprés auoir esté dix iours dans l'Isle sans en
trouuer, ils s'auiserent de gouster de celle qui estoit dans deux puits qu'ils
croyoient salée, à cause qu'elle haussoit & baissoit auec la Marée, & cependant elle
se trouua bonne à boire.

Le vingt & vniéme ils trouuerent que la Marée estoit fort basse, & le vent d'Est-
Sud-Est si grand, que le Batteau ne peût sortir de tout ce iour-là.

Le vingt-deuxiéme ils voulurent reconnoistre de plus prés le débris ; la mer brisoit si rudement contre, que les Nageurs mesmes n'oserent en approcher.

Le vingt-cinquiéme, le Maistre du Vaisseau & le Pilote en approcherent par vn
beau temps ; ceux qui estoient à terre remarquerent, qu'ils estoient empeschez à
tirer quelque chose ; on leur enuoya du secours, le Commandant y va luy-mesme,
ils auoient trouué vne caisse pleine d'argent : On en trouua vne seconde, on mit ces
deux à sec, & on n'en pût pas pescher dauantage de tout ce iour-là à cause du mauuais temps, quoy que les Plongeurs du Guzarat asseurassent qu'ils en auoient
trouué six autres qui se pouuoient tirer aisément.

Le vingt-sixiéme l'apresdînée, le temps estant beau & la Marée fort basse, le
Maistre alla au lieu où on auoit remarqué les caisses, en rapporta trois, & mit vn
anchre & vne piece d'artillerie pour marquer l'endroit où ils en laissoient vne
quatriéme qu'ils ne peurent tirer, quelque effort qu'ils fissent.

Le vingt-septiéme il fit vn vent de Sud fort froid.

Le vingt-huictiéme, le mesme vent ; & comme il ne permettoit pas de trauailler auprés du débris, le Commandeur fit assembler le Conseil pour déliberer si
l'on iugeroit les Criminels, ou si on les transporteroit à Battauia pour y estre iugez par les Officiers de la Compagnie ; leur grand nombre, & la ialousie des grandes richesses que l'on auoit tirées du naufrage, & dont la fregate estoit chargée, fit
que la pluralité des voix alla à les iuger & faire executer sur le lieu, ce qu'ils firent.

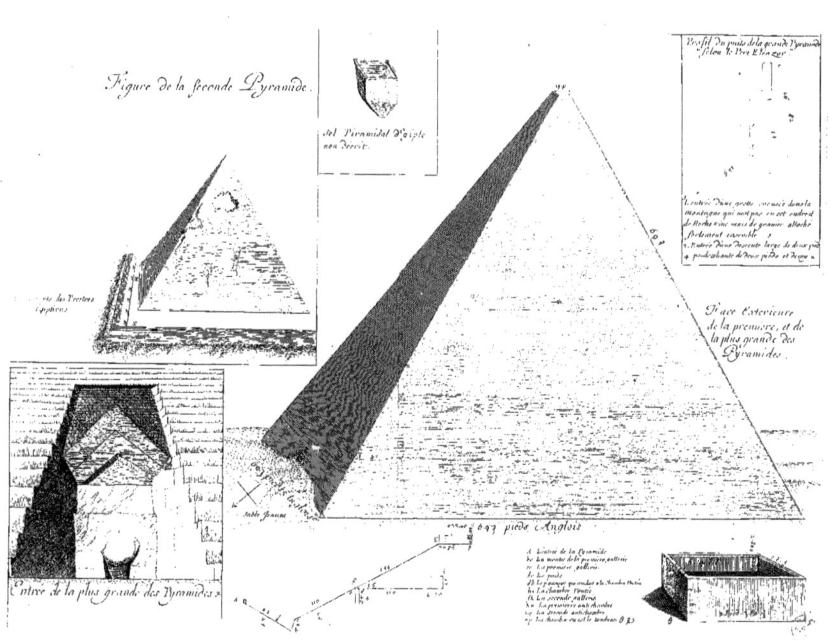
Figure de la seconde Pyramide.
del Piramidal d'oiple non descrit.
Profil du puits de la grande Pyramide selon le Père Eleazer
L'entrée d'une grotte creusée dans la montagne qui n'est pas en cet endroit de Roche vive mais de granier attaché seulement ensemble ;
L'entrée d'une descente large de deux pieds pendeschante de deux pieds et demi
Face Extérieure de la première, et de la plus grande des Pyramides.
697 pieds Anglois
A L'entrée de la Pyramide
b La montée de la première gallerie
c La première gallerie
d Le puits
e Les passages qui conduit à la chambre haute
f La chambre voutée
g La seconde gallerie
h La première antichambre
i La seconde antichambre
k La chambre où est le tombeau
Entrée de la plus grande des Pyramides
Sable jaune

DESCRIPTION DES PYRAMIDES D'EGYPTE,

par Iean Greaues, Professeur en Astronomie en l'Vniuersité d'Oort.

A quelle fin les Pyramides ont esté basties , & de la maniere des Egyptiens d'embaûme les corps.

ES Anciens qui ont parlé des Pyramides, sont tous d'accord qu'elles ont esté basties pour seruir de Monumens; Diodore & Strabon le disent clairement, les Arabes confirment la mesme chose ; & le tombeau qu'on void encore aujourd'huy dans la plus grande Pyramide, soit qu'il soit de Cheops, comme dit Herodote, ou de Chemmis selon Diodore, met la chose hors de doute.

C'est vne recherche curieuse, de sçauoir pourquoy les Roys d'Egypte entreprirent ces grands Bastimens. Aristote dit que ç'a esté pour exercer leur tyrannie: Pline croid qu'ils les ont bastis en partie par ostentation de leur puissance, & aussi pour tenir leurs Sujets occupez, & les diuertir des pensées de reuolte. Quoy que la raison que Pline rapporte ait pû entrer en consideration, toutesfois selon mon sens, elle n'a pas esté la principale. Pour moy, ie croy l'auoir trouuée dans la Theologie des Egyptiens; Seruius lors qu'il explique ce vers de Virgile

—————————————————— *animamque Sepulchro*
—————— *condimus* ——————

dit que les Egyptiens croyoient que l'ame demeuroit attachée au corps tant qu'il demeuroit en son entier ; Que les Stoïciens estoient de la mesme opinion ; les Egyptiens, ce dit-il, embaûment leurs corps, afin que l'ame ne s'en separe pas sitost pour passer dans vn autre corps. Les Romains au contraire les brûlent afin que l'ame puisse plustost retourner à son principe, & se reünir à son Tout. C'est pour conseruer les corps plus long-temps, que les Egyptiens ont inuenté ces precieuses compositions dont ils les embaûment, & qu'ils leur ont basty de si superbes Monumens, esperant par là les preseruer de la pourriture, & les rendre en quelque façon eternels.

Herodote, parlant en son troisiéme Liure de la cruauté de Cambise, qui fit tirer du tombeau le corps d'Amasis Roy d'Egypte, pour le faire foüetter & le traiter auec toute sorte d'ignominie, dit qu'on le brûla ; ce qui estoit contraire à sa Religion : car les Persans adorent le feu comme vn Dieu, & tiennent qu'il y a de l'irreligion de luy faire consumer le cadaure d'vn homme. Les Egyptiens au contraire, croyent que le feu est vne creature viuante, qui deuore ce qu'on luy presente, & meurt apres auec ce qu'elle a deuoré. Ils les embaûment ou sallent, pour empescher que les vers ne les consomment, le mot Grec dont il se sert est Ταειχεύειν Baruch & Platon s'en sont seruy dans la mesme signification ; & Lu- _{Baruch 6. 71. Plato. Phædon. Lucian. de luctu.} cien en vn endroit dit, les Grecs brûlent leurs morts, les Persans les enterrent, les Indiens les oignent de graisse de porc, les Barbares les mangent, & les Egyptiens les sallent & les embaûment : C'est de là que vient l'allusion que Marc-Aurelle fait sur le mot de Ταειχον ; ce qui estoit hyer, ce dit-il, vn excrement, deuient Ταειχος, vn corps embaûmé, ou est reduit en cendres. Outre que l'embaûmement rendoit le corps aussi dur que du marbre, l'ame, selon leur Religion, y demeuroit vnie : ce qui donna sujet à Platon, qui demeura en Egypte auec Eu- _{Strab. l. 17.} doxus l'espace de treize ans, de tirer vne induction de cette longue durée des corps, pour prouuer l'immortalité de l'ame ; son argument auroit encore plus de force en ces temps, car deux mille ans apres luy ie les ay trouuez fort entiers & fort durs. Saint Augustin asseure là dessus, que les Egyptiens estoient les seuls

A

qui creuſſent la Reſurrection; ils preparent, ce dit-il, ſoigneuſemẽt leurs corps morts, & les rendent auſſi durs que s'ils eſtoient de bronze; ils appellent dans leur langue ces corps ainſi preparez, Gabbares.

Leur maniere d'embaûmer les corps, autant que j'en puis juger par ceux que j'ay veu eſt décrite fort curieuſement & fort fidelement dans Herodote & dans Diodore, c'eſt pourquoy ie rapporteray icy tout ce qu'ils en ont dit.

Leur dueil & leurs ſepultures ſe font en cette maniere : S'il eſt mort en quelque maiſon quelque perſonne conſiderable, toutes les femmes du logis ſe frot-tent de boüe la teſte & le viſage, & puis ayant laiſſé le mort à la maiſon, elles cou-rent par toute la ville ceintes par le milieu du corps & la gorge deſcouuerte. Ainſi ayant auec elles leurs plus proches parentes, elles pleurent, elles font des lamen-tations, elles ſe battent la poitrine. D'vn autre coſté les hommes font la meſme choſe, & ſont ceints par le milieu du corps, & deſcouuerts comme les femmes. Apres cette ceremonie ils portent embaumer le corps, car il y a certains hommes qui en font meſtier. Quand on leur apporte le corps, ils montrent à ceux qui l'ont porté des images de morts faites de bois peint, & diſent que celle-là eſt la mieux faite, dont il ne ſeroit pas bien-ſeant de dire le nom ; que la ſeconde qu'ils mon-trent eſt moindre pour l'ouurage & pour le prix, & que la troiſiéme eſt la moin-dre qui ſe faſſe. Lors qu'ils ont fait cette montre, ils demandent aux parens ſur quel modelle ils veulent qu'on faſſe le mort ; & apres auoir conuenu entre-eux & du modelle & du prix, les parens du mort ſe retirent. Alors on embauſme le corps le plus promptement qu'il eſt poſſible. * Premierement on tire la ceruelle par les narines, auec des ferremens propres pour cela ; & à meſure qu'on l'a fait ſortir, on fait couler en la place des parfums : En ſuite, ils couppent le ventre vers les flancs, auec vne pierre Ethiopique bien aiguiſée, & en tirent les entrailles qu'ils nettoyent & qu'ils lauent dans du vin de Palme. Quand ils ont fait cette opera-tion, ils les font encore paſſer dans vne poudre aromatique ; & en ſuite, ils les rempliſſent de myrrhe pure, de caſſe, & d'autres parfums, excepté d'encens, & les remettent dans le corps qu'ils recouſent. Apres toutes ces façons, ils ſallent le corps auec du Nître, & le tiennent dans le lieu où il eſt ſallé durant l'eſpace de ſoixante & dix iours, n'eſtant pas permis de l'y tenir plus long-temps. Lors que les ſoixante & dix iours ſont accomplis, & qu'on a encore laué le corps, ils l'en-ueloppent auec des bandes faites de fin lin, & qu'ils frottent par deſſus auec vne gomme, dont les Egyptiens ſe ſeruent ordinairement au lieu de ſel. *

Ces Bandes, autant que j'en ay pû juger par celles que j'ay veuës, eſtoient de lin, & de la meſme matiere que l'habit des Preſtres d'Egypte ; car Herodote en ſon ſecond Liure dit, que les Egyptiens auroient fait ſcrupule de ſe faire enterrer auec des habits de laine, ou de s'en ſeruir dans leurs Temples ; & Plutarque dans ſon Liure d'Izis & d'Oſiris, remarque que les Preſtres d'Izis portoient des habits de lin, & eſtoient raſez ; c'eſt par cette meſme raiſon qu'Ouide dit,

                        Nec tu linigeram fieri quid poſſit ad Iſim
Quæſieris.

I'ay veu de ces bandes auſſi fortes & auſſi entieres que ſi elles euſſent eſté nouuellement faites : ils lioient les corps morts auec ces bandes, commençans par la teſte & finiſſans aux pieds, & puis en mettoient encore d'au-tres par deſſus, tellement qu'il y en auoit plus de 1000. aulnes pour chaque corps.

b I'ay auſſi veu beaucoup de ces coffres ou bierres taillées ſur la reſſemblãce d'vn hõme, ou pluſtoſt ſur celle de ces Momies ; car l'on n'y peut remarquer que la figure de la teſte, ſans autre diſtinction de membres, le reſte du corps eſtant repreſenté comme vn tronc qui ſe termine en vn pied d'eſtail ; ſur lequel, comme rapporte Hero-dote, ils les tenoient dreſſez. Ces coffres ſont peints auec pluſieurs Hieroglyphiques ; j'en ouury deux, & ie trouuay ſur les corps qu'ils enfermoient deux petites figures attachées aux bandes de lin, & peintes auec leurs caracteres ſacrez ; les couleurs en eſtoient fort viues & fort fraiſches, & entre ces peintures j'en remarquay qui repreſentoiẽt des hõmes, des femmes, auec des teſtes de faucõs & de chié, entre leſquelles il y auoit de ces meſmes figures aſſiſes ſur des chaiſes ; elles eſtoient la pluſpart attachées vers le ventre, à l'endroit des genoux & des jam-bes : ſur les pieds j'y trouuay vne couuerture de lin peinte, qui eſtoit auſſi de la meſme matiere. Ce lin qui couuroit les pieds eſtoit peint d'Hieroglyphiques, & auoit la façon d'vn ſoulier ou d'vn patin fort éleué : ſur la poitrine eſtoit vne eſpece de cuiraſſe, faite auſſi de lin mis en pluſieurs doubles : au milieu de ces bandes vers le haut, eſtoit repreſentée vne femme les bras eſtendus, & au bout des bras de chaque coſté eſtoit la teſte d'vn Faucon bien peinte & dorée. Ils repreſentoient par là la Diuinité, comme dit Plutarque dans ſon Liure d'Y-zis & d'Oſiris. Pour l'ame, ils la repreſentoient par vn ſerpent " qui auoit dans ſa gueule la pointe de ſa queuë. I'ay beaucoup veu de ces repreſentations grauées dans des pierreries qui ſe trouuent en Alexandrie ; ils mar-quent auſſi par des Croix l'eſperance qu'ils ont de la vie eternelle, comme Ruffin l'explique : I'ay veu beaucoup de ces Croix entre leurs Hieroglyphiques, les vnes peintes, les autres grauées, & quelques-vnes meſme dou-ble & triple faites de terre-cuite. Sur vne ſtatuë d'Oſiris qui eſt à Rome, elles ſont grauées de la ſorte. T

Quand les parens ont repris le corps, ils font faire comme vne ftatuë d'homme de bois creusé, dans laquelle ils enferment le mort ; & apres l'y auoir renfermé, ils le mettent comme vn trefor dans vn coffre, qu'ils dreffent de bout contre
la muraille. Voila les ceremonies qu'on fait pour les riches : quant à ceux qui fe
contentent de moins, & qui ne veulent pas faire tant de dépenfes, ils les traitent
en cette maniere. Ils rempliffent vne firingue d'vne liqueur odoriferante qu'on
tire du Cedre, qu'ils pouffent par le fondement dans le corps du mort fans luy faire aucune incifion, & fans en tirer les entrailles, & le tiennent dans le fel autant
de temps que les autres. Quand le temps eft expiré, ils font fortir du corps du
mort la liqueur de Cedre qu'ils y auoient mife ; & cette liqueur a tant de vertu,
qu'elle fait fondre les inteftins, & les entraîne auec elle. Pour le Nitre, il mange
& confomme les chairs, & ne laiffe que la peau & les offemens du mort. Alors,
celuy qui l'a embaûmé le rend à fes parens,& ne s'en met pas dauantage en peine.

La troifiéme façon dont on fe fert pour embaûmer les morts, eft celle qui regarde ceux de la moindre condition ; car on fe contente d'en purger & d'en nettoyer le ventre par des lauemens, & d'en faire fecher le corps dans le fel durant
le mefme temps de foixante & dix iours, afin de le rendre en fuite à fes parens.
Pour les grandes Dames, & celles qui ont efté belles, ou en quelque confideration, on ne les donne pas à embaûmer auffi-toft qu'elles font mortes ; mais on attend trois ou quatre iours apres, de peur que les embaûmeurs n'en ayent connoiffance : Car on dit qu'autrefois on en furprît vn dans ce crime, auec vne femme qui venoit de mourir,& qu'il fut accusé par fon compagnon. Quand on a trouué quelque mort, foit Egyptien, foit Eftranger, foit qu'il ait efté tué par vn Crocodile, foit qu'il ait efté noyé dans le Nil, la Ville où le corps a efté jetté eft obligée de le faire embaûmer, de luy faire de magnifiques funerailles, & de le faire
enterrer en lieu faint. Il n'eft permis à qui que ce foit de le toucher, pas mefme à
fes parens & à fes amis, excepté aux Preftres du Nil qui le touchent & l'enfeue-
liffent comme fi c'eftoit quelque chofe de plus grand & de plus confiderable
qu'vn homme mort. Au refte, les Egyptiens rejettent les couftumes des Grecs ;
& pour tout dire en vn mot, ils ne veulent point receuoir les couftumes des autres peuples, ce qui eft inuiolablement obferué par toute l'Egypte.

Voyez les No-
tes à la fin de
ce Chapitre,

Diodore dit le mefme, mais fort diftinctement, felon fa couftume ; lors qu'il
meurt quelqu'vn chez les Egyptiens, fes parens & fes amis fe jettent de la boüé
fur la tefte, & courent par les ruës les rempliffant de leurs cris, jufqu'à ce que
le corps foit enterré ; ils s'abftiennent cependant du bain, de l'vfage du vin, & de
toute autre delicateffe ; obferuant mefme durant ce temps-là de ne porter
que des habits fort fimples ; ils ont trois manieres de preparer le corps de leurs
morts, l'vne qui eft de tres-grande dépenfe, l'autre qui coufte moins, & vne troifiéme qui fe fait à fort peu de frais : la dépenfe de la premiere eft d'vn talent d'argent, la feconde eft de vingt mines, & la troifiéme coufte fort peu de chofe :
Ceux qui preparent les corps en font vn meftier qu'ils ont appris de leurs peres ; ils prefentent aux parens du deffunt vn memoire de la dépenfe de chacune
de ces manieres de preparer les corps ; & quand ils en font conuenus, & du prix,
on met le corps entre les mains de ceux de cét Art ; celuy qu'ils appellent le Scri-
be l'eftend fur terre, & marque à l'endroit du ventre fur le cofté gauche, l'endroit
où il faut faire l'incifion ; vn autre qu'ils appellent le Couppeur vient apres, &
couppe autant de la chair que l'on luy commande, & cela auec vne pierre Ethiopique ; l'operation faite, il s'enfuyt le plus vifte qu'il peut ; car ceux qui y ont affifté courent apres luy, & luy jettent des pierres, & le fuiuent auec mille imprecations : car ces peuples croyent que quiconque fait violence ou quelque injure
que ce foit à vn corps femblable au fien, merite la haine de tout le monde : au
contraire, ils rendent de l'honneur & du refpect aux embaûmeurs, ils con-
uerfent auec leurs Preftres, & ont l'entrée des Temples libre, comme eftant

perſonnes ſacrées : l'vn d'eux trouuant le corps diſſequé, y enfonce la main & en
tire les entrailles à l'exception du cœur & des reins ; vn autre en oſte les ordures, les
nettoye & les laue auec du vin fait de palme, & autres odeurs ; enfin, tout le corps
ayant eſté ſoigneuſement frotté de ſuc, de cedre, & d'autres compoſitions, l'eſpace
de trente iours ; ils y mettent apres de la myrrhe & du cynamome, & ſemblables
choſes qui ont la vertu non ſeulement de les conſeruer long-temps ; mais auſſi de
leur donner vne agreable odeur : ils le mettent apres entre les mains des parens,
toutes les parties du corps demeurans en leur entier, les ſourcils, meſmes les pau-
pieres & les cheueux ſ'y peuuent remarquer, auſſi bien que la proportion du corps
& la taille, tellement qu'on les peut reconnoiſtre : ainſi les Egyptiens gardent les
corps de leurs anceſtres dans des baſtimens magnifiques, & font voir tous ceux qui
les ont precedez ; on y peut reconnoiſtre leur taille, & les traits de leurs viſages ; ce
qui leur eſt vne grande conſolation d'eſprit, & leur repreſente ces perſonnes comme encore viuantes parmy eux.

    Cette deſcription & celle d'Herodote nous expliquent le paſſage de Ciceron, où
il dit : Les Egyptiens embaûment leurs morts, & les gardent dans leurs maiſons ;
Sextus Empiricus dit, qu'ils les gardoient hors de terre ; Pomponius Mela, qu'ils
les tenoient *in lectulis*, comme dit auſſi ſaint Athanaſe dans la vie de ſaint Anthoine ;
Lucien y adjoûte dans le traité qu'il a fait du Deüil. Ils portént ces corps deſſechez au
milieu de leurs feſtins, ils y tiénét leur place entre les autres Cómis ; ie m'y ſuis trouué, & j'en parle par cette raiſon auec plus d'aſſeurãce, & quand ils ont beſoin d'argét,

Syl. It. l. 3.
ils mettent quelquefois en gage le corps de leur pere ou de leur frere : Sylius Itali-
cus dans ſes vers, confirme la meſme choſe ; & pour ce qui eſt de mettre les corps en
Diod. l. 1.
gage, Diodore adjouſte que c'eſt vne choſe ordinaire, & qu'il n'y a pas de plus grande honte que de manquer à les dégager, qu'on refuſe la ſepulture à ceux qui ſont
tombez dans ce manquement : c'eſt par cette raiſon, dit-il en vn autre endroit, que
ceux deſquels ou pour leurs crimes ou pour leurs debtes n'ont point eſté enterrez,
ſont gardez dans le logis ſans eſtre mis dans vn coffre, juſqu'à ce que leur poſterité
eſtant deuenuë plus riche, acquitte leurs debtes ou donne de l'argent pour effacer
la honte de leurs crimes ; car les Egyptiens croyent qu'il y va de l'honneur de leurs
familles, de faire enterrer leurs parens auec ſplendeur.

    L'on voit que Ioſeph pratiqua cette meſme maniere, en faiſant embaûmer le
Tac. lib. 5.
Sponde
Coem.
corps de Iacob ſon pere ; & ſi nous en voulons croire Tacite, les Iuifs apprirent des
Egyptiens à enterrer les corps de leurs morts pluſtoſt que de les brûler. Sponde lit
autrement ce paſſage, comme ſi les Iuifs auoient eu de couſtume de les embaûmer ;
Nous voyons bien qu'ils les lauoient, & qu'ils les graiſſoient de quelque onguent,
comme la veufue de Dorcas le pratiqua. La meſme choſe auoit eſté long-temps auparauant en vſage chez les Payens, comme on le lit dans Homere lors qu'il parle
des funerailles de Patrocle, dans Virgile & dans Ennius parlant de Tarquin.

    Auec cela il faut confeſſer que la maniere d'embaûmer les corps qui eſtoit prati-
Voyez ces ci-
tations à la
fin.
quée par les Egyptiens, telle que nous la liſons dans Diodore & dans Herodote,
n'eſtoit point en vſage parmy les Iuifs, autrement la ſœur du Lazare n'auroit pas eu
ſujet d'apprehender la mauuaiſe odeur du corps de ſon frere trois iours apres qu'il
auoit eſté enterré. Ceux qui veulent eſtablir le contraire par l'exemple des funerailles d'Aſa Roy de Iudée, n'eſtabliſſent pas leur aſſertion. Nous liſons bien qu'ils
l'enterrerent dans le ſepulchre qu'il ſ'eſtoit baſty dans la ville de Dauid, & qu'on
l'auoit eſtendu ſur vn lict qui eſtoit parfumé d'odeurs agreables, & remply de diuerſes ſortes d'aromats preparez par ceux qui faiſoient profeſſion de cét Art ; qu'en ſuite ils auoient dreſſé vn grand bucher : Mais ce buſcher dont on parle en cét endroit,
eſt fort contraire à la pratique des Egyptiens que nous venons de lire dans Herodote & dans Diodore ; & ce lict remply d'odeurs a ſi peu de rapport aux drogues dont
ils rempliſſoient & embaûmoient les corps, que la choſe ne merite pas vne plus
longue confutation. Pour ce qui eſt de Ioſeph & de Iacob, qui auoient veſcu & qui

estoient morts en Egypte, le texte y est clair, & ils furent embaûmez à la maniere des Egyptiens. Ces passages s'accordent fort bien auec les traditions d'Herodote & de Diodore, & font voir l'vsage qu'on peut tirer des Autheurs prophanes pour l'intelligence de l'Escriture Sainte. Diodore dit que leur coustume estoit de conurir le corps de suc, de cedre, & d'autres choses, l'espace de trente iours, & d'y employer apres la myrrhe, & le cinnamon ou canelle, & choses semblables ; c'est à dire, qu'ils y mettoient les dix autres iours, ainsi ils les embaûmoient en quarante iours ; on doit conter ces quarante iours depuis le iour de la mort jusqu'à ce que ceux qui auoient le soin de les embaûmer les eussent remis entre les mains des parens. Le texte de la Sainte Escriture porte, que Ioseph fut mis dans vn coffre ; Herodote represente bien la chose, en disant que les parens receuoient le corps des Embausmeurs, qu'ils faisoient faire vn coffre qui auoit la figure d'vn homme, & qu'ils le mettoient dedans. Il y a plus d'apparence qu'il estoit de bois, que de marbre, comme Cajetan l'a voulu asseurer, contre la coustume des Egyptiens : outre qu'estant de cette matiere, il estoit bien plus aisé à porter dans la terre de Canaan ; car les Israëlites marchoient sans Chariots.

La Tradition des anciens Iuifs confirme ce que ie viens de dire ; ils disent qu'on portoit dans le desert deux Arches ; l'vne de Dieu, & l'autre de Ioseph ; c'est à dire l'Arche d'Alliance, & le coffre où estoit le corps de Ioseph. Emir-cond Historica Persan dit, qu'on le mit dans vne châsse faire de verre ; mais ie trouue que la pluspart de ces coffres qu'on trouue dans les Momies, sont de bois de vray sicomorre, & j'ay trouué par experience que ce bois a resisté jusqu'à cette heure à la pourriture, c'est à dire l'espace de plus de trois mille ans.

Lors que Ioseph prit serment des enfans d'Israël qu'ils retireroiët de là ses os, c'est vne maniere de parler figurée ; comme aussi cét endroit de l'Exode qui dit, Moyse prit auec luy les os de Ioseph, disant ; Dieu vous visitera sans doute, & ie retireray d'icy mes os d'entre vos mains. Car son corps ayant esté embaufmé à la maniere des Egyptiens ; non seulement ses os, mais tout son corps, à l'exception des intestins qu'on jettoit dans le Nil, comme a dit Plutarque, deuoit estre demeuré en son entier bien plus long temps qu'il ne s'en estoit passé, entre le iour de sa mort & celuy de la sortie de l'Egypte.

Les Egyptiens ayant ainsi trouué le moyen de rendre leurs corps de tres-longue durée, & de faire par là que l'ame y demeutast attachée plus long-téps, laquelle autremét seroit passée dás vn autre corps, selon leur opinió d'où Pytagore a pris sa Metempsicose, & qui a seruy de fondement à la deffense qu'il faisoit à ses Disciples, de ne manger rien qui eust eu vie, de peur que comme dit plaisamment Tertullien, qu'en mangeant du bœuf ils ne mangeassent leur pere. L'autre soin qu'eurent les Egyptiens, fut de dresser au corps de leurs morts des Monumens qui peussent durer aussi long-temps que ces corps embaufmez, & où ils les peussent conseruer contre l'injure des hommes & des temps. Ce fut par cette raison que les Roys de Thebes, comme dit Diodore, bastirent en Egypte des Monumens ; ce sont, ce dit-il, les Monumens de ces anciens Roys, dont la magnificence ne pourra iamais estre imitée par la posterité. Dans les sacrez Commentaires de ces peuples, il est fait mention de quarante-sept de ces Monumens ; mais il n'en restoit plus que dix-sept dés le temps de Ptolomeus Lagi ; & au temps de la cent dix-huitiéme olympiade que j'estois en Egypte, ils estoient fort ruïnez. Les Egyptiens ne sont pas les seuls qui en ayent fait mention dans les Commentaires que ie viens de dire. Les Grecs asseurent la mesme chose ; ceux-là nommément qui furent à Thebes du temps de Ptolomeus Lagi, & ont écrit l'histoire du pays, entre lesquels Ecateus. Ces tombeaux que vid Strabon proche de Siené, dans la partie superieure de l'Egypte, auoient esté bastis pour cette mesme fin. Il dit que passant en chariot de Siené, a Philé dans vne grande plaine qui pouuoit auoir enuiron cent stades, il auoit veu sur les deux costez du chemin des termes ou tombeaux, c'estoit de grádes pierres polies presque

---

Notes marginales :

Ioseph commanda à ses gens de faire embaûmer par ses Medecins le corps de son pere ; ce qu'ils firent, ils y employerét 40. iours ; car l'on en employe autát a embaûmer vn corps, & les Egyptiés le pleureréc l'espace de 70. iours. *Gen 50. 2{.* Ioseph mourut âgé de 110. ans, ils l'embaûmerent & le porterent en Egypte dans vn coffre. *Gen. 50. 2* Ce sicomorte est fort different du nôtre, voyez en la figure dans le linre des Plantes d'Egypte de Prosper Alpinus. Plutarque. Sapi. Con,

Diodore. l. 1

Strabon. l. 2

ſpheriques de ce marbre dur & noir dont on fait les mortiers placées ſur vne autre pierre plus grande, & couuertes d’vne troiſiéme en quelques endroits ; en
d’autres elle eſtoit à coſté de la ſpherique, la plus grande de ces pierres auoit
bien douze pieds de diametre.

Long-temps apres la reſidence des Roys de Thebes, ayant eſté tranſportée à
Memphis, & la meſme Religion continuant dans l’eſprit des Egyptiens, que l’a-
me demeuroit auec le corps tant qu’il demeuroit en ſon entier ; non pas pour l’a-
nimer, mais pour le ſeruir & pour le garder, & comme ſi elle euſt eu peine à quitter ſa premiere habitation. Il ne faut point douter que l’amour de la gloire n’ait
eſté leur motif, & n’ait porté les Roys de Memphis à entreprendre ces exceſſiues
dépenſes & ces ſuperbes baſtimens. Les Egyptiens de moindre condition faiſ-
ſoient la dépenſe de faire tailler ces caues que nous voyons encore aujourd’huy
dans les deſerts de Lybie, & que les Chreſtiens appellent Momies.

Diodore explique fort particulierement leurs penſées ſur ce ſujet ; les Egyptiens, dit-il, content pour peu de choſe le temps de la vie des hommes, qui
eſt limité à peu d’années ; mais ils eſtiment infiniment cette memoire de vertu &
de gloire, qui dure dans la poſterité ; Ils diſent que leurs maiſons ſont des Hoſtel-
leries, pource qu’ils y demeurent peu de temps ; mais que leurs Sepulchres ſont
leurs veritables demeures, à cauſe qu’ils y demeurét des eſpaces infinis de temps :
Ils ſont peu ſoigneux par cette raiſon de baſtir de belles maiſons ; mais ils ne
croyent point pouuoir faire trop de dépenſes à ſe dreſſer des ſepulchres.

Si l’on vient à chercher la raiſon de la figure qu’ils ont donnée à leurs monumens, & celle de ces termes dont parle Strabon, ſans m’arreſter à ce qu’en a dit
l’auteur Anonyme, qui eſt à la fin de Pierius, & ſans me jouër comme luy de
la verité, ie croy qu’ils les ont bâty de la ſorte, à cauſe que cette figure de baſtiment eſt fort durable, le haut ne chargeant point le bas comme il arriue aux autres, & la pluye qui ruïne ordinairement les autres baſtimens ne la pouuant pas
gaſter, à cauſe qu’elle ne ſy arreſte pas. Peut-eſtre auſſi qu’ils ont voulu repreſenter par là quelques-vns de leurs Dieux, car l’on ſçait qu’en ce temps-là les Egyptiens & les Payens les repreſentoient par des colomnes & des obeliſques. Ainſi
nous voyons dans Clement Alexandrin, que Callithoé Preſtreſſe de Iunon, mit
au haut de la colomne de ſa deeſſe des couronnes & des guirlandes, c’eſt à dire,
comme l’a expliqué Scaliger dans ſon Euſebe au haut de l’image de ſa Deeſſe ; car
en ce temps-là les ſtatuës des Dieux auoiét la forme de colomnes & d’obeliſques.

Suidas rapporte que les vns tenoient que les colomnes qui finiſſent en pointe,
ou les Piramides, repreſentoient Apollon ; les autres qu’elles eſtoient faites pour
Bacchus, & qu’il y en a eu meſme qui croyoient qu’elles auoient ſerui ſi indifferemment pour repreſenter l’vn & l’autre de ces dieux. Iſidore tient qu’elles e-
ſtoient dediées au Soleil, que les Egyptiens ont adoré ſous le nom d’Oſiris, &
la Lune ſous le nom d’Iſis ; & que comme Iſis eſtoit repreſentée auec des cornes
pour exprimer le croiſſant de la Lune, les Piramides & les Obeliſques repreſentoient leur Oſiris ou les rayons du Soleil.

Pauſanias dit que dans la ville de Corinthe, Iupiter Melichius eſtoit repreſenté par vne Pyramide, & Diane par vne colomne ; c’eſt là deſſus que Clement
Alexandrin appuye ſa conjecture, que ç’a eſté là la premiere idolâtrie ; ce qui
ſ’accorderoit aſſez bien auec l’antiquité de ces baſtimens Egyptiens : ainſi auparauát que l’art de tailler les ſtatuës eut eſté trouué, les hommes dreſſoient des colomnes, & les adoroient comme les images de leurs Dieux. Les autres Nations
ont quelquesfois imité ces baſtimens des Egyptiens, & ont dreſſé des Pyramides
pour leurs Sepulchres. Lors que Seruius explique ce paſſage de Virgile

—————— Fuit ingens monte ſub alto
Regis decenni terreno ex aggere buſtum
Antiqui laurentis opacaque ilice tectum.

Il dit qu'anciennement les personnes de condition se faisoient enterrer sous des montagnes, & qu'ils se faisoient dresser sur leur Sepulchres des colomnes & des pyramides. C'est peut-estre la raison pour laquelle Absalon fit dresser cette colomne ou ce pilier dont il est parlé dans Samuel chap. 18. & Pausanias lors qu'il décrit les funerailles des Sicyoniens dit, qu'ils couuroient les corps morts de terre, & qu'ils dressoient dessus des colomnes; mais apres auoir décrit les Pyramides d'Egypte, ie ne croy pas qu'il y en ait aucune qui merite qu'on s'y arreste, que celles de Porsenna Roy d'Etrurie, qui meritent plustost d'estre estimées par leur nombre que par leur grosseur. Varron dit qu'il fut enterré au dehors de la ville de Clusium, qu'ils luy dresserent vn monument de pierres quarrées, que chaque costé estoit de trois cens pieds, qu'il en auoit cinquante de hauteur, & qu'au dessous de la base estoit vn labirinthe dont on ne pouuoit sortir; qu'au haut il y auoit cinq Pyramides, quatre sur les angles & vne au milieu; qu'elles auoient soixante & quinze pieds par en bas, & cent cinquante de hauteur; qu'elles finissoient en pointe, & qu'à leur pointe ou sommet il y auoit vn cercle de bronze, à l'entour duquel estoit vne chaîne qui portoit des sonnettes attachées; que le vent donnant dessus, le son s'en faisoit entendre bien loin de là, comme si l'on eust esté dans la forest de Dodonne; que sur cette plaque de cuiure, il y auoit quatre autres Pyramides de cent pieds de haut, lesquels portoient vn second plan qui soustenoit cinq Pyramides, dont il ne dit point la hauteur. Les fables des Etrusques disent, qu'elles estoient aussi hautes que le reste de l'ouurage. Ce Roy chercha de la gloire par cette vanité, sans considerer qu'outre qu'il épuisoit dans ce trauail la richesse de son Royaume, la gloire de l'Architecte, au jugement de la posterité, auroit tousiours esté plus grande que la sienne.

DESCRIPTION DES PYRAMIDES D'EGYPTE,

comme ie les trouuay l'an 1048. de l'Hegire, ou l'an 1638. & 1639. de Nostre Seigneur, selon le calcul de Dionysius.

APres auoir rapporté ce que j'ay pû sçauoir des Fondateurs des Pyramides, le temps qu'elles ont esté basties, & à quel vsage elles ont esté destinées, j'en feray icy la Description; ie commenceray en prenant les mesures de la face exterieure de la principale & plus grande des Pyramides, j'examineray apres les dedans, & toutes les differentes diuisions de l'espace qu'elle enferme.

La premiere & la plus belle des trois grandes Pyramides, est située sur le haut d'vne roche qui est dans le desert de sable d'Affrique, à vn quart de lieuë de distance vers l'Ouest des plaines d'Egypte; cette roche s'éleue enuiron cent pieds au dessus du niueau de ces plaines; mais auec vne rampe aisée & facile à monter: la dureté de la roche sert de fondement proportionné à son édifice, outre qu'elle contribuë quelque chose à la beauté & à la majesté de l'ouurage. Chaque costé de cette Pyramide, suiuant la description d'Herodote, a huict cens pieds de longueur; selon Diodore Sicilien, sept cens. Strabon dit qu'elle a quelque chose de moins de six cens pieds de Grece ou six cens vingt-cinq pieds Romains; Pline luy en donne huict cens quatre-vingt-trois; entre toutes ces mesures celle de Diodore, selon mon jugement, approche plus de la verité, & peut seruir en quelque façon pour confirmer la proportion que j'ay donnée en vn autre discours aux mesures de la Grece; car ayant mesuré le costé qui regarde le Nord à l'endroit où elle pose sur sa baze, auec vn excellent instrument de dix pieds de diametre par deux differentes stations, comme les Mathematiciens ont accoustumé de faire dans les distances inaccessibles, ie trouuay qu'il auoit six cens nonante-trois pieds

Description de la premiere & de la plus belle des Pyramides.

Herod. l. 2.
Diod. l. 1.
Strabo l. 17.
Pline l. 36.
c. 12.

d'Angleterre, c'eſt à dire vn peu moins que Diodore ne luy en donne. Ie pris d'v-
ne autre maniere la meſure des autres coſtez, à cauſe que ie n'auois point de diſtance commode pour faire la meſme operation que j'auois faite de l'autre coſté,
& que la campagne eſtoit inégalement haute de ce coſté-là, au lieu que du coſté
du Nord elle eſt fort vnie.

Tatiani ora-
tio contra
Græcos.

Diogene
Laerce dans
la vie de
Thales liure
premier.

Thales Mileſius auoit meſuré long-temps auparauant la hauteur de cette Pyramide ; il viuoit, ſi nous en deuons croire Tatianus Aſſirius, vers la cinquantiéme Olympiade ; mais ſes obſeruations ne ſe trouuent point : Pline nous rapporte
ſeulement la maniere dont il ſ'eſtoit ſeruy pour ce deſſein, qui eſtoit d'obſeruer
l'heure à laquelle l'ombre du corps eſt égale à ſa hauteur ; methode fort incertai-
ne & ſujette à erreur, à cauſe que l'extremité de l'ombre d'vn corps ſi haut n'eſt
iamais taillée bien net. Diogenes Laerce, lors qu'il rapporte la vie de Thales,
dit la meſme choſe, & il la rapporte ſur l'authorité de Hieronymus : car ſelon luy,
Thales meſura la Pyramide par ſon ombre, remarquant l'ombre de la Pyramide
lors que les ombres ſont égales à leurs corps ; mais ie ne m'arreſteray point dauantage à ſes obſeruations par la raiſon que ie viens de dire. Pour moy, j'ay trouué que ſa hauteur eſtoit vn peu moindre que ſa largeur à l'endroit de ſa baſe, quoy
que Strabon diſe le contraire. Pour Diodore, il ſ'accorde auec mon obſeruation,
& dit que ſa hauteur eſt moindre que le coſté de ſa baſe : enfin, cette hauteur me-
ſurée par la perpendiculaire, eſt de quatre cens quatre-vingt dix-neuf pieds ; mais
ſi nous prenons cette hauteur ſur vne ligne qui paſſeroit du pied juſqu'au haut, &
toucheroit les angles de tous les degrez, cette ligne ſeroit égale au coſté de la baſe
de la Pyramide, & elle auroit ſix cens quatre-vingt treize pieds ; c'eſt par la raiſon

Audacia Sa-
cra Pyrami-
dum.

de cette grande hauteur que Stace les appelle les roches hardies des Pyramides.
Solin paſſe outre, les Pyramides, dit-il, ſont des tours pointuës en Egypte, qui
ſurpaſſent toutes les hauteurs que les humains peuuent éleuer : Ammian Marcellin les éleue auſſi haut ; elles ſont plus larges par en bas, par en haut elles finiſſent
en pointe : les Geometres appellent cette figure vne Pyramide, à cauſe qu'elle finit en pointe comme le feu Properce auec la liberté des Poëtes, les éleue encore
plus haut : la dépenſe des Pyramides éleuées juſques aux Cieux, & les Epigram-
mes de l'Anthologie ne luy cedẽt point dans le deſir de les éleuer. Ie n'examineray point icy d'où ils ont tiré ces opinions qu'ils ont euës de la grandeur de cette
Pyramide ; mais ie ſuis aſſeuré que le clocher de Saint Paul à Londres, auparauant qu'il euſt eſté brûlé, eſtoit plus haut que cette Pyramide, quoy qu'il ne fuſt

Camdeni
Elizabetha.

pas de beaucoup plus haut que la tour qui y eſt encore auiourd'huy ; car il auoit
cinq cent vingt pieds de hauteur.

Mais pour auoir vne parfaite connoiſſance de la grandeur de cette
Pyramide ; il ſe faut imaginer vn quarré, & ſur chacun de ſes coſtez vn triangle
Equiſateral ; que ces quatre triangles ſ'inclinent l'vn vers l'autre, juſqu'à ce que
leurs ſommets ſe rencontrent en vn point qui eſt auſſi le ſommet de la Pyramide ;
car à la voir d'embas, il ſemble qu'ils ſe rencontrent à vn point : le Perimetre ou
tour du quarré de la baze aura deux mil ſept cens ſoixante dix-neuf pieds, & toute ſon aire ou ſuperficie quatre-vingt mil deux cens quarante-neuf pieds ; ou pour
accommoder la choſe à nos meſures, onze arpens de terrain, ou quatre cens quatre-vingt mil deux cens quarante-neuf pieds quarrez. Ce que nous aurions de la
peine à croire, ſi nous n'auions le témoignage des anciens, entre leſquels il y en
a qui luy donnent encore plus d'eſtenduë. Herodote donne à chacun coſté du
quarré de la baſe huit cens pieds ; & ſelon ces meſures, l'aire de ce quarré deuroit
eſtre encore plus grande que ie ne la donne icy ; car elle ſeroit de ſix cens quarante mille pieds quarrez. Selon les meſures de Diodore Sicilien, elle comprendroit
quatre cens quatre-vingt dix mille pieds ; & ſuiuant les meſures de Pline, le quarré de huict cens quatre-vingt trois, qui eſt la meſure qu'il donne à l'vn de ſes cô-
tez, ſeroit ſept cens ſoixante dix-neuf mil ſix cens quatre-vingt neuf pieds, c'eſt

à dire

à dire beaucoup plus qu'Herodote & que Diodore ne luy donnent; mais il ne
faut pas douter que Pline ne se soit trompé, en ne donnant à la base de la Pyramide que huict arpens de terre; car si nous demeurons d'accord que l'arpent Romain contienne en longueur deux cens quarante pieds, & six vingts en largeur,
comme on peut prouuer éuidemment par l'authorité de Varron & par celle de
Quintilien qui le disent clairement, l'arpent Romain contiendroit vingt-huict
mille huict cens pieds Romains; & si nous diuisions par ce nombre les sept cens
soixante & dix-neuf mille six cens quatre-vingt neuf pieds, il en viendra vingt-
sept arpens de terre, & la deux mil quatre-vingt neufiéme partie d'vn arpent, qui
en contient, comme nous venons de dire, vingt-huict mil huict cens. C'est pourquoy si nous supposions que le nombre qu'il donne de huict mille huict cens quatre-vingt trois, il se seroit trompé dans le calcul de la baze de la Pyramide; c'est
pourquoy ie croy qu'il auoit mis vingt-huict arpens au lieu de huict.

L'on peut monter de tous costez par degrez jusques au haut de la Pyramide; le
premier degré a quatre pieds de hauteur & trois de largeur, il tourne tout au tour
de la Pyramide, & est de niueau par tout; & quand les pierres estoient entieres
(car elles sont maintenant vn peu ruïnées) il faisoit vn chemin estroit tout au
tour de la Pyramide; le second degré est semblable au premier, ayant autant de
hauteur & de largeur; mais il est en retraite de trois pieds, & tourne autour de
la Pyramide comme le premier; le troisiéme est semblable en tout aux premiers,
& ainsi des autres qui continuent jusqu'au haut. Le haut de la Pyramide ne finit
pas en vn poinct comme la Pyramide Mathematique; mais en vn petit plan quarré. Herodote en auoit donné les dimensions; mais elles ne se trouuent point dans
ses Liures, & Henry Estienne les voulut suppléer dans le Commentaire qu'il a fait,
il veut que ce quarré soit de huict orgies : si nous prenons l'orgie, & que nous
l'entendions comme Hesichyus & Suidas l'ont entendue, c'est à dire, pour l'espace que peuuent comprendre les deux bras quand ils sont estendus, ou pour six
pieds, le costé de ce plan qui finit la Pyramide seroit de quarante-huict pieds;
mais la verité est, qu'Henry Estienne qui a voulu corriger en cét endroit l'interpretation de Valla, a besoin luy-mesme de correction; car il s'est trompé en donnant à ce plan la largeur qu'Herodote donne au Pont admirable qui estoit au bas
des Pyramides, & dont il ne reste maintenant aucun vestige : Diodore ne luy
donne que neuf pieds, Pline luy donne vingt-cinq pieds de largeur; *Altitudo*
(i'aymerois mieux lire *Latitudo*) *à cacumine pedes* 25. pour moy, i'ay trouué qu'elle
estoit de 13 pieds, & deux cens quatre-vingt parties d'vn pied Anglois diuisé en
mille parties. Si nous en voulons croire Proclus, les Egyptiens faisoient leurs
obseruations Astronomiques sur le haut de ce plan ou de la Pyramide, & que ce
fut là mesme où fort proche qu'ils obseruerent la canicule, & autrement qu'ils
establirent les pedes de leur année caniculaire, l'année Heliaque ou l'année
de Dieu, comme Censorinus l'appelle, & qui est composée de 1460. années,
dans lequel espace de temps leurs *Thoth vagum* & le *fixum* reuiennent à vn mesme
poinct ou commencement.

Procli Com-
mentarij in
l. 1. in Trio-
naeum Pla-
tonis.
Censorinus
de die natali.

Le lieu éleué, ou la roche sur laquelle la Pyramide est fondée, est à la verité
fort propre pour faire des obseruations Astronomiques. Le voisinage de Memphis le rendoit aussi fort commode pour ce dessein; mais on ne doit pas croire le
seul rapport de Proclus, cependant qu'on peut prouuer par les passages de tant
d'autres Autheurs qu'elles ont esté bâties pour des Sepulchres : y a-t-il apparence de croire que ces Prestres Egyptiens eussent pris la peine de monter si haut,
pouuans aussi bien faire leurs obseruations Astronomiques au pied de la Pyramide où ils estoient logez; car toute l'Egypte n'est qu'vne plaine; & du haut de cette roche qui est vn peu plus éleuée, ils auoient la veuë du Ciel aussi libre que du
haut de la Pyramide : c'est pourquoy Ciceron dit auec beaucoup de verité, *Ægy-
prij, aut Babylonij, in camporum patentium Æquoribus habitantes, cum exteris nihil emine-*

ret quod contemplationi cœli officere poſſet omnem coram in ſiderum cognitione poſuerunt. Le haut de cette Pyramide n'eſt point compoſé d'vne ſeule pierre, ny de trois, comme l'ont dit Villamont & Sands dans les relations de leurs voyages; mais de neuf pierres, ſans compter les deux qui manquent à deux des Angles.

Lors que i'y montay, ie meſuray beaucoup de degrez de la Pyramide, ie trouuay qu'ils n'eſtoient pas tous de la meſme hauteur, il y en auoit quelques-vns qui auoient prés de quatre pieds, & les autres vn peu moins de trois; ceux qui eſtoient les plus hauts de la Pyramide, n'auoient pas tant de retraite ou largeur que les autres, & leur largeur n'eſt pas touſiours la meſme; & ſelon ma coniecture ils ont autant de largeur que de hauteur, & ainſi vne ligne droite qu'on tireroit du bas de la baze iuſqu'au haut, toucheroit les angles de tous les degrez.

Les anciens demeurent tous d'accord que l'Egypte eſt ſouuent pleine de vapeurs, qui ſe voyent ſenſiblement dans les grandes roſées qui arriuent aprés l'inondation du Nil, & qui durent l'eſpace de plus d'vn mois; comme auſſi en ce que i'obſeruay en Alexandrie dans le temps de l'Hyuer, pluſieurs Eſtoillés de l'Ourſe Majeure qu'on ne void point en Angleterre, & que l'on ne pourroit pas voir en Alexandrie ſi la refraction n'y eſtoit plus grande qu'en noſtre pays. Ce qui eſt vne marque que l'air ou *medium* y eſt plus condenſé; mais ie ne ſçaurois aſſez admirer l'antiquité, qui a touſiours dit qu'il ne tomboit point de pluye en Egypte. Platon, quoy qu'il y ait demeuré pluſieurs années, dit dans ſon Thymée qu'il ne tombe point de pluyes ſur la terre qui puiſſent ayder les peines & le trauail de ceux qui l'a cultiuent; Pomponius Mela dit, qu'elle ne laiſſe pas d'eſtre fort fertile, quoy qu'il n'y pleuue point. Pour moy, i'ay trouué que dans les mois de Decembre & de Ianuier, il y pleut plus continuellement qu'il ne fait à Londres dans ces temps-là. Les vents eſtoient Nord Nord-Oüeſt, ce qui m'obligea d'en tenir vn Iournal, où ie marquois les changemens de l'air & mes autres obſeruations Aſtronomiques; & dans le meſme temps le Sieur Guillaume Paſton qui eſtoit au Caire, obſerua la meſme choſe; & ſur la fin du mois de Mars de la meſme année, eſtant au lieu où ſont les Mommies vn peu en deça des Pyramides en tirant vers le Sud, il y pleut vne journée toute entiere; ainſi il faut que les anciens ayent entendu parler de la partie Superieure de l'Egypte, entre la ville de Thebes & celle de Siené, où ſont les catadoupes ou caſcades du Nil; car ceux du pays m'aſſeuroient qu'il y pleuuoit fort rarement: ce qui fait voir que Seneque a eſté veritable, lors qu'il a dit que dans la partie qui touche à l'Ethiopie, il n'y pleut point du tout ou fort rarement: mais quand aprés il aſſeure qu'il ne tombe point de nege en Alexandrie, il ne dit pas vray; car i'y ay veu neger pendant vne nuict du mois de Ianuier: les Abyſſins que ie trouuay au Caire, m'ont auſſi aſſeuré que plus haut vers le Sud, entre la ligne & le tropique, la pluye y duroit ſouuent des ſemaines entieres: Acoſta confirme aſſez cette Relation; car il a obſerué dans le Perou, & dans les terres qui ſont entre ces meſmes Parallelles, qu'il y pleuuoit fort ſouuent. C'eſt là la veritable cauſe de l'inondation du Nil dans la ſaiſon de l'Eſté, & qui fait qu'il a plus d'eau dans vn temps auquel toutes les autres riuieres en ont le moins: c'eſt là la veritable raiſon de l'inondation du Nil, & non point les raiſons qu'en alleguent Herodote, Diodore, Plutarque, Ariſtote, & Heliodore, & d'autres; les vns l'imputans à la nature particuliere de cette riuiere, les autres aux vents Eteſien, qui ſouſflans contre le cours de l'eau la font refouller; les autres, les neges qui ſe fondét en Ethiopie, leſquels doiuent eſtre fort rares dans vn Pays où la chaleur du Soleil noircit le corps de ceux qui l'habitent, où ils ſont l'argent, comme dit Seneque. Ie trouue dans les Eſcrits de Diodore, que Agatharchides Cnedius en donne la meſme raiſon que j'en rapporte icy: mais de ſon temps il ne fut point crû: Diodore auoit bien approuué ſon opinion dans ſon premier Liure; car il dit, Agatharchides a approché plus prés de la verité que les autres, car il dit que tous les ans depuis le Solſtice d'Eſté juſqu'à l'Equinoxe de l'Automne, il tombe des pluyes continuelles en Ethiopie qui cauſent les inondations du Nil; & le temps de cette inondation eſt ſi certain, que j'ay veu les Aſtronomes de ce pays là predire long-temps deuant dans leurs Ephemerides, qu'à tel iour d'vn tel mois le Nil doit commencer à hauſler.

Ie ne peux pas prendre de tous vne meſure exacte pour le dedans de la Pyramide, il eſt auſſi entier que ſ'il venoit d'eſtre fait; mais ces degrez qui ſont expoſez à la pluye & à l'air en ont eſté gaſtez, tellement qu'on ne les ſçauroit monter que par du coſté du Sud, ou du coſté du Nord vers l'angle qui regarde l'Eſt.

Herodote dit que ces degrez ſont faits en forme d'Autels, car ils ſont eſleuez les vns ſur les autres en forme d'autels; ils ſont faits de pierres maſſiues & bien polies, leſquelles ſelon Diodore & Herodote, ont eſté taillées dans les montagnes d'Arabie qui regardent l'Egypte du coſté de l'Oüeſt au deſſus du Delta, comme les montagnes de Lybie l'a terminent du coſté de l'Oüeſt: ces pierres ou marches ſont ſi grandes, qu'vne ſeule pierre fait toute leur largeur & leur hauteur: Herodote & Pomponius Mela diſent, que la moindre de ces pierres à trente pieds; ie demeure d'accord qu'il y en a bien quelques-vnes qui ont cette longueur, mais cela ne ſe peut pas dire generalement de toutes, ſi ce n'eſt que l'on entende des pieds cubiques; car dans ce ſens, j'en demeurerois facilement d'accord, y en ayant meſmes beaucoup de celles qui ſe voyent qui en contiennent dauantage. Les anciens ne nous ont point laiſſé le nombre de ces degrez; les modernes ne ſ'accordent point dans le nombre qu'ils en donnent, & j'ay eſté par cette raiſon plus ſoigneux de les compter auec deux autres perſonnes qui eſtoient auec moy; Bellon dit qu'il y en a deux cens cinquante, qu'ils ont quarante-cinq poulces de haut & deux pas de large; Albert de Leuwenftein en compte deux cens foixante, & leur donne à chacun vn pied & demy de hauteur; Iean Helfric deux cens trente : Serlio deux cens dix, ce qu'il dit fur la Relation du Patriarche d'Aquilée qui les auoit mefurez, & que chaque degré a trois palmes & demy de hauteur. *Grimani qui auoit efté Conful des Venitiens en Alexandrie, & fut depuis Cardinal.*

Ie ne m'arrefteray point icy à rapporter la diuerfité des autres Relations, ie diray feulement que j'en ay compté deux cens fept, quoy qu'vn de ceux qui m'accompagnoit en defcendant en ait compté deux cens huict.

Il y en a qui difent qu'vne fléche tirée du haut de la Pyramide par le plus habile Archer de la Turquie, retomberoit fur les degrez de la Pyramide : ce que ie ne croy pas aisément; car nos arcs d'Angleterre portent plus de deux cens pas qui font cette diftance, & i'ay veu des Turcs percer de leurs fléches des planches de fix poulces d'épaiffeur; ce qui me fait croire qu'vn arc porteroit encore bien plus loin, ce que rapporte Solin, Aufone, Ammiam Marcellin & Caffiodore, n'eft pas plus veritable. Ils difent qu'elle confomme & porte elle-mefme fon ombre : ce qui n'eft point vray en hyuer; car dans ce temps-là en plein midy, j'y ay remarqué de l'ombre; & quand mefme ie n'aurois pas fait cette remarque, ie n'aurois pas laiffé de venir en connoiffance de cette verité par les Regles, qui enfeignent aux Geometres à connoiftre & mefurer les hauteurs des corps par leurs ombres, & les ombres par la hauteur de leur corps. Et comment eft-ce que Thales Milefius auroit pû mefurer les Pyramides par leurs ombres, comme Pline & Laerce l'ont écrit, fi elles n'en ont point. Pour reconcilier ces Autheurs, & faire dire vray à Solin, Aufone, Ammiam Marcellin & Caffiodore, il faut fuppofer qu'ils ont entendu que prefque durant toute l'année à l'heure du midy elles ne font point d'ombres. *Pietro della Vallé, dit que celles qu'il fit tirer retomberét fur la Pyramide.*   *Solin c. 45. Aufo edyl. 3. Am. l. 22. Caff. var. 7. form. 15.*

Defcription du dedans de la premiere Pyramide.

APres auoir décrit le dehors de la grande Pyramide auec fes dimenfions, j'entreprens icy la defcription du dedans, dont les anciens n'ont point parlé; ce que j'attribuë à la Religion qu'ils auoient pour les Sepulchres, puis qu'elle ne leur permettoit pas d'entrer dans ces Palais de la mort confacrez au filence & au repos des morts : Herodote dit en deux mots, qu'il y auoit au dedans des Pyramides, des voûtes fecrettes taillées dans la roche; Diodore Sicilien n'en parle point du tout, quoy qu'il foit fouuent trop prolixe dans les chofes qui ne font pas fi curieufes. Strabon en dit peu de chofe; à 40. ftades, ce dit-il, de la ville de Memphis, il y a vne roche fur laquelle ont efté bafties les Pyramides, Monumens des Roys anciens; trois de ces Pyramides font fort remarquables; mais fur tout, deux qu'on met au rang des fept Merueilles du Monde; elles ont quatre ftades de hauteur, & chacun de leurs quatre coftez a prefque autant d'eftenduë que toute la Pyramide a de hauteur. L'vne de ces deux Pyramides eft vn peu plus grande que l'autre; fur le fommet de la plus grande de ces Pyramides à l'endroit où aboutiffent fes quatre coftez, il y a vne pierre qui pouuant eftre aisément détournée, découure vne entrée qui meine par vne defcente à viz jufqu'au tombeau : Pline n'en d'écrit autre chofe que le puits qu'on y void encore aujourd'huy, il dit qu'il a quatre-vingt fix coudées de profondeur; il femble qu'il ait crû que par quelques conduits foufterrains, on y euft deriué l'eau du Nil. Ariftides dans l'oraifon intitulée l'Egyptien, dit que le fondement des Pyramides defcend auffi bas en terre qu'elles ont de hauteur; en quoy il auoit efté mal informé par les Egyptiens, car elles n'ont point d'autre fondement que la roche; voicy comme il en parle : Nous regardons auec admiration la hauteur des Pyramides, & nous ne fongeons *Herod. l. 2.*   *Stra. l. 17.*

pas que leurs fondemens font auſſi profonds qu'elles ſont hautes, comme ie l'ay appris de leurs Preſtres. Voila ce que i'ay trouué chez les anciens, & que ie rapporte icy ſeulement par la veneration qu'on doit auoir pour l'antiquité. Les Autheurs Arabes, principalement ceux qui ont entrepris de décrire les choſes remarquables d'Egypte, nous en ont donné vne Relation plus particuliere; mais ils ont mélé ce qu'ils en ont dit de tant de fictions, que le peu de verité qui ſe trouue en leur Relation en eſt tout à fait obſcurcy: ie rapporteray icy la Relatiõ qu'ils eſtiment la meilleure; la pluſpart des Chronologiſtes demeurent d'accord que ces Piramides ont eſté bâties par vn Roy d'Égypte Saurid trois cens ans auant le deluge; que ce Prince ayant eu vne viſion que la terre ſ'eſtoit renuerſée ſens deſſus deſſous, ayans veu les hommes couchez la face contre terre, & les étoiles tomber du Firmament; eſtant troublé de ce ſonge il le tint ſecret. Il vid tomber en ſuite les eſtoiles fixes ſur la terre en forme d'oyſeaux blancs, qui ſeruoient de guide aux hommes & les conduiſoient entre deux grandes montagnes; que les ſommets de ces deux montagnes ſ'eſtoient approchez, & auoient écraſé ces hommes, que les eſtoiles cependant eſtoient deuenuës obſcures. Il fut fort eſtonné de cette viſion, il aſſembla les Preſtres de toutes les Prouinces d'Egypte, il les aſſembla au nombre de cent trente, entre leſquels le plus fameux eſtoit vn nommé Aclimon; le Prince luy expoſa ſon ſonge, ils dreſſerent la figure du Ciel au temps de ce ſonge; & par le iugement qu'ils en firent, ils conclurent qu'il deuoit arriuer vn grand Deluge: & leur ayant demandé ſ'il ſ'eſtendroit iuſqu'en Egypte, ils reſpondirent qu'oüy, & que le païs couroit riſque d'eſtre abiſmé.

Ce paſſage eſt traduit de l'Arabe de Ibn Abd Alhokm.

Comme cette mauuaiſe direction deuoit faire ſon effet quelques années apres, il fit cependant eſleuer les Pyramides, & y fit baſtir vne ciſterne ou conduit ſousterrain pour deriuer & deſtourner le Nil dans la partie d'Egypte qui eſt vers l'Oüeſt, & dans vne prouince nommée Alſaïda: il remplit ce conduit de Talimans, & mit au dedans de la Pyramide ſes treſors. Il y renferma auſſi des Recueils de tout ce qu'il auoit appris des plus habiles gens de ce temps-là; entr'autres vn Traitté de la Vertu des pierres pretieuſes, les Secrets de l'Aſtrologie, les demonſtrations de la Geometrie, la Phyſique, & les autres ſciences, leſquels liures ne peuuent eſtre entendus que par ceux qui connoiſſent leurs carracteres. Il fit apres tailler des pierres & des colonnes d'vne prodigieuſe grandeur, les pierres furent apportées d'Æthiopie, il les fit mettre dans les fondemens des trois Pyramides, on les lia les vnes aux autres auec des liens de fer ſoudez de plomb. L'entrée des Pyramides eſtoit enterrée & bouchée de terre à la profondeur de 40. coudées. La hauteur des Pyramides eſtoit de cent coudées de Roy, qui en font cinq cens de ce temps-cy; chaque coſté de cette Pyramide auoit cent coudées de Roy; cette fabrique fut commencée ſous vn aſcendant fauorable: apres les auoir acheuées, il les fit couurir d'vn ſatin de belle couleur, & y ſolemniſa vne feſte à laquelle tous ſes Sujets ſe rendirent; il baſtit apres dans la Pyramide qui eſt vers l'Occident, trente chambres qui furent remplies de treſors & d'vn grand nombre de pierreries Taliſmaniques, de machines, toutes ſortes d'inſtrumens & du verre malleable; il y mit toute ſorte de Alakakirs, il y en auoit de ſimples, de doubles, des poiſons, & mille autres choſes; il fit mettre dans la Pyramide qui eſt vers l'Eſt, des ſpheres, des globes celeſtes, les eſtoilles du Ciel auec des écrits ſur leur nature & leurs aſpects, les parfums dont il eſtoit à propos de ſe ſeruir pour corriger leurs influences; il mit auſſi dans la Pyramide qui eſt colorée les commentaires de ſes Preſtres, dans des coffres de marbre noir; ces Liures contenoient les ſecrets de la ſcience de ces Preſtres, leur profeſſion, leurs actions, leur temperamment, l'hiſtoire de tout ce qui ſ'eſtoit fait en leur temps, & celle de tout ce qui arriuera juſqu'à la fin du monde; il eſtablit dans chaque Pyramide vn Treſorier; celuy de la Pyramide qui eſt vers l'Occident, eſtoit vne ſtatuë de marbre noir qui tenoit vne lance, eſtoit debout, & auoit vn ſerpent entortillé au tour de ſa teſte; quand quelqu'vn en approchoit, le ſerpent ſe iettoit deſſus luy, fai-

Voyez Selden de Diis ſyris & Scaligſur l'Apotoleſmaticum Manilij.

Alakakirs entre autres ſignificatiõs ſignifie vne pierre pretieuſe, Abulfeda l'a met auec le rubis, & ſignifie apparãment en cét endroit quelque enchantement graué ſur ces pierres.

foit plufieurs tours à l'entour de fon col, & retournoit à fa place apres l'auoir tué.
Le Treforier de la Pyramide qui eft vers l'Orient, eftoit vne idole faite d'vne
agathe noire qui auoit les yeux ouuerts & brillans; elle eftoit affife dans vn Trône
la lance à la main, celuy qui en approchoit entendoit vne voix qui luy oftoit le
fentiment, il tomboit à terre, & mouroit prefque fubitement. Pour Treforier de
la Pyramide colorée, il fit vne ftatuë d'vne pierre nommée Albut, c'eftoit vne figure affife qui attiroit vers elle ceux qui la regardoient, & ils mourroient attachez
deffus fans qu'on les en pût feparer: les Cophtes écriuent dans leurs Liures, qu'il
y a vne infcription fur cette Pyramide qui porte;

Le Roy Sauurid a bafty les Pyramides en tel & tel temps, il les a acheuées en fix ans; que celuy
qui viendra apres moy, & qui fe croira auffi puiffant que i'ay efté, entreprenne de les détruire
en 600. ans, quoy qu'il foit plus aifé de démolir vn édifice que de l'éleuer; ie les ay fait cou-
urir de farin, qu'il entreprenne de les couurir de natte.

Apres que le Caliphe Almamon fut entré en Egypte, il euft la curiofité de
fçauoir ce qui eftoit enfermé dans ces Pyramides; il les voulut ouurir, on luy dit
que la chofe eftoit impoffible, il dit qu'il en viendroit à bout; & en effet, le trou
qu'on y void aujourd'huy fut fait par fon ordre, par le moyen du feu & du vinaigre, & de fers trempez d'vne maniere particuliere dont on fe feruit; la dépenfe
en fut fort grande, l'on trouua que la muraille auoit 20. coudées d'épaiffeur; &
quand ils l'eurent percée, ils trouuerent d'abord vn vaze d'émeraude, dans lequel il y auoit 1000. pieds de monnoye fort pefantes.

Almamoun fit faire le compte de la dépenfe & de l'argent qu'auoit coufté cette ouuerture, & il fe rencontra qu'elle auoit coufté juftement autant d'argent
qu'ils en auoient trouué dans la Pyramide; ils y trouuerent encore vn puits quarré, & fur chacun de fes coftez, des portes qui feruoient d'entrée à des voûtes, où
ils trouuerent des corps morts enueloppez dans de la toile, & vers le haut de la
Pyramide, ils rencontrerent vne ftatuë dans vne pierre creufe qui reprefentoit vn
homme, & dans cette ftatuë ils y trouuerent vn corps auec vne plaque d'or enrichie de pierreries & mife fur la poictrine de ce corps, vne épée d'vne valeur in-
eftimable, & fur fa tefte vn efcarboucle de la groffeur d'vn œuf brillant comme le
Soleil; il y auoit fur cette pierre des caracteres écrits à la plume, mais perfonne
n'en fçeut dire l'explication. Depuis qu'Almamoun a fait faire cette ouuerture,
plufieurs y font entrez, entre lefquels il en eft mort quelques-vns. Voila ce qu'en
difent les Arabes; mais comme cette tradition tient beaucoup de la fable, ie ne
m'y arrefteray pas dauantage; j'en rapporteray icy la defcription que j'en ay faite,
y eftant entré auec deffein de l'obferuer exactement.

Du cofté de la Pyramide qui regarde le Nord, apres auoir monté vn petit tertre
qui l'éleue au deffus de la campagne de la hauteur de 38. pieds, & qui femble
auoir efté fait à la main de terre rapportée: on trouue vn paffage eftroit & quarré juftement au milieu de ce cofté de la Pyramide, nous y entrâmes; nous trouuâmes que le chemin qui conduifoit au dedans eftoit vn plan incliné, ou defcente
qui faifoit vn angle de 26. degrez; l'ouuerture eft de trois pieds & de 463. parties
du pied Anglois, que ie fuppofe dans toutes fes mefures diuifé en mille parties:
pour la longueur, à la prendre de l'endroit où commence la defcente, c'eft à dire
à quelques 10. palmes au dehors de l'ouuerture, jufques à l'extremité de la defcente, elle eft de 92. pieds & demy, également large par tout, mais de la
moitié plus baffe vers le bout, qu'elle n'eft à l'entrée: Cette entrée marque l'excellence des ouuriers qui y ont trauaillé, la pierre en eft extremé-
ment polie; elles font fi bien jointes les vnes auec les autres, qu'il eft difficile d'en connoiftre la feparation, Diodore auoit defia fait cette remarque dans
tout le corps de la Pyramide. Apres auoir paffé par cette ouuerture eftroite auec
beaucoup de peine; car fur la fin il nous fallut coucher fur le ventre, & nous conduire à la lumiere des torches que nous auions à la main, nous entrâmes en vne

place plus large & qui auoit peu d'exaucement, mais qui estoit toute en
desordre; car on auoit creusé en diuers endroits par auarice, par curiosité, ou
plustost par le commandement d'Almamoun, fameux Caliphe de Babylone; la
chose ne merite pas qu'on examine dauantage à laquelle de ces trois causes on
doit attribuer ce desordre. I'ay parlé icy seulement de cette place, pour faire voir
que ie ne veux rien obmettre; car ce n'est maintenant qu'vne retraite de Chau-
ue-souris, entre lesquelles i'en ay veu qui auoient plus d'vn pied de longueur:
cette place obscure a quatre-vingt neuf pieds de longueur, sa hauteur & sa
largeur ne sont pas égales par tout, & ne meritent pas qu'on les décriue plus particulierement; à la main gauche de cette place, & tout proche de cette entrée
estroite par laquelle nous auions passé, nous trouuâmes vn degré, ou plustost vn
gros bloc de pierre qui auoit 8. ou 9. pieds de hauteur, & nous seruit de degré
pour entrer dans la premiere allée; cette allée est vn peu inclinée, & panche vers
l'entrée; elle est bastie d'vn marbre de beau grain & bien poly, qui paroist aussi
net & aussi blanc que de l'albastre quand on en a nettoyé l'ordure qui le couure;
la voûte & les costes sont bastis d'vne pierre qui n'est pas si polie ny si dure que
celle qui est employée pour le paué de cette allée, comme l'obserua Titoliuio

Buratini est
maintenant
Maistre de
la monnoye
du Roy de
Pologne, &
c'est de luy
que l'on vid
il y a dix ou
douze ans
vn modele
d'vne ma-
chine pour
voler.
* L'Anglois
dit auec vn
niueau.

Buratini ieune homme Venitien, fort spirituel, qui estoit en ma compagnie; elle a du moins cinq pieds de largeur, & est aussi haute que large, si ie ne m'y suis
point trompé aussi bien que mon compagnon, qui remarqua auec moy quelque
irregularité en la largeur de l'allée, la trouuant en des endroits plus large, & en
d'autres plus estroite, quoy qu'à la veuë elle parust également large: i'ay trouué
en mesurant auec vne toise, qu'elle auoit 110. pieds de longueur; à la fin de cette
galerie, nous en trouuâmes vne seconde qui ne cede point à la premiere en l'excellence de sa structure, ny en la matiere des pierres qui y sont employées; elles
sont separées l'vne de l'autre par vn fossé; apres l'auoir passé, nous
trouuâmes vn trou quarré de la mesme grandeur de celuy par lequel nous estions
entrez dans la Pyramide, il conduit dans vne autre allée de niueau,
& au bout de cette allée sur la main droite est le puits dont Pline a fait mention. Il est rond, & non pas quarré comme les Arabes l'ont descrit: ces murailles ou costez sont de marbre blanc, il a plus de trois pieds de diametre:
on y descend en mettant les mains & les pieds dans des trous qui sont
faits dans ce marbre, & qui se respondent les vns aux autres. Ces trous estans
tous à plomb les vns sous les autres, presque tous les puits & les descentes
des cyternes d'Alexandrie sont faites de la sorte, & l'on y descend aisément en
s'aidant en mesme temps des pieds & des mains. Ces Citernes sont soustenuës

Cisternes
d'Alexãdrie.

par des doubles Arcades. L'arcade d'enbas porte sur des pilliers de marbre thebaïque, sur le haut desquels sont dressez d'autres pilliers qui portent la derniere
& la plus haute Arcade. Ces voûtes & leurs murailles sont enduites par dedans
d'vn plastre fort blanc, & d'vne matiere, que ny l'eau, ny l'air ne peuuent ga-
ster. Apres auoir descrit ces Cisternes & ces Puits d'Alexandrie, ie retourneray
à celuy de la Pyramide; il a 86. coudées de profondeur, selon le calcul de Pline,
& peut-estre qu'il seruoit de passage à ces voûtes secretes & cachées dont Herodote fait mention sans les décrire, & qui auoient esté taillées dans la roche viue
qui sert de fondement à la Pyramide: pour moy, ie trouuay qu'il n'auoit que
20. pieds de profondeur. La raison de la difference qui se trouue entre l'obserua-

Plin. l.36.12.

tion de Pline & la mienne, vient peut-estre de ce que depuis son temps le puits
a esté remply d'ordure & de vuidange; en effet, i'y iettay quelque matiere com-

* De ce
marbre The-
baïque, dont
j'ay parlé eu
décriuant
les Cisternes
d'Alexãdrie.

bustible allumée, & ie vis beaucoup d'ordure au fonds.

Nous quittâmes le puits, & apres auoir marché la distãce de 15. pieds tousiours de
niueau, nous trouuâmes vn passage ou ouuerture quarrée, qui répondoit iustement à la premiere, & estoit de la mesme grandeur, les pierres en estoient fort
massiues, & exactement iointes: ie ne peux pas dire si les ioints estoient remplis

de cette matiere luifante dont i'en parle en d'efcriuant les Cyfternes d'Alexandrie.
Ce chemin eft de niueau, comme i'ay defia dit, à 110. pieds de long, & porte dans
vne voûte ou petite chambre dans laquelle ie ne m'arreftay pas beaucoup
à caufe de fa puanteur & de l'ordure dont elle eftoit à demy pleine ; elle n'a
guere moins de 20. pieds de longueur & de 10. de large, fes murailles regardent Eft
& Oüeft, elles font fort entieres & enduittes de ftuck, le plancher d'en haut, eft
compofé de grandes pierres qui en s'auançant font vn angle au milieu du cofté de
l'Eft de ce champ ou efpace, il femble qu'il y ait eû autrefois vn paffage pour entrer
dans vn autre ; peut eftre que c'eftoit le chemin par lequel les Sacrificateurs entroient dans le creux de ces Phinx dont Strabon & Pline, ou Andros Sphincz, comme Herodote l'appelle. Pline luy donne 102. pieds de circuit, à le prendre vers la
tefte 600. pieds de hauteur & 143. de longueur : Pour moy ie croy que le Sphinx eft
d'vne feule pierre pofée au Sud-Eft de la Pyramide dont elle n'eft pas fort effoi-
gnée. Peut eftre auffi que cette ouuerture conduit dans quelque autre appartement;
ie ne puis rien determiner en cela, & s'il fe peut faire mefme qu'elle feruit de niche
pour y mettre quelque Idole, ou pour quelque autre ornement qui eftoit alors en
vfage, & qui nous eft maintenant inconnu auffi bien que la raifon de ces proportions Bizarres qui fe rencontrent dans les paffages & parties interieures de la Pyramide ; de là ie retournay fur mes pas, & quand ie fus forty de ce paffage eftoit quarré, qui eft proche du puits, nous grinpafmes pour gagner la feconde gallerie qui
montoit felon l'inclination d'vn angle de 26. degrez; La longueur de cette gallerie
depuis le puits iufques à vn retour, eft de 154. pieds, mais fi nous en prenons la
mefure par en bas fur le paué, elle en fera moindre à caufe d'vne efpace vuide de
prés de 15. pieds que nous auons defcriptes cy-deuant entre le puits & le trou quarré par laquelle nous grinpafmes.

Et pour refaire la recapitulation de ce que nous auons dit, fi nous confiderons
l'entrée efcartée de la Pyramide par laquelle nous defcendifmes, & la longueur de
la premiere & derniere gallerie par lefquelles nous montafmes, qui font fur vne
mefme ligne & conduifent prefque au milieu de la Pyramide ; nous pourrons par
là ayfément rendre raifon de cét eftrange Echo qui refpond 4. ou 5. fois, dont Plutarque a parlé dans fon 4. liure des Opinions des Philofophes, mais i'ay trouué que
c'eftoit pluftoft la continuation d'vne mefme voix qu'vn Echo, & i'en fis l'experience en faifant tirer vn coup de moufquet à l'entrée de la Pyramide ; car le fon ou l'air
émeü entrant dedans ces ouuertures comme dans des tuyaux raifonne long temps,
s'affoibliffant toufiours à mefure qu'il s'eftoignoit du lieu où il auoit commencé :
Tout ce Corrido ou allée eft bafty de grandes pierres de marbre blanc exactement
taillées par carreaux, les murailles de la gallerie & le bas eftant de mefme matiere
& fi bien cimentez enfemble, qu'à peine on peut connoiftre les ioints, mais fi cette
iufteffe donne de la grace à cét ouurage, elle en rend le chemin plus gliffant & plus
difficile. Cette gallerie a 26. pieds de haut, 6. pieds & 870. parties d'vn pied de large,
auec deux banquettes des deux coftez, & vn chemin au milieu qui peut auoir de
large 435. parties d'vn pied, les banquettes ont vn pied & 717. parties d'vn pied de
largeur & autant de hauteur au deffus de ces banquettes à l'endroit de l'angle qu'elles font auec les murailles de la gallerie ; il y a de petits trous des deux coftez vis à
vis l'vn de l'autre de la forme d'vne figure oblongue, qui femble n'auoir pas efté
feulement faits pour feruir d'ornement. Il y a vne chofe qui merite d'eftre obferuée en la ftructure de ces pierres qui compofent les murailles de l'allée, à caufe
qu'elle en augmente beaucoup la grace, c'eft qu'il n'y en a que 7. affifes, tant elles
font grandes & qu'elles pofent les vnes fur les autres auec vne auance chacune de
3. poulces ; le lict de deffous de la plus haute de ces pierres excedant le lict de deffus
de celle, fur laquelle il pofe de cette quantité ; & ainfi du refte à mefure qu'elles defcendent. Ce que la figure fera mieux entendre que la defcription que i'en pourrois faire ; Apres auoir paffé ces galleries nous entrafmes dans vne chambre quar-

rée qui a les mesmes dimensions que cette autre chambre que nous auons desia d'écrite ; elle sert d'entrée à deux petites separations ou antichambres, vous me permettrez de me seruir de ce mot pour expliquer vne chose à laquelle ie n'en ay point trouué de plus propre ; elles sont couuertes d'vn marbre thebaïque fort luisant toutes deux de mesme grandeur , le plancher est de niueau, fait vne figure oblonque, dont vn costé a 7 pieds de longueur sur trois pieds & demy de largeur ; La hauteur est de 10 pieds : sur les costez qui regardent l'Est & Oüest a 2. pieds & demy du haut du plancher qui est vn peu plus large par le haut que par le bas ; il y a *a* 3. cauitez faites de cette figure. * Cette antichambre est separée de la premiere par vne pierre de marbre rouge iaspé, laquelle est posée dans deux encastremens faits dans les murailles comme les portes d'vne escluse ; il s'en faut trois pieds qu'elle ne descende iusques sur le paué de l'antichambre , & deux pieds qu'elle ne touche en haut ; Au sortir de cette antichambre nous entrasmes dans vne ouuerture quarrée, dans laquelle j'y vis cinq litres paralles de plomb, comme la figure suiuante le represente gravées dans les murailles. C'est-là la seule sculpture & la graueure que i'ay remarquée en toute la Pyramide, m'estonnant beaucoup de ce que les Arabes ont escrit des Hieroglyfiques qui contenoient les secrets de toutes les sciences, & ie ne sçay pas aussi sur quelle authorité Dion, ou plustost Xiphilinus, qui en a fait l'Abregé, rapporte que Cornelius Galuanus que Strabon nôme plus à propos Ælius Gallus qu'il auoit suiuy en Egypte comme son compagnon, auoit graué sur ces Pyramides ses victoires , si ce n'est qu'il l'ait fait sur des Pyramides qui ne se voyent plus ; Ce passage quarré est de la mesme ouuerture & dimension que le reste ; il à 9. pieds de longueur, & est de marbre thebaïque exactement taillé ; il conduit à l'extremité qui regarde le Nort, d'vne salle magnifique & bien proportionnée ; la distance du bout de la seconde gallerie iusques à cette entrée est de 24. pieds ; le chemin qui y mene est de niueau. Cette chambre est au milieu de la baze de la Pyramide & quasi égallement distante de son sommet & de la baze.   Le paué, les murailles & le haut de cette salle sont de carreaux d'vn marbre thebaïque extremement bien taillez, luisant & poly , mais la fumée des torches qu'on y a apportées en cache & en ternit l'esclat. Six assises de pierres égalles des deux costez font toute la hauteur de ses murailles ; elles sont toutes d'égale hauteur & regnent tout autour de cette salle ; les pierres qui la couurent par en haut sont d'vne grande portée ; elles trauersent d'vne muraille à l'autre , & cependant quoy qu'elles ayent cette grande portée côme autant de grandes poultres, elles semblent estre chargées de tout le faix de la Pyramide qui pese de suite neuf de ces pierres, la couurent toute entiere ; il y en a deux qui sont moins larges que les autres ; l'vne au bout du costé de l'Est , & l'autre à celuy de l'Oüest ; 'a longueur de cette chambre du costé qui regardent le Sud est de trente quatre pieds Anglois , & de la trois cens quatre-vingtiéme partie d'vn pied diuisé en mille parties (c'est à dire trente-quatre pieds , & de la trois cens vingt-quatriéme partie d'vn pied) : ie l'ay prise du ioint de la premiere assise au ioint de l'autre muraille qui le regarde ; sa longueur du costé du Couchant à l'endroit du ioint de la premiere assise est de dix-sept pieds , & de cent nonante parties d'vn pied diuisé en mille (c'est à dire 17. pieds, & 190. des mille parties esquelles i'ay diuisé le pied.) Mais la hauteur de cette salle est de 19. pieds, comme estant vn superbe Monument est le tombeau de Cheops, ou Chemis ; il est fait d'vne seule pierre de marbre ouuert par en haut & sonne comme vne cloche : ce que ie ne rapporte pas comme beaucoup d'autres ont fait comme vne rareté de l'art ou de la Nature : car i'ay obserué la mesme chose aux autres tombeaux de marbres.

a Voyez la figure , numero II.

Voyez la figure , numero III.

Pensée de Greaues d'establir vne mesure fixe.   I'ay mesuré ces proportions de la chambre & celle de la longueur & de la largeur de la partie inferieure de la tombe auec le plus d'exactitude qu'il m'a esté possible , ce que i'ay fait auec d'autant plus de diligence que vne i'ay crû que c'estoit là l'endroit le plus propre pour establir vne mesure qui puisse seruir à la posterité pour sçauoir exactement celles de ce temps-cy. Chose qui a tousiours esté fort desirée par les gens sçauans , mais pas vn que ie sçache n'a pensé à la maniere de l'executer ; ie consideray qu'il y a au moins 3000. ans que cette Pyramide a esté bastie, & que cependant il n'y a rien que de fort entier en cét endroit, tellement qu'on doir presumer qu'elle

a encore

doit durer encore plusieurs milliers d'années, & qu'ainsi ayant mesuré les choses qui s'y voyent, la posterité y pourra non seulement trouuer les mesures du pied Anglois, mais aussi les mesures dont les plus fameuses Nations se seruent maintenant, que i'ay pris auec grande iustesse sur les originaux, & que i'ay comparé apres estant de retour en Angleterre auec nos mesures ; si quelqu'vn des anciens Mathematiciens eut eü cette pensée, les Sçauans de ce temps-cy ne seroient pas si empeschez qu'ils sont à trouuer les mesures des Iuifs, des Babyloniens, des Egyptiens, des Grecs & des autres Nations. Si l'on diuile le pied Anglois en 1000. parties ; Le pied Romain qui se void sur le monument de Cossutius que les Escriuains appellent Pes Cossutianus en contiendra 967.

Le pied de Paris mil soixante & huit.
Le pied d'Espaigne neuf cens vingt.
Le pied de Venise mil soixante deux.
Le pied de Rhein-land, ou celuy dont s'est seruy Snellius, mil trente-trois.
La brasse de Florence mil neuf cens treize.
La brasse de Naples, deux mil cent.
Le derab au Caire mil huit cens vingt-quatre.
Le pic de Turquie à Constantinople deux mil deux cens, i'entens le plus grand.

b Les obseruations de Bellon confirment ce que ie viens de dire, quand il décrit la pierre d'où Moyse fit sortir de l'eau : c'est, ce dit-il, vne grosse pierre massiue, droicte, de mesme grain & couleur que la pierre thebaïque.

c Le Fust de cette Colonne d'Alexandrie à l'endroit où il est ioint à sa baze, a vingt-quatre pieds Anglois de circonference ; celles de Rome n'en ont que 15. & 3. poulces. Sur ces proportions & en suiuant les regles d'Architecture que nous auons dans Vitruue, le Lecteur pourra supputer les vrayes dimensions des Colonnes qui sont au Portique du Pantheon & de celle d'Alexandrie ; qui sont, selon mon calcul, les plus magnifiques Colonnes qui ayent iamais esté faites d'vne seule pierre.

Quelqu'vn peut estre s'ennuyera de ce que i'exprime ainsi ces nombres, ie m'en iustifieray, me seruant de l'exéple d'Vlug Beg, neueu du Grand Tamarlan Empereur des Mogols ou Tartares, que nous auôs tort d'appeller Barbares ; car ie trouue en ces Tables Astronomiques, les plus exactes qui ayent iamais esté faites en Orient il y a plus de deux cens ans, qu'il obserue la mesme chose lors qu'il a eü à parler de l'Epoque, des Grecs, des Arabes, des Persans, & des Gelaleans, comme aussi de ceux du Cathay & du Turquestan ; il exprime au long ces nombres, côme i'ay fait, puis les exprime vne seconde fois par des chiffres que nous appellons Arabes, à cause que nous les auons receus de ces peuples, mais les Arabes reconnoissent qu'ils les ont receus des Indiens, & les appellent figures Indiennes, & enfin il les rend apres de nouueau en des Tables particulieres ; i'ay creu que cette maniere meritoit d'estre imitée dans les nombres Radicas, & qui seruent à d'autres choses qu'à l'vsage ordinaire ; car si on ne les auoit exprimées qu'vne fois, il pourroit aysément par la negligence des Copistes, s'y glisser quelque faute, & on seroit en peine de sçauoir auquel des deux nombres il faudroit s'arrester, mais estant exprimés trois fois, c'est vn grand hazard si deux ne se rencontrent les mesmes, & ce rapport seruiroit à connoistre l'erreur du troisiéme.

Il y en a qui disent que son corps en a esté tiré : Diodore qui viuoit il y a plus de 1600. ans, à vn passage fort remarquable sur le suiet de ce Chemis Fondateur de cette Pyramide, & de Cephren qui fit bastir celle qui est toute proche ; quoy que, ce dit-il, ces Roys eussent fait bastir ces Pyramides pour en faire leur sepulchre, il est vray neantmoins que pas vn d'eux n'y a esté enterré : car le peuple s'estant reuolté contre eux à cause de l'oppression qu'il auoit souffert en les bastissant, les menacerent de mettre vn iour en piece leurs cadaures, & de les tirer de leurs sepulchres, ce qui les obligea de recommander en mourant à leurs amis de les enterrer dans quelque lieu inconnu au peuple. Le tombeau & la salle sont d'vne mesme matiere ; i'en rompis vn morceau, & y trouuay que cette sorte de marbre auoit des taches blanches, rouges & noires, & également meslées ensemble ; quelques-vns l'appellent marbre thebaïque ; pour moy ie croy que c'est cette sorte de Porphyre que Pline décrit sous le nom de Leucostychtos, ou marbre rouge iaspé de blanc. Il y auoit, & il y a encore auiourd'huy en Egypte beaucoup de Colonnes de ce marbre. Vn Venitien qui estoit auec moy s'imagine qu'il a esté tiré du Mont Sinaï, b où il a vescu long temps, & pour me le persuader il me disoit qu'il auoit veu dás ces mótagnes vne Colóne à demy taillée aussi grande que celle d'Alexandrie, c qui est bien quatre fois aussi grande, selon la mesure que i'en ay prise, que les Colonnes du Portique de la Rotunde de Rome, ce marbre est de mesme couleur que celuy du monument, & semblable à celuy des Obelisques qu'on void à Rome. Son opinion s'accorde bien auec la relation d'Aristides, qui dit qu'en Arabie il y a vne carriere de beau Porphyre. La figure de cette tombe ressemble à deux cubes ioints ensemble, & creusez par dedans ; elle est vnie, sans aucune graueure ny relief ; sa superficie exterieure a 7. pieds 3. poulces & demy de longueur : Bellon luy en donne 12. & Monsieur de Bréues 9. mais ils la font plus grande qu'elle n'est ; elle a 3. pieds 3. poulces, & ¼ de poulces de profondeur & autant de largeur. La face in-

teriture du cofté de l'Oüeft a fix pieds,& quatre cens quatre vingt-huit parties
du pied Anglois ᵈ c'eft à dire 6. pieds & 488. parties du pied Anglois diuifé
en mille parties ; fa largeur du cofté du Nord-Eft eft de deux pieds , & de
deux cens dix-huit parties du pied Anglois. ᵈ La profondeur eft de deux pieds,
& huit cens foixante parties du pied Anglois ; petite efpace à la verité, mais af-
fés grande pour loger le corps du plus puiffant Monarque du monde : ie pourrois
tirer vne induction de ces mefures , & des Mommies que i'ay mefurées en Egypte, & faire voir par-là que les hommes ne diminuent pas de taille comme plu-
ficurs l'ont affeuré , & que ceux de ce temps-cy font auffi grands que ceux qui vi-
uoient il y a trois mil ans ; quoy que Saint Auguftin foit d'autre opinion , & que
Solon ait dit il y a defia long-temps , les hommes d'auiourd'huy ne font-ils pas
plus petits que leurs anceftres. On pourroit demander auec raifon , comment
on a peu faire entrer ce tombeau en ce lieu ; les chemins qui y conduifent eftant
fi eftroits , ce qui me fait croire qu'on l'a efleué auec quelque machine , &
qu'on l'a defcendu par en haut auparauant que le plancher de la chambre fuft fermé ; il regarde exactement le Nort & le Midy, également diftant de tous les
coftez de la chambre , fi ce n'eft de celuy de l'Eft , duquel il eft affeurément plus
efloigné que de l'Oüeft. Ie vis au deffous de ce Tombeau vn endroit où on auoit
creufé,& vne des grandes pierres qui font le paué, qui auoit efté tirée d'vn des
coins du Tombeau.Sand fe trompe qui dit qu'il y auoit là vn paffage pour entrer
dans l'autre chambre ; ce trou apparamment ayant efté fait par quelqu'vn qui a
creu qu'il y auoit là quelque trefor caché. C'eftoit la couftume des anciens d'en
mettre dans leurs tôbeaux : ce qui fe pratique encore auiourd'huy dans les Indes
Orientales. La mefme chofe eftoit en pratique au temps de Salomon. Iofephe
defcrit de cette maniere les funerailles du Roy Dauid ; fon fils Salomon, ce dit-
il , le fit enterrer magnifiquement dans Ierufalem,& outre les folemnitez qui fe
pratiquent d'ordinaire aux enterremens des Roys , il mit encore dans fon monument de grandes richeffes , tellement que le Grand Preftre Hircanus fe voyant
affiegé par Antiochus fils de Demetrius , en tira 3000. talens qui furent trouuez
dans vne des voutes de ce tombeau , & les donna à ce Romain pour luy faire leuer le fiege , comme ie l'ay dit ailleurs. Herode long-temps apres fit ouurir vne
autre voute où il trouua auffi beaucoup de richeffes ; mais ny l'vn ny l'autre ne
trouua point la biere où eftoit le corps du Roy Dauid , car elle auoit efté cachée
auec beaucoup de foin, comme fi on auoit apprehendé dés lors les diligences de
ceux qui font entrez depuis dans ce fepulchre.

    Le Lecteur excufera ma curiofité lors qu'il verra que pour ne rien obmettre,
ie mefuis arrefté à defcrire icy deux ouuertures à l'oppofite l'vne de l'autre,l'vne
au cofté du Nord, l'autre à celuy du Sud de cette Chambre : l'ouuerture qui eft
au cofté qui regarde le Nord , a de largeur 7 c ᵉⁿ parties du pied Anglois, & 400.
de hauteur. La pierre y eft taillée fort foigneufement,& elle entre de la lôgueur
de fix pieds & dauantage dans l'efpaiffeur du mur : celle qui eft au cofté du Sud,
eft plus large , & approche de la figure ronde , & n'eft pas fi profonde que celle
que ie viens de defcrire : la noitceur qu'on y remarque fait croire qu'on y aye mis
autrefois des lâpes allumées. Burratini croid qu'il y auoit quelques-vnes de ces
lampes perpetuelles qui furent trouuées en Italie dans le tombeau de Tulliola,
& en Angleterre auffi, fi Camden ne s'eft point trompé ; pour moy ie ne croy pas
l'inuention fi ancienne que ces Pyramydes , toufiours faut-il auoüer qu'elle eft
fort belle,& que c'eft vne pitié que la negligence des Efcriuains ayt laiffé perdre vne fi belle chofe : fi Pline l'euft connuë il n'euft pas manqué de la defcrire ,
& fa diligence eut efté bien mieux employée qu'elle ne l'a efté à defcrire le *linum
asbeftinum*,où la thoille qui ne fe brufle point,faite, côme quelques-vns affeurét,
de certaines pierres de l'Ifle de Chipre, que i'ay veu fouuent dans mes voyages,
quoy que Saumefe veüille dans fes Exercitations fur Solin, que le vray *asbefti-*

Aug. de ciu.
li. 15. c. 9.

Iof. li.7.An-
tiq.

rum eſtoit le *linum viuum*, ou le *linum Indicum*. Pancirole met l'art de faire ces thoiles entre les choſes perduës, mais il eſt encore de beaucoup inferieur [Pancir.l.ç.] à celuy des lampes que nous venons de dire, qui pourroient eſtre d'vn grand vſage.

Ie finiray donc icy la Deſcription du dedans de cette Pyramide que i'ay acheuée ſans auoir eu aucune lumiere pour l'examiner, ny des anciens Autheurs, ny des Voyageurs de ce temps; au ſortir ie trouuay mon Ianiſſaire & vn Capitaine Anglois fort inpatient d'auoir eſté 3. heures à m'attendre dehors, fort perſuadé que tout ce qu'il n'entendoit point eſtoit vne impertinente & vaine curioſité.

Herué s'eſtonnoit que i'euſſe pû demeurer ſi long-temps auec ceux de ma compagnie dans cette Pyramide; car, ce diſoit-il, nous ne pouuons point reſpirer deux fois le meſme air, que nous n'en ſoyons incommodez, [Herué premier Medecin du Roy d'Angleterre.] il en faut touſiours de nouueau pour la reſpiration, & nous ſuçons de l'air, à chaque fois que nous reſpirons, ce qu'il a de propre pour noſtre nature, & eſtans dans vn lieu fermé nous deurions auoirbien-toſt épuiſé cét air, & concluoit de là qu'il falloit qu'il y euſt quelque ouuerture par laquelle l'air libre peuſt entrer dans cette cauité: ma réponſe fut, qu'on pouuoit douter ſi le meſme air ne pouuoit pas eſtre reſpiré plus d'vne fois, & ſi ce ſuc ou nourriture qu'il ſuppoſoit eſtre dans l'air, eſtoit conſumé à chaque reſpiration, puis que nous voyons que ceux qui ſe plongent dans la mer Mediterranée pour en tirer les eſponges, dans la mer rouge & dans le golphe Perſique pour peſcher des perles, demeurent prés d'vne demie heure ſous l'eau, & qu'ainſi ils reſpirent pluſieurs fois le meſme air: il me répliqua qu'ils le faiſoient auec le ſecours des éponges remplies d'huile qui corrigeoient & nourriſſoiët l'air. Que cette huile eſtant vne fois éuaporée ils ne pouuoiët pas viure long-temps, mais eſtoiēt obligez de remonter en haut. Ie répliquay qu'il ſe pouuoit faire que cét air ſoit rempli de la ſuye qui ſort de noſtre corps auec la reſpiration, pouuoit paſſer au trauers de ces galeries par leſquelles nous eſtions venus, & de là auoir communication auec l'air libre par la meſme ouuerture par où nous eſtions entrez: Ie luy en apportay cét exemple: Au Deſtroit de Gilbraltar il y en a beaucoup qui diſent qu'il y a vn courant d'eau qui y entre du coſté de l'Europe, & qui reuient aprés en ſuiuant la coſte d'Afrique, de meſmes qu'en ce Paſſage qui n'a pas plus de trois pieds de largeur, l'air libre pouuoit entrer d'vn coſté & ſe retirer de l'autre, & qu'ainſi celuy que nous auions reſpiré ne reuenoit point, non plus que les eaux du Roſne ne ſe meſlent point auec celles du Lac de Geneue, au trauers duquel elles paſſēt; car on n'a point trouué qu'il y euſt d'autre ouuerture en céte châbre. Il me répliqua qu'elle pourroit eſtre ſi petite qu'on ne l'auroit pas pû apperceuoir, & que cependant elle auroit eſté ſuffiſante pour donner paſſage à l'air, qui eſt vn corps fort ſubtil. Ie luy reſpondis qu'eſtant ſi petite, elle auroit eſté bien-toſt bouchée par ces ſables que les vents font voler en ce Païs-là, & qui bouchent ſouuent meſme l'entrée de la Pyramide, en ſorte qu'on ne la void point. On pourroit appeller ces ſables la pluye des Deſerts: Nous fuſmes obligez d'employer des Mores pour en déboucher l'entrée, mais pour moy ie ne ſuis pas ſatisfait de l'opinion de ceux qui veulent qu'au Deſtroit de Gilbraltar la mer entre d'vn coſté & ſorte de l'autre; car i'ay paſſé deux fois ce Deſtroit, & n'y ay rien remarqué de ſemblable; i'ay bien obſerué que l'eau y entre, mais non point qu'elle en reſſorte: ie m'informay d'vn Capitaine qui commandoit vn des ſix vaiſſeaux qui compoſoient noſtre Flotte, cét homme fort intelligent, & qui auoit fait ſouuent ce voyage auec les Pyrates d'Algier, me diſoit qu'il n'auoit iamais obſerué que l'eau ſortiſt du coſté de la Coſte d'Afrique, & que ſi ces Pyrates ſuiuoient ordinairement la Coſte d'Afrique pour entrer dans l'Ocean, ce n'eſtoit pas pour ſuiure le courant de l'eau, mais pour éuiter les vaiſſeaux Chreſtiens & ceux du Port de Gilbraltar, qui les auroient pû ſurprendre au Paſſage: Pour moy quand ie ſonge à la quantité d'eau qui entre par ce Deſtroit, & à l'impetuoſité du courant auec laquelle l'eau du Pont-Euxin entre dans la Mer Mediterranée, & que i'y adiouſte la grande quantité d'eau que les riuieres y apportēt, ie ne puis m'empeſcher de croire que la mer Mediterranée ou le pot de chambre, comme les Arabes l'appellent, à cauſe de ſa figure, en deuroit auoir eſté remplie il y a long-temps, & inoudé toutes les plaines d'Egypte, & que de ce qu'elle ne l'a pas fait, on en doit tirer vne conſequence que la terre eſt pleine de tuyaux, & qu'il y a communication du fonds d'vne Mer à l'autre. Ce qu'eſtant accordé, on n'aura point de peine à conceuoir pourquoy la mer Mediterranée ne hauſſe point, ny la mer Caſpienne, quoy que ces Mers n'ayent point de communication viſible auec les autres, pourquoy elle eſt touſiours ſalée, & qu'elle ne ſurmonte point ſes bornes, nonobſtant la grande quantité d'eau que le Volga & les autres riuieres y portent; & ce qui me donna ſuiet à cette penſée, fut qu'eſtans en la latitude de 41. deg. & en long 11. ayant mis à bout l'vne de l'autre les cordes des ſondes de ſix vaiſſeaux, & qu'ayant ietté vne ſonde qui peſoit bien 20. liures vn iour qu'il faiſoit grand calme, gouuernant en ſorte le batteau que la ſonde fuſt à plomb, ie ne trouuay point de fonds à 1045. braſſées, qui ſont d'vn mil & vn quart de mille.

Deſcription de la deuxiéme Pyramide.

DE la Pyramide que nous venons de décrire, nous paſſerons à la ſeconde; qui n'en eſt éloignée que de la portée d'vn arc; Ie remarquay en chemin faiſant, & à l'Oüeſt de la premiere, la maſſe d'vn Baſtiment ancien de pierre quarrée & bien polie, ſemblable à celle que Pline a appellée Bazaltes, qui a la couleur & la dureté du fer, & a ſeruy peut-eſtre autresfois de logement pour les Preſtres, ou de monument: à la main droite de cette antiquité en tirant vers le Sud, on trouue cette

feconde Pyramide , delaquelle les anciens & les modernes ont laifsé peu de chofe.
Herodote dit que Cephren l'auoit baftie , à l'imitation de fon frere Cheops; mais
qu'elle f'eftoit trouuée de beaucoup inferieure en grandeur à la premiere : car, ce
dit-il, nous l'auons mefurée. Il auroit efté à fouhaiter qu'il nous euft dit fes mefures , & la maniere dont il f'eftoit feruy pour les prendre. Il adjoufte , il n'y a point
dans celle-là de Baftimét foufterrain; il n'y paffe point de fources ny de canaux pour
l'eau du Nil, comme fous la premiere. Diodore l'a décrit plus particulierement , &
dit que l'Architecture en eft femblable à la premiere ; mais qu'elle eft bien plus petite ; que chacun de fes coftez à vn ftade de longueur : pour reduire ce ftade à d'autres mefures, elle a 600. pieds Grecs, 625. de ceux qui eftoient en vfage à Rome ;
tellement que felon cette fupputation , chaque cofté auroit cent pieds Grecs moins
que la premiere Pyramide. Pline en fait la difference plus grande ; car il donne à
chaque cofté de la premiere 883. pieds , & n'en donne que 737. à celle-cy.

Pourmoy , j'ay trouué que ces pierres eftoient blanches , & qu'elles n'eftoient
point fi grandes ny fi maffiues que celles de la premiere Pyramide ; outre qu'elle
n'eft point par degrez comme la premiere : toute cette fabrique eft encore fort entiere fans fiftule , fi ce n'eft du cofté qu'elle regarde le Sud ; fa hauteur, autant que
j'en peus juger à l'œil; ce qui eftoit facile à caufe que d'vne mefme plaine on les void
toutes deux , eft égale à la premiere. Strabon en a auffi fait ce jugement : les coftez
de leur baze font auffi égaux, & le Docteur de Venife me confirma la mefme chofe
apres l'auoir mefurée fort exactement. Il n'y a point d'entrée pour penetrer dedans
comme à la premiere , ainfi ie laiffe à la conjecture des autres à juger, fi fon dedans
eft femblable au dedans de la premiere.

Du cofté du Nord & de l'Oüeft, fa baze eft compofée de deux pieces admirables;
mais ie ne fçaurois affez m'eftonner des anciens qui n'en ont point parlé : ce font
des pierres qui ont 30. pieds de large , & plus de mil quatre cens pieds de longueur :
on a taillé dans ces pierres à la pointe du marteau , comme ie m'imagine , les logemens des Preftres; ils font tirez à l'alignement des coftez de la Pyramide, & font vne
perfpectiue fort agreable : l'entrée en eft quarrée, taillée dâs la roche, & de la mefmo
ouuerture que les logemens de la premiere Pyramide. Ie laiffe à determiner à ceux
qui ont écrit des Hieroglyfiques , fi la figure quarrée des portes , leur peu d'exaucement, peut auoir quelque rapport à l'égalité de l'humeur des Preftres, & à l'opinion
mediocre qu'ils auoient de leurs perfonnes : le dedans de ces logemens eft vne
châbre quarrée, le haut eft en voûte taillé dâs la roche ; il y a vn paffage d'vn de ces
logemens à l'autre : mais l'ordure & l'obfcurité qui y eftoient, m'empefcha de l'examiner dauantage. Du cofté du Nord, j'y remarquay vne ligne de caracteres Egyptiens , tels qu'Herodote & Diodore les décriuent, & difent auoir efté pratiquez
par les Preftres, & eftre fort differens de ceux dont les particuliers fe feruoient dans
leurs affaires. Ce font ces caracteres que Juftin Martyr dit auoir efté connus à
Moyfe ; que l'Efcriture dit ailleurs auoir fçeu toutes les fciences des Egyptiens.
Ils ne defcendent point de haut en bas comme ceux des Chinois de noftre temps ;
mais font continuez en vne ligne comme nous écriuons maintenant, & fi on peut le
dire des caracteres qu'on n'entend pas ; ils vont de la main droite vers la gauche ,
comme pour imiter le mouuement des planettes. Herodote le confirme , & Pomponius Mela, mais par vne expreffiõ affez obfcure. Cette maniere d'écrire a efté fuiuie par les Iuifs, par les Egyptiens, & par les Chaldeens ; & il y a bien de l'apparence
qu'ils l'ont prife des Egyptiens, puifque c'eft d'eux que les Chaldeens mefmes reconnoiffent d'auoir appris l'Aftrologie , & les Grecs la Geometrie : Diodore confirme
cette premiere affertion , & Proclus la feconde. C'eft auffi d'eux que les Iuifs & les
Arabes de noftre temps ont appris leur maniere d'écrire , & l'ont communiqué par
leurs conqueftes aux Perfans & aux Turcs.

Hero. l. 2.

Diod. l. 1.

Pli. l. 36. c. 12.

Stra. l. 16.

La Theolo-
gie des Chrè
ftiens confi-
ftoit toute
en figures
myfterieu-
fes.

Pomp. Mel.
l. 1. c. 9.

Description de la troisiéme Pyramide.

DE cette Pyramide, nous passâmes à la troisiéme, que nous trouuâmes estre éloignée de la seconde d'vn jet de pierre, éleuée sur vn éminence que fait vne roche sur laquelle elle est fõdée, elle paroist aussi haute que la seconde mais en general, sa masse est plus petite & plus basse. J'auois tant mis de temps aux obseruations que j'auois faites aux precedëtes, que ie ne peus pas obseruer cette derniere auec autant d'exactitude que j'aurois voulu, & qu'elle meritoit ; ie l'obseruay neantmoins assez, pour pouuoir refuter les erreurs des autres ; auparauant, il faut que ie rapporte ce qu'en ont dit les anciens, & les Relations de deux ou trois de nos plus exacts voyageurs : Herodote dit que Mycerinus dressa vne Pyramide plus petite que celle qu'auoit basty son pere, ayant vingt pieds moins sur chaque costé, c'est à dire 300. pieds de chaque costé : Diodore l'estend dauantage, & dit que chaque costé de la base de la Pyramide de Mycerinus auoit 300. pieds en long ; qu'il y a 15. assises de pierre noire semblable au marbre Thebaïque, & que le reste est basty de mesmes pierres dont sont composées les autres Pyramides : cét ouurage, dit-il, quoy qu'il ne soit pas si grand que les autres, ne laisse pas de les surpasser de beaucoup par la beauté de sa structure, & par la magnificence de son beau marbre : du côté du Nord, le nom de Mycerinus le Fondateur y est graué, j'adiousteray au témoignage de Diodore celuy de Strabon : Plus auant, dit-il, sur la roche plus éleuée en cét endroit, est la troisiéme Pyramide bien plus petite que les deux autres, mais de bien plus grãde dépense; car depuis la baze iusqu'à la moitié de sa hauteur, elle est de ce marbre noir, dont ils font des Mortiers en ce pays-là, & qui est fort difficile à tailler. Pline qui l'a décrit par ouy dire, & plustost en Historien qu'en témoin oculaire. La troisiéme Pyramide, dit-il, est plus petite que les autres, mais bien plus belle ; elle est de marbre Ethiopique, & chacun de ses costez a 363. pieds. Voila tout ce que j'ay trouué dans les anciens de cette Pyramide; mais entre les modernes, il faut premierement examiner ce qu'en dit Bellon, ou plustost Petrus Gilius ; car Mr de Thou dit dans son Histoire, que Bellon a esté vn plagiere, & qu'il a dérobé à Petrus Gilius, à qui il seruoit de Copiste, les Obseruations que nous auons sous son nom. Gilius a esté vn homme fort exact & fort sçauant dans l'antiquité, comme on void par vn Liure qu'il nous a laissé du Bosphore de Thrace, & de la Topographie de Constantinople. La troisiéme Pyramide est bien plus petite que les deux autres ; mais elle est d'vn tiers plus grande que celle qui se void dans les murailles de Rome proche du Mont-Testace, elle est aussi entiere que si elle venoit d'estre bâtie ; car elle est bâtie d'vne espece de marbre appellé Bazaltes ou marbre Ethiopique plus dur que le fer. Il seroit inutile de rapporter icy les Relations des autres, qui s'accordent tous dans le fonds : pour moy, ie croy que Diodore auoit pris ce qu'il en a écrit d'Herodote; & que Pline & Strabon se sont arrestez à ce qu'ils en ont trouué dãs Diodore, & que les plus sçauans des modernes ont accõmodé leurs Relations à l'authorité des anciens : car comment autrement pourroient-ils s'accorder tous à dire vne chose que ie puis asseurer estre fausse, si la memoire & mes yeux ne m'ont extrémément trompé ; * il s'en faut peu que ie n'asseure qu'ils n'ont iamais veu cette troisiéme Pyramide, & qu'il leur est arriué la mesme chose qui arriuoit tousiours de mon temps à ceux qui les alloient voir, qui estoient tellement remplis de la grandeur de la premiere, qu'ils n'auoient plus attention pour obseruer les autres, à cause que cette troisiéme a la mesme figure, & qu'elle a le desauantage de paroistre la derniere, & d'estre la plus petite : Enfin, ils se sont trompez dans la couleur du marbre & dans sa qualité. Ie commenceray par Herodote, qui dit que chacun des costez de sa baze est de 300. pieds, & que cependant il ne s'en faut que 20. qu'il ne soit aussi long que celuy de la premiere Pyramide, au costé de laquelle il a donné

△ △ △ iij

A sur long de 125 pieds.

* J'ay conferé depuis ce que j'en dis icy auec vn Capitaine Anglois qui auoit esté 4. fois à Alexandrie, & tous les 4. fois a veu ces Pyramides, qui m'a asseuré que ie ne me trompois point dans le rapport que j'en fais icy.

auparauant 800. pieds de longueur, ainsi on ne peut pas douter qu'il n'y ait faute en cét endroit ; mais ie ne puis pas excuser de mesme ce qu'il dit, qu'elle est bâtie iusqu'à la moitié de sa hauteur de marbre Ethiopique ; si ce marbre, comme le décrit Pline, Diodore & Strabon, est de la couleur de fer tirant sur le noir, & qu'il viéne du fond de l'Ethiopie chez des peuples qui sont de la mesme couleur: puis que cette Pyramide est tout d'vne pierre blanche, qui a vn peu plus d'éclat que celle des autres ; & ie ne me sçaurois assez estonnèr de ce que Diodore, Strabon, Pline, Bellon & Gilius, ayent tous suiuy Herodote dans cette faute, puis qu'il leur estoit si facile de la découurir : On dira peut-estre pour les deffendre, qu'ils ont entendu que le dedans de la troisiéme Pyramide estoit basty de cette pierre; mais il n'y a point d'entrée non plus qu'à la seconde ; ce qui rend cette deffense insuffisante. Il est vray qu'au costé de l'Est de cette Pyramide, l'on void les ruïnes d'vne masse de pierre d'vne couleur obscure, fort semblable à celle que nous auons décrite entre la premiere & la seconde Pyramide, qui peut auoir donné sujet à cét erreur.

Ie ne sçaurois excuser les anciens, & ie le pardonnerois encores moins à Belon ou à Gillius qui ont suiuy leur rapport, puis qu'ils s'en pouuoient éclaircir par leurs propres yeux : Ce n'est pas qu'on dût attendre d'eux, comme dit Tite-Liue, que les Escriuains modernes apportent tousiours quelque chose de nouueau, & surpassent dans leurs Relations le peu de politesse de l'antiquité. Nos modernes font tout le contraire, & ont corrompu ce que les anciens auoient dit auec beaucoup de verité, Herodote & Diodore font la coste de la baze de cette Pyramide de 300. pieds, Pline la suppose de 363. & ces Autheurs au contraire la font seulement d'vn tiers plus grande que la Pyramide de Sestius qui est proche du Mont-Testace; & ainsi, ou ils ont beaucoup augmenté celle de Rome, ou accourcy celle-cy ; car celle de Rome estant mesurée du costé qui est dans la Ville, a justement 78. pieds d'Angleterre, ausquels si nous adioustons la troisiéme partie, elle aura cent quatre pieds ; c'est à dire, qu'elle sera égale à la Pyramide d'Egypte, selon le sens de Bellon ; c'est à dire, qu'il y aura vne erreur de 200. pieds sur vn compte de 300. ainsi fondé sur l'authorité d'Herodote & de Pline alleguée cy-deuant ; ie soûtiens que la hauteur & la largeur de cette Pyramide sont égales. I'aurois fort souhaité de voir dans cette Pyramide le nom de son Fondateur, dont Diodore fait mention, & cette autre inscription de la premiere dont Herodote tasche de nous donner l'interpretation ; mais l'vn & l'autre ont esté effacées par le temps : Il y a, ce dit-il, sur cette Pyramide, des caracteres Egyptiés, qui marquent la dépense qu'on auoit faite pour la nourriture des ouuriers, en ail & en oignons ; vn Interprete me dit que cette dépense montoit à la somme de six cens talens d'argent : si cela est ainsi, combien doit-on croire qu'on ait dépensé en fer, en habits, & dans les autres dépenses de l'entretien de ce grand nombre d'ouuriers. Si i'auois veu cette inscription, peut-estre que ie pourrois determiner quelque chose de ces anciens caracteres d'Egypte, non pas de ces caracteres sacrez qui estoient des emblémes, & qui representoient les conceptions de l'esprit par des representations d'oyseaux, de bestes, ou d'autres obiets plus connus, mais de ceux dont ils se seruoient dans leurs affaires particulieres ; enfin ie suis fort contraire à l'opinion de Kircher qui croit, tout habille homme qu'il est, que les caracteres des Copht, font les mesmes qui estoient en vsage entre les anciens Egyptiens, car ce que i'ay veu d'anciennes sculptures dans les pierres qui se trouuent tous les iours en ce pays-là & dans les Momies, me fait assez connoistre que le langage Copht n'est qu'vne corruption du Grec.

Des autres Pyramides qui font dans les deferts d'Affrique.

LEs deux premieres des Pyramides que ie viens de décrire, font mifes au nombre des merueilles du Monde : les autres qui fe trouuent dans le defert, femblent n'en eftre que des copies, ou pour mieux dire de petits modeles ; c'eft pourquoy ie ne m'embarrafferay pas beaucoup, ny le Lecteur auffi, de leur defcription. Les anciens & les modernes ne laiffent pas d'eftre inexcufables de la negligence auec laquelle ils les ont paffez fous filence, & principalement vne entre les
autres, qui eft auffi merueilleufe que pas vne des premieres ; elle eft éloignée
de quelques 20. milles des plus grandes ; elle eft fur vne roche comme les premieres, & affez proche du village par où on entre dans les Mommies. Le Docteur de Venize me confirma dans le jugement que j'en faifois, & me dit qu'elle
auoit les mefmes dimenfions que la premiere & la plus belle de toutes ; que par le
dehors on y montoit par degrez ; que fes pierres eftoient de la mefme couleur,
auec cette feule difference, qu'elle eftoit plus ruïnée par le haut, & que l'entrée
eftoit du cofté du Nord ; ainfi tout ce que nous auons dit de la premiere, fe peut
appliquer à celle-cy : Bellon eft exceffif dans le nombre qu'il en fait, il dit qu'il y
en a cent autres difperfées çà & là dans ces plaines : pour moy, ie n'en peus
compter plus de vingt, & Ibn Almatoug dans fon Liure des miracles d'E-
gypte, n'en compte que 18. Il y a, ce dit-il, au cofté de l'Oüeft, des baftimens
auffi fameux que les autres Pyramides : on en compte 18. defquels il y en a 3. du
cofté oppofé à Foftat, appellé autrement le Caire.

*Foftat Me-
tzr, & le Ca-
hira que
nous appel-
lons le Cai-
re, fout trois
noms diffe-
rens d'vne
mefme Ville,
comme on
le void dans
Abulfeda &
dans le Geo-
graphe de
Nubie. A-
bulfeda à la
verité, dé-
criuant l'Al-
caire, dit
qu'elle eft
au Nord de
Foftat, &
que Foftat
eft fur les ri-
ues du Nil.*

De quelle maniere ces Pyramides ont efté bafties.

APres auoir acheué mon difcours des Pyramides, il me refte a examiner la
maniere dont elles ont efté bafties, & comment d'auffi grandes maffes de
pierres que celles qui fe voyent dans la premiere, ont pû eftre portées jufqu'au
haut de ces Pyramides : Herodote qui a efté le premier a mouuoir ce doute, explique la chofe de la forte : Ils éleuoient, dit-il, les autres pierres auec de petits
engins faits de bois qui les tiroient fur le premier rang, de là vne autre machine
les éleuoit jufques fur le premier degré, d'où elles eftoient portées fur vn autre
fecond degré par vne machine placée fur le premier ; & autant qu'il y auoit de
matches & de rangs de degrez, autant il y auoit de machines pour les éleuer, où
ils tranfportoient la machine autant de fois qu'ils auoient à éleuer les pierres. Ce
qui fuit fait voir qu'il y a de l'erreur dans le texte, c'eft pourquoy ie n'en diray
pas dauantage ; mais la premiere partie de cette Defcription d'Herodote, eft
pleine de difficultez ; car en plaçant & en dreffant ces machines qui deuoient
éleuer des pierres auffi maffiues, elles deuoient déplacer des degrez fur lefquels
elles eftoient pofées, ou y faire quelque brefche ; ce qui auroit efté vn grand defaut dans vne fabrique auffi magnifique. Diodore fe l'eft imaginé autrement ;
les pierres, ce dit-il, eftoient taillées en Arabie ; & comme en ce temps-là on
n'auoit pas encore l'inuention des machines pour éleuer des fardeaux, on éleuoit
de la terre à la hauteur où ces pierres deuoient eftre pofées, & on les rouloit deffus ; & ce qui eft le plus admirable, c'eft qu'à l'endroit où toutes ces Pyramides
font dreffées, on n'y void aucun veftige de cette terre, ny de la taille des pierres ;
fi bien qu'il femble que c'eft pluftoft l'ouurage de quelque Diuinité que des hommes. Les Egyptiens en difent merueilles, & nous voudroient faire croire ie ne
fçay quelles fables, que ces chauffées auoient efté faites de Nitre & de Sel, &
qu'elles auoient efté détruites par le moyen de l'eau qui les auoit fait fondre

fans autre trauail, mais il y a plus d'apparence à croire que ce grand nôbre de gens qui auoiët trauaillé à les baftir & à les dreffer, auoiët efté employez à la fin à ofter tout ce qui ne feruoit de rien à la beauté de la ftructure; car on y auoit employé 360000. hommes, & à peine cét ouurage fut il acheué en vingt ans de temps: Pline l'accorde en quelque façon auec Diodore, & dit; on eft en peine de fçauoir comment le mortier fe pouuoit porter fi haut; il auroit eu meilleure grace de demander comment on auroit pû porter fi haut les pierres. Quelques-vns, dit-il, ont crû qu'on auoit fait des digues de fel & de Nître qu'on auoit apres fait diffoudre, faifant tomber deffus l'eau du Nil; d'autres, qu'on auoit fait des chaufsées de brique qui auoient efté détruites apres, & employées à baftir des maifons; car ces derniers confideroient que les eaux du Nil eftans plus baffes que l'édifice, elles n'auroient pas pû aisément détruire ces montagnes de Nître & de Sel: pour moy, fi on me permet d'en dire mon jugement, ie croy qu'elles ont efté *éleuées tout autremët qu'Herod.Doid.& Pline ne fe le fût imaginé, que premierement ils auoient fait vne large & fpacieufe tour au milieu du quarré de la baze de la Pyramide; cette tour eftoit auffi haute que le deuoit eftre toute la Pyramide: Ie m'imagine qu'aux coftez de cette tour on y auoit appliqué les autres parties de cette fabrique piece à piece, jufqu'à ce qu'ils fuffent venus jufqu'au premier degré, la plus difficile piece de ce baftiment ayant efté fait par cette voye qui femble la plus aisée, & il ne faut pas f'eftonner fi cela n'a pas efté imité par les anciens, ou fi Vitruue ne l'a pas recommandée; cependant, à juger des chofes par leurs éuenemens, l'intention de ceux qui dreffent des Monumens eftant de perpetuer la memoire des morts, il n'y a point de genre de baftimens plus propre à le faire que la Pyramide: ainfi nous voyons à Rome, qu'encore le Mauzolée d'Augufte foit quafi tout ruïné, qu'il ne refte plus de veftiges du Septizone de Seuere, qu'on reconnoiffe à peine les veftiges de ces baftimens, la Pyramide de Cæftius cependant a refifté à la force du temps, & paroift encore entiere, quoy qu'elle ne fuft pas comparable par la grandeur de fes pierres, à celles qui compofoient ces Monumens. I'ay dit ce que j'auois à dire de cét ouurage, il me refte à parler de ceux qui y ont trauaillé: On demeure d'accord, ce dit-il, qu'elles furpaffent tout ce qu'il y a en Egypte, pour la beauté & la magnificence de la ftructure, & la fcience de ceux qui l'ont entrepris; & les Egyptiens croyent qu'on doit admirer dauantage les artifans que les Princes qui en ont fait la dépenfe.

LA CONCLVSION.

IE finiray icy par vne obferuation que rapporte Strabon. Il ne faut pas, ce dit-il, paffer fous filence vne particularité que nous auons obferuée proche de ces Pyramides; l'on y void des tas de pierres & des recouppes des pierres qui compofent les Pyramides; entre celles-là il y en a qui ont la figure de lentilles, d'autres qui reffemblent à des grains d'orge à demy hors de leurs épics; ils difent dans le pays que ce font les reftes des prouifions qui feruoient pour la nourriture des ouuriers, & qui ont efté petrifiées depuis: Si elles eftoient du temps de Strabon, il faut qu'elles ayent efté depuis confumées par le temps ou couuertes de fable; cependant Diodore qui l'a precedé de peu, n'a pas remarqué cette curiofité; ce qui me feroit douter de la verité de fa Relation, fi elle ne venoit d'vn autheur auffi judicieux, quoy que nous trouuions des exemples de femblables petrifications. I'ay veu à Venize les os & la chair d'vn homme entierement petrifiez, & à Rome vn tuyau où l'eau f'eftoit changée en vn parfait albâtre. Ie croy qu'on pourroit dire la mefine chofe de ces morceaux de pain que l'on dit que l'on trouue proche de la Mer rouge, changez en pierre, & que les Habitans difent que les Ifraëlites laifferent apres eux en fuyant la perfecution de Pharaoion les vëd au Caire taillées en forme de pain, ce qui en marque affez l'impofture; car l'Efcriture Sainte dit, que le pain de ces peuples eftoit fait en forme

de

de gasteaux sans leuain ; ou la Relation de Strabon seroit semblable à vne tradition que quelques Chrestiens tiennent en Egypte, de la Resurrection de certains
corps morts tous les ans ; il y a des Chrestiens qui la croyent, & leurs Prestres l'au-
thorisent par ignorance ou par politique ; mais cette disgression est desia trop longue. La description des Momies, le reste des Sepulchres d'Egypte, & les Hieroglyphiques que i'ay copiez là & ailleurs, * seruiront vn iour d'argument à vn autre discours.

Vn François qui s'estoit trouué au Caire au temps de cé-te supposée Resurre-ction, m'a moustré vn bras qu'il en

auoit apporté, décharné & sec comme vne Momie ; il auoit remarqué que le miracle s'estoit tousiours fait derriere luy ; s'é-
tant retourné par hazard, il apperçeut vn Egyptien qui renoit des ossemens sous sa veste, & découurit par là le mystere.
Sand dit dans les voyages, que l'ou les void ressusciter le Vendredy Saint.
  Metrophanes Patriarche d'Alexandrie, a creu qu'on la pouuoit prouuer par ce passage d'*Esaye* 66. 24. Ils verront les car-
casses de ceux qui n'ont pas obserué mes commandemens, leur vers ne mourrera iamais, ny leur feu ne cessera de les brûler,
& seront en execration à tous les hommes.
  * I'auois eu dessein de traiter de cette matiere ; mais le Recueil que i'auois fait de ces antiquitez durant le temps de
mes voyages, s'est perda en ma maison dans les desordres de ces derniers temps ; & pleust à Dieu que ie n'y eusse pas fait
d'autres pertes.

Lettre du Sieur Tito-Liuio Burattini, contenant vne description des Momies
d'Egypte, traduite de l'Italien.

LA pluspart croyent que les Momies se trouuent dans les deserts de l'Arabie de-
serte, & que ce sont les corps de personnes qui ont esté estouffez dans ces sables lors que le vent de Midy souffle ; mais ceux qui ont esté en Egypte sçauent,
que ce sont les corps embaûmez des anciens Egyptiens : on en trouue grande
quantité proche des ruïnes de l'ancienne ville de Memphis, dans des grottes soû-
terraines où ces Peuples enterroient leurs morts ; on y entroit par vn puits quarré
A, dôt l'ouuerture estoit telle qu'on y pouuoit descendre en mettant les pieds dans
des trous creusez aux deux costez opposez de cette descente *B*, comme on le void
dans le dessein : ces puits ne sont pas d'égale profondeur ; mais les moins profonds
sont de la hauteur de six hommes. Vous remarquerez que les puits & les grottes
sont taillez dans vne pierre blanche & fort tendre ; que dans tous ces Deserts on
trouue cette sorte de pierre quand on a creusé vne brasse dans le sable ; ainsi tout le
dessous & tous les enuirons de la ville de Memphis estoit creux : Ie descendis dans
vne de ces caues ou grottes par vn de ces puits quarrez ; au bas du puits ie trouuay
vne ouuerture quarrée, & vn passage qui n'est pas par tout de mesme longueur, en
quelques endroits le massif de la roche ou pierre où ces passages sont taillés,
a 10. pieds de longueur, en d'autres 15. ces passages seruent d'entrée à
des chambres quarrées faites en voûte, dont chaque costé est ordinairement de 15.
ou 20. pieds ; & au milieu de chacun des 4. costez de la chambre, est vn soccolo *C*, de
la mesme pierre, sur laquelle sont les corps embaûmes ; les vns dans des caisses de
bois de sicomore, où le ver ne se met iamais ; les autres dans des tombes de cette
pierre tendre que ie viens de décrire : ces tombes de pierres & ces bierres de bois,
ont la figure d'vne statuë auec les bras pendans *D* ; on trouue dans la pluspart de ces
corps sous la langue, vne petite placque d'or de la valeur de deux pistoles. Les Arabes pour auoir ces placques, gastent toutes les Momies qu'ils trouuent entieres,
& en gastent souuent plusieurs sans rien trouuer ; ils vendent apres ces corps à bon
marché aux Mahometans, qui les reuendent aux Marchands Chrestiens du
Caire, à la teste de toutes ces Momies on void vne Idole *E*, & aux pieds vn oyseau.
Il y a des Hieroglyphiques taillez en la muraille, qui seruoient peut-estre *F*, d'Epitaphe : outre ces quatre bierres qui sont les principales qu'on void dans ces caues,
on en rencontre encore d'autres plus petites qui sont à terre, & principalement des
enfans. Vous remarquerez que l vn de ces puits seruoit quelquesfois à 25. ou 30.
de ces chambres ou grottes qui auoient communication l'vne auec l'autre, comme
l'on void dans le dessein de leur Plan *G*. & ces chambres n'ont point d'autre iour
ny d'ouuerture que celle du puits.

△ △ △ △

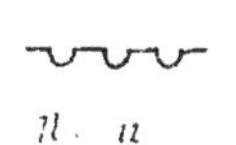
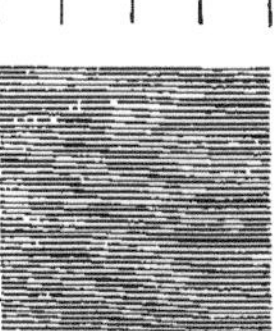

N . II
N.º III 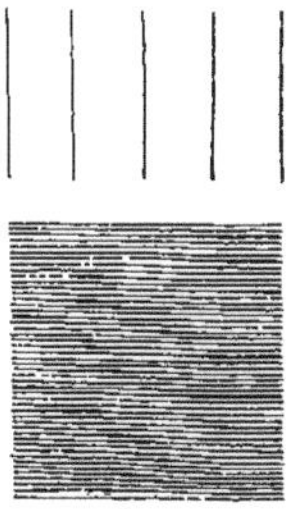
Plan du Caveau
des momies

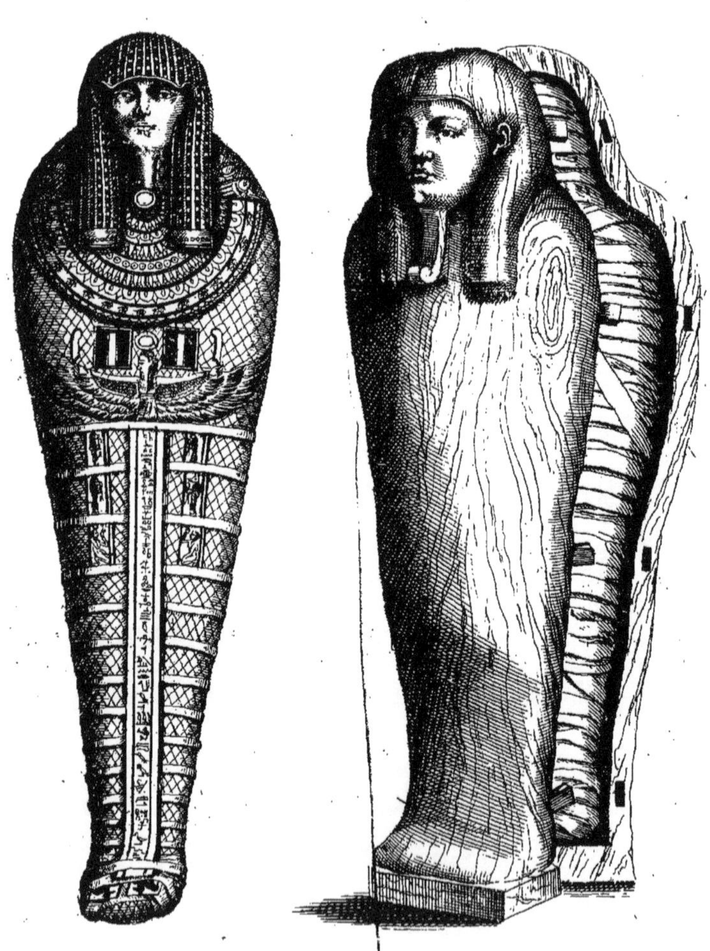

Page XX
et.
Page ij